董事长张石乃与伟明轩红木木工带班组长合影

地址：广东省中山市大涌镇岐涌路136-142号
电话：0760-87735638　传真：0760-87735639
手机：15820505938　电邮：981483235@qq.com
网址：www.weimingxuan.com　www.伟明轩.cn

梅州年鉴

2016

梅州市人民政府地方志办公室　编

方志出版社
Publishing House of Local Records

[**请印刷单位注意**：此版权页不得擅自改动及遗漏，违者必究（凡空位由印刷厂填写）。]

图书在版编目（CIP）数据

梅州年鉴，2016/梅州市人民政府地方办公室编.
--北京：方志办出版社，2016.11
ISBN 978-7-5144-2191-0

Ⅰ.①梅… Ⅱ.①梅… Ⅲ.①梅州—2016—年鉴
Ⅳ.①Z526.53

中国版本图书馆CIP数据核字（2016)第281788号

梅州年鉴（2016）

编　　者：梅州市人民政府地方志办公室
责任编辑：罗　滔
出 版 人：冀祥德
出 版 者：方志出版社
地址　北京市朝阳区潘家园东里9号(国家方志馆4层)
邮编　100021
网址　http://www.fzph.org
发　　行：方志出版社发行中心
电话（010）67110500
经　　销：各地新华书店
印　　刷：梅州市金山印刷有限公司
封面摄影：巫广锋
开　　本：899×1194　　1/16
印　　张：25.25
字　　数：630千字
版　　次：2016年11月第1版　　2016年11月第1次印刷
印　　数：0001～1300册
ISBN 978-7-5144-2191-0　　**定价**：200.00元

编辑说明

一、《梅州年鉴》由中共梅州市委、梅州市人民政府主办，梅州市人民政府地方志办公室组织编纂，旨在全面、系统、准确地反映梅州市政治经济和社会各项事业发展情况，为社会各界和海外人士了解和研究梅州提供综合信息和资料，为编纂梅州地方史志积累史料。

二、《梅州年鉴（2016）》着重记载2015年梅州市自然和社会发展的基本情况，由文字、图片两部分组成。正文内容采用分类编辑法，以篇目、分目、条目组成主体部分。全书设置、特辑、2015年大事记、概况、领导机关、民主党派、人民团体、法制、地方军事、经济管理、农业、工业、交通、邮电、国内贸易、外经贸·口岸、财税·金融、城乡基本建设、旅游、教育、科学技术、文化·传媒、卫生、体育、社会生活、县区概况、社会经济统计资料、文献选编、名录等，约58万字。

三、本年鉴稿件由梅州市辖区内有关单位提供，所有稿件均经供稿单位领导审阅。统计数据采用法定计量单位，社会经济统计资料由市统计局提供。

四、本年鉴类目、分目、条目的标题分别以不同字号和版式编排。其中，条目用黑体字加【 】表示；个别包含多方面资料的条目，则用楷体标题标明各段资料的主题；稿件作者署名标在文后。

五、本年鉴的编辑出版工作得到全市各级领导的重视关心、各有关单位的通力合作及社会各界的大力支持，在此深表谢意。不足之处，敬请批评指正。

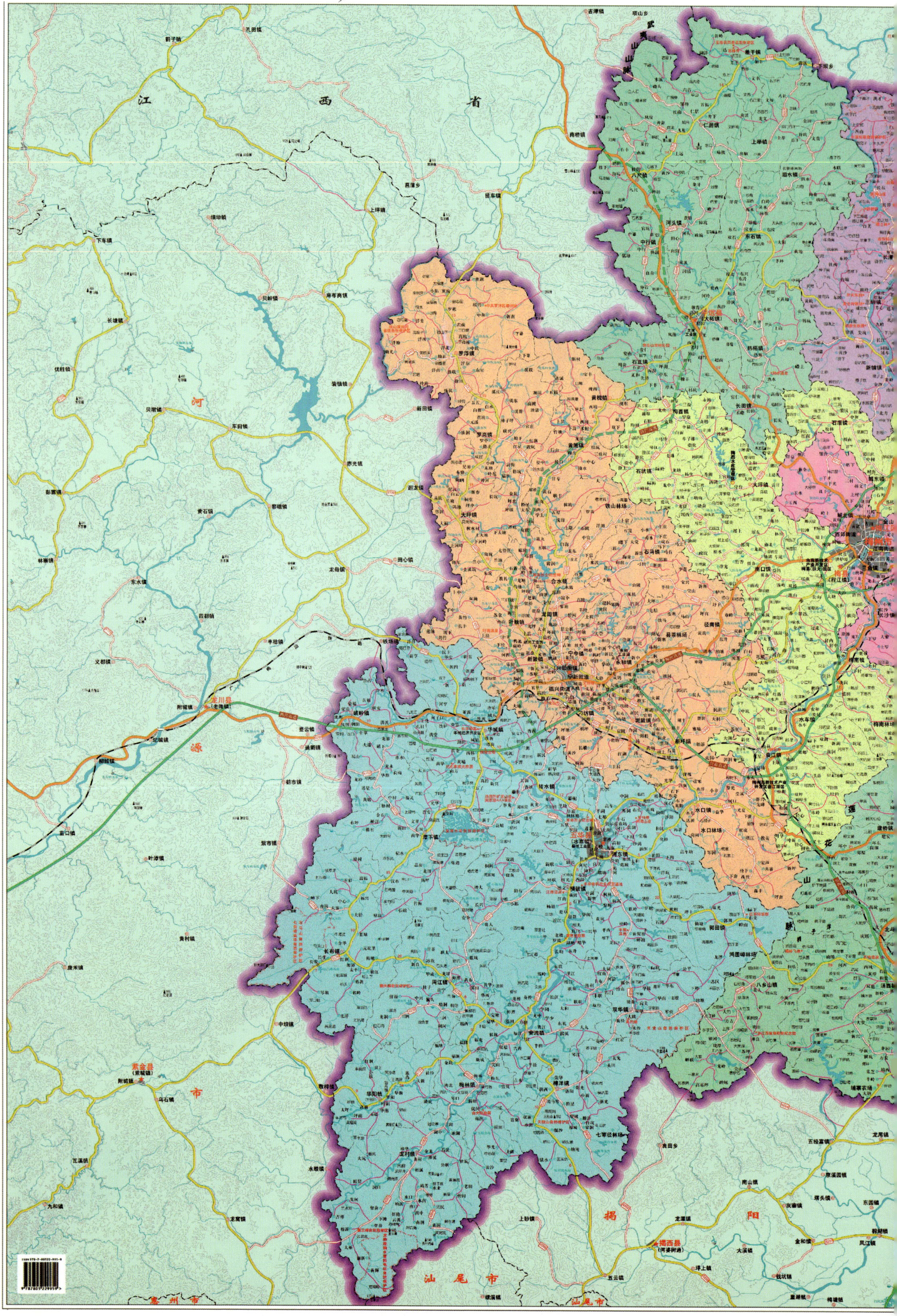

江 西 省
河 源 市
揭 阳
汕 尾 市
龙川县
紫金县
揭西县

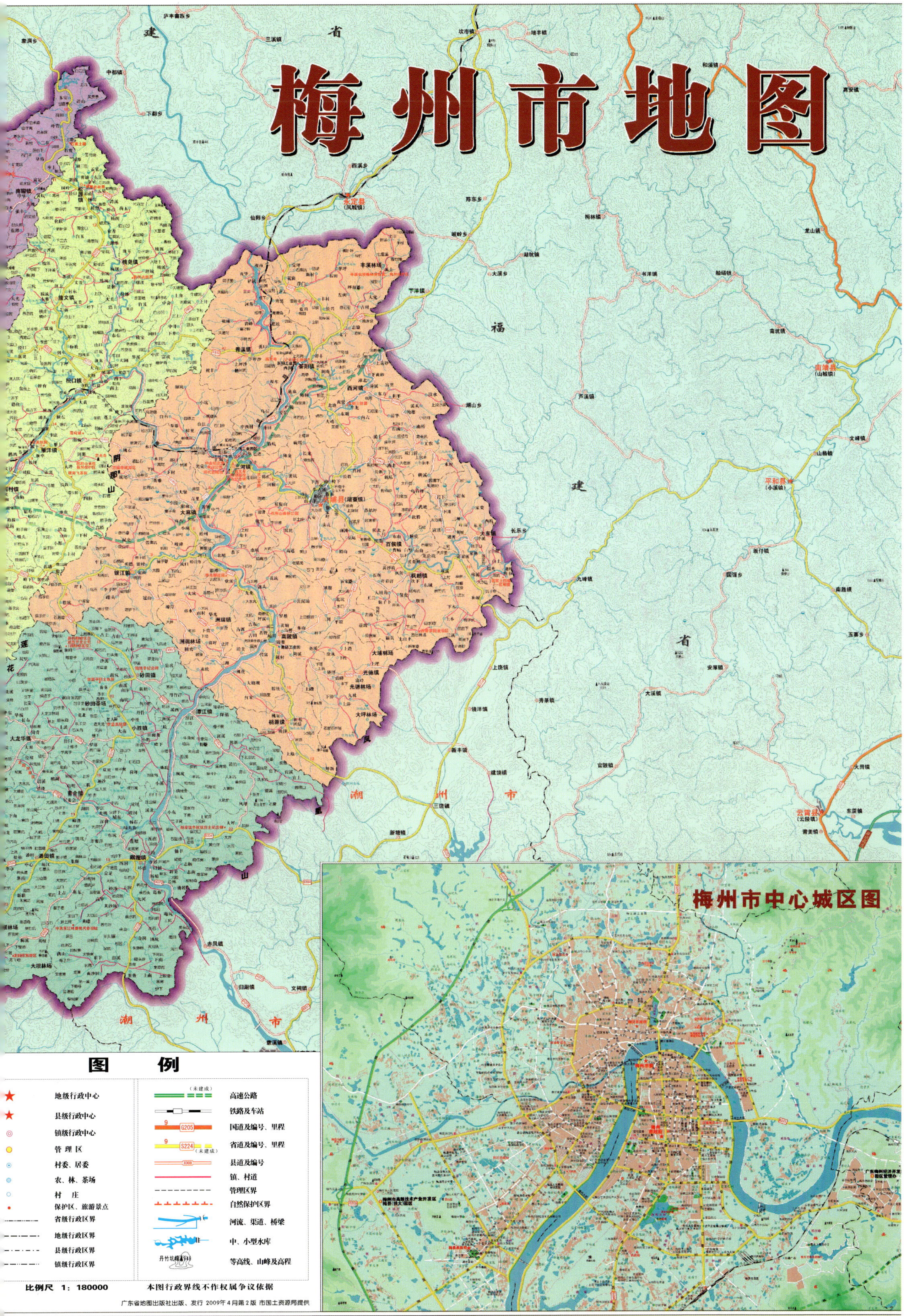

广东省地图出版社出版、发行 2009年4月第2版 市国土资源局提供

梅州年鉴编辑委员会

梅州年鉴编辑部

10月20日，广东省委书记胡春华（图中）到蕉岭县长潭镇上合村考察，和村民亲切交谈。（高讯 摄）

6月16日，广东省委副书记、省长朱小丹（前排右二）到梅县区电子商务产业园考察（高讯 摄）

6月4日，广东省副省长邓海光（前排右二）实地检查梅县外国语学校建设情况（高讯 摄）

1月29日，广东省副省长林少春（前排右三）到兴宁市技工学校调研，与学生亲切交谈（钟小丰 摄）

8月9日，广东省委常委、省纪委书记黄先耀（左三）到梅县区雁洋镇检查纪委规范化建设、线索排查工作（高讯 摄）

1月31日，广东省委常委、统战部长林雄（左一）到贫困户叶绍俊家慰问（高讯 摄）

6月10日，省政协主席王荣（右三）参观中国客家博物馆（高讯 摄）

1月5日，市委书记黄强（前排左一）到市城市综合管理局调研视察工作（市城综局提供）

7月28日，市长谭君铁（前排右二）在蕉华工业园南一侨新居农村环境整治和安置点现场考察（钟小丰 摄）

5月6日，市政协主席李金元（前排右二）率部分市政协委员和机关干部，冒雨前往挂钩联系的梅县区梅西镇督查造林绿化示范点工作（市政协提供）

2月13日，市委副书记叶胜坤（右二）率队前往五华县转水镇五星村看望慰问妇女老党员钟亚六同志（市委办提供）

2月11日，市委常委、纪委书记胡钛（左二）到叶剑英行廉志洁专题展厅检查工作（市纪委提供）

11月12日，市委常委、政法委书记黄伟闻（左二）到梅州城区调研平安建设工作（市委政法委提供）

1月28日，市委常委、常务副市长丁文（右一）率队到梅江区唐家烟花爆竹经营部检查（市府办提供）

7月2日，市委常委、市委秘书长、第四届世界客商大会筹备办主任彭耀新（前排左二）率队到梅县区文体中心和人民广场，检查第四届世界客商大会筹备工作（市委办提供）

12月22日，市委常委、梅州军分区政委管林海（前排左三）到平远人武部参加正规化建设现场观摩会（梅州军分区提供）

12月31日，市委常委、统战部部长张丽霞（左二）率党外人士调研江南新城建设（市委统战部提供）

2月4日，市委常委、组织部长曾祥华（前排左二）到蕉岭县尖坑村扶贫慰问（市委组织部提供）

10月16日，市人大常委会副主任黎健平（前排左三）率部分常委会组成人员和市直教科文卫专业小组人大代表视察梅州市校园足球工作情况（钟尚平 摄）

5月5日，市人大常委会副主任钟勇生（前排右二）率部分常委会组成人员和市人大代表视察梅州市大中型食堂食品安全监管工作（钟尚平 摄）

8月13日，市人大常委会副主任韩小林（前排右二）率队到丰顺县调研宗教工作（钟尚平 摄）

4月24日，市人大常委会副主任曾小华（右二）率部分常委会组成人员和市人大代表到蕉岭县调研梅州市农业工作（钟尚平 摄）

11月20日，市人大常委会副主任张映平（前排左二）率部分常委会组成人员和市人大代表视察嘉应新区起步区建设情况（罗小丰 摄）

4月29日，副市长陈建青在梅兴华丰产业集聚带创新创业孵化园调研（市府办提供）

9月25日，副市长陈丽霞（左二）率队检查调研中秋节期间食品安全工作（市府办提供）

5月27日，副市长李远青（左四）到江南新城参加“中共梅州嘉应新区工作委员会”、“梅州嘉应新区管理委员会”挂牌仪式（市府办提供）

3月18日，副市长史明锋(右三)到兴宁市坭陂镇调研群防群治工作（何志林 摄）

10月9日，副市长杜敏琪（左二）到市委组织部看望机关领导干部（市委组织部提供）

7月10日，市政协党组副书记、副主席张光明（右一）率领部分政协委员到平远县红色教育基地参观学习，并讲授“三严三实”专题党课（市政协提供）

6月12日，市政协副主席邹浩元（前排右一）率队到农工党党史党员教具基地——梅县区水车镇黄琪翔将军纪念馆调研。（市农工党提供）

7月21日，市政协副主席雷近芳（右二）率队到赛翡蓝宝石调研园区经济（市政协提供）

2015年全国“两会”上，全国政协委员、梅州市政协副主席温纯青（右二）参加中华全国工商业联合会小组讨论活动，积极建言献策（市政协提供）

2月4日，市政协副主席何梅林（图中）主持召开提案委员会成员会议（市政协提供）

2月3日，市政协副主席叶解春（右三）率参加市政协六届四次会议的港澳委员和列席会议的特邀社会各界知名人士，到大埔县考察重点项目建设情况（市政协提供）

9月10日，市政协副主席李忠良（左二）率部分界别委员专题视察“一区两带”规划建设情况（市政协提供）

10月28日，市政协副主席彭广福（左二）陪同省卫计委主任陈元胜视察梅州市中医医院工作（市政协提供）

12月25日，市政协副主席肖平（左三）率队到挂点联系市重点项目“国道G206线梅畲快速干线改线工程”视察（市政协提供）

梅州市公路局直属分局

班子成员图片

西阳养护中心

扎田养护中心

梅州市公路局直属分局是行政类事业单位（正科级），内设办公室、人秘股、生产管理股、路政管理所、财务股、安全股、征稽所、工会共8个内设机构和一个下属单位梅州市公路局直属分局公路养护中心（正股级）、管养路段共91.23公里。其中：国道37.15公里；省道54.08公里。

单位的主要职能是：贯彻执行《中华人民共和国公路法》、《广东省公路条例》等有关法律、法规以及国家和省、市交通公路主管部门的有关规定，制订相应公路养护管理办法和规章制度，并组织实施工作。按照公路工程项目的管理要求，做好管养路段的公路建设、改造项目的上报和交（竣）工验收工作；按照公路养护工作方针和养护技术规范，负责管养公路及其附属设施的建设、养护、公路应急抢险、交通战备等工作，保持路况良好；按规定做好公路规费（公路车辆通行费年票）的收费工作。负责管养辖区内的路政管理，维护公路路产、路权，处理有关违章行为，确保公路的安全畅通；负责职工的思想建设，组织建设和作风建设；组织实施创建“文明示范路”、“文明机关”、“文明养护中心”工作和做好上级主管部门交办的其他工作。梅州市公路局直属分局公路养护中心由扎田养护中心和西阳养护中心组成。

2015年累计投入公路工程建设资金11806.61万元，先后完成了国道206线梅江区黄基坪至梅县区角口段路面改造工程（梅江区段）（灾毁路面恢复）施工；完成了省道S333线梅江区银江隧道至龙坑段路面改造工程（灾毁路面恢复）施工；完成了国道206线“迎国检”路面中修及预防性养护工程；完成了市局下达国道205线环城路梅江段40米外遗留工程和外接顺工程施工任务及沿线标志牌工程施工任务。正在实施的工程项目有国道206线育豪至城北段灾毁防治工程和国道206线梅江区黄基坪至巢布坝段路面改造工程。

2015年度领导班子构成：

局　长：彭少青

副局长：陈绍斌　蓝飞燕　刘应诏　刘　跃　张爱斐

单位地址：梅州市东山大道116号

电 话：0753-2138821

传 真：0753-2138821

G205线环城路

G206线长沙段

S223线丙村段

S223线丙村段

做好国土资源工作

2015年12月21日，梅州市不动产登记局和梅州市不动产登记中心挂牌成立，这标志着我市不动产登记工作全面启动。副市长李远青（右二）出席挂牌仪式，并与市国土资源局局长张阳（左三）等一道为市不动产登记局和不动产登记中心揭牌

2015年6月2日，梅州市国土资源局张阳局长（图中）率队坐客“行风热线”直播室，就有关土地管理、矿产管理等工作与广大市民进行沟通、交流，接受广大干部群众咨询、投诉和举报，竭力为群众释疑解难

2015年，梅州市国土资源局抢抓促进粤东西北地区和原中央苏区振兴发展战略机遇，坚持以“保护资源、保障发展、维护权益、服务社会”为宗旨，做到保护与保障并举，管理和服务并行，有力地推动了我市经济社会的发展。

一、主动服务，切实加强用地保障能力

全面启动开展市、县两级中期调整完善工作，完成市级土地规划中期评估报告和市、县两级土地利用总体规划调整完善方案成果初稿及城市周边永久基本农田划定初步成果等相关工作。积极争取上级政策倾斜，今年争取新增建设用地计划指标（含低丘缓坡专项用地指标）20147亩，其中农转用计划指标17953亩，耕地指标10594亩。一年来安排梅兴华丰产业集聚带所在县（市、区）计划指标11143亩。做好兴华高速、大埔高陂水利枢纽工程、五华抽水蓄能、梅畲快线等重点建设项目的报批工作。全市共获国家、省、市批准城市批次及独立选址项目建设用地共62批（个），面积28899亩。做好土地供应，草拟《梅州市市级储备土地供应暂行办法》，提高对土地市场的调控力。2015年市本级供应建设用地53宗，面积3270.69亩。

二、加快转型，进一步提高节约集约用地水平

2015年，全市共完成“三旧”改造项目20宗，面积1696.22亩，投入资金18.8亿元，节地面积达848.11亩，节地率为50%；加强对闲置土地处置工作，一年来，全市清理疑似闲置土地共135宗，面积3850亩。加大对批而未用土地的盘活力度，全面清理2010—2015年全市获批的农转征用地情况，并指导各县盘活消化存量建设用地，至2015年底，全市2010—2015年期间获农转征土地127675.72亩中已供地66090.83亩，2015年以来共消化存量建设用地5662.83亩，供地率达到66.91%。

三、强化措施，切实加强耕地保护工作

2015年5月顺利通过省考核组的实地检查考核，获得省耕地保护考核三等奖。组织做好用地报批、用地预审中涉及耕地占补平衡工作，全面做好土地整治项目清理工作。督促指导五华县完成最后一批城乡建设用地增减挂钩拆旧项目区复垦工作，完成110.04亩的复垦任务。按照省高标准基本农田建设的时间要求，组织做好各年度高标准基本农田建设管理工作。至2015年3月底，组织各地全面完成2013年度35个项目19.62万亩的工程建设任务工作，全市4个县（区）获得省表彰奖励，共获得600亩新增建设用地计划指标。

四、依法行政，强化执法监管工作

开展行政执法职权重新界定，界定行政执法行为共101项。切实做好行政复议、行政应诉等工作。积极开展国土资源法制宣传教育，8月29日，我局联合省厅在我市举办广东省2015年全国测绘法宣传日活动，引导全社会更加关注、理解、支持测绘地理信息事业。扎实开展2014年度土地矿产卫片执法监督检查工作，违法用地案件的立案率、查处率、结案率、依法履行职责到位率均为100%。加强动态巡查监管，严格执行零报告制度，做到及时发现、及时制止、及时查处国土资源违法行为。

五、严格规范，有效推进地质矿产管理工作

组织完成了《矿业权设置方案》修编工作，全面启动

助推梅州振兴发展

2015年3月9日，市不动产登记工作联席会议成员单位第一次会议在市国土资源局三楼会议室召开。市政府李远青副市长、姚铠滔副秘书长；市不动产登记工作联席会议成员、联络员；市国土资源局不动产登记领导小组及办公室相关人员参加了会议

2015年2月10日，梅州市国土资源局在梅城召开全市国土资源工作会议。会议传达贯彻了全国、全省国土资源工作会议和市委六届五次全会精神，分析经济发展新常态下我市国土资源工作面临的形势任务，总结2014年工作情况，部署2015年工作

市、县两级《矿产资源规划（2015-2020）》及《绿色矿山建设规划》。通过网上招拍挂出让采矿权7宗，出让金额1617万元，协议出让采矿权2宗，成交金额149万元。全面完成2014年度采矿权及2015年度探矿权项目的年检工作，其中采矿权年检率100%。积极开展地质灾害防治工作，全年发出预警61次。积极开展地质灾害隐患点搬迁治理，今年共消除隐患点336个，消除率为2014年在册2631个地质灾害隐患点的12.77%，全面完成每年消除10%的目标。

六、重视民生，合理维护群众合法权益

做好国土资源信访和土地权属纠纷调处工作，2015年我局受理群众信访件、网上信访和12336举报线索共710件，其中来信177件、来访38批（次）143人（次）、网上信访469件、12336举报线索26件。受理土地权属纠纷16宗，调处16宗，结案率100%。严格按照《关于集中开展农村土地突出问题三项清理工作方案》要求，全力解决征地留用地历史遗留问题、清理拖欠征地补偿费问题、治理农村土地“三乱”问题。

七、夯实基础，进一步增强业务保障能力

办理初始、变更、转让、抵押等登记发证9619宗。大力做好土地变更调查工作。积极推动不动产统一登记工作，建立了不动产统一登记联席会议制度，完成了不动产登记职责整合、机构组建和窗口的设立，制定了《梅州市不动产登记业务办事指南（暂行）》，12月21日，梅州市不动产登记局和梅州市不动产登记中心挂牌成立，标志着我市不动产登记工作的全面启动。

2015年8月29日，广东省国土资源厅联合梅州市国土资源局在梅城举办了广东省2015年全国测绘法宣传日活动。省国土资源厅党组成员、副厅长杨林安出席了现场的的活动。宣传活动的测绘地理信息知识有奖竞猜、“拼地图”少儿互动游戏吸引了大批市民积极参与，活动取得了预期的宣传效果

地 址：梅州市华南大道29号　邮 编：514071
电 话：2191218　传 真：2191220
党组书记、局长：张阳

梅州总工会

2015年教师节前夕，市人大常委会副主任、市总工会主席钟勇生向困难教职工代表送上慰问金

2015年1月，市人大常委会副主任、市总工会主席钟勇生（右二）率队到市自来水公司开展送温暖活动

2015年，市总工会贯彻落实《中共中央关于加强和改进党的群团工作的意见》和《中共中央 国务院关于构建和谐劳动关系的意见》，适应经济发展新常态，旗帜鲜明维护职工合法权益，全心全意服务职工群众，创新开展维权维稳、帮扶职工、农民工入会、职工思想引领等重点工作。

【组织职工建功立业】围绕“三大抓手”和“一区两带”建设等重点工程项目开展新时期劳动竞赛，组织1712家企事业单位、职工5.1万人次参加劳动竞赛。举办5项市级职业技能大赛。推荐评选全国劳动模范和先进工作者5名，省劳动模范和先进工作者15名、省先进集体4个。创建市级劳模创新工作室6个。筹备召开庆祝“五一”暨劳模表彰大会。为全国劳模和省劳模发放“三金”及荣誉津贴等406万元，组织9批近100名劳模进行疗休养，为379名劳模进行体检，为447名在职劳模购买“住院二次医保”。

【健全维权工作体系】健全完善省、市、县三级劳资纠纷台账制度，通过广东“工人在线”、工会主席信箱和工会12351维权热线等渠道倾听职工诉求。持续推进工会集体协商，全市共签订集体合同456份，覆盖企业8832家、职工20.5万人。积极参与农民工工资支付情况专项督查，切实维护农民工劳动经济权益。组织194家企事业单位48569名职工参加“安康杯”竞赛活动。建成“爱心妈妈小屋”试点4个，为近千名基层困难女职工提供免费“两癌”筛查。聘请工会律师团31位工会律师分别担任93家企业工会的法律顾问，积极为企业工会、职工提供免费的法律服务。

【创新帮扶救助方式】开展“春送岗位、夏送清凉、秋送助学、冬送温暖”等帮扶救助活动，全市各级工会共筹集资金754.2万元，帮扶救助15407人；筹集“两节”送温暖资金697.8万元，走访企业954家、慰问一线困难职工9348人。全年累计为984家单位48903名职工办理“二次医保”等各类互助保障，为1183名患病职工发放互助金203.84万元。开创重大节假日为职工送服务的新模式，为全市职工提供多种类型的普惠性综合服务。组织省工人艺术团来梅送文艺进企业演出。完善工会服务阵地，市及各县（市、区）建成9个工会职工服务中心。省职工互助保障梅州代办处办事窗口建成投入使用。

【夯实基层工会基础】全市共有基层工会8532家、工会会员45.7万人，其中新建基层工会118家、新发展会员6.83万人。各级工会狠抓“农民工入会集中行动”，全年新发展农民工会员6.79万人，超额完成省总下达任务。申报全国模范职工之家6家、全国模范职工小家5家、全国优秀工会工作者5人。评选表彰市先进职工之家61家、市优秀工会工作者58名、市优秀职工之友56名。举办全市职工代表师资培训、工资集体协商暨劳动争议调解员培训和女职工干部培训，累计培训工会干部1100多人次。

【加强工会自身建设】扎实开展“三严三实”专题教育，不断增强工会组织的政治性、先进性和群众性。贯彻《中国共产党廉洁自律准则》和《中国共产党纪律处分条例》，广泛组织学习讨论，认真开展对照检查。组织开展工会财务大检查，对基层工会经费、送温暖资金使用情况进行专项检查审计，确保工会经费更好地服务于职工。成功召开全市工会第六次代表大会，完成市总第六届委员会换届工作。全市税务代收工会经费工作平稳开展。

2015年2月，举行迎新春劳模座谈会

2015年5月，在中建电力梅州万达广场项目部举行“安康杯”系列活动

2015年3月，在市委礼堂隆重召开全市工会第六次代表大会

聚焦招商引资

2015年，全市上下紧扣振兴发展主题，依托“一区两带”招商新平台，以举办第四届世界客商大会为契机，坚持不懈抓项目、上项目、建项目，实现了一批项目签约落户、一批项目动工建设、一批项目竣工投产，开创了加快梅州振兴发展的新篇章。据统计，全市引进合同项目258个，计划投资总额913.84亿元，其中引进亿元以上项目196个，10亿元以上项目28个。其中，第四届世界客商大会签约项目81个，计划投资额362.44亿元。

一、领导引领，招商合力进一步形成

2015年，市委、市政府主动适应新常态，完善了招商引资激励机制，制定了市领导班子成员挂钩招商和联席会议等制度，组建了由市委、市政府领导挂帅、各级各有关部门主官领衔的22支产业招商队，构建了领导带动、部门联动、上下互动的工作机制，形成了招商引资工作合力。特别是市委、市政府主要经常带队外出招商，靠前协调和一线督办项目落地工作，带头形成了重商、亲商、安商的良好氛围。

二、产业引领，工作成效进一步显现

2015年，各级各有关部门紧扣五大产业板块和七个百亿产业集群，依托“一区两带”招商新平台，瞄准珠三角、长三角、京津冀、海西经济区等重点目标地区，采取小分队突击和组团冲锋相结合的方式，组织举办了115场专题招商推介会，持续开展了客商拜访、环境推介、信息捕捉和项目对接等系列活动，引进了以义乌小商品城为代表的城市经济项目，引进了以金都家电为代表的电子信息项目，引进了以香雪生物医药健康食品产业园为代表的新医药项目，引进了以鸿荣重工为代表的装备制造项目，引进了以新光源照明为代表的新能源项目，引进了以寿缘长寿饮品为代表的健康产业项目，促进企业集群、产业聚集。

三、服务引领，投资环境进一步改善

2015年，各级各有关部门扭紧“三大抓手”，坚持软硬兼施，坚持招商与安商并重，大力开展行政审批和商事登记制度、投融资体制改革，持续推进“微改革、微创新”、市直职能部门挂钩服务企业等活动，严格执行“一站式”限时办结制度，简化办事手续，缩减审批时间，主动提供全程“保姆式”服务，营造了让客商能赚钱、身体好、麻烦少的社会氛围。同时，完善了梅兴华丰产业集聚带总体规划，启动了国家级经济技术开发区申报和梅江韩江绿色健康文化旅游产业带规划，加快了综合保税区建设，加大力了污水处理等生产生活设施建设，统筹推进了江南新城、梅县新城、芹洋半岛公共设施建设，增强了产业吸纳功能和承载能力。

打造振兴引擎

2015年8月6日在汕头举行梅州·丰华兴梅产业集聚带（汕头）宣传推介会

2015年10月12日第四届世界客商大会颁发梅州与14个国家和地区经贸文化联络处牌匾

2015年11月4日梅州市人民政府与中国二十二冶集团有限公司举行战略合作协议签约仪式

2015年10月12日第四届世界客商大会开幕式

投资10亿元的义乌小商城（效果图）

『十二五』期间的梅州体育

2016年6月14日，许瑞生副省长一行与客家足球俱乐部球员在五华该俱乐部足球基地合影。今年，该俱乐部在中甲球场保级成功。

10月16日，2016年南粤古驿道定向大赛第4站——梅州大埔站在中国历史文化名镇百侯镇举行。省体育局局长王禹平，市委常委、统战部长张丽霞等出席开幕式。

2016年11月22日下午，梅州阳江交流足球赛在东较场举行，图为谭君铁书记接见小球员。

“十二五”是梅州市体育事业取得长足进步的五年，梅州体育围绕加快振兴发展目标，创新进取、攻坚克难，改革全面推进，活动亮点纷呈。

（一）群众体育蓬勃开展。全民健身公共服务体系不断完善，全市共有体育场地人均占1.94平方米，比“十一五”人均增加0.44平方米，实现全市104个乡镇农民健身工程全覆盖，新建了20个社区体育公园。全市每年开展各类群众体育活动多达4000场次，比“十一五”增加33%，其中足球赛事达2500场次，比“十一五”增加53%。我市被国家体育总局授予全国群众体育先进单位。

（二）竞技体育成绩稳中有进。全市竞技工作以备战省市运动会为抓手，市县体校建设为重点，不断完善青少年业余训练体系。参加省第14届省运会位居第14，处在山区市前列；刘彬彬、饶伟辉、叶楚贵、李玉玲入选国字号球队，陈玲、刘莹莹获第十二届全运会蹦床比赛团体冠军。田径运动员黄佳佳勇获第十四届省运会2枚金牌，取得国家一级运动员称号。

（三）体育产业发展起步良好。①我

市出台了《关于加快体育产业发展促进体育消费实施意见》、《梅州足球文化产业发展策划方案》和《梅州市体育产业布局策划方案》。②市县成立体育产业引导资金，其中市级成立1000万体育产业引导资金并列入财政预算。③构建“一县一品”体育产业，全市有200家体育产业。2012-2016年，市体育彩票销售总量达到12.8亿元，每年以18%幅度增长，连续五年受省表彰，被省局长誉为“山区市体彩工作的旗帜”。

（四）振兴足球工作取得阶段性成效。

1.明确了发展思路。根据梅州山区实际，明确了“政府主导、部门协同、社会企业参与”的欠发达地区发展思路，并得到省局肯定。

2.足球综合改革工作全面推进。①出台《梅州市关于加快发展足球运动实施意见》，明确职责任务，签订工作责任书，提出全面实施振兴足球“五抓五实施”举措。②2015年我市在全省率先出台了《梅州市足球综合改革方案》及7项配套政策，解决了在振兴足球工作过程中制约足球发展的人、财、物等问题。

3.“五抓五实施”成效明显。①梅州获得国家体育总局授予中国体育非物质文化遗产保护与推广城市梅州·足球之乡。②成立了梅州客家、梅县客家梅州历史上首家中乙职业足球俱乐部。③梅州五华队冲甲成功，成为梅州历史上首个中甲球队，也是全国唯一县级拥有甲级球队的市。④梅州足球代表队获全省百县足球赛等省以上比赛6项冠军。⑤梅县富力切尔西足球学校和嘉应学院体育学院足球本科专业顺利开学，打通足球运动员培养输送渠道。⑥全市建成足球场地745块，完成十年规划任务的80%。

体育工作做得很有特色，尤其在振兴足球工作方面在省作了典型发言；梅州“十大新闻事件”评选，体育年年榜上有名。

2016年度负责人名单：

局　长：陈建新

调研员：叶左权

副局长：王成首　陈颖明

2016.8.11，市委市政府主要领导视察东较场升级改造现场

2016年2月3日-5日，“富力贺岁杯”梅州足球邀请赛在梅县曾宪梓体育场打响。

为民福

华阳镇党委书记、镇长陪同王越西到华新调研

华阳镇党委书记、镇长陪同吴晖县长查看高速公路进展

华阳团委到学校开展法制宣讲活动

五华县华阳镇位于县城西南部，距离县城62公里，东邻梅林镇、南邻龙村镇、北连周江镇、长布镇，西与河源市紫金县接壤。下辖13个村委会（坪南村、太坪村、高塘村、叶新村、红洞村、小拔、华阳村、华南村、华新村、莲高村、大拔村、社径村、陂坑村）和1个居委会（华阳居委），166个村民小组。总面积153.5平方公里，其中山地面积18万亩，耕地面积2.2万亩，境内主要有花岗石、大理石、稀土矿和水晶石等矿产资源。2015年，全镇工农业总产值达5.6亿元，同比增长4.1%；其中工业总产值2.18亿元，同比增长4.4%；农业总产值3.35亿元，同比增长4.4%；农村居民年人均收入7194.4元，同比增长5.4%；全年财政收入为519万元。

【农业】 2015年全镇优质稻种植面积33955亩，粮食总产量14986吨。种植李果3982亩，李果总产量1400吨，总产值达650多万元。高塘300亩无公害蔬菜基地巩固发展；种植烤烟800多亩。种植油茶1600亩，名贵树木5000多亩，经济林10.8万多亩。耕山致富示范点效益凸显，大拔村千顷农业发展基地效益初显；华阳供销社和泰安养殖示范基地辐射带动效应不断增强。

【民生事业】 全面完成2015年度十件民生实事。华阳卫生院医疗自动化生化仪、X光、B超、心电图等仪器设备得到更新。完成低保、五保年度审核工作，低保、五保户纳入保障范围。城乡居民医疗保险参保人数达49000人，参缴总额达5800多万。新一轮扶贫开发工作全面收官，累计投入帮扶资金2794.3198万元，5个贫困村、贫困户实现脱贫目标。完成了新时期精准扶贫申报和核查识别等前期工作。2015年11月顺利通过国家教育均衡县创建督导验收。

【基础设施建设】 汕湛高速公路华阳段如期建成通车。S120线安流至华阳公路升级改造和绕开圩镇过境公路、Y304线华阳至龙村公路扩宽改造、华阳新田高速路出口至周江镇冰坎公路等工程建设的征拆工作全面开展。S120线绕开圩镇外环道路建设正准备规划实施。完成2015年度北琴江河（华阳段）沿线17.2公里的清违清障任务，拆除7座涉河违章建筑物。提前完成大拔村、陂坑村2016年度中小河流治理清违清障任务。村级基础设施扎实推进，共筹资523万元，对长约212千米的村道路面、路桥桩基等进行维修建设。

【计划生育】 2015年共完成计生“四术”任务

务实华阳

865例，其中结扎250例、上环449例、补救措施36例；生殖健康普查998例，免费孕前优生健康检查254对，提交法院受理计划生育非诉案件17宗，执结15宗。年度考核成功保类。

【平安创建】坚持实行领导干部包村包案责任制和每周接访制度，定期研判分析案件，重点解决涉及汕湛高速征拆、工伤、劳资纠纷、资源开采、土地争议、打架斗殴等多宗重大疑难信访案。全面开展“一村（社区）一法律顾问”工作，莲高村、坪南村、叶新村经发动乡贤捐资30多万元，成立了护村队，着力构建平安和谐的社会发展环境。据统计，全年受理群众纠纷案件16宗、调处16宗，及时化解了群众非正常上访苗头2宗。辖区刑事案件立案83宗，破案47宗，破案率高达56.62%；逮捕19人，抓获网上在逃人员10人，打掉2个犯罪团伙，抓获吸毒人员14名，强制戒毒4名；受理治安案件115宗，查处68宗，治安拘留人数为20人，调解民事纠纷22起。全年共排查整改安全隐患30多处，上报县政府、县安委办挂牌督办15宗，取缔非法加油和燃气代充点2家，没收销毁非法经营烟花爆竹一批。一年来，全镇没有发生重特大安全生产事故。

【基层治理】初期投入资金16万元，完成镇级公共综合服务中心建设，设立“一站式受理，一条龙服务”的便民窗口。莲高村、高塘村、大拔村、小拔村、叶新等村级公共服务站建成使用。成立“三资”清理清查工作小组，核实14个村（居）集体“三资”情况，完善管理台账，统一录入广东省“三资”管理系统。

【十大专项整治】共拆除违法违规建筑4宗，制止停工10宗，涉及建筑面积900平方米，填土复耕6亩。排查“黑恶势力”线索5条，打击黑恶势力3宗，破案率达到百分之百。联合龙村交警中队加强交通执法，查扣无牌无证拖拉机、货车、摩托车等一批，批评教育2人，责令整改2宗。

华阳镇到蕉岭学习

华阳镇开展义诊活动

【行政效能建设】2015年，该镇有党总支1个，党支部27个，党员1152名。深入开展党的群众路线教育实践活动，注重党风廉政建设，推进政府职能转变，完成公车改革，完成镇级公共服务平台建设。领导干部驻点普遍联系群众制度形成常态化，14个驻点团队累计接访群众550次，走访群众人均90多户，发放亲情连心卡6000多张，记录驻点日记人均90篇，征集意见建议498条，解决群众反映的困难和问题289件（次），行政效能不断提升。

【其他工作】响应“新一轮绿化广东大行动”号召，造林抚育17000亩，碳汇林改造备耕6000多亩,景观林带550亩，组织义务植树5000株，社会造林800亩。加大森林防火宣传、扑火工作经费投入，充实扑火队伍，完善扑火预案和物资，坚持做到“严防、重罚、速扑、严查”，切实加强森林资源的管护。积极开展了拥兵优属活动，夏、秋季征兵工作全面完成。积极帮助社会弱势群体，落实孤寡、残疾等特困人员帮扶救济措施，加强华阳福利院五保老人规范化管理，保障了底线民生。经核查确认符合政策的低保户871户、五保户123人纳入保障范围。倡导文明新风，推行殡葬改革，破除丧葬陋习。（丘文辉　邹淑丹）

2016年度领导名录：

党委书记、人大主席：陈春宣

党委副书记、镇　长：钟文锋

特色发展

市委副书记叶胜坤（右二）在我镇调研

县委书记范宜军（左二）到我镇调研

转水镇十四届人大一次会议全体班子成员合影（前排，左四：党委书记李文伟；左三：镇长严季岳；左五：人大主席李月容）

转水镇位于五华县北部，离县城13公里，东北与兴宁市相连，辖区面积158.5平方公里，下辖21个村委会和1个居委会。2016年，全镇有14709户7.3万多人。至“十二五”末，全镇实现农村经济总产值7.99亿元，年均递增11.6%，财政一般预算收入3035万元，年均递增9.6%。

现代特色农业全面发展 五年来，投入资金2000多万元，完成高标准农田建设1.74万亩；累计发放各类支农惠农资金2700多万元。目前，全镇种植优质水稻面积达2万多亩、油茶2000多亩、水果5700多亩、优质烤烟350多亩，养殖水产3000多亩，畜牧生产稳定发展。

招商引资成效明显 五年来，致力投资环境改善，大力实施“乡贤回乡投资兴业工程”，先后引进了兴鸿润实业有限公司、强盛生态农林发展有限公司、梅州市青牛实业有限公司和合成纸业有限公司等企业。

大力推进重点项目征地拆迁 五年来，集中力量、破难攻坚共计完成征地6800多亩、拆迁房屋186座；按时完成了济广高速4.8公里、兴华高速12.6公里、环城大道转水段2.7公里、枫林塘至平安寺公路6公里、热矿泥旅游专线公路2.5公里、水华公路升级改造以及县城工业园区等重点项目建设征地拆迁任务。

水利电网交通等基础设施建设日臻完善 五年来，高标准完成了全镇水库除险加固工程。筹资700多万元，解决了蛇塘等15个村的农村安全饮水问题。投入150万元新建黄龙片区污水处理设施。筹资410万元，完成了枫林等8个村的小型农田水利基础设施建设。积极开展五华河（转水段）、矮车河、练溪河共35公里的山区中小河流域治理。投入270万元对温屋角电站进行扩容改造增效。筹资近2000万元新建新转水大桥、马河大桥；投入400多万元对圩镇道路进行升级改造；投入280多万元对原西湖旅游专线进行改造。全镇共完成50多公里的村道扩宽改造和水泥硬底化铺设工程。

特色生态旅游品牌影响扩大 五年来，累计完成碳汇造林7.5万多亩、森林抚育6万多亩，发动社会造林1.2万亩，完成每年度植树造林和碳汇林改造任务。大力推进美丽乡村示范建设，至目前已投入约700万元，推进益塘、新丰、流洞、维龙、矮车、黄龙“六村八景”、矮车河东岸10公里绿道和水潭线13公里亮化等工程建设。每

美丽转水

年投入200多万元，对垃圾实行每天定时收集清运。成立圩镇管理队伍，城乡环境综合管理能力全面提升。大力推进热矿泥景区基础设施建设升级改造，将新丰寨、益塘水库和热矿泥山庄串珠成链，被市评为“旅游产业专业镇”，被省授予“旅游创新专业镇”，形成了“山、水、泥”特色旅游品牌。

扶贫攻坚取得阶段性成效 五年来，积极争取省发改委、省卫计委、广州电气装备集团、广州市外事办、广州市设计院、梅州市财政局等单位和企业的帮扶，顺利完成了第一、二轮扶贫双到工作，至2015年底，共投入帮扶资金6600多万元，10个贫困村、1634户贫困户实现了稳定脱贫。第三轮新时期精准扶贫、精准脱贫工作全面展开。

科教文卫等各项事业全面进步 五年来，投入3000多万元，大力推进教育强镇创建工作。完善一批学校教育教学设施设备，新建教学楼6栋、运动场5个，市级标准幼儿园1间。教育水平逐年提高，2016年小学升初中考试在全县乡镇综合水平测试中排名位居前列；转水中学、华民中学的重点高中上线率逐年提高。三源村“荣槐楼”被评为省级文物保护单位，新增红糍制作工艺、泥塑、青塘舞龙等3个县级非物质文化遗产，黄龙村古民居建筑“大夫第”、流洞村渡槽和“光德楼”被评为县文物保护单位。按照省二级文化站的功能设置标准重新改造了镇级文化站；筹资400多万建成黄龙、长源、下潭、辈柯、矮车等5个村级文化广场，“农家书屋”设施设备实现不断完善。投入300多万元，改善镇级和22个村(居)的计生办公条件，先后被市评为“计生工作先进单位”和“计生综合改革示范创建先进单位”。

综治维稳工作得到加强 五年来，共受理、参与调处各类矛盾纠纷348宗，调处成功341宗，调处成功率98%；破获刑事案件116宗，抓获各类违法犯罪嫌疑人151人，查处治安案件732宗，各类案件处警率100%。加强对不稳定人群的稳控化解，非法越级上访率逐年下降。高度重视校园安全工作，有力维护了校园及周边的治安秩序。

社会保障更加有力 五年来，依法依规开展底线民生工作。至2016年11月，全镇在册低保户831户，五保户236名，重点优抚对象333名。加快推进农村低收入住房困难户住房改造，解决了1270户困难户的住房问题。城乡居民医疗保险和养老保险基本实现全覆盖。筹资150多万元，新建一幢1300多平方米的卫生院综合大楼。加快利民便民设施建设，投入300多万元新建劳动保障所办公大楼、扩建便民停车场等。镇公共服务中心和22个村（居）的便民服务中心建成使用。

粤东库容之最益塘水库景区

国家AAA级温泉旅游度假区汤湖热矿泥山庄

党委书记：李文伟
镇　　长：严季岳
电话/传真：0753-4877239
邮　　箱：whzs239@126.com

打造生态旅游、特色农业

长布镇地处五华西北部，毗邻河源市紫金县、龙川县、东源县，距离县城65公里。该镇面积284.1平方公里，有山地面积41万亩，耕地面积2.6万亩，森林覆盖率达到82.49%，辖25个村委会、2个居委会，约8万人，划分为长布片、大田片、蒲江片三个片。2015年，全镇农村经济总收入3.97亿元,财政收入2600万元，农村年人均纯收入实现6359元，分别比去年增长1.8%、4%、1.9%。

该镇是一个具有悠久历史的革命老区，福兴村属抗日战争时期的革命老区村。该镇山清水秀，旅游资源丰富，文化底蕴深厚，有五华第一峰之称的七目嶂和“粤东明珠、物种宝库”之称的七目嶂省级自然保护区，有中国内地足球发源地长布□元坑，有崇文重教之风浓郁的生态文明村——老禾仓，有雄奇秀美的石马山（“石马嘶风”是古长乐“八景”之一）。主要的名优产品是大田柿花、梅粘茶、土茯、苦斋等农副特产品。

长布元坑——中国内地现代足球发源地

长安怡亚通运动场

精准扶贫

从2010年开始，广州市委宣传部、广州市纪委、中国电子科技研究七所、广州市委组织部、梅州市城市综合管理局、广东中旅、广州市外交部、广州市工商联、梅州市水务局、中石化广州分公司、梅州市烟草专卖局、梅州市招商局、五华县畜牧局、五华县林业局等14个帮扶单位对口帮扶。六年来，我镇14个贫困村扶贫建设累计完成总投资1.2亿元，完工惠民项目125个，帮扶村人均纯收入达6625元。其中琴塘、福兴、北洋、大坑等村新建或扩建了村委楼；完善贫困村道路硬底化36公里；实现主要村道都安装上了300多盏路灯；改良灌溉农田达1500多亩；修建农田灌溉圳道45公里；源潭、金华等村新修文化广场，丰富村民的业务生活；中心、长生新建2座大桥惠民生；福兴、梅塘、源潭等村大力建设发展淮山、蜜柚、烟叶等农作物种植基地。目前，我镇还有11个村共8200多人未完

雾霭老禾仓（樟村）（钟立鹏 摄）

河汉新村

建设和谐美丽幸福长布

七目嶂

全实现脱贫，年人均纯收入仍低于2500元。

生态旅游

长布镇有“粤东明珠、物种宝库”之称的七目嶂省级自然保护区，蕴藏着丰富珍稀的动植物资源，有桫椤、红椿等珍稀濒危植物。这里有雄奇秀美的石马山，还有中国内地现代足球发源地长布□元坑，142年前德国传教士正是在此地将足球传入中国内地的。再有崇文重教之风浓郁的生态文明村——老禾仓，站立于村内，一座名为“新凤楼”的“上五下五两横”的客家式老屋就坐落在村子的中央，远眺可见一栋栋结构新颖颜色各异的别墅坐落其间，低头则见村子的中心地带有个水塘，彼有万山来水一湖吞的气势。

大田柿花

特色农业

2015年，以青岗村为点，辐射带动了周边1520户农户形成了近6000亩的果合柿种植基地，经济效益达3000多万元；以梅塘村为点，辐射带动周边2300亩山地养鸡和蜜柚基地，经济效益达150万元；以栋新村为点，辐射带动周边约1500亩的油茶基地，经济效益约120万元。在横江、源潭、太平、长生等村发展烤烟基地共1470亩，收成烟叶18.5万担/年，年产值达370万元。“广东省名牌产品”的大田柿花，柿果年产量值近30万斤，制成柿花约6万斤，总产值超500万元，种植户年人均收入增加约3000元。

石马山下展新颜（长生村）

美丽乡村

今年以来，投入资金154万元，对长布、大田垃圾堆放场进行升级改造，新建了北洋、粘坑2个垃圾填埋场，对全镇27个村居新建110个标准垃圾池，新购置了一部垃圾运输车辆；在长布、大田三角地新建2个约500平方米的花池，两边安放景观石，安装8米高的环形高架路灯，对省道S239线大田罗田危险路段进行改造。27个村居在今年5月底全部建立卫生费用收取长效机制；在长生村河堤、太平村河堤、圩镇文化公园等地种植各种花木3500多株；成立环境监察大队，购置10万元城监执法车辆，每天坚持对长布河、大田河进行环境监察，严禁垃圾入河，严禁电鱼、毒鱼，树立宣传警示牌30多个，放生鱼苗1万多条，教育处理违规群众15人次。城监大队坚持对各村的环境卫生做到每周一通报，每月一小结，全镇环境卫生有了大幅度提升。

石马山

党委书记：陈炳章

党委副书记、镇长：邱明峰

目　　录

编辑说明
梅州市地图
彩图专辑

特　辑

· 梅州首条高铁——梅汕高铁动工建设 …… 1
· 第四届世界客商大会举办 …… 1
· 广东省高陂水利枢纽工程动工建设 …… 1
· 实现“县县通高速” …… 1
· 梅州抽水蓄能电站动工建设 …… 1
· 梅州跻身“一带一路”旅游推广十强城市 …… 2

2015 年大事记

■ 1 月 …… 3
■ 2 月 …… 5
■ 3 月 …… 7
■ 4 月 …… 8
■ 5 月 …… 10
■ 6 月 …… 13
■ 7 月 …… 15
■ 8 月 …… 16
■ 9 月 …… 19
■ 10 月 …… 21
■ 11 月 …… 25
■ 12 月 …… 27

概　况

■ 自然地理 …… 30
· 位置、范围、面积 …… 30
· 地质、地形、地貌 …… 30
· 气候 …… 30
· 自然资源 …… 31
■ 民族、人口、语言 …… 31
· 民族 …… 31
· 人口 …… 32
· 语言 …… 32
■ 梅州市行政区划一览表 …… 32
■ 环境质量与生态保护 …… 33
■ 经济社会发展概况 …… 33
· 概况 …… 33
· 第一产业 …… 33
· 第二产业 …… 33
· 第三产业 …… 33
· 招商引资和园区建设 …… 34
· 固定资产和基础设施建设 …… 34
· 财政税收和金融保险 …… 34
· 外经外贸和利用外资 …… 34
· 物价水平和人民生活 …… 35
· 科教文化和卫生体育 …… 35
■ 横向经济联合与协作概况 …… 36
· 穗梅对口帮扶 …… 36
· 区域合作 …… 36
■ 精神文明建设概况 …… 36
· 社会主义核心价值观培育 …… 36
· 公民思想道德建设 …… 37
· 精神文明创建活动 …… 38

·未成年人思想道德建设 …… 38
·全民读书活动 …… 38
■ 党的建设概况 …… 38
·“三严三实”专题教育 …… 38
·党的建设制度改革 …… 39
·基层党组织建设 …… 39
·基层党建工作创新 …… 39
·基层党员干部队伍建设 …… 39
·党建述职评议 …… 39
·党员发展工作 …… 39
■ 党风廉政建设概况 …… 39
·责任落实和监督 …… 39
·作风建设 …… 40
·腐败惩治 …… 40
·体制改革 …… 40
·宣传教育 …… 40

领导机关

■ 市　委 …… 41
·2015年市委主要会议 …… 41
·组织工作 …… 45
·宣传工作 …… 46
·统战工作 …… 48
·党校工作 …… 49
·机关工委工作 …… 50
·党史工作 …… 51
·保密工作 …… 51
·老干部工作 …… 52
·信访工作 …… 53
·机构编制工作 …… 53
·市社工委工作 …… 54
■ 市人大常委会 …… 55
·市六届人大六次会议 …… 55
·地方立法权和立法工作 …… 55
·监督工作 …… 56
·人事任免 …… 56
·代表工作 …… 57
·依法治市工作 …… 57
·理论研究和宣传工作 …… 57
·信访工作 …… 57
■ 市人民政府 …… 57
·市政府常务会议 …… 57
·金融服务工作 …… 59
·应急管理工作 …… 59
·反走私工作 …… 61
·住房公积金管理 …… 61
·招商引资工作 …… 61
·法治工作 …… 62
·外事侨务工作及港澳台胞工作 …… 63
·档案工作 …… 64
·地方志工作 …… 65
·台湾事务 …… 65
·行政服务中心工作 …… 66
■ 市政协 …… 67
·政协会议 …… 67
·协商议政 …… 67
·委员调研 …… 68
·民主监督 …… 68
·提案工作 …… 68
·联情联谊 …… 68
·学习和宣传 …… 68
·动员委员参与梅州建设 …… 69
■ 市纪检监察工作 …… 69
·主要会议 …… 69
·正风肃纪活动 …… 69
·执纪审查工作 …… 70
·廉政教育建设 …… 70
·改革创新 …… 70

民主党派与工商联

■ 市民革 …… 72
·参政议政 …… 72

· 调研活动 …… 72
· 社会服务 …… 72
· 党员成绩 …… 73
· 组织建设 …… 73
■ 市民盟 …… 73
· 参政议政 …… 73
· 调研活动 …… 73
· 社会服务 …… 73
· 盟员成绩 …… 74
■ 市民建 …… 74
· 概况 …… 74
· 政治学习 …… 74
· 参政议政 …… 74
· 调研课题招标 …… 75
· 社会服务 …… 75
· 会员成绩 …… 75
· 信息宣传 …… 75
■ 市民进 …… 75
· 概况 …… 75
· 参政议政 …… 75
· 社会服务 …… 75
· 信息宣传 …… 76
· 会员成绩 …… 76
■ 市农工党 …… 76
· 概况 …… 76
· 思想建设 …… 76
· 参政议政 …… 76
· 社会服务 …… 76
· 党员成绩 …… 76
■ 市致公党 …… 77
· 概况 …… 77
· 参政议政 …… 77
· 联系“三胞” …… 77
· 社会服务 …… 77
· 党员成绩 …… 77
■ 市九三学社 …… 78
· 参政议政 …… 78
· 基层调研 …… 78
· 社会服务 …… 78
· 社员成绩 …… 78
■ 市工商联 …… 78
· 概况 …… 78
· 参政议政 …… 78
· 招商推介 …… 78
· “创业生力军”宣传活动 …… 79
· 市总商会机构设立 …… 79
· 第四届世界客商大会筹备 …… 79
· 世界客商文化中心建设 …… 79
· 梅州商会大厦筹建 …… 79
· 扶贫济困与光彩事业 …… 79

人民团体

■ 市总工会 …… 81
· 帮扶救助 …… 81
· 职工维权 …… 81
· 劳模工作 …… 81
· 基层工会建设 …… 81
■ 共青团市委 …… 82
· 青少年思想道德建设 …… 82
· 青年就业创业培养 …… 82
· 青少年帮扶 …… 82
· 维护青少年合法权益 …… 82
· 志愿者工作 …… 82
· 农村基层团建 …… 82
■ 市妇联 …… 83
· 帮促妇女就业创业 …… 83
· 妇女儿童维权 …… 83
· 妇女儿童帮扶 …… 83
· 家庭文明行动 …… 84
· 儿童友好社区建设 …… 84
· 妇女组织建设 …… 84
■ 市社科联 …… 84
· 重点课题研讨 …… 84
· 群众性社科普及活动 …… 84

·社团管理 …… 84
·社科阵地建设 …… 85
·社科智库建设 …… 85
·完善社科工作网络 …… 85
·梅州市人文社科系列丛书编纂 …… 85
·优秀社科成果评奖 …… 85
■ 市残联 …… 85
·残疾人社会保障 …… 85
·康复工作 …… 85
·特殊教育 …… 85
·帮促残疾人就业 …… 86
·信访维权 …… 86
·文体活动 …… 86
·信息统计 …… 86
·组织建设 …… 86
■ 市侨联 …… 86
·侨界帮扶 …… 86
·联谊交往 …… 86
·维护侨益 …… 86
·宣传引导 …… 86
·新侨工作 …… 87
·服务中心工作 …… 87
■ 市文联 …… 87
·阵地建设 …… 87
·文艺活动 …… 87
·文艺交流 …… 87
·文艺成果 …… 87
·文艺宣传 …… 88
·文艺培养 …… 88

法 治

■ 综述 …… 89
·公共安全管理 …… 89
·创新社会治理 …… 89
·推进执法、司法公正 …… 90
·法治氛围营造 …… 90
■ 公 安 …… 90
·概况 …… 90
·改革创新 …… 90
·法治维稳 …… 90
·打击犯罪 …… 91
·治安防控 …… 91
·管理服务 …… 91
·“四项建设”工作 …… 91
■ 检 察 …… 92
·概况 …… 92
·刑事犯罪惩治 …… 92
·职务犯罪预防惩治 …… 92
·诉讼监督 …… 92
·司法行为规范 …… 93
·检务公开 …… 93
·“一镇一检察官”试点工作 …… 93
■ 法 院 …… 93
·概况 …… 93
·审判执行 …… 93
·审判管理监督 …… 94
·司法建议 …… 94
·司法改革 …… 94
·司法创新 …… 94
·司法公开 …… 94
·信息化建设 …… 95
·参与社会管理 …… 95
■ 司 法 …… 95
·普法宣传 …… 95
·法律服务 …… 95
·法律援助 …… 96
·一村（社区）一法律顾问工作 …… 96
·仲裁业务及公证工作 …… 96
·司法鉴定 …… 96
·人民调解工作 …… 96
·戒毒康复工作 …… 96
·社矫安帮工作 …… 97
·国家司法考试 …… 97

武 装

■ 梅州军分区 …… 98
· 概况 …… 98
· 军事斗争准备 …… 98
· “阳光征兵”工作 …… 98
· 后勤保障能力建设 …… 98
· 党管武装工作 …… 99
· 部队正规化建设 …… 99
· “双拥”、扶贫工作 …… 99
■ 武警梅州市支队 …… 99
· 思想政治工作 …… 99
· 军事训练 …… 99
· 正规化管理 …… 100
· 后勤综合保障 …… 100
■ 人民防空 …… 100
· 人防工程 …… 100
· 指挥通信 …… 100
· 人防检查 …… 100
· 宣传教育 …… 100
· “准军事化”建设 …… 100

经济管理

■ 发展和改革管理 …… 101
· 规划编制 …… 101
· 年度计划编制和完成情况 …… 101
· 重点项目建设 …… 102
· 争取政策和资金支持 …… 102
· 重点领域改革 …… 102
· 物价管理 …… 102
■ 工商行政管理 …… 103
· “两建”工作 …… 103
· 内资企业登记管理 …… 104
· 外资企业登记管理 …… 104
· 市场监管 …… 105
· 企业监管 …… 106
· 商标广告监管 …… 107
· 消费者权益保护 …… 107
■ 国土资源管理 …… 108
· 土地规划 …… 108
· 耕地保护 …… 108
· 地籍管理 …… 108
· 不动产统一登记 …… 108
· 土地利用 …… 109
· 土地市场 …… 109
· 矿产管理 …… 109
· 地质勘查管理 …… 109
· 地灾防治 …… 110
· 测绘管理 …… 110
· 执法监察 …… 110
■ 质量技术监督管理 …… 110
· 管理体制调整 …… 110
· 上级政策争取 …… 110
· 质量强市活动 …… 111
· 技术标准化工作 …… 111
· 计量工作 …… 111
· 重点消费品质量检查 …… 111
· 特种设备安全检查 …… 111
· 打假专项行动 …… 111
· 消费者权益保护 …… 111
· 技术机构及人才建设 …… 111
■ 审计工作 …… 112
· 概况 …… 112
· 财政预算管理审计 …… 112
· 领导干部经济责任审计 …… 112
· 民生专项资金审计 …… 112
· 市政工程竣工审计 …… 112
· “三公”经费支出审计 …… 112
· 异地审计任务 …… 112
· 配合省审计厅审计任务 …… 112
· 信息化建设 …… 112
■ 统计工作 …… 113
· 统计基础建设 …… 113
· 数据质量管理与控制 …… 113
· 统计法治工作 …… 113
· 统计服务工作 …… 113

·1%人口抽样调查 ………………… 113

■ **国家统计局梅州调查队** ………… 114

·提高数据质量 ………………… 114

·调查服务 ………………… 114

·重点调查工作 ………………… 114

·统计法制建设 ………………… 114

·联网直报与信息化建设 ………… 115

■ **食品药品监督管理** ………………… 115

·监管体制改革 ………………… 115

·健全监管工作制度 ………………… 115

·食品药品安全监管 ………………… 115

·医疗器械安全监管 ………………… 116

·保健食品化妆品监管 ………………… 116

·药械不良反应监测 ………………… 117

·婴幼儿配方乳粉电子追溯系统平台建设 ………………… 117

·家禽“集中屠宰、冷链配送、生鲜上市”工作 ………………… 117

·检验监测能力建设 ………………… 117

·食品药品安全宣传教育 ………… 117

·信息化建设 ………………… 118

■ **粮食储备管理** ………………… 118

·概况 ………………… 118

·粮食流通基础设施建设 ………… 118

·粮食储备管理 ………………… 118

·市场流通监管 ………………… 118

·粮食应急调控体系 ………………… 119

·军队粮食供应 ………………… 119

农　业

■ **粮食和经济作物** ………………… 120

·概况 ………………… 120

·农业组织化建设 ………………… 120

·农业信息化建设 ………………… 120

·品牌建设 ………………… 121

·流通平台搭建 ………………… 121

·基础设施建设 ………………… 121

·产能提升 ………………… 121

·转型升级 ………………… 121

·土地确权 ………………… 122

·拓展融资渠道 ………………… 122

·跨域商贸合作联盟 ………………… 122

·强化监管 ………………… 122

·惠农补贴落实 ………………… 122

■ **畜牧业** ………………… 123

·概况 ………………… 123

·绿色现代畜牧业基地建设 ………… 123

·生态健康养殖 ………………… 123

·动物疫病防控 ………………… 123

·畜产品质量安全监管 ………………… 124

·畜禽屠宰管理 ………………… 124

·发展特色畜牧业 ………………… 124

·畜牧科技 ………………… 125

■ **林　业** ………………… 125

·概况 ………………… 125

·林政管理 ………………… 125

·林业改革 ………………… 125

·植树造林 ………………… 126

·森林资源管护 ………………… 126

·林业产业建设 ………………… 126

·护林宣传 ………………… 126

■ **水利水电** ………………… 126

·水利建设 ………………… 126

·防汛抢险救灾 ………………… 127

·重点工程前期工作 ………………… 127

·城市水务工程建设 ………………… 127

·农田水利设施建设 ………………… 127

·农村饮水工程 ………………… 128

·农村水电建设管理 ………………… 128

·水库移民后期扶持 ………………… 128

·梅西水库 ………………… 128

■ **气　象** ………………… 128

·气候 ………………… 128

·灾害性天气 ………………… 129

· 防灾减灾 …… 129
· 气象现代化建设 …… 130
■ **供销合作经济** …… 130
· 概况 …… 130
· 综合改革试点 …… 130
· 创建农产品电商平台 …… 130
· 发展农民专业合作社 …… 131
· 惠农政策扶持 …… 131
· 重点项目建设 …… 131
· 销售梅州“三宝” …… 131

工　业

■ **经济和信息化** …… 133
· 概况 …… 133
· 招商引资 …… 133
· 园区建设 …… 133
· 梅兴华丰产业集聚带建设 …… 133
· 技改创新 …… 134
· 节能降耗 …… 134
· 信息化建设 …… 134
· 机电工业 …… 134
· 铜加工业 …… 135
· 电子信息工业 …… 135
· 化工工业 …… 135
· 包装印刷业 …… 135
· 纺织工业 …… 135
· 酿酒工业 …… 135
· 制衣工业 …… 136
· 特种行业（民爆） …… 136
· 陶瓷工业 …… 136
■ **招商引资与经济合作** …… 136
· 招商引资 …… 136
· 对口帮扶 …… 136
· 区域合作 …… 137
■ **工业园区建设** …… 137
· 蕉华工业园区 …… 137
· 梅州高新区 …… 138
· 梅州嘉应新区 …… 139
■ **民营经济** …… 140
· 概况 …… 140
· 企业建设 …… 140
· 招商引资 …… 142
· 创业氛围营造 …… 142
■ **安全生产** …… 143
· 安全生产责任体系 …… 143
· 隐患排查制度 …… 143
· 安全生产督查整治 …… 143
■ **电力工业** …… 143
· 梅州供电局 …… 143
· 广东粤嘉电力有限公司 …… 144
· 长潭发电公司 …… 145
· 广东粤电青溪发电有限责任公司 …… 145

交　通

■ **公　路** …… 147
· 交通固定资产投资 …… 147
· 高速公路规划建设 …… 147
· 普通公路路网结构 …… 147
· 交通行业管理 …… 148
· 交通惠民工程 …… 149
· 交通专项规划 …… 149
· 公路建设 …… 149
· 梅州市粤运汽车运输有限公司 …… 150
■ **铁　路** …… 150
· 概况 …… 150
· 客运管理与服务 …… 150
· 军运工作 …… 150
■ **航　空** …… 151
· 航空业务 …… 151
· 航空服务 …… 151
· 业务拓展 …… 151
· 第37个安全年 …… 151
· 重点项目建设 …… 151

■ 水 运 ………………………………… 151
·航道 ………………………………… 151
·海事 ………………………………… 152

邮 电

·概况 ………………………………… 154
·基础设施建设 ……………………… 154
·快递行业 …………………………… 154
■ 通 信 ………………………………… 154
·中国电信梅州分公司 ……………… 154
·中国移动通信梅州分公司 ………… 155
·中国联合网络通信梅州市分公司 ………………………………… 156
·中国铁塔股份有限公司梅州市分公司 ………………………………… 157

外经贸·口岸

■ 外经贸 ………………………………… 158
·概况 ………………………………… 158
·商务机构改革 ……………………… 159
·市场拓展 …………………………… 159
·招商引资 …………………………… 159
·电子商务 …………………………… 159
·服务贸易发展 ……………………… 160
·宏观指导 …………………………… 160
·依法行政 …………………………… 160
·组织世界客商博览会 ……………… 160
·参与“一带一路”建设 …………… 160
■ 梅州口岸 ……………………………… 160
·概况 ………………………………… 160
·口岸发展规划 ……………………… 160
·口岸设施建设 ……………………… 161
·口岸协调管理 ……………………… 161
·雅加达－梅州国际航线开通 ……… 161
■ 梅州海关 ……………………………… 161
·概况 ………………………………… 161
·重点关务 …………………………… 161
·通关业务改革 ……………………… 161
·法治建设 …………………………… 161
■ 梅州边检 ……………………………… 162
·基础设施建设 ……………………… 162
·执法检查 …………………………… 162
·安全保障 …………………………… 162
·队伍建设 …………………………… 162
■ 梅州检验检疫 ………………………… 162
·概况 ………………………………… 162
·检验监管 …………………………… 163
·业务综合改革 ……………………… 163
·企业帮扶 …………………………… 163
·农产品出口帮扶 …………………… 164
·名牌战略实施 ……………………… 164

国内贸易

■ 商贸流通服务业 ……………………… 165
·概况 ………………………………… 165
·典当、拍卖及二手车交易市场管理 ………………………………… 165
·零售业 ……………………………… 165
·批发业 ……………………………… 166
·餐饮服务业 ………………………… 166
■ 盐业专营 ……………………………… 166
·概况 ………………………………… 166
·食盐安全监管 ……………………… 166
·强化专营管理 ……………………… 166
·“广盐健康大厨房”建设 ………… 167
■ 石油行业 ……………………………… 167
·确保供应 …………………………… 167
·转型发展 …………………………… 167
·风险防控 …………………………… 167
·企业管理 …………………………… 167
■ 烟草专卖 ……………………………… 168
·概况 ………………………………… 168
·基础建设 …………………………… 168

· 营销管理 …… 168
· 市场监管 …… 168

财税 · 金融

■ 财　政 …… 169
· 财政收支概况 …… 169
· 政策资金争取 …… 169
· 服务“一区两带”建设 …… 169
· 支持实体经济发展 …… 169
· 落实民生保障措施 …… 170
· 财政监督管理 …… 170
· 财政改革 …… 170
■ 税　务 …… 170
· 梅州国税 …… 170
· 梅州地税 …… 171
■ 金　融 …… 173
· 概况 …… 173
· 人行梅州市中心支行 …… 173
· 中国银行业监督管理委员会梅州监管分局 …… 175
· 中国工商银行股份有限公司梅州分行 …… 176
· 中国建设银行梅州分行 …… 176
· 中国银行梅州分行 …… 177
· 中国农业银行梅州分行 …… 179
· 广发银行股份有限公司梅州分行 …… 180
· 中国农业发展银行梅州分行 …… 180
· 梅州农合机构 …… 180
■ 保　险 …… 181
· 概况 …… 181
· 中国人寿保险股份有限公司梅州分公司 …… 181
· 中国人民财产保险股份有限公司梅州市分公司 …… 181
■ 证　券 …… 182
· 广发证券股份有限公司梅州营业部 …… 182
· 安信证券梅州营业部 …… 183

城乡基本建设

· 规划编制管理 …… 184
· 宜居城乡建设 …… 185
· 城镇村庄建设 …… 185
· 绿道建设 …… 186
■ 建筑业 …… 186
· 概况 …… 186
· 建筑市场管理 …… 186
· 建设工程质量监督 …… 186
· 安全文明生产 …… 187
· 建筑节能 …… 187
· 培训教育 …… 188
· 市政府投资建设项目管理 …… 188
■ 住宅与房地产业 …… 188
· 房地产开发销售概况 …… 188
· 房地产管理 …… 188
· 产权产籍管理 …… 188
· 住房保障 …… 189
■ 梅州城区市政建设与管理 …… 189
· 概况 …… 189
· 市政基础设施建设 …… 189
· 公用服务保障 …… 189
· 市政市容管理 …… 189
· 城市管理改革创新 …… 190
■ 环境卫生 …… 190
· 概况 …… 190
· 基础设施建设 …… 190
· “巩卫”工作 …… 190
· 大气污染防治 …… 190
· 生活垃圾收费改革 …… 191
· 城乡环卫一体化 …… 191
· 城乡环境建设 …… 191
■ 环境保护 …… 191

·环境质量状况……………………… 191
·“创模”活动 ………………… 191
·严把环保准入关…………………… 192
·环保服务优化……………………… 192
·净污减排…………………………… 192
·环境执法监管……………………… 192
·重点领域整治……………………… 192
·体制创新…………………………… 192
·重点环境问题挂牌督办制度……… 193
·环保能力建设……………………… 193

旅　游

·概况 ……………………………… 194
·旅游规划…………………………… 197
·景区建设…………………………… 197
·招商引资…………………………… 197
·旅游决策…………………………… 197
·宣传推介…………………………… 198
·节庆活动…………………………… 198
·旅游管理…………………………… 198
·评比活动…………………………… 199
·旅游扶持…………………………… 199
·国际航线开通……………………… 199
■ **广东梅州文化旅游特色区**………… 199
·概况………………………………… 199
·规划编制…………………………… 199
·招商引资…………………………… 199
·项目建设…………………………… 200
·宣传推广…………………………… 200
·合作共建…………………………… 200
·公司运作…………………………… 200
■ **叶剑英纪念园**……………………… 200
·游客接待…………………………… 200
·爱国主义教育活动………………… 200
·交流与合作………………………… 200
·公益慈善…………………………… 201

教　育

·概况 ……………………………… 202
·教育创强争先……………………… 202
·教育基础建设……………………… 202
·素质教育建设……………………… 202
·招生工作…………………………… 203
·教师队伍建设……………………… 203
·教学成果…………………………… 203
·“平安校园”创建活动…………… 203
■ **市农业学校**………………………… 203
·概况 ……………………………… 203
·招生工作…………………………… 203
·硬件建设…………………………… 204
·教学成果…………………………… 204
■ **市职业技术学校**…………………… 204
·概况 ……………………………… 204
·学制与招生规模…………………… 204
·教师队伍建设……………………… 204
·教学成果…………………………… 204
·函授培训业务……………………… 205
·后勤管理…………………………… 205
■ **嘉应学院**…………………………… 205
·概况 ……………………………… 205
·《嘉应学院章程》修订…………… 205
·“创新强校工程” ……………… 205
·教学评审评估……………………… 205
·专业建设与人才培养……………… 205
·招生与就业工作…………………… 206
·师资队伍建设……………………… 206
·科研工作…………………………… 206
·重点学科建设……………………… 206
·对外交流与合作…………………… 206
·教育培训市场挖掘………………… 207
·校园网建设………………………… 207
·体育运动…………………………… 207
■ **市广播电视大学**…………………… 207
·概况 ……………………………… 207

·合作办学 ······ 207
·课题研究 ······ 207
·社区教育 ······ 208

科学技术

■ 综　述 ······ 209
·科技计划项目 ······ 209
·科技成果 ······ 209
·产学研合作 ······ 209
·高新技术企业发展 ······ 210
·专业镇特色产业 ······ 210
·科技创新平台建设 ······ 210
·科普宣传 ······ 210
·知识产权 ······ 211
·防震减灾 ······ 211
■ 重大科技成果选介 ······ 211
·天然植物有效成分高效分离纯化集成系统及应用 ······ 211
·乳化炸药生产新工艺 ······ 211
·大鲵制种与健康养殖关键技术开发研究与示范应用 ······ 212
·白色念珠菌天冬氨酸蛋白酶2的原核表达及免疫保护研究及应用 ······ 212
·公交车及载重车用低粉尘、耐磨、耐高温型陶瓷刹车片研发及产业化 ······ 212
·胆管支架在肝外胆管梗阻治疗中的应用 ······ 212
■ 科学技术协会 ······ 214
·科普工作 ······ 214
·青少年科技竞赛 ······ 216
·科技交流 ······ 216
·科技服务 ······ 217

文化·传媒

■ 综述 ······ 218
·基层文化建设 ······ 218
·文化遗产保护 ······ 218
·文艺活动 ······ 218
·文化产业发展 ······ 218
·市场管理 ······ 218
■ 广东汉剧传承研究院 ······ 219
·文艺演出 ······ 219
·文艺创作 ······ 219
·人才培养 ······ 219
·宣传推介 ······ 219
■ 市客家山歌传承保护中心 ······ 219
·文艺创作和演出 ······ 219
·体制改革 ······ 220
·人才培养 ······ 220
·省艺术研究所（梅州地区）创作基地建立 ······ 220
■ 梅州日报社 ······ 221
·宣传报道 ······ 221
·栏目建设 ······ 221
·多媒体融合 ······ 221
·创新经营 ······ 221
■ 新华书店 ······ 221
·概况 ······ 221
·江南购书中心改造升级 ······ 222
·公共社会服务项目落实 ······ 222
■ 市剑英图书馆 ······ 222
·概况 ······ 222
·读者接待 ······ 222
·读者活动 ······ 222
·古籍修复与地方文献数字化 ······ 222
·数字图书馆建设 ······ 222
·文化志愿服务 ······ 222
·交流合作 ······ 223
·新视觉标识系统 ······ 223
■ 市广播电视台 ······ 223

·宣传报道 …… 223
·改版创新 …… 223
·产业经营 …… 223
·融合交流 …… 224
■ **中国客家博物馆** …… 224
·概况 …… 224
·馆藏文物与藏品管理 …… 224
·宣传接待 …… 224
·学术研究 …… 224
·展览活动 …… 224
·国际博物馆日文化宣传活动 …… 225

卫　生

·概况 …… 226
·医药卫生体制改革 …… 226
·卫生项目建设 …… 226
·疾病预防控制 …… 227
·公共卫生监测 …… 227
·卫生监督 …… 227
·卫生应急 …… 228
·卫生信息化 …… 228
·医政管理和药物政策 …… 228
·妇幼保健 …… 228
·基层卫生建设 …… 228
·科研教育 …… 229
·爱国卫生与健康教育 …… 229
·中医药工作 …… 229
·援建工作 …… 230
■ **市红十字会** …… 230
·概况 …… 230
·救灾工作 …… 230
·救助活动 …… 230
·医疗救护培训 …… 230
·项目援建 …… 231
·器官捐献与献血工作 …… 231
·红十字宣传 …… 231
■ **市人民医院** …… 231
·概况 …… 231
·医疗业务 …… 231
·基础设施建设 …… 231
·医疗设备 …… 232
·专业建设 …… 232
·信息化建设 …… 232
·教学科研 …… 232
·中医医院组建工作 …… 233
·人才队伍建设 …… 233
·组建援赤道几内亚医疗队 …… 233

体　育

·概况 …… 234
·场地建设 …… 234
·足球运动 …… 234
·参加第十四届省运会 …… 235
·体育产业 …… 235

社会生活

■ **人事劳动** …… 236
·人事工作 …… 236
·就业工作 …… 236
·劳动仲裁 …… 236
■ **社会保险基金管理** …… 237
·概况 …… 237
·社保基金支出调整 …… 237
·保险制度改革 …… 237
■ **社会事务** …… 237
·低保救助 …… 237
·“五保”供养 …… 237
·养老服务体系建设 …… 237
·惠民政策 …… 238
·防灾减灾 …… 238
·福利救助 …… 238
·福利彩票发行 …… 238
·双拥优抚 …… 238

· 殡改工作 …… 238
· 基层政权和社区建设 …… 238
· 社会组织建设 …… 238
· 社工工作 …… 238
· 区划地名 …… 238
■ **计划生育** …… 239
· 概况 …… 239
· 计生管理 …… 239
· 计生奖励与扶助 …… 239
■ **民族工作** …… 239
· 概况 …… 239
· 宣传创建活动 …… 239
· 少数民族扶持工作 …… 239
· 城市民族管理工作 …… 240
■ **宗教工作** …… 240
· 概况 …… 240
· 宗教场所建设 …… 240
· 宗教政策法规宣传 …… 240
· 宗教管理 …… 240
· 宗教文化弘扬 …… 240
· 公益慈善 …… 241
· 依法行政 …… 241

县区概况

■ **梅江区** …… 242
· 概况 …… 242
· 国民经济 …… 242
· 农业 …… 242
· 工业 …… 243
· 旅游业 …… 243
· 基础建设 …… 244
· 环境保护 …… 244
· 教育 …… 244
· 科学技术 …… 245
· 文化事业 …… 245
· 体育 …… 246
· 卫生和计划生育 …… 246
· 港澳台及华侨事务 …… 246
· 社会生活 …… 247
· 法制建设 …… 247
· 党建工作 …… 247
· 各镇、街道概况 …… 248
■ **梅县区** …… 249
· 概况 …… 249
· 经济概况 …… 250
· 工业 …… 250
· 农业、林业 …… 251
· 招商引资 …… 251
· 商贸流通与外经贸 …… 252
· 旅游业 …… 252
· 基础设施建设 …… 252
· 城乡建设 …… 253
· 社会救助与社会保障 …… 254
· 环境保护 …… 254
· 科技 …… 255
· 教育 …… 255
· 文化 …… 255
· 医疗卫生 …… 256
· 体育 …… 256
· 党的建设 …… 256
· 乡镇、办事处、高管会概况 …… 257
■ **蕉岭县** …… 259
· 概况 …… 259
· 发展概况 …… 260
· 农业 …… 260
· 工业和建筑业 …… 260
· 固定资产投资 …… 260
· 交通和通信 …… 261
· 商贸流通 …… 261
· 外贸和旅游业 …… 261
· 金融保险 …… 261
· 科技、教育、文化、卫生和体育 …… 261
· 环境保护 …… 262
· 社会生活 …… 262
· 乡镇概况 …… 262

■ 大埔县 …… 264
·概况 …… 264
·基础设施建设 …… 265
·工业经济 …… 265
·农业建设 …… 265
·文化旅游建设 …… 265
·人居环境建设 …… 266
·社会事务建设 …… 266
·镇场简况 …… 266
■ 丰顺县 …… 269
·概况 …… 269
·发展概况 …… 270
·农业 …… 270
·交通水利建设 …… 270
·工业·建筑业 …… 270
·招商引资与产业园区建设 …… 270
·固定资产投资 …… 271
·金融·保险 …… 271
·商贸 …… 271
·旅游业 …… 271
·交通·邮电 …… 271
·科技·教育 …… 271
·文化·卫生·体育 …… 272
·人口·社会生活 …… 272
·“中国电声出口共建基地”挂牌 …… 272
·梅汕高铁丰顺先行段顺利动工 …… 272
·成功创建“广东省卫生县城” …… 272
·获评“广东省林业生态县”荣誉称号 …… 273
·2015 年“喜德盛杯”山地自行车国际邀请赛在丰顺举行 …… 273
·镇场概况 …… 273
■ 五华县 …… 278
·概况 …… 278
·经济发展概况 …… 279
·农业 …… 279
·工业 …… 279
·园区建设及招商引资 …… 279
·固定资产投资 …… 280
·基础设施建设 …… 280
·旅游业 …… 280
·商贸·财税 …… 280
·金融·保险 …… 281
·教育·科技 …… 281
·文化·广电 …… 281
·卫计·体育 …… 281
·生态环境建设 …… 282
·社会生活与保障 …… 282
·乡镇概况 …… 283
■ 兴宁市 …… 286
·概况 …… 286
·经济发展概况 …… 286
·农业 …… 286
·工业和园区建设 …… 287
·招商引资 …… 287
·基础设施建设 …… 288
·城乡建设 …… 288
·旅游业 …… 289
·环保工作 …… 290
·民生实事 …… 290
·科教文体 …… 290
·政务建设 …… 291
·镇街概况 …… 292
■ 平远县 …… 294
·概况 …… 294
·经济发展概况 …… 295
·农业发展 …… 295
·工业园区建设 …… 295
·水利建设 …… 296
·交通建设 …… 296
·生态旅游 …… 296
·县城扩容提质 …… 296
·城乡环境建设 …… 296
·民生社会事业 …… 296
·安全保障工作 …… 297
·平兴高速公路建成通车 …… 297

· 平远国家公园试点建设单位被省确定 …… 297
· 全国绿化模范县创建工作 …… 297
· 五指石景区升格为国家 AAAA 级旅游景区 …… 297
· “7·22”洪涝灾害 …… 298
· 广东省平远商会成立大会暨平远招商推介会 …… 298
· 乡镇概况 …… 298

社会经济统计资料

■ 梅州市国民经济和社会发展主要指标一览表 …… 301
■ 梅州市生产总值一览表 …… 305
■ 梅州市生产总值指数一览表（一） …… 306
■ 梅州市生产总值指数一览表（二） …… 307
■ 梅州市各县（市、区）生产总值一览表 …… 308
■ 梅州市各县(市、区)生产总值发展速度一览表 …… 309
■ 梅州市各县(市、区)人均主要经济指标 …… 310
■ 主要统计指标解释 …… 311
· 发展速度 …… 311
· 增长速度 …… 311
· 平均每年增长速度 …… 311
· 当年价格 …… 311
· 可比价格 …… 311
· 不变价格 …… 311
· 地区生产总值 …… 311
· 固定资产折旧 …… 311
· 劳动者报酬 …… 311
· 生产税净额 …… 312
· 营业盈余 …… 312
· 三次产业 …… 312

文献选编

■ 在市委六届五次全会第一次全体会议上的报告 …… 313
■ 政府工作报告
——2015 年 2 月 4 日在梅州市第六届人民代表大会第六次会议上
梅州市市长　谭君铁 …… 322
■ 产业集聚推动梅州振兴发展 …… 333
■ 梅州市人民政府关于公布梅州市第一批历史建筑名录的通知 …… 335
■ 梅州市人民政府关于公布第三批梅州市文物保护单位的通知 …… 341

名　　录

■ 梅州市领导班子成员名单 …… 343
■ 梅州市领导机关正、副秘书长名单 …… 344
■ 梅州市市直单位处级领导干部名单 …… 344
■ 国家级先进单位与先进个人 …… 356
· 梅州市国家级先进单位一览表 …… 356
· 梅州市国家级先进个人一览表 …… 356

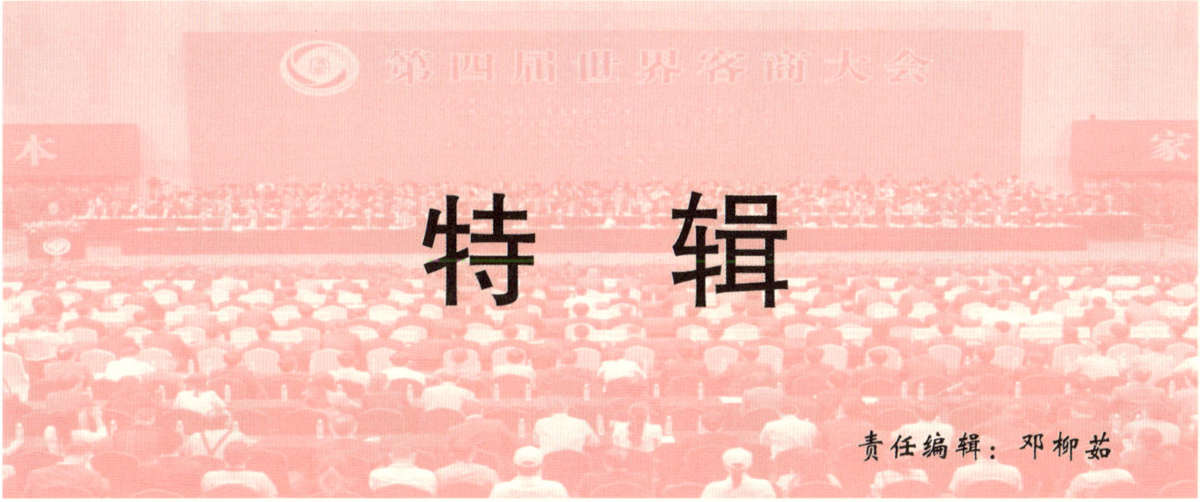

特辑

责任编辑：邓柳茹

【梅州首条高铁——梅汕高铁动工建设】 2015年4月27日，广梅汕客运专线梅州至潮汕段在丰顺县开工建设，这是梅州境内第一条高速铁路。项目全长约122千米，梅州境内总长72.1千米，北起梅州西站，南至厦深铁路潮汕站，在梅州境内设梅州西站、畲江北站、建桥站和丰顺东站四个站场；工程投资概算总额196.14亿元，其中梅州92.7亿元，行车速度250千米/小时。项目计划2019年建成通车，届时梅州至深圳、厦门和广州将缩减至2.5小时、1.5小时和3小时，半小时内可达潮汕，大大缩短梅州到汕潮揭、珠三角和海西区的距离，对于提升区位优势，加快梅州振兴发展有重要意义。

【第四届世界客商大会举办】 2015年10月12日，第四届世界客商大会在梅州举行。大会以“汇聚客商力量、共创海丝未来”为主题，旨在落实国家“一带一路”发展战略，推动客属地区和全球广大客商参与海上丝绸之路建设，扩大开放合作，实现互利共赢。来自全球26个国家和地区、国内18个省（直辖市）、32个地级以上市的900多名领导嘉宾出席大会，现场签约项目81个，计划投资总额362.44亿元。梅州在海外设立14个经贸文化联络处和10个旅游推广中心，加强与“一带一路”沿线国家和地区的文化、经贸、旅游交流合作。

【广东省高陂水利枢纽工程动工建设】 2015年10月13日，广东省高陂水利枢纽工程在大埔县高陂镇动工建设，该工程是国务院部署2015年动工建设的27项重大水利工程之一。工程设计洪水标准100年一遇，正常蓄水位38米，设计洪水位47.44米，水库总库容3.656亿立方米，电站装机容量100兆瓦，工程施工总工期66个月，总投资61.54亿元。工程建成后，将有效保障韩江下游及三角洲地区的防洪安全、供水安全，促进库区生态建设，缓解粤东地区电网电力供需矛盾，对推动梅州市原中央苏区加快发展、促进粤东地区经济社会健康发展产生重要影响。

【实现“县县通高速”】 2015年12月，随着济广高速平兴段、汕湛高速五华段的建成通车，梅州实现“县县通高速”目标，高速公路通车里程达到482千米，密度达每百平方千米3.03千米，比“十一五”翻一番。

【梅州抽水蓄能电站动工建设】 2015年9月30日，梅州抽水蓄能电站开工建设，是梅州历史上投资最大的基建工程。项目站址在五华县龙村镇，规划装机容量240万千瓦，计划总投资120亿元，分两期建设；首期装机容量120万千瓦，计划投资70.52亿元，年发电电量15.7亿千瓦时，预计2022年建成。

【梅州跻身“一带一路”旅游推广十强城市】2015年12月25日，第五届中国旅游产业发展年会在哈尔滨举行，梅州获2015“一带一路”旅游推广十强城市奖，是广东省唯一获奖城市。中国旅游产业发展年会是中国旅游报社联合中国旅游协会共同主办的高端品牌活动。在2015“一带一路”旅游推广城市评选中，梅州从全国30个候选城市中脱颖而出，跻身“一带一路”旅游推广十强城市。2014年以来，梅州贯彻落实“一带一路”发展战略，开展旅游市场宣传营销工作，先后赴东南亚等6国近60个城市开展近100场旅游专题宣传推介活动，签订近70个旅游战略合作协议。至2015年年底，梅州在境外10个城市布点旅游推广中心。2015年10月，梅州加入“一带一路”城市旅游联盟，与国内32个城市一起形成区域旅游合作联盟，推动旅游资源共享、品牌共建、客源互动，掀开“一带一路”沿线城市间旅游协作新篇章。

梅州实现“县县通高速”目标。济广高速平兴段通车首日，不少车辆前往“尝鲜”

2015年大事记

责任编辑：廖晓鹏

1　月

1 日，“再从春天出发·梅州 2015 新年晚会”在亮胜艺术中心举行。市广播电视台和广东广播电视台进行首次直播，本土演员与国家级明星同台演出。这是继“梅州月·中华情”之后，梅州市举办的又一场国家级艺术盛宴。

是日，梅县新城亲水公园生态休闲带首期项目完工，全面对外开放。分上下两层，上面是宽敞的广场，下面是亲水平台和 600 多米长的亲水栈道。平台巨大围墙上有三幅浮雕，最大的长 32 米、宽 6.6 米。浮雕均由具有防水功能的云南黄色砂石岩雕刻而成，客家围龙屋、客家古民居、客家节庆习俗等客家元素囊括其中。位于程江浒洲堤大沙河唇段望江亭（西堤闭合点）至客都大桥西端，全长 1700 米。总投资约 2.8 亿元，首期工程投资约 8000 万元。

3 日，“上海—梅州旅游航空专线周周通”启动，梅县机场迎来首个上海航空旅游团。首发团的 30 多名游客乘坐直航班机，到梅州享受 4 天的慢游梅州体验之旅。每周将固定 30 个机位。

8 日，梅州市在五华县横陂镇召开 2000 千米山区中小河流综合治理暨冬春水利建设工作现场会，掀起新一轮全市冬春水利建设高潮。计划从 2015 年起，5 年内总投资 40 亿元。

是日，广东深华药业有限公司旗下的广东深华现代医药物流中心在丰顺县落成投产。这是粤东地区自动化程度最高、药品种类最全、配送范围最广、占地面积最大的现代医药物流配送中心。总投资 2.3 亿元，占地 3.35 公顷，承担 20 多家市县级以上医院、200 多家乡镇卫生院及 4000 多药店、诊所和卫生站的药品供应配送任务，具备支持 30 亿元销售额的物流服务能力，年药品配送额可达 20 亿元～30 亿元。

是日，中国铁塔股份有限公司梅州市分公司挂牌成立，标志着信息通信基础设施建设进入新的发展阶段。是由移动、电信和联通共同出资设立的大型通信基础设施综合服务企业，投资 2.65 亿元，建设 398 个基站。

10 日，梅州籍球员刘彬彬入选中国男足征战 2015 年亚洲杯，成为继 1992 年出征亚洲杯的谢育新后，时隔 23 年征战亚洲杯赛场的梅州籍球员。

11 日，梅州市首家信用管理公司——弘正道信用管理公司梅州分公司成立。这种新模式将使催债业务由暗转明，可以通过委托对“老赖”实行债务追偿行为。

13 日，广东省人大常委会原副主任、广东省雁洋公益基金会理事长谢强华，市委书记黄强到梅县区梅南镇九龙嶂广东工农革命军东路第十团团部旧址调研，强调要全力支持革命老区发展，完善老区交通基础设施，改善老区生产生活条件，促进老区人民早日奔康致富。

17日，位于五华经济开发区内的广东辉骏科技集团有限公司正式成立，成为五华县首家集团公司。主要生产各式厨房小家电、LED灯照明系列、LED驱动电源系列。

18日，粤东北家居产业峰会暨梅州市装饰行业协会与锦绣国际·家居博览中心战略合作伙伴签约仪式在梅县区举行。锦绣国际·家居博览中心是市政府重点招商引进、喜之郎集团投资、梅州市山水城房地产开发有限公司开发的大型家居中心。项目总投资约80亿元，将打造成粤东北地区规模最大、档次最高、品类最全的家居建材一站式购物广场。

20—21日，全国政协委员、广东省客家商会会长、大百汇集团董事长温纯青率队到梅州考察。到芹洋半岛品牌战略发展区，现场察看大百汇品牌创新园、百汇·嘉印、安置区等项目规划建设进展。前往广东中烟工业有限责任公司梅州卷烟厂，实地考察生产经营状况和技改项目建设情况。

22日，中共梅州市委六届五次全会在市委礼堂举行。市委书记黄强强调，稳增长、调结构是2015年经济工作的首要任务，要坚持创新驱动，推动经济转型升级。要创新基础设施建设投融资渠道，把握投资取向，突出项目重点，完善多元投入机制。要创新产业发展模式，围绕建设“百亿元企业、产业、园区”目标，推动工业集聚发展、企业集群发展、产业特色发展。要创新新型城镇化路径，坚持“多规合一”，坚持产城联动，坚持城乡一体化发展。市委副书记、市长谭君铁指出2015年全市经济社会发展的主要预期目标是：生产总值增长10%左右，公共财政预算收入增长15%以上，固定资产投资增长30%以上，单位生产总值能耗下降2.35%，居民收入增长与经济增长基本同步。会议通过《中共梅州市委关于全面推进依法治市的实施意见》《中共梅州市委梅州市人民政府关于进一步加快县域经济发展的意见》《中共梅州市委关于建设团结和谐勤奋敬业清正廉洁领导班子的意见》。

26日，副省长许瑞生率队到梅州，就商事登记制度改革、环境保护、客家民居保护开发利用等工作进行专题调研，并看望慰问基层工商、环保执法人员。希望坚持深化改革促进创业创新，坚守环保底线彰显后发优势。

是日，广东航鑫科技股份公司新厂落成开业仪式在梅县区城东白渡产业园举行。是从事高锰酸钾和高锰酸钠生产和销售的企业，产品远销欧美、东南亚等地。厂区整体搬迁及升级改造项目第一期投资约4亿元。

29日，副省长林少春到梅州调研劳动力转移培训工作和医疗保险工作。强调加强技能培训，促进城乡居民就业。

31日，省委常委、统战部部长林雄到梅州开展“送温暖”慰问活动，看望基层老党员、困难群众和外来务工人员，并送上新春祝福。

31日至2月1日，2015客都（梅州）首届医博会在剑英体育馆广场举行。有梅州市人民医院、嘉应学院医学院附属医院、中山三院粤东医院、梅州市中医医院等大型综合医院、眼科等专科医院以及体检中心近20家医疗医药单位的100多名专家齐聚一堂，现场为市民提供体检、义诊及其他咨询服务。同时，举行百万元资助百名贫困重症患者认医认领公益活动。

是月，梅州城区391辆的士，有九成使用的汽车燃料是天然气，比使用柴油、汽油更环保安全，相当于“零排放”。建有梅城东升路和城西2座加气站。

是月，灾后重建的五华县横陂镇新锡坑大桥建成通车，惠及一河两岸近2万人。全长292米，投资900多万元，魏宝芳、魏标辉等众多乡贤慷慨解囊。

是月，梅州籍著名数学家丘成桐率GIT集团一行8人到梅州考察。丘成桐是享誉世界的微分几何大师、数学诺贝尔奖“费尔兹奖”获得者、中国科学院外籍院士等。GIT集团主要产品为3D扫描仪、3D图像处理商业应用软件、动漫制作和电影产业应用软件等。

是月，五华县安流镇安缘大桥正式动工建设。横跨琴江河学园村与龙中村河面，全长 188 米，桥宽 9 米，总投资 1000 多万元。建成后有利于改善琴江河两岸的交通条件，促进当地经济社会发展。

是月，平远县和蕉岭县分别成为农田水利设施产权制度改革和创新运行管护机制、农业水价综合改革国家级水利改革试点。平远试点工作总投资 1249.27 万元，可获中央补助约 1000 万元。蕉岭试点工作总投资约 1272.75 万元，可获中央补助 894 万元。

是月，深圳信立泰药业股份有限公司董事长、东中校友叶澄海为东山中学发展基金会捐资 200 万元作为启动资金。另外，赖国传捐资 100 万元，巫礼兵捐资 50 万元。

是月，位于梅江区西阳镇鲤溪村的梅台农业合作示范园（“阿鲤廊”）开园迎客，并与“掌游客家·一衣带水”农电商体验中心、“中国新资源食品”辣木·梅台辣木科技研发基地举行联合揭幕仪式。引进台湾优良果蔬和观赏花木，形成产学研一条龙、研发推广一体化、农旅生态休闲一揽子的农旅生态休闲长廊。

是月，梅州市在印度尼西亚新建 2 个旅游海外推广中心，分别落户雅加达和巴厘岛。加上之前在万隆设立的，梅州市设立的旅游海外推广中心增至 3 个，均举行挂牌仪式。进一步加大海外入境旅游市场的推广力度，提升梅州旅游在国际上的知名度与美誉度，推动海外到梅州旅游人数的增长。

2　月

1 日，梅江区城北镇爱丽丝庄园（樱花谷）开园迎客。数 10 万株樱花和郁金香应景开放，吸引众多游客前往观光赏花。

2 日，梅州日报新媒体中心正式启用，梅州城区的 26 个户外电子阅报栏也同步启用。是整合旗下媒体资源、推动媒体融合发展的又一创新举措。

3—5 日，市政协六届四次会议在市委礼堂举行。会议提交提案 211 件，参与提出提案的委员 350 多人次。审议通过《政协第六届梅州市委员会第四次会议决议（草案)》。选举肖平为政协第六届梅州市委员会副主席，曾祥海为政协第六届梅州市委员会秘书长。

4 日，河源市龙川县人邹建华驾驶乘载 13 人的面包车，往梅县区行驶，途经 X002 线兴宁市叶塘镇上中村路段时，驶出路面，碰撞石堆、示警桩、电线杆后坠落路旁水沟中，造成车上司乘人员 11 人死亡、2 人受伤的重大道路交通事故。

4—6 日，市六届人大六次会议在客家艺术中心举行。市长谭君铁向大会作政府工作报告。大会表决通过关于政府工作报告的决议，关于市 2014 年国民经济和社会发展计划执行情况与 2015 年计划的决议，关于市 2014 年预算执行情况和 2015 年预算的决议，关于市人大常委会、市中级人民法院、市人民检察院工作报告的决议。选举梅州市第六届人民代表大会常务委员会主任、部分副主任和委员。黄强当选市六届人大常委会主任，曾小华、张映平当选市六届人大常委会副主任。

7 日，广州梅州对口帮扶党政“一把手”联席会议在广州召开。狠抓 20 项对口帮扶工作任务落实，推动帮扶机制、人员、资金和项目到位，设立 20 亿元的穗梅投资基金，引进 156 个产业项目、计划投资 881 亿元，重点推进“三大抓手”建设，因地制宜开展特色帮扶，加大力度保障改善民生，不断深化区县结对帮扶。

9 日，蕉岭县长寿大桥建成通车。前身为长潭榕仔渡大桥，始建于 1983 年，横跨石窟河，以展示“世界长寿乡”形象而被命名为长寿大桥。全长 217.5 米，桥面宽 10 米，行车速度 40 千米/小时，设计抗震要求是地震基本烈度 6 度，防洪标准为百年一遇，总投资 1500 万元。

9—18 日，梅州市第 31 届迎春花市在梅城剑英体育馆广场举行。由梅州市兰博实业发展有限公司承办。来自梅州本地和广州、顺德、汕头、潮州、普宁以及福建等周边城市的100多家花卉企业、花农参展，共有150多个展位。除了大花蕙兰、“鸿运当头”等传统花卉品种外，还有金线莲等保健药用产品展出。花市最大的亮点是政府不再出钱参与，而是面向市场，以商业模式运营，由企业经营承办。

11日，梅州城区又有100辆纯电动公交车投入使用，梅州市首座大型公交车充电站同时启用。公交车数量达到526辆，清洁能源公交车所占比例超七成。公交车充电站位于梅县区南口镇。一辆纯电动公交车充满电需要3小时，快充只需要1小时。满载情况下，一次充满电可行驶100多千米。纯电动公交车噪音小，行驶稳定性高，可实现“零排放”。

12日，广东固特超声股份有限公司（证券简称：固特超声，交易代码：832018）“新三板”挂牌新闻发布会在梅城举行。成为继风华环保之后梅州市第二家在“新三板”挂牌的企业。固特超声是蕉岭县一家超声波技术应用产品研发、生产和销售的高新技术企业，建设固特科技园，吸引精密金属机加工等关联企业逐步聚集，最终形成年产值达20～30亿元的超声技术产业园区。

27日至3月1日，2015哈巴拉贺岁杯梅州足球邀请赛在梅县区曾宪梓体育场举行。经过激烈较量，天津松江队夺得冠军，梅州客家队获得季军。

是月，梅江区台湾农民创业园挂牌揭幕仪式在西阳镇“阿鲤廊”举行。全国首个海峡两岸及香港地区农业博士工作站正式落户梅州市。创业园核心区规划面积938公顷，先后引进台湾果树、蔬菜、观赏花木作物等品种20多个，推广面积0.15万公顷；引进台湾先进栽培技术20多项，推广面积3400多公顷；引进台商注册农业企业26家，注册资本1664万美元，总投资2854万美元，产值达1亿美元，辐射带动周边3万多户农民增收致富。海峡两岸及香港地区农业博士工作站为广东省博士团、台湾农业专家博士工作团发起组建的非政府组织，吸引海峡两岸及香港地区的57名涉农博士加入。

是月，梅江区白宫河段治理项目主体工程完工，建成一水清岸绿的生态水景观。总投资2500多万元，治理河道8千米多。建设有1条宽1.5米、长2千米的鹅卵石休闲步道。保留现有河岸众多百年古树等绿色资源，能抵御10～20年一遇的洪水侵害。

是月，梅河高速兴宁西出口民居改造工程全面完工，总投资1600万元。从高速出口往城区方向的站前大道近1千米的道路两旁，115栋民居“穿”上统一的“服装”，仿古的外墙、老式的屋顶窗台，让整条街道洋溢着浓浓的客家味，兼具客家特色和现代化气息，进一步提升城市形象。

是月，蕉岭县文福镇暗石村发现1处大型喀斯特溶洞，当地人称为“仙桥飞渡”，洞内不仅有千姿百态的奇异景观，还有明洞、暗洞、地下河“三合一”独特结构，极具科考和观赏价值。是梅州市迄今发现的首个喀斯特溶洞，填补梅州市喀斯特构景地貌的空白。

是月，丰顺县八乡山生态旅游风景区试营业。景区主要依托大峡谷、千米鸿图嶂、千亩大水库、万亩绿茶园等生态资源，分3期开发，首期投资3.5亿元，按国家AAAAA级旅游景区标准建设，以大峡谷为主题，打造集观光休闲、四季花海、漂流探险等于一体的旅游度假胜地。

是月，由中央电视台拍摄的大型人物纪录片《百年巨匠——林风眠》在中央电视台科教频道《人物》栏目首播，随后登陆北京卫视《光阴》栏目。摄制组曾在梅州市取景，通过镜头还原叙述林风眠在梅州生活时期的状况，从细节着手丰富人物的趣味性和真实感，解析林风眠执着的艺术追求。

是月，平远县与梅州市洪裕汽车配件公司、广东硕联石材有限公司、广东恒迪实业股份有限公司、梅州昱淦实业有限公司4家企业签约落户。4个项目总投资4.1亿元，投产后年产值可达 8.7 亿元，实现 2015 年招商“开门红”。

是月，G235 线丰顺县城改线段（金贵大道）全线通车，全长 7.168 千米，按省道二级公路标准建设，路基宽 15 米，行车道宽 14 米，总投资 4465 万元。金贵大道成为贯穿丰顺全境 108 千米 G235 线的重要组成部分，是丰顺县城通往北部潘田、留隍、潭江、砂田、小胜、黄金 6 个镇的出口，是丰顺新区温泉宜居城通往龙归寨景区的重要通道。

3　月

2 日，梅汕高铁先期开工段招标。梅汕高铁项目总投资 198.2 亿元，线路全长 121 千米，全线设 7 个车站，其中梅州境内新设梅州西站、畲江北站、建桥站和丰顺东站 4 个车站，设计行车速度 250 千米/小时。是梅州市第一条高速铁路。接驳厦深高铁，极大缩短梅州与珠三角、汕潮揭和海西区的时空距离。

3 日，五华县安流镇方塘村沿江路一家民宅发生火灾，造成屋主爷孙 4 人死亡。

6 日，广东省军区副司令员宫波到梅州宣布中央军委命令：任命武启龙为梅州军分区司令员。

7 日，汕昆高速公路（梅州往汕头方向）丰顺柚树下隧道路段发生一起重大交通事故，一辆面包车追尾货车，造成 3 人死亡、15 人受伤。

18 日，丰顺县汤坑镇邓屋寨门楼坪一家民宅发生火灾，造成 2 人死亡。火灾原因还在进一步调查中。

19 日，番禺—五华对口帮扶工作联席会议在番禺区召开，双方围绕新一轮扶贫“双到”以及产业帮扶等工作进行沟通协商。五华县获得番禺区 500 万元对口帮扶资金。

24 日，嘉应学院新增“社会工作”“物联网工程”“房地产开发与管理”“资产评估”4 个本科专业。本科专业总数达 56 个。

29—30 日，中国农业发展银行副行长何兴祥率考察组到梅州，考察新型城镇化建设试验区项目落地和建设进展情况，探索金融支持新型城镇化新模式，希望梅州全力加快项目建设，实现双方共赢发展。

30 日，广州市番禺区对口帮扶五华县的重点项目——五华奥园广场奠基动工，标志着五华县人民公园人居环境提升改善工程正式开工建设。五华县人民公园人居环境改善工程包括人民公园和奥园广场两大项目，由奥园集团设计并承建，是五华县首个全业态城市综合体。人民公园占地面积约 21 公顷，含道路建设、园区绿化亮化和市政设施完善，总投资约 7500 万元。奥园广场一期规划用地 7 万多平方米，建筑面积 14 万平方米，总投资约 10 亿元，由大型购物中心、时尚商业步行街、高级商务酒店、写字楼、高端公寓、中心豪宅及别墅七大业态组成，是集购物、休闲、餐饮、娱乐、文化、居住、商务等多功能为一体的大型全业态城市综合体。

31 日，丰顺县与工信部电子第五研究所签署战略合作框架协议，成为全国首个与科研单位牵手合作成功的县级政府。丰顺县利用科研、人才、技术服务等优势，推进电声产业转型升级，支持有条件的企业进行工业化和信息化融合，加快实现把丰顺电声打造成为超百亿产业集群、擦亮“中国温泉之城”品牌的目标。首批就五个重点方面开展合作，内容涉及电声产业发展规划、公共技术服务平台建设、区域品牌建设和持续服务机制、推动丰顺地热节能项目碳交易工作等。力争成为由国家级专业技术服务机构助力县级政府推动支柱产业转型发展的典范，创造一种可复制、可推广的产业发展新模式。

是月，《廖晓鹏诗书集》由线装书局出版发行。共收录自书自作诗词 40 多首，并附有 10 方篆刻作品。是梅州市第一本公开出版的自作诗书法作品集。廖晓鹏现为中国书法家协会会员、中华诗词学会会员。

是月，平兴高速的甘专隧道和南山隧道 2 座隧道基本完工。平兴高速起于平远八尺镇，接江西瑞金至寻乌高速，途经梅县、兴宁、五华，与梅河高速相接，项目全长约 98.544 千米，计划投资 80.3 亿元。通车后，将结束平远县没有高速公路的历史，实现梅州市“县县通高速”的目标，而平远至广州的车程将缩短约半个小时。

是月，梅江区旅港乡贤、知名企业家余陈梅冰女士再襄义举，捐资 130 万元，支持梅江区中医医院建设及帮助部分贫困白内障患者进行康复手术。

是月，雁南飞茶田景区入选国家生态旅游示范区，成为广东省唯一入选景区，也是粤东首家国家生态旅游示范景区。

是月，由阿里巴巴举办的全国农村淘宝县级运营中心营销数据排名出炉。兴宁农村淘宝服务站的总积分排名全国第一。产品主要涉及树苗、农机、农具等春耕用品，以及服装、洗衣机、空调、冰箱等家用电器和日常生活用品。兴宁农村淘宝服务站设立 48 个站点，覆盖所有镇（街道）。

是月，五华县琴江生态景观大道建设和 S238 线周江镇山下祠至安流镇郑坑段路面改造正式动工。琴江生态景观大道工程起点位于县城 S120 线琴江大桥西端，沿琴江河西岸往南，途经水寨、横陂、安流 3 个镇、16 个行政村，终点位于安流镇惠天地加油站，全长 31.675 千米，按二级公路标准设计，行车速度为 60 千米/小时，工程总投资 11.5 亿元。S238 线周江至安流段改造工程计划投资 2626 万元，全长 12 千米，路面宽 7 米。

4　月

2 日，梅州市首届民间文化技艺大师表彰大会举行。余耀南、刘沅声、蒋向华、张焱祥、钟柳红、李新贤、姚旭东、梁森粦 8 人荣获“梅州市首届民间文化技艺大师”称号。涉及山歌、泥塑、木雕、百家姓灯笼、传统戏剧、瓷碗打击乐等民间技艺，获奖者堪称梅州民间文化技艺所属领域的代表性大师，几十年坚守工艺创作，传承着客家民间绝技的温热脉搏。

3 日，梅州客家文化产业发展有限公司、华商旅游股份有限公司与蕉岭县签订投资意向书，分别投资建设三圳镇特色健康养生长寿产业园项目、锦绣山河运动休闲项目。首期投资 18.5 亿元，助力蕉岭把长寿产业打造成百亿元产业。三圳镇特色健康养生长寿产业园项目由梅州客家文化产业发展有限公司投资兴建，项目首期投资 10 亿元，围绕“生态、养生、健康、长寿”主题，做好长寿食品和品牌的研发，利用当地水资源打造健康养生矿泉水品牌、养生黄酒品牌、特色健康养生长寿产业基地，致力打造成华南地区极具创新力、品牌影响力的特色健康养生长寿食品产业园区。蕉岭县锦绣山河运动休闲项目由梅州华商旅游股份有限公司投资兴建，项目首期投资 8.5 亿元，主要利用一河两岸水资源，以“长寿、宜居、运动、旅游”为理念，打造运动休闲项目，提高石窟河沿岸景观的旅游价值，发展长寿旅游经济，激发城市经济活力。

7 日，市委书记黄强、市长谭君铁到丰顺县留隍镇开展专题调研时强调，要充分调动乡贤回乡投资兴业的积极性，坚持政府主导、企业运作、社会参与、利益共享，科学规划建设好韩江（中上游）生态文化经济带。现场察看韩江国际旅游养生度假开发区项目建设进展，并召开座谈会听取韩江（中上游）生态文化经济带规划情况汇报，研究如何加快推进下一步工作。

是日，丰顺电声产业发展座谈会在丰顺县召开。市委书记黄强、市长谭君铁出席会议并讲话，强调要深入实施创新驱动发展战略，提高创新能力、搭建发展平台、优化营商环境、培育龙头企业，加快打造百亿元电声产业集群。

8 日，梅州市松源商会成立大会暨第一届会员代表大会在梅城举行。梅州市文超房地产实业开发有限公司董事长王伟文当选第一届会长。商会有会员近 70 人。商会在房地产、建材、汽车配件、酒店、农产品、林业产品和餐饮等领域取得令人瞩目的成绩，成为梅州经济社会发展的重要力量。

是日，梅州市商务局挂牌成立，标志着进入内外贸统筹管理、协调发展的新阶段。商务局承担原市外经贸局职责和原市经信局的商贸流通管理职责，内设 13 个科室，主要承担贸易管理、投资促进、外商直接投资审批、市场建设与管理、口岸建设与管理等多项职能。

是日，市委书记黄强、市长谭君铁在梅城会见回梅州考察访问的英国华人保守党前副主席、英国华商总会第 43、44、45 届会长叶谋迪一行。叶谋迪祖籍梅县区白渡镇。英国华商总会于 1968 年在伦敦成立，旨在为旅居英国的华侨、华人社会提供服务，联络各行业侨胞感情，促进团结互助，争取合法权益。叶谋迪表示将积极发动英国乃至欧洲有影响力的企业家到梅州考察访问，在农产品、轻工业、电子商务等各领域寻求投资合作机会，努力为家乡经济社会发展贡献力量。

9—18 日，“世纪风眠——林风眠生平展”在杭州中国美术学院美术馆举办。林风眠祖籍梅州市梅江区西阳白宫，是 20 世纪极富影响力的艺术家、美术教育家。中国美术学院与梅州市本土企业威华集团联合开展一系列活动，包括创建林风眠奖学金、筹建林风眠艺术馆等。中美院部分重要学术力量和美术界若干著名画家、雕塑家参与此次主题创作活动。画展的 40 多件作品将全部捐给梅州林风眠美术馆，让林风眠家乡人民可以进一步了解大师不平凡的一生。

10 日，梅州市在佛山市举办丰华兴梅产业集聚带专场招商推介会，重点介绍丰华兴梅产业集聚带规划情况、发展现状、产业特色、政策机遇、重点招商领域以及发展前景等，并现场邀请企业家到梅州投资兴业，共同参与建设丰华兴梅产业集聚带。科华恒盛电气、大乡里农业、麦祺装饰材料、安佑饲料、御固门业、德运群车业、康莱达机电制造、珠江电线电缆 8 家公司与市招商局、梅县区、兴宁市、丰顺县、五华县现场签订项目投资合同或意向投资协议，将在梅州投资太阳能光伏发电、农副产品深加工、自行车制造和装饰材料、食品机械、饲料、电缆生产，计划投资额 32.08 亿元。

13 日，市委书记黄强、市长谭君铁专题调研江南新城和芹洋半岛征地拆迁工作，强调要进一步明确目标任务、落实拆迁责任、形成工作合力，依法依规全面完成好征地拆迁任务，为城区扩容提质提供充足用地保障。分期分批做好拆迁户的安置工作。

13—14 日，省烟草专卖局（公司）局长、总经理郑伟率队到梅州调研，希望梅州烟草部门抢抓机遇、传承创新、凝心聚力，争当粤东烟草行业排头兵，实现新常态下的有质量、有效益、可持续发展。

14 日，市委书记、市人大常委会主任黄强专题调研梅州市地方立法筹备工作，并出席市地方立法筹备领导小组第一次会议，强调要明确目标、落实责任，整合资源、加快进度，扎实做好各项筹备工作，力争梅州市成为第一批有立法权的设区市。

15 日，市委书记黄强、市长谭君铁会见到梅州考察访问的全国人大常委会原委员、香港嘉应商会永远荣誉会长曾宪梓，香港嘉应商会永远荣誉会长梁亮胜，香港嘉应商会会长曾智明等香港嘉应商会访问团嘉宾。希望凝聚乡贤力量，助推振兴发展。

16 日，由全国人大常委会原委员、香港嘉应商会永远荣誉会长、金利来集团董事局主席曾宪梓博士捐资 900 万元兴建的梅县宪梓中学荣发教学大楼、智明大楼和金利来人行天桥落成启用。曾宪梓博士还向梅县区中小学捐赠 1100 只足球以支持校园足球发展。

是日，丰顺县被中国机电产品进出口商会授牌为“中国电声出口共建基地”。中国机电产品进出口商会与丰顺县共建电声出口基地，加强对丰顺电声企业和品牌产品的推介宣传，帮助企业开拓国际市场，培育竞争新优势。丰顺县以此为契机促进电声出口转型升级，培育经济增长新动力，发展实体经济，打造百亿元产业集群。

17日，印度尼西亚雅加达—梅州国际航线合作签约仪式在梅县机场举行，标志着梅州市即将开通首条国际航线。

25—27日，2015梅州市自驾车旅游文化节在梅城剑英体育馆广场启动。以“传播旅游文化品味休闲生活”为主题，融合旅游产品推介、品牌车辆静态展示、自驾游互动、客家文化交流等元素，以车为媒，为市民献上一场汽车旅游文化视觉盛宴。同时，举行“欢乐大埔行”自驾游活动出发仪式，30辆小汽车组成自驾游车队前往大埔游览三河坝、泰安楼、百侯古镇等景点。

27日，梅州境内第一条高速铁路—梅汕高铁在丰顺县正式开工建设。梅汕高铁正线全长122.5千米（梅州境内线路长度为71.9千米），全线设7个车站，自北向南依次为梅州西、畲江北、建桥、丰顺东、揭阳北、揭阳潮汕机场和潮汕站。设计行车速度为250千米/小时，投资估算总额198.2亿元，将有效解决粤东地区铁路运输能力不足和行车速度缓慢问题。

30日至5月3日，“创意家居·绿色生活”梅州第三届家居装饰博览会在梅城院士广场举行。汇集60多家品牌商家，150多个家居、房产、汽车、建材、装饰设计产品。其间有文艺专场晚会、电影展播、小记者才艺大赛、现场抽奖等精彩活动。意向成交金额超过1.1亿元，实际成交6500多万元。

是月，梅州紫晶光电科技有限公司与武汉光电国家实验室研发的超大规模高能效光盘库，在第43届日内瓦国际发明展上获得金奖。该光盘库是国际上最大的可实用光存储产品，适合大数据的长期高效存储和应用。

是月，国道206线梅城至梅县区畲江角口段路面改造工程全面动工。全长30.5千米，工程总投资1.18亿元，全线采用二级公路技术标准，设计速度80千米/小时，在对旧路面进行挖补、重新铺筑水泥基层等措施后再铺筑沥青混凝土面层。

是月，饶智华、卓定华、张汉谋、李好4人被评为2015年全国劳动模范，罗伟群被评为2015年全国先进工作者。

5　月

1日，广州大桥全面通行。位于梅州城区东南部，西起站前东路，与金燕大道（梅湖路）相交，东接芹洋片规划路，跨越梅江河，全长约1.285千米，其中桥梁全长876米，主桥最大宽度33.5米，最大跨度139米，双向六车道单塔斜拉索桥，总投资2.5亿元。广州大桥是省内单塔单索面桥型中桥幅最宽的桥梁之一，可以抵御百年一遇洪水、9级大风、7级烈度地震，满足5级航道通行要求。2日，平远县政府与平远鼎辉投资有限公司举行新光源照明产业基地项目签约仪式。平远鼎辉投资有限公司将分3期共投资16亿元，在东莞塘厦（平远）产业转移工业园投资建设占地面积35.51公顷的新光源照明产业基地。包括建设低碳、环保、高效的高能光电晶体、晶体发光模块、晶体半导体灯泡、晶体射灯、晶体半导体PAR灯、碳极等离子灯等照明产品。投产后年产值可达52.6亿元，实现税收4.6亿元，创造就业岗位1000个。

是日，在五华县水寨镇善坑村入口处，一辆半牵挂货车与一辆女装摩托车相撞，事故致使女装摩托车上2人死亡。

7日，市委书记、市人大常委会主任、市依法治市工作领导小组组长黄强主持召开市依法治市工作领导小组会议，强调要认真学习贯彻省委书记胡春华有关重要讲话精神，狠抓依法治市各项工作任务落实，务求在重点领域和关键环节取得新突破，加快法治梅州建设步伐。

7—9 日，清华大学 CEPC 筹备委员会主席高原宁率专家及北京企业家到梅州考察，商讨 CEPC 项目落户。丰顺与大埔列入项目选址考察对象。

9 日，受切变线和偏南暖湿气流的影响，北部地区出现暴雨到大暴雨。兴宁市、平远县局部地区 14 个镇发生洪涝灾情，1 人失足落水失踪，4 万多人受灾，直接经济损失 2913 万元。

13 日，广东省创业投资协会在梅州举行融资需求和招商项目对接会，利用协会最新启动上线的“华南 PPP 投融资合作网”，推动梅州市招商引资项目、基础设施建设项目、产业发展项目等融资需求充分对接社会资本。

是日，市财政局、市城市综合管理局在市产权交易所举行大型户外广告位使用权拍卖会。在梅城（除梅县区）属首次。梅城站前东路 2 处绿化带内户外 T 形广告位每年使用权共拍出 51.4 万元，可供使用年限为 5 年。

14—18 日，第十一届中国（深圳）国际文化产业博览交易会举行。梅州组织企业、产品参展，受到观众和采购商的好评。展馆获得设计精品奖概念组 idea 创意铜奖及优秀展示奖。重点引进和展示文化含量高、创新性强、发展潜力大，体现文化产业发展前端和趋势的项目，强化对陶瓷、非物质文化遗产、文化旅游、书画艺术等领域领军企业的集中展示。各县（市、区）以产品、展板和宣传资料展示各自的特色，让客商、观众在了解客家之余，也带动与全国各地文化企业的合作。

15 日，市委书记黄强主持召开市委常委扩大会议，传达贯彻省委书记胡春华重要指示精神，强调要紧紧围绕“三大抓手”、落实“两大政策”，尊重规律、快干实干，加快打造丰华兴梅产业集聚带，努力建设成为广东原中央苏区绿色发展试验区。

16 日，2015 央视鉴宝专家梅州鉴宝活动在梅县区富力城举办。3000 多名持宝人参加，共评选出 111 件优秀藏品。其中 1 件一等奖藏品、10 件二等奖藏品及 100 件三等奖藏品。一等奖藏品唐宋客乡青瓷四系罐（完整）是梅州“民间国宝”唐代水车窑产品青釉瓷四系罐的存世“姊妹”，十分珍贵。

18 日，全省公务用车制度改革工作电视电话会议召开，梅州市年底全面完成公车改革任务。其中市、县（市、区）9 月底前完成，乡镇 12 月底前完成。取消一般公务用车，保留必要的机要通信、应急、特种专业技术用车和符合规定的一线执法执勤岗位车辆及其他车辆。行政区域内普通公务出行方式由公务人员自行选择，实行社会化提供、适度发放公务交通补贴的政策。具体补贴标准确定为：正厅级 1690 元，副厅级 1500 元，正处级 1000 元，副处级 800 元，正科级 600 元，副科级 450 元，科员 300 元，科员以下 250 元。

18—19 日，国家开发银行广东省分行行长郭蕾率调研组到梅州调研。先后到江南新城、芹洋半岛、客天下旅游产业园等地调研棚户区改造和新型城镇化建设情况，听取梅州市棚改、水利等重大项目融资情况介绍。

20—28 日，市委书记黄强率梅州市访问考察团，赴泰国、新加坡、印度尼西亚进行学习考察，先后考察泰国曼谷、芭堤雅，新加坡新城区、西部工业城和印尼雅加达、万隆、巴厘等梅州籍侨胞聚居地，走访客属社团、拜访乡贤企业家和侨领，并举行乡情通报会和招商推介会，汇聚客商力量，共创海丝未来。与各界友好人士、客属商会领导、工商文化金融界人士广泛接触，就如何加强梅州与各地的经济文化合作进行深入交流。

22 日，由南方日报社、省文联、华南农业大学以及省民协联合举办的“寻找广东十大茶乡”系列评选揭晓。大埔县、梅江区西阳镇荣获“广东十大茶乡”称号，梅县华银茶业有限公司的金螺春（绿茶）、广东凯达茶业股份有限公司的凯达牌香妃翠玉（乌龙茶）获“广东十大名茶”称号。

28 日，省十二届人大常委会第十七次会议审议通过《关于确定佛山、韶关、梅州、惠州、东莞、中山、江门、湛江、潮州市人民代表大会及其常务委员会开始制定地方性法规的时间的决定》，梅州成为全省首批获得地方立法权的设区市之一，即日可开始制定地方性法规，将启动涉及环保、古民居和水源保护3项立法工作。

30日，玉庭楼·创客空间试运营。一场别开生面的复古派对揭开玉庭楼·创客空间试运营的帷幕，随后举行“创客卡”首发仪式及“一见·百年”艺术收藏展发布会。梅州及珠三角地区的部分艺术收藏家及文化界人士参加活动。位于梅江四路的玉庭楼建成于1923年，是一座走马楼格局的客家民居，经过修复、改造后被打造成梅州市首个“客家古民居活化样板”和“老房子创客空间”。已进驻办公或经营的9家文创企业、社会团体代表领取“创客卡”。“一见·百年”艺术收藏展共展出近60件珍贵藏品，有宋湘、林风眠等客家名人墨宝，以及宫廷艺术、佛教艺术类藏品。

是月，梅州参加在广州琶洲展馆举办的第117届广交会。组织83家企业、600多人参加，成交6.45亿美元，同比增长2.71%，主要涉及机电产品、陶瓷产品、装饰工艺品、家居用品、纺织品、服装、办公文具、食品、箱包、医药等。分3期举行，梅州参展企业一期成交2.87亿美元，同比增长2.5%；二期成交3.1亿美元，同比增长3.3%；三期成交0.48亿美元，与上届持平。

是月，五华县安流镇蓝田村杰出乡贤、农民企业家陈维恩慷慨捐资200万元，用于重建老蓝田大桥。

是月，国家发改委、财政部、水利部部署开展社会资本参与重大水利工程建设运营，韩江高陂水利枢纽工程入围首批试点。韩江高陂水利枢纽工程是以防洪、供水为主，结合发电，兼顾航运等综合利用的大型水利枢纽工程，被列入《国务院关于支持赣南等原中央苏区振兴发展的若干意见》重点建设项目。概算总投资约61亿元，是中华人民共和国成立以来广东省单项投资最大的水利工程。

是月，省委党校（广东行政学院）到丰顺县留隍镇大坪村开展扶贫开发“双到”工作。共落实帮扶资金380多万元，重点帮扶贫困村实施村卫生站、老人活动中心、村道、桥梁等基础设施建设，开展茶叶产业技能培训，提高村民种茶技术和劳动技能等，帮助贫困村发展村集体经济。

是月，梅州市有4个人才工程项目、2个创新创业团队和一批人才入选省“扬帆计划”，竞得省级人才工作扶持资金1137万元，项目及资金数量居粤东西北地区地级市之首。

是月，S120线五华礤新至兴宁松陂路面大修工程开工。全长13.9千米，总投资4670万元，属于丰华兴梅产业集聚带交通建设项目，是畲江工业园通往兴宁水口工业园、五华油田工业园的重要道路。

是月，嘉应学院举行“邓振龙奖教奖学基金”签约仪式，标志着由全国人大代表、知名实业家邓振龙捐资2000万元设立的奖教奖学基金正式落户，这也是嘉应学院接受的个人单笔最高奖教奖学金。

是月，广东祥旺农林科技有限公司、广东本草源科技有限公司被中国扶贫开发协会授予“中国油茶产业扶贫示范基地”称号。兴宁祥旺公司发展油茶基地469公顷，建成年产近500吨的油茶精炼加工厂，打造油茶生产、加工与销售“一条龙”产业链。辐射带动当地和周边地区农户发展油茶种植，促进农民增收致富。大埔本草源公司投入资金1.5亿元，兴建集油茶种植、科技研发、生态农业、观光旅游、休闲度假于一体的现代化绿色产业基地，加大科技投入，实现从传统种植业向有机油茶种植业发展。

是月，省经信委、省财政厅公示2015年广东省省级产业园扩能增效专项资金基础设施建设专题评审拟扶持项目计划，平远、五华和兴宁3个县（市）的省级产业园共竞得3亿元的省级专项扶持资金。专项资金采取股权投资的方式，用于支持园区基础设施建设。

是月，平远县政府分别与张家界老道湾旅游休闲发展有限公司和佛山市逸景文化旅游投资有限公司签订投资协议书。两家企业分别投资10亿元和8亿元，对南台卧佛山和差干长布半岛进行投资开发建设。南台卧佛山项目规划范围15平方千米，控制用地1000亩（66.67公顷），分3期建设，重点开发山水观光、参禅礼佛、养生度假、汽车营地、森林体验、客家风情园、动物乐园、温泉度假小镇等旅游项目，打造一个集温泉度假、休闲娱乐、生态农业、养生养老及相关配套产业于一体的大型旅游度假区。差干长布半岛项目建设周期为6年，分3期建设，重点开发三省民俗主题广场、三省商业街、亲子游乐场、中心表演剧场、国学馆、影视拍摄基地，花田汇、水上乐园码头、薰衣草庄园等旅游项目。

是月，广州番禺（五华）产业转移工业园、广州海珠（丰顺）产业转移工业园2个省级产业转移工业园各获得省产业园扶持项目一次性启动资金5000万元。由五华县政府、丰顺县政府持股，通过委托有资质的受托管理机构或直接注资方式投入园区开发公司，以股权投资的方式用于园区基础设施建设等。

是月，2014年度创建平安广东暨综治工作考评梅州得分90.467分，排名蝉联全省第一，评为优秀等次。是梅州市连续8年获评“全省社会管理综合治理优秀市”。

6　月

2日，蕉岭县三圳镇铁西村发生一起杀人案，3人被杀死，当地5名无辜群众被砍伤。

3—4日，副省长邓海光率队到梅州督导经济工作。强调要充分发挥自身优势，坚持特色发展道路，以提升经济质量和效益为中心，突出发展实体经济，促进产业集聚发展，推动改善民生，坚决守住绿水青山，努力实现科学发展、惠民发展。

5日，第三届中国最美小镇授牌仪式暨经验交流会在北京举行，来自浙江、广东、安徽、重庆、河南5个省市的10个小镇获评中国最美小镇。梅县区南口镇荣膺“中国最美历史文化小镇”，是广东省唯一入选的乡镇。

9—10日，省政协主席王荣率队到梅州调研，对梅州的发展思路、发展态势和政协工作成效给予充分肯定，强调要抓住原中央苏区和粤东西北地区振兴发展“两大政策”机遇，围绕交通基础设施建设、产业园区扩能增效和中心城区扩容提质“三大抓手”，进一步发挥各级政协组织和政协委员的作用，推动梅州加快振兴发展。

11日，市委、市政府召开推进足球改革发展工作会议。市委书记黄强出席会议并讲话，强调要抢抓国家和省推动足球改革的大好机遇，落实足球综合改革各项措施，推进足球改革发展，重振梅州足球之乡雄风。

12日，广东东电化广晟稀土高新材料有限公司4000吨高性能烧结钕铁硼永磁材料一期项目在畲江园区竣工投产，标志着梅州市和广晟有色金属股份有限公司在稀土深加工、拓宽产品深广度和延伸产业链等方面上了一个新台阶。项目是引进世界500强企业和省属大型企业开发本地资源的一个成功典范，总投资7.93亿元，占地8.84公顷，首期已完成投资2亿多元。年销售额将达8亿元，可创造税收约2亿元。

是日，市农业局、中国邮政储蓄银行梅州市分行联合主办“农邮携手·创新融资助‘三农’活动”，现场向5家农业企业发放6000万元授信，其中广东蓝田农业有限公司授信金额2500万元。

16—17日，省委副书记、省长朱小丹率队到梅州、河源和汕尾3市调研，进一步了解三市经济运行情况，强调要站稳立足点，扭住根本点，把握平衡点，培育增长点，不断提高发展质量和效益，推进粤东西北地区加快振兴发展。

19日，由国际慢城联盟总部举办的“2015慢城最佳实践大赛”颁奖仪式在意大利米兰世博会Kip School馆举行。“国际慢城”雁洋镇凭借绿道慢行交通系统、银发乐团两个项目，获国际慢城联盟总部颁发的“橙色蜗牛2015”大奖。绿道慢行交通系统等项目将作为优秀范例在世界范围内普及推广。

是日，位于梅城芹洋半岛的220千伏赞化变电站正式投入运营，标志着梅州市220千伏变电站数量突破两位数，为梅江区东部地区的城市扩容提质提供坚强的电力保障。有利于改善区域110千伏电网结构，增强区域间互供互倒能力。

24日，闽粤赣13个市旅游局局长联席会议暨梅州旅游推介会在梅州召开，厦门、漳州、泉州、龙岩、三明、汕头、潮州、梅州、揭阳、汕尾、鹰潭、赣州、抚州等闽粤赣13个市旅游局负责人，梅州市各县（市、区）旅游局、A级景区、旅行社负责人等约200人参加会议。共同签订合作协议，将在推进“海上丝绸之路”建设、构建旅游信息交流平台、策划推广精品旅游线路、打造区域旅游知名品牌、规范区域旅游市场体系等方面深化合作。

25日，由市人大常委会与嘉应学院合作共建的梅州市地方立法研究基地在嘉应学院挂牌并投入运作。市委书记、市人大常委会主任黄强出席签约挂牌仪式并为基地揭牌，寄语基地牢牢抓住提高立法质量这个关键，多出高水平的立法成果，为梅州推进依法治市、加快振兴发展做出积极贡献。

是日，副省长邓海光到梅州开展“七一”慰问活动，看望慰问基层困难党员和优秀党员，送上节日的问候和祝福。

28日至7月4日，中华诗词学会会长郑欣淼一行到梅州市检查“中华诗词之市”创建工作，认为梅州市“中华诗词之市”创建工作党政重视、基础扎实、氛围浓厚、举措得当、成效显著、特色明显。希望发挥示范带动作用，推进诗词进校园、进景区、进社区等“六进”工作，将中华诗词事业弘扬好、传承好；组织丰富活动，加大力度出精品，突出特色创品牌。

30日至7月1日，省检察院检察长郑红率专职检委会委员张占忠一行到梅州，就检察机关如何做好人大代表联络工作。更好地接受人大监督进行调研，要求检察机关要不断创新工作机制，让检察机关接受人大监督形成制度化、常态化。

是月，在广东省第十一届名优茶质量竞赛中，“梅风牌”梅尖银毫获得梅州送评茶样中唯一一个“特等金奖”。送评茶样还获得6个金奖、11个银奖、5个优质奖。

是月，2015中国加工贸易产品博览会在东莞举办。梅州市5家参展企业共达成交易意向金额5.3亿元，同比增长2%，参展产品涉及电子类、服装类、鞋类、家具类和工艺类。

是月，梅州市派遣18名教师到印尼支教，是历年到梅州市对外派遣教师最多的一次。梅州市也成为广东省对外派遣教师最多的地级市。积极做好对外文化交流工作，发挥教育资源优势，支持海外华文教育发展。

是月，全国人大代表、深圳市奥林投资有限公司董事长邓振龙捐资500万元，用于兴建松口太乙公园。邓太乙古墓葬是梅州市文物保护单位，为粤东邓氏始祖墓。以邓太乙古墓葬为中心兴建松口太乙公园旨在开发文化旅游特色景区，加快美丽乡村建设。

是月，汕湛高速五华段东岭隧道右洞贯通。全长4.2千米，是梅州最长的隧道，也是省内最为复杂的隧道，同时还是汕湛高速公路揭博项目的关键工程、控制性工程。汕湛高速五华段投资52.69亿元，全长约39.8千米，有双向长8.5千米的特长隧道1座，大、中桥梁19座；设棉洋、樟树塘及华阳3处互通立交，服务区和管理中心各1处。

7 月

1日，将现行上门收运垃圾服务费（含清扫保洁费）和垃圾处理费合并，统称为生活垃圾处理费，并委托梅州粤海水务有限公司（自来水公司）代收代缴，收费标准保持不变。

2日，梅州市第十四次（梅江）百人诗会在梅江区举行。中华诗词学会会长郑欣淼、副会长刘麒子等领导亲临指导，共有130多人参加盛会。与会人员参观学宫诗书画展，到攀桂坊部分景区、黄遵宪故居、中国客家博物馆、泮坑文化长廊等地观摩采风，围绕“百人诗会颂梅江”主题，在雅集大会上以吟、诵、唱、和等形式交流诗词作品。

6日，市委书记黄强主持召开会议专题研究江南新城征地拆迁工作，强调要进一步强化主体责任、明确目标任务，下大力气把“硬骨头”啃下来，打好江南新城征地拆迁攻坚战，加快梅州中心城区扩容提质步伐。

9日，梅县机场公司与广东金泉通用航空公司签订长期合作协议，双方将合作共建梅州市首个通用航空基地。基地可开展观光旅游体验飞行、飞行驾照培训、通用作业、公商务飞行等业务。为梅州乡贤郑金泉回归投资项目，由金泉航空公司首期投资1亿元建设，

13日，初伏首日，梅州市迎来2015年入夏以来最高气温，达38.1℃，市气象台发布高温橙色预警。

17日，粤电大埔电厂接入系统工程中的全长14.4千米的220千伏大埔电厂至土岭站线路投产，大埔电厂#1机组开始受电调试。是大埔电厂2×60万千瓦“上大压小”燃煤发电工程配套送出线路，计划总投资3.04亿元，建设220千伏线路4回、线路总长181.5千米，其中至土岭变电站1回、至嘉应变电站1回、至长沙变电站2回。

17—18日，中国工程院院士袁隆平到梅州验收超级稻。参加在兴宁新陂镇新金村举办的“华南双季超级稻年亩产三千斤技术模式攻关”测产验收。测产结果加权平均亩产达703.9公斤、最高亩产达到738.5公斤。袁隆平一行还抵达梅城，前往梅州市粮食储备、加工和种子企业等指导调研，参观农电商产业园和粮食企业。

19日，国家杂交水稻工程技术研究中心、中南大学、华南农业大学、葛林美（中国）农业科技有限公司与蕉岭县达成战略性合作，在蕉岭县政府礼堂签订建立国家杂交水稻工程技术研究中心超级杂交稻蕉岭示范基地，打造高产、绿色、安全长寿农产品生产体系战略合作框架协议。打造670公顷高产绿色试验示范基地。

20日，位于蕉岭新铺镇的皇马水泥公司二期项目年产100万吨水泥粉磨生产线顺利建成投产，年可增加产值3亿元。项目总投资约1.3亿元，采用中国现今自主研发HFCG180－160型辊压机和（Φ4.2米×13米）水泥管磨联合粉磨系统。

20—21日，广东省工商联原党组副书记、广州企业家投资商会主席陈海燕率考察团到梅州考察，并举行雁洋湖度假村投资项目签约仪式。计划在雁洋镇投资10亿元兴建雁洋湖度假村生态文化旅游项目。项目位于雁洋镇鹧鸪村，总体规划面积约40公顷，依托雁洋镇良好生态环境和“国际慢城”品牌，创建集国际贵族学校、国际酒店、文化体验、观光旅游、休闲娱乐、养生健身、金柚酒酿造于一体的旅游度假教育胜地。

21—22日，平远、蕉岭、梅县、兴宁、梅江区局部地区出现暴雨到大暴雨、局部特大暴雨的降雨过程。强降雨造成平远县9个镇遭受洪涝灾害，受灾人口17240人，直接经济损失逾1.3亿元。未有人员伤亡报告。

21—22日，广东新南方集团有限公司总裁朱拉伊率考察组一行到梅州考察，并召开座谈会洽谈协商意向投资江南片区三甲医院建设事宜。院址规划选址地在江南客都大道中段南面

政府储备地，占地面积约16公顷，建设规模达三甲综合医院标准。按意向投资方规划，拟建成拥有3000张床位的公益非盈利性医院，依托广州中医药大学附属医院专家力量支持。

是月，丰顺县瑞丰粮油食品有限公司成立，“面粉大王”陈茂玲回乡兴办粮企，粤东最大规模粮油基地在丰顺投产，12万吨的总储备量位居粤东第一。公司位于丰顺县汤坑镇东里村，占地面积10公顷，建筑面积4万平方米，一期项目投资2.5亿元。

是月，东莞企业家携手国际酒店管理集团进驻兴宁，打造神光山五星级旅游度假村。神光山皇家金煦国际度假村由梅州融丰实业有限公司建设，占地206公顷，总投资15亿元。成为兴宁首个五星级酒店和智能家居概念社区，是首个引进北京奥运会奥运村物业合作方的商业地产，也是国际知名酒店管理集团喜达屋首次在粤东地区参与的酒店项目。

是月，揭阳新客商何旭滨投资广东恒一公司，新项目计划总投资6亿元，分两期建设。首期2万平方米主体结构基本完成，可实现年销售收入20亿元，带来至少4000万元的税收，解决就业200多人。力争打造高性价比的婴幼儿产品，成为赣闽粤地区母婴用户的首选品牌。

是月，省委副书记、省长朱小丹率队到梅州，现场检查振兴发展的新进展、新成效，对梅州经济社会发展呈现的良好态势给予充分肯定，希望梅州始终扭紧“三大抓手”，坚持改革创新、加快转型升级，不断提高发展质量和效益，全力加快振兴发展。

是月，丰顺在粤东首推“冰泉游”，引导酒店利用温泉制冷，在温泉区建设10多个“冰泉池”，和原有的40多个药浴、花浴温泉池，以及动感温泉冲浪、温泉漂流、儿童温泉乐园等“串珠成链”。在丰顺县金德宝凯悦国际温泉度假酒店，充满巴厘岛风情的“冰泉”吸引许多来自潮汕、珠三角的游客。

是月，坐落在蕉岭县的国家水泥及制品质量监督检验中心开工建设。总建筑面积1万平方米，总投资6700万元，将配置荷兰帕纳科X射线荧光光谱仪、X射线衍射仪和微机控制万能材料试验机等先进仪器设备100多台（套）。

是月，丰顺县留隍镇黄礤村村民刘亿段的牛产下双胞胎。牛属单胎动物，自然条件下双胎率极低，能生出双胞胎极为罕见。

是月，梅州市的“马山”、“跃速”、“集一”（图形）、“富农”（图形）、“万圣”、“蓝田”（图形）6件商标被评为“广东省著名商标”。

是月，位于梅州火车站旁的梅州义乌小商品批发城项目开工建设。由广东方荣投资有限公司投资10亿元打造，占地2.35公顷，总建筑面积约14万平方米。建成后主要经营工艺品、饰品、小五金、电子电器、玩具、化妆品、文体用品、副食品、钟表、针棉纺织品、服装等，同时配套建有公寓、酒店和地下停车库，可容纳4000多户商户，提供就业岗位1万多个，成熟期年交易额可达50亿元，税收过亿元。

是月，大鑫豪文化传媒有限公司以素有世界客侨海上丝绸之路第一港之称的松口古镇为背景，拍摄梅州首部古镇微电影《梦回松口》，用微电影的形式弘扬客家文化，展现世界客都的魅力，并制作同名主题曲《梦回松口》。

8 月

1日，由广东山水漫画旅游发展股份有限公司投资4500万元兴建的五指石客运索道工程通过国家索道检测中心验收，正式向游客开放。索道起点在贵妃湖大坝侧，终点在梅林，属单线循环脱挂式抱索器八人吊厢索道，项目包括上下站房、支架、驱动系统、吊箱等。线路总长998米，高差87米，设24个吊厢，最快运行速度为每秒5米、单向运行约为4分钟、以每小时1200人的运输量循环运行。是日，奥园跨境电商商品展示交易中心入驻梅城签约半岛一号楼盘项目新闻发布会举行，梅城迎来首家跨境电商体验店。以“线下展示交易中心+线上购买平台”的 O2O 模式运营，消费者在体验店内选购心仪货物后，统一在“奥买家”网络商城上进行交易，并由平台统一完税，打造一个集“体验、交易、检测、配送、交流”为一体的综合性 O2O 跨境保税进口商品服务平台，让梅城的消费者在家门口就可以购买低价原装跨境商品。

6 日，梅州市在汕头市举办广东丰华兴梅原中央苏区绿色发展示范区专题招商推介会，广东博森光能科技有限公司、华润电力（风能）开发有限公司、香港昌升置业集团有限公司、汕头市兴华牙科医疗器械有限公司 4 家企业现场分别与相关县（市、区）签约，签约金额（含意向投资额）达到 23.8 亿元。

8—9 日，省委常委、省纪委书记黄先耀率队到梅州，重点检查镇街纪委规范化建设和农村基层党员干部违纪违法线索集中排查工作，强调要扎实推进基层党风廉政建设，解决群众身边的不正之风和腐败问题，为经济社会发展提供坚强有力保障。

9 日，位于梅县区新县城剑英大道的梅州锦绣国际·红星美凯龙主力店正式动工。标志着中国家居流通业巨头红星美凯龙正式进驻梅州，带动梅州市家居市场进入 Mall 时代。项目规划总面积逾 5 万平方米，引进国内外 300 多家知名家居建材厂商和经销商，成为梅州档次最高、品类最齐全的家居行业旗舰。梅州锦绣国际·家居建材博览中心由广东喜之郎集团斥资 80 亿元打造。项目总建筑面积达 120 万平方米，涵盖家居建材、五金机电、星级酒店、创意产业中心、企业孵化基地等超全业态。

是日，第 14 届广东省运动会田径女子甲组 400 米项目举行决赛，梅州市运动员黄佳佳以 54 秒 73 的成绩获得冠军，为梅州市体育代表团夺得参加本次省运会的首枚金牌。

10—11 日，省文化厅党组书记、厅长方健宏率队到梅州市开展公共文化建设以及文化遗产保护工作情况调研。寄语满足群众文化需求，焕发文化遗产活力。

11 日，在广东省第 14 届运动会田径女子甲组 4×100 米接力项目比赛中，梅州运动员丘淑儒、黄佳佳、廖雅维、朱益春以 46 秒 81 的成绩夺得金牌。

11—13 日，广东省军区司令员张利明少将到梅州，检查指导梅州军分区人武部全面建设情况。

13 日，梅花山森林公园升级改造项目举行动工仪式。由梅县富力城房地产开发有限公司斥资 1000 万元进行升级改造，建成后将成为市民休闲娱乐好去处，推动梅县区提高城市品位和城区扩容体质。15 日，梅州市政府与途家网网络技术（北京）有限公司在梅城签订战略合作协议。途家网是国内最大型的提供度假公寓民宿在线租赁服务的旅游互联网企业，在全球 250 多个旅游目的地运营着 130 多万套房源。双方将围绕打造“畅游梅州、乐享途家”品牌，在整合利用闲置房产、规范度假租赁行业、培养旅游管理人才等方面开展深度战略合作。途家网还与客天下文化旅游产业园签订合作协议，客天下将提供 350 套房源在途家网度假公寓预订平台上线，吸引各地游客到梅州旅游度假。

16 日，位于梅江区西阳镇的梅台文化创意产业园正式开园。由广东客家红文化发展有限公司投资建设，计划总投资 5000 万元，首期投资 2000 多万元。主要分为艺术家创作与交流区、精品陶瓷生产区、陶瓷 DIY 体验与教学区、客家特色服饰设计与生产区、文创产品展销区、游客休闲区 6 个区域。

19 日，平远县政府与广东仓子健康产业有限公司签订相思谷景区投资开发建设协议书。投资 5 亿元，对平远上举客家相思谷景区进行整体开发，实现景区由观光旅游向休闲度假旅游转变。景区规划面积约 30 平方千米，规划将景区建设成为一个集旅游度假、休闲娱乐、生态农业、健康养生及相关配套产业于一体的大型旅游度假区，建设内容包括森林徒步、中医药旅游小镇、南药养生禅心谷、相思七仙女瀑布、仓子下画卷人家、云端畲客等休闲体验项目等。

20日，由市委宣传部、市社科联联合主办的“海上丝绸之路与梅州”研讨会在市剑英图书馆举行。有梅州市战略发展顾问、深圳市文联原副主席杨宏海，嘉应学院、市直有关单位、市相关协会以及各县（市、区）30多名学者参加。就梅州如何融入海上丝绸之路、怎样借助新海上丝绸之路建设提升梅州的地位和作用、梅州海上丝路与文化软实力等问题进行研讨，收到相关研讨文章28篇，并将编辑《“海上丝绸之路与梅州”研讨文集》出版。

21日，市委书记黄强率队到国家开发银行广东省分行洽谈双方深化金融合作事宜。双方就深化金融合作有关项目作进一步探讨和对接。市政府国有全资公司梅州市粤发投资建设有限公司与国开行广东省分行签订《梅州市芹洋半岛棚户区改造项目合同》。国开行广东省分行将为芹洋半岛品牌战略发展区棚户区改造项目提供16.6亿元的贷款。

28日，作为第四届世界客商大会重要组成部分的“世界客商与21世纪海上丝绸之路”研讨会在梅城举行。来自海内外的专家学者聚首客都，就世界客商与海丝未来展开热烈研讨。来自毛里求斯、马来西亚、新加坡、澳大利亚、美国以及国内的26位专家学者作大会发言、40多位专家学者提交论文，认为客家人是海上丝绸之路印度洋之路的开拓者、松口港是海上丝绸之路印度洋之路第一港、大埔是海上丝绸之路的“青花瓷敦煌”等，并就如何从客家丰厚的历史积淀中汲取营养，全方位推进与海丝沿线国家、地区交流合作等提出意见建议。

30日，广东宝丽华集团有限公司出资120万元，奖励在2015年高考中取得优异成绩的东山中学师生团队，助力“珠峰人才培养计划”。

31日，梅县区与广东珠光集团有限公司就潮塘文化旅游产业项目签约。项目位于梅县区城东镇潮塘村，珠光集团将投资22亿元，打造以梅花文化为核心，以生态资源、红色旅游资源为载体，集休闲、养生、健身、娱乐、观光、度假、居住于一体的文化旅游产业园。

是月，梅州市被中华诗词学会授予“中华诗词之市”荣誉称号。梅县区、兴宁市、蕉岭县获授“中华诗词之乡”称号，梅州市学艺中学、兴宁市田家炳中学、蕉岭县人民小学、蕉岭县实验小学获授“中华诗教先进单位”称号。

是月，平远县成立广东华泰农兴农产品交易中心股份有限公司。成为粤东首家农产品交易中心，搭建起连接生产、加工、销售三个环节的农产品电子商务平台。由平远县引进深圳金雅福集团和梅州飞龙果业有限公司共同投资3亿元建设，选址在平远县城城南新区，主要提供农产品现货交易及结算、仓储、物流及价格信息、农业投资咨询等服务。交易品种为梅州及周边地区的特色产品和特有资源，包括橙子、柚子、茶叶、茶油等农产品，以及其他农产品现货商品和库存仓单，预计年成交额约1000亿元。

是月，广东长荣林业、梅县九龙山矿泉饮料等6家省、市农业龙头企业组成的梅州代表团参加“2015粤澳名优商品展销会”。梅州共有6大类、20多种名优特产品参展，6家参展企业现场销售额达253万港元，签订对外成交意向865.5万美元。

是月，农业部公布国家首批农产品质量安全县（市）创建试点单位名单，梅县区名列其中，是梅州市唯一入选单位。

是月，国家旅游局公布首批“中国乡村旅游模范村”名单，梅县区雁洋镇长教村和大埔县百侯镇侯南村被列入其中。

是月，丰顺埔寨农场绿色饲料生产基地建设首期引进大北农、双胞胎、江西联和农牧、福建海新、广东现代农业集团5个项目，包括高档猪教槽料、兽药、微生态制剂产品生产基地等。项目计划投资6.7亿元，规划面积33.5公顷，已完成储备土地33.5公顷。建成后将成为全省重要绿色饲料生产基地。

是月，2015全国大型音乐展演盛典在北京举行。梅州市选送的歌曲《梅州月·中华情》

(江剑欧作词、张伟东作曲) 获作词、作曲金奖。

是月，梅州有 8 个传统村落获中央财政支持，分别为梅县区松口镇大黄村、梅县区松口镇南下村、梅县区松口镇铜琶村、梅县区雁洋镇桥溪村、大埔县百侯镇侯南村、大埔县西河镇北塘村、大埔县西河镇车龙村、平远县上举镇畲脑村。专项补助资金主要用于传统建筑和历史遗迹保护性修缮、建筑防灾减灾、环境综合整治，以及污水垃圾处理等基础设施和公用设施建设。

是月，丰顺县立项建设九龙嶂生态旅游区，由广东九龙嶂茶业有限公司开发。项目以生态茶园和休闲农业园为核心，打造成为集养生、休闲、度假、体验、娱乐、运动等功能为一体，满足现代休闲游客度假需求的旅游综合体。项目投资 5 亿元，总建筑面积达 7.5 万平方米。旅游区 134 公顷茶园开垦完成。

是月，广东汇威高科技园丰顺项目一期主体工程完成。项目坐落在丰顺县埔寨镇生态工业园，占地面积 8.04 公顷，计划总投资 3.5 亿元，主要建设液晶电视、平板电脑、LED 灯具生产基地和电子产品研发中心，至年底已投入建设资金 1.5 亿元。项目建成投产后，可实现年产值 15 亿元、税收 5400 万元，提供就业岗位 500 个。

9　月

2—5 日，第 23 届广州博览会在中国进出口商品交易会展馆举行。梅州市有 37 家企业参加。依托梅州展区的 30 个展位，以实物产品展览展销、图文介绍和播放宣传片等方式，向国内外客商和广州市民集中展示上百种绿色产品、长寿食品和高科技产品，吸引众多经销商和采购商前来对接洽谈，现场签订意向购销合同近 3000 万元。

9—10 日，梅县机场迁建工程项目论证研究报告评审会在梅城举行。梅县机场迁建首选场址为梅县区南口镇荷泗东侧的高山岽，为广东丰华兴梅原中央苏区绿色发展示范区的中央地带。新机场项目总投资额估算 41.635 亿元。

11 日，为纪念中国工农红军长征胜利 80 周年举办的全国性红色旅游宣传活动——“薪火相传·再创辉煌”长征精神红色旅游火炬传递活动在大埔县举行。活动以中央红军长征线路为主，行程 1 万多千米，梅州大埔是火炬传递的第三站，也是广东省唯一的火炬传递点。红色旅游火炬在朱德雕像前点燃，第一位火炬手“广东好人”廖乐年接过首棒火炬开始传递。

11—13 日，2015 中国（广东）国际旅游产业博览会在广州琶洲中国进出口商品交易会展馆举行。梅州市 28 家旅游企业赴穗参展，平远县长布半岛休闲度假区（相思小镇）项目和大埔县丰溪林场老年森林养生福利院项目签约，项目投资总额共约达 11 亿元。并举办“乐游梅州”专题推介会，为观众呈上广东汉剧、客家山歌等节目，送出旅游大礼包。首个独自参展县丰顺县主打温泉魅力城和养生休闲地两个主题，宣扬独特的客潮相融文化。

13—17 日，法属留尼汪省顶磅市市长曾宪建率团到梅州访问，与梅州市签署教育、旅游合作备忘录。深化旅游领域交流合作，互相支持和参加对方举办的大型旅游推广活动，不定期邀请对方旅游业界考察团进行考察，进一步加强双方旅游团体信息交换，共同促进两市旅游业的健康快速发展。根据两市签订的合作备忘录，顶磅市与嘉应学院将建立互访互动关系，共同实施语言教师、体育教练互派和交换生等项目。

17—18 日，全国人大常委会委员、内务司法委员会主任委员马馼率全国人大常委会老年人权益保障法执法检查组到梅州开展执法检查。希望提升老龄事业，积极应对老龄化。

19 日，大埔县蜜柚茗茶美食节暨金秋乡村旅游启动仪式在大埔西湖公园举行。800 多名嘉宾和游客体验大埔的美食文化和长寿农特产。茶叶、蜜柚、大埔娘酒、蜂蜜等展出的产品可供游客品尝，并举行蜜柚产业发展论坛。大埔县是广东省最大的蜜柚种植基地、全国最大的红肉蜜柚种植基地，大埔蜜柚被授为国家地理标志保护产品，并获“岭南十大养生特产”，也是广东省优质茶叶基地及全国重点产茶县。

是日，怡景豪园队夺得“赛翡蓝宝石球王杯”足球赛冠军，将代表梅州市参加2015—2016广东省足球联赛。喜多多队获得亚军，纵横融通队获得季军。是梅州市规模最大、参赛队伍最多、水平最高的草根足球赛事。

22日，梅州市2015年（第二批）250辆纯电动公交车投放运营，全面开通梅县区城乡公交，梅州城市公交运营辐射范围扩大至3054平方千米，服务人群超90万人，清洁能源、新能源公交车达73%，比例居全省第一。

25日，泛华集团与蕉岭县签订《关于共同推进蕉岭县城镇开发建设战略合作框架协议》，投资10亿元项目在新型城镇化建设方面进行深度合作，加快城市扩容提质，优化世界长寿乡宜居环境。标志着双方在城镇开发多个领域内正式结成战略合作伙伴。

26日，在五华县体育场举行的2015中国足球乙级联赛半决赛第二回合赛事中，梅州五华队1∶0战胜南京钱宝队，以两回合6∶1的总比分淘汰对手，赢得一个中甲名额，冲上中国足球甲级球队。梅州五华队创造梅州足球历史，标志着梅州足球之乡有了中甲联赛，是梅州振兴足球之乡十年规划结出的硕果。

29日，梅州至平远高速公路先行段开工建设。动员大会在平远县大柘镇田兴枢纽互通施工现场举行。起点位于梅江区城北镇上村（接长深高速），经梅县区大坪镇、平远县长田镇，终于平远县城南侧的田兴村（接济广高速平兴段）。全线设上村（枢纽）、大坪、长田、田兴（枢纽）互通立交4处，管理分中心、停车区、养护工区各1处。主线全长约33.1千米，采用四车道高速公路标准建设，设计时速100千米/小时。项目概算总投资约34.4亿元。

30日，广东梅州抽水蓄能电站开工建设动员大会在南方电网公司举行，标志着梅州抽水蓄能电站建设全面启动。是国家能源发展“十二五”规划的重点建设项目、广东省低碳能源经济发展项目、南方电网继粤电大埔电厂后支持梅州发展的又一重大项目。项目站址位于五华县龙村镇黄狮村，规划总装机容量240万千瓦、总投资120亿元，首期装机容量为120万千瓦、投资70.52亿元，年发电电量15.7亿千瓦时。

是日，省市重点项目G206线梅城至畲江段（梅畲快速干线）改线工程先行段开工，先行段在梅县区畲江镇双螺村动工建设。是梅州市公路部门历年来单项投资最大、前期工作最快的一个工程项目。项目全长29.6千米，估算投资18.02亿元，

是月，兴华高速公路全线动工建设。是长深高速、济广高速及汕湛高速重要联络线的组成部分，由兴宁至五华主线和畲江支线组成，全长约85.5千米，设大桥、特大桥52座，隧道1座，投资75亿元，全线采用双向四车道标准建设。

是月，丰顺汤南大桥正式动工建设。位于榕江北河丰顺县汤南段，是连接榕江北河东西两岸、关系周边10多万名群众生产生活发展的重要桥梁。采用三级公路技术标准建设，长约128米、宽12米，总投资760多万元。

是月，梅州市的塔牌集团2×10000t/d新型干法熟料水泥生产线项目、梅盛伟业水泥有限公司5000t/d新型干法熟料水泥生产线项目获得国家认定。其中塔牌集团2×10000t/d新型干法熟料水泥生产线项目是全国最大水泥生产项目，位于蕉岭县文福镇，总投资40亿元，其中塔牌集团的环保投资2.7亿元，约占总投资的7%。是国内外工艺技术最先进的水泥生产线，能最大限度综合利用资源，协同处置大量的工业废渣及城市废弃物，具有能耗低、劳动生产率高等特点。

是月，“松岗嶂绿色生态茶园”入选“中国三十座最美茶园”，成为广东省唯一入选的茶

园。茶园位于五华县棉洋镇七畲径国有林场，面积达134公顷，主要种植白叶单枞。产品有大红袍、红茶、黄茶、单枞、普洱、乌龙、绿茶等，畅销日本、俄罗斯及北京、广州、潮汕等国家和地区。

是月，“平远县八尺稀土矿详查”项目被中国地质学会评为2014年度全国十大地质找矿成果。广东省核工业地质局二九二大队历经4年地质科技攻关，在平远县八尺地区寻找并详查大型离子吸附型轻稀土矿床。项目提交工业稀土矿石量13212.05万吨，全相稀土氧化物资源量136122吨，是近年来广东省提交的唯一大型离子吸附型稀土矿床。

是月，投入2亿多元的蕉岭县福星长寿新城首期工程竣工。位于蕉城镇龙安村城南高速路口附近，距离县城2千米。集商、住、旅等功能于一体，由蕉岭县骏业房地产开发有限公司开发，总投资约10亿元，首期工程建筑面积5万多平方米。二期工程全面动工，包括3万多平方米的综合商业广场、人防工程和地下车位等设施。

10　月

1日，大型原创歌舞剧《梦幻客都》在梅城亮胜艺术中心首演。是由广东客都文化发展有限公司策划、出品的大型歌舞剧，分为守梦、追梦、筑梦三大篇章，时长90分钟，有18首歌舞。以歌、舞、诗、画为艺术元素，通过演员们具有张力的表演以及一景一物、以小见大方式，将客家人走四方闯天下的追梦精神诗化展现在观众面前，每个篇章都具有情感冲击点。

2日，中山大学原党委书记郑德涛到梅州考察台资企业发展和梅州高等职业技术学院规划建设情况，希望不断深化市校合作，共促梅州振兴发展。

3日，象棋大师黄海林回梅州献技，在归读公园逢甲书屋举行中国象棋“黄海林大师车轮战”。与21位象棋好手展开精彩的车轮大战，最终黄海林获得10胜11和，不失一局。黄海林是梅州市培养出来的唯一的中国象棋国家级大师，曾于1996年参加全国象棋锦标赛（团体）荣获乙组冠军，晋升为象棋大师，又于1999年荣获第二届全国象棋大师赛冠军。

5日，丰顺县汤坑镇发生一起命案，祖孙3人在宿舍里被杀，犯罪嫌疑人有精神病史。

5—11日，丰顺县与市商务局联合组织电声企业组成参展团，赴台湾参加“第十二届海峡两岸电子信息暨自动化设备展”。集中展示丰顺县高精端电声产品，以及具有自主知识产权、自主品牌的电声产品。培英公司的汽车音响系列产品、汽车防盗器、汽车智能温控坐垫，旺兴达公司的多媒体音响系列产品、LED便携插卡音响，泰昌公司的电声配件，都深受外商青睐。丰顺10家参展企业总成交额4000万美元，其中现场签约1000万美元、签订意向合同3000万美元。部分台资企业还有意到丰顺作进一步投资合作和经贸交流考察。

7日，2015年国庆黄金周期间，梅州市共接待游客364.86万人次，同比增长7.75%；旅游总收入11.33亿元，同比增长18.47%。、

8日，梅州市在广州举行广东梅兴华丰产业集聚带新闻发布暨招商推介会。《广东梅兴华丰产业集聚带总体规划（2015—2030）》获省政府审议通过。标志着梅州新型工业化发展的主战场——广东梅兴华丰产业集聚带，正式上升为省级重大发展平台，将在省级层面乃至国家层面得到更多政策、资金和项目支持。

是日，G206线梅江区黄基坪至梅县区畲江角口路面改造工程全面通车。全长30.5千米，从黄基坪途经长沙镇、梅南镇、水车镇，终于畲江镇角口，工程总投资1.18亿元。是广东梅兴华丰产业集聚带的主要道路之一。

9日，位于梅州火车站西侧的梅州市中心枢纽汽车客运站全面动工。是展示梅州中国优秀旅游城市的一大窗口。项目按照交通运输部一级A类站场规划建设，设计日发送旅客10000

人次，占地3.75公顷，计划总投资约2.2亿元，建筑总面积约6.5万平方米，包括主楼、商业楼、站前广场、旅客候车区、货运物流区、综合服务大楼等，整个建筑布局凸显梅州客家建筑特色。

10日，印尼苏拉维加亚航空公司一架波音B737—800客机平稳降落在梅县机场，标志着梅州首条中远程国际航线——“雅加达—梅州”国际航线正式通航，为世界客都融入国家“一带一路”发展战略、推进“21世纪海上丝绸之路”建设架起便捷高效的空中桥梁。

是日，第八届世界大埔同乡联谊会在大埔县召开，来自新加坡、马来西亚、泰国、印尼和中国港、澳、台地区大埔同乡，以及参加研讨会的专家教授、签约代表等1000多名海内外嘉宾齐聚万川古城，共商家乡发展大计。为赖国香等7名第七批大埔县荣誉市民授荣，并举行公益事业捐资、经贸洽谈项目签约两个仪式。共有36个洽谈项目，涉及能源、陶瓷、酒店、文化旅游、农业、电子和房地产等领域，计划投资总额139.43亿元，其中大会现场签约项目26个，投资总额60.83亿元；意向项目10个，计划投资总额78.6亿元。举行2011年以来经济社会发展重点和亮点展、客商名优产品展、大埔健康食品展和大埔书画摄影作品展四个展会。举办以“韩江（大埔）客家文化旅游特色带发展规划”“青花瓷创新与发展”“广东汉乐传承与发展”等为主题的研讨会。

10—11日，平远县举行世界客商大会平远县分会场系列活动，现场集中竣工、动工、签约“三个一批”项目53个，计划投资144.56亿元。竣工项目24个，总投资45.18亿元；动工项目20个，计划投资77.13亿元；签约项目9个，计划投资22.25亿元。其中有2个圩镇改造项目，分别是热柘镇柚树缘圩镇改造项目（一期）竣工和长田镇圩镇扩容提质项目动工。

10—12日，第五届世界蕉岭同乡联谊大会暨蕉岭县第二届长寿文化节举行。共竣工、动工、签约项目59个，计划投资317亿元。其中10个签约项目计划投资72亿元，27个动工项目计划投资160.55亿元，22个竣工项目投资84.5亿元。世界长寿乡科学认证委员会授予蕉岭“国际健康养生示范区”牌匾。举办“2015中国·蕉岭长寿健康产业研讨会”。

10—13日，2015年世界客商博览会在梅县区人民广场举行。博览会展区总面积约1.3万平方米，设客商名优产品展和客家文化创意产品博览交易会两大展区。客商名优产品展位面积约6000平方米，参展企业156家，设梅州、河源、惠州、清远、韶关、赣州、龙岩、香港澳门、亚洲非洲、欧洲美洲大洋洲10个展馆，参展商品有工业电子、陶瓷、纺织服装、工艺品、机电、农副产品（含食品）、酒类、医药保健品等。客商名优产品展还专门设立电子商务展区，12家电商代表企业展示梅州市电子商务发展情况。客家文化创意博览交易会分设客属文创馆、台湾文创馆、茶文化馆、海丝文化馆四大板块，含台湾、梅州、客属、海丝、体育、教育、传媒影视、茶文化8个展馆，共有8个省22个市和台湾地区134家企业参展，产品涉及陶瓷、沉香、艺术衍生品、泥塑、石雕、木雕、竹雕、蛋雕、动漫、服饰、刺绣、乐器、茶业等24个行业。为展现梅州与“海上丝绸之路”的密切联系，文博会还特别设立海丝馆，展出400多件见证梅州市与海丝之路联系的藏品。世界客商博览会吸引13.3万多人次参展观展，客商名优达成贸易成交意向9.1亿元（不含文博会），其中现场成交5130万元。文博会成交量近5000万元。

11日，蕉华工业园管委会举行“三个一批”项目竣工、动工、签约仪式暨健康产业招商推介会。现场举行蕉华健康食品生产基地首期项目、蕉华樱花产业园项目、蕉华南部健康食品物联网云销平台项目等7个项目签约仪式，签约金额22.4亿元。同时举行项目竣工和动工仪式。广东省养生文化协会向广东尚阳谷食品饮料有限公司颁授“广东省中医药文化养生旅游示范基地”牌匾。

12日，第四届世界客商大会在梅州市梅县区文体中心举行。广东省委副书记、省长朱小丹，全国人大常委会委员、华侨委员会副主任委员、广东省原省长黄华华，全国人大常委会原委员、金利来集团有限公司董事局主席曾宪梓等，以及来自全球26个国家和地区、国内18个省（直辖市）、32个地级以上市的900多名领导嘉宾等出席大会。大会举行“广东梅兴华丰产业集聚带”挂牌揭幕仪式。《广东梅兴华丰产业集聚带发展总体规划（2015—2030）》获广东省政府批准实施，以广州（梅州）产业转移工业园为核心，梅县（增城）、兴宁（东莞石碣）、五华（番禺）、丰顺（海珠）等产业转移工业园为组团，致力于构建工业化与绿色化融合发展的生态园区、工业新城，是广东省级加快粤东西北地区振兴发展的重要载体和梅州原中央苏区对外合作的重要平台。韶关、河源、梅州、惠州、清远等广东客属地区与海内外客商现场签约项目90个，计划投资总额逾400亿元，项目涉及新能源、新医药、新材料、电子信息、机械装备、文化旅游等领域。举行梅州市振兴发展主题展、世界客商博览会、客家文化创意产品博览交易会、客家文化艺术展演和曾宪梓博士足球捐赠仪式暨梅州振兴足球邀请赛等活动。市县联动举行重点项目动工、竣工活动，其中动工项目137个，计划投资总额862.89亿元；竣工项目128个，实际投入资金372.44亿元。

是日，梅县区举行梅县外国语学校，中山大学附属第三医院粤东医院国威门诊大楼、李有权医技大楼、陈梅冰高压氧治疗中心的启用仪式；金利到梅州地区经济总部及金利来花园，梅兴华丰产业集聚带梅县集聚区有信达保税物流项目等系列工程的动工仪式。竣工、动工、签约项目53个、计划总投资292.53亿元。

是日，梅江区在客天下举行招商推介会暨项目签约仪式，与深圳有信达物流集团有限公司、深圳海购通电子商务有限公司、客家缘生态文化产业有限公司等5家企业签订投资合同，计划投资总额达30多亿元。

是日，广东粤电大埔电厂举行点火仪式。由广东省粤电集团有限公司投资53.98亿元，建设两台60万千瓦超超临界燃煤发电机组。首期工程建成后，年发电量将达到60多亿千瓦时，年产值可达33亿元，年税收可达4亿多元，经济上将再造一个大埔。

是日，水利部部长陈雷、广东省省长朱小丹在梅州调研广东防汛防台风和水利改革发展情况，共商治水兴粤大计。陈雷、朱小丹先后实地察看梅江区西阳镇白宫河中小河流治理工程直坑村、万年桥现场，梅县区雁洋镇东片和东南片农村饮水安全工程现场。朱小丹希望水利部继续支持广东省重大水利工程建设，包括珠江三角洲水资源配置工程、韩江粤东灌区续建配套与节水改造工程、西江干流（广东段）综合整治工程、练江流域综合治理工程、全省村村通自来水工程等，进一步加大对广东省防灾减灾水利基础设施建设的支持。

13日，广东省高陂水利枢纽工程开工建设动员会在大埔县高陂镇九龙村举行。是韩江流域防洪控制性工程和水资源配置骨干工程，集防洪、供水、发电和航运等综合利用功能于一体，计划总投资61.54亿元、建设周期66个月，设计正常蓄水位38米、洪水位47.44米，水库总库容3.66亿立方米，调洪库容2.67亿立方米，电站总装机容量10万千瓦。

是日，第四届世界客商大会兴宁分会在兴宁会展中心举行。继梅州主会场5个项目签约后，兴宁现场再有8个项目签约，13个签约项目计划总投资70.8亿元，均为工业项目。

是日，五华县举行招商推介会暨项目签约仪式，与深圳市神牛摄影器材有限公司、五华县润华肠衣有限公司、广州市九鼎包装材料有限公司、深圳博思科特环境能源科技有限公司、佛山市南海百凌制冷设备厂、广东鑫华铁塔制造有限公司、中农联控股有限公司、东莞大地利实业有限公司、华电福新能源股份有限公司、东莞市茶山强顺五金管桩配件厂、广东客天下旅游文化产业园有限公司、香港派能集团等12个企业签订投资合作协议，计划总投资52.05亿元。

是日，在第四届世界客商大会五华县系列活动举行期间，前来与会的五华县乡贤和企业家捐款850万元，充实青少年足球发展基金，支持五华青少年足球事业发展。其中全国政协委员、广东省客家商会会长、大百汇集团董事长温纯青捐款100万元；广东五华商会捐款200万元；大百汇集团总裁温育青，湖南省广东商会会长、湖南粤海投资有限公司董事长张建辉，深圳市东方建富实业有限公司董事长杨汉军，海口丰鹏实业有限公司董事长温喜泉，深圳市丰和实业集团总经理黄焕桂分别捐款100万元等。

是日，梅州市第二人民医院奠基，项目选址于梅城江北芹洋半岛“东山谷·客家文化产业基地”东南部，届时城区将再添一家三甲医院。由嘉应学院医学院和广东国丰源文化健康产业有限公司联合共建，项目总占地面积约20公顷，规划设置1500张床位，以高端康复养护、高端妇幼育婴为特色，不仅可提供综合性医院的各类医疗服务，而且将配套建设肿瘤超早期筛查特检中心、老年病医疗研究中心、规划建设养老公寓、富氧休闲设施等。

18日，世界客都·茶博城招商推介暨茶企进驻签约仪式在梅县区锦绣国际营销中心广场举行。活动吸引雁南飞茶业等30家茶企签约进驻。茶博城的规划面积约10000平方米，计划总投资1.5亿元，将集纳客家各地名茶及茶具，设立展览、展示、销售、电商等环节，满足消费者的需求；将组建5个销售辅助平台，每年举办1~2次客家大型茶陶文化展，增进人们对客家茶文化的了解。

20—21日，省委书记胡春华到梅州调研并检查“三大抓手”推进情况，强调梅州要认真学习贯彻习近平总书记关于苏区老区发展的重要指示精神，继续扭住“三大抓手”，提升产业发展水平，增强内生发展动力，加快原中央苏区振兴发展，确保与全省同步实现全面小康目标。

22日，市政府与广州体育学院签订协同发展休闲体育产业合作框架协议，标志着梅州成为广州体院学院开展地校协同创新的首个地级市，双方建立地校协同发展的良性合作与沟通机制，重点打造梅州“中国休闲体育健康城市”品牌，并在振兴梅州足球、发展健康养生、做强休闲体育产业等领域加强地校互动、资源共享，计划至2018年，形成2~3个专业化、品牌化融合发展的休闲体育产业精品项目；至2020年，全市“一县一品牌”发展格局基本确立，形成结构优化、效益显著的休闲体育产业体系。

25日，梅州锦绣国际一期家居建材博览中心开盘，6.58亿元的商铺3小时内被抢购一空。有不少客户在认筹阶段已看好心仪的商铺，开盘现场采取电子随机摇号的方式进行商铺认购，当场完成选铺、认购、合同签订等手续。梅州锦绣国际由广东喜之郎集团斥资80亿元打造，对于梅州市的产业集聚，梅县区的县域经济、区域产业布局、产业转型升级具有积极作用，项目总建筑面积达120万平方米，涵盖家居建材、五金机电、创意产业中心、企业孵化基地等，一期为30万平方米的家居建材博览中心。

26日，梅州市首条西部航线“西安—长沙—梅州”航线正式通航。梅县机场的通航城市增至11个，航线网络布局进一步丰富和完善。便利梅州与“一带一路”建设的重要节点城市——西安、长沙两地之间的经贸往来、人文交流等，有利于梅州与湖南、陕西两省的交流和旅游产业发展。

29日，孙中山和平教育基金会主席、孙中山先生孙女孙穗芳博士到兴宁参与在兴宁市石马中学举行的中国民主革命先驱孙中山先生、何子渊先生携手同行的铜像揭幕仪式。这是孙穗芳博士捐建的第161座孙中山先生铜像。铜像基座高约3米，两人携手同行，基座正面题写有“甘苦同珍，泰运中华”八个大字。

是月，S222线大埔高陂至桃源食饭溪公路改建路基工程基本完工，并铺筑7千米水泥路面。工程采用二级公路技术标准设计，对线路进行裁弯取直、路面加宽、危桥重建、完善安保设施等，预计总投资1.7亿元。

是月，省道228线五华华城高速出口至河东段一级公路改造工程完工。全长25.08千米，总投资约4.2亿元，首期工程穿县城段线路长9.02千米（水寨镇斗米岭至河东塘背段），结合配套县城市政规划，路基宽40米，双向四车道；二期工程华城高速出口至水寨镇斗米岭段线路长16.06千米，路基宽23米，路面宽21米，中间设立混凝土分隔带。

是月，五华益塘水库引水工程建设工作方案出台。引水工程起始于益塘水库，途经五华县、兴宁市、梅县区，最终到达梅州中心城区新水厂，线路全长82千米。建成后年供水量9500万立方米，日供水量26.03万立方米。经省水利电力勘测设计研究院分析研究，初步拟定三条由水库供往梅州城区的供水线路，分别为东线（沿梅江）、中线（隧洞）和西线（沿205国道）。经方案比选后推荐东线方案，供水线路沿梅江依次经五华河东工业区配套水厂（新建）、兴宁水口工业区配套水厂（新建）、畲江工业园水厂（扩建），至梅州城区新水厂（新建）为终点。线路全程沿途设两级加压泵站，初步估算工程费用约21.9亿元。

是月，平远县引进广东山水漫画股份有限公司等5家企业投资41亿元开发五指石、相思谷、南台山、热柘温泉、相思河五大景区，推动景区建设由政府投资向社会资本投资转变，社会资本成旅游投资主力。

是月，梅州城区扩容提质工程罗乐大桥动工建设。大桥位于梅江区西阳镇罗乐村，横跨梅江，终点位于芹洋半岛，桥长近400米、宽近20米，按照二级公路技术标准建设，设计行车速度60千米/小时，计划工期26个月。

是月，广东省财政厅公布2015年国家及省生态保护补偿资金分配方案，梅州市获得4.2614亿元的专项生态保护补偿资金，资金主要用于生态环境保护和修复等。

11　月

4日，经多方求证、拜访老人、比对字迹，可以确定现挂在桥上的“梅江桥”三个字的书写者是年届97岁高龄的陈宽。陈宽是梅县区南口人，现居住在梅城江北侨新路，曾题写“梅州文化公园”“鸿华针织厂”等。现在梅江桥上的桥名，是陈宽于1984年重新题写、由他及其儿子陈其文亲自监督、按原大小制作并挂上去的。

5日，市重点工程项目、粤电大埔电厂配套接入系统工程中的大埔电厂至嘉应变电站线路——220千伏汀嘉输电线路顺利投产，全长42.42千米，成功打通大埔电厂电能输出至500千伏嘉应变电站的输送通道。

7—10日，第13届中国国际农产品交易会在福建省福州市举行。梅州市共组织10家企业参展，选送包括柚子酵素、黑花生、铁皮石斛粉、梅州金柚、可口葡萄柚、梅尖银毫茶、客家绿茶等近30个名优特新农产品，进驻海峡两岸农业合作试验区、广东综合展区及广东国家现代农业示范区展区。

11—12日，原国务委员戴秉国到梅州考察指导工作，对梅州原中央苏区加快振兴发展取得的成效给予充分肯定，强调梅州要牢固树立创新、协调、绿色、开放、共享的发展新理念，加快构建“一区两带”发展新格局，确保与全国同步实现全面建成小康社会目标。

12日，广东富源科技股份有限公司（证券代码：834315）在中信建投证券股份有限公司的辅导下，获准在全国中小企业股份转让系统挂牌，成为梅州市第6家在新三板挂牌的企业。登记的总股本为6亿股，是梅州所有“新三板”挂牌企业中总股本最大的企业。

15日，《梅州：“一带一路”世界客都——世界客商与21世纪海上丝绸之路论文集》首发式在广州举行。该文集由省政府参事、省“海上丝绸之路”研究开发项目组组长、中山大学教授黄伟宗主编，精选26篇论文，发现和论证梅州松口既是客家人移民“印度洋之路第一站”、又是海上丝绸之路“印度洋之路第一港”，从各个领域、不同视角介绍梅州客家文化与海洋文化的渊源，探讨梅州融入“一带一路”战略、加快振兴发展的路径与举措。

是日，中国·丰顺“喜德盛杯”国际山地自行车邀请赛在丰顺举行。此次赛事吸引来自俄罗斯、美国、澳大利亚、加拿大、哥伦比亚等10个国家和中国港、澳、台地区、全国业余自行车俱乐部的选手及极限自行车爱好者共1112名选手参赛。

18日，“华南双季超级稻年亩产三千斤技术模式攻关”首年晚稻测产验收在兴宁市新陂镇新金村举行。袁隆平“超优1000”晚稻最高亩产达847.3公斤，刷新梅州市晚稻亩产纪录。

19日，2015广东客家山歌大赛在河源越王广场举行，通过自报家门、命题山歌、对歌等方式进行较量。梅州市共有5人获奖，其中兴宁市的徐品英和河源市源城的戴茂传共同捧获金奖，五华县的钟立章和平远县的李仁欢获得银奖。

21日，平远县第十一届慈橙文化旅游节在平远县人民广场举行，来自全国各地的12家慈橙销售加工商和旅行社在现场签订农特产品购销合同和旅游合作协议，签约总额达10.23亿元。平远慈橙种植面积0.75万公顷，预计总产量7.16万吨。华润实业、天津橙宝鲜橙汁、北京水果功夫和深圳金雅福等8家企业与平远八尺九香果业、平远慈橙果业协会、梅州飞龙果业等企业签订农特产品购销合同；上杭红古田旅行社有限公司等四家旅游企业与平远相思河景区、平远县山水漫画国际旅行社等签订旅游合作协议。23日，平远县获评“中国最美生态休闲旅游名县”称号。首届中国国际生态文化旅游品牌推介与旅居地融资大会认为平远县拥有深厚的历史文化底蕴、丰富而独特的绿色生态旅游资源，在实践中营造良好的旅游休闲环境，实现旅游的可持续发展。

24日，广东省雁洋公益基金会2015年叶剑英基金奖教奖学金颁发大会在市委礼堂举行，共有355名教育工作者、389名学生获奖，奖金总额510.1万元。

26日，市六届人大常委会第三十三次会议审议并原则通过《梅州市地方性法规制定办法(草案)》，是梅州市首个提请审议的立法项目，是一部程序法，目的是通过立法明确立法机制和程序，规范梅州市地方立法活动，促进地方性法规制定工作有序开展。

27—30日，第六届广东现代农业博览会在广州举行，梅州市参展农业企业现场累计销售额达200多万元，揽获订单23宗、交易金额3000多万元。28日，广东宝丽华集团陆丰甲湖湾电厂举行新建工程2×1000兆瓦项目的奠基仪式。是国内规划容量最大的高效清洁燃煤电厂，也是广东省重点能源建设项目和汕尾市主体功能规划中的重点电力能源基地，规划建设8×100万千瓦超超临界机组。其中2×1000兆瓦超超临界燃煤机组属于一期新建工程，建成后年发电量可达96亿千瓦时，产值可达37亿元，税收超8亿元。

是日，韩江高陂水利枢纽主体工程正式动工，进入实质性施工阶段。位于大埔县高陂镇上游约5千米处的韩江干流上，是以防洪、供水为主，结合发电，兼顾航运等综合利用的大型水利枢纽工程，是国务院常务会议部署的全国172项节水供水重大水利工程中2015年拟开工建设的27项工程之一。总投资61.5亿元，是新中国成立以来广东省单项投资最大的水利工程。

是日，梅州市野生动植物保护协会成立，嘉应学院生命科学学院教授温茹淑当选第一届会长。会员单位有10家，共有会员160多人。协会致力于推广野生动植物资源保护的有关知识，组织开展保护野生动植物的宣传教育、科学普及、学术研究和学术交流。

是月，梅州市启动创建国家森林城市工作。

市委、市政府印发《梅州市创建国家森林城市总体工作方案》，分三个阶段进行。国家森林城市是指在市域范围内形成以森林和林木为主体，城乡一体、稳定健康的城市森林生态系统，服务于城市居民身心健康，且各项建设指标达到规定标准并经国家林业局批准授牌的城市，是全国褒奖城市生态文明建设的最高荣誉和知名品牌之一。

是月，梅州城区芹洋半岛安置区项目主体工程全部封顶。安置区项目被纳入国家和省棚改计划，总用地面积12.6万平方米，总建筑面积62万平方米，总投资金额20.76亿元，建设安置房共30栋、3070套。

是月，大埔县投资兴建西岩山万亩茶文化旅游产业园。首期已投入1000多万元，分3期开发，总规划建设面积为0.2万公顷，以乌龙茶种植生产为主，集科研科教、旅游度假、茶文化体验于一体的生态观光种植示范基地。

是月，位于经济开发区内的五华县首座天然气汽车加气站正式投产运营。使用天然气比使用汽柴油更环保、更安全，但需要对汽车进行简单的改装，如加装储气罐、油气自动转换装置等。五华县中燃公司在梅河高速华城出口处建设一个分站和油、气转换改装点，推广使用天然气。

是月，丰顺县韩山生态旅游度假区试业。度假区位于丰良镇西南部，由广东天亿实业有限公司投资兴建，意在打造一个集会议、休闲养生度假、文化体验、有机茶园观光、山地休闲、宗教朝圣于一体的休闲度假旅游胜地。总规划面积约5025公顷，计划总投资28亿元，分3期建设。首期开发1407公顷，计划投资10亿元。景区内的群山、奇石、飞瀑、翠林、幽涧、清泉等美丽景色吸引众多游客。

12　月

5日，梅州海吉星农贸物流园举行粤闽赣商（协）会进驻海吉星揭牌暨海吉星营销中心开放仪式，吸引粤闽赣地级市农业局、商协会、农业企业家等约500人参加。梅州农业12个协会的1500多家会员企业整体进驻海吉星。物流园位于梅江区城北镇，总投资15亿元，占地约30公顷，是集农副产品吸收、中转、集散于一体的大型现代化商贸物流平台。

7日，吴清平（梅州籍）当选中国工程院环境与轻纺工程学部院士。至此，梅州籍两院（中国科学院、中国工程院）院士增至30人。

是日，客天下·跨境商品交易中心在梅城开业，并获授牌“粤港澳服务贸易自由化省级示范基地”。该中心依托园内5万平方米商业体和2.5万平方米仓储空间，设有直购中心、实物展销区、产品展示墙等功能，可进行跨境商品交易。

9日，博敏电子股份有限公司（股票简称：博敏电子，股票代码603936）在上海证券交易所挂牌上市，成为梅州市第8家在主板市场上市的企业。

是日，广东嘉元科技股份有限公司（证券简称：嘉元科技，交易代码：833790）和广东骅锋科技股份有限公司（证券简称：骅锋科技，交易代码：833796）在北京全国中小企业股份转让系统举行梅县区专场挂牌仪式。至此，梅县区共有6家企业在主板或新三板上市。

是日，梅州市凭借良好的宜居宜业环境、厚重的客家文化底蕴、优美的生态环境、最具安全感的社会环境等再次入选“全国最具幸福感城市”，连续四年入选。

是日，省委常委、政法委书记、省扶贫开发领导小组组长林少春到丰顺县埔寨镇埔西村、汤坑镇石联村和丰顺电商扶贫示范基地调研新一轮精准扶贫工作，并主持召开扶贫工作座谈会，强调实施精准扶贫，实现精准脱贫。

12日，梅州市丰顺商会成立庆祝大会在梅城金德宝酒店举行。中国建设银行梅州分行、中国农业银行梅州分行、中国邮政储蓄银行梅州分行、梅县客家村镇银行4家银行与梅州市丰顺商会签订总计 63 亿元的授信合同。梅州市丰顺商会会长为李会宜、执行会长为黄荣国，发展会员单位 105 家。

14—17 日，省政协副主席唐豪带领省政协调研组到梅州开展政协外事侨务和港澳台工作专题调研。要求充分利用华侨之乡的独特优势，凝聚海内外同胞的力量，共同为“一带一路”战略实施做出贡献，为梅州加快振兴发展献计出力。

15 日，中华诗词学会常务副会长李文朝率队到梅州市举行“中华诗词之市”授牌仪式，正式授予梅州“中华诗词之市”称号。同时，授予梅县区、兴宁市、蕉岭县“中华诗词之乡”牌匾，授予学艺中学、兴宁市田家炳中学、蕉岭县人民小学、蕉岭县实验小学“中华诗教先进单位”牌匾。

18 日，广东新大地生物科技股份有限公司投资 3000 万元建设的生态旅游项目——以“四季花海”为理念打造的山茶花主题生态园建成开园，园内有百花观赏区、休闲度假区和万亩生态种植区三大主题生态旅游项目。

是日，五华队在 2015 广东省“FDCD 英国国际足球学院杯”青少年男子足球甲组锦标赛中获得亚军，并获得“体育道德风尚奖”。

19 日，2015 年广东梅州名优产品展在香港裕华国货公司商场开幕。展期 1 个月，展出梅州 9 大类、80 多个系列名优产品。

19—20 日，梅州第二届医博会在剑英体育馆举办。全市 18 家大型综合医院、专科医院、医药企业参展。活动现场市民提供“名医面对面义诊”、体检、健康咨询、免费发放健康宣传册和药品等众多惠民服务，吸引大批市民参加。

23 日，梅州海内外旅游推广中心主任座谈会在客天下召开。座谈会举行梅州旅游（西安、长沙）推广中心颁牌仪式，市旅游局与 18 个海内外推广中心签订合作协议，并就下一步如何充分发挥推广中心的平台作用达成共识。

25 日，一架来自首都北京的客机降落在梅县机场。“北京—梅州—海口”航线正式通航，梅州直飞首都北京，迎来首都直飞新时代。

26 日，位于大埔县三河镇的广东粤电大埔电厂 1 号机组正式投产。移交电网统一调度，投入商业运行，标志着粤电大埔电厂建设取得阶段性成效。电厂每年产值可达 16 亿元，年发电量 30 亿千瓦时，税收约 2 亿元。作为大埔县有史以来最大的投资项目，广东粤电大埔电厂工程首期由广东省粤电集团有限公司投资 53.98 亿元，采用最先进的环保技术工艺建设两台 60 万千瓦超超临界燃煤发电机组。项目已投入 40 亿元。工程完工后，如两台机组同时达产，大埔经济发展将突飞猛进。

28 日，广东云山汽车有限公司首批 200 辆纯电动客车下线交付兴宁市益盛公交汽车有限公司，这些客车将充实到兴宁城区公交线路中。此次下线交付标志云山汽车进入新能源汽车产品大批量整车生产时代，成为粤东唯一一家新能源汽车整车制造企业。

29 日，大埔至潮州高速公路（含大埔至漳州支线）开工建设动员大会在潮州市举行。路线全长 121.67 千米（梅州境内长 67.1 千米），全线双向四车道，设计时速 100 千米/小时，估算总投资 145.21 亿元。主线起于大埔大麻镇，与梅大高速相接，经大埔高陂镇、光德镇后进入饶平县，分别与宁莞高速、汕汾高速连接，并通过汕汾高速与潮州港进港公路对接。大漳支线起于大埔高陂镇，与大潮主线和规划中的大丰华高速公路相接，经枫朗镇、大东镇（粤闽省界），接福建省规划的漳州云霄至平和高速公路。计划 2019 年建成通车，届时梅州至厦门的车程将缩短至 2.5 小时。

30 日，梅州市中医医院（田家炳医院）挂牌成立，填补市一级没有中医医院的空白，并力争建成综合性三级甲等中医医院。占地总面积 7.1 公顷、建筑面积约 3.2 万平方米，有内科、外科、骨科、烧伤整形疮痔科、妇产科、麻醉科等临床科室，开放床位 320 张。

是日，汕湛高速五华段竣工通车，结束五华南部无高速的历史。是梅州动工建设的首条双向六车道高速公路，也是汕湛高速揭博段的一部分。设计时速 120 千米/小时，长 39.84 千米，投资 52.69 亿元，有梅州境内最长、省内最为复杂、全长 4.2 千米的东岭隧道，在五华设华阳、棉洋 2 处出入口。通车后，五华南部到珠三角只需 3 小时车程，往东去揭阳潮汕机场时间也缩短 30 分钟路程。

31 日，济广高速公路平兴段正式通车。标志着贯穿中国国南北的济广高速最后一段“盲肠”被打通，结束平远没有高速公路的历史，也标志着梅州市实现“县县通高速”的目标。起于平远县的赣粤省界，与济广高速公路江西瑞金至寻乌段顺接，途经梅县、兴宁，终于五华境内已建成的梅河高速青西大桥，通过设置枢纽互通与梅河高速相接。全长 98.544 千米，设八尺、五指石、河头、平远（大柘）、石正、梅西、黄陂、大坪、教礼、叶塘、新陂 11 处收费站，平远、叶塘 2 个服务区，八尺、黄陂 2 个停车区。全线采用双向四车道高速公路标准建设，设计时速 100 千米/小时。

是月，220 千伏园区（畲江）变电站建设工程竣工。位于梅县区畲江镇松棚村，占地面积约 2.8 万平方米，总投资约 2.1 亿元，包括 6.7 千米 220 千伏线路及 7.9 千米 110 千伏线路敷设。可满足梅州高新技术产业园区及周边城镇未来发展的用电负荷增长需求。

是月，世界客商文化中心主体工程完工。位于芹洋半岛品牌战略发展区，是一座集会议、会展、办公、商务交流等功能于一体的综合性建筑；规划总面积 5.56 公顷，总建筑面积约 4.9 万平方米，工程总投资 5 亿元。

是月，大埔县银江镇坑口村乡贤投入近 1000 万元建设加禾新村。共有楼房 6 栋 52 套房，每套房面积 120 平方米，并进行室内外装修，配备全套家具。每户村民仅需出资 4.68 万元，便可以抽签方式入住。

是月，省道 228 线五华华城高速出口至河东段一级公路改造项目完工通车。线路全长 25.08 千米，总投资约 4.2 亿元。

是月，国道 235 线丰顺县城至埔寨农场段路面完成大修。起点位于丰顺县城，终点位于埔寨农场与五经富交界处，全长 17.659 千米，按二级公路标准设计，路基宽 18 米，路面宽 15.5 米，总投资 9205 万元。

是月，平远县龙文—黄田省级自然保护区入选“广东十大最美森林”。属森林生态系统类型自然保护区，总面积 7960.5 公顷，森林覆盖率 92.5%，有野生维管植物 1300 多种、野生脊椎动物 300 多种。保存大面积的亚热带常绿阔叶林，是世界同纬度地区森林生态系统的典型代表；保存珍稀的仙湖苏铁自然群落，栖息着广东数量最多的鸳鸯越冬种群，被誉为“物种宝库·粤东明珠”。

是月，“大埔青花瓷”荣获国家工商总局商标局颁发的“国家地理标志证明商标”证书。大埔县的陶瓷生产有 800 多年历史，是中国历史上的“四大瓷都”之一，也是“中国青花瓷之乡”。有高陂陶瓷工业基地 1 个，陶瓷生产小区 4 个，陶瓷生产经营企业 186 家，产值有望达 30 亿元。

是月，梅州市新增平远五指石景区、兴宁神光山国家森林公园 2 个国家 AAAA 级旅游景区和梅州市南寿峰健康产业园、梅江区爱丽丝庄园（樱花谷）景区、平远县金穗休闲旅游区、大埔县李光耀祖居旅游区、丰顺县龙归寨瀑布旅游景区 5 个国家 AAA 级旅游景区。

概　况

责任编辑：徐华芳

自然地理

【位置、范围、面积】 梅州市位于广东省东北部，地理位置坐标为北纬23°23′~24°56′，东经115°18′~116°56′之间。地处闽、粤、赣三省交界处。辖梅江区、梅县区、平远县、蕉岭县、大埔县、丰顺县、五华县，代管兴宁市。总面积15819.10平方千米。市政府设在梅江区江南新中路。

【地质、地形、地貌】 梅州市地质构造比较复杂，主要由花岗岩、喷出岩、变质岩、砂页岩、红色岩和灰岩六大岩石构成台地、丘陵、山地、阶地和平原五大类地貌类型。全市山地面积占24.3%，丘陵及台地、阶地面积占56.6%，平原面积占13.7%，河流和水库等水面积占5.4%。

山脉　市境地处五岭山脉以南，地势北高南低，山系主要由武夷山脉、莲花山脉、凤凰山脉等三列山脉组成。海拔千米以上的高峰有140多座，其中位于丰顺县的铜鼓嶂海拔1560米，是梅州第一高峰。

盆地　境内主要盆地有兴宁盆地，面积320平方千米；梅江盆地，面积约110平方千米；蕉岭谷地，面积约100平方千米；汤坑盆地，面积约100平方千米。

河流　境内主要河流有韩江，全长470千米（梅州境内长343平方千米），流域30112平方千米（梅州境内14673平方千米）；梅江，全长307千米（梅州境内长271千米），流域面积13329平方千米（梅州境内10888平方千米）；汀江，全长323千米（梅州境内55千米），流域面积11802平方千米（梅州境内1333平方千米）；同时还有琴江、五华河、宁江、程江、石窟河、梅潭河、松源河、丰良河等。此外，东江亦沿市境西北的兴宁市边境流过，在梅州境内河段长24.8千米，流域面积260平方千米。

【气候】 梅州市属亚热带季风气候区，是南亚热带和中亚热带气候区的过渡地带。以大埔县茶阳镇经梅县区松口镇、蕉岭县蕉城镇、平远县石正镇、兴宁市岗背镇为分界线，平远县、蕉岭县、梅县区北部为中亚热带气候区，五华县、兴宁市、大埔县和平远县、蕉岭县、梅县区南部为南亚热带区。

2015年，梅州市年平均气温22℃，较常年偏高0.7℃，较2014年升高0.2℃，为有气象记录以来历史第4高。全年除7月与8月外，每月平均气温均高于常年值，6月（28.5℃，比常年同期偏高1.6℃）、11月（20.9℃，比常年同期偏高2.4℃）气温创历年新高。全市各县（市、区）的极端最低气温为：0.9℃~4.2℃，均出现在12月18日，平远县0.9℃为全市最低。全市各县极端最高气温为：37.4℃～38.1℃，多数出现在7月30日，梅县区、兴宁市、蕉岭县、大埔县测得全市最高温38.1℃。

全市各县（市、区）年总雨量在1456.0毫米～2032.2毫米之间，全市平均1705.6毫米，较常年略偏多6%。年内各地降水分布不均，降水局地性强。2015年，有较明显灾情记录的三轮较强降雨分别发生在5月9日、7月22日和8月31日，强降水引发局地洪涝，前两次暴雨过程，平远县受灾较为严重。全市各县（市、区）年总日照时数在1478.3小时～1875.3小时之间，全市平均1709.5小时，比常年平均（1825.9）偏少6%。

梅州地处低纬，近临南海，受太平洋和山地的特定地形影响，夏日长，冬日短，全年气温高、冷热悬殊、光照充足、气流闭塞、雨水丰盈且集中，属亚热带季风气候。

2015年共出现7轮较强降雨过程，造成局部地区严重受灾。图为平远上举镇“7·22”受灾情形

【自然资源】

矿产资源　梅州市已发现的矿产有54种，已开发利用矿产有40种，共有矿区274个。金属类有铁、锰、铜、铅、锌、钨、锡、铋、钼、银、锑、钒、钛、钴、稀土氧化物等，非金属类有煤、石灰石、瓷土、石膏、大理石、钾长石等。

水资源　梅州市水资源丰富，境内多年平均降雨总量251.6亿立方米，多年平均径流量128.7亿立方米，过境客水量127亿立方米。全市人均拥有本地水资源量2579立方米。境内水力资源理论蕴藏量为131.37万千瓦。地下热水资源丰富、水温高、水质好、流量大。如丰顺汤坑邓屋温泉，水温高82℃～91℃，流量为4459公升/秒。

动物资源　梅州市动植物种类繁多，经济价值较大的主要兽类和鸟类有200多种，两栖类、爬行类动物有100种以上。

植物资源　境内有2000多种高等植物，经考察采集和记载的有1084种，隶属于182个科、598个属。其中蕨类植物19个科、29个属、41种；果子植物7个科、11个属、14种；双子叶植物134个科、471个属、908个种；单子叶植物22个科、87个属、121种。按树种分类有材用植物、药用植物、油脂植物、芳香植物、纤维植物、淀粉植物、果类植物、蜜源植物、鞣料植物，还有属于花卉、观赏和庭园绿化类的野生植物。

旅游资源　梅州市境内主要旅游区（点）有千年古刹阴那山灵光寺，叶剑英纪念园，中国客家博物馆，清末爱国诗人、政治家黄遵宪故居人境庐，千佛塔，泮坑瀑布，梅县区雁南飞、雁鸣湖旅游度假村、阴那山天文科普园、松源王寿山，兴宁合水湖山、神光山，五华益塘水库、热矿泥山庄，平远南台山、五指石，蕉岭长潭胜景、丘逢甲故居、释迦文化中心，大埔丰溪自然保护区，丰顺汤坑温泉、龙归寨瀑布、龙鲸河漂流等。

民族、人口、语言

【民族】　据2000年人口普查，梅州市境内有40个民族居住，其中汉族占99.94%；畲族有430人，主要居住于丰顺境内；此外，因工作关系或婚姻嫁娶，在梅州市内居住的少数民族，人口为1200人，有壮族、瑶族、满族、回族、蒙古族、苗族、黎族、土家族、侗族、高山族、彝族、朝鲜族、藏族、锡伯族、哈尼族、布依族、维吾尔族、傈僳族、水族、仫佬族、京族、哈萨克族等少数民族。外国人加入中国籍的有2人。

【人口】 2015年，全市人口出生率为12.45‰，死亡率为5.65‰，自然增长率为6.8‰，年末户籍人口为543.79万人，常住人口432.33万人，其中城镇人口202.76万人。

【语言】 梅州市为客家人比较集中的聚居地，客家话为主要语言。境内除丰顺县的汤坑、汤南、留隍3个镇约11万人使用潮汕方言外，绝大部分人都使用客家方言。 (市方志办)

梅州市行政区划一览表

表1 单位：个

县别	镇政府名称	街道办	镇	街道办	居委会	居民小组	居委会成员	村委会	村民小组	村委会成员	自然村数	备注
梅江区	城北 三角 长沙 西阳	金山 江南 西郊	4	3	45	215	192	81	1048	325	256	1. 1999年11月15日，经市政府同意，梅县程江镇、扶大镇各割出一部分成立新城街道办事处，未经省政府批准
兴宁市	宁中 永和 径南 水口 新圩 坭陂 刁坊 新陂 叶塘 大坪 罗岗 罗浮 石马 合水 龙田 黄陂 黄槐	兴田 福兴 宁新	17	3	36	374	234	455	9025	2150	2813	
梅县区	程江 城东 石扇 梅西 大坪 石坑 南口 水车 梅南 丙村 白渡 隆文 桃尧 松口 畲江 松源 雁洋	新城	17	1	33	206	123	355	4417	1430	2229	2. 2011年村(居)换届，兴宁市、丰顺县各增加一个社区
平远县	大柘 仁居 差干 八尺 河头 中行 上举 泗水 东石 长田 热柘 石正	—	12	—	7	41	37	136	1448	589	1890	3. 2012年6月20日，新增大埔县洲瑞镇陂营村
蕉岭县	长潭 蓝坊 南礤蕉城 广福 三圳 文福 新铺	—	8	—	10	89	58	97	1504	424	498	4. 2013年1月1日起，梅县西阳镇归属梅江区管辖
大埔县	青溪 银江 洲瑞 大东 湖寮 高陂 茶阳 大麻 三河 西河 枫朗 百侯 桃源 光德	—	14	—	11	119	58	245	4043	1130	1686	5. 2013年12月21号，新增大埔县百侯镇百侯社区
丰顺县	汤坑 汤西 汤南 埔寨 八乡山 北斗 丰良 建桥 龙岗 潘田 黄金 留隍 大龙华 潭江 小胜 砂田	—	16	—	19	203	96	261	3147	1237	2213	6. 2014年1月23日，新增五华县棉洋镇大光村
五华县	华城 岐岭 潭下 转水 水寨 河东 双华 郭田 横陂 长布 周江 华阳 安流 棉洋 梅林 龙村	—	16	—	34	451	164	412	7607	1906	2000	7. 2014年7月21日，新增梅江区客天下、三乡两个社区
合计	—		104	7	195	1698	962	2042	32239	9191	13585	8. 2015年1月20日，新增梅江区碧桂园社区

填报单位：梅州市民政

环境质量与生态保护

梅州市推进国家森林城市创建工作，建设林业生态文明示范市，完成森林碳汇重点生态工程50850公顷、生态景观林带414千米。全年林业人工造林38730公顷，迹地更新2060公顷；低产林改造22060公顷，同比增长11.0%；林木总消耗量63.82万立方米，同比增长8.2%；林木采伐量62.9万立方米，同比增长15.5%；年末森林覆盖率74.78%。开展创建国家环境保护模范城市活动，全市有环境监测站9个，建成污水处理厂9座，城市污水处理能力达到34万吨/日，城市污水集中处理率87.8%，城市生活垃圾无害化处理率99.33%。全市环境质量保持稳定良好，梅州城区空气质量AQI指数优良率96.1%。主要江河水质达到功能区水质要求，水质达标率100%。区域噪声、道路交通噪声保持稳定，城市声环境质量较好。全市设立县级以上自然保护区51个，面积17.02万公顷。

经济社会发展概况

【概况】 2015年，梅州市生产总值959.78亿元，同比增长8.6%。经济结构进一步调整，三次产业的结构比例为19.65∶36.74∶43.61。民营经济增加值595.57亿元，同比增长7.6%。人均生产总值22155元，同比增长8.2%。

【第一产业】 2015年，梅州市第一产业增加值188.49亿元，同比增长3.6%，拉动GDP同比增长0.6个百分点。制定实施“企业品牌、区域品牌、长寿品牌”三位一体的差异化品牌战略，成立“世界客都·长寿硒谷”品牌战略实施领导小组，发展特色高效农业，新增西岩乌龙茶、马图绿茶2个国家地理标志保护产品。全年实现农业总产值304.95亿元，同比增长3.3%。粮食种植面积21.67万公顷，经济作物种植面积3.5万公顷。粮食总产127.38万吨，肉类总产27.98万吨，水产品总产10.95万吨。

【第二产业】 2015年，梅州市第二产业增加值351.83亿元，同比增长8.7%。加快梅兴华丰产业集聚带建设，产业集聚带总体规划获省政府批准实施，启动申报国家级经济技术开发区工作，规划建设综合保税区。全年完成全部工业增加值287.99亿元，同比增长8.9%，其中规模以上工业增加值220.89亿元，同比增长9.0%。烟草、电力、建材、电子信息、机电制造、矿业加工等六大支柱产业增加值183.96亿元，同比增长8.7%。国有及国有控股企业增加值同比增长7.1%；集体企业增加值同比下降46.1%；股份制企业增加值同比下降10.1%；外商及港澳台投资企业同比增加值增长4.9%；私营企业增加值同比增长17.3%。规模以上工业产品销售率98.51%。2015年，全部工业用电量44.52亿千瓦时，同比增长1.0%。资质等级以上建筑企业151个，实现总产值241.12亿元，同比增长11.1%；实现利润总额16.25亿元，同比增长16.3%；利税总额27.50亿元，同比增长15.6%。建筑施工企业房屋建筑施工面积1632.22万平方米，同比增长13.9%，房屋竣工面积673.25万平方米，同比增长23.4%。

【第三产业】 2015年，梅州市第三产业增加值419.46亿元，同比增长10.6%。社会消费品零售总额555.50亿元，同比增长11.1%。分区域看，城镇消费品零售总额389.13亿元，同比增长11.2%；农村消费品零售总额166.37亿元，同比增长10.9%。分行业看，批发零售贸易业514.94亿元，同比增长11.4%，住宿和餐饮业零售额40.56亿元，同比增长7.9%。生态文化旅游产业蓬勃发展，启动规划建设梅江韩江绿色健康文化旅游产业带，成立“1+9”客家旅游联盟，梅州获得2015“一带一路”旅游推广十强城市奖，是广东省唯一获此殊荣的城市。2015年，全市接待旅游总人数3027.48万人次，同比增长 20.1%。其中接待过夜旅游总人数 1544.02 万人次，同比增长 20.1%。国内外旅游总收入 313.46 亿元，增长 23.2%。全年交通运输、仓储和邮政业实现增加值 25.44 亿元，同比增长 4.7%。各种交通运输方式完成货物周转量 177.60 亿吨千米，同比增长 12.7%，其中公路 176.90 亿吨千米，增长 12.9%。完成旅客周转量 39.52 亿人千米，同比增长 11.4%，其中公路 39.50 亿人千米，同比增长 11.4%。2015 年年末，全市汽车拥有量 25.91 万辆，同比增长 18.5%，其中私人汽车拥有量 23.65 万辆，同比增长 20.9%。新注册汽车 4.62 万辆，同比增长 29.1%。

【招商引资和园区建设】 以举办第四届世界客商大会为契机，实施乡贤回乡投资兴业工程，引进商会大厦、义乌小商品批发城等 32 个项目，建成东汇城、锦绣国际等一批城市综合体。全市引进合同项目 258 个，投资总额 913 亿元，其中亿元以上项目 196 个。全市 9 个产业园（集聚地）全部享受省产业转移政策，广梅园、梅县水车园、兴宁水口园、丰顺园区分别完成征地 1000 亩（66.67 公顷）以上，梅兴华丰产业集聚带入园项目 480 个。其中广州（梅州）产业转移工业园开发建设已供土地面积 11665 亩（777.67 公顷），入园企业 187 家，投产企业 156 家，其中规模以上企业 50 家，实现工业增加值 19.07 亿元、同比增长 6.1%，税收收入 5.97 亿元、同比增长 31.5%。东莞石碣（兴宁）产业园区基础设施进一步完善，平远、五华、丰顺、大埔、梅县生态工业园加快扩园。

【固定资产和基础设施】 2015 年，梅州市完成固定资产投资 568.06 亿元，同比增长 39.4%，其中项目投资 399.67 亿元，同比增长 43.1%。按产业分：第一产业投资 5.65 亿元，同比下降 11.0%；第二产业投资 208.92 亿元，同比增长 59.9%，其中工业投资 208.84 亿元，同比增长 59.8%；第三产业投资 353.49 亿元，同比增长 30.7%。“两高一场”（高速公路、高铁和机场）建设取得新进展，交通基础设施建设完成投资近百亿元，同比增长 49.2%。梅汕高铁动工建设，龙川—梅州—龙岩高铁、鹰梅铁路、浦梅铁路等项目前期工作加快推进。济广高速平兴段、汕湛高速五华段建成通车，实现“县县通高速”目标。梅平高速、大潮高速（含大漳支线）动工建设。梅县机场增开至雅加达、北京等航线，国内外航线 9 条、通航城市 12 个，旅客年吞吐量 22.65 万人次，航空口岸功能日趋完善，新机场迁建论证研究报告基本完成。年末，全市公路通车里程 17705.05 千米，其中高速公路通车里程 482 千米。每百平方千米公路密度为 111.2 千米。全年完成邮电业务总量 68.45 亿元，同比增长 25.4%。投资 196 亿元的梅汕高铁、投资 120 亿元的五华抽水蓄能电站、投资 62 亿元的高陂水利枢纽工程先后动工，首期投资 52 亿元的粤电大埔电厂建成投产。年末，全市移动电话用户 356.69 万户，计算机互联网用户 63.69 万户。

【财政税收和金融保险】 2015 年，梅州市地方财政一般预算收入 103.59 亿元，同比增长 21.5%；其中税收收入 73.82 亿元，同比增长 21.5%。全市金融业增加值 41.91 亿元，同比增长 15.5%。年末金融机构本外币各项存款余额 1565.28 亿元，比年初增长 10.9%。城乡居民储蓄存款余额 1061.20 亿元，同比增长 7.9%。金融机构本外币贷款余额 736.41 亿元，比年初增长 15.9%。财产、人寿保险费收入 42.55 亿元，同比增长 56.9%，其中：财产保险保费收入 12.74 亿元，同比增长 24.4%，已决赔款 6.28 亿元，同比增长 23.0%；人寿保险费收入 29.81 亿元，同比增长 76.2%。

【外经外贸和利用外资】 参与“一带一路”建设，扩大对外交流合作，在海上丝绸之路沿线国家和地区设立 14 个经贸文化联络处。2015 年，梅州市进出口总额 24.54 亿美元，同比增长12.5%。出口总额22.72亿美元，同比增长20.4%，其中“三资”企业出口7.23亿美元，同比增长4.6%，私营企业出口14.95亿美元，同比增长30.9%。出口总额中一般贸易出口18.88亿美元，同比增长23.0%，占出口总额的83.1%。外商直接投资项目31个，合同利用外资金额3.67亿美元，同比下降18.1%，实际利用外商直接投资0.71亿美元（按商务部确认口径），同比下降51.5%。

【物价水平和人民生活】 2015年，梅州市市区居民消费价格总指数101.6%，同比上涨1.6%，其中食品类价格同比上涨4.3%，居住类价格同比下跌1.4%。市区商品零售价格总指数99.5%，同比下跌0.5%。全市工业生产者出厂价格指数95.81%，同比下降4.19%。全年梅州居民人均可支配收入16404.4元，同比增长10.1%，剔除价格上涨因素，实际同比增长8.4%。其中城镇常住居民人均可支配收入21810.3元，实际同比增长9.9%；农村常住居民人均可支配收入11799.4元，实际同比增长9.4%。借力省直相关单位和广州市对口帮扶，全面完成第二轮扶贫“双到”工作任务，全市386个省定贫困村和37155户、14.6万名贫困人口如期实现脱贫目标，贫困村村均集体经济收入9.87万元，贫困户人均纯收入8893元。全市免费培训劳动力2.82万人。全年城镇新增就业31052人，就业困难人员实现再就业3542人。年末，城镇实有登记失业人员14013人，城镇登记失业率2.5%。全市参加基本养老保险的职工（含企业离退休人员）98.1万人，同比增长1.7%；参加工伤保险28.75万人，同比增长1.2%；参加职工基本医疗保险43.1万人，同比增长0.5%；参加职工失业保险25.61万人，增长5.4%；参加生育保险28.57万人，同比增长1.0%。参加城乡居民养老保险167.12万人，同比增长0.2%；参加城乡居民医疗保险441.94万人，同比增长0.1%；城乡居民医疗保险覆盖率100%。全市（职工）“五大险种”社会保险费（征缴）收入78.25亿元，同比增长10.78亿元、同比增长16.0%。全市各类社会福利单位收养人数4007人，其中112所敬老院入院人数2166人，社会福利院床位450个。全年城乡各种社会救济对象得到各级政府救济人数269725人次。全市享受低保救济的困难群众193952人，其中城镇11807人、农村182145人。社会服务设施2098个。全市人口出生率12.45‰，死亡率5.65‰，自然增长率6.8‰。年末户籍人口543.79万人。

【科教文化和卫生体育】 2015年年末，梅州市县及县以上科研机构17个，国有企事业单位拥有自然和社会科学专业技术人员95353人。全市获市级及以上科技成果奖43项，其中省级1项。2015年，全市专利申请量3133件，同比增长38.0%，其中发明163件，同比下降6.3%；专利授权量2985件，同比增长85.5%，其中发明46件，同比下降43.2%。全市教育强县、教育强镇实现全覆盖，在全省山区市中率先争创“广东省推进教育现代化先进市”。2015年高考，专科以上入围人数30740人，入围率80.9%；第一批本科线入围人数2453人，同比增长10.85%。普通高等教育当年实际招生人数7894人，在校学生25303人，毕业生6053人；成人高等教育当年实际招生人数11935人，在校学生26046人，毕业生10451人；各类中等职业教育、普通高中、初中、小学、幼儿园、技工学校和特殊教育快速发展。小学、初中人口入学率均为100%，小学、初中毕业生升学率均为100%，高中毕业生升学率94.3%。举办第四届客商大会、第三届客家文博会，建设60个“三多三促”（指多形态文化，多功能利用，多元化投资；促古民居保护，促文化旅游，促社会和谐）模式的农村文化俱乐部；梅州五华中乙俱乐部获得2015年中国足协杯乙级联赛冠军并“冲甲”成功；嘉应学院女足夺得2015年广东省大学生运会冠军。2015年年末，全市有文化馆9个、公共图书馆10个、博物馆8个、广播电台8座、电视台8座、有线电视台8座，电影放映单位23个，有线数字电视用户46.1万户。全年出版报纸1600万份、各类杂志185万册，公共图书馆藏书203.65万册。医疗卫生条件持续改善，初步建立起覆盖城乡的基本医疗卫生制度。全市有卫生机构3357个，拥有病床15547张，卫生专业技术人员21446人。全市疾病预防控制中心8个，卫生技术人员403人；卫生监督检验机构8个，卫生技术人员131人。全市乡镇（街道）卫生院119个，拥有病床3916张，卫生专业技术人员5763人；全市拥有社区卫生服务中心（站）13个。全年全市运动员在参加省级以上比赛中，获奖牌31块，其中金牌8块、银牌10块、铜牌13块。

（李　科）

横向经济联合与协作概况

【穗梅对口帮扶】 2015年，广州市落实无偿帮扶资金2.59亿元，穗梅联合争取省补助资金13.1亿元。

投资环境推介　全市各级有关部门加强与广州市协作办等部门的对接协调，先后在广州市举办2015中国广州国际投资年会的梅州推介会、梅兴华丰产业集聚带新闻发布暨招商推介会等活动，联手推介投资环境和对外招商项目，确定53家重点招商目标企业。同时，联合广州市协作办、商务委、经贸委组织中华国际商贸物流商会、广州企业家投资商会等10多家商会负责人、企业家，于4月28—30日组团到梅州实地考察投资环境，开展招商项目洽谈，达成电子商务、外贸加工、温泉旅游等意向投资项目。

项目协作　推动出台《广州市鼓励企业到广州（梅州）产业转移工业园投资实施办法》，组织开展定向招商，引进金明湖生态旅游、香雪药业生物医药健康食品产业园、雁洋湖度假村、跃速体育产业园、中达紫杉醇提取加工等优质项目。2015年，全市引进广州市企业投资项目30个，计划投资206.4亿元。

产业对接　全市各级有关部门依托广州市的大型会展平台，组团参加广州迎春花市、2015（广州）国际电子商务博览会、第117届广交会、广州博览会、广州旅游博览会等活动，开展现代农业、电子信息、先进制造业、新医药、文化旅游等产业对接，寻求产业项目合作，引进物流供应链、O2O一体化、物流网技术、支付系统、仓管ERP和智能软件等10项电子商务技术。

【区域合作】 2015年，全市各级有关部门加强与漳州、龙岩、汕尾、揭阳联系，邀请漳州、龙岩、揭阳、汕头、潮州、赣州等市交流互动，开展产业对接、交通共建、旅游协作、科技合作、文化交流、治安联防等活动，引导区域内企业相互合作，推动区域协作发展。

（徐向阳）

精神文明建设概况

【社会主义核心价值观培育】

公益宣传　各地各单位运用媒体宣传、专题宣讲、公益广告、出版书籍、编辑画册、征文、演讲、文艺演出等形式，深化社会主义核心价值观宣传教育。市委宣传部、市文明办在梅城归读公园建立公益长廊，展示社会主义核心价值观、新时期广东人精神和传统客家文化。蕉岭县结合世界长寿之乡特色，将长寿文化中的典故、民谣、诗文和24个字的社会主义核心价值观融入桂岭长寿广场建设中，建成投入约3000万元、面积12000平方米的核心价值观主题广场。平远县在206国道设立大型户外公益广告宣传牌，开展“我们的价值观”“中国梦”主题公益宣传。

行为规范制订　依据核心价值观的内容和各行业的特点，制订行为规范，把核心价值观要求体现到市民公约、乡规民约、学生守则、行业规章、团体章程中。平远县草拟平远县

《市民行为守则》（征求意见稿），拟征求意见后下发到全县各镇村、单位，引导农民崇尚科学、移风易俗，破除婚丧事大操大办、铺张浪费等陋习，培育科学文明健康的生活方式。

主题活动开展　突出文明、和谐、公正、法治的内容，在各行业开展以敬岗爱业为主要内容的主题活动，在企业开展以诚信守法为主要内容的主题活动，在社区开展以友善和谐为主要内容的主题活动，推动核心价值观深入人心。梅江区开展“践行核心价值观，提高城市文明度”系列活动，抓好“育”“讲”“聚”“诵”“谈”“演”“荐”“画”“扬”“行”十个方面工作。梅县区开展“建设美丽梅县，文明我先行”主题系列活动，包括“感动梅县十大人物”评选活动、“践行核心价值观，争做人民满意公务员”、“文明服务活动”、“践行价值观，传递正能量”微信创作大赛、“聚焦微影像，放飞中国梦”微电影大赛、“践行核心价值观，文明校园我先行”等活动。

社会主义核心价值观融入节日活动　把重要节庆和传统节日作为培育核心价值观的重要平台，在纪念抗战胜利70周年、国庆节等重要节庆日和春节、清明节、端午节、中秋节、重阳节等传统节日活动突出社会主义核心价值观主题，突出中华传统文化要素，把社会主义核心价值观融入节日活动当中，融入春联、灯笼、花市、庙会等民俗形式当中，推动社会主义核心价值观转化为百姓生活指引。大埔县利用传统节日和蜜柚茗茶美食节、第八届世界大埔同乡联谊会等重大节庆活动，举办汉剧和汉乐演出、书画摄影作品展览、民间艺术表演、民间礼仪及民俗活动等各种群众文体活动。

【公民思想道德建设】

道德模范和好人评选表彰　开展省、市“道德模范”“广东好人”“梅州好人”“学雷锋活动示范点”和“岗位学雷锋标兵”等评选表彰活动。助人为乐的王笑茹、刘方舒两次上榜“中国好人”候选人，陈绍常、侯权荣、吴菊芳、刘英、邱丽被授予“广东好人”称号，授予刘英等10名梅州市道德模范荣誉称号、李伴勋等10名梅州市道德模范提名奖。在省、市主要媒体集中宣传他们的感人事迹，并通过报告会、座谈会、“身边好人”微博等形式，扩大好人、道德模范的影响力和感染力，树立崇尚、关爱、帮助、学习和争当好人的良好风气。开展第六届梅州市道德模范评选活动，将40个候选人事迹逐个在梅州发布、无线梅州、梅视网、梅州网、梅州宣传网、梅州时空等新媒体展示，历时一个多月。

“道德讲堂”建设　全市建设一批“道德讲堂”示范点，发挥“道德讲堂”的教育作用。联合有关单位在梅州卷烟厂举办以“推进道德自觉，共建和谐家园”为主题的道德讲堂活动。在梅县区雁洋镇长教村举办“加强家庭美德教育，共建和谐美丽家园”“道德讲堂”活动。

文明教育　实施“文明餐桌”“文明交通”“文明旅游”“文明网络”四大行动。推动文明城市（县城）的创建工作，倡导绿色环保、节俭用餐、文明用餐的传统美德。7月，启动全市“文明餐桌”行动，媒体进行宣传，各餐饮企业（食堂）相关负责人领取“文明餐桌行动”宣传品，并在“节俭养德、文明用餐”的签名板上签名承诺，把宣传画、文明用餐提示牌悬挂、摆设在最醒目位置，引导消费者合理点餐、文明就餐。兴宁、平远、五华、大埔等各地均启动“文明餐桌”行动。

志愿服务活动　建立健全梅州市志愿注册制度、培训制度、服务记录制度，推动志愿服务常态化。创新推出“梅州志愿者卡”，开展“我带志愿者游梅州”等活动。“梅州志愿者卡”参加第二届中国青年志愿服务项目大赛获银奖、“梅州市志愿者关爱退伍老兵‘青春暖阳’行动”入选全国志愿服务“四个100”最佳志愿服务候选项目。1名志愿者、3个项目、1个志愿服务组织、2个社区入选广东省志愿服务最佳系列名单。其中，来自兴宁市阳光义工协会的刘英成为“最美志愿者”；梅州市志愿者关爱退伍老兵“青春暖阳”行动、平远县“扶志助飞”资助贫困大学新生圆梦行动、蕉岭县“助学1+1”入选最佳志愿服务项目；梅州市青年志愿者协会入选最佳志愿服务组织；梅江区江南街道红光社区、兴宁市兴田街道宝华社区入选最美志愿服务社区。

【精神文明创建活动】

文明城市、文明县城创建　梅州城区做好广东省文明城市复查工作；蕉岭县、大埔县做好全国文明县城的复查迎检工作。11月，五华县正式启动创建“省文明县城”工作，提出着重在提升市民素质、完善城市功能配套、加强城市管理、创建特色载体和提升市民满意度五大方面下功夫，力争在2017年创建“广东省文明县城”。

生态文明村镇建设　围绕“建设幸福村居、打造美丽乡村”目标，每个县（市、区）规划建设一批各具特色的生态文明示范村镇，各地实施乡村清洁工程，改善生产生活环境，实施道德风尚工程，培育乡风文明，推进美丽乡村建设，争创全国、省、市文明镇村、生态文明村。兴宁市径中村被选为省创建文明示范村的试点村。蕉岭县蕉城镇龙安村，三圳镇福北村、招福村、芳心村、九岭村，梅县雁洋镇雁上村、大坪村、阴那村、塘心村、南福村被列为省级新农村连片创建示范片。

评选表彰　做好全国文明单位和文明村镇推荐和资格审查工作，以全国的推荐评选活动为契机，推动梅州市精神文明创建活动。大埔县检察院获“全国文明单位”称号，梅县区畲江镇、大埔县百侯镇侯北村、蕉岭县三圳镇芳心村获“全国文明村镇”称号。

【未成年人思想道德建设】

道德实践主题活动　梅州市在全市开展做美德少年、日行一善、清明祭英烈、“向国旗敬礼，做有道德的人”网上签名寄语、“童心向党”歌咏活动、中华经典美文诵读展演等活动。蕉岭县友邦小学开展“童心向党”歌咏活动，在中国文明网、岭南文明网进行展播。组队参加“首届岭南童谣节”展演比赛，客家童谣《月光光》获得一等奖。

青少年文化阵地建设　一是继续推进乡村学校少年宫建设，做好近年来建设项目的巩固完善，组织实施2015年项目建设，做好项目申报，争取120多万元，新建6所乡村学校少年宫。截至2015年年底，全市建成27所乡村学校少年宫。二是加强心理健康辅导站（室）建设，做好心理疏导工作，推进心理健康教育，培养健全人格。发挥博物馆、图书馆、展览馆、科技馆等场馆和爱国主义教育基地的作用，开展课外实践活动，促进未成年人健康快乐成长。

【全民读书活动】

“书香客都”读书活动　开展全民读书活动，组织“梅州书展”活动，组织“4·23世界读书日”活动、开展捐书赠书展书和系列读书主题活动，引导全民阅读。

书香创建活动　继续开展“书香机关”“书香企业”“书香校园”“书香家庭”“阅读之星”创建活动，推进“学习型党组织”“农家书屋”“社区书屋”“职工书屋”建设，评选表彰一批读书先进单位和先进个人。

（市文明办）

党的建设概况

【“三严三实”专题教育】　注重学习教育，利用梅州红色资源优势，把学习弘扬叶帅精神和苏区精神作为学习重点，以党委（党组）书记带头讲党课开局起步，采取“互动学”“比照学”“体验学”“实践学”等“四学”方式深化学习教育。坚持问题导向，联系正反典型查摆“不严不实”问题，推行问题清单、责任清单、办结清单“三张清单”工作法，抓严抓实整改，开展教育实践活动整改落实“回头看”，回应群众关切。整治为官不为，出台“一个意见、两个办法”(《中共梅州市委关于落实省委“三个区分”原则激发干事创业热情整治为官不为行为的意见》《关于落实“三个区分”原则实施容错减责的暂行办法》《梅州市领导干部“为官不为”问责暂行办法》)。结合基层治理和整顿软弱涣散党组织，解决基层干部不作为、乱作为等损害群众利益问题。在全市开展“讲担当、比奉献”主题党支部活动，围绕“讲担当、比奉献”主题开展2次专题讨论。全市7200多个党支部召开主题组织生活会，树立先进集体培育对象70个、先进个人培育对象80个。

【党的建设制度改革】 梅州市制定《梅州市党的建设制度改革实施方案》，对全市党建制度改革作出总体规划。配套制定《关于加强乡镇干部培养使用管理的实施意见》《引进高素质人才“千人计划”政策调整方案》《领导班子和领导干部分析研判暂行办法》《关于进一步加强年轻干部培养选拔工作的实施意见》4个改革文件，在基层干部队伍管理、人才引育、班子建设和年轻干部培养等方面进行探索创新。

【基层党组织建设】 推进驻点联系工作全覆盖2237个村(社区)，接访、走访群众175.3万户次，入户率达136.16%。继续排查整顿230个软弱涣散村(社区)党组织，转化率达98.7%。以查处村干部贪腐、涉农职务犯罪、集中打击农村黑恶势力“三项整治”为突破口，推进基层治理，完成各项专项治理年度工作任务及蕉岭县农村综合服务平台建设省试点工作。推行“村党组织+产业(村民小组)党组织+外出党组织+网络党组织”的设置模式，构建新型基层组织架构。

【基层党建工作创新】 一是开展镇党代会年会制试点工作，组织各级党代表开展专项视察调研、志愿服务活动。二是实施基层党建工作创新“书记项目”，打造一批基层党建工作示范点。三是开展县(市、区)委书记和镇(街)党工委书记抓基层党建专项述职评议。四是推进“两新”组织(新经济组织和新社会组织)党建“扩面提质”。五是制定《关于开展园区党建示范点创建工作的实施方案》，加强各类园区党建工作。

【基层党员干部队伍建设】 推进“五强书记(党性观念强、服务本领强、致富能力强、化解矛盾能力强、廉洁履职意识强)建设工程”，调整村党组织书记86名，培养村党组织书记后备干部1328名，组织325名优秀村党组织书记报读学历教育大专班。加大乡镇干部培养使用力度，全市2/3的镇本地干部比例达到30%，所有镇至少配备1名本地干部任专职副书记或常务副镇长。考录选拔257名公务员充实到乡镇机关。

【党建述职评议】 开展市县镇党委书记抓基层党建述职评议考核，市委书记黄强带头，层层对述职报告审核把关，逐级派人参加评议会，并通报评议结果，传导考评压力。推进“两新”(新经济组织和新社会组织)组织党建工作，加强党员干部现代远程教育，建立学用结合示范基地100多个。

【党员发展工作】 抓好《发展党员工作细则》的学习宣传，贯彻落实《中国共产党发展党员工作细则》，全市新发展党员2900多名，优化党员队伍结构，对发展党员工作每个阶段、每个环节的情况进行详细记载，全程规范发展党员工作程序，把好党员入口关。(市委组织部)

党风廉政建设概况

【责任落实和监督】 各级党委落实党风廉政建设主体责任，市级将全年党风廉政建设和反腐败工作细化为40项，分工落实到44个职能部门。制订《中共梅州市委关于建设团结和谐勤奋敬业清正廉洁领导班子的意见》。下发《关于认真落实党风廉政建设主体责任强化责任追究的通知》，以清单形式明确党委（党组）的主体责任。各级纪委落实党风廉政建设监督责任，聚焦监督执纪问责主业，实行监督责任清单制度，明确纪委和派驻机构的监督责任。组织市直单位主要负责人向纪委全会述责述廉述德活动，对“满意票”率较低的5名同志进行约谈提醒。坚持“一案双查”（指既要追究当事人责任，又要倒查追究相关领导责任），对党廉责任落实不到位的68名领导干部进行责任追究。

【作风建设】 落实中央“八项”规定精神，对收受“红包”礼金、私设“小金库”、职务乱消费、大操大办婚丧喜庆等顶风违规违纪问题进行整治。紧盯“四风”（形式主义、官僚主义、享乐主义和奢靡之风）新形式新动向，坚持暗访、查处、追责、曝光“四管齐下”，以查处促监督。全市纪检监察机关拍摄作风专题暗访片30个，查处违反中央“八项规定”精神问题16个，给予党纪政纪处分19人，通报曝光9起典型案例。治理“为官不为”问题，处理行政效能投诉161件，对“不作为、乱作为、慢作为”的5个责任单位责令作出整改，对4名责任人进行诫勉谈话。在梅县区、市工商局等8个单位，开展加强党员领导干部“八小时以外”监管试点工作。

【腐败惩治】 全市各级纪检监察机关受理信访举报2652件（次）；立案697件，同比上升26.7%；结案653件，同比上升16.4%；给予党纪政纪处分635人。全市查处县处级干部13人、科级干部112人。开展农村基层党员、干部违纪违法线索集中排查活动，全市排查线索2567条，立案查处基层党员干部违纪违法问题653宗，给予党纪政纪处分597人。

【体制改革】 市、县两级纪检监察机关完成第二轮内设机构调整，监督执纪问责力量达到人员编制的70%以上。探索派驻、巡察、执纪审查“三位一体”改革，市纪委设立28个派驻纪检组，授权管理和综合监督121个单位。执行线索处置和执纪审查“两报告”制度，全年各县（市、区）纪委报告线索处置79条、报告立案和处分26件；市纪委向省纪委报告线索处置15条、报告立案和处分2件。落实各级纪委书记、副书记的提名和考察以上级纪委会同组织部门为主的原则，研究制订县（市、区）纪委书记、副书记提名考察办法，市纪委对空缺的2名县纪委书记进行提名考察。

【宣传教育】 一是开展以“守纪律、讲规矩、作表率”为主题的纪教月活动，学习宣传新修订的《廉洁自律准则》和《党纪处分条例》。二是在《梅州日报》、梅州电视台开设“客都清风”专栏，采取每月一期、一期一主题的形式，刊播“正风肃纪”“两个责任”等8个专题。三是“叶剑英行廉志洁专题展厅”建成开放，完善“正气园”“法纪长廊”等廉洁教育基地，全市累计建成反腐倡廉教育基地、公园景区40多个，全年有800多批、20多万名干部群众前去参观学习和接受教育。

（市纪委）

领导机关

责任编辑：徐华芳

市　委

【2015年市委主要会议】

市委六届五次全会　1月21—22日，中共梅州市委六届五次全体（扩大）会议在梅城召开。全会由市委常委会主持。全会的主题是深入学习贯彻党的十八大和十八届三中、四中全会、中央经济工作会以及总书记习近平系列重要讲话精神，按照省委十一届四次全会的部署和省委书记胡春华到梅州调研讲话的要求，总结2014年工作，部署2015年工作，动员全市上下坚定信心、凝心聚力，主攻“三大抓手”（指加强交通基础设施建设，加强产业园区建设，做大做强地级市中心城区），狠抓改革攻坚，推进依法治市，加快梅州振兴发展。市委书记黄强代表市委常委会作题为《扭紧三大抓手，加快振兴发展，努力建设富庶美丽和谐幸福梅州》的主题报告和转作风抓落实的专题讲话。市委副书记、市长谭君铁就全市经济工作进行总结和部署。全会审议通过《中共梅州市委关于全面推进依法治市的实施意见》《中共梅州市委、梅州市人民政府关于进一步加快县域经济发展的意见》《中共梅州市委关于建设团结和谐勤奋敬业清正廉洁领导班子的意见》。

全会强调做好2015年工作的总体要求是：全面贯彻总书记习近平系列重要讲话、党的十八大、十八届三中、四中全会和省委十一届三、四次全会，以及省委书记胡春华、省长朱小丹到梅州调研重要讲话精神，坚持稳中求进，深化改革创新，围绕振兴发展主线，落实原中央苏区和粤东西北两大振兴政策，扭紧“三大抓手”，建设粤东北交通枢纽城市，打造“丰华兴梅产业集聚带”，推进中心城区扩容提质，推进依法治市，持续改善民生，从严治党，建设富庶美丽和谐幸福梅州。着重抓好四方面工作：一是坚持创新驱动，创新基础设施建设投融资渠道、创新产业发展模式、创新新型城镇化路径、创新县域经济发展方式，积极推动经济转型升级。二是统筹推进改革与法治，营造依法行政的政务环境、开放有序的市场环境、平安和谐的社会环境，抓好一批重点改革项目，着力激活振兴发展新动力。三是坚守“两条底线”（指环境和稳定），推进生态文明建设，完成扶贫开发任务，推进文化惠民工程，保障提升基本民生，促进社会事业健康发展。四是全面从严治党，强化党委主体责任，持续改进工作作风，加强班子和干部队伍建设，深入推进反腐倡廉，增强振兴发展的组织保障。

全市重点项目建设工作会议　2月26日，全市重点项目建设工作会议在梅城召开。市委常委、常务副市长丁文通报2014年全市重点项目建设情况和2015年重点项目计划安排情况。

市委副书记、市长谭君铁作讲话。市委书记黄强主持会议并讲话。

会议认为，2014年，全市固定资产投资完成407.51亿元，增长39.6%，增速居全省第一；省、市重点项目投资均超额完成年度投资计划；工业投资大幅增长，增幅居全省第三，重点项目建设势头良好。2015年，全市重点项目计划安排总计228项、总投资3584亿元，其中正式计划项目195项、总投资2480亿元，年度投资计划453亿元。

市委政法工作会议　3月6日，市委政法工作会议在梅城召开。市委副书记叶胜坤主持会议。市委常委、政法委书记黄伟闻作全市政法工作报告。副市长、市公安局局长史明锋传达中央和省委政法工作会议精神。市委书记黄强出席会议并讲话。

会议强调，全市各级各部门，特别是政法系统要贯彻落实中央和省委政法工作会议精神，增强做好新形势下政法工作的紧迫感和责任感。一是把握经济发展新常态，正确处理改革发展稳定关系。把握依法治国新要求，维护社会公平正义。把握人民群众新期待，保障人民安居乐业。二是要防控化解各类风险，切实维护社会大局稳定。坚决维护政治安全，切实维护社会治安，化解社会矛盾。三是要全面依法治市，扎实推进司法体制改革。加强改革工作的统筹协调，为政法工作改革顺利推进提供保障。规范执法司法行为，提高执法司法公信力。四是要加强党对政法工作的领导，加强政法队伍建设，提升政法信访维稳队伍执行力。

全市旅游工作会议　3月11日，全市旅游工作会议在梅城召开。市委常委、秘书长彭耀新主持会议。副市长杜敏琪传达全省旅游工作会议精神，总结部署梅州市旅游工作。市委书记黄强出席会议并讲话。

会议强调，各级各部门一是要坚持传承创新，认识发展文化旅游产业的重要意义，坚定加快发展文化旅游产业的信心和决心，实现一、二、三产业同步并举、协调发展。二是要把握关键环节，突破发展文化旅游产业的重点和难点。强化特色、打造精品，塑造精品景区和精品线路。狠抓项目、打实基础，打造文化旅游主导产业。多业统筹、打长链条，加快培育壮大旅游市场。三是要加强组织领导，保障文化旅游产业有序发展。各方要合力推动，形成政府主导、部门支持、企业支撑、社会参与的局面。三是要加大政策扶持，落实各项扶持措施。四是要加大宣传推介，进一步树立梅州“中国优秀旅游城市”良好形象。强化人才保障，提高服务文化旅游产业发展的水平。

全市交通基础设施建设大会　4月8日，全市交通基础设施建设工作会议在梅城召开。市委副书记、市长谭君铁主持会议。副市长陈建青总结部署全市交通基础设施建设工作。市委书记黄强出席会议并讲话。

会议强调，2015年是梅州市交通基础设施建设的攻坚之年。一是要增强信心、正视困难，坚持科学规划，创新筹融资机制，保障项目用地，破解交通发展难题，务求交通建设大会战取得更大实效。二是要突出重点，抓紧高速公路建设，抓实铁路建设，抓快机场迁建，抓好国道、省道、县乡公路和旅游干道建设。三是要加强统筹，加快完善城区交通设施，办好交通惠民实事，维护道路运输市场秩序，提升综合运输体系的整体功能。四是要加强督查，协调解决遇到的困难问题，定期组织对交通基础设施建设进展情况进行督促检查，确保打赢交通建设大会战。

全市农村工作会议　4月15日，全市农村工作会议在梅城召开。市委副书记叶胜坤主持会议。市委常委、政法委书记、市政府党组副书记黄伟闻传达中央和全省农村工作会议精神并总结部署全市农村工作。市委书记黄强出席会议并讲话。

会议强调，全市各级各部门一是要认识农业农村发展新阶段，坚持把“三农”工作放在振兴发展大局中统筹考虑，以农业强、农村美、农民富为目标，加快转变农业发展方式，推动新型工业化、新型城镇化、信息化、农业现代化和绿色化同步发展。二是要突出发展重点，着力抓产业、着力抓增收、着力抓改革、着力抓基础、着力抓稳定，务求“三农”工作取得新突破。三是要加强组织保障，健全体制机制、强化保障措施，形成强大工作合力，确保“三农”工作落到实处，开创梅州市“三农”工作新局面。

“三严三实”专题教育工作会议　5月19日，全市“三严三实”（三严即严以修身、严以用权、严以律己，三实既谋事要实，创业要实，做人要实）专题教育工作会议在梅城召开。市委副书记、市长谭君铁主持会议。市委常委、组织部部长曾祥华部署梅州市“三严三实”专题教育工作。市委书记黄强出席会议并讲话。

会议强调，全市各级各部门一是要将开展“三严三实”专题教育作为一项重大政治任务，从严从实组织实施，确保专题教育取得实实在在的成效。二是要深刻领会“三严三实”的精神实质。充分认识开展“三严三实”专题教育是巩固党的群众路线教育实践活动成果的内在要求、是推进反腐倡廉建设的现实需要、是加快振兴发展的思想保障。三是要坚持问题导向，着力解决好梅州市党员干部存在的“不严不实”问题。坚持查改结合，解决好缺乏精神之钙、缺乏为民之情、缺乏担当之肩、缺乏纪律之弦、缺乏吃苦之身等五个方面的突出问题。四是要争当“三严三实”的好干部。坚定信念，带头遵守政治纪律；勤奋敬业，带头重实干抓落实；清正廉洁，带头干净干事。五是要从严从实组织实施好“三严三实”专题教育。注重从严落实责任。注重建立长效机制。注重两手抓两促进。

招商引资工作会议　6月26日，全市招商引资工作会议在梅城召开。市委副书记、市长谭君铁主持会议。市委书记黄强出席会议并讲话。会议印发《梅州市重点招商引资项目联席会议制度》《梅州市招商引资队伍建设制度》《梅州市招商引资项目“一站式”限时办结服务制度》《梅州市产业招商专业队、招商小分队和区域招商队管理办法》《梅州市重点产业对外招商项目公开招标实施办法》《梅州市招商引资绩效管理办法》等系列招商引资文件。

会议强调，各级各部门一是要进一步增强做好招商引资工作的责任感和紧迫感，提振精神、真抓实干，推动全市招商引资工作取得新突破，为梅州加快振兴发展注入新动力。二是要扭紧“三大抓手”，围绕嘉应新区、丰华兴梅产业集聚带、梅江韩江生态文化旅游产业带“一区两带”，谋求招商引资工作新突破。在项目上有新突破，着力推进工业企业、社会公共服务类项目的招商引资。在范围上有新突破，突出“一区两带”招商，实施精准招商，外引内培并重。在制度上有新突破，解决有人专抓专干、项目落地、后续服务的问题。三是要沉下身子、真抓真干，努力形成招商引资的浓厚氛围。把招商引资和项目建设作为“一把手”工程，把招商引资工作完成情况作为党政领导干部考核的主要内容，加强督查，强化问责，务求实效。四是要加强宣传推介，全面推介梅州招商引资项目和投资环境、优惠政策。

加快振兴发展大会　8月4日，全市进一步加快振兴发展工作会议在梅城召开。市委书记黄强主持会议并作讲话。市委副书记、市长谭君铁部署下一阶段全市加快振兴发展工作。市委常委、常务副市长丁文通报全市上半年经济运行情况和2014年度各县（市、区）促进梅州振兴发展评估考核结果。市委常委、秘书长彭耀新通报第四届世界客商大会筹备情况。

会议强调，各级各部门一是要贯彻落实全省进一步促进粤东西北地区振兴发展工作会议精神，扭紧“三大抓手”，落实“两大政策”（落实国家促进赣、闽、粤原中央苏区和省促进粤东西北振兴发展），咬定发展目标，聚焦项目建设，全力以赴加快梅州振兴发展。二是要坚定信心，进一步深化认识振兴发展的战略意义。三是要突出重点，围绕第四届世界客商大会、2015年年底“十二五”规划收官之年、2016年底三年对口帮扶验收考核三个时间节点，坚持

“项目为王”的发展理念，切实落实竣工一批、动工一批、签约一批“三个一批”项目，引领交通改善，推进城市拓展，集约产业发展，着力建设“一区两带”。盯紧“三大抓手”，交通项目要“快建”，园区项目要“快装”，新区项目要“快上”。盯紧苏区规划，认真策划筛选项目，做好项目储备，释放改革最大红利。盯紧招商引资，认真落实市招商引资系列文件，党政主要领导带头抓招商引资，全力办好第四届世界客商大会。落实对口帮扶，聚焦产业和项目建设，确保全面完成好穗梅三年对口帮扶任务。三是要强化保障，坚决守住生态环保和社会稳定“两条底线”，努力增创生态新优势，全力保持社会和谐稳定，进一步优化振兴发展的环境。

第四届世界客商大会 10月11—13日，第四届世界客商大会在梅州举行。全国人大常委会原副委员长邹家华、全国政协原副主席叶选平等专门发来贺信贺电。广东省委副书记、省长朱小丹，国务院侨务办公室副主任谭天星等领导作讲话。全国人大常委会原委员、金利来集团有限公司董事局主席曾宪梓，亲民党荣誉副主席、中华建筑经理公司董事长钟荣吉，全国工商联副主席、汉能控股集团有限公司董事局主席兼首席执行官李河君，印尼熊氏集团、国际日报报业集团董事长熊德龙，香港客属社团联合总会主席、丝宝集团董事长梁亮胜等客商代表作大会发言。广东省副省长招玉芳主持大会开幕式。梅州市委书记黄强致欢迎辞。来自美国、法国、澳大利亚、南非26个国家和地区，国内18个省（直辖市）、32个地级以上市的900多名领导嘉宾等出席大会。

第四届世界客商大会是经党中央、国务院审批同意，广东省保留举办的三个节庆项目之一，以“汇聚客商力量、共创海丝未来”为主题，由广东省人民政府主办，中共梅州市委、梅州市人民政府承办，国务院港澳事务办公室、国务院台湾事务办公室、中华全国归国华侨联合会、中华全国工商业联合会、中国海外交流协会共同作为支持单位。大会突出经贸招商、项目建设、产业集聚和扩大开放，为河源9个、惠州10个、梅州14个海外“经贸文化联络处”颁发牌匾，举行广东梅兴华丰产业集聚带挂牌揭幕仪式，成立“1+9”客家旅游联盟，韶关、河源、梅州、惠州、清远等广东客属地区与海内外客商现场签约项目90个、计划投资总额逾400亿元。梅州市县联动举行重点项目动工、竣工活动，动工项目137个、计划投资862.89亿元，竣工项目128个、实际投资372.44亿元。

大会期间，发挥梅州“华侨之乡”“文化之乡”“足球之乡”优势，举行梅州市振兴发展主题展、世界客商博览会、客家文化创意产品博览交易会、客家文化艺术展演和曾宪梓博士足球捐赠仪式暨梅州振兴足球邀请赛等活动。其中，世界客商博览会和客家文化创意产品博览交易会吸引海内外13.3万人次参展观展，达成贸易成交意向9.1亿元。

学习贯彻省委书记胡春华到梅州调研重要讲话精神干部大会 10月20～21日，省委书记胡春华到梅州调研“三大抓手”推进工作情况，并召开座谈会，发表讲话。10月27日，传达贯彻省委胡春华书记到梅州调研重要讲话精神干部大会在梅城召开。市委副书记、市长谭君铁传达省委书记胡春华到梅州调研重要讲话精神，并部署全市经济工作。市委书记黄强主持会议并讲话。

会议强调，各级各部门一是要认真学习、深刻领会，切实把思想和行动统一到胡春华书记重要讲话精神上来，全力加快梅州原中央苏区振兴发展步伐，确保与省内其他地区同步实现全面小康目标。深刻理解实施粤东西北地区振兴发展战略是梅州后发赶超的重大战略。深刻理解构建“一区两带”新格局是梅州加快发展的现实选择。深刻理解建设好原中央苏区是全面建成小康社会的重大任务。深刻理解建设广东梅兴华丰产业集聚带是梅州现阶段发展经济的第一要务。深刻理解借外促内是梅州振兴发展的重要条件。二是要突出重点、狠抓落实，奋力开创“一区两带”建设新局面。吃透政策精神，对接落实项目，做好市“十三五”规划，用好原中央苏区和粤东西北地区振兴发展政策。聚焦产业建设，着力加快“一区两带”建设，努力构建快速综合交通体系，推动交通、园区、城区协调发展。借力广州对口帮扶，推进主导产业做大做强，促进传统产业转型升级，抓好扶贫开发“双到”工作，发展县域经济和实体经济。三是要转变作风、以上率下，以实际行动落实胡春华书记重要讲话精神。做好表率，落实责任，坚持用结果说话，形成求真务实、埋头苦干的干事创业氛围。要高效率、高质量完成好全年发展目标，科学谋划明年工作。

学习贯彻十八届五中全会精神会议　11月5日，学习贯彻党的十八届五中全会精神大会在梅城召开。市委副书记、市长谭君铁传达党的十八届五中全会精神。市委书记黄强主持会议并讲话。

会议强调，党的十八届五中全会，是在全面建成小康社会进入决胜阶段召开的一次重要会议。全市完全拥护习近平总书记的工作报告和重要讲话，完全拥护全会审议通过的中央《中共中央关于制定国民经济和社会发展第十三个五年规划的建议》。学习贯彻好党的十八届五中全会精神，一是要精心组织学习，领会精神实质，切实把思想和行动统一到中央的决策部署上来，坚持创新、协调、绿色、开放、共享五大发展理念，开创“一区两带”发展新格局。二是要坚持目标导向，突出梅州实际，创造性地贯彻落实好中央全会精神。以全面深化改革为动力，推进创新发展。以构建“一区两带”为平台，促进协调发展。以生态文明建设为先行，深化绿色发展。以构建对外交通体系为突破，加快开放发展。以增强群众获得感为导向，提升共享发展。明确指导思想、加强调查研究、注重沟通对接，做好全市“十三五”规划编制工作。要坚持用结果说话，全力完成全年工作任务，为“十三五”时期经济社会发展奠定基础。

（市委办）

【组织工作】

干部选拔任用　修订完善市管干部选拔任用工作规程，规范报送市管干部职务任免材料。开展执行《党政领导干部选拔任用工作条例》专项检查，做好“带病提拔”干部问题倒查和选人用人“一报告两评议”工作。对新提任干部进行任前“一看两谈”。

干部管理监督　一是加强干部日常管理监督，开展违规办理和持有因私出国（境）证件专项治理。组织1084名市管干部和1316名组工干部填报个人有关事项报告，对拟提拔为副处级以上职务干部的报告进行重点抽查核实，对110名市管干部进行随机抽查核实。二是整治超职数配备干部问题，采取退休自然消化、改任非领导职务、免职、交流等多种措施，基本完成整改消化任务。建立干部任用事项预审、督查制度，遏制新的“三超两乱”（“三超”即超编制限额进人，超职数超规格配备领导干部，超范围分设党政职务；“两乱”即随意按年龄划线乱调整配备干部、违反规定程序乱进人）现象。三是做好党组清理规范工作，各县（市、区）人大、政府、政协不规范配备的党组成员全部清理，市、县（市、区）直属单位清理规范工作逐步推进。分批对各县（市、区）和市直单位领导班子运行情况进行分析研判。四是开展干部档案专项审核，全市近10万名在职干部档案完成初审，进入调查核实和组织认定阶段。执行干部档案任前审核制度。

干部培养　加强干部培养锻炼，确定“双成长计划”培养对象514名，选派100多名干部到中直省直单位、发达地区、基层一线、重点项目挂职锻炼或跟班学习。安排970名新招录公务员到村（居）挂职。推进大规模培训干部，全年培训干部3.08万人次。

人才引进政策调整　实施引进高素质人才“千人计划”政策，出台《梅州市企业引进高素质人才个人生活补贴和房租补助申报管理办法》等4个配套文件，把引才重点从机关事业单位转移到企业等实体经济领域，围绕支柱产业和重大项目引进紧缺的专业技术人才。推进穗梅高层次人才对口帮扶工作，组织国家“千人计划”专家、广州地区高校博士到梅州开展人才科技创新帮扶。争取“扬帆计划”人才项目，对竞获的1137万元扶持资金进行跟踪管理。评选出第七批市管拔尖人才50名。

（市委组织部）

【宣传工作】

理论宣讲 2015年，围绕培育和践行社会主义核心价值观，“三严三实”教育实践活动，党的十八届四中、五中全会精神，市委六届五次全会精神等主题，开展宣讲活动380余场次，受众达10万人次。一是市委宣传部组织举办“建设富庶美丽和谐幸福梅州大家谈”论文征集研讨活动。二是市社科联启动梅州市人文社科系列丛书编纂，举办“梅州社科大讲堂”，加强社科智库建设，组织市社科专家围绕市委、市政府中心工作调研研讨，完成梅州市哲学社会科学2015年度委托项目的工作。协调指导各县（市、区）社科联机构建设，构建覆盖基层的社科工作网络。三是市文联承办“世界客商与21世纪海上丝绸之路”研讨会。四是梅县区推动理论学习教育终端化，将“最后一公里”变为“零距离”，全年分赴乡镇、机关、社区等地开展宣讲21场次，受众达3000余人。五是兴宁市、平远县、丰顺县利用党委（党组）理论学习中心组、“送课下乡”、“巡回宣讲”、“学习论坛”等形式和载体开展系列宣教活动。

主题宣传 围绕市委、市政府中心工作，组织好全国全省“两会”、市委六届五次全会、“一区两带”、“三大抓手”、第四届客商大会、第三届客家文博会、纪念抗战胜利暨世界反法西斯战争胜利70周年系列活动、习总书记文艺工作座谈会一周年宣传报道、社会主义核心价值观、一带一路、扶贫攻坚、党风廉政建设等30多项重大主题宣传活动。

对外宣传 一是邀请中央电视台、《人民日报》、新华社、中央人民广播电台、人民网、《南方日报》、《香港大公报》等中央、省市、境外媒体到梅州市采访200多人次，推出一系列反映梅州市调结构促转型、抓民生保稳定、抓改革促开放的外宣作品。二是市广播电视台推出“振兴发展看梅州”系列报道，分别走进丰顺、蕉岭、兴宁3个县（市），反映振兴发展的态势。市广播电视台全年上送省台、中央台的新闻以20%速度增长，继续保持全省领先位置。三是与新华社、人民网、南方网、新浪网等主流媒体和《国际日报》等境外媒体合作，创新对外宣传方式方法。新华社专门对梅州市落实粤东西北振兴发展战略的思路和成效作系列宣传报道。四是《梅州乡情》专版出版，由每月2期增加至8期。五是组织举办第四届世界客商大会媒体记者见面会。六是策划制作新版梅州城市形象宣传片《世界客都·中国梅州》，组织拍摄MV《传家宝》《梦圆2049》《再从春天出发》，邀请中国作协知名作家团到梅州采风。七是成立广东客都文化发展有限公司，公司在第四届客商大会前后推出大型歌诗剧《梦幻客都》，同时承办第三届客家文博会。八是组织“梅兴华丰产业集聚带”全媒体采风活动。举办央视鉴宝专家走进梅州鉴宝、家居博览会、医博会、车博会、金博会、看房团、广场舞“舞林大会”、首届网络春晚、牵头成立汽车协会等活动，实现社会效益和经济效益的“双丰收”。

网络宣传 办好梅州宣传网、“梅州发布”（人民、新浪、腾讯）微博、微信、《梅州政务手机报》等网络宣传阵地，开展“梅州发布”微访谈活动和网络舆论引导工作。“梅州发布”入选2015人民微博“十大最具亲和力政务微博”。《梅州日报》微信公众号排名稳居省内纸媒公众号前8名，微信矩阵和微博粉丝量超过40万。一是梅江区编写出版《老梅城宗祠》等书籍，开通“梅江直播”宣传平台，讲好梅江区故事。二是梅县区拍摄28集大型电视新闻专题纪录片《美丽梅县·乡村风采》。三是兴宁市、五华县新成立的网络舆情信息中心投入运行，开展网络舆情监管工作。四是大埔县用好新媒体，运作“客家香格里拉”微信公众号。五是蕉岭县办好第五届世界蕉岭同乡联谊大会暨第二届长寿文化节，策划系列宣传报道。六是丰顺县依托中央电视台《走遍中国》栏目、旅游卫视等各类媒体，举办第七届磨坊200公里8000人骑行、“定格美丽”摄影比赛等活动，展示“中央苏区县、中国长寿之乡、中国温泉之城、广东电声之都”等新名片。

媒介营销　市广播电视台深化多媒介营销，全年总收入增长5%，经营收入从全省第10位上升到第8位，是全省2个实现营收增长的市级台之一。一是《无线梅州》半年时间拥有用户数近7万，成为梅州地区影响力最大的手机端APP。二是“民生820”、《梅州新闻联播》、“服务900”等品牌影响力不断提升，以“民生820微信”为龙头的广播电视矩阵用户超过30万。三是线下活动活跃，欢乐梅州行、红丝带护考、广场舞大赛、观众节、“1058”音乐节、客家春晚、“客都文化杯”全市羽毛球赛等大型活动效益显著。

战略合作　一是梅州日报社、市广播电视台与印尼最大的《国际日报》集团展开战略合作，每月在《洛杉矶时报》推出英文版《魅力梅州》，制作的客语节目在国际卫视播出，组织梅州文艺节目到印尼演出并通过国际卫视传播。二是市广播电视台与毛里求斯国家电视台签订节目战略合作协议，组织大型纪录片《丝路南洋》摄制工作，成为国家广电总局“走出去”的重要工程，获得省政府专项扶持资金。

文化惠民工程　在全市范围内建设60个“三多三促”（多形态文化、多功能利用、多元化投资；促进古民居保护、促进文化旅游、促进社会建设）模式的农村文化俱乐部，项目获“国家公共文化服务体系项目”创建资格。推进基层基本公共文化服务全覆盖，在全市范围内建设1个博物馆、3个镇（街道）文化站公共电子阅览室、956个村文化室电子阅览室设备。全年完成公益电影放映24558场，超额完成24480场的放映任务。做好农家书屋提升工程，补充更新配套出版物。

文化遗产保护　组织开展“非遗大观年”活动和2015年全国文化遗产日活动。2015年，新增19处省级文物保护单位、30处市级文物保护单位，新增3项省级非遗项目、24位市级非遗项目传承人。编辑出版《客家山歌系列丛书》和集客家谚语、童谣、歇后语、家训于一身的《客家文丛》。

文艺精品活动　组织梅州市文艺队伍参加2015年BTV环球春晚录制，参演“中俄青年友好交流年”闭幕式暨“中俄媒体交流年”开幕式。组织开展“客韵情长中国梦·喜气洋洋庆新春”——2015年春节元宵活动。继续打造“客都艺韵”之“周五有戏”“周六有歌”剧场，组织优秀汉剧、山歌剧目的常规演出和市场化运营，培育演艺市场。创作汉调音乐剧《梦@时代》，获得国家艺术基金2015年度资助项目立项。打造排演梅州市首部市场化运作的大型歌诗剧《梦幻客都》。举办“珠江情·梅州韵”广州、梅州两地群众文化交流演出活动。举办“百家千场艺术讲座下基层”活动，以“点菜”的形式组织文艺家下基层开展艺术讲座。组团到南非、毛里求斯进行文化交流。梅州市客家山歌传承保护中心被省艺研所选定为“广东省艺术研究所梅州创作基地”。

文化产业发展　组团参加深圳第十一届文博会，梅州馆获创意铜奖及优秀展示奖。举办第三届客家文博会，2015年突出文化交易，各类文化创意产品集中亮相，来自台湾及7个省、22个市的134家展商参展，历时4天成交额近5000万元，实际成交额2900万元。兴宁市推进“一村一文化活动中心”创建省级公共文化服务体系示范项目工作，组织“宁江风情——镇（街）专场文艺展演”活动。五华县文化馆、采茶演艺公司和提线木偶传习所发挥自身优势，创排一批富于时代气息和五华特色的精品节目在各类文艺活动中展演。

（市委宣传部）

【统战工作】 组织党外人士参政议政　一是围绕争取原中央苏区振兴发展政策扶持的主线，通过双月座谈会、协商通报会、征求意见会、学习传达会、优秀调研报告通报会等形式，有计划组织党外代表人士开展学习教育活动，要求领会习近平总书记关于统一战线新的重要思想、观点、论断和部署。二是8月召开梅州市2015党外代表人士座谈会，听取党外代表人士在用好“两大政策”、加快重点项目建设、办好第四届世界客商大会、实施创新驱动发展战略、壮大特色主导产业、优化营商环境、保护生态环境等方面的意见建议。三是结合民主党派力量和发展实际，探索开展联合调研新模式，就“充分发挥红色文化和生态等优势，推进客家文化旅游特色区建设”开展联合调研。

多党合作事业建设　一是制定《梅州市政府工作部门与市各民主党派、工商联对口联系制度》《中共梅州市委关于进一步加强政党协商工作的实施意见》《梅州市党外人士直接向中共梅州市委提建议制度》等制度。二是支持民主党派加强组织建设，协助做好民主党派县级组织领导班子后备干部队伍建设，制定《关于协助梅州各民主党派做好县级领导班子后备干部人选推荐工作的实施方案》，指导相关县（市、区）委统战部按照文件要求，初步确定民主党派县级领导班子后备干部人选和下一步培养计划。三是加强与民主党派机关的沟通协调，指导完善机关制度建设，参与致公党成立90周年纪念大会等各个民主党派的学习会议和纪念活动。

党外代表人士队伍建设　11月，省知联会换届确定陈丽霞、陈凯、黄海英、饶森健4人为省知联会第三届理事会理事。推荐2名党外副处级干部分别参加省党外中青年干部培训班、省党外县处级领导干部培训班，推荐安排2名党外科级干部分别参加市委党校中青班、市科级干部进修班。建立19名处级以上党外后备干部人才信息库和55名民主党派市级领导班子后备干部人才库。梅江区推荐优秀党外干部到政府部门、镇（街）政府班子中任（挂）职锻炼，兴宁市选派17名党外后备干部到“三园一区一基地”建设重点镇（街道）进行为期8个月的实践锻炼，梅江、梅县、兴宁、平远、蕉岭5个县（市、区）均举办党外干部培训班。梅县区、蕉岭县、大埔县各提拔1名党外干部担任县（区）直部门“一把手”，丰顺县提拔2名党外干部为县直单位“一把手”。市委组织部推荐7名党外处级干部。

非公有制经济领域统战工作　一是推进世界客商文化中心建设，完善项目设计招投标手续。二是响应市委、市政府发展实体经济号召，组织市内外有关商会筹建10多栋商会大厦。三是分析研判梅州市民营经济发展形势，培养造就高素质企业经营管理人员队伍，组织举办梅州市企业家自主创新高级研修班、“客商大讲堂”等学习活动。四是与梅州日报社联合开展“创业生力军”系列报道活动，报道梅州市20名民营企业家精英创业故事。发动梅州市上百名企业家报名参加中央电视台财经频道“中国创业榜样——走进梅州”活动。五是加强与各地工商联组织和客属商会的合作联系，组织到河源、惠州、汕头、揭阳及成都、浙江、上海等地宣传推介梅州市的招商引资政策，引导本土企业立足走出省外参加经贸交流活动。

扶贫济困　6月，举办“广东扶贫济困日·梅州市疾病应急救助基金”募捐活动，40多名会员企业家现场认捐433.2万元，活动募得救助金全部捐给“梅州市疾病应急救助基金”。梅州市浙江温州商会、兴宁商会、福建商会、江西商会、湖南商会、潮汕商会等会员企业均投身各类公益慈善事业。

民族宗教事务管理　一是争取上级部门支持，将畲村中心小溪列入中小河流域治理工程项目，筹资250多万元实施堤防加固、河道治理、道路拓宽改造等民心工程。支持畲村发展茶叶特色产业，探索推行“龙头企业＋基地＋专业合作社＋农户经营”模式，全村种茶7000多亩，茶叶产值约2000多万元。加强安全隐患排查，防范因民族因素引发的矛盾纠纷，做好城市少数民族服务管理工作。二是组织宗教干部和宗教界人士参与宗教政策法规学习、法律知识竞赛等活动，在《梅州日报》开设宗教政策法规宣传专栏，刊登6期宗教政策法规知识问答。三是组织举办全市宗教工作人员培训班，指导协助市佛教协会举办第二期佛教香花教职人员培训班。三是开展境外宗教渗透专项整治行动，依法整治和取缔一批非法宗教活动及非法宗教场所，维护正常的宗教活动秩序。推进宗教活动场所规范化管理，对全市486处场所进行主要教职任职备案。协调有关部门完成千佛塔宗教文化景区总体规划编制，推进督教东门礼拜堂新堂施工和消防通道建设。四是指导举办佛教香花文化研讨会，引导宗教界开展植树造林、增殖放生、扶贫济困、施药义诊等公益慈善活动。

港澳台及海外统战工作　一是做好第四届世界客商大会期间的联络接待、海外经贸文化联络处设立、项目招商引资等工作。二是加强与各地社团的沟通联络。10月，梅州至印尼雅加达航线正式开通。12月，香港梅州社团总会在香港成立。同月，梅州市留学人员发展联合会正式成立。三是开展港澳联络有关专项工作，联合摄制大型纪录片《丝路南洋》。推进海峡两岸交流基地示范点建设，完成国台办批复立项的重点交流项目4项、入岛宣传项目1项，全国首个两岸三地农业博士团落户梅州。围绕粤港澳服务贸易自由化行动计划，推动“梅州与港澳金融合作试验区”建设，深化梅港两地金融合作、拓展港资银行在梅发展空间。四是加大海外华文教育的工作力度，选派18名优秀教师赴印尼华校任教。五是加强侨情调查工作，基本敲定全市侨情调查工作整体方案。

信息工作　编印《梅州统战信息》50期，向上报送信息，被中央统战部网站采用6篇，被《广东统战信息》、《广东统战信息专报》、《广东统战工作》、同心网、《民主党派工作通讯》等刊物或网站媒体采用信息46篇。市委统战部被省委统战部评为2015年度全省统战信息工作先进单位。　（叶群城　崔荣志）

【党校工作】

教学培训　全年举办干部培训主体班8期，培训干部363人；举办协办班4期，培训干部670人；接待部门班19期3129人，外培班41期1860人。拓宽培训渠道，一是承担第六期清华大学梅州市企业家自主创新高级研修班的管理服务工作。二是实施“教师专题课能上能下”制度，对于在集体备课会上被否定的课程不予安排进主体班。三是继续对主体班实行“两头在内、中间在外”的培训模式。主体班首先安排在校内学习专题课程，再根据实际情况组织到异地进行培训，完成异地培训后返校开展专题讨论和学员交流总结，每位学员根据培训内容与自身岗位实际情况撰写心得体会文章、结业论文与小组调研报告。2015年，收集学员心得体会文章及论文363篇、党性分析材料86篇、调研报告4篇。2015年中青一班汇编出版《振兴发展 使命光荣》论文集，中青二班刻录学习光盘和出版学习画册。除传统的理论讲授外，注重讨论教学、案例分析教学、警示教学以及现场教学等多种教学方式。

梅州市2015年中青一班开班典礼现场

理论研讨出版　2015年，学校举办全市党校系统学习贯彻十八届五中全会精神座谈会、学习贯彻全国党校工作会议精神及习近平总书记在全国党校工作会议上的重要讲话精神座谈会，并与粤东片部分市县党校举办工作座谈会。

组织出版《法治之路理论探索》论文集，贯彻落实十八届四中全会精神。学校校刊《梅州学习与研究》全年出版四期。半月刊《动态摘引》出版纸质 24 期，制作电子版 24 期，寄送 5637 份。全年学校新购图书 361 册，装订报纸、杂志 50 种、138 册。

咨政工作　2015 年中青一班的两篇调研课题《梅州市电子信息产业发展现状及对策思考》与《基层治理现代化与基层组织工作创新研究——以蕉岭县广福镇为例》获市长谭君铁批示肯定。教研人员对中央、省委和市委重要会议精神解读的文章在《梅州日报》上刊发 20 篇；接受电视台、电台采访 30 多人次。

科研项目与成果　2015 年，学校完成广东省党校系统课题、市哲学社科规划项目课题、市发改局课题各 1 项，获得优秀科研成果奖 8 项。《梅州米香型白酒产业集群发展路径探析》《习近平总书记全面从严治党思想研究》《梅州创新社会治理的实践与思考：基于法治的视角》3 项校级课题获得立项并按时完成结项工作。2015 年，学校完成 99 篇科研成果，其中 9 篇在公开出版的期刊上发表，81 篇在市级期（报）刊上发表，5 篇在县级期刊上发表。

建校 50 周年　2015 年是市委党校建校 50 周年，12 月 16 日上午，学校在小礼堂与科研楼 202 室举行中共梅州市委党校建校 50 周年暨市委党校工作座谈会。（市委党校）

【机关工委工作】

思想理论学习　把学习贯彻总书记习近平系列讲话精神列为党组织书记培训、党务干部培训、党员轮训的重要内容，推动各级党组织带头学习，带头宣讲。一是举办 2015 年度党员发展对象培训班。二是组织市直、中央和省属驻梅单位机关党委书记、分管党建工作的领导等 200 余人，以会代训，突出抓好党的十八届三、四、五中全会精神以及省市全会精神的学习培训。

政风行风建设　一是抓好 2015 年党风廉政建设和反腐败工作任务分工的落实，牵头抓好廉洁从政各项专项工作的治理和党员培训教育工作。二是听取市委督查室、市信访局、市行政服务中心等 10 余个单位部门意见建议，出台《2015 年市直单位作风评议实施办法》。完善民主评议政风行风、“行风热线”和办事群众满意度手机短信测评工作，组织对梅州市人民医院、梅州市第三人民医院等 6 家市直属医疗机构政风行风评议工作。三是抓好机关党建主体责任、“第一责任”和“一岗双责”（“一岗”即一个领导干部的职务所对应岗位，“双责”即一个领导干部既要对所在岗位应急承担的具体业务工作负责，又要对所在岗位应当承担的党风廉政建设责任制负责）的落实，结合开展机关党建目标责任制考评，组织对市人大办机关党委等 18 个机关党委书记开展述职评议考核工作。

机关文化活动　一是组织市直 500 多名党员干部开展“造林绿化、美丽客都”绿化大行动植树活动。二是依托客家文化艺术节平台，组织 2000 多名党员干部职工开展自愿服务和形象推介。三是完善服务机制，建设服务型党组织，筹措市直机关党内关爱基金，走访慰问身患重症党员。四是遴选广东梅县东山中学市卫计局、广东鸿艺集团有限公司等 8 个单位“书记项目”，推荐报送市委组织部，其中市卫计局的“书记项目”入选市级库。

（刘文江）

2015 年 1 月，春节来临之际，市直机关工委书记梁维率班子成员走访维稳村民，共商脱贫事宜

【党史工作】

系列丛书编纂　一是完成《中共梅州历史》二卷编写工作，2015年12月成稿打印，进入修改补充和校对阶段。《中共梅州历史》二卷全面反映梅州人民在社会主义改造、建设时期的奋斗历程。二是梅州市承担《广东中央苏区历史》11卷中的8卷编写任务。2015年12月，完成编写和审稿，并上报省委党史研究室。三是《广东改革开放实录》（第二辑）撰写。完成上报题为《解放思想，因地制宜，开创农村新局面—浅析上世纪80年代初梅县地区农村农业结构调整》编写工作。

红色经典景点打造　2015年年初，市委书记黄强和原副省长、广东雁洋公益基金会理事长谢强华到梅县区梅南九龙嶂考察红色革命老区，决定对梅南红色资源进行保护开发，梅州市委党史研究室承担梅县区梅南九龙嶂革命根据地纪念馆布展和旧址维修的指导工作。10月21日，中共中央政治局委员、省委书记胡春华到九龙嶂调研，对梅南革命旧址等红色资源给予评价，对于梅州保护利用红色资源工作给予肯定。

革命旧址遗址保护利用　梅州市革命旧址遗址数量多、分布广、种类多。2015年，市委书记黄强，市委副书记叶胜坤，市委常委、组织部部长杜敏琪先后6次到相关县（市、区）和有关单位调研有关革命旧址遗址保护利用工作，要求各县（市、区）规划修缮一批能反映原中央苏区斗争历史的革命旧址，并建设成为传承弘扬苏区精神的宣传阵地。

纪念红四军出击梅州86周年暨东江苏维埃政府、红十一军成立85周年纪念座谈会　2015年4月，由广东省委党史研究室与中共梅州市委、梅州市人民政府联合主办，梅州市委党史研究室与丰顺县委、县政府具体承办，纪念红四军出击梅州86周年暨东江苏维埃政府、红十一军成立85周年座谈会在丰顺县召开。全国政协委员、中共中央党史研究室原副主任、中国中共党史学会常务副会长李忠杰作讲话，市委书记黄强致辞，省委党史研究室原主任杨汉卿主持座谈会。中国人民解放军军事科学院正师职研究员陈力，中共中央党史研究室第一研究部原副巡视员、研究员王新生等党史军史专家，江西赣州、福建龙岩、广东省部分市党史部门负责人，中共早期领导人彭湃之孙女彭伊娜、红十一军军长古大存之子古延贤等革命后代代表参加座谈会。

梅州籍抗日名将电视纪录片制作　联合梅州广播电视台共同摄制梅州籍抗日名将谢晋元、黄梅兴、姚子青、姚中英烈士和黄琪翔、罗卓英将军的电视纪录片，纪念中国人民抗日战争胜利70周年。

苏区精神宣传　2015年11月，邀请江西党史专家胡日旺到梅州为党员干部授课，宣传苏区精神和江西原中央苏区在争取扶持发展政策的好经验、好做法。

（市党史办）

【保密工作】

保密会议召开　市委保密委于3月16日召开市委保密工作委员会全体会议暨全市保密工作会议传达上级保密工作会议精神，研究部署梅州市保密工作，省保密局副局长贾穗军到会指导。3月19日，梅州市召开市委常委（扩大）会议传达贯彻省委保密委员会全体会议暨全省保密工作会议主要精神。梅州市参照省的做法，对各县（市、区）贯彻落实情况进行督导。8个县（市、区）召开保密工作会议传达贯彻上级保密工作会议精神，部署2015年工作任务。

保密培训工作　先后派员参加国家保密局和省保密局举办的测评工作培训班。做好“大组工网”“纪检专网”和梅州市电子政务内网涉密信息系统的安全测评前期准备工作。在保密工作培训会和各单位业务工作培训会上，对定密工作进行培训，加强定密管理。

考试保密管理　市保密部门做好高考、中考、公务员考试、大学四六级英语考试、研究生考试、司法考试、医师资格考试等各类考试保密工作。同时，派出专人全程参与保密监督管理工作，其间对试卷保密室环境进行检查，做好各类考试保密管理工作。

印刷行业保密资质检查 做好印刷行业保密资质检查并重新申报资质工作。市保密局与拟申报印刷行业保密资质的6家企业赴省参加培训，要求各申请企业按照上级要求，做好材料上报和现场环境整改工作。

组织企业参加保密协会 做好保密资质企业参加省保密协会工作。全市有5家保密资质企业和计算机企业报名参加省保密协会组织。

（市国家保密局）

【老干部工作】 全市有离休干部1348人，接管省属企业离休干部53人。副厅级以上退休干部52人。

先进表彰 梅州市老区建设促进会获评全国离退休干部先进集体。大埔县老年体育协会、平远县政协机关离退休干部党支部获评全省离退休干部先进集体，何万真等5名离退休干部获评先进个人。梅州市老干部（老年）大学等18个离退休干部获评全市先进集体、谢雪琼等18名离退休干部获评先进个人。

老干部思想政治建设 各地各单位一是以召开经济社会发展情况通报会、座谈会、参观考察等形式，通报各地2014年经济社会发展情况和2015年主要工作安排，让老同志了解掌握梅州市经济社会发展情况，向老同志征求经济社会各个领域发展的意见建议，请老同志参加重要会议、活动。二是以举办报告会、学习会、老干部（老年）大学上辅导课等形式，以开展“三严三实”专题教育活动为契机，抓好离退休干部政治理论学习。组织离退休干部学习贯彻党的十八大，十八届三中、四中、五中全会和全国、全省离退休干部先进集体、先进个人表彰大会精神，学习总书记习近平系列重要讲话精神。三是征订发送《2015年广东老干部政治理论读本》982本、《秋光》杂志3304份，并为全市离退休干部党支部征订《离退休干部老干部党支部学习参考》，对部分年老行走不便的老干部，采取送书送学上门的形式，方便离退休干部开展政治理论学习。

落实离休干部生活待遇 市、县（市、区）党委政府重视离休干部生活待遇的落实，抓好离休干部离休费、医药费保障机制和财政支持机制建设。按国办发〔2015〕3号文精神，从2015年7月起，离休干部的离休费按新标准发放，人均月增加527元。2015年，全市财政支持离休费9655万元，支持医药费4510万元。核查全市抗战时期及以前参加革命工作的离休干部档案，将黄文等6名离休干部的材料上报省委组织部批准，享受副省（部）长级医疗待遇。为19名生活长期不能自理的离休干部办理提高护理费标准，为56名离休干部发放“抗日战争胜利七十周年纪念章”。做好走访慰问工作，全年走访慰问老干部2176人次，探望住院老干部1486人次。

组织老干部文体活动 举办各种类型的文体活动，开展“全国离退休干部为党的事业增添正能量”征文活动，选报8篇理论研讨文章。组织参加省委老干部局举办的“筑梦中华魂 我心永青春”广东省老干部群众性歌唱大赛，获金奖1个、银奖2个、组织奖1个。老干部活动中心的文娱、气排球等9个协会以开展各类型文艺表演、举办各项比赛活动的形式，以“铭记历史、缅怀先烈、热爱和平、珍惜未来”为主题开展老人节及抗战胜利70周年纪念活动。每天有离退休干部8000多人次参加学习娱乐活动。全市建有老干部（老年）大学8所，设置有音乐、山歌、书法、国画、摄影、英语、太极拳、民族舞、交谊舞等10多个专业，有学员2354人。全市有83名离退休干部为网络宣传员，有209名离退休干部订阅“共产党员”微信、易信。

发挥离退休干部作用 市关工委在全市中小学校青少年中，开展培育和践行社会主义核心价值观教育实践活动，开展“关爱明天、普

法先行”教育活动，印发教育读本4万本，培训40名农村创业青年，发放助学金115万元，帮扶500名贫困学生入学。老同志为保护红址，开发红色旅游资源，利用原中央苏区优惠政策，帮助解决老区群众生产生活困难，改善老区群众生产生活条件。举办书画摄影作品展，记录梅州生态园区、梅州文化旅游特色区和特色宜居城乡建设。参与健身娱乐、民事调解等。

（钟雄恩）

【信访工作】 2015年，全市信访总量24586件次，同比下降12.5%；到省集体访12批215人次，同比分别下降57.15%和19.18%；进京非正常访38批48人次，比上年分别上升26.67%和2.13%。

群众信访渠道拓宽 争取领导重视和支持，投入160多万元，继续完善网上信访大厅建设，实现省、市、县信访业务工作在网上互联互通、规范办理。网上信访信息系统联通80个市直单位、331个县直单位及全市114个镇（街）。健全网上信访受理制度，形成“多个渠道进入、一个平台受理、分类督办落实”的工作体系。网上信访成为群众信访的主渠道，全年网上信访受理群众来信18788件，占信访总量的76.42%。

信访问题解决 执行办信接访首办责任制，加强和改进初信初访办理工作，全市645件初信、1531件初访案件按期办理率100%。加大信访突出问题督办力度，全年向各地交办85宗信访积案，化解77宗，化解率91%。使用特殊疑难信访问题专项资金470多万元，解决26宗特殊疑难信访个案。完成复查复核案件11宗，核查中央、省交办案件21宗。推动领导干部接访下访，采取重点约访、带案下访、专题接访等方式，解决大量信访问题，全年市县镇三级参与接访领导干部12126人次，接待来访群众8091批18140人。

基础业务规范 依法规范信访事项登记、受理、办理、告知、接转、复查复核等信访基础业务，信访事项办理群众满意度评价的参与率和满意率不断提高，信访工作制度化、规范化水平明显提升。纳入信访满意度评价工作的62宗信访事项，评价率50%，对信访部门和责任单位的满意率均为79.3%，高于全省平均数据。

信访宣传和调研 学习宣传贯彻《广东省信访条例》，实行诉访分离，推进信访工作法制化建设。围绕市委、市政府的中心工作和信访问题较为突出的涉农、涉军、涉房地产开发等领域进行调研，全年完成专题调研报告4篇，形成信访形势研判材料20篇。

重大活动期间信访维稳工作 加强党的十八届五中全会、全国“两会”、抗战胜利70周年纪念活动、第四届客商大会等重大活动期间的信访维稳工作，没有发生大规模集体上访和因信访问题引发的各类恶性事件，全市社会平安稳定。

（市信访局）

【机构编制工作】

政府职能转变和机构改革工作 一是完成卫生和计划生育部门、食品药品监管部门、经济和信息化部门、商务部门、农业部门和党委农村工作领导小组办公室等机构职能的整合调整设置。调整工商、质监管理体制，提请市政府印发《梅州市工商行政管理局主要职责内设机构和人员编制规定》和《梅州市质量技术监督局主要职责内设机构和人员编制规定》。二是重组计生卫生服务机构，合并市级和县（市、区）级妇幼保健机构和计划生育技术服务机构，设立市、县（市、区）“妇幼保健计划生育服务中心”。合并乡镇卫生院与乡镇计划生育服务站，设立乡镇“妇幼保健计划生育服务站”，保留“乡镇卫生院”牌子。三是整合不动产统一登记职责和机构，制定《梅州市不动产登记职责整合和机构设置方案》，设立梅州市不动产登记中心，加挂梅州市不动产交易登记服务中心牌子。同时，推进县（市、区）不动产登记职责和机构整合工作。四是撤销驻省会城市等办

事机构，撤销市政府驻深圳办事处、市财政局驻广州办事处及各县（市、区）驻省会城市等办事机构19个，收回事业编制95名。五是减少市县两级政府执法队伍种类，推行综合执法，推进执法重心下移。整合农业行政执法职责，理顺农业综合行政执法体制机制，出台《梅州市农业综合行政执法职责整合方案》。推进市、县两级劳动保障监察综合执法改革，拟定《梅州市劳动保障监察综合执法职责调整方案》。

行政审批制度改革　市编办提请市政府公布《梅州市人民政府第六轮行政审批制度改革事项目录（第三批）》。经过三批改革，市级行政审批目录清理压减220项，清理压减比例为53.66%。清理非行政许可审批事项，起草《梅州市人民政府清理非行政许可审批事项目录（初稿）》，拟取消非行政许可审批事项132项。

权责清单清理　市编办提请市政府公布市直第一批、第二批和第三批共34个单位的权责清单，清理调整后保留各类权责事项6045项，其中：行政许可269项，行政处罚3317项，行政强制234项，行政征收37项，行政给付72项，行政检查392项，行政确认95项，行政裁决5项，行政奖励16项，其他管理事项1608项。

机构编制管理　一是将机构编制重点工作列入市委市政府年度工作报告内容，并确定为市委、市政府的督办事项。将政府职能转变情况、政府机构改革情况、贯彻落实国务院“约法三章”情况和机构编制政策规定执行情况等四项指标纳入《县（市、区）党政领导班子和领导干部实绩考核评价办法》。二是将财政供养人员只减不增要求和机构编制重要政策规定执行情况等纳入党委、政府年度督查工作范畴。三是将控编减编工作落实情况纳入各级党委、政府及其工作部门主要领导干部经济责任审计范畴，明确《机构编制审计要点》。四是实施《梅州市控编减编工作方案》。全年受理编制审核事项476项，出编备案574人次，核发编制卡1057份。五是查处上级业务部门违规干预下级机构编制事项、超权限审批机构、擅自调整机构职能等机构编制违纪违规典型案件6宗，“吃空饷”涉案人员11名，核减“吃空饷”单位编制96名。

事业单位分类改革　印发《关于印发梅州市市直事业单位分类方案的通知》，开展事业单位和参照公务员法管理单位“三定”（定职能、定机构、定编制）工作。做好事业单位法人登记管理工作，公开事业单位2014年度报告304个，办理设立登记14个、注销登记7个、变更登记93个。

政务和公益中文域名注册管理　做好政务和公益中文域名注册管理、机关事业单位网站资格审核和加挂标识证书工作。全市中文域名注册总量1850个，通过开办审核、资格复核的党政机关事业单位网站1211个。

（市编办）

【社工委工作】

社会体制改革　市社工委一是承接起草《梅州市深化社会体制改革实施方案》。二是结合梅州实际，提出涉及“三就一保一平安”等重点民生、社会组织以及足球专项工作等16大项63小项改革任务，并经多次征求意见、反复修改，于6月初以市委办公室、市人民政府办公室名义印发实施。三是根据《梅州市2015年全面深化改革工作要点》任务分工安排，牵头协调财政、民政、人社、共青团等部门，推进“加大政府购买服务力度，培育发展骨干型社会组织”等相关改革项目，相继公布第二批《市级政府向社会力量购买服务目录》《梅州市具备承接政府职能转移和购买服务资质的全市性社会组织目录》，制定《梅州市进一步发展志愿服务事业的实施意见》，完成《梅州市市级培育发展社会组织专项资金管理办法》起草。

村民理事会制度　截至2015年12月底，全市在59个镇、306个行政村、1816个村民小组（自然村）开展试点，成立776个村民理事会。其中，蕉岭县1507个村民小组（自然村）成立村民理事会552个，基本实现全覆盖。全年全市776个村民理事会筹集资金6302万元，其中争取上级支持893万元、村民自筹3240万元、社会捐助2169万元；兴办实事好事1304宗，其中基础设施537宗、公益慈善275宗、调处邻里矛盾纠纷383宗、促成经济合作项目56个等。7月，梅州市“探索村民理事会制度”被列为全省社会体制改革“省市共建”项目。

骨干型社会组织培育　制定《2015年培育发展骨干型社会组织工作方案》，明确提出市级打造2~4个、各县（市、区）打造1~2个骨干型社会组织示范点的工作目标。市、县两级社工委遴选梅州市食品行业协会等21家为骨干型社会组织培育对象，其中市级4家、县级17家。至2015年年底，市食品行业协会完成121家会员企业诚信档案建设，建立会员企业线上线下互联网服务平台，2015年被评为梅州市首家AAAA级社会组织。江南街道家庭综合服务中心推动“社工＋义工”联动模式，建立和发展义工队伍10支、435人；新增居家养老服务项目，新建社工站1个，并通过第三方评估机构考评。市志愿者协会开展的“梅州志愿卡”项目获得第二届中国青年志愿服务项目大赛银奖。

民情志愿服务工作　以“平远县民情志愿服务队”为重点，推进全市民情志愿服务工作。下拨全市8个县（市、区）民情志愿服务队工作经费9万元。同时针对各地民情志愿服务队员热情衰退、民情信息来源日趋狭窄的情况，通过研办反馈核实补充、针对热点点题约稿等方式，鼓励各地报送民情信息，提高报送质量。全年市、县、两级民情志愿服务队报送民情信息323条，经梳理分类，编发上报《民情信息》12期、59条（次）。其中，被省委办公厅《每日汇报》采用编发2条，平远县报送的反映农村二代社保卡使用中存在问题的信息获得省领导的批示。（陈　林）

市人大常委会

【市六届人大六次会议】　2015年2月4—6日，梅州市第六届人民代表大会第六次会议在梅州城区召开。应到会代表422人，实到会代表405人。会议听取和审议市长谭君铁所作的《政府工作报告》、市人大常委会代理主任林碧红所作的《梅州市人民代表大会常务委员会工作报告》、市中级人民法院院长刘思彬所作的《梅州市中级人民法院工作报告》、市人民检察院检察长许伟谋所作的《梅州市人民检察院工作报告》；审查市人民政府关于《梅州市2014年国民经济和社会发展计划执行情况与2015年计划草案报告》《梅州市2014年预算执行情况和2015年预算草案报告》。会议通过上述六个报告的决议，批准上述报告以及梅州市2015年国民经济和社会发展计划、梅州市2015年市级预算。会议听取和讨论市人民政府关于《梅州新区（江南新城）规划优化》和《“丰华兴梅产业集聚带”规划》及市委常委、常务副市长丁文所作的有关说明。大会依法选举黄强为市六届人大常委会主任，曾小华、张映平为市六届人大常委会副主任，赵琼飞为市六届人大常委会委员。

【地方立法权和立法工作】

首批地方立法权获得　1月，梅州市启动立法相关工作，成立由市委书记、市人大常委会主任黄强任组长的梅州市地方立法筹备领导小组。3月9日，市人大常委会向省人大常委会提交请求赋予第一批立法权的请示。4月，市委批准市人大设立法制委员会，市人大常委会增设法制工作委员会。4月14日，召开筹备领导小组第一次会议，明确工作目标，落实工作职责，完善立法条件。4月23日，梅州市接受省人大立法评估组检查评估，市编办核定市人大及其常委会立法机构编制。5月28日，广东省第十二届人大常委会第十七次会议审议通过《关于确定佛山、韶关、梅州、惠州、东莞、中山、江门、湛江、潮州市人民代表大会及其常务委员会开始制定地方性法规的时间的决定》，梅州成为全省首批获得地方立法权的设区市之一，可在城乡建设与管理、环境保护、历史文化保护等方面的事项制定地方性法规。6 月 25 日，市人大常委会与嘉应学院合作组建的“梅州市地方立法研究基地”正式挂牌成立并投入运作。

首个立法项目通过审议　获得地方立法权后，市人大常委会组织开展立法前期调研。9 月，启动首个立法项目《梅州市制定地方性法规条例》的立法工作。11 月，梅州市六届人大常委会第三十三次会议原则通过对《条例》的审议，拟提交市六届人大七次会议审议。

【监督工作】 2015 年，市人大常委会召开主任会议 17 次、常委会会议 9 次，听取和审议专项工作报告 20 项、审议地方性法规 1 次，组织视察活动 8 次、专题调研 33 次。

重大项目监督　市人大常委会组织在梅州的全国、省和市人大代表 100 多人，对江南新城安置区、客都大桥、梅畲快速干线等重大项目进展情况开展集中视察，提出加快棚户区改造，加大招商引资力度，以及学习借鉴龙岩、赣州做法，用活原中央苏区政策，推动重大项目建设等意见建议。

“一区两带”建设监督　市委、市政府提出《江南新城规划优化》和《广东梅兴华丰产业集聚带发展总体规划》后，市人大常委会安排代表大会讨论两大规划，建议优化规划，完善城市功能，推进中心城区扩容提质，用好“两大政策”，多上项目、多争资金，构筑原中央苏区产业集聚高地。组织代表视察嘉应新区起步区，建议加快安置区和配套基础设施建设。组织代表视察广东梅兴华丰产业集聚带兴宁、五华园区，建议抢抓机遇，长抓不懈，增强战略定力，发展实体经济。支持市政府筹措建设资金，协助解决江南新城建设资金难题。

市政府组成局工作监督　在监督对象上，围绕本届内对所有政府组成局开展一次以上监督的原则，市人大常委会主任会议专门对三年多来开展监督情况进行全面梳理研究，决定 2015 年增加听取和审议市政府关于统计、安全生产监管和工商、质监等工作情况报告，实现对政府组成局监督的全覆盖。在监督形式上，采取全面了解情况的方式。把听取市司法局“关于开展一村（社区）一法律顾问工作情况的报告”改为听取和审议“关于我市司法行政工作情况的报告”，把听取市农业局“关于特色高效农业专项工作情况的报告”改为听取和审议“关于全市农业工作情况的报告”。进行首次“开展效能监察，提高政府执行力”视察，听取和审议市政府关于行政监察工作情况的报告，拓展监督工作的广度和深度。

预算编制监督　加强预算编制工作监督，贯彻新预算法，提前介入预算编制，收集重点部门和人大代表建议，加强对预算草案的审查，提高预算编制的科学性。加强预算执行和决算审批监督，全面推行政府“公共预算、政府性基金预算、国有资本经营预算、社会保障预算”全口径预决算的审查监督，向政府提出意见建议。审查预算调整方案，批准符合规定的预算调整，把更多财政资金用于发展民生事业。制订实施方案，启动预算支出联网监督系统建设。加强规划编制监督，听取和审议梅州市“十三五”规划编制情况报告，提出“大胆设想，扬长补短，项目为王”等建议。

重点民生工作监督　听取和审议医疗卫生、教育强市和城市综合管理工作情况的报告。开展校园足球、大中型食堂食品安全监管、山区中小河流综合治理工作的视察。开展江南片新建三甲医院、市第三人民医院整体搬迁、梅州城区科学规划新建学校、农村生活垃圾收运处理工作的督办。开展外资企业生产经营情况的调研。在推进民生热点监督过程中，常委会各相关工委开展实地调研，查找存在问题，有针对性提出意见建议。在听取有关情况汇报和视察、督查后，常委会综合意见建议，提交政府处理，并加强与有关部门的沟通协调，促进问题的解决。

【人事任免】 市人大常委会对拟任命的干部，

坚持任前法律知识考试。做好任命干部年度述职报告的评议工作。全年任免国家机关工作人员41人次。

【代表工作】

完善代表联系群众平台　坚持多措并举推动代表联络室建设，全市113个代表联络室建成并开展代表接待日活动，实现代表联系基层群众工作常态化。10月，省人大常委会在梅州召开人大代表联系人民群众粤东片工作座谈会，推广梅州市、梅县区的经验做法。

健全代表建议督办机制　修改完善《关于市人大代表建议、批评和意见重点处理办法》，提升代表建议的办理实效。市六届人大六次会议以来，代表提出建议48件，市人大常委会高度重视代表建议，做到及时交办、定期督办、逐件落实。其中关于建议在梅州城区江南片建设三甲综合医院的议案（议案转建议）等5件被确定为重点建议，分别由常委会副主任牵头督办，推动重点问题解决。市人大常委会听取和审议市政府关于市六届人大六次会议代表建议办理情况的报告，完善办理评价机制，提高建议办成率。全部建议按时办结并答复代表，满意率和基本满意率均100%。

代表履职形式丰富　坚持代表列席常委会会议制度，保障代表的知情知政权，全年安排54名市人大代表列席常委会会议。组织全国、省人大代表到梅江区、梅县区、兴宁市、平远县、蕉岭县、大埔县，围绕美丽乡村建设、生态文化旅游、中小河流治理等开展专题调研和小组活动。坚持拓宽代表对社会各项事务的监督参与，全年安排全国、省、市人大代表参加执法检查、民主生活会、行风评议、听证会及相关征求意见座谈会350多人次。

【依法治市工作】　推进《法治广东建设五年规划》和《梅州市2015年依法治市工作要点》的实施，加快法治梅州建设。

审议和检查相关法律实施　听取和审议市政府关于贯彻实施《宗教事务条例》和新修订的《环保法》工作情况的报告。配合全国和省人大开展《老年人权益保障法》《广东省信访条例》《农业法》的执法检查，开展《广东省建设工程质量管理条例》立法后评估执法检查。

司法检察工作监督　听取和审议市中级人民法院关于“规范司法行为、维护司法公正”工作的报告，督促审判机关强化司法活动监督，规范执法行为，维护司法公正。加强对检察工作的监督，推动市人民检察院建立健全重要工作向人大报告制度。深入丰顺县、五华县调研基层一村（社区）一法律顾问工作开展情况，听取和审议关于梅州市司法行政工作情况的报告。加强按法治框架解决基层矛盾试点工作的指导，总结经验，全面推进基层矛盾化解工作。听取和审议市政府关于梅州市基层政权建设情况的报告，推动基层社会管理工作。

普法宣传　开展“12·4”广东法治宣传教育周系列活动，加强全民普法教育。推进法治县（市、区）、法治镇（街）、民主法治示范村（社区）创建活动。

【理论研究和宣传工作】　创新宣传平台建设，提高“梅州人大”网站和《梅州人大》刊物质量。坚持围绕中心热点开展调研，全年开展调研33次，形成调研报告25篇，推荐5篇作品参评第24届“广东人大新闻奖”，获三等奖1篇。

【信访工作】　引导上访群众依法信访，全年受理群众来信来访443件（次）。

（钟尚平）

市人民政府

【市政府常务会议】

2015年，召开15次市政府常务会议，主要讨论通过如下内容：审议通过《梅州市市辖区既有住宅增设电梯管理规定》《梅州市军人随军家属就业安置实施办法》《梅州市人民政府关于扩大梅州城区禁放烟花爆竹区域的通告》《梅州市突发地质灾害应急预案》《关于进一步规范市政府常务会议会务工作的通知》《梅州市重大行政决策和行政规范性文件合法性审查工作规则》《梅州市市场主体住所（经营场所）登记管理暂行规定》《梅州市创建国家环境保护模范城市规划》《梅州市保护历史建筑的实施意见》《梅州市创建国家环境保护模范城市2015年实施方案》《梅州市创建环境保护模范城市2016年实施方案》《梅州市“110”社会联动协作工作规定（试行）》《关于进一步加强新时期爱国卫生工作的实施意见》《梅州市疾病应急救助制度实施方案》《梅州市政府立法筹备工作方案》《梅州市促进普惠性民办幼儿园健康发展的意见（试行）》《梅州市推进家禽“集中屠宰、冷链配送、生鲜上市”试点工作方案》《梅州市高污染燃料锅炉改造项目补贴实施方案》《梅州市黄标车提前淘汰补贴方案》《市直党政机关和事业单位培训费管理办法》《关于修改梅州市城乡居民基本医疗保险暂行办法的通知》《梅州城区城市突发供水事件应急预案》《梅州市相关部门委托梅州高新区（广梅产业转移园）管委会行使部分行政管理职权事项目录》《梅州市城市扩容提质工作实施方案》《梅州市城市扩容提质近期建设计划》《平远县城市总体规划（2012—2020）》《大埔县县城总体规划（2011—2020）》《丰顺县城市总体规划（2012—2030）》《梅州市发展学前教育第二期三年行动计划（2014—2016年）》《全面开通梅县区城乡公交实施方案》《关于贯彻执行广东省职工生育保险规定的通知》《关于加快社会养老服务事业发展的实施意见》《梅州市80周岁以上高龄老人及60周岁以上困难群体投保老年人意外伤害综合保险方案》《梅州市医疗卫生重点项目规划建设方案》《梅州市中医医院组建工作方案》《梅州城区生活垃圾处理收费改革实施方案》《梅州市节能减排财政政策综合示范市建设行动计划（2015—2017年）》《梅州市节能减排财政政策综合示范项目管理暂行办法》《梅州市节能减排财政政策综合示范奖励资金管理暂行办法》《梅州市权责发生制政府综合财务报告制度改革实施方案》《梅州市全面推进公务用车制度改革总体方案》《梅州市市直机关公务用车制度改革实施方案》《梅州市公办高中学杂费标准调整方案》《梅州市足球综合改革方案》《梅州市中小微企业信贷风险补偿基金设立方案》《梅州市中小微企业信贷风险补偿基金管理办法》《梅州市江南新城棚改区剑英湖片区改造项目采用“PPP＋政府购买服务”模式（融资、勘察、设计、施工一体化）实施方案》《梅州市2015—2017年养猪业污染防治工作方案》《梅州市芹洋半岛（奥园侧）土地一级开发整理项目实施方案》《梅州市人民政府关于贯彻落实〈国务院关于加快发展体育产业促进体育消费的若干意见〉的实施意见》《中国客家博物馆主题陈列升级改造总体方案》《关于扎实开展政府协商推进科学民主决策的意见》《关于进一步做好市政府常务会议相关工作的通知》《梅州市财政扶持大众创业万众创新工作实施方案》《关于建立梅州市推进大众创业万众创新工作联席会议制度的通知》《梅州市关于进一步促进创业带动就业工作的实施意见》《梅州市建筑领域工人工资支付分账管理实施细则》《梅州市人民政府第六轮行政审批制度改革事项目录（第三批）》《梅州市嘉应新区起步区三区土地综合整治项目实施方案》《关于进一步加快建立政府法律顾问制度的实施意见》《梅州市政府法律顾问管理办法（试行）》《梅州市创建国家森林城市总体工作方案》《梅州市江南新城棚户区改造安置房建设项目（二期）融资、施工一体化服务方案》《梅州市建立健全镇（街）和园区专职安全生产监督检查员队伍实施意见》《梅州市加快科技企业孵化器建设实施办法》《关于提升梅州中心城区消防能力的实施意见》《梅州市临时救助实施细则（试行）》《梅州市基础设施建设项目库》《梅州城区公共租赁住房租赁补贴暂行办法》《广东省高陂水利枢纽工程建设征地补偿和移民安置管理办法》《梅州市旅游厕所建设管理3年（2015—2017年）行动计划实施方案》《梅州市人民政府关于贯彻落实〈国务院办公厅关于进一步促进旅游投资和消费的若干意见〉的实施意见》《广东梅州嘉应新区发展总体规划（2013—2030年）实施方案》《梅州市“多规合一”工作方案》《梅州市第一批历史建筑名录》《梅州市2015—2017年县级国家综合档案馆馆舍建设工作方案》《2014年度梅州市产业振兴三年行动计划专项资金项目计划》《梅州市较大突发事件处置督查实施细则》《梅州城区管道天然气价格调整方案》《梅州市人民政府部门权责清单（第二批）》《梅州中心城区近期重点项目》《梅州市人民政府部门权责清单（第三批）》《梅州市信息基础设施三年建设（2015—2017年）实施方案》《梅州市贯彻落实〈广东省“互联网+”行动计划(2015—2020年）实施方案〉》《梅州市政务信息资源共享平台管理试行办法》《梅州市促进电子政务协调发展的实施方案》《梅州市行政机关负责人出庭应诉工作规定》《梅州市政府性债务管理实施细则》等。

（魏少财）

【金融服务工作】

金融组织体系建设　梅州市新增特色类小额贷款公司5家。全市设立银行机构21家、证券机构10家、保险机构28家、小贷公司20家、融资性担保公司7家。全年减轻企业利息负担6.24亿元，惠及2030家企业。累计发放支农再贷款10.95亿元，是2014年同期的2.28倍。推动市、县两级政府设立各类小微企业信贷风险补偿基金近2亿元，可撬动信贷资金近20亿元。

金融市场运行　全市本外币各项存款余额1558.70亿元，同比增长10.8%；本外币各项贷款余额734.86亿元，同比增长15.88%。辖区股票基金交易额累计13643.51亿元，同比增长254.85%；资金账户累计新开户数132379户，同比增长500.79%。保费总收入42.55亿元。

企业上市　11月6日，广东集一家居建材连锁有限公司在香港联交所首发上市，是梅州市首家在香港上市的企业。12月9日，博敏电子股份有限公司正式在上海证券交易所挂牌上市。新增固特超声、裕丰食品、嘉元科技、骅锋科技、富源科技5家企业在“新三板”挂牌，挂牌企业总数6家，在广东省山区市中排名第一。57家企业在区域性场外交易场所挂牌。

普惠金融试点　梅县区、蕉岭县、五华县3个普惠金融试点县通过省的验收，兴宁市、平远县、大埔县、丰顺县新增为省试点单位。全市在110个乡镇配备2532名保险协管员。全市采集入库78万户农户的信用信息，占全市农户数的91%。在全省率先开展的“互联网+信用三农”助农惠民新模式获得省长朱小丹、副省长陈云贤等领导的好评。

（马继武）

【应急管理工作】

应急管理体系建设　一是市政府出台《梅州市突发事件应急预案管理办法》，市应急办成立专门的预案审查工作小组，规范预案管理工作。二是市应急办建立预案管理台账，对情况有重大变化或预案时间过久的，督促相关单位修订并演练。2015年，梅州市编制（修订）《梅州市突发地质灾害应急预案》《梅州城区城市突发供水事件应急预案》等4个专项应急预案，编制（修订）180个部门应急预案。全年开展市级专项应急演练20多场次。三是通过依托应急平台资源，启用梅州市应急平台交互系统，举办市应急平台信息交互系统操作培训班，通过网络快速收集各类突发事件信息和现场图像等资料。四是完善全市救灾物资储备网络体系，建立物资轮换补充机制，实现应急物资动态更新。根据实际需要确定储备应急物资的种类和规模，加大针对洪涝灾害、森林火灾等应急物资储备投资力度，坚持实物储备和能力储备相结合，提高应急物资使用效率。五是贯彻落实《梅州市应急救援队伍建设管理办法（试行)》，完善应急救援队伍体系。2015年，梅州市综合性应急救援队伍增至410人，县（市、区）综合性应急救援队伍增至1166人。市应急平台数据库收集各级各部门上报数据5130条，其中重点防护目标2246个、重大危险源614个、救援队伍166支、避护场所1343个。

突发事件风险隐患排查　梅州市建立“各地各部门一月一排查、专项机构一月一汇报、政府常务会议一月一研究”的隐患排查治理制度，对事故隐患“零容忍”。2015年，分两个阶段集中组织开展17个重点领域、行业突发事件风险隐患排查和整改工作，制订《梅州市17类重点行业领域突发事件风险隐患分级评估标准（试行）》，全年排查风险隐患1197宗，整改（含正在整改）1197宗，整改率100%。吸取深圳“12·20”滑坡灾害事件的教训，组织开展全市非煤矿山矿渣和建筑余泥渣土等堆放（排放）场、地质灾害易发场所等安全隐患排查整治工作，发现并整治安全隐患项目1个。

突发事件信息报送　每周定期编发《值班信息》（周刊）通报全市突发事件情况，每季度编发《值班信息》（专刊）量化考核各县（市、区）、各部门突发事件信息报告工作。市、县两级不定期组织对下级值班工作情况进行抽查，对值守缺位或多次信息迟报的单位进行约谈。据统计，全年协调处置突发事件30宗，向市政府领导报告突发事件信息1147宗，落实市政府领导批示42宗，向省报送信息38宗。梅州市突发事件信息报送工作连续多年获省通报表扬。

应急管理业务培训　4月，梅州市举行全市基层应急管理业务培训班，邀请省政府应急办副主任黄导繁授课，着重讲解值班工作的发展演变、新时期值班工作的任务和要求、如何做好值守应急工作等内容。市政府总值班室制定《跟班学习人员及新进人员培训方案》，通过“传、帮、带”外力因素及“听、看、学、做”自身锻炼的方式培养新任值班员及跟班学习人员。

值班体系建设　2015年3—4月，市委办、市府办联合组成两个督查组对各县（市、区）和市有关单位的值班机构设置、人员配备、制度建设、工作保障等情况进行督查。修订《梅州市政府领导节假日带班责任制》《梅州市政府总值班室节假日领导带班责任制》，汇编《市政府总值班室文件制度》。

应急避险知识宣传　梅州市发挥报刊、电台、网站、微信、户外广告等主流媒体优势，向公众宣传应急避险知识。市应急办结合“微改革、微创新”活动，通过开通市应急办官方微信、与梅州广播电视台《服务900》签订合作协议、开展有奖知识竞答等形式，开展应急知识宣传。8—12月，梅州市组织开展“梅州市应急知识大讲堂”活动，结合时季和突发事件多发的特点，邀请市政府应急管理专家深入基层，作防洪自救、旅游与地质灾害、消防安全、卫生防疫等6期专题讲座。12月11日，邀请省政府应急管理专家温元麟到梅州授课，系统讲解如何认识应急管理、应对突发灾害等防灾减灾知识。12月，组织应急志愿者到市应急综合救援培训平台（市公安消防局）参加应急逃生模拟体验，由市消防专家讲解逃生避险知识。

应急志愿服务　指导成立梅州市应急志愿者协会，引导应急志愿者、蓝天救援队等社会组织，在应急宣教培训等方面发挥作用。结合应急知识宣讲活动，组织举办应急技术产品展，推广应急技术产品应用。探索通过向社会公开购买服务的形式，引导应急产品生产企业落户梅州，鼓励引导应急产品生产企业服务应急管理工作。

应急管理示范区建设　督促各县（市、区）按照《梅州市应急管理示范区建设试行标准》，列出清单，指导县、镇、村、企业、学校全面开展示范区建设工作。11月，组织市政府应急管理专家及相关部门负责同志，对3个市级应急管理示范区（平远县、蕉岭县、大埔县）进行检查验收。经检查考核，3个县均达到市级应急管理示范区标准。

应急管理工作督导　继续落实半年督导和

不定期专项督导工作机制，不定期派出应急管理专家及业务骨干到基层开展应急工作指导，针对应急管理条例法规、文件制度及重点项目落实情况和较大以上突发事件处置工作进行督导。创新督查方式，将应急管理重点工作列入政府专项督查，加强对镇级工作的督促指导，规范基层应急管理工作。

应急避护场所建设　按照《广东省应急避护场所建设规划纲要（2013—2020）年)》，结合公园、绿地、广场、学校操场、体育场（馆）、人防工程、露天大型停车场等相关设施的建设和改造，开展应急避护场所建设。7月14日，市政府在丰顺县召开全市应急避护场所建设管理推进会。

应急救援培训基地打造　依托消防训练基地，打造模拟各类突发事件场景的应急救援综合培训基地，通过自然灾害、消防、建筑、交通等多领域实景展现、模拟互动、寓教于乐，引导公众体验在各种紧急情况下如何自我逃生、自救互救。12月12日，组织全市应急志愿者代表到应急救援培训基地进行培训，体验学习翻越障碍救人、攀岩练习、爬杆练习、转移伤员、疏散物资等消防技能，并与全国第一消防铁人（彭志昉）同场竞技。

（刘秋琼）

【反走私工作】　2015年，梅州市打私工作开展打击成品油走私“春雷”专项行动、打击整治冻肉走私专项行动、打击走私“五大战役”行动、打击野生动物走私专项行动等7次全省性、区域性打击走私联合行动和专项整治，以及中秋、国庆、元旦、春节等重大节日打私联合行动。全年全市出动执法人员24116人次，车辆3353辆次，检查各类经营场所11224间次、冷冻库509个次、汽车汽配门店3708间次，检查油库、油站1558个次。查获涉嫌运载走私货物的汽车17辆，查获涉嫌走私成品油400多吨、冷冻品43吨，无合法来源手续洋酒63瓶，走私香烟3433条。立案调查147宗，案值约540多万元。查获过境运输私货案件98宗。

（梁　宁）

【住房公积金管理】　2015年，全市住房公积金归集19.04亿元，同比增长25%；累计归集总额108.31亿元，突破百亿元大关，归集余额51.64亿元，全市缴存覆盖率76%。全年提取住房公积金14.56亿元，提取率76%，累计提取56.68亿元。全年发放个人住房抵押贷款15.56亿元，完成年初计划的195%。累计发放个人住房抵押贷款68.39亿元，个贷余额45.40亿元，全市个贷率88%。全年新增贷款6352户，累计发放贷款40088户。个贷逾期率0.01‰。

（王响珍）

【招商引资工作】　2015年，全市引进合同项目258个，计划投资总额913.84亿元。其中，引进计划投资10亿元以上项目28个、计划投资额452亿元，广东梅兴华丰产业聚集带承接项目167个、计划投资额675.1亿元。市委、市政府多次召开专题工作会议研究部署招商引资工作，出台实施《梅州市重点招商引资项目联席会议制度》《梅州市招商引资队伍建设制度》等一系列制度文件，组建由市领导挂帅、各级各有关部门主管领衔的22支产业招商队，动员大家投身于招商引资“主战场”。市委书记黄强和市长谭君铁经常带队洽谈招商项目，坚持一线督办项目落地。据统计，各级各有关部门以省内外近百家产业协会（商会）的平台为依托，举办115场专题招商推介活动，组织2350多名企业家开展项目对接，以第四届世界客商大会为契机，在海外设立14个经贸文化联络处。

基础招商　全市各级各有关部门依托“一区两带”发展平台，完善“两网三库”（“梅州招商政务网”“投资梅州信息网”，项目信息库、客商信息库、要素信息库）信息，编印《梅州市招商引资产业目录》《梅州市对外招商项目汇编》，细化107个产业链项目，锁定70个对外

招商项目。

乡贤投资项目　全市各级各有关部门打好“乡情牌”，实施“乡贤回归投资兴业工程”项目，引进金明湖生态旅游、树果果儿童智力乐园、铭海高精密工具生产、泰润元红豆杉深加工等乡贤投资项目154个计划投资462.3亿元，分别占全年招商引资总数的59.6%、50.5%。

节会招商　全市各级各有关部门借助举办第四届世界客商大会的有利时机，聚焦产业和项目，坚持领导带队招商，对接省内外客属地区和重点目标企业，开展产业招商、专题招商、驻点招商，推进“项目建设年”活动，推动实现签约落地一批、动工建设一批、竣工投产一批。据统计，在第四届世界客商大会期间，全市现场签约项目81个、计划投资额362.44亿元，动工建设项目137个、计划投资额862.89亿元，竣工投产项目128个、实际投入资金372.44亿元。

招商环境建设　全市各级各有关部门开展“三证合一”（指将企业依次申请的工商营业执照、组织机构代码证和税务登记证三证合为一证）登记制度等商事改革，持续推进“微改革、微创新”、市职能部门挂钩服务企业等活动，落实市领导挂钩服务企业和重点项目制度，出台实施《梅州市招商引资项目“一站式”限时办结服务制度》等文件，推行全程“保姆式”服务，实现审批流程最少、办理时间减半，营造“安商、亲商、富商”的投资环境和营商环境。

（徐向阳）

【法治工作】

依法行政考评　梅州市在全省2014年度依法行政考评中，被评定为良好等次。市法制局牵头对各县（市、区）政府和市有关直属单位（三类考评对象55个单位）2014年度依法行政工作进行考评，并对8个县（市、区）政府和29个行政执法任务较重的市直部门依法行政工作进行实地考评和社会评议（网络测评）。其中，兴宁市政府、平远县政府和市文广新局、市水务局、市住建局5个单位被评为优秀等次。执行依法行政年度报告制度，按规定向市政府常务会议汇报当前梅州市依法行政工作情况，向省政府和市委、市人大常委会报告《2014年梅州市依法行政工作总结》。

规范性文件审查　起草并提请市政府印发《梅州市重大行政决策和行政规范性文件合法性审查工作规则》。做好规范性文件合法性审查，2015年审查政府及部门规范性文件和政策性措施151件。做好市政府规范性文件向省报备工作，全年向省政府报备13件市政府规范性文件，审查各县（市、区）报送备案审查的规范性文件33件。开展对省政府规章清理工作，审核省政府规章199件，提出拟保留156件、拟废止21件、拟修改22件的清理建议，向市政府提交《关于省政府规章清理工作情况的汇报》和《省政府规章清理目录》。

行政复议　一是全年收到复议申请173宗，受理行政复议案件170宗，案件受理率98%。审结复议案件162宗，按期审结率100%。全年公开审理的重大复议案件71宗，公开审理率44%，召开案件协调会39场，占审结案件总数的24%。促成和解和被申请人主动自纠的案件34宗，直接纠错6宗，综合纠错率25%。二是牵头起草并以市政府办公室的名义出台《梅州市行政机关负责人出庭应诉工作规定》。完成市政府行政复议委员会第二届非常任委员的聘任工作，组织全市行政复议工作人员外出业务培训及抽调2名协办员跟班学习和协助办案。三是全年承办市政府应诉案件40宗，协助市属部门承办应诉案件15宗，均能做到按期答辩、准时出庭，审结的40宗案件均胜诉。

行政执法监督　一是配合市编办完成对市直34个单位各类权责事项6045项的审核工作，市直34个单位权责清单分三批进行公布。二是组织起草《关于进一步加快建立政府法律顾问制度的实施意见》《梅州市政府法律顾问管理办法（试行）》，并以市府办名义出台《梅州市人民政府关于进一步加强建立政府法律顾问制度的意见》和《梅州市人民政府办公室关于印发梅州市政府法律顾问管理办法（试行）的通知》，推进梅州市政府法律顾问制度建设的各项工作。三是落实行政执法人员资格培训和考试制度，持证上岗。2015年，审核上报办理行政执法证2359人，发放行政执法证2877张。办理民声信访投诉14宗。

提供法律服务　2015年，办理重大项目涉法事务、政府合同协议、会议纪要、纠纷调处等各类法律事务170件，征求意见稿180件。同时，抽调1名业务科长专职到芹洋半岛办公室从事法律事务工作。

立法相关工作　市法制局协同市人大常委会有关工委承担市委立法筹备领导小组办公室日常工作，向省争取首批授予立法权，并确保梅州市于2015年5月通过省立法评估，取得地方立法权，出台市政府立法筹备工作方案等制度。争取增设科室和增加经费，经争取，市法制局增设立法科室，并落实立法经费。起草《梅州市拟定地方性法规和制定规章程序规定（征求意见稿）》，并征求相关单位意见。开展2016年市政府立法项目征集工作，做好立法计划的编制，指导协调相关单位做好法规项目的立项论证等工作。参加省人大常委会举办的首期地方立法工作培训班和省法制办举办的省首期政府立法工作培训班。

政府法治宣传　做好政府法治信息报送工作，市法制局将政府法治工作中的动态、亮点及成效等上报省、市相关媒体报刊平台，全年报送的信息中，2篇被《梅州日报》采用。

（市法制局）

【外事侨务工作及港澳台胞工作】

联系“三胞”　一是做好外事接待工作。接待马来西亚嘉联会、新加坡南洋客属总会、南非客属联谊会、澳门嘉应同乡会、英国中华总商会、香港梅州联会、香港嘉应商会等主要客属社团访问团到梅州参观访问，加强与海外社团的沟通联络。二是做好外事出访工作。市外事侨务局陪同市领导出访印尼、南非、毛里求斯、泰国、新加坡、意大利、德国、英国、法国、荷兰、美国、加拿大、柬埔寨、澳大利亚、新西兰、巴西、阿根廷、智利等国家和地区。4月，应毛里求斯华商总会的邀请，梅州市文化艺术访问团一行23人前往毛里求斯参加第11届唐人街中华文化美食节，并为毛里求斯的华人带去精彩的系列文艺表演。三是探访海外重点社团、重要侨领，通报乡情，加强沟通联络，增进乡情乡谊。为海外“三胞”回乡探亲访友提供服务，为海外“三胞”寻根问祖提供帮助等。

2015年4月，梅州市文化艺术访问团前往毛里求斯参加第11届唐人街中华文化美食节，并为毛里求斯的华人带去精彩的系列文艺表演

依法护侨　一是继续完善涉侨涉外信访工作机制，全年受理信访件201宗（其中海外来信15件、国内来信28件，接待来访82人次、接到来电76人次）。2015年，省侨办正式批复梅州市梅县西阳镇和大埔县华侨事迹展览馆设立“侨法宣传角”。二是做好省扶贫专项资金的发放，梅州市各级外事侨务港澳部门按照广东省困难归侨补助资金申请表九个补助项目的要求，对低保户补助资金直接发到个人账户、临时救助资金签名发放，把好审核关，全年发放专项资金132.28万元。三是侨捐项目管理得到加强，对其侨捐软件进行更新录入，对侨捐数据进行全面查漏补缺和新增项目的录入工作，

掌握全市接受捐赠动态情况，全年接受捐赠项目133项，人民币3794.8715万元。

海外华文教育及侨务外宣　一是在全市范围内选派18名优秀教师到印尼华校任教，为印尼侨胞学习中文提供支持。二是向海外“三胞”宣传推介梅州经济社会发展及客家文化。9月，市外事侨务局与澳门嘉应同乡会在澳门联合举办谢晋元将军事迹展暨谢晋元将军后裔谢继民先生巡回演讲活动，纪念抗战胜利70周年。

因公出国管理　制定全市2015年因公临时出国计划，执行因公出国管理各项规定。2015年，全市因公出国（境）34批、116人次。

青少年交流　一是梅港青少年交流。市外事侨务局继续与团市委合作，加强与香港民政事务局、香港青年志愿者协会的对接，推进香港青年服务团项目。启动“百名香港青年走进梅州暨寻找家乡的故事”交流活动，通过一场足球友谊赛、一堂客家文化（语言）课、一次学习交流、一台汉剧（戏）、一次县域客家人文之旅等活动，加强梅港青年之间的互动与交流。二是海内外青少年交流。12月，在梅州吉隆坡经贸文化联络处、马来西亚雪隆嘉应会馆的配合下，海外华裔青少年“中国寻根之旅”冬令营梅州营举行，来自吉打、槟城、吉隆坡等西马半岛的六个州，年龄在12~23岁之间，祖籍地为梅州的“侨四代”的36名马来西亚青少年参加冬令营。

梅港澳经贸合作　建好粤港澳服务贸易自由化示范基地，省港澳办将梅州市“客天下跨境商品交易中心”创建为第一批粤港澳服务贸易自由化示范基地。利用招商平台，协助在港澳开展经贸洽谈活动，发动企业参加在香港举行的2015粤港经济技术贸易合作交流会，推介梅州投资环境和项目。2015年，梅州市通过市场化模式与香港裕华国货联合举办为期一个月的广东梅州名优产品展。　（市外事侨务局）

【档案工作】

培训教育　2015年，市档案局派员参加中国人民大学、国家档案局、广东省档案局以及市委组织部等举办的各种专题培训班学习。梅州市和各县（市、区）采取多种形式举办专题培训班10期，培训档案干部563人。

基础业务建设　2015年，一是接收各门类档案7630卷、37645件。其中市档案馆接收553卷、2668件。二是梅江区、梅县区、平远县、丰顺县加大对民生档案、名人档案的征集和利用。三是各级档案馆抓好档案查阅、现行文件中心和政府信息公开查阅场所的窗口服务工作，加强馆藏档案条目的著录工作，馆藏档案案卷级和文件级目录数字化率均达到100%。市档案馆及蕉岭、大埔档案馆对馆藏档案开展全文扫描工作。四是市档案馆投入经费50多万元对档案馆信息中心进行改造升级，完善档案管理信息化，完成馆藏档案纸质数字化20多万页。

档案督查　2015年，对全市8个县（市、区）及市直20个机关单位进行档案行政执法检查。依法开展行政审批制度改革，对照《广东省行政审批事项通用目录》，进行行政审批事项清理并公布清单。

档案综合管理　一是加强机关、企事业单位档案综合管理。2015年，全市机关、企事业单位达标、认证有：机关3个，事业单位1个。做好档案综合管理达标单位的复查工作，全市复查119个单位，复查率100%，合格率100%。二是跟进新设机构和撤并机构的档案工作，指导新设机构建立档案业务，指导撤并单位做好档案处置工作，防止档案散失。三是抓好“双转移”工业园区和高新技术产业园区企业特别是民营企业档案工作的建档指导工作。抓好省、市重大建设项目档案工作，对市管重点工程项目建设档案实行动态管理，并到重点工程现场指导项目档案归档工作。加强对就业、社保、医保、低保、居民健康、土地流转、林权改革、婚姻、计生、公证等专项民生档案的接收、管理和利用工作。

档案理论研究　2015年，全市在《中国档案报》《广东档案》《粤档信息》《梅州日报》等刊稿16篇，其中市档案局9篇，梅江区1篇，梅县区、平远县各3篇。利用电视台、广播电台、《梅州日报》《梅档信息》、档案网站等新闻媒体宣传档案工作。平远县接收首部村志——《平远县石正镇下丰村志》进馆，被中国档案资讯网进行宣传报道。大埔县重点推进《大埔县档案志》编纂工作，完成初稿13多万字。市档案馆编印《档案资政参考》2期，分发到党政主要领导和有关部门。

档案公共服务　2015年，全市各级档案馆接待利用者7263人次，利用档案资料12650卷。全市档案网站点击率91961次，在档案网站上发布信息251条，其中市档案局全年档案网站点击率41821次，在档案网站上发布信息34条。全市接收政府公开信息和现行文件1507份，接待查阅利用者686人次，其中市档案馆接收政府公开信息和现行文件222份，接待查阅利用者121人次。梅州市各级档案馆围绕重大节庆、社会热点与有关部门联合举办各种展览，全年全市举办展览7次，接待参观人数2667人。

（黄权合）

梅州“6·9国际档案日”宣传活动

【地方志工作】

年鉴编纂　做好《梅州年鉴（2015）》及各县（市、区）年鉴的编辑出版工作。2015年，市方志办继续与广东人民出版社合作，实现年鉴公开出版。完成《广东年鉴（2015）》梅州部分撰稿任务，为《广东年鉴（2015）》提供3万字文字稿及照片18张。

镇村及部门、行业编修志书指导　市地方志办公室指导《广东汉剧志》《梅州宗教志》《梅州水利志》、梅县区《中国各镇志·松口镇志》、平远县《下丰村志》、大埔县《茶阳镇志》等的编纂工作，促进行业志编修工作的开展。

地方志资料年报工作　通过市委、市政府联合发文，部署2015年年报资料收集工作，除报送2015年度资料外，组织补报2001年—2005年年报资料。在总结往年年报工作的基础上，创新年报编写模式，为各单位提供指导。

《资政志鉴》梅州部分编纂　结合梅州实际，拟定条目，搜集核对资料，完成《资政志鉴》梅州部分4个条目的撰写工作。

自然村落历史人文普查的试点工作　市方志办制定《梅州市自然村落历史人文普查工作方案》，成立梅州市自然村落历史人文普查领导小组办公室，负责具体指导。在梅县区松口镇开展试点工作。

地方志资源开发利用和地情网改版　出版《志说梅州》和《客家祠堂楹联》等地情书。完成梅州地情网日常维护更新工作，增加地情网信息量，增强信息时效性，首页新闻动态类栏目每周更新。完成第二轮志书及部分年鉴数据入库，梅州地情网点击量超过100万人次。

（市方志办）

【台湾事务】

涉台宣传调研　2015年，发挥蕉岭县“抗日三英杰（丘逢甲、谢晋元、罗福星）”的历史资源优势，向国台办争取立项，投入资金18万元，获取《丘逢甲》《我的父亲谢晋元》《抗日志士丘逢甲》《谢晋元传》等一批书籍和音像资料进入台湾宣传。制作海峡两岸交流基地宣传画册，成为对台宣传交流新窗口。同时，向《梅州日报》、涉台网站等媒体报送宣传稿件55篇，被采用49篇，完成调研材料1篇。

对台经贸工作　截至2015年，在梅州投资的台资企业累计超过208家，投资总额达1.5亿美元。

梅台农业合作交流　落户梅州市梅江区台湾农民创业园的企业有近10家，台资农业企业在核心区投资额2000多万元，主要经营种植、养殖业和食品加工等。梅台农业合作示范园“阿鲤廊”正式开园迎客，引进台湾农业经营发展模式，建成梅州精致高效农业示范基地，被农业部、共青团中央授予“全国青少年农业科普示范基地”。2月，全国首个海峡两岸及香港地区农业博士团落户梅州，吸引海峡两岸及香港地区的57名涉农博士加入，涵盖土地改良、良种良法、市场营销、农产品精深加工、食品质量与安全等多个领域。此外，各县（市、区）设立7个台湾农民创业园示范点。

海峡两岸交流联络　完成国台办交办的5项重点交流项目。2015年，到梅州交流的台湾团组25批、971人次，赴台交流36批、324人次。8月，市委书记黄强、市委常委彭耀新、市政协副主席肖平等赴台湾开展联络工作，邀请台湾吴伯雄、萧万长、钟荣吉、饶颖奇等台湾知名人士及重要台商到梅州参加第四届世界客商大会。10月，应世界客属总会、世界客属第28届恳亲大会筹委会邀请，市长谭君铁率梅州市代表团赴台湾新竹参加世界客属第28届恳亲大会。12月，经国台办、省台办批准，同意梅州市以梅州海峡两岸交流基地办公室名义在中国客家博物馆、客家小镇、爱丽丝庄园、雁鸣湖、平远县大佛寺、抗日“三英杰”故居6个点设立海峡两岸交流基地交流示范点。经报市委、市政府审批通过，在火车站客都大道路口设立5米多高的“海峡两岸交流基地”标识。

涉台重大活动　6月，市委书记黄强到市台办调研时指出，应发挥梅州市台胞众多优势，搭建经贸合作新平台，创建一个台商工业园。7月，市委常委张丽霞，市招商局、商务局、政研室和相关职能部门负责同志，赴蕉岭专题调研，协助蕉岭县和蕉华管理区共同谋划和筹建梅州市台商工业园。9月，省委台办主任陈国兴到梅州市调研对台工作，考察在梅州台资企业项目，看望台商。10月，由中共中央台办等部门为支持单位的第四届“世界客商大会”在梅州举办，大会以“汇聚客商力量、共创海丝未来”为主题，凸显海峡两岸交流基地示范效应，中央台办副主任龙明彪出席会议。吴伯雄、萧万长、饶颖奇分别发来贺电、题词。亲民党荣誉副主席、中华建筑经理公司董事长钟荣吉受邀参加活动并回乡祭祖。大会邀请台湾嘉宾200多人参加。大会期间，给在台湾地区设立的梅州台北经贸文化联络处颁发牌匾。

（张雨亮）

【行政服务中心工作】　2015年，梅州市实体办事大厅办件量逾130万件，日均办件量逾5740件。市级实体大厅群众测评满意率达到99.89%，各县（市、区）实体大厅群众测评满意率均在98.94%以上。全市113个镇（街）、359个村（居）开通网上办事大厅，全年网上大厅受理业务约12.83万件，办结12.74万件，办结率99.3%。“12345”政府热线受理群众来电逾12.57万个，一次性解答12.13万件以上，转派工单3529件，按时办结率99.52%，回复群众满意率94.21%。

标准化管理　2015年，市行政服务中心实行标准化管理，编制《管理办公室工作规范手册》和《窗口工作人员手册》，规范工作人员的行为举止、岗位职责、服务标准、考勤考核和公共管理等，推动“六办制度”（手续齐全马上办、手续不齐帮着办、特殊项目特殊办、紧急事项加班办、重大项目上门办、难办项目跟踪办）常态化。

机制创新　市行政服务中心继续巩固提升改革成果，窗口授权率升至76.2%，“一站式”服务功能得到强化。启动基本建设项目审批制度和流程改革，赴先进地区学习借鉴改革经验，牵头组织改革调研，起草改革工作方案。开展“微改革、微创新”活动，贯彻落实市政府“微改革、微创新”工作部署，行政服务中心各窗口单位推出70项“微改革、微创新”举措，解决群众反映的热点问题。　（市行政服务中心）

市政协

【政协会议】

市政协六届四次会议　中国人民政治协商会议第六届梅州市委员会第四次会议于2015年2月3—5日在梅城召开，397位委员参加开幕式。会议审议通过市政协主席李金元代表六届市政协常务委员会所作的工作报告和副主席何梅林所作的提案工作情况的报告；表彰一批优秀提案和承办提案先进单位、先进个人；审议通过市政协六届四次会议期间提案情况的报告和六届四次会议决议；同意何梅林因退休原因辞去六届市政协副主席和委员职务的请求，肖平辞去六届市政协秘书长职务的请求；选举肖平为六届市政协副主席、曾祥海为六届市政协秘书长。委员们列席市第六届人民代表大会第六次会议，听取并讨论政府工作报告，讨论市中级人民法院工作报告、市人民检察院工作报告和《梅州新区（江南新城）规划优化》《梅兴华丰产业集聚带规划》及其他报告。会议期间，市委书记黄强，市委副书记、市长谭君铁等市领导参加开幕大会、界别委员代表座谈会及闭幕大会等。

市政协常委会议　2015年，市政协召开5次常委会议：1月13日，召开六届十四次常委会议，听取《政府工作报告》（征求意见稿）说明和政府部门2014年办理政协提案的情况通报，并讨论《政府工作报告》（征求意见稿）；审议《市政协常委会工作报告（草案）》、《市政协提案工作情况报告（草案）》和各专门委员会工作报告（草案）；审议通过市政协六届四次会议有关事项；同意本次常委会议未尽事宜授权市政协主席会议作出决定。2月4日，召开六届十五次常委会议，听取递补部分市政协常务委员会组成人员候选人名单（草案）说明；审议部分市政协常务委员会组成人员辞职的请求和递补部分市政协常务委员会组成人员候选人名单（草案）；推选肖平为六届市政协副主席候选人，曾祥海为六届市政协秘书长候选人；审议市政协六届四次会议选举办法（草案）、选举大会监票人、总监票人名单（草案）和会议决议（草案）；同意有关名单和决议（草案）提交市政协六届四次会议全体委员讨论；任命曾德庆为市政协经济委员会主任、古清华为市政协文化和文史资料委员会主任、曾佛应为市政协文化和文史资料委员会专职副主任（正处级）。2月5日，召开六届十六次常委会议，听取大会秘书处汇报各组讨论有关选举问题和审议市政协六届四次会议决议（草案）情况，审议通过提案委员会关于市政协六届四次会议期间提案情况的报告；确定递补部分市政协常务委员会组成人员候选人名单；通过市政协六届四次会议选举办法和选举大会监票人、总监票人名单。7月14日，召开六届十七次常委会议，专题协商江南新城规划建设。会议听取江南新城规划建设推进情况通报，就江南新城的规划调整优化、招商引资、融资筹资、产城联动、总部经济及医疗、教育配套设施建设等方面进行协商讨论；任命曾光辉为市政协经济委员会副主任、卢华亮为市政协社会法制和人口资源环境委员会专职副主任。12月30日，召开六届十八次常委会议，围绕“以‘一区两带’为引领，推动县域经济加快发展”进行专题议政；审议通过市政协六届五次会议有关事项；审议市政协常委会工作报告（草案）、市政协提案工作情况报告（草案）和各专门委员会工作报告（草案）；同意本次常委会议未尽事宜授权市政协主席会议作出决定。

【协商议政】　搭建协商议政平台，组织委员和党派团体代表，围绕政府工作报告、“十三五”发展规划、“一区两带”规划、城市总体规划修编、县域经济发展、中心城区扩容提质，以及交通基础设施建设、养老服务业发展、改造发挥体育场馆功能等课题，开展1场专题议政、9场专题协商、6场对口协商和界别协商、5场提案办理协商活动。

【委员调研】 围绕“在江南新城规划建设总部经济聚集区”、电子商务、民俗文化的传承保护、国家卫生城市复检、振兴梅州足球之乡十年规划实施、特殊教育学校标准化创建、民族宗教等课题组织开展9场专题调研、17场专题视察，形成15份履职报告，市委书记黄强、市长谭君铁作出批示13次。受省政协委托，组织在梅州的省政协委员赴黑龙江、吉林两个省考察，借鉴东北老工业基地转型升级和城市扩容提质等方面的经验。

【民主监督】 围绕市委、市政府十件民生实事，重点就老年公寓、特殊学校、自来水厂建设等民生工程开展监督性调研视察活动。连续多年督办国有林场改革发展提案，结合梅江韩江绿色健康文化旅游产业带的规划建设，两次督办林业建设。组织委员到公安、法院等政法部门进行视察，联合组织在梅州的省政协委员和市政协委员视察“客都民意警务”工作。把市委、市政府安排的挂钩联系重点项目作为政协工作的重要内容，成立专门服务保障机构，定期组织视察督办客天下文化旅游产业项目、国道206线梅畲快速干线等8个重点项目，协调解决项目建设过程中遇到的困难问题。

【提案工作】 全年收到提案252件，立案250件，提案者满意率100%。市委书记黄强，市委副书记、市长谭君铁分别领衔督办“关于加快推进梅兴华丰产业集聚带建设”“关于推进江南新城建设，加快中心城区扩容提质”重点提案，市政协主席会议牵头督办“关于深化改革，推进梅州市国有林场发展的建议”“关于加快建设、改造梅州城区供水管网力度，提升供水能力的建议”重点提案。在梅州的省政协委员提出的“关于全面落实原中央苏区系列政策的提案”被省政协评为优秀提案，受到表彰。

【联情联谊】 一是受市委委托，应邀组团到新加坡、柬埔寨、缅甸进行友好访问，拜会当地侨胞侨贤，深化与华侨新生代的交往，邀请他们回梅州参加世界客商大会。二是依托港区、澳区梅州市各级政协委员联谊会等平台，开展形式多样的活动，发挥港澳委员的“双重积极作用”，推动梅州与香港、澳门深化交流合作。三是落实市委、市政府关于实行市领导招商和联系产业行业协会（商会）的决策部署，成立市政协招商引资机构，先后赴香港、澳门、深圳、广州、珠海等地，拜会当地商会组织，联系走访政协委员，开展生物医药、健康养生等产业招商活动，推动国威电子、深圳建艺集团、广东奥凯电子、深圳麦迪聪医疗电子、双华玻璃等多个项目落户或增资扩产。四是参与第四届世界客商大会，为擦亮世界客都品牌发挥政协作用。五是加强与民主党派的合作共事，邀请民主党派、工商联和无党派人士参加市政协的重要会议和履职活动。协助全国政协、省政协和兄弟市政协到梅州开展调研视察等活动，参加闽粤赣三省八市政协第24次联系协作会议，强化横向交流。

【学习和宣传】】 制定年度学习计划，依托市政协主席会议、党组中心组学习会、市政协常委会议、党支部会议等平台，开展学习培训活动。协助人民政协报社到梅州开展“全国政协委员为抗战老兵义诊”活动，《人民政协报》和人民政协网进行报道。举办纪念中国人民抗日战争暨世界反法西斯战争胜利70周年系列活动，与梅州广播电台联合制作“抗战英烈故事”专栏，报道20名抗日英雄的光辉事迹，中央人民广播电台、新浪网、闽粤赣客属电台等媒体进行展播。完成《敢为人先——改革开放广东一千个率先》（梅州部分）史料征编工作，梅州市政协被省政协评为优秀组织奖。依托《人民政协报》、《梅州日报》和梅州广播电视台，以及会刊、网站等新闻媒体，宣传政协履职活动和委员风采。

【动员委员参与梅州建设】　一是依托政协“委员之家”网络互动平台，就群众反映强烈的社会公共停车场建设、城区交通拥堵、高楼住户居民用水困难等话题，开展界别话题讨论，发动委员提出对策建议。此项工作得到省政协的肯定，在粤东西北地区“委员之家”网络互动平台工作座谈会上，梅州市政协作经验发言。二是委员开展“三个一”（每年至少提交1件提案、1条社情民意信息、为民办1件实事）活动，收集反映社情民意信息230多条，为群众办好事实事600多件，捐资筹资超过2000万元。三是首创设立梅州“政协委员爱心之家”，帮助《梅州日报》民生一线和梅州广播电视台《民生820》栏目报道的困难群众。四是响应“绿满梅州”号召，政协委员捐资200多万元用于嘉应学院园林等项目建设。抓好扶贫开发“双到”帮扶工作，坚持开展扶贫送医、送戏下乡等活动。

（侯文婷）

市纪检监察工作

【主要会议】

市纪委六届五次全会　1月23日，中共梅州市纪委六届五次全会在梅城召开。市委常委、市纪委书记胡钛主持会议，并代表市纪委常委会向全会作工作报告。市委副书记、市长谭君铁传达十八届中央纪委五次全会和省纪委十一届四次全会精神。市委书记黄强出席全会并讲话。会议审议并通过市纪委常委会《工作报告》和《全会决议》。全会第三次大会开展述责述廉述德活动，市财政局、市民政局、市农业局等10位市直单位主要负责同志向市纪委全会报告履责、守廉、修德情况，接受评议和现场测评。

全市农村基层党员、干部违纪违法线索集中排查加大查处力度工作座谈会　5月8日，梅州市纪委召开农村基层党员、干部违纪违法线索集中排查加大查处力度工作座谈会，市纪委常委、市监察局副局长、市预防腐败局副局长，各县（市、区）纪委书记，市纪委相关科室负责同志等40多人参加会议。会议传达学习省纪委《印发〈关于开展农村基层党员、干部违纪违法线索集中排查活动的意见〉的通知》，印发《关于开展农村基层党员、干部违纪违法线索集中排查活动工作方案》，通报市纪委开展相关线索排查情况，各县（市、区）纪委汇报工作开展情况。

全市纪律教育学习大会　8月12日，梅州召开全市纪律教育学习大会。市委书记黄强作纪律教育专题报告，市委常委、市纪委书记胡钛主持会议，并对开展“守纪律、讲规矩、作表率”为主题的纪教月活动进行部署。会上，组织与会同志观看党风廉政教育专题片《红包之祸》和梅州市机关作风暗访片。

全市“三纪”（党纪、政纪、法纪）专题纪律教育学习会　9月16日，梅州市委专题召开全市纪律教育学习会，组织市、县、镇三级党政主要领导，学习省委书记胡春华、省长朱小丹在全省“三纪班”上的讲话精神，全文传达学习省纪委书记黄先耀的辅导报告。市委常委、市纪委书记胡钛组织与会同志重温入党誓词。市委书记黄强出席会议并讲话。

【正风肃纪活动】

谈话提醒探索　运用监督执纪“四种形态”，加大谈话、函询、诫勉力度，全市纪检监察机关开展任前廉政谈话839人次、诫勉谈话212人次、实施信访谈话函询78人次，其中，市纪委谈话函询市管干部17人次。

纪律作风建设　运用查办、督办、联办和问责等措施，全市查处违反中央“八项规定”精神问题16个、处理39人，给予党纪政纪处分19人，通报曝光9起典型案例。坚持暗访、查处、追责、曝光“四管齐下”，全市暗访发现懒政怠政、作风懒散等问题46个，制作《“怡佳河鲜舫”非法经营、无人监管》等暗访片30个，处理65名相关责任人。

“八小时以外”监管　贯彻落实省《关于加

强党员领导干部“八小时以外”活动监督管理的意见》，在梅县区、市工商局、五华郭田镇等8个单位开展多层次、多类型的“八小时以外”监管试点工作。

【执纪审查工作】

违纪违法行为查处 全市各级纪检监察机关受理信访举报2652件（次）；处置线索927件，初步核实问题线索853件；立案697件，同比上升26.7%；结案653件，同比上升16.4%；给予党纪政纪处分635人；其中党内严重警告以下和行政降级以下轻处分421人，占66.3%，党纪政纪重处分214人，占33.7%，移送司法机关25人，占3.9%。全市查处县处级干部13人、科级干部112人。

线索排查活动 盯住农村基层五类线索排查重点，开展农村基层党员、干部违纪违法线索集中排查活动。全市排查线索2567条，初核2040条，立案查处基层党员干部违纪违法问题653宗，结案602宗，给予党纪政纪处分597人。线索排查总数、初核数、结案数、党纪政纪处分人数均位列全省前茅。全市8个县（市、区）镇街纪委办案率均达到100%。

【廉政教育建设】

叶剑英行廉志洁专题展厅建成 2月11日，位于叶剑英纪念园内的“叶剑英行廉志洁专题展厅”建成开放，该展厅通过图文、视频、书法和照片等形式，展示叶剑英元帅行廉志洁精神风范，让党员干部在缅怀叶帅丰功伟绩的同时接受爱国廉政教育。

客都清风专栏开设 4月起，在《梅州日报》、梅州电视台开设“客都清风”专栏，采取每月一期、一期一主题的形式，宣传梅州市反腐倡廉建设新形势、新要求、新成效。全年刊播“正风肃纪”“两个责任”“机构改革”等8个专题。

纪律教育学习月活动 8—9月，开展以“守纪律、讲规矩、作表率”为主题的纪教月活动，组织150多名市直单位“一把手”到梅州监狱接受警示教育。对市直300多名“双集”人员进行廉洁从业教育。组织全市副处级以上党员干部观看反腐倡廉话剧《沧海清风》。组织开展党章知识测试和“廉洁火炬杯”党规党纪知识竞赛等。

市纪委监察局网站改版上线 12月28日，市纪委监察局网站经改版升级后正式上线，网站强化信息发布、工作展示、政策解读、网络监督、廉政教育5大功能。

【改革创新】

第二轮内设机构调整完成 市、县两级纪检监察机关完成第二轮内设机构调整，市纪委监察局内设室（部）14个，其中有监督执纪问责职能的10个。各县（市、区）内设室统一设10个，其中纪检监察室5个。市、县两级纪检监察机关监督执纪问责力量达到人员编制的70%以上。

派驻机构“三位一体”改革 探索派驻、巡察、执纪审查“三位一体”改革模式，市纪委采取单独派驻和综合派驻相结合的形式，设立28个派驻纪检组，授权管理和综合监督121个单位，实现对市直机关、事业单位和国有企业派驻机构全覆盖。开展2次巡察，范围覆盖111个市直单位和1个县，发现问题线索66个，指导相关单位健全完善制度168项。

审计移送线索办理试行办法出台 市纪委监察局联合市审计局出台《关于审计移送线索办理的试行办法》。《办法》共十三条，明确审计移送线索的重点范围，规范登记呈批、跟踪督办、协调沟通、结果反馈等办理程序。全年处理审计移送线索5条，转立案3件6人。

落实省委政策 围绕省委“三个区分”（把因缺乏经验先行先试出现的失误与明知故犯行为区分开来，把国家尚无明确规定时的探索性试验与国家明令禁止后的有规不依行为区分开来，把为推动改革的无意过失与为谋取私利的故意行为区分开来）原则，协助市委制订《中共梅州市委关于落实省委“三个区分”原则激发干事创业热情整治为官不为行为的意见》，以及《关于落实“三个区分”原则实施容错减责的暂行办法》《梅州市领导干部“为官不为”问责暂行办法》两个配套办法。

（市纪委）

民主党派与工商联

责任编辑：徐华芳

市民革

【参政议政】 梅州市人大、政协“两会”期间，市民革委员会人大代表、政协委员提出提案和建议26件，大会发言2篇。主委伍德凤提交的《关于加快推进“丰华兴梅集聚带”建设的建议》提案，经市委书记黄强圈定，确定为2015年度唯一重点督办的提案。伍德凤撰写的《关于优化营商环境，振兴实体经济的建议》和《关于推广创新产业联盟，综合开发山林资源，推动梅州振兴发展的提案》获优秀提案奖。

【调研活动】 市民革选定“加快推进我市物联网发展，助力我市实体经济”作为重点调研课题。7月，课题调研组分别到市、县、区经信局、商务局、物流物联公司等有关单位，开展调查研究。8月8—11日，调研组由主委伍德凤带队，前往中国药都江西樟树市，实地参观樟树市现代科技农业示范园区、樟树市农村改革试验综合园区、四特酒业集团公司、金虎集团、五洲医药、仁和集团科技园和樟树市药材市场等地，了解樟树市推动物联网工作情况，学习先进经验。8月27日，调研组到中国电信梅州分公司，先后听取有关专家关于梅州市物联网产业现状、应用分析、发展方向等情况介绍，现场体验电子政务、智能交通、智慧医疗、智慧校园等应用服务技术，并与市经信局、市商务局、中国电信梅州分公司等相关人员召开座谈会，就梅州市物联网的规划思路、建设模式、问题困难、应用推广等内容进行研讨交流。9—10月，调研组听取有关企业、应用单位和专家等各方面意见和建议，11月形成调研报告，为市委、市政府提供决策参考。

【社会服务】 继续开展“伸出博爱之手——民革基层组织牵手困难群众”活动。各基层支部开展帮扶困难群众、科技下乡、送医送药、关爱抗战老兵、种植“博爱林”等一系列的活动。全年全市基层组织开展“博爱·牵手”活动35次，帮扶困难群众1200人次，帮扶资金22多万元。3月10日，梅县区委会筹集资金9万多元，组织年轻党员和志愿者100多人，在丙村镇种下2.67公顷民革“博爱林”。6月17日，市民革与市人民医院、市农科所、市水产所等相关单位组织20多名专家和技术人员，到梅江区西阳镇参加由梅州市科技局主办的科技下乡集市活动。在“英雄礼赞忠勇传承——纪念抗战胜利70周年抗战老兵座谈会暨系列活动”和纪念抗日战争胜利70周年文物史料展等活动中，主委伍德凤带头捐款800元，副主委叶洁捐款500元，并多次带队看望慰问抗战老兵。钟李峰、曾彩霞伉俪创办的铁炉桥医院为前来就诊的门诊患者免挂号费10多万元、检查费20多万元，为贫困户、低保户住院患者减免各项费用近80万元，多次组织医务人员到各乡镇免费为老人进行白内障筛查，到石扇等地义诊免费送医送药200多份，在梅县区委会建设民革“博爱林”活动中带头捐款3000元。

【党员成绩】 叶洁获得“民革全国宣传思想理论工作先进个人”的称号。李绮琼被评为“2015年度民革广东省委会学习实践活动优秀党员”。朱日晖的摄影作品《围龙新歌》获由文化部《文化大视野》编委会主办的《文化大视野——全国群文系统文艺作品选集》优秀作品奖（最高奖），并且获“客家圣地美丽家乡”闽粤赣三地摄影作品联展优秀奖。教师陈天良2015年5月被确定为梅州市第五期“百千万人才培养工程”名教师培养对象，论文《合作学习在初中数学课堂教学中的实践》获梅州市中学数学教育教学论文评选一等奖，研究课题《在合作探究教学中培养学生创新能力的研究》被梅州教育局教研室立项。教师曾文军获得“范剑冰优秀教师奖”，获得奖金2万元。教师黄敏撰写的论文《比较法在高中地理教学中的应用》在《教育学文摘》发表，并获第一届“联盟杯”全国论文评选一等奖，课题《高中地理教学中学生学习方式最优化研究》获中国教育学会“十二五”规划重点课题，并承担课题主持人。

【组织建设】 在2015年发展的10位新民革党员中，有教师、医务工作者、司法部门工作人员，私营企业主等。截至2015年12月底，全市民革党员238人，市委会辖2个（县级）委员会、2个总支部、1个市直支部。

（市民革）

市民盟

【参政议政】 中国民主同盟梅州市委员会盟员有省、市、县（市、区）人大代表8人，政协委员42人。在市政协六届四次会议上，委员谢芳代表民盟梅州市委会作“抓住机遇，推动梅州环保产业加快发展”的大会发言。市“两会”期间，市委会提交提案、建议16件。在政协梅县区十三届五次会议上，民盟梅县区委会提出的《加强农民科技教育培训，提高农民科技致富水平》《关于加强法律宣传教育，提高群众对违法犯罪行为的认知度的建议》两件提案被列为2015年度重点督办提案，由区主要领导挂案督办。兴宁市政协十三届五次会议上，民盟兴宁市委会提交的《关于集中整治乡村环境卫生，建设美丽兴宁的建议》《大力扶持并发展我市现代农业》《宁江东堤上华桥至滨江花园段亟须完善道路等市政设施》和委员邹华提交的《关于开通上华桥至宁江桥段宁江东堤的建议》议案被评为兴宁市优秀提案。

【调研活动】 民盟市委和各县（市、区）盟组织围绕加快梅州振兴发展开展调研活动。民盟梅州市委2015年三个重点调研课题分别为：跨省河流水污染防治对策建议、推动科技创新，促进中小微企业发展、农业科技服务平台现状与提升。9月18—19日，主委韩小林率民盟梅州市委“博士（教授）社会服务团”部分成员到五华县开展社会服务活动，对4家工业企业和1家休闲观光农业企业进行现场考察，并就企业规划发展、提高生产自动化水平、新三板上市等提出意见建议。民盟市委中标盟省委调研课题。民盟梅县区委会调研组承接省、市调研任务，前往惠州市、河源市、梅县区、兴宁市等地开展专题调研。

【社会服务】 12月5日，专职副主委李跃文率民盟市文艺支部盟员到大埔县百侯镇百侯村开展送戏下乡文艺演出活动，慰问当地留守老人、留守儿童，并带去学习用具一批分发给当地的留守儿童。民盟梅州市梅江区总支邀请省水文局梅州分局专家为梅州中学学生举办“水资源节约与保护宣传”的公益讲座。民盟梅县区委会组织盟员10余人前往梅县区水车镇敬老院，看望敬老院的老人，同时为他们带去大米、食用油、麦片等价值4000余元的慰问物品。梅县区南口中学支部前往南口镇敬老院开展关爱孤寡老人送温暖活动。民盟兴宁市委会开展“送温暖”慰问活动，慰问帮扶贫困学生曾璇仪。兴宁市田家炳中学支部盟员一行，前往兴宁社会福利中心开展关爱孤寡老人、孤儿送温暖活动，给兴宁市福利院的老人和小孩送去一些日常生活用品。兴宁市医卫支部和城区支部盟员一行十多人，前往新圩镇敬老院开展“关爱、关心孤寡老人”义诊志愿服务活动。鲁渊、朱柳青、林伟达被省侨办、省教育厅选派赴印尼支教，罗美莲申请赴山区小学支教。梅县区文艺界盟员到汕头、韶关、河源、惠州等客家地区演出，创排“美丽梅县、依法治区”普法宣传文艺节目，到梅县区19个乡镇进行巡回演出，并远赴新加坡参加庆祝“新加坡成立50周年暨茶阳会馆成立157周年客家文化节”活动。

【盟员成绩】 民盟梅州市梅县区专职副主委叶柳华当选中华全国青年联合会第十二届委员会委员。盟员钟兰芳、郭小岚获得叶剑英基金优秀教师奖。梁娟获“梅州市教学工作先进教师”称号。罗伟光、黄艳飞获“梅州市优秀班主任”荣誉称号。庞博获评“广东省优秀音乐家”称号，获全国青少年钢琴大赛“优秀指导教师”奖、第二届雅马哈全国钢琴比赛“优秀指导教师”奖。王浩获得广东省中青年戏剧演艺大赛银奖。张育欢获广东省教育厅《中国梦，我的梦》优秀论文指导老师奖。张春萍的论文《培养学生的综合应用能力初探》在2015年“全国教师优秀科研成果”评选活动中被中国教育学会评为国家级一等奖。罗远娟的版画《小镇遗风》入选第七届广东省版画展“罗映球版画奖”。廖文秀、池春玲参与编写的校本教材《舌尖上的梅州》参加广东省第三届校本课程成果展活动被评为二等奖。

（市民盟）

市民建

【概况】 2015年民建梅州市委会发展新会员11名。全市民建会员人数252人，平均年龄51岁。大专以上学历170人，占67.1%；高级职称会员17人，占6.7%；中级职称会员69人，占23.3%。在政府部门工作的会员41人，其中担任政府部门副处级职务3人、科级10人。会员中广东省政协委员1人；市人大代表4人，政协常委3人，政协委员6人；县（市）级人大常委1人，政协副主席1人，政协常委5人，委员19人，市级特邀人员4人。

【政治学习】 学习中共梅州市委六届五次全会精神和中央统战工作会议精神。以纪念民建成立70周年为契机，推进坚持和发展中国特色社会主义学习实践活动，开展“读会史颂伟业，学会章树新风”主题征文活动。建立“梅州民建”微信群和“梅州民建”网站，运用网络和手机载体加强会员的时事学习。8月，在梅县雁洋长教小学举办会员培训班，来自全市民建各基层级组织的90多名会员参加培训，广东省社会主义学院党组成员、副院长肖莉作《加强五种能力建设，提高参政议政水平》专题讲座。选派市直属总支主委王利华和兴宁市委会基层组织主委林艳参加民建中央在京举办的基层组织主委培训班。正副主委及机关干部多次到省民建参加会议及培训班。

【参政议政】 2月10—11日，民建的8名市政协委员、4名市人大代表分别参加市政协会议和市人大会议，在会上作发言并接受新闻媒体的采访。市“两会”期间，民建梅州市委会提交大会发言3篇，集体提案9篇，委员个人提案和建议7篇，其中《关于对梅县松口镇文化旅游景区进行整体开发建议》的集体提案获得优秀提案奖。杨海波撰写的《关于加强城区学校重点时段交警执法力度的建议》被评为梅县区优秀提案，杨海波并被评为梅县区优秀政协委员。曾光辉撰写的《关于原中央苏区地区同等享受中央苏区政策的建议》被民建广东省委员会选为秋季成果推荐给民建中央。2015年，市民建组织会员到五华调研交通基础设施、到兴宁熙和湾调研、到兴宁径南镇调研乡村旅游建设等。全年向各基层支部收集意见建议21条，涉及“出租车司机罢工问题”“城镇化发展问题”“泥头车管理”等当前社会热点问题。

【调研课题招标】 继续向全市各级民建组织和会员实行调研课题招标。经市委委员扩大会议审议讨论，确定招标书7份，课题结题7份。市委委员对2015年的调研报告质量进行评价，认为7篇报告选题立意新，内容充实，数据充分，提出的意见建议可操作性大，拟转化为发言材料及提案在2016年政协大会上提交。市民建撰写的调研报告《大力发展陶瓷产业、促进传统产业转型升级》被市委统战部评为2014年度调研报告三等奖。2015年承领的调研课题《强化信心优化服务推动梅州工业集聚发展》，已形成调研报告并提交市委统战部。

【社会服务】 组织农业技术方面专家及部分会员企业到梅县区梅南镇，为当地群众开展农村实用技术培训活动。继续资助华侨中学3名品学兼优的贫困学生。响应民建广东省委会2015年助推阳江的号召，市委会号召会员向阳江县东平镇文化站捐赠书籍500多册。

【会员成绩】 曾思敏获民建全国优秀会员称号。潘柏奎指导学生古昌林制作的“安培力教学探究仪”在第三十届广东省青少年科技创新大赛中获一等奖、在第十三届广东省少年儿童发明奖中获二等奖，指导学生张海鑫制作的“全触摸分组遥控智能LED球泡灯”在第三十届广东省青少年科技创新大赛中获三等奖、梅州市一等奖，在第三十届广东省青少年科技创新大赛中被评为优秀科技辅导员，在第十二届广东省少年儿童发明奖大赛中获优秀园丁奖。叶常春在“中国梦·我的梦——首届广东省青少年书画摄影作文大赛”中获优秀指导老师奖。教师丘祖光获第30届广东省青少年科技创新大赛三等奖。

【信息宣传】 市委会机关做好会务简讯和统战信息的撰写和报送工作，把会务动态报送民建广东省委和梅州市委统战部。发放《民讯》《广东民建》《梅州民建》等刊物到会员手中。2015年，报送简讯和建言献策类信息40条次。开通网站、微信群，多渠道搭建宣传平台。

（市民建）

市民进

【概况】 市委会成立梅江区实验中学支部，重新设立梅县区华侨中学支部、高级中学支部、区直机关支部，新增宪梓中学支部。2015年，全市民进会员中市人大代表2人，市政协副主席1人，市政协委员11人（其中常委3人）。全年发展新会员8人。截至2015年后底，全市民进组织会员340人，总支部3个，基层支部26个。

【参政议政】 2015年，市委会在“两会”期间，提交集体提案24件、个人提案10件。其中《加大建设、改造梅州城区供水管网力度，提升供水能力的建议》获选2015年市政协主席督办提案和优秀提案。市委会撰写的《关于优化医疗资源配置，促进基层卫生院发展的调研报告》获全市统战系统二等奖。

【社会服务】 1月，市委会筹措资金10000多元，向贵州毕节市金沙县教育局捐赠500册图书。4月26日，市委会参与由深圳义工团组织的“心连心，共筑成长路”大型青少年公益活动，为梅江区水白中学300多名老师、学生及学生家长构建一个交流平台。6月10日，市委会与广州市委统战部、民进广州市委社工委，前往梅南镇顺里村开展一系列的扶贫志愿服务活动。12月18日，专职副主委侯通传率机关干部前往梅县区西阳镇板盖坑开展捐资助学、结对帮扶活动。

【信息宣传】 全年市委会编辑出版《梅州民进》1期。向民进广东省委会、市委统战部、市政协等单位提供宣传、议政信息，编发各种信息、建议66篇，采用58篇。其中《加强输油管道和燃气管网管理》的建议被中央统战部网站采用，《建议加强对黑外教的监管》《建议完善阶梯式收费定价机制》两个建议被《广东统战信息》采纳。

【会员成绩】 会员张圣杰获2015年“民进全国社会服务工作先进个人”称号。 （市民进）

市农工党

【概况】 截至2015年年底，农工党梅州市委员会党员总数354人，其中医卫界235人，占66.4%；文教界81人，占22.9%。高级职称109人（其中正高13人），占30.9%；中级职称149人，占42%。5名党员任副处级以上实职，其中1名为政府副处级实职。有省人大代表1人，市人大代表2人，市政协委员11人，县（区）人大代表3人，县（区）政协委员22人。

【思想建设】 市委会组织市直全体党员到梅州市两个新挂牌的中国农工民主党党史、党员教育基地——梅县区水车镇梅江中学翔仪堂、先锋村黄琪翔郭秀仪故居“仪园”，松口镇大黄村丘哲先生故居实地进行爱国主义教育及农工党党史学习，纪念抗日战争胜利70周年、中国农工民主党成立85周年。

【参政议政】 在2015年的市“两会”上，市委会2名市人大代表、11名市政协委员参加会议，向大会提交18件集体提案和12件个人提案。市委会集体提案《关于发展旅游经济，推进我市“农家乐”健康可持续发展的建议》被市政协评为优秀提案。《大力开拓我市长寿文化产业，助力实体经济发展》和《抓住机遇，打造梅州成为海上丝绸之路重要节点城市》两件提案内容在2月5日的《梅州日报》刊登。秘书长曾繁伟《加快发展我市农村电子商务的建议》（与副主委丘元强联名提案）和《加强社工队伍建设，推动社会服务工作》的建议分别在2月4日和2月6日的《梅州日报》刊登。副主委李玮梅《午托机构要进行常态化监管》的建议在2月7日的《梅州日报》刊登。市委会《把梅州列入21世纪海上丝绸之路重要节点城市的建议》等3件建议被省委会采纳为社情民意信息。副主委李玮梅《加强大型游乐设施的监管，切实保障公众生命安全》《建议叫停航空公司收取选座费》2件建议被省委统战部《广东统战信息》采用，《关于加强对我市午托机构有效监管的建议》被市政协采纳为社情民意信息。

【社会服务】 植树节期间，市委会的市政协委员和机关同志参加市政协组织的政协和谐林植树活动并捐款。5月28日，市委会联合梅州市第三人民医院组织医疗队，由主委邹浩元带队，赴农工党中央定点帮扶卫生院梅县区水车镇卫生院开展送医、送药医疗义诊活动。梅州市第三人民医院内科、外科、妇产科、精神科、心理科等十几位专家现场为300多位群众免费提供测量血压、看病、心理健康咨询等义诊服务，并向群众免费发放价值12000余元的药品等。

【党员成绩】 党员刘鸣钟创作的器乐合奏曲、山歌《随想曲》获广东省第四届大学生艺术展演金奖。林立新获2015年“广东省健康科普专家”称号。徐美兰的项目《白色念珠菌天冬氨酸蛋白酶2的原核表达及免疫保护研究及应用》获2015年度梅州市科学技术奖二等奖。侯涛的项目《全盆底重建术治疗女性盆腔器官脱垂》获2015年度梅州市科学技术奖三等奖。黄向阳获梅州市科学技术三等奖。2015年，全市党员在国家级刊物发表论文3篇、省级刊物发表论文8篇。

（市农工党）

2015年5月28日，农工党梅州市委员会联合梅州市第三人民医院组织医疗队，赴农工党中央定点帮扶卫生院梅县区水车镇卫生院开展送医、送药医疗义诊活动

市致公党

【概况】 截至2015年年底，全市致公党党员208人，区委会1个，总支部2个，基层支部11个。李子怡、邱梅、李丹玲等3人分别任致公党广东省委会青年委员会委员、农业委员会委员、社会和法制建设委员会委员。成立社会服务委员会，罗向明当选为主任，职能是组织和发动党员奉献爱心，服务社会，协助致公党中央和省委会在梅州市召开党史座谈会、青年委员会工作会议等。

【参政议政】 梅州市“两会”期间，市致公党提交政协大会发言4篇，集体提案11宗，党员代表和政协委员分别提交人大建议案1宗，个人提案9宗。2014年提交的集体提案《关于打造梅州“广东省生态文明建设示范市”的建议》被市政协评为优秀提案，提交的建议《关于深化改革，推动我市国有林场发展的建议》被确定为2015年度市政协主席会议督办的重点提案。

【联系“三胞”】 市致公党员接待“三胞”2800多人次，其中台胞208人次。李丹玲发动“三胞”捐资桑梓福利事业约386万元人民币及物资一批，发动富力地产继续投资10亿元建设富力城第三期。

【社会服务】 牵头联合党派机关专干到佛光寺佛光大道开展义务植树活动。组织党医务工作者、农业专家到梅县区松口、松东两地开展义务为基层服务活动，医务工作者到当地敬老院为老人们义诊，农业专业人士到村委会与当地干部群众座谈交流农业生产情况，发放科普小册子，宣传农业科普知识。到松口镇开展扶贫助学活动，资助5名松口中学贫困学生学费1万多元。发动基层组织和党员通过各种渠道参与公益事业活动，据不完全统计，捐款金额12000多元和物资一批。其中罗向明带领支部骨干及其公司员工开展慰问贫困户活动，送去油、米、毛毯等物资一批。李国泰、廖训齐、饶淦中、徐晓院等同志分别捐款1万元、2000元、500元、300元用于扶贫助困或公益事业。

【党员成绩】 全市党员10多人次获得各级各类表彰奖励。翁卓嘉入选教育部等举办的中国校园足球赴法国留学项目第一批学员，并获“优秀宣传委员”称号。谢永昌长年研究客家文化，在《客都旅游》发表《下市话的由来与价值》，并接受梅州电视台《民生820》栏目采访。李国泰负责的梅州市客家文史研究会获“全国先进社科组织”荣誉称号。赵文有被市政府评定为第五批市级非物质文化遗产项目代表性传承人。刘勇获“嘉应学院第二届叶剑英基金优秀教师奖”。张爱明获“梅州市教学工作先进教师”称号、梅州市中职技能大赛数控加工项目指导教师一等奖，在《中国科技创新导报》发表论文《教改路上的校企合作》。韩春艳获嘉应学院举办的应用型本科院校“生物化学与分子生物学”课程实验教学改革与实践教学成果一等奖，主编高校教材《生物工程综合性与设计性实验》。饶新辉参与的《胸腔镜手术与开胸手术治疗 NSCLC 对 VEGF 及炎症介质影响的对比研究》获2015年梅州市科学技术奖三等奖。饶淦中、李慕琼两位同志入选广东“致公风采”人物。

（吴国辉）

市九三学社

【参政议政】 市九三学社在2015年梅州市“两会”期间向大会提交大会发言稿3篇，完成提案16份。其中以市九三学社名义撰写的提案7份，以个人名义撰写的提案9份。唐红娟撰写的《关于加大基础教育设施投入，完善中小学校布局的建议》，薛兴冰、唐红娟、黄建新撰写的《关于加大社会公共停车场的建设力度的建议》被评为2015年度优秀提案。

【基层调研】 3月，组织社员到梅县区雁洋镇开展学习调研活动，参观广东雁归来养生产业有限公司和梅县鸿园花木有限公司，了解百草之王——金线莲的种销情况及公司未来发展方向。10月，到兴宁市石马镇名峰现代农业发展有限公司考察调研现代农业发展情况。

【社会服务】 组织社员到梅县、大埔等县乡镇义诊，为当地患者解除病痛。以社会服务、学术交流、科研相结合的形式，组织医务人员到梅县区残联睿星素质训练中心、梅县区特殊教育学校、梅县区嘉应康复医院等机构对孤独症儿童进行慰问，指导和帮助优化治疗方案。组织社员为市民挥春送福、送医送药、慰问多名困难高龄老人及扶助优秀贫困学生等。

【社员成绩】 社员刘德良、李坤新获得广东省科技计划项目。李坤新、刘德良等参编的《梅州园林植物图典》出版。李坤新等主持参加国家农业综合开发项目——梅县区南口镇高标准农田建设项目的规划设计。董建新参与科研活动，主持并结题梅州市科技项目1项，参与省级课题2项、市级课题3项，2015年在省以上学术期刊发表学术论文1篇，并当选广东省健康教育专家和广东省家庭医生协会星级家庭医生评审专家。江冬梅参与的科研项目《猪用“低蛋白日粮精准浓缩料”的研制及推广技术》获广东省农业技术推广奖三等奖。

（九三学社梅州市委员会）

市工商联

【概况】 2015年，全市民营经济完成增加值595.27亿元，占全市生产总值的62.33%；民营企业缴税137.44亿元，增长16.23%，占全市税收总额的71.52%；民营资本完成固定资产投资375.24亿元，增长33.03%，占全市固定资产投资的66.06%。全市新发展会员574名，会员总数5989名，全市私营企业1.9万多家。成立梅州市工商联安徽商会，吸收梅州市五华商会、梅州市丰顺商会为团体会员。

【参政议政】 2015年，市工商联完成2014年度全国工商联民营企业社会责任调研和《广东省行政许可监督管理条例》立法后评估、两个健康评价指数、民营企业“走出去”问卷调查，开展全面支持小微企业发展政策措施落实情况调查等5次调研。针对行业商会、基层商会的建立和规范工作进行调查，撰写形成《发挥商协会作用，推动梅州民营企业发展》《关于推动梅州市印制电路行业发展打造成百亿产业》调研报告。对《充分发挥上市公司，本土企业及在外乡贤的积极性，建设“丰华兴梅产业集聚带”提案》（TA20150009）提出办理意见。

【招商推介】 组织到河源、惠州、汕头、揭阳及省外等地开展招商推介交流活动。4月下旬，组织梅州市工商联企业家赴成都招商推介会，广东省人民政府驻成都办事处主任吴东、梅州市委常委张丽霞、四川广东商会会长林少奋出席推介会，梅州、成都两地企业家代表80多人通过推介会，互相了解两地投资环境，交流企业发展前景。8月上旬，组织赴上海、浙江招商推介会，梅沪浙三地企业家代表80多人参会，参观考察上海证券交易所、上海自贸区、杭州阿里巴巴总部等。10月底，市委书记黄强、常委彭耀新带队赴上海招商考察，发动乡贤企业家回梅投资兴业，共同发展。依托省工商联，邀请省工商联领导带队，组织有关商会协会企业家分期分批，按食品医疗、电子信息、装备制造、汽车零部件、建材家居等行业产业到梅州考察投资环境。

【“创业生力军”宣传活动】 5月始，市工商联与梅州日报社联合开展“创业生力军”系列报道活动，在财经版每周推出一位创业典型，共报道20位民营企业家，展现企业精英的创业故事，并邀请专家为此作出点评。整体报道也在第四届世界客商大会期间由梅州日报社剪辑成册向与会客商和领导嘉宾作推介宣传。

【市总商会机构设立】 根据1993年市委关于同意市工商联又称“梅州市总商会”的批复文件精神，向市民政局申请办理登记注册成为具有独立法人资质的团体组织。经推荐并报请市委统战部批复同意，总商会于11月底全面完善相关手续，总商会会长由主席梁俊丰兼任，设常务副会长1名、副会长13名、秘书长1名。

【第四届世界客商大会筹备】 市工商联是第四届世界客商大会筹备工作成员单位。市工商联发出省内以及省外嘉宾邀请函191份，收到回执282份，参加嘉宾261人，组织邀请80名在梅州的企业家、商会代表参加开幕大会。客商大会期间组织举办世界客商博览会，市工商联负责联络市外客属地区江西省赣州市、福建省龙岩市的两个名优产品展馆。

【世界客商文化中心建设】 梅州市委、市政府于2009年举办首届梅州·世界客商大会时决定兴建世界客商会馆，最后重新选址在芹洋半岛品牌战略发展区，由奥园集团有限公司捐赠3.6亿元承建，占地5.5万平方米，总建筑面积4.9万平方米，楼高5层，总投资约5亿元。市工商联加强与世界客商文化中心承建方奥园集团(梅州)有限公司和设计方华南理工大学建筑设计研究院的沟通联系，督促其尽快提供施工设计图纸，加快施工许可报建审批并会同有关部门完善项目设计招投标手续。2016年9月可全面完成主体建设工程，同时进入二次装修阶段，预计可在第五届世界客商大会时正式投入使用。

【梅州商会大厦筹建】 按照市委、市政府产城融合、产城联动的城市发展理念，征求摸底包括市内外客属各相关有资质的商协会意愿，在主要媒体发出通告，召开多次会议研讨，组织筹建梅州各商会大厦。筹建各项工作有序进行，计划用3年时间，建设成为江南新城中央商务区，发展梅州市总部经济，推动梅州市民营企业和商(协)会发展。

【扶贫济困与光彩事业】 6月26日，市工商联与梅州市卫计局共同举办“广东扶贫济困日·梅州市疾病应急救助基金”募捐活动，在省总商会副会长、市工商联主席梁俊丰认捐100万元，副主席钟其和认捐50万元带动下，40多名会员企业家现场认捐433.2万元，活动募得的救助金全部捐给“梅州市疾病应急救助基金”，用于救助因身份不明或无能力支付医疗费用而得不到救治的患者。2015年，广东超华科技股份有限公司赞助举办赣闽粤原中央苏区“超华杯”足球邀请赛，广东跃速体育股份有限公司赞助广东省运动会660万元，泰山实业有限公司公益捐款捐物300多万元，五华乡贤企业家仅在第四届世界客商大会期间支持五华青少年足球事业发展捐款850万元，广东鸿源集团捐建学校、广场等64.5万元。梅州市兴宁商会与团市委、市教育局、市广播电视台《民生820》栏目组联合举办美术作品义卖扶贫助学活动，筹集80万元认购善款帮助贫困大学生上学，梅州市五华商会向五华县捐赠61.8万元的贫困生助学金。

（吴　东、叶冰利）

2015年6月27日，市工商联与市卫计局联合举办"广东扶贫济困日·梅州市疾病应急救助基金"募捐活动，40多名企业家现场认捐433.2万元

人民团体

责任编辑：邓柳茹

市总工会

【帮扶救助】 开展“春送岗位、夏送清凉、秋送助学、冬送温暖”等帮扶救助活动，全市各级工会共筹集资金754.2万元，帮扶救助15407人，筹集“两节”（元旦和春节）送温暖资金697.8万元，走访企业954家、慰问一线困难职工9348人。与市人社局等部门联合开展“春风行动”“就业援助月”等活动，推进农民工、下岗失业人员等的就业工作。全年累计为984家单位、48903名职工办理“二次医保”等各类互助保障，为1183名患病职工发放互助金203.84万元。组织省工人艺术团到梅州送文艺进企业演出2场。组织897名职工使用“工人在线·蓝领e家”手机APP客户端。完善工会服务阵地，市及各县（市、区）建成9个工会职工服务中心。省职工互助保障梅州代办处办事窗口建成投入使用。

【职工维权】 健全完善省、市、县三级劳资纠纷台账制度，及时掌握并上报市、县两级劳资纠纷情况。通过广东“工人在线”、工会主席信箱和工会“12351”维权热线等渠道倾听职工诉求。推进工会集体协商，全市共签订集体合同456份，覆盖企业8832家、职工20.5万人。参与农民工工资支付情况专项督查，切实维护农民工劳动经济权益。组织194家企事业单位、48569名职工参加“安康杯”竞赛活动。建成“爱心妈妈小屋”试点4个，为近千名基层困难女职工提供免费“两癌”筛查。参与“2·4”兴宁重大交通事故和“3·7”梅汕高速较大交通事故调查处理。聘请工会律师团31位工会律师分别担任93家企业工会的法律顾问，为企业工会、职工提供免费的法律服务。

【劳模工作】 推荐评选全国劳动模范和先进工作者5名，省劳动模范和先进工作者15名、省先进集体4个。创建市级劳模创新工作室6个。筹备召开庆祝“五一”暨劳模表彰大会。为全国劳模和省劳模发放“三金”（指春节慰问金、生活困难补助金、特殊困难帮扶金）及荣誉津贴等406万元，组织9批近100名劳模进行疗休养、379名劳模进行体检、447名在职劳模购买“住院二次医保”。

【基层工会建设】 截至2015年年底，全市有基层工会8532个、会员45.7万人，其中新建基层工会118个、新发展会员6.83万人。各级工会狠抓“农民工入会集中行动”，全年新发展农民工会员6.79万人，超额完成省总下达任务。抓好114家新组建企业工会民主选举。申报全国模范职工之家6家、全国模范职工小家5家、全国优秀工会工作者5人。评选表彰市先进职工之家61家、市优秀工会工作者58名、市优秀职工之友56名。组织1712家企事业单位、职工5.1万人次参加劳动竞赛。举办5项市级职业技能大赛。举办全市职工代表师资培训、工资集体协商暨劳动争议调解员培训和女职工干部培训，累计培训工会干部1100多人次。推进职代会规范化建设，发掘厂务公开民主管理新模式，粤嘉电力股份有限公司、兴宁市人民医院、塔牌集团股份有限公司被评为第二届省级厂务公开民主管理示范单位。

（市总工会）

共青团市委

【青少年思想道德建设】 开展“红领巾心向党”“红领巾相约中国梦”“社会主义核心价值观”等各类主题活动100多场。举办第四届校园文化艺术节，加强青少年思想道德建设。强化团属宣传主阵地建设，“梅州青年”微信平台在团属微信平台影响力排名稳居全省前10名。

【青年就业创业培养】 一是争取市财政局、市中小企业局的支持，帮助青年企业获得银行贷款1.4亿元。二是成立青年创业学院，举办创业人才培训班，指导50多支创业队伍，培训创业青年12000多人次。三是建立青年电商创业孵化基地，成功孵化16个创业项目，开展20多场次的创业培训，培训800多人，参训人员参加创业率81%。四是实施“展翅计划”，提供1151个优质实习岗位促进大学生成长成才。

【青少年帮扶】 一是“助星圆梦与爱同行”2015扶助特困学生上大学活动助学金发放暨市青少年发展基金会成立、大学生成长促进会授旗仪式在梅州市委礼堂圆满落幕。2015年，共筹集善款288.9万元，资助576名寒门学子圆梦大学。自2003年起，扶助特困学生上大学活动通过社会各种渠道进行筹资，累计筹集善款3078.5万元，帮助7074名特困学生圆“大学梦”。此项活动被评为“改革开放30周年·梅州百姓心目中最具影响力的20件大事之一”“广东省青年联合会优秀项目”。二是利用“互联网+”技术在全国率先创新搭建地级市青少年网络公益平台，是广东省首个专注服务青少年的微公益平台。三是在市青少年活动中心成立梅州市五月花青少年服务中心，以“窗口+活动+平台”模式，进一步整合资源、开展活动、提供服务，打造成梅州市公益慈善类骨干型社会组织的示范点。

【维护青少年合法权益】 开展社区矫正工作，93名未成年社区矫正对象得到帮助和服务。成立梅州市青少年维权专家服务团队，组建专家团队人数64人，其中律师团队56人、心理专家团队8人。

【志愿者工作】 9月，市委、市政府印发《梅州市进一步发展志愿服务事业的实施意见》，明确志愿服务向社会化、公益化、规范化、全民化运作的发展方向，提出2016年年底建成市、区、镇（街）、村（居委）四级志愿服务组织体系。2015年，全市志愿者登记注册突破15万人，发展275个志愿组织，志愿服务项目111个，在全省率先推出“梅州志愿者卡”。持续开展“志愿助残阳光行动”“关爱特殊青少年行动”及“青春暖阳行动”梅州志愿者关爱退伍老兵等系列活动，18522位志愿者参与慰问6521位特殊退伍老兵。“青春暖阳行动”关爱特殊退伍老兵项目获得2015年广东最佳志愿服务项目，并入围全国优秀项目，“梅州志愿者卡”项目获得第二届中国青年志愿服务项目大赛银奖。推进“青网计划”——梅州青少年网络文明志愿行动，网络文明志愿者3万人，骨干队伍600名，122支志愿者队伍，开展网络志愿者活动38次。

【农村基层团建】 以“村村联动联青年”工作

为突破口，在全市推开农村基层团建工作，以农村区域化团建为统揽，以乡镇团组织为核心，以深化街道区域化团建和强化实体化“大团委”建设为重点，夯实全市农村（社区）共青团工作的组织基础。

（团市委）

市妇联

【帮促妇女就业创业】 一是实施“创业创新巾帼行动”，推进妇女小额担保财政贴息贷款项目，实现将贷款项目贷款年利率下降到按央行基准利率上浮20%，争取省财政贴息资金70万元，全市发放贷款878.5万元，受惠妇女158人。二是加强培育巾帼现代农业经营主体，新培育全国“三八”绿色工程项目1个、省巾帼创业示范基地1个、省巾帼农民专业合作社示范社2个，遴选21家确定为重点农业经营主体，获市农业局63万元扶持奖励。三是配合市人社局、总工会开展“春风行动”系列活动，举办“春风送岗位”专场招聘会50场，成功介绍就业人数5426人，跨地区有组织劳务输出女性2059人。组织参加职业技能培训女性93人，自主创业成功女性61人。强化劳动技能和电商知识技能培训，举办妇女新型农业经营主体培育提升培训班。组织召开全市女企业家“庆三八讲发展”座谈会，市委黄强书记出席并讲话，牵头组织女企业家赴台湾考察，增强妇女创新创业本领。四是做好“南粤巾帼创新十杰”“省三八红旗手”“省三八红旗集体”“省巾帼文明岗”推荐工作。培树先进典型，利用妇联媒体、阵地宣传典型事迹，激励带动妇女创先争优、岗位建功。

【妇女儿童维权】 一是牵头建立梅州市地方法规政策性别平等咨询评估机制，联合有关部门和专家学者，把性别平等咨询评估机制落实到法规政策的制定、修改、实施等环节，推动男女平等基本国策在源头上得到实现。二是首次将妇女儿童工作者培训纳入全市干部人才培训专题班，在中国人民大学成功举办梅州市妇女儿童发展纲要人才培训班。三是启动2015年度梅州市妇女儿童发展规划统计监测，组织开展妇女儿童发展规划中期评估，成立评估督导组对全市各县（市、区）落实“两个规划”的情况进行全面督导检查。三是推动市、县、镇三级妇联14个组织纳入农村土地承包经营权确权登记颁证联席会议或工作领导小组。四是利用“12338”妇女热线、基层妇女维权站、妇女之家等各类阵地，办理群众来电来信来访案件1530宗。组织实施妇女法律援助项目，帮助妇女争取经济利益91万元，实施第三期省妇女维权与信息服务项目，开展婚姻调适、法律咨询、家事调解等工作，服务妇女群众1.4万人次。紧扣“三八”妇女节、“11·25”反家暴日、“12·4”法制宣传日等重要节点，开展“助力法治梅州巾帼在行动”等普法宣传教育活动120场，发放普法宣传资料10多万份。开展女童防性侵、反家暴讲座36场。

【妇女儿童帮扶】 募集善款563.4万元实施“四援助”（援建“母亲安居房、援助疾病治疗、援助孤儿生活、援助发展生产”）项目，援建“母亲安居房”5套、援助散居孤儿150名。开展“爱心父母牵手困境儿童大联盟”行动，结对帮扶困境儿童7290名。争取叶剑英基金会资助贫困儿童900名。开展农村妇女“两癌”免费检查，筛查妇女17700人，救治“两癌”贫困妇女及“先心病”贫困儿童93名。开展流动留守儿童关爱服务体系试点工作，建立多部门参与的关爱留守儿童教育长效工作机制，逐步形成家庭、学校、社会“三位一体”的关爱服务体系，通过社工驻点学校的模式开展留守儿童服务的公益项目。实施“巧伶珑”童书馆项目，争取建设经费140多万元，20家幼儿园作为广东省“书香幼儿园”实验园区，免费获得各项服务项目。

【家庭文明行动】　开展最美家庭、十大优秀书香之家、最美孝心少年等各类家庭创建、评选活动，弘扬家庭美德。开展“家教公益大讲堂”活动，举办家庭教育报告会198场，受益家长52733人。开展亲子活动45场，参与人数5000余人。组织500名教师、儿童、家长、外来工等免费观看反映农村留守儿童教育问题的主题电影10场。

【儿童友好社区建设】　开展“广东省儿童友好社区”创建工作，4个儿童友好社区获得经费支持10万元，新创建省、市（县）儿童友好社区276个，争取政府和社会配套资金29.2万元。

【妇女组织建设】　探索开展村（社区）妇代会改建妇联工作，不断增强基层妇联组织活力。争取省第二期“妇女之家”示范点项目资金84.2万元，加强对26个示范点跟踪服务和督促指导。培育孵化一批妇儿类社会组织，9家妇女社会组织获得扶持资金302.92万元。第二期“集思公益幸福广东”支持妇女计划33个服务项目顺利结项，其中，“共创成长路”农村留守儿童教育计划项目被省妇联评为“优秀”项目。

（市妇联）

2015年1月28日，梅州市妇女第六次代表大会在市委礼堂召开

市社科联

【重点课题研讨】　组织开展“一区两带”建设等9项重点课题的研究，召开多场专题学术研讨会，形成科研成果，先后编辑出版《梅州社科2015年度规划项目结题成果汇编》《“海上丝绸之路与梅州”研讨文集》等文集。11月，先后与潮州市社科联、广东华南经济发展研究会等单位共同承办在潮州分会场召开的“21世纪海上丝绸之路与潮商、客商”广东省学术年会和在广州召开的“生态文明与绿色发展”2场专题研讨会。

【群众性社科普及活动】　一是抓好《广东社会科学普及条例》的宣传贯彻，5月，在《梅州日报》全文刊登《条例》内容。二是与市委宣传部联合举办2015梅州社会科学普及周活动，开展纪念抗战胜利70周年将军书画作品展、海上丝绸之路华侨文物史料展、社科专家走基层、优秀社科普及作品评选等22项科普宣传活动，推进社科知识进机关、进学校、进企业、进社区、进农村、进家庭。三是举办4期梅州社科大讲堂专题宣讲活动。四是培育创建第三批共13个梅州市人文社科普及基地。五是编辑出版《梅州市社科联成立25周年纪念特辑》，展示市社科联成立25年（1989—2014年）的风采和成果。

【社团管理】　一是组织举办社团知识专题培训，邀请省社科联相关专家为各会员单位讲授社团组织发展、活动的相关知识，提高各社团规范发展的自觉和能力。二是对各会员单位开展的业务活动，从活动的策划、组织到具体的实施、结项等给予支持和指导，各学术社团全年开展各类学术活动100多项（次）。三是策划指导市客家文史研究会组织考察团远赴印度加尔各答市进行文化交流考察，向市委、市政府提出印度盐湖城与梅州缔结友好城市的可行性建议，得到市委、市政府主要领导的重视和采纳。四是创新社团工作思路，利用市社科培训中心闲置办公场所，培育示范性学术社团。

【社科阵地建设】 从资金、技术、人才等方面加大投入，着力把《梅州社会科学》、梅州社科大讲堂和梅州人文社科网等市社科联理论主阵地打造成梅州市社科理论界有较大影响的学术品牌。同时，将广东省社科院梅州分院转设在市社科联内。

【社科智库建设】 一是加强人才建设指引，充实社科智库人才力量，先后聘任两批74名在梅州市从事哲学社会科学理论与实践研究，学术造诣高、科研热情高、业界威望高的学术带头人为智库专家。二是依托专家智库，不定期组织开展有关梅州市重大经济社会活动的专家论坛，提升梅州市社科理论界决策咨询服务的能力和水平。

【完善社科工作网络】 推动各县（市、区）社科联机构的建立和完善，先后促成蕉岭县社科联、平远县社科联、大埔县社科联的成立（或换届）及机构、人员、经费的“三到位”，完善梅州市社科理论工作的基层网络，为尚未成立社科联的县（市、区）提供经验。

【梅州市人文社科系列丛书编纂】 启动实施《梅州人文社科系列丛书》编纂出版工作，成立丛书编纂委员会，统筹《丛书》编纂出版工作，并与广东人民出版社达成战略合作意向，每年组织编写若干客家文史专著，编入《丛书》书系，由广东人民出版社分期出版。2015年，完成“客都家风家训”“梅州好故事”“梅州文化事业与文化产业融合发展研究”3个项目的研究和撰稿工作，并交付广东人民出版社编审出版。

【优秀社科成果评奖】 推进梅州市第十次（2012—2013年）优秀社科成果评奖（政府奖）工作，于5月初将评奖结果报市政府核准表彰。2015年年底，所有获奖成果结集出版，送呈市有关领导作决策参考。

（丘国明）

市残联

【残疾人社会保障】 全市贫困残疾人家庭低保、城乡居民医保、“新农保”、0～6岁残疾儿童免费康复实现全覆盖。4.8万名重度残疾人享受护理补贴，4.5万名贫困残疾人享受生活津贴。7.5万名残疾人参加城乡居民养老保险，7.3万残疾人参加城乡居民医保（其中27050名贫困残疾人医保由政府代缴），680名0～6周岁残疾儿童享受免费抢救性康复训练。全市2个托养服务机构共托养残疾人280人。残疾人危房改造1035户。各县（市、区）成立34支志愿助残服务分队，全年200多人次参加“心手相牵 共享阳光”阳光助残志愿服务活动。

【康复工作】 全市完成白内障复明手术2880例（其中免费1265例），“四类”（脑瘫、听力、智障、孤独症）残疾儿童康复机构训练3398人次，肢体残疾人康复训练315人，低视力者配用助视器2193人，精神病人接受医疗救助国家任务619名（其中药物救助504人、住院治疗救助115人）。辅助器具适配供应1912件，假肢装配198例，矫形器装配200例，助听器配发350例。居家无障碍改造240户，残疾人居家康复服务330名，盲人定向行走训练280名。全市建立残疾人康复机构累计23个，服务场地面积1.26万平方米，年服务人数达680人次（其中肢体残疾人康复训练315人、听力残疾80人、智力残疾200人、孤独症85人）。5—10月，市残联开展辅具流动服务车下乡服务34次，服务6000人次，全面完成6个社区（村）600户3325人的全国听力障碍和耳病调查工作。

【特殊教育】 全市在读残疾学生505名，850名未入学残疾儿童少年由教育部门做好学前安置。8名残疾学生被省培英中专学校招收，25名残疾考生被中等、高等院校录取。做好70名国家贫困残疾儿童学前教育试点工作。教师节特别慰问特教老师30名。

【帮促残疾人就业】　全市征收就业保障金2313.58万元，按比例安排残疾人就业1103人。选派6名残疾人参加省美容美发维修和盲人医疗按摩培训班。举办残疾人专场招聘会，推荐215名残疾人就业。联合县级举办培训班3期，培训182人。选送福利企业、集中使用残疾人用人单位、各类基地20个报省批复。做好创业培训合格学员创业资金扶持工作，做好3家福利企业申请贷款额度为400万元的贴息扶持工作。

【信访维权】　2015年，梅州市成功创建“残疾人维权工作达标市”。全市受理来信来电563件次，来访122人次件，提供法律咨询援助3宗、处理网上信访信件和“12345”政府热线21件。做好残疾人机动轮椅车管理工作，3603名残疾人获得机动轮椅车燃油补贴。

【文体活动】　各级新闻媒体刊播宣传残疾人事业稿件321篇。组织残疾人参加省第七届特殊学校学生文艺汇演比赛。市残联组织集训的省残疾人自行车队在各种比赛中成绩突出。6月，梅州市圆满承办广东省第七届残疾人运动会自行车项目比赛，梅州市以团体总分469分的成绩列总分榜首位。组织24人参加省体育健身指导员和全民助残健身示范点健身指导员培训，创建8个县级“全民助残健身工程”示范点。

【信息统计】　全市完成93774名持证残疾人基础信息的核查工作，调查录入持证残疾人89843人、0～15周岁未持证残疾儿童212人。各县（市、区）累计核发残疾人二代证9.9万份。

【组织建设】　市、县（市、区）、镇三级残联组织建设不断加强。全市330名残疾人专职委员报名参加网络培训。市盲人协会、肢残人协会、聋人协会、精神残疾人亲友会、智力残疾人亲友会每年召开一次座谈会。10月，市盲人协会组织梅州城区50名盲人参加盲人节座谈会，扩宽盲人就业渠道。

（陈桂礼）

市侨联

【侨界帮扶】　组织开展“天籁列车”活动，为特殊教育学校和听障人士筹集赠送价值180万元的37台语音教学机和550台助听器。筹集20多万元，慰问“老、独、病、贫”归侨侨眷1000多人，资助30多名因病致贫特困归侨侨眷。开展“侨界助学行动”，资助43名二本以上高等院校的侨界贫困学子。

【联谊交往】　赴香港参加2015年广东梅州名优产品展开幕式和香港梅州社团总会成立等活动。陪同市委、市政府访问团，到新加坡、柬埔寨、缅甸等国家进行访问。接待印尼熊德龙、叶联礼，英国叶谋迪，马来西亚李爱贤，马华公会青年团总团长、现马来西亚教育部副部长张盛闻，毛里求斯共和国艺术与文化部前部长曾繁兴，印尼著名华人实业家郭桂和等著名侨领和50多批来访侨团。参加香港、澳门地区及各地的涉侨联谊活动。促进印尼梅州直航的开通，开辟梅州侨联与柬埔寨侨团交往渠道。

【维护侨益】　市侨联法律顾问团成员每月25日在市侨联接访侨界群众，不定期走访侨资企业。市侨联领导班子成员每月15日轮流接访。完善信访机制，建立来访登记、沟通处理、案件移交、跟踪服务等工作机制，全年接待群众来信来访41人次，结案率100%。

【宣传引导】　市侨联坚持以《梅州侨联通讯》、

梅州市侨联网站为宣传平台，把每一期侨刊乡讯送到侨界人士手中，及时更新市侨联网站信息，向侨胞反映侨界动态，宣传世界客都风采。在办好本级侨刊乡讯的同时，参与海内外媒体合作推介。全年出版4期《梅州侨联通讯》，中心社梅州支社宣传报道8篇、省侨联网站宣传报道12篇市侨联工作。

【新侨工作】　12月28日，举行梅州市留学人员发展联合会成立大会，该联合会由70多个会员组成，集聚金融、房地产、机电、信息等各行各业的留学青年精英，为留学回国人员搭建资源共享、互相促进、互利共赢的平台，团结和引导留学生为促进梅州经济社会发展贡献才智、发挥作用。

【服务中心工作】　做好第四届世界客商大会的筹备和服务工作，争取中国侨联作为支持单位，邀请、接待东南亚和国内部分企业家、部分新闻媒体168名。协助举办“世界客商与21世纪海上丝绸之路”论坛，邀请马来西亚、新加坡、毛里求斯、美国、澳大利亚5个国家的专家学者参加研讨会。完成世界客商博览会东南亚展馆4个企业的招展布展工作。6月12日，梅州市侨联与梅州市广播电视台携手打造的大型纪录片《丝路南洋》在马来西亚顺利开拍，《丝路南洋》是梅州海内外客家对接国家“一带一路”战略的一次创举，被列为第四届世界客商大会的重要项目和广东省重点文化工程项目。

（市侨联）

市文联

【阵地建设】　1月，市文联制定实施《梅州市文艺家协会管理办法》，清理规范非专业出身的13名副处以上领导干部兼任市文艺家协会主席、副主席或秘书长职务工作。7月10日，市文联工会成立，陈桂昌当选市文联工会主席。

【文艺活动】　2月，组织开展“深入生活，扎根人民”文艺活动暨中国客家文学院作家签名赠书活动。8月，承办第四届世界客商大会“世界客商与21世纪海上丝绸之路”研讨会，编辑出版《梅州：世界客都“一带一路”——“世界客商与21世纪海上丝绸之路”研讨会论文集》，11月在广州举行首发式。配合省文联做好“百家千场艺术讲座下基层”联络协调工作，梅州各县（市、区）成功举办16场艺术讲座。

【文艺交流】　组织文艺家到江西赣州、瑞金，福建龙岩、永定，广东湛江、阳江、珠海等地进行文艺交流活动。10月，“大美龙岩——闽西美术书法摄影作品联展”在市文艺中心开幕，启动梅州市、龙岩市、赣州市文联开展“红土地、苏区情”粤闽赣边三市文艺交流系列活动。全年组织举办20场书画摄影作品展览，接待全国各省市区文艺团体30批次1.8万多人次。

【文艺成果】　一是成功创建“中华诗词之市”。12月15日，中华诗词学会常务副会长李文朝率队到梅州市举行“中华诗词之市”称号授牌仪式，梅县区、兴宁市、蕉岭县3个县获“中华诗词之乡”称号，学艺中学、兴宁市田家炳中学、蕉岭县人民小学、蕉岭县实验小学4所学校获“中华诗教先进单位”称号。二是3月，梅县区松口镇南下村等19个村被评为省级古村，至年底梅州市共有5个中国古村落、46个广东省古村落。三是推荐“梅州市十大茶山（品）”参加省文联举办的“广东省十大茶乡”“广东省十大名茶”评选活动，大埔县、梅江区西阳镇荣获“广东十大茶乡”称号，梅县华银茶业有限公司的金螺春绿茶（绿茶）、广东凯达茶业股份有限公司的凯达牌香妃翠玉（乌龙茶）荣获“广东十大名茶”称号。四是全市有6人加入国家级文艺家协会，36人加入省级文艺家协会，53件作品获省级以上奖励，梅州市民间工艺作品《秋硕图》首次获中国民间文艺最高奖“山花奖”。市文联被评为广东省文艺志愿服务先进集体，梅州书法院常务副院长宋焕南被评为全国文艺志愿服务先进个人。

【文艺宣传】 编辑出版《嘉应文学》综合版24期、纯文学4期，出版《青年作家报》24期。推进“网上文联”建设，做好中国客家文学艺术网、梅州文艺网、“梅州文联”公众微信号运行管理。全年发布文艺信息240余篇，被省文艺网采用6篇。

【文艺培养】 7月，组织举办梅州市文艺骨干培训班。文艺讲堂成为文艺公益讲堂，全年讲座38场次。以梅州书法院为主体联合广东书法院举办书法高研班，首期班40名学员如期结业。以梅州书画培训基地为中心，面向市青少年进行规范有效培训教育，常年招生培训。

（市文联）

法　治

责任编辑：邓柳茹

综　　述

【公共安全管理】

打击违法犯罪活动探索　“客都民意警务”模式，开展“3+2”（反黑恶、反毒、反盗抢3个“规定动作”+2个“自选动作”）专项行动，重点侦破涉毒、涉黑恶、涉盗抢、涉赌、涉诈骗等严重影响群众安全感的案件。

命案防范　贯彻落实7月8日全省命案防范工作现场会精神，加强精神障碍患者的管理和救治，最大限度预防和减少命案特别是“民转刑”命案和重特大案（事）件的发生。

立体化治安防控网络构建　重点完善街面巡逻防控网、群防群治防控网、单位行业场所防控网、区域警务协作网、技术视频防控网、虚拟社会防控网等“六张网”。推进平安视频建设工程，着力升级视频监控系统，建设一类监控点3660个，实现主干道路、重点地区“全覆盖”。

无邪教创建示范工程　支持蕉岭县争创“全国无邪教示范县”，已通过省验收。开展5个示范镇、40个示范村（居）的“创无”基础性工作，维护政治安全。加强反邪宣传阵地建设，在剑英公园设立宣传栏和借助全市271个公共电子屏进行宣传，创新制作移动宣传版画200多套，组织观看120场教育片（展），发放宣传品近15万份。

重点镇（街）治理　出台《梅州市社会治安综合治理重点治理镇（街）实施办法》，确定丰顺县丰良镇、五华县安流镇、平远县大柘镇三个镇为2015年度重点整治镇。

【创新社会治理】　一是以蕉岭县为试点，拓展现有的镇村综治信访维稳平台功能，率先在全省建立集社会服务、社会管理、平安建设、信访维稳等功能于一体的社会治理服务中心（站），通过干部下沉、服务下移，对现有社会服务管理进行优化，为群众提供多样化、个性化、专业化服务，探索出“一站式”办公和“一条龙”服务的社会治理新模式，得到广大群众好评。二是市中级人民法院通过手机直播看庭审、裁判文书网上“晒”、市民体验“当法官”等活动，以“公开透明”倒逼“公正公平”。三是市检察院通过派驻镇（街）检察室、推行“三解”（刑事和解、控申疏解、民行调解）工作法、加强社区矫正等形式，融入平安梅州创建工作。四是市公安局出台“微改革、微创新”等举措，构建“辐射省际、覆盖全市、纵连城乡、直击到点”的同心圆式智慧安防体系。五是司法行政部门在公园、美丽乡村建设中注入法治文化元素，全市建成法治文化公园、法制广场482个。

【推进执法、司法公正】

司法改革　市中级人民法院制订《梅州法院审判权运行机制改革试点方案》。市检察院开展职权、人员相关情况调研。市公安局对地市级公安机关内设机构科学设置进行调研，根据广东省《关于进一步推进户籍制度改革的实施意见》精神，加快制订出台市户籍制度改革方案。

案件协调及执法监督　坚持宽严相济刑事政策，实施量刑规范化建设，听取各方面意见，采纳量刑建议。进一步细化执法规范、强化执法观念、明确裁判标准、规范量刑幅度，扎实推进执法规范化建设。2015 年，市委政法委对五华法院、市公安局和市司法局禁毒工作进行执法检查，落实《广东省领导干部干预司法活动插手具体案件处理的记录、通报和责任追究实施办法》，未发现领导干部干预司法活动、插手具体案件行为。

【法治氛围营造】　一是注重挖掘客家文化中“和文化”内涵，找准与政法工作的结合点，在社会矛盾纠纷化解过程中，将柔性、合意的调解方式与刚性、强制的行政司法措施相结合，坚持以调为主、能调尽调。全市全年人民调解处理的 14000 多宗案件，自愿和解的达 99%。二是推行“一村（居）一律师（顾问）”，组织律师事务所与试点各村签订顾问合同，为每一个行政村配备一名律师作为驻村法律顾问，解答群众法律咨询和调解案件，为村民提供法律服务。全市所有村（居）实现法律顾问全覆盖。三是市法学会通过组织开展法学报告会和“全市政法重点工作大家谈”征文活动，发挥市法学会法律实践研究作用，为地方立法提供服务和智力支持。加强市法学会基础建设工作，全市 8 个县（市、区）均成立县级法学会。四是创新形式开展普法宣传。“点单式”法治宣传，组建“普法宣讲团”，开展“普法宣讲百镇千村行”和“普法宣讲进百校”活动。在市华侨博物馆及各县（市、区）举办有关国家安全教育的公开展览，强化国家安全意识教育。　（市政法委）

公　安

【概况】　2015 年，全市各级公安机关深入开展专项打击行动，探索实践“客都民意警务”战略，推进公安工作改革创新，提升新常态下公安机关平安建设、法治建设、过硬队伍建设的能力水平。全市公众安全感和政法公安工作满意度连续多年保持全省前列。全市共记个人一等功 1 人，个人二等功 19 人，个人三等功 239 人，个人嘉奖 424 人，其他省级个人荣誉称号 6 人；集体二等功 4 个，集体三等功 62 个，集体嘉奖 47 个，其他省级集体荣誉称号 4 个。

【改革创新】　协助法制日报社举办“客都民意警务助推基层社会治理”研讨推广会，论证“客都民意警务”的理论价值和实践意义，《法制日报》先后 4 次在头版头条报道“客都民意警务”的具体做法，副省长、公安厅厅长李春生，市委书记黄强等领导专门批示肯定，中国社科院荣誉学部委员李步云等多位国内知名法学专家认为“客都民意警务”值得在全国推广。推进公安改革，国家安全机制、网络安全机制、社会治安治理机制不断完善。户籍制度改革、执法运行机制改革、队伍管理及保障机制改革有序推进。参加首届“平安广东杯”粤警创新大赛，获“平安广东杯”金杯，参赛的 5 个项目全部获奖，其中视频“行车宝”、青少年警讯两个项目获取银牌。

【法治维稳】　持续开展“清源断腿 2015”专项行动、“风雷 2015”“7·17 破案会战”等专案攻坚，掌握工作主动权，落实风险评估，圆满完成全国“两会”、“9·3”纪念抗战胜利 70 周年等重大维稳任务。加强情报信息收集预警，及时妥善处置大埔县三河镇村民抵制火力发电厂建设、出租车司机上访等重大不稳定因素苗头。严密安保措施，圆满完成第四届世界客商大会等重大安保任务。加强网上舆情应对处置，强化网上安全监管。完善市级反恐工作领导机构，推进反恐情报平台建设，加强基础摸排管控、动中备勤、反恐联合演练，防范处置暴恐事件水平进一步提升。

【打击犯罪】 开展“3+2”专项打击行动，打击涉毒、涉黑恶、涉盗抢、涉赌、涉诈骗等突出违法犯罪，及时侦破丰顺汤坑“10·5”重大杀人案等命案24宗，保持命案100%侦破。捣毁兴宁市径南镇白石村特大制毒窝点等制毒场点4个，侦破“2015—962”丰顺县制贩毒品案等部级目标案件2起，省级目标案件2起。破涉毒案件增长17.3%，破涉黑恶案件增长41.6%，破盗抢案件增长11%，破涉赌案件增长20%，刑拘涉诈骗人数增长28.9%。全市社会治安呈现发案下降、八类严重暴力案件下降，破案上升的良好态势。全年立刑事案件9706宗，下降11.4%；杀人等八类严重暴力案件504宗，下降10.3%；破案绝对数5353宗，增长1.5%，连续四年保持增长。

【治安防控】 一是制定《梅州市公安机关加强社会治安防控体系建设的实施方案》，谋划公安机关加强社会治安防控体系建设的目标、任务和具体措施，完成蕉岭广福、平远八尺、大埔西河3个环粤公安检查站，以及36个环市、县治安卡点建设，初步形成“一个口操作、一张图指挥、一点布控、全网响应”的堵截防控网。检查站运行以来，抓获违法犯罪嫌疑人232人，查获被盗机动车9辆，缴获毒品、管制刀具、涉盗抢物品等一大批，封堵过滤作用有效发挥。二是推进“平安梅州”视频监控系统建设，截至2015年年底，全市共建治安视频监控点4172个、卡口110个，基本实现城区、重点乡镇全覆盖。三是推进群防群治服务队建设，截至2015年年底，全市共建群防群治服务队2216个20318人，标杆服务队280个，实现所有行政村（居委）群防群治组织全覆盖。在持续抓好如实立案基础上，全年刑事发案同比下降11.4%，抢劫、抢夺、盗窃等多发性、侵财型犯罪案件数量大幅度下降，其中抢劫下降43.2%、抢夺下降50.5%、盗窃下降11.2%。

【管理服务】 一是推进“畅通工程”，梅州城区交通秩序综合治理扎实推进。查处酒后驾驶、超速超载、机动车涉牌涉证等交通违法行为，协调有关职能部门治理交通安全隐患，促进道路交通的安全畅通。二是推进“隐患治理工程”，开展危爆物品寄递物流清理整顿和矛盾纠纷排查化解专项行动，推行爆破行业作业视频监控系统，严厉打击涉抢涉爆等违法犯罪活动，消除一大批涉危涉爆隐患。三是制定出台《梅州市消防安全监管责任分工细则》《梅州市消防安全主体责任规定》等制度，抓好消防安全网格化管理，整治平远仁居镇等8个火灾隐患重点地区，各类消防安全隐患及时消除。四是推进“服务便民工程”，完成城区换装（新装）门楼牌号码，外来人员、出租屋“门禁+视频”安装管理。推出各项业务网上预受理、跨地市办证、“周末不打烊”等服务。

【“四项建设”工作】 四项建设包括基础信息化、警务实战化、执法规范化、队伍正规化。一是全市147个派出所全部配置现场勘查设备。市公安司法鉴定中心获国家认可，成为粤东第一家通过评审的司法鉴定机构。梅州市监管场所建设顺利推进，完成78个派出所执法办案场所改造。信息数量大幅提升，截至2015年年底，全市信息总量达38.5亿条。二是推进执法规范化建设。建立执法质量考评负面清单“曝光台”制度，完善刑事案件统一审核、统一出口制度，规范执法记录仪使用，推出公安复议业务网上预受理、复议决定网上公开，各项执法制度、措施进一步完善。严格落实每日警情研判、每周情报信息研判、每月治安形势分析、每季度维稳形势分析等一系列分析制度。三是制定出台《梅州市公安卫生系统建立信息通报机制工作实施方案》，建立“110”警情定期回访通报制度。以快速反应为标准，强化各项实战训练，组织反恐培训、特警比武、警衔晋升等各类警务技能培训，反应灵敏、指挥高效、处置及时的快速反应机制逐步建立。

（市公安局）

检　察

【概况】 2015年，梅州检察制订服务保障措施及指导性文件12份。加强沟通协作，共同排查涉农职务犯罪隐患，提出预防对策。加强法治宣讲活动，深入单位、企业、社区上法制教育课114场次，发出预防检察建议50件，剖析职务犯罪案例33件，开展嘉应新区建设和韩江（高陂）水利枢纽等重点工程专项预防46项。受理各类信访案件799件、举报线索401件，接待来访群众504批879人，处理梅州民声网上信访98件。受理涉法涉诉信访案件237件，导入法律程序139件。受理刑事申诉案件14件，审查结案10件，办理司法救助案件18件，发放救助金7.2万元。全年受市级以上表彰的先进集体16个，先进及记功个人61人次。

【刑事犯罪惩治】 坚决从严打击严重暴力犯罪、多发性侵财犯罪、毒品犯罪等严重刑事犯罪，维护社会治安秩序和人民群众生命财产安全。2015年，受理公安安全机关提请批准逮捕案件1609件2621人，批准逮捕1273件1980人，其中批捕故意杀人、强奸、绑架等严重暴力犯罪53件61人，“两抢一盗”犯罪245件342人，毒品犯罪229件286人。受理基层检察院报请批捕职务犯罪案件13件15人，决定逮捕13件15人。受理公安安全机关移送起诉案件2293件3485人，检察机关自侦部门移送起诉案件113件143人，经审查提起公诉2131件3140人。配合公安机关开展专项打击整治行动，提起公诉涉黑恶毒、盗抢及电信诈骗、赌博等案件1268件2189人。

【职务犯罪预防惩治】 一是立案侦查涉嫌贪污贿赂案件64件90人（县处级1人），立案侦查涉嫌渎职侵权案件44件48人，通过办案，为国家挽回经济损失1200多万元。二是查办发生在支农惠农政策性补贴发放和农村社会保障等领域职务犯罪案件，采取“侦查一体，上下联动”办案机制，突出抓系列案和窝案窜案，推动涉农专项工作深入开展。立案侦查涉农领域职务犯罪82件94人，依法查处村干部贪污征地补偿款、危房改造补助款以及扶贫款等案件39人。其中查办生猪标准化规模养殖场改扩建专项补贴系列案32件、32人，涉及专项补贴资金7000多万元。三是加强国际追逃追赃工作，成功劝返潜逃15年之久的职务犯罪嫌疑人陈某某。四是加大惩治行贿犯罪力度，立案侦查行贿犯罪案件8件8人。查办监管场所职务犯罪案件2件2人，均获有罪判决。

【诉讼监督】 一是顺应以审判为中心的诉讼制度改革，严把案件事实关、证据关、程序关和法律适用关。严格执行审查逮捕程序，坚持做到每案必讯，实行精细化证据审查方式。重视律师在防范冤假错案方面的作用，听取辩护律师意见14件。二是按照高检院部署开展的“破坏环境资源专项立案监督活动”和“危害食品药品安全犯罪专项立案监督活动”要求，开展“两法衔接”（行政执法与刑事司法衔接）工作专项检查。选取市直3个行政执法单位，调取2014年以来134宗案卷进行检查，对发现的执法程序不合法、认定事实不清、证据不足等问题进行反馈通报，促进规范执法、依法行政。监督行政机关移送案件2件，监督公安机关立案1件。三是加强对侦查程序和非法证据的排查、核实，以及对漏罪、漏犯、在逃、另案处理人员等涉案人员的审查。要求公安机关说明不立案理由3件、说明立案理由3件，纠正漏捕29人，不批准逮捕决定640人，不起诉174人，追加犯罪事实28人，追加犯罪嫌疑人57人。四是加强对法院判决裁定特别是轻罪重判和重罪轻判及程序违法等案件的监督，依法提出抗诉3件5人。五是推进多元化民事行政检察监督，受理案件164件，经审查提请抗诉32件，增幅300%，市检察院办理的2宗跟进监督案件获得法院改判。六是全面纠防社区矫正人员脱管、漏管、虚管现象，违法及重新犯罪后建议收监4人，均被采纳。办理罪犯又犯罪案件13件。派出9人次开展死刑执行临场监督。

【司法行为规范】 以见人、见事、见案件、见思想、见整改、见成效“六见”标准和党风廉政建设主体责任要求，查摆梳理市检察院各部门、各基层检察院对口业务部门司法不规范突出问题，4次共梳理出司法不规范共性和个性问题147个，全面完成整改。坚持以问题为导向，广泛征求意见，向市人大、市政协等单位发出《征求意见函》，并专门召开律师座谈会征求意见建议。对2012年以来办理的182宗刑事案件进行质量评查，促进执法规范化。推行廉政风险防控机制建设，着重抓好廉政风险排查、防控和检查落实3个关键环节，构建反腐倡廉长效机制。加强检务督察工作，开展督察活动99次，发现问题40个，提出督察建议40条，全部限期落实整改。

【检务公开】 制订实施《关于进一步加强与人大代表联络自觉接受人大监督的工作意见》等3份文件，向市人大常委会专报检察工作要情9次。市检察院党组成员深入基层检察院走访人大代表、政协委员126人次，收集和落实改进检察工作的意见建议25条。邀请人大代表、政协委员、特约检察员观摩公诉出庭68人次。全面实施人民监督员制度，监督拟不起诉案件2件。全市检察机关同步开展“检察开放日”活动，100多名社会各界人士近距离感知检察和监督检察工作。

【“一镇一检察官”试点工作】 以梅县区检察院为试点，创新开展“一镇一检察官”试点工作，挑选19名科级以上干警每人挂点一个镇，深入基层，通过化解信访积案和矛盾纠纷，加强法制宣传教育，对镇级政府实行监督，加强与镇、村干部联系等，维护社会稳定。

（叶耀峰）

法　院

【概况】 2015年，梅州市法院受理各类案件22320件，比上年增加13.66%；办结21396件，比上年增加10.27%，结案率95.86%。其中，梅州市中级人民法院受理各类案件3975件，办结3926件，结案率98.77%。在省综治办委托第三方调查机构对群众满意度调查中，市中院连续两年蝉联全市政法部门首位。

【审判执行】

刑事、刑事附带民事案件审结审结　一审刑事案件2227件3206人、二审刑事案件205件，其中判处五年以上有期徒刑的216人，重刑率6.91%。调解刑事附带民事纠纷，审结刑事附带民事案件97件，调解74件，调解率76.29%，赔偿给付金额148.18万元。发挥圆桌审判的惩教并举功能，审结未成年人犯罪案件115件152人，未成年人非监禁刑适用率69.74%，对141名未成年人犯罪记录进行封存。加强减刑假释工作，裁定减刑假释2341人，依法审结一批特赦案件。

民商事案件审结　审结一审民商事案件10679件、二审民商事案件1066件，诉讼标的额27.68亿元。全市法院一审民事案件调解、撤诉率49.55%。审结大埔闽泰房地产开发有限公司商品房预售合同纠纷82件系列案、蕉岭县现代城越海超市老板“跑路”引发的买卖合同纠纷95件系列案等敏感案件。

行政案件审理　审结一审行政案件198件、二审行政案件69件。建立行政纠纷实质性化解机制，努力化解行政争议，一审行政案件和解、撤诉率12.45%。推动行政首长出庭应诉常态化。

案件执行　执结各类执行案件4556件，执结率95.69%，执行到位金额4.51亿元。推进执行信息化建设，可以在省内20多家银行全自动、成批量查询被执行人的账户信息，实现网上快速冻结，提高执行效率。市中院、五华等7个法院开通运行全国法院“总对总”网络执行查控系统。开展涉民生案件执行专项活动，执结梅州高威电子厂拖欠工人薪酬案等涉民生案件1315件，发放执行款1.16亿元。完善失信被执行人“黑名单”制度，全市法院将583名“老赖”列入失信被执行人“黑名单”。丰顺法院被最高人民法院评为“有效实施失信被执行人名单制度示范法院”。

【审判管理监督】 强化案件审限跟踪督办，健全立案、开庭、裁判、执行、归档等环节的诉讼流程，及时对案件审限进行黄色提醒、红色预警，切实解决超审限问题。开展对长期未结案件专项清理工作，健全定期通报和督办机制。加强案件质量评查，构建案件质量评查长效机制。全市法院开展案件质量评查活动19次，评查各类案件1325件，裁判文书优良率93.07%。丰顺法院开展审判执行业务竞赛活动，被省法院评为“案件质量优秀法院”。建立领导过问干预案件登记备案、全程留痕、责任追究制度，保障法官依法独立公正行使审判权。

【司法建议】 及时向政府部门、事业单位等提出司法建议173份，反馈率75.72%，推动法治梅州建设。其中，市中院针对农村村民建房存在房屋设计不规范，任意更改施工图纸，擅自加建、扩建房屋等问题，发出司法建议，得到市政府采纳，采取有效措施规范管理农村建房，改善农村人居环境。市中院针对农村土地承包经营权纠纷逐年增长、群体性纠纷不断出现的问题，发出司法建议，引起市政府高度重视，促进各县（市、区）建立健全农村土地承包经营权矛盾纠纷解决机制。参与社会综合治理，推动社会延伸保护、帮教、社区矫正工作，市中院联合梅州监狱、市检察院对9名社区矫正的假释人员进行回访。

【司法改革】 按照《梅州法院审判权运行机制改革方案（试行）》，稳步推进审判权运行机制改革。市中院庭长编入合议庭参与办案，全年主审、参审案件数量达到法官办案数量的50%以上。推动立案登记制改革，立案门槛降低，立案工作规范，立案程序快捷，对依法应该受理的案件，做到“有案必立、有诉必理”，当天立案率达到95.86%，解决“立案难”问题。推进诉讼文书电子送达，实现诉讼文书及时接收，全市法院电子送达诉讼文书242份。做好法官职务套改、司法警察职务套改工作，确保司法改革顺利推进。

【司法创新】 加强诉讼服务中心建设，完善立案信访窗口等线下实体服务，探索官方网站、微博、微信等线上虚拟服务，打造“网上网下、线上线下、虚拟实体”相融合的现代化诉讼服务中心，为当事人提供高效便捷的司法服务，得到最高人民法院检查组的充分肯定。开展预约立案、网上立案、上门立案、夜间办案、假日法庭服务，方便群众诉讼。开展巡回法庭、送法下乡、送法进社区、送法进校园、法律大讲堂活动，以热情文明的服务传递司法温暖。平远法院发出全市法院首份律师调查令，拓宽调查取证渠道，充分保障当事人的诉讼权利。推进远程视频接访8次，引导当事人通过远程视频与最高法院法官“面对面”交谈，实现案结事了。

【司法公开】 推进司法公开三大平台应用，构建开放、动态、透明、便民的阳光司法机制，实现办案过程全公开、节点全告知、程序全对接、文书全上网，不断提升司法透明度。构建微博图文直播、网站视频直播的庭审直播新格局，市中院首次组织一宗案件庭审视频直播活动，6000多人通过手机客户端实时收看。推进裁判文书上网，倒逼法官提高文书质量和司法水平。健全人民陪审员工作机制，选送17名人民陪审员到省法院参加示范班培训，人民陪审员陪审案件2542件，陪审率66.87%。

【信息化建设】　制定《梅州法院信息化建设五年发展规划（2016—2020年）》，推动全市法院信息化建设转型升级，建设全市法院信息化3.0版的网络法院、阳光法院、智能法院，促进审判体系与审判能力现代化。坚持科技司法，全市法院61个审判法庭全部改建为数字法庭，具备庭审速录、证据展示、数字化影像采录、存储、播放、控制一体化管理功能。构建“司法大数据”平台，深化“大数据”分析运用，实现对审判信息、电子卷宗、庭审录音录像、法律法规等司法资源的海量存储，服务司法决策。

【参与社会管理】

重点项目法律支持　全市法院依法及时审查执结芹洋半岛、江南新城、蕉城城南新区、兴宁南部新城、平兴高速、大埔三河火力发电厂等土地征收、房屋拆迁等非诉行政执行案件160件，拆迁面积1.43万平方米。推进依法治市，依法审查执行征收社会抚养费案件816件，执结标的金额1853.68万元。

司法救助　为127名困难当事人缓减免交诉讼费80.53万元，为255名困难当事人发放救助金110.96万元，彰显司法人文关怀。

（市中级人民法院）

2015年2月9日，梅县区法院上门为梅州市高威电子有限公司208名工人发放被拖欠的工资款28.2万元

司　　法

【普法宣传】　梅州司法行政系统一是开展“普法宣讲百镇千村行”和“普法宣讲进百校”活动。二是结合新警培训，举办司法所长全员培训，开展普法宣传教育活动。三是落实“谁执法谁普法”普法责任制，组织各行政执法单位联合编排法制文艺节目，在全市开展法治文艺大巡演。在“3·8”“3·15”“6·26”“12·4”等重要时间节点，联合各部门、各行业开展专题普法。市普法办、市关工委联合举办“关爱明天、普法先行”青少年普法教育等活动。四是推广大众普法。丰顺县率先创作普法广场舞歌曲，掀起“法治小苹果”普法活动，举办广场舞大赛，并在广东省广场舞大赛中荣获亚军和最佳原创奖。五是开展“法律六进”（法律进机关、进乡村、进社区、进学校、进企业、进单位）主题普法活动。开展法治文化广场、法治文化公园、法治场馆建设，让广大群众在休闲娱乐中受到法治文化的熏陶。大埔县投资260多万元，建成大埔法治文化园暨杨邦孝大法官司法风范展馆，内涵丰富，独具特色。六是统筹建立梅州市禁毒宣传教育基地，开展禁毒宣传教育。以法治文化传播协会为平台，先后开展法治书画摄影比赛、青少年法制宣传教育研讨、出版青少年法制宣传读本等活动。

【法律服务】　一是加强重点项目专项服务。紧扣市交通基础设施、产业园区、中心城区建设等党委政府焦虑点和群众关切点，先后组建10多个专项法律服务团，并专设重点工程、重点项目法律服务工作站，主动介入，做到法律服务“点对点”。公职律师参与信访接访，参与政府信访复核工作，协助做好涉法涉诉信访释法、劝导工作，为党政分忧、为群众解难。二是法律服务平台向基层延伸。市、县、镇三级司法行政部门建立公共法律服务中心，整合律师、公证等法律服务资源，开设“一站式”法律服务窗口，为群众提供“面对面”的法律服务，开通法律服务“直通车”。三是启动企业工会法律顾问工作。指派31名律师担任93家企业工会的法律顾问，为企业提供公益法律服务。

【法律援助】 在全市镇（街）、村（居）设立法律援助工作站、聘请法律援助联络员的基础上，全市看守所、律师事务所设立法律援助工作站（联系点），使法援网络延伸至村、联系到点。建立健全法援律师日值制度，最大限度地满足群众的法律咨询和服务需求。全年办理各类法律援助案件939宗，接待来信、来电、来访法律咨询16134次，组织和参加法律宣传咨询活动56场次。

【一村（社区）一法律顾问工作】 截至2015年1月底，全市2244个村（社区）实现一村（社区）一法律顾问全覆盖。全市村（社区）法律顾问举办法治讲座4954场次，审查合同和出具法律意见书791份，直接参与调处矛盾纠纷2240宗，参与处理群体性、敏感性事件67件，解答群众法律咨询23197人次。2015年，全市接访群众批次、人次同比下降38.37%、18.42%；网上信访案件同比下降23.18%。梅州市的经验和做法在全省司法行政工作会议上作介绍推广。

【仲裁业务及公证工作】

仲裁业务 做好立案工作，对符合受案条件的认真审查把关，严把组庭关，对独任仲裁员和首席仲裁员的指定优中选优，加强办案秘书和仲裁员的管理，严防出现仲裁程序的错、漏，严格裁决书的核阅工作，确保所裁案件经得起当事人、社会和历史的检验。全年仲裁委受理各类民商事案件7件，涉案标的额近2000万元。

公证工作 全市公证行业公证处按照省厅的要求，开通网上办证系统，简化办证程序，提高办证效率，提升公证信息化水平。完善大厅管理，做好窗口服务工作，提供良好的服务环境，加强人员协调与工作衔接，解决办证难、办证时间长等问题，打造群众办证“绿色通道”。3月14日，嘉应公证处首次参与P2P网络金融服务，与广东壹宝资产管理有限公司梅州分公司（壹宝金融）签署长期合作协议，为壹宝金融平台及平台用户提供专业的公证、法律咨询、建议和一站式顾问服务。全年公证行业办理各类公证1.7万多件。

【司法鉴定】 全市司法鉴定机构5家，司法鉴定人员30人，全年受理司法鉴定1183件。其中法医临床司法鉴定1053宗、法医精神病司法鉴定127宗、司法会计鉴定3宗，综合采信率100%。

【人民调解工作】 全市建立以镇（街）调委会为重点，村（居）调委会、企事业调委会为支撑，行业性、专业性人民调委会为两翼，“百姓诊所”等特色调解室为补充的人民调解组织网络体系。开展矛盾纠纷大排查、大化解，组织开展“百名干部下基层、化解矛盾促和谐”活动。加强调解队伍建设，先后举办全系统新进人员和基层司法所长培训班，组织开展村（社区）“两委”干部和人民调解员调解技能大赛和培训。组织开展“先进司法所”“十佳人民调解员”评选表彰工作。全年全市各级调解组织开展矛盾纠纷排查2572次，预防纠纷3601件，调解各类矛盾纠纷21079件，调解成功21008件，调解成功率99.6%。

【戒毒康复工作】 2015年，市强制戒毒场所新收治强戒人员369名，在册强戒人员654名，为历史新高。市强制戒毒场所进一步建立健全安全工作机制，连续14年实现安全“六无”（无脱逃、无非正常死亡、无毒品流入、无所内发案、无生产安全事故、无重大疫情）目标。推行“三三六”戒毒模式（指在治疗上采用国际通用的三期治疗，并且在分类方面主要借鉴美国的先进模式，然后再采用六种不同的操作方法予以实施)，戒治质量不断提升。场所基础设施建设不断完善，规范化建设水平进一步提升。

【社矫安帮工作】 各县（市、区）进一步健全完善信息管理、教育帮扶、评估考核、接收解除等规章制度，加强日常监管，实现手机监控全覆盖。五华县率先推行执法记录仪。全市探索和建立青少年社区矫正模块。截至2015年年底，全市累计接收社区矫正人员8484人（社区矫正人数居全省前列)，解除社区矫正6034人，在册社区矫正人员2450人，重新违法犯罪12人，重新违法犯罪率始终控制在0.2%以下。梅州市在全省率先完成特赦工作，报请特赦70人，裁定特赦69人。开展安置帮教工作，全市成立安置帮教基地74家，2015年，共衔接刑释解教人员2276人，安置2276人，帮教2276人，安置率、帮教率均100%。

【国家司法考试】 按照司法部“组织严密、程序严谨、标准严格、纪律严明”的考试工作要求，组织国家司法考试，确保考试平稳、安全、顺利、有序举行。全市参加国家司法考试493人，成绩合格102人，通过率20.69%，参考人数、通过率均创新高。

（市司法局）

武　装

责任编辑：邓柳茹

梅州军分区

【概况】　2015年，梅州军分区“阳光征兵”、民兵武器装备“中心库”建设、民兵常驻应急分队建设、后勤财经管理等工作走在省军区前列。梅州军分区被广州军区评为“民兵武器装备仓库正规化建设达标先进单位”、被广东省评为“征兵工作全优单位”。梅江区、平远县人武部分别被广东省军区评为全面建设“标兵人武部”“先进人武部”，大埔三河坝战役纪念馆被广州军区命名为首批“传统教育基地”，梅州市政府市长、国防动员委员会主任谭君铁被广州军区评为第七届“国防之星”。全年14个单位、80名先进个人受到各级表彰奖励。

【军事斗争准备】　一是按照军委部署要求推进作战准备检验评估，军分区党委先后4次召开常委会、首长办公会研究部署任务、分析查找存在问题，2次组织人武部主官“难题会诊”，针对自查梳理的重难点问题和省军区“两项评估”检查考核指出的存在不足，研究制订整改措施、逐个单位检查验收，按时间节点有序推进问题“归零”。二是抓好现役干部和民兵预备役整训，对口编实民兵“三支队伍”、优化兵力布势调整，规范完善8支县级、新建1支市级常驻民兵应急分队，筹建后勤综合保障群(队)。现役干部军事业务轮训、迎考强训全员覆盖，应急分队业务普训、骨干集训批次展开。三是首长机关接受省军区考核评估，机动集结演练暨民兵应急分队和职工队伍评比性考核圆满顺利。空军支援分队成建制参加驻军场站战术综合演习受到军区通报表扬，“中南—15”战役指挥所演习和跨区机动演习动员支前任务完成出色。

【“阳光征兵”工作】　梅州军分区把好征兵工作人员培训和应征青年体检、政审、定兵等重要关口，坚持廉洁征兵、质量征兵、“阳光”征兵，推行启动仪式进校园进社区、物理体检医生异地交叉、征兵体检信息化管理系统试点运行、电脑随机派号定兵、常委挂钩巡视督导等做法，协调市政府制订征兵工作责任制实施细则、规范体检秩序十二条措施。2015年，圆满完成新兵征集任务，大学生新兵比例27.8%，兵员质量不断提升。

【后勤保障能力建设】　梅州军分区一是围绕建设现代军事后勤，深化后勤装备动员准备，重点做好潜力调查、预案编制、战备储备、支前力量和军民通用项目建设等工作。二是抓好财务大清查工作，先后5次集中组织财务人员审核2013年、2014年所有开支票据，召回转业干部和异地任职人员参加，清退违规开支款项。经费管控更加严格，全年行政消耗性开支同比下降22.1%、接待费同比下降60.7%。按照中央军委要求，整改人武部违规租赁项目，终止合同收回房地产租赁项目22个，研究制订“停止一切对外有偿服务”具体措施。

【党管武装工作】　贯彻落实省委组织部、省财政厅、人社厅、省军区司令部、政治部印发《广东省专职人民武装干部队伍管理规定》关于“乡镇、街道党（工）委书记兼任同级人民武装部政治教导员”的新规定、新要求，军分区政治部下发指导意见规范基层人武部政治教导员任免程序，8个县（市、区）人武部及时研究任命123名政治教导员，乡镇基层民兵预备役思想工作和组织工作得到加强。

【部队正规化建设】　梅州军分区一是加大教育管理力度，开展“创建法治军营，争当守法军人”活动，构建安全骨干监督网络，不断强化官兵、职工尊法学法守法用法自觉性。二是贯彻落实省军区正规化建设试点规范，着力抓好办公保密、营院管理、公勤人员、公务用车和值班秩序，常驻民兵应急分队按照战斗班排模式加强正规化建设。军分区在平远县人武部召开现场会，组织观摩人武部正规化建设、“三网两系统”信息化建设和战备库室建设成果，统一标准规范，明确目标任务，推动全市人武部正规化建设整体协调发展。三是坚持以“四抓四防”为重点，先后派出3批工作组，突出人、车、枪、弹、密和防范涉军网络炒作等9个方面、128项内容，开展安全隐患排查整改。

【“双拥”、扶贫工作】　军地联合出台《梅州市随军家属安置实施办法》等政策文件，全市县镇“复退军人之家”机构健全，新增13个军民共建单位。开展“双百拥军行”“十百千万关爱功臣”系列活动，全市优抚对象安置和权益保障实现5个100%，新一轮“双拥创模”申报单位通过省检验收。扶贫“双到”开发工作持续深化，军分区各级先后筹措资金140余万元，新挂钩帮建11个贫困村、337个贫困户，新建成2个扶贫产业基地，资助特困学生32名，并帮助修建村委办公楼、文化广场、饮用水工程、村道等基础设施。全年组织12700余人次民兵，参与6次抗洪救灾、59次森林灭火和1次协助处置群体性事件，解救洪水围困群众90余人、转移物资28吨、扑灭森林山火326.67公顷。完成第四届“客商大会”、长寿文化节、梅汕高铁开工仪式、全国“喜得胜”杯山地自行车邀请赛、梅州客家足球队中甲主场赛事等大型活动维稳安保任务。

（杨红军）

武警梅州市支队

【思想政治工作】　组织思想政治教育等级达标评定、“强军风采”、“讲四史”、强军故事会和先进典型事迹报告会等系列文化活动工作。落实“三严三实”专题教育整顿，持续推进大埔县枫朗村对口扶贫工作。制定《按纲指导计划》，修订完善《支队规章制度汇编》。开展干部大练基本功和“争创先进单位大讨论”活动。建立“领导定点、股室挂钩”蹲点帮建机制，基层基础不断夯实。平远县中队、勤务中队被评为“先进中队”，教导队被评为“先进教导队”，兴宁市中队被评为“标兵中队”并荣立集体三等功。梅江区中队指导员李文猛被总队评为“十佳政治教员”，平远县中队指导员被总队评为“大练基本功先进个人”。

【军事训练】　组织两级反恐尖子集训、战训法集训和“五长”集训，开展“研学讲练”“红蓝对抗”“考比拉”活动，参加总队反恐特战比武获团体第7名，新训干部骨干集训获第8名。加强反恐排、应急班力量体系建设，整合综合战备仓库，应急运兵车、巡逻车投入使用。推进执勤隐患治理，组织5个“两看”目标AB

门监门哨上勤，成功处理平远县上举镇抗洪抢险，第四届世界客商大会安保、长途押解和有碍目标安全事件2起，完成临时勤务97起，固定执勤目标实现32年安全无事故。支队获评“正规化执勤优秀单位”，司令部获评“先进司令部”。

【正规化管理】 贯彻落实总部依法从严治警集训精神和“八严”纪律规定，开展“百日安全竞赛”、官兵政治考核、警（士）官队伍教育整顿、安全隐患排查等活动，突出人员、枪弹、车辆、保密等重点部位的隐患排查治理和管控。召开支队从严治警管理现场会。支队安全、密码工、武器装备管理工作获评达标“先进单位”。

【后勤综合保障】 优化支队、中队两级给养战备物资储备结构，常态化组织“一组五队”实战演练。推进财务工作大清查，严格经费预算。抓好“伙食管理规范年”活动，加强“登革热”重大疫情防控，落实“武化绿化正规化”要求，拆除改造6个单位假山凉亭。完成支队智能车库建设、营院地评改造和1个中队荣誉室建设等项目，协调市政府立项筹建支队反恐综合训练场。后勤处获评“先进后勤处”。

（武警梅州支队）

人民防空

【人防工程】 抓住梅州中心城区扩容提质建设和城市地下空间开发利用两大机遇，坚持人防工程建设与城市建设相协调、与城市功能开发相结合，推进人防工程建设，提高城市整体防护能力。坚持“应建尽建、应收尽收”的原则，推进人防“结建”工作。制定下发关于加强人防工程质量管理相关文件，规范梅州市“结建”工程建设管理中的各方主体行为，提高管理工作水平，确保人防工程防护体系建设健康发展。发挥市人防设备厂的地缘优势，为梅州市人防工程建设提供便捷优质高效服务。

【指挥通信】 组织开展人防应急通信、机动指挥所开设、卫星通信值班、短波电台通信值班、视频会议值班等训练。利用现有条件开展模拟演练，以桌面演练的形式开展人民防空演练，提高通信指挥人员的业务水平。完成人防指挥大厅升级改造。定期对警报器检查、检修，保持通信设施良好的战备状态，全年在全市范围更换电声警报器，扩大警报鸣响覆盖范围。12月3日成功组织梅州市2015年度防空警报试鸣。

【人防检查】 根据《中华人民共和国人民防空法》和《广东省实施办法》，对全市人防工程建设和易地建设费收取使用情况进行执法检查，规范工程建设和易地建设费收取使用。

【宣传教育】 利用信息网络、广播电视、报纸杂志等媒体开展人防知识宣传教育，扩大人防知识宣传途径和宣传范围。完善雁洋德育国防教育基地人防设施。推进人防知识进机关、进企（事）业单位、进学校、进社区、进家庭，加强对全市中学生人防知识宣传。翻印下发省人防办编印的《人民防空知识》中学生读本，让广大师生全面了解人民防空知识。

【“准军事化”建设】 举办人防工程干部管理培训班、指挥通信业务培训班、法规宣传教育培训班，提高人防队伍整体素质和业务水平，规范机关“准军事化”建设。

（方　旭）

经济管理

责任编辑：廖晓鹏

发展和改革管理

【规划编制】 一是“十三五”规划编制。在做好“十三五”规划前期研究和基本思路编制的基础上，编制完成《梅州市国民经济和社会发展第十三个五年规划纲要》，并经市六届人大七次会议审议通过。编制完成全市“十三五”重点项目计划，并加强与国家和省的汇报沟通，把梅州市一批事关长远的重大基础设施和产业项目纳入国家和省“十三五”规划。二是梅兴华丰产业集聚带规划编制。编制完成《广东梅兴华丰产业集聚带发展总体规划（2015—2030年）》，于9月29日获省政府常务会审议通过后，以广东省发展改革委的名义印发。三是试点建设。指导蕉岭县成功列入省级市县经济社会发展总体规划编制试点县。

【年度计划编制和完成情况】 市发改局编制梅州市2015年国民经济和社会发展计划，于2月9日经市六届人大六次会议审议批准。根据市六届人大六次会议决议，报请市政府印发《关于下达梅州市2015年国民经济和社会发展计划的通知》。

2015年全市经济社会发展主要预期目标是：地区生产总值（GDP）增长10%左右，人均地区生产总值增长9%；规模以上工业增加值增长17.5%，固定资产投资增长30%，地方公共财政预算收入增长15%；社会消费品零售总额增长11.5%，居民消费价格指数控制在3%以内；进出口总额增长10%，实际使用外资增长5%；人口自然增长率控制在7.5‰以内，城镇登记失业率控制在3.5%以内；节能减排降碳约束性指标完成省下达指标；居民人均收入与经济增长基本同步。

为确保各项主要预期目标的实现，市发展改革局围绕振兴发展主线，组织实施国民经济和社会发展计划，全市经济社会发展取得新成绩。2015年，全市生产总值959.78亿元，同比增长8.6%，高于全国和全省增幅；人均地区生产总值22155元，同比增长8.2%。其中第一产业增加值188.49亿元，同比增长3.6%；第二产业增加值351.83亿元，同比增长8.7%；第三产业增加值419.46亿元，同比增长10.6%。三次产业比例调整为19.65∶36.74∶43.61。规模以上工业总产值704.76亿元，同比增长10.3%。固定资产投资完成568.06亿元，同比增长39.4%。地方一般公共预算财政收入103.59亿元，同比增长21.5%。消费品零售总额555.5亿元，同比增长11.1%。进口总额24.54亿美元，同比增长12.5%；实际利用外商直接投资0.71亿美元，同比增长—51.5%。城乡居民人均收入16404.4元，同比增长

10.1%；城镇居民人均可支配收入21810元，同比增长9.9%；农民人均纯收入11799元，同比增长9.4%。人口自然增长率6.8‰，城镇登记失业率2.5%，控制在预期目标以内。完成年度节能减排降碳目标任务。

【重点项目建设】 2015年，全市重点项目完成投资556亿元，同比增长60.34%，占年度计划的120%；其中省重点项目完成投资212亿元，同比增长28.75%，占年度计划的126%，拉动全市固定资产投资较快增长。创新重点项目管理制度，修订出台《梅州市重点项目管理办法》，建立落实领导挂点联系和市主要领导每月调研督查重点项目制度，强化对项目建设的全方位服务。粤电大埔电厂首期工程一号机组建成投产，梅汕高铁、梅平高速、大潮高速（含大漳支线）、梅州（五华）抽水蓄能电站、广东省高陂水利枢纽工程等重大项目动工建设。

2015年10月14日，广东省高陂水利枢纽工程开工建设，黄强（前排左二）、谭君铁（前排左一）向陈雷（前排左三）、朱小丹（前排右二）、邓海光（右一）等介绍工程概况

【争取政策和资金支持】

“两大政策”落实 加强与中央、省的沟通对接，推动原中央苏区和粤东西北振兴发展“两大政策”落地，通过全力争取，梅州市项目建设中央预算内投资资金补助大幅提高，城市基础设施、中小河流治理项目、政法基础设施补助分别由25%、30%、30%提高至60%、85%、70%。教育、卫生、养老服务等社会民生项目补助同比增加58.79%。省一次性追加原中央苏区县国省道“迎国检”项目资金补助7.6亿元，普通公路（桥梁）建设省投资补助享受“少数民族县、原中央苏区县和省重点扶贫开发县”的最高档次补助标准。

资金争取 全年共推动融资和争取中央、省资金71.94亿元，用于支持嘉应新区和梅兴华丰产业集聚带基础设施、棚户区改造及高速公路等项目建设。成功争取中央预算内投资和省级资金40.07亿元，其中韩江高陂水利枢纽工程获中央预算内投资资金30.145亿元、获省补助资金5亿元。全年融资31.87亿元，其中申报4批专项建设基金成功争取到8.87亿元政策性银行贷款，用于解决项目资本金缺口，国家发改委安排15年90%的贴息补助。获国家发展改革委批准，成功发行23亿元企业债券。推广政府和社会资本合作（PPP）模式，高陂水利枢纽工程、蕉岭养老服务项目分别被列为国家和省PPP试点项目。

【重点领域改革】 一是推进公务用车制度改革。二是贯彻《广东省企业投资项目实行清单管理意见（试行）》，执行准入负面清单、行政审批清单及政府监管清单等“三张清单”制度，落实“非禁即入”投资政策，全面实行企业投资网上备案，保障企业投资自主权，促进企业投资便利化。三是推动社会信用体系建设，市公共信用信息管理系统基本建成，“信用梅州网”开通试运行。

【物价管理】 一是做好收费管理工作。完成梅城生活垃圾处理收费改革及高中学杂费、公办幼儿园和生猪屠宰收费调整工作，取消、降低和减免一批行政事业性和经营服务性收费，推进医药价格改革，理顺医疗服务收费。二是完善价格调控机制。严格按照省的定价目录，清理全市油、气、水、电等维护安装价格工作。重新核定道路客运上限票价。下调梅州城区管道燃气价格，居民生活用气价格从5.2元/立方米下调至4.65元/立方米，建立管道天然气和民用阶梯气价价格联动机制。做好价格监测预警工作。三是强化价格行政执法。加大市场价格检查力度，重点开展教育收费、涉企收费和节日期间市场价格等一系列价格收费检查，着力打击市场不正当价格违法行为，维护市场价格秩序。2015年，全市查处价格违法案件14件，查处价格违法所得金额84.98万元。四是推进价格公共服务。做好价格认证和成本监审工作，全年完成各类价格鉴证案件77件，鉴证总额274.8万元．完成全市高中学校、梅城天然气定价和金川公司医废处置成本监审工作。

（梁启亮、杨向东、李　雪）

工商行政管理

【“两建”工作】 市“两建”（社会信用体系建设、市场监管体系建设）办主动履行“两建”牵头职责，制定2015年社会信用体系25项重点工作和市场监管体系69项重点工作。10月下旬，组织开展对2014年各县（市、区）“两建”工作评估检查，并将评估结果进行全市通报，相关单位对照通报查摆出来的情况进行完善。

社会信用体系建设　一是完善规章制度。拟订《2015年梅州市社会信用体系建设重点工作》，制订出台《梅州市政务信息资源共享管理试行办法》《梅州市事业单位守信激励与失信惩戒实施细则（试行）》《梅州市工商部门守信激励与失信惩戒实施意见》《梅州市建筑市场诚信管理办法（暂行）》《梅州市中小微企业信贷风险补偿基金管理办法（试行）》《关于食品药品违法违规企业“黑名单”管理实施细则》等30多种相关政策文件。二是信用信息管理系统基本建成。建立企业、个人、事业单位和社会组织信用信息公共数据库，建立统一的对外发布查询平台。“信用梅州网”（域名为：http：//credit. meizhou. gov. cn）设信用动态、政策法规、信用查询、信用研究、失信投诉、信用联盟、下载中心、共建单位8个栏目板块。系统录入33个信源单位、1300万条信用信息数据。三是信用惩戒力度加强。推行信用分类监管、“黑名单”制度，对守信者实行优先办理、简化程序和重点支持等激励政策，依法加大对失信者的惩戒力度。四是信用报告广泛应用。探索推动在政府采购、政府投资项目招投标、公共资源交易、政府资金补助、企业债券发行等领域率先使用第三方信用报告，将第三方信用报告作为市场主体申请或参与相关业务的重要参考。鼓励和支持金融机构在信贷审批、信用担保、信用工具投放等方面，参考使用外部评级等信用产品和服务，扩大信用报告在银行业、证券业、保险业等领域中的应用。2015年1—10月个人查询信用报告19714次，同比增长118%；企业查询信用报告815次，同比增长42.98%。五是开展信用建设。人行梅州市中心支行推进中小微企业和农村信用体系建设。征信系统录入6000家中小企业、78万户农户和重点涉信人群信用信息数据库或信用档案，评出信用户24万户、信用村691个、信用镇33个。梅县区、蕉岭县、五华县共获得总体授信近20亿元，逾1.5万余户农户获得近9亿元贷款，全市农村土地承包经营权抵押贷款余额2.95亿元，同比增长5.73%，涉农贷款余额350.80亿元，占本外币各项贷款余额48.26%，同比增长19.41%。蕉岭、平远、兴宁打造“互联网金融＋信用＋三农”融资模式，获人总行和广东省政府好评。市地税构建“一户一档”信用信息库（11万户），成功运作梅州市涉税信息交换与共享平台，完成8947户纳税人纳税信用等级评价工作。

市场监管体系建设　一是抓好市场准入和监管执法体系建设。出台《梅州市市场主体住所（经营场所）登记管理暂行规定》，简化住所（经营场所）登记手续。组织相关部门到厦门平潭自贸区学习“三证合一”改革经验，在9月1日实行“三证合一，一照一码”（将工商行政管理、质量技术监督、税务三个部门分别核发营业执照、组织机构代码证和税务登记证，改为由工商行政管理部门核发一个加载法人和其他组织统一社会信用代码的营业执照）登记模式，比全国提前一个月，并作为广东首批试点城市之一，在2015年年底发出首张电子营业执照。制定印发《梅州市商事制度改革后续监管实施方案（试行）》，以市场监管信息平台体系建设为载体，加大资金投入，自主研发的“梅州市商事主体信息综合管理平台”及手机APP应用正式上线运行，利用信息化手段解决监管信息交换问题，实现市场主体从诞生到消亡的全流程监管，为全省首创。在此基础上搭建“梅州市公共信用和市场监管信息化平台”，实现政府各职能部门数据信息共享；“两法衔接”信息平台也开通运行，全年录入案件备案数据589件。相继完成食品药品执法体制改革，工商、质监管理体制调整，工商、质监、农业部门执法改革正准备发文实施，全市市场监管合力正在形成。二是抓好质量监管体系建设。开展质量强市工作，完成首届市政府质量奖评选。广东嘉元科技股份有限公司、风华环保设备股份有限公司等参与制定行业标准，实现梅州市企事业单位主导制定国家标准零的突破。鼓励企业采用国际标准和国外先进标准，帮助3家企业取得采标认可。三是抓好社会监督体系建设。分别在梅州首个城市综合体“客都汇”、梅州市装饰行业协会、梅州市食品行业协会设立消费维权服务站点，建立全市首支消费维权和社会监督志愿者服务队伍。以“12345”政府服务热线为载体，在整合原有23条部门服务热线基础上，将服务咨询范围延伸到市、县（区）两级376个职能部门，逐步建成集消费维权、投诉举报、政务咨询、民生诉求、效能监察等功能于一体的热线数据交换平台。2015年接听来电10.5592万个，一次性解答10.2618万个，占97.18%，群众满意率99.8%；派发工单3036个，占2.88%，工单办复群众满意率94.4%。全市建立194个消费维权服务站，基本覆盖城乡，站点受理投诉187宗，争议金额35.83万元，双方和解量184宗，调解率98.4%。市、县两级均建立消费维权诉调对接机制。

【内资企业登记管理】 2015年，全市新登记各类市场主体2.6万户，激活民间投资181亿元，吸纳从业人员16.5万人，同比分别增长9.2%、16.8%、15.1%，均高于梅州同期GDP增长率。各类市场主体达18.9万户，为历史峰值。

全市各类市场主体登记的基本情况一览表

表2　单位：户

企业类型	期末数	2014年同期数	同比增长（%）	发展数	2014年同期发展数	同比增长（%）
内资	4470	4295	4	315	278	13.3
私营	19685	15889	23.9	4480	3972	12.8
个体	154866	144361	7.3	22224	21441	3
农民专业合作社	3879	3389	14.5	527	1110	-52.5

【外资企业登记管理】 2015年，市工商局做好外资企业登记工作，梅州市外资企业登记有以下特点：一是新设企业、投资总额、注册资本、外方认缴额减少，期末各项指标有增有减。全年新发展外资法人企业16户，同比减少124户，减幅775%。新设分支机构8户，同比减少10户，减幅125%。投资总额1000万美元，同比减幅2136.4%；注册资本850万美元，同比减幅2095.17%，其中外方认缴额848万美元，比上年减幅2089.26%。全市累计实有外资企业1363户，其中法人公司1215户，同比增加134户，增幅12.39%；分支机构138户，同比减少2户，减幅1.44%；累计投资总额245868万美元，注册资本179191万美元，其中外方认缴158260万美元，以上三项指标分别与上年同比增幅0.87%、—0.13%和1.8%。二是投资规模减幅大。新设的法人企业，户平均投资53.1万美元，同比减幅达60.15%。新发展企业中，没有投资额（注册资本）超过1000万美元的企业。三是外资转内资。全年办理外资转内资公司9户，比上年增加2户，增幅28.57%；无内资转外资登记。注销外资法人企业13户，比上

年增加8户，增幅160%；注销外资分支机构7户。四是投资企业以独资为主。16户新设立法人企业中，独资14户，占87.5%；合资2户，占12.5%。五是外资投向商业贸易业依然明显。外资投向制造业、批发和零售贸易业达各6户，分别占发展数24户（含分支机构）的25%；其他投资为农、林、牧、渔业，住宿和餐饮业各3户；信息传输、软件和信息技术服务业、租赁和商务服务业各2户；金融业、科学研究和技术服务业各1户。六是投资国别（地区）维持以港台地区为主。16户法人企业投资者中：10户为港台地区，占62.5%；其他为港台地区2户、韩国、英属维尔京群岛、澳大利亚、亚洲其他国家（地区）各1户。

梅州市近三年外资企业发展主要指标一览表

表3

指标 期别	法人企业(户)	投资总额（万美元）	注册资本（万美元）	外方认缴出资(万美元)
2013年	161	32811	25965	24700
2014年	140	22364	18659	18565
2015年	16	1000	850	848

【市场监管】 2015年，全市工商系统查处各类经济违章违法案件1543宗，案值696.15万元。

商品质量监管　一是组织对辖区内流通领域烟花爆竹、节能灯、消防器材、电线电缆、水泥、成品油等群众关心、媒体关注的重点商品的质量抽检，抽样398批次，合格275批次，不合格123批次，合格率69.1%，剔除纯标签不合格的17批次，内在质量合格率73.4%。并对经检验为不合格商品的，依法立案查处，立案查处销售不合格商品案件56宗。二是加强对抽检不合格商品的后续处理工作。组织全市系统对消毒柜、眼镜、润滑油、节能灯、开关插座、手机及配件、平板电脑学习机、消防产品、箱包皮具等32类、1585批次不合格商品进行市场清查，对其中511批次名单中“缺陷”商品，责令经营者停止销售。

打击走私　全市工商系统出动执法人员4647人次，车辆1191辆次，检查各类经营门店7004间次，立案查处打私案件7宗，查获涉嫌无合法来源进口汽车配件离合片、轴承、空气滤清器、机油闸、机油滤芯等73件（只）。

反不正当竞争　全市系统立案查处反不正当竞争案件98宗。组织开展为期3个月的集中整治生产、销售空气和饮用水净化类生活用品中虚假宣传、虚假表示、仿冒等不正当竞争行为，立案6宗（梅江分局2宗、梅县分局4宗）。

打击传销和规范直销　一是开展创建无传销城市工作。将打击传销作为“两建”工作和社会治安综合治理工作重要内容，纳入地方政府“平安城市”和“文明城市”建设，开展打击传销工作检查考核，落实各职能部门和属地监管职责。二是严厉打击传销活动。市工商局指导各基层执法人员，加强信息收集，及时掌握辖区内的传销活动动向。指导梅县区分局调查福建省龙岩市流入梅县区以“加盟”名义从事网络传销活动，立案3宗。三是继续开展打击传销规范直销工作信息联络站试点工作。向第二批打击传销规范直销信息联络站进行授牌，授予玫琳凯公司在梅州地区的7家服务网点或商户作为信息联络站。全市建立打击传销规范直销信息联络站19家。

专项检查整治　一是组织开展汽车配件、润滑油、车用燃油打假专项行动，重点加强对汽车配件市场、汽车销售服务4S店、汽车修理厂、加油站检查，突出对机动车灯具、轮胎、刹车片（碟）、润滑油、车用燃油的监测。二是组织打击手机及配件商品销售、软件信息及维修服务领域侵害消费者权益行为专项执法行动。

农资经营监管　全市出动执法人员1160人次，检查农资经营户1544家次，查处各类农资违法案件54宗，罚没款46.99万元。一是加强流通领域农资商品质量监测，对梅江、梅县、丰顺、兴宁农资经营店进行春季、秋季化肥抽检，抽样化肥90批次，抽检结果5批次不合格，转交辖区县级工商局依法查处。二是开展2015年红盾护农专项行动，严厉查处销售假冒伪劣肥料等违法行为。

商品交易市场信用分类认定　经市工商局审核，最终确定符合商品交易市场信用分类认定的各类市场 63 个，其中 A 类市场 2 个，占 3%；B 类市场43 个，占68%；C 类市场11 个，占 18%；D 类市场 7 个，占 11%，市场信用分类呈平衡发展态势。

合同格式条款规范监管　依法整治旅游、银行、电信等行业利用不公平格式条款侵犯消费者合法权益的违法行为。全市出动执法人员 531 人次，检查经营主体 202 户次，检查经营合同 329 份，发放行政指导意见书 6 份，发放责令整改通知书 2 份，立案查处各类合同违法案件 23 宗，罚没 10.56 万元。

家禽“集中屠宰、冷链配送、生鲜上市”工作　一是组织学习《梅州市家禽“集中屠宰、冷链配送、生鲜上市”实施方案》，明确对辖区内家禽经营主体的登记管理工作和依法查处无照经营家禽违法经营行为等工商监管职责。二是印发《梅州市工商局做好梅州城区家禽“集中屠宰、冷链配送、生鲜上市”工作的推进方案》，市局带队督查落实相关工作。三是依法依规代拟《梅州市推进家禽“集中屠宰、冷链配送、生鲜上市”联合执法工作方案》和《梅州市推进家禽“集中屠宰、冷链配送、生鲜上市”生鲜产品业务对接工作方案》。

病媒生物防治工作　一是落实 H7N9 禽流感防控责任，全市工商部门启动应急值班机制，基层工商所执法人员放弃节日休假，组织人员对辖区活禽经营户、市场进行反复巡查。2015 年，全市工商系统依法立案查处休市期间违法经营行为 7 宗，罚没 0.87 万元。二是做好登革热预防工作。督促落实社会办集贸市场、花圃场（花店）、废品收购站等开展防蚊灭蚊专项行动工作，开展蚊虫滋生地的清理、消毒工作。

规范网络交易　全市立案查处网络违法经营案件 8 案，罚没 2 万元。依托省局网监平台和业务系统，对市场主体年度报告涉网信息进行数据比对分析，省局下发的涉网信息主体 779 个，剔除无效数据，通过信息化手段删除重复数据，实际新增网络主体 91 个，新增主体网站数量为 150 个。全市有网络经营主体 402 个，主体网站 781 个，核发红盾电子标识 25 个。

2015 年全市工商系统查处各类经济违章违法案件一览表

表 4　　单位：万元

各类经济违法案件		其中：不正当竞争案件		制售假冒伪劣案件		走私贩私案件		其他案件(含无照和商标、广告违法等案件)	
总宗数	案值	宗数	案值	宗数	案值	宗数	案值	宗数	案值
1543	696.15	119	51.5	183	118.2	13	3.83	999	475.08

【企业监管】

企业信息公示抽查　一是企业即时信息抽查。市局企业监管科派出 25 人次，对市局登记的 28 户企业进行检查，其中实地检查 11 户，通过网络监测 28 户。正常经营 24 户，未按规定公示即时信息 3 户，通过登记住所无法联系 1 户。二是企业公示出资信息定向抽查。抽查 43 户内资企业中，正常的 41 户，未按规定公示应当公示的出资信息的 1 户，通过登记的住所无法联系的 1 户，这两户按规定列入经营异常名录并予以公示。三是企业年报公示信息抽查。梅州市被列为年报抽查工作试点市，按照 1% 的比例在全市抽查 1750 户市场主体。至 10 月上旬，全系统共抽查企业 552 户，其中 467 户企业正常经营；51 户企业公示信息隐瞒真实情况、弄虚作假；3 户企业未按规定公示即时信息；28 户企业因为通过登记的住所或者经营场所无法联系，不予以配合情况严重有 3 户企业；有 82 户企业后续处理被列入经营异常名录。四是工商行政管理行政处罚信息公示排查。各办案机构对 2014 年 10 月 1 日至 2015 年 5 月 31 日以来，适用一般程序办结的行政处罚案件进行一次集中排查，并按照“谁办案、谁录入、谁负责”的原则迅速组织进行校正或者补录。公示行政处罚案件 414 户、案件信息公示 414 条。

“守合同重信用”企业公示活动　全市新参加 2014 年度“守重公示活动”的企业 176

户，累计“守重”公示企业957户，同比增长9.3%。

【商标广告监管】

商标管理　2015年，梅州市在《商标公告》上被核准公告的商标772件，注册商标累计数9148件，其中中国驰名商标2件，广东省著名商标65件，全市商标有效注册量、著名商标有效数继续稳居粤北山区5个市第一。全市查处商标侵权假冒案件166宗，案值55.83万元，罚款67.93万元，为权利人挽回经济损失5万多元。一是推进商标品牌发展战略。先后赴福建龙岩、广东佛山学习考察商标品牌发展战略，深入广州（梅州）产业转移园区、高新技术产业园、东升工业园、丰顺电声产业园、梅州马山茶业有限公司和福建龙工集团、龙净环保等企业走访，形成走访报告《对我市商标品牌建设情况的思考与建议》呈送市委、市政府。二是加强农业品牌的培育和保护。抓好引导和协助申报农产品商标和地理标志及集体商标的注册工作，对已注册的农产品商标引导其规范管理和运用。协助、指导“嘉应茗茶”“平远慈橙”地理标志证明商标使用。梅州市第二件地理标志证明商标“大埔青花瓷”于11月7日成功注册公告。三是指导市商标协会协助企业争创省著名商标和中国驰名商标。协助塔牌集团、嘉元科技、超华集团等公司商标申报中国驰名商标。协助丰顺县培英电声有限公司等11户企业申报认定省著名商标、协助广东嘉应制药股份有限公司等17户企业延续认定省著名商标。“跃速”等6件商标被省商标评审委员会认定为省著名商标。四是开展商标专用权保护行动，维护商标所有人合法权益。加大对商标侵权假冒行为以及侵犯特殊标志的处理力度，加大对驰名商标、著名商标的保护力度，组织统一执法行动，严厉打击对社会危害性较大的商标侵权行为。

广告管理　每月不定期对各级大众媒体进行全天24小时广告集中监测。每季度对各县（市、区）电视台发布的广告进行抽查监测，依法查处虚假违法广告。集中监测在《梅州日报》、市广播电视台、《嘉应文学》等媒体上发布的药品、保健食品、医疗、食品、房地产、旅游等广告1293条次，抽查监测药品、保健食品、医疗等广告245条次，发现涉嫌违法广告4条次。处理虚假违法广告方面的电话投诉和接访投诉工作34件。加强违法广告查处，开展医疗、药品广告专项整治行动。

【消费者权益保护】　2015年，全市各级工商部门、消委会受理消费者各类咨询、申诉3226件，其中受理消费者申诉投诉743件，调解成功709件，调解率95.42%，为消费者挽回经济损失157.72万元。

“3·15”国际消费者权益日系列活动　联合市消委会向社会和媒体发布2015年度梅州市十大消费维权典型案例，为“3·15”活动预热。联合梅江、梅县两个直属分局在梅江区西阳镇奇龙坑垃圾处理场采取压毁填埋的无公害处理方式，公开销毁一批在2014年查获的侵犯商标专用权的服装3286件、充电器2700只、油漆136罐、复混肥料1吨及不合格日用品、电子产品、耗材、玩具、箱包、电缆等假冒伪劣商品，案值近15万元。联合市消委会、质监、食品药品监督等19个相关职能部门，在梅城客都汇广场举行2015年“3·15”国际消费者权益日现场宣传咨询活动。联合消委会、梅州日报、食药监局、质监局在市质监局大楼，举办“新消费，我做主”小记者采风活动，开辟消费维权宣传新阵地。

构建社会维权监督网络　一是推动诉调对接机制建设见成效。市消委会、梅江区消费会先后启动诉调工作机制，借助司法力量，联合市、区法院成功调解2宗涉及商品房和汽车消费纠纷案，为消费者挽回经济损失近40万元。二是规范和推进“12315”“五进”（“12345”进大型商场、超市、市场、企业、景区）维权服务站建设。制定工作方案，提出全面完成

“五进”和拓展延伸“三进”(“12315”进公共事业领域、行业协会商会、电商平台)两个工作目标。全市撤销不符合设立条件的服务站32个,有162个,受理投诉390宗,争议金额10.75多万元,达成调解协议390宗,调解率100%,为消费者挽回经济损失10.75多万元。三是探索消费维权志愿者服务队伍建设。探索出台《关于在全市开展消费维权志愿者队伍建设的指导意见》《梅州市消费维权志愿者管理办法》《激励志愿者开展消费维权监督和经济违法行为监督实施办法》,引导支持志愿者参与宣传、市场监督,反映消费领域存在的突出问题,投诉举报市场违法行为。

(陈飞 张惠婷 陈柳斌 曹燨予 刘愉鹏 黄小汕 周添马 李文冰 钟匡英 陈军忠 程淑娟 王瀚俊 谢国栋)

国土资源管理

【土地规划】 做好项目用地规划修改、有条件建设区调整、用地预审、核减占用基本农田等工作。全市办理梅县、兴宁低丘缓坡项目以及公墓、加油站、自来水厂、抽水蓄能电站、中心村建设等规划修改16宗,办理有条件建设区审批9宗,办理梅畲快速干线、高陂水利等交通水利项目核减基本农田宗8宗,办理交通、能源、公路等项目用地预审10宗。全面启动开展市、县两级中期调整完善工作,初步摸清土地规划实施期间全市存量建设用地规模、“十三五”期间全市重点项目、重大平台等建设用地项目需求等情况,完成市级土地规划中期评估报告和市、县两级土地利用总体规划调整完善方案成果初稿及城市周边永久基本农田划定初步成果等相关工作。

【耕地保护】 做好高标准基本农田建设管理工作,全市完成2013年度35个项目1.31万公顷任务的工程建设,4个县(区)获得省表彰奖励,获40公顷新增建设用地计划指标。至2015年年底,完成高标准基本农田建设项目工程量的50%左右。市、县两级耕地保护目标责任自查工作顺利通过省考核组的实地检查考核,获得省耕地保护考核三等奖。组织做好用地报批、用地预审中涉及耕地占补平衡工作,做好土地整治项目清理工作。督促指导五华县完成最后一批城乡建设用地增减挂钩拆旧项目区复垦工作,完成7.34公顷的复垦任务。

【地籍管理】 制订和补充完善《梅州市国土资源局行政服务标准化行政事项办事指南》,梳理国有土地登记类型5大类、37小类,规范土地登记所涉及的地籍调查、登记受理、权属审核、注册登记、发证等各个环节和收费标准。制定《梅州市加快推进农村地籍调查工作实施方案》,为加快推进宅基地和集体建设用地使用权确权登记发证,建立城乡房地一体的不动产登记系统提供技术支撑。2015年,市本级受理出让及划拨国有土地登记案件9619宗,核发国土证用地面积310.95公顷。完成用地报批权属地类审核31宗。

【不动产统一登记】 7月,市级《关于梅州市不动产统一登记机构设置问题的通知》下发,将市住房和城乡建设局房地产权登记、市林业局林地产权登记、市农业局农村土地承包经营权登记等不动产登记职责划入市国土资源局,同时设立地籍科(加挂梅州市不动产登记局牌子)和梅州市不动产登记中心后,其他各县(市、区)也相继完成不动产职责机构整合,成立不动产登记局和不动产登记中心。12月21日,梅州市不动产登记局和梅州市不动产登记中心挂牌成立,标志着梅州市不动产登记工作的全面启动。

2015年3月9日，梅州市不动产登记工作联系会议成员单位第一次会议召开

【土地利用】 一是争取和利用用地指标。2015年，争取新增建设用地计划指标（含低丘缓坡专项用地指标）1343.13公顷，其中农转用计划指标1196.80公顷，耕地指标706.27公顷。安排梅兴华丰产业集聚带所在县（市、区）计划指标742.87公顷，优先保障工业园区集聚带重点项目用地需求。二是重点项目用地报批工作。2015年重点做好兴华高速、客都大桥、黄塘路、芹洋半岛、三甲医院、兴宁熙和湾、大埔高陂水利枢纽工程、五华抽水蓄能、梅畲快线等重点建设项目的报批工作，报批工作有序推进。全市获国家、省、市批准城市批次及独立选址项目建设用地62批（个），面积1926.60公顷。三是推进低丘缓坡开发利用试点工作。跟进梅县、兴宁市低丘缓坡试点项目区涉及土地规划修改工作，顺利通过省政府批复。推进试点项目区建设，指导各试点单位加快推进试点项目区用地报批等工作。全市组织上报低丘缓坡项目区用地5宗，使用低丘缓坡专项用地计划指标168.87公顷。四是推进闲置土地处置工作。全市清理疑似闲置土地135宗，面积256.67公顷；其中调查认定闲置土地25宗，面积72.73公顷；已批准处置方案并已处置23宗，面积61.40公顷，正在处置2宗，面积11.33公顷。其中列入国家土地督察广州局专项整改17宗，面积51.33公顷，分别采取收回、置换、开工建设的方式，强化整改，按要求和标准全部整改到位并经省监测与监管系统确认。五是推进“三旧“（旧城镇、旧厂房、旧村庄）改造。2015年，全市完成“三旧”改造项目20宗，面积113.08公顷，投入资金18.8亿元，节地56.54公顷，节地率为50%；正在实施改造项目69宗，面积181.63公顷。

【土地市场】 2015年城区新增储备土地216.77公顷，供应储备土地148.71公顷，累计结余419.40公顷。构筑土地融资平台，成功获得贷款11.76亿元，累计31.64亿元，为城区加快扩容提质提供资金保障。做好土地供应，草拟《梅州市市级储备土地供应暂行办法》，提高对土地市场的调控力。2015年市本级供应建设用地53宗，面积218.05公顷，其中公开出让土地35宗，面积133.17公顷，成交金额16.47亿元；协议出让土地5宗，面积28.44公顷，成交金额6.54亿元；划拨土地13宗，面积56.44公顷。全市供应建设用地264宗，面积838.59公顷，其中公开出让土地228宗，面积727.69公顷，成交金额58.98亿元；协议出让土地5宗，面积28.44公顷，成交金额6.54亿元；划拨土地31宗，面积82.46公顷。

【矿产管理】 2015年，全市取缔6个非法采矿矿点。如期完成全市230户矿山企业年检（确定年检合格193户，年检不合格0户，不参加年检37户）；依法办理采矿权登记16宗（其中：采矿权延续登记13宗，变更登记3宗），压矿查询15宗；全年征收矿产资源补偿费871万元，采矿权使用费4.5万元，价款149万元。

【地质勘查管理】 2015年，依法办理探矿权登记25宗（其中探矿权延续登记20宗、变更登记4宗、保留1宗）。全面完成2015年度探矿权项目的年检工作，其中对104个勘查项目进行年度检查，对14个项目进行实地抽查，在年检过程中，发出整改通知1份，退回要求修改完善年度报告2份。年检工作结束后及时将相关信息整理入库，并按要求公开。

【地灾防治】 开展地质灾害气象风险预警预报工作，全年发出预警61次。开展地质灾害隐患点搬迁治理，消除地质灾害隐患点336个，消除率为2014年在册2631个地质灾害隐患点的12.77%；完成每年消除10%的目标，其中威胁100人以上的地质灾害隐患点消除8个，消除率为2014年在册79个威胁100人以上的地质灾害隐患点的10.13%，全市地质灾害防御能力明显增强。组织开展全市突发地质灾害应急演练，市、县、镇三级政府迅速启动应急预案。

【测绘管理】 推进数字梅州地理空间框架建设推广应用工作，推广应用单位25家。开展数字县（区）建设及“一村一镇一地图”建设工作，梅县区作为试点单位通过省验收。全面完成全市地理国情普查工作并通过验收。

【执法监察】 开展2015年度土地矿产卫片执法监督检查工作，认定违法图斑964宗，违法面积202.34公顷，其中违法占用耕地面积61.08公顷；拆除复耕复绿面积95.06公顷（其中耕地复耕面积45.00公顷）。土地卫片执法监督检查违法用地案件的立案率、查处率、结案率、依法履行职责到位率均100%，在省政府验收考核中受到表彰。加强动态巡查监管，严格执行零报告制度，做到及时发现、及时制止、及时查处国土资源违法行为。全市国土资源动态巡查年平均上线率39%，超过省定标准。加大执法一线经费投入，全年下拨基层执法监管经费140万元。

（罗天飞）

2015年6月2日，梅州市国土资源局局长张阳（图中）率队做客“行风热线”直播室，就有关土地管理、矿产管理等工作与广大市民进行沟通、交流，接受广大干部群众咨询、投诉和举报，为群众释疑解难

质量技术监督管理

【管理体制调整】 2015年1月29日，省质监局和梅州市政府签订交接协议，完成市质监局移交市政府管理工作，市质监局也与各县（市、区）政府签订交接协议。至年底，质监行政管理体制调整工作全部完成，梅州市和兴宁、丰顺、五华、大埔、蕉岭、平远、梅县等质监部门由省以下垂直管理调整为市县分级管理。

【上级政策争取】 制订《梅州市质监局贯彻落实〈质检总局关于进一步支持赣闽粤原中央苏区振兴发展的意见〉的实施方案》，争取上级在产业结构调整、提升质检监管和服务水平，以及加强检验检测能力建设等方面的政策、项目和资金支持，重点帮扶钢铁、水泥、电线电缆行业，为8家企业申办工业产品生产许可证提供服务。完成梅县区“全国客家文化生态旅游知名品牌创建示范区”考核验收工作。推动地理标志产品保护工作，大埔蜜柚经农业部批准为农产品地理标志保护产品，大埔青花瓷通过省检验检疫局审查，“长乐烧酒”正在申报。梅州百侯名镇旅游开发公司申报《特色乡村旅游服务先进标准体系试点》项目获省质监局立项，项目建设正有序推进中。争取省财政2200万元的资金支持，加强技术服务平台建设，省电声产品检验站获批筹建，省稀土产品检验站通过上级验收，4项社会公用计量标准获批建立。

【质量强市活动】 开展首届质量奖评审活动，4家企业荣获首届市政府质量奖。实施品牌带动战略，制定品牌培育创建规划，鼓励优势企业和产品争创广东名牌。2015年，3家企业3种产品获批广东省工业类名牌产品。

【技术标准化工作】 推动企业参与标准制修订，争取标准话语权、提升竞争力，广东嘉元科技股份有限公司主导制定的国家标准《印制电路用金属箔通用规范》（GB/T31471—2015）于2015年5月正式发布，实现梅州市企事业单位主导制定国家标准零的突破。广东风华环保设备有限公司主导的行业标准《喷雾降尘装置 技术条件》列入工业和信息化部第三批行业标准制修订计划。广东振声科技股份有限公司和梅州振声现代农业装备有限公司参与的地方标准《山地果园牵引式运输机》获省局立项批准。

【计量工作】 推动市政府出台《梅州市人民政府办公室关于实施国务院计量发展规划（2013—2020年）的意见》，开展能效对标、锅炉能效测试，推动节能减排工作。帮助37家企业通过计量保证体系认证确认。4家企业通过定量包装商品计量保证能力评价（获准使用“C”标志）。对177家集贸市场、218家医疗卫生单位的在用强检计量器具开展免费检定，累计检定各类强检计量器具22960台/件，免收检定费用192.73万元。

【重点消费品质量检查】 印发《梅州市开展2015年重点产品质量提升行动工作方案》，强化重点消费品的监督抽查，将水泥、人造板、稀土氧化物、食品相关产品等38类（三类）列入目录，开展市级专项抽查758批次，合格749批次，不合格9批次，产品不合格发现率4.25%，工业产品质量总体处于较高水平。

【特种设备安全检查】 以电梯安全监管体制改革为突破口，重点组织开展锅炉、气瓶、液氨、电梯安装维保单位、蒸压釜等专项整治工作，全市未发生特种设备安全责任事故。2015年，出动特种设备安全监察人员815人次，检查特种设备生产、使用单位218家次，气瓶充装单位39家，检验检测机构7家，发现一般隐患128处，重大隐患21处，发出《特种设备安全监察指令书》138份，已整改133份，5份正整改落实中。检验特种设备4314台，设备定检率达98%以上。

【打假专项行动】 开展“质检利剑”“双打”等打假专项行动，重点抓好机动车检测机构、重点产品、特种设备、民生计量等专项整治。2015年，全市质监系统查处案件81宗，罚没款到位金额72.28万元。部署开展食品药品、农资、儿童用品、建材、通信器材、小家电、汽车配件、润滑油及车用燃油、烟草等九类重点产品集中打假行动。全市各级各部门出动执法人员7.5万人（次），立案查处案件1032宗，涉案货值金额3268.59万元，捣毁制假窝点14个，移送公安案件16宗，抓获犯罪嫌疑人35人，刑拘25人，提请逮捕16人，判刑8人。

【消费者权益保护】 受理举报投诉咨询案件68宗，处理68件，结案率100%，为消费者挽回经济损失10多万元。

【技术机构及人才建设】 抓好国家水泥及制品质量监督检验中心、广东省质量监督稀土产品检验站和广东省质量监督电声产品检验站的建设工作，1项省科技厅科研项目和11项市级科研项目获批立项，参与制订地方标准3项，企业标准5项，发表论文15篇。提升检测能力和扩大检测范围，13个新建社会公用计量标准通过省局的立项申请，15 项社会公用计量标准通过省局的复查考核，食品检验机构检验资质、深加工农产品省站的食品和非食品类检验资质通过省局的现场评审，取得相应的计量认证证书和食品检验机构资质认证证书，获授权实用新型专利 12 项。加强队伍建设，引进硕士研究生 1 名、本科生 5 名，培养工程师 1 名。

（市质量技术监督局）

审计工作

【概况】 2015 年，全市审计机关完成审计项目 278 个，查出主要问题金额 863677 万元，其中违规金额 8373 万元、管理不规范金额 855303 万元；损益（收支）不实 68243 万元；审计处理处罚金额 125642 万元，其中应上缴财政 7348 万元、应减少财政拨款或补贴 1 万元、应归还原渠道资金 616 万元、应调账处理金额 117676 万元；审计发现非金额计量问题 259 个；审计促进整改落实有关问题资金 124360 万元，其中增收节支 6830 万元、已调账处理金额 117528 万元、审计后挽回（避免）损失 398 万元。移送司法机关、纪检监察机关和有关部门处理事项 10 件。出具审计报告和专项审计调查报告 427 篇，被批示、采用 2 篇。提出审计建议 514 条，提交审计信息 21 篇，被批示、采用 8 篇。报送审计专报 10 篇，有 5 篇（次）得到市委、市政府主要领导的重要批示。

【财政预算管理审计】 以全口径预算的审查监督为抓手，探索开展对市本级公共财政预算、政府性基金预算、社会保险基金预算、国有资本经营预算等全口径审计，并对市经信局、市教育局等 9 个一级预算单位部门预算执行情况进行审计。同时，对平远、蕉岭 2 个县 2014 年度财政决算进行审计。

【领导干部经济责任审计】 坚持任中审计与离任审计相结合，对 15 名处级干部、129 名科级干部和 4 名企业负责人进行经济责任审计，审计查出违纪违规资金 6304 万元，管理不规范资金 34129 万元。

【民生专项资金审计】 对全市城镇保障性安居工程、棚户区改造资金，全市城镇职工基本医疗保险市级统筹、市本级住房公积金，民政养老机构和儿童福利机构建设资金以及产业振兴三年行动计划、省产业结构调整专项资金等进行审计，规范民生专项资金管理。

【市政工程竣工审计】 从市财政局投资审核中心结算的工程项目中，抽取城区梅塘东路市政道路及景观提升改造工程、院士广场应急抢险工程 2 个项目进行竣工决算审计。通过审计，不但核减工程造价，而且揭示招投标方面存在的问题，并提出改进意见和建议。

【“三公”经费支出审计】 加强对“三公”（因公出国经费、公务车购置及运行费、公务招待费）经费及会议费、培训费的审计。2015 年，市直 9 个部门预算执行单位接待费、出国出境费、车辆购置和运行费等支出分别同比下降 88.46%、23.3%、22.9%。

【异地审计任务】 派出 14 名审计人员，历时两个半月，赴潮州市饶平县开展县委书记、县长同步经济责任异地交叉审计。

【配合省审计厅审计任务】 派出 8 名审计人员参与省审计组，对全市保障性安居工程进行跟踪审计。派出专门力量配合省审计组，对稳增长、促改革、调结构、惠民生、防风险等政策措施落实情况进行审计。

【信息化建设】 完成审计管理系统（OA）建设，建成省、市、县三级互联互通的审计专网和审计会商系统。建成局内移动行政办公系统。

（张世钦）

统计工作

【统计基础建设】 一是代拟《关于进一步加强统计工作的意见》。市局增设能源统计科，整合市人口调查队成立市统计普查中心，并增加人员编制。兴宁市城市社会经济调查队解决参照公务员法管理的问题，各地探索实施网报企业统计人员岗位津贴制度。全市各镇（街道）均设置统计机构并配备统计人员，确保全市基层统计工作有人管事、有钱办事。二是围绕联网直报企业规范化建设要求，市、县两级统计部门专业人员重心下移，指导“四上”企业（指规模以上工业企业、资质等级建筑业企业、限额以上批零住餐企业、限额以上服务业企业）建立健全统计电子台账、原始记录，规范统计行为。市、县两级全年检查“四上”企业617家，被检企业台账建设率100%。三是加强统计业务人员培训，发动镇（街道）和企业统计人员参加统计专业技术资格或统计从业资格考试。2015年，市局举办6场、300多人次参加的统计业务培训会，各县（市、区）统计局举办多批次共1800多人次参加的业务培训。全市788人报名参加统计从业资格考试，同比增长122%，考试及格率80%。全市114个镇（街道）统计工作站有统计员133名，持有从业资格证112人，持证上岗率84%。“四上”及房地产开发经营企业统计人员958人，持有统计从业资格证758人，持证率79%，比年初提高47个百分点。四是围绕统计信息化建设，全面改造升级市县统计内部网络。

【数据质量管理与控制】 一是加强基本单位名录库建设，执行新修订的《广东省基本单位名录库更新制度》，定期对名录库中的基本信息进行清理、核实和完善。2015年，全市新增纳入基本单位名录库的单位3982个，其中法人单位3326个、产业活动单位656个。二是严格执行统计调查制度，做到依法统计。做好企业核查工作，重点查“四上”及房地产开发经营企业是否存在、查企业生产经营是否正常、查是否存在代填代报、查是否统准统齐，确保严格执行国家统计联网直报制度。加强数据评估，通过对企业利润、工资、用电、应交增值税等指标对数据进行评估审核，确保数据的协调性和逻辑性。三是推进统计方法制度改革。推进固定资产投资改革试点、企业创新调查和服务业统计改革等工作，理顺统计数据报送、审核和反馈流程，加大数据审核力度，狠抓上报率和数据质量，高质量完成全市各项统计改革任务。

【统计法治工作】 一是提高统计法律法规意识。将统计法规知识列为统计业务培训的重要内容，强化统计从业人员知法、守法、用法的意识和能力。二是开展统计法制宣传。结合全国1%人口抽样调查、第六届“中国统计开放日之梅州”活动，利用各种宣传媒介、“梅州发布”微访谈等网络平台，开展形式多样的统计普法宣传活动，解读统计知识，提高全社会对《统计法》的认知度和对统计工作的支持度。三是开展统计执法检查，查处统计违法行为，确保数据准确、真实。2015年8—10月，市局开展对全市8个县（市、区）52家联网直报企业的统计基层基础建设及数据质量情况执法检查，检查未发现有代填代报等统计违法行为，对发现的原始记录不完善、计算依据不充分、涉嫌数据虚报漏报的8家企业进行通报，并要求其限期整改。

【统计服务工作】 2015年，市统计局向各级领导和有关部门提供《梅州统计》28篇，专题统计分析报告18篇，其中《梅州工业发展现状简析》得到市委书记黄强的批示。同时，开展全面建成小康社会监测，配合做好促进粤东西北振兴发展考核、粮食产量抽样调查、妇儿“两纲”监测、节能减排、产业转移工业园考核等工作。

【1%人口抽样调查】 按照国家、省的统一部

署，开展全国1%人口抽样调查工作。组建各级调查机构，落实调查经费，注重“两员”选调、业务培训、宣传发动、综合试点、入户调查、事后质量抽查等工作，完成对全市20.44万人人口抽样情况调查。

（王　斌）

国家统计局梅州调查队

【提高数据质量】　一是抓好基层调查员和辅助调查员的培训和管理，提高基层业务能力和水平。2015年，梅州调查队通过加强教育培训、完善管理制度、细化考核标准、开展评先评优活动，奖励先进、鞭策后进，推动基层调查工作创先争优。二是加强数据审核，做到科学评估，提高数据质量。成立数据质量评估领导小组，建立健全《梅州调查队调查数据质量评估制度》，实行专业人员—科室负责人—队领导逐级审核评估制度，定期召开季度调查数据评估审核会议。三是组织开展调查回访和数据质量检查，确保源头数据质量。回访调查企业100多家，回访调查户（调查点）240多个。并于4—6月集中对分市县住户调查等8个专业、36个调查对象（点）开展2015年调查数据质量检查。四是重视基层调研，掌握基层实情，提高调查工作和调查数据质量。

【调查服务】　一是围绕信息、分析工作，提高统计调查分析研究水平，服务好党政领导和社会各界。梅州调查队通过落实信息分析工作激励机制、例会制度、审核制度、调研制度，努力提高信息分析工作的积极性和主动性，以高质量的信息分析工作为党政领导和社会各界提供优质调查服务。二是加强协调合作，减轻基层负担，服务好基层统计调查部门。梅州调查队加强与县级统计调查部门的沟通联系，同时坚持深入基层调查，尽量减少调查数据上报流程和环节。三是抓好数据发布，服务社会公众。梅州调查队认真执行《2015年统计调查数据（资料）对外发布计划安排表》，定期在《梅州日报》和梅州广播电视台发布CPI、PPI等专业调查数据和统计法治知识、统计指标解释。

【重点调查工作】　梅州调查队把城乡一体化住户调查、劳动力调查、农民工市民化监测调查、固定资产投资试点小微企业调查等作为调查重点工作。夯实基层基础，提高住户调查工作质量。推进住户调查电子记账试点工作。推进劳动力调查工作。组织开展万头猪场（户）联网直报试点工作。高质量高标准做好CPI新基期权数测算和PPI权数调查工作。做好县级粮食产量抽样调查、新设立小微企业和个体经营户跟踪调查、小微企业税收减免政策落实情况调查、广东建筑业企业生产经营情况国家重点选题调研、农村土地流转重点调研和专项调查工作。

【统计法治建设】

加强统计法治宣传教育　借助《梅州日报》、梅州广播电视台等媒体，利用手机发送短信、制作固定宣传栏、开设网站专题专栏、发放宣传册等方式宣传统计法知识。开展专题活动，提高统计普法成效。组织开展统计普法知识竞赛活动、以“统计服务民生”为主题的统计开放日现场活动、国家“宪法日”广场普法宣传活动，同时加强与梅州市普法办公室的沟通联系，将《统计法》纳入梅州市2015年普法重点学习内容，将《统计法》和《统计违法违纪行为处分规定》列入梅州市普法宣传手册，并纳入梅州市2015年“无纸化”普法学习考试的内容。

统计执法检查和数据质量抽查　2015年集中对16家调查单位开展为期1个月的统计执法检查，集中对36个调查对象开展调查数据质量抽查工作。实行对新增调查对象开展统计法制培训的工作机制。

统计法律事务告知制度　梅州调查队建立长效机制，实现统计法律事务告知工作的常态化。2015 年，对 143 个新增调查对象发送统计法律事务告知书。

【联网直报与信息化建设】 梅州调查队把具备联网直报条件的企业列入直报范围，针对不同区域不同规模的企业采取不同的业务培训方式，采取成熟一个、推进一个的方式，逐季增加联网直报企业的数量。2015 年，梅州调查队的服务业调查、采购经理调查和 PPI 调查联网直报率达到 100%，其他专业联网直报工作正按国家统计局和广东调查总队的工作部署稳步推进。

（国家统计局梅州调查队）

食品药品监督管理

【监管体制改革】 一是深化审批制度改革，推进简政放权，开展“微创新、微服务”活动，对管理事项、审批权限和办事流程进行梳理、改进优化，简化流程后行政审批事项在原来承诺办结时限的基础上总体压缩时间在 50% 以上，提高行政效能。2015 年，累计受理特殊工时工作制审批件 90 家，按期办结率 100%。二是坚持“依法监管、从严监管”方针，按照“属地管理，分级负责”的原则厘清权责，采取日常监管与专项整治、飞行检查相结合的办法，强化事前、事中、事后监管，着力防范食品药品安全风险，以监管有效性为指标，做好行政许可受理、审查、证后监管等环节工作。三是开展清理行政职权和编制权责清单工作，对照《食品安全法》《药品管理法》以及“三定”（定职能、定机构、定编制）方案等法律、法规、规章和规范性文件，对现有的行政职权进行全面梳理归类，明确行政职权 7 大类 235 项，圆满完成清理行政职权和编制权责清单工作。四是加大信息公开力度，推进食品药品安全监管信息公开工作，利用局政务门户网站重点领域信息公开相关专栏，用好“黑名单”制度，与媒体联动推进完善“曝光台”机制，倒逼企业落实主体责任、依法依规生产经营。

【健全监管工作制度】 市食品药品监督管理局一是推进工作制度化、规范化，实施《领导干部学法用法制度》，由局党委书记和党组成员轮流作专题讲座，引领干部学法用法。二是建立完善执法责任制度，重新修订和完善《管理制度汇编》，规范机关建设、人事财务等日常工作，实现用制度管人管事，依法依规依程序办事。三是强化落实责任的制度保障，健全监管工作完成情况每月考核通报机制，建立全市系统稽查执法情况每月统计、分析和通报制度，加大对基层食品药品监管部门督查督办考核力度。组织开展由分管局领导带队对县级监管部门集中统一督查行动 6 次。四是制定完善《法律顾问工作制度》，发挥法律顾问的法治建议和监督作用。全市系统受理群众投诉举报 248 件，办结 228 件。

【食品药品安全监管】 全市系统立案查办食品药品案件 667 宗，罚没金额 280 万元，移送公安机关查办涉嫌犯罪案件 3 宗。

食品安全监管　一是抓好食品生产加工环节安全监管，重点抓住食品生产获证企业的监管，探索食品生产加工小作坊规范管理新思路和新方式，对全市食品生产加工企业和小作坊的生产环境、生产条件、安全监管的流程、管理要点等工作进行规范。2015 年，办理食品生产许可证申请 138 家，检查企业和小作坊 1131 家次，发现存在问题企业 85 家，现场下达责令整改通知书 85 份。二是抓好流通领域食品安全监管，重点组织开展好食品安全专项整治工作。开展糕点制品专项检查，检查糕点制售经营企业 3909 家，现场制售门店 624 家，查获不符合糕点制品标签标识 15 家，查处违法经营变质糕点 15 家，发出责令其限期整改通知书 39 份。开展家禽经营市场专项整治，检查活禽市场 547 个次、活禽经营户 4517 家次，发出监督意见书 183 份。开展农村食品安全专项整治，检查批发市场、集贸市场等各类市场 192 个次，捣毁制售假冒伪劣食品窝点 2 个，取缔无证生产经营户3户，发出责令改正通知书610份，查扣假冒伪劣食品数量2235.08公斤。开展食用油专项整治，检查食品经营户1041家，发出监督意见书52份，发出整改通知书88份。开展冻库清查专项整治，检查从事冷冻库食品经营户69户，查处整改违规企业4家，查扣无生产日期“鸭下巴”冻品29公斤。三是抓好餐饮消费环节食品安全监管，重点把好准入关，按照《餐饮服务许可管理办法》和《餐饮服务许可审查规范》要求，落实食品安全管理员制度，做好餐饮服务许可工作。举办27期培训班，培训初级食品安全管理员1892人、中级食品安全管理员2783人、高级食品安全管理员95人。推进“明厨亮灶”工程，至年底全市所有公办学校（含托幼机构）食堂量化等级均达到“B”级以上，全市有2426家餐饮企业建成“明厨亮灶”，其中学校食堂建成246家，城区公办食堂119家全部实现“明厨亮灶”。全年全市未发生一宗学校食堂食品安全事件。梅州市区顺利通过国家卫生城市复审验收，五华、丰顺、平远县城均通过创建省级卫生城市的初评。

药品安全监管 一是加强药品生产企业日常监督检查，重点检查企业是否按照药品GMP要求进行生产，检查药品生产、医疗机构制剂室、特殊药品经营等企业71家次。二是组织开展中药饮片、医疗机构制剂专项检查，完成8家中药饮片生产企业的专项检查，对1家涉嫌外购饮片分装和虚假检验违法违规行为收回GMP证书1张，约谈3家生产企业主要负责人、生产和质量负责人。完成5家医院制剂室102个品种的现场监督检查，对5家医疗机构申请的80多个品种再注册资料进行核查并上报省局，对5家医疗机构已完成质量标准提高品种进行监督抽验5个批次，对抽样批次从原辅料来源、配制、使用等进行全过程检查。严格中药饮片品种备案申请的审核，从源头规范中药饮片生产，完成5家医疗机构222个品种的审核和备案工作，对其中120多个品种因超生产能力、标准品或对照品未能配备的予以退审，不予备案生产。三是全市药品批发企业均完成1次以上检查，全市药品零售企业检查完成率在90%以上。以不事先打招呼方式直接到企业经营场所、仓库进行检查，重点检查疫苗、生物制品、中药饮片、含特殊药品品种以及不按规定上传药品流通电子监管信息的药品经营企业，重点抽查药品购销票据管理、生物制品“冷链”管理、连锁“三统一”、质量管理人员在职在岗位执行落实等情况。全年组织飞行检查47家药品批发企业，对1家严重违反GSP的企业撤销GSP证书，对8家企业给予责令改正，约谈8家企业负责人、县级局分管药品业务负责人，对严重违反GSP要求的，一律撤销GSP证书。

【医疗器械安全监管】 加强医疗器械生产、经营和使用日常监管，健全完善医疗器械质量安全信用评估机制，提高监督管理的针对性、预见性、有效性。加强高风险和重点监管医疗器械产品监管，重点做好第二、三类医疗器械下放市级审批的后续监管衔接工作，实现“无缝对接”。全年全市系统共检查相关生产经营企业637家次，限期整改企业94家，移交查处超范围经营企业1家，注销违规企业1家，查处医械类案件17宗，罚没款5.78万元。

【保健食品化妆品监管】 以全省化妆品网格化监管试点市为契机，进一步加强日常监管，以批发市场、专卖店、药店为重点，加强对保健食品、化妆品经营者的监督检查力度，组织开展保健食品清理换证和保健食品非法添加化学药物成分、化妆品违法使用禁限用物质专项整治、保健食品和化妆品“打四非”专项行动以及化妆品“四打一规”专项整治等专项行动，净化保健食品和化妆品市场秩序。全市系统在“打四非”专项行动中共检查生产经营企业1750家次，发出整改通知书66份，立案查处违法违规经营保健食品24宗，罚没款7万多元。在“四打一规”专项行动中共检查生产经营企业2825家次，发出整改通知书103份，立案查处违法违规经营化妆品26宗，罚没款5万多元。同时，全市系统推进化妆品市场安全治理示范区创建工作，选取梅江区江南梅江一路至二路作为省级化妆品市场安全治理示范区，在梅县区、蕉岭县选取当地商贸比较集中的商业街作为市级化妆品市场安全治理示范区建设点，有序开展示范区各项工作。

【药械不良反应监测】 139家单位上报药品不良反应监测报表2216例，其中新的、严重的药品不良反应报表占总数的35.30%。74家单位上报可疑医疗器械不良事件报表420例，涉及器械77种。对丰顺县人民医院、丰顺县中医院、蕉岭县中医院、蕉岭县新铺中心卫生院、兴宁市妇幼保健院和兴宁市慢性病防治院的162例药械不良反应报告进行真实性核查，对梅县区、兴宁市、平远县、梅江区辖区内和梅州市直医疗机构350名药械不良反应监测人员进行业务培训。

【婴幼儿配方乳粉电子追溯系统平台建设】 全市664家婴幼儿配方乳粉经营许可企业加入“广东省婴幼儿配方乳粉电子追溯系统平台”，实现加入率100%、上报率100%和持续在网率92.95%的成效，完成省考核目标要求（省考核指标为90%以上）。其中兴宁市、蕉岭县和丰顺县持续在网率分别达到103.78%、103.74%和100.39%。

【家禽“集中屠宰、冷链配送、生鲜上市”工作】 协调梅江区、梅县区人民政府，市直有关部门做好活禽经营限制区、屠宰场（厂）和活禽零售市场规划、设置、建设和家禽经营户退市、补贴、联合执法等相关工作。9月23日，梅州市政府印发《梅州市人民政府关于在梅州城区实行家禽“集中屠宰、冷链配送、生鲜上市”试点工作的通告》，定于10月19日起在梅州城区开展家禽“集中屠宰、冷链配送、生鲜上市”试点工作。10月15日、16日，由市食安办主办，梅县区政府和梅江区政府承办，在梅县区、梅江区分别举行生鲜鸡现场烹饪免费试吃活动。至12月31日，梅江区签订退市协议184户，其中领取退市补贴157户；梅县区签订退市协议70户，其中领取退市补贴59户。

【检验监测能力建设】 一是抓好市食品药品监督检验所能力建设，按照《食品安全检（监）测能力建设项目仪器设备采购计划》，招标采购13台总值720多万元的食品检验仪器设备。利用省局专项资金和节约的检验经费，采购18台总值120多万元的药品检验仪器设备。市所取得“检验机构资质”“食品检验机构资质”和“国产非特殊用途化妆品备案检验机构”资质，具备药品、食品、化妆品等检测能力项目460项（其中食品检测能力299项）、食品产品163个。二是抓好县级食品药品快筛快检建设，先后投入4万多元购买快筛快检试剂盒。各县（市、区）局均建立食品药品快筛快检实验室，初步具备米面制品、肉、食用油、蔬菜等30多个品种的硼砂、苏丹红、罂粟壳等20多个项目检测能力。三是抓好监管队伍检验检测能力建设。开展“食品药品快检技术竞赛”活动，市食品药品监督检验所报名参加中国食品药品检定研究院和中国检验检疫科学研究院测试评价中心6个能力验证项目，完成“饮料中山梨酸、苯甲酸的测定能力验证”，并取得“满意”结果。组织市药品不良反应监测中心到5个县开展药品不良反应监测培训。

【食品药品安全宣传教育】 一是加强与省市主流媒体的沟通协作。10月，市局与南方报业传媒集团梅州办事处签订战略合作协议。全年在南方网和《南方日报》发布食品药品监管相关信息19条，在《梅州日报》刊登食品药品安全监管工作宣传信息51条，在梅州广播电视台播出食品药品安全监管相关信息63条、电台新闻消息87条。二是食品药品安全法治宣传教育。做好“法纪长廊”“健康饮食常识”“安全用药知识”等专栏宣传，组织开展“食药安全 科技惠民”科技宣传活动周、食品安全宣传月活动等，开展“健康饮食、安全用药”进乡镇、进社区、进农村、进校园、进企业、进工厂等主题宣传活动。

【信息化建设】 推进广东省“智慧食药监”建设，市局投入16万元建设数据对接中间库系统，实现市、县行政服务中心窗口行政审批数据与省智慧食药监系统数据中心的无缝对接。蕉岭县局争取县财政投入近300万元建设蕉岭县食品安全信息化监管平台，探索构筑“从农田到餐桌”全过程追溯体系，实现食品“来源可追溯、去向可查证、风险可防控、责任可追究”。加强局政务门户网站、政务微信平台等信息公开渠道建设，掌握食品安全话语权，消除信息不对称现象，加强消费教育引导。2015年，在局政务门户网站公开相关监管工作信息286条，省局网站转发17条。

（市食品药品监管局）

粮食储备管理

【概况】 2015年，市粮储局根据省粮储局《关于做好全省粮食安全责任届满前考核工作的通知》要求，完成粮食安全责任届满前评估工作。粮食安全政府责任制进一步落实，强化各级政府和相关部门在保障粮食安全方面的责任。完成全市粮食安全保障“十三五”规划编制初稿工作。

【粮食流通基础设施建设】 一是推进粮食仓储物流设施建设。通过建立梅州市粮食仓储物流中央投资补助项目建设联席会议制度，召开全市粮食仓储物流中央投资补助项目推进专题工作会议，成立督查组对在建项目进行督导检查等措施，推动粮食仓储物流设施建设取得新突破。有9个项目纳入中央预算内投资计划，争取到国家和省建仓专项资金补助8756万元，总投资4.604亿元，总仓容44.38万吨；正在申报中央预算内投资计划项目4个，总投资2.46亿元，总仓容26.5万吨。在建项目完成投资2.142亿元，占总投资的46.52%，粮食仓储物流项目建设创历史新高。二是加大“危仓老库”维修改造力度。市金良公司赤岃岗、城北粮库和梅县区穗丰公司畲江粮库被纳入国家2015年“危仓老库”维修改造任务，获得国家“危仓老库”改造资金88万元，维修改造仓容1.18万吨，市金良公司三角粮库完成“危仓老库”维修改造项目建设。三是市粮食交易中心和梅州国家粮食质量监测站建设进展顺利。市粮食电子交易中心平台建成，市嘉应粮食交易中心有限公司注册成立，梅州国家粮食质量监测站设置物检区和化检区等功能房，并向国家粮食局申报。

【粮食储备管理】 一是新增地方储备粮任务有序推进。市政府下发《关于进一步加强全市地方粮食储备工作的通知》，把省下达的21万吨粮食储备规模分解到各县（市、区）和市直粮食收储单位。全面完成2015年40%新增地方储备粮任务。二是科学储粮水平不断提升。推进散粮装卸新设备和绿色储粮新技术。

【市场流通监管】 一是坚守粮食流通监管底线。加强粮食收购市场监督检查、粮食库存检查和粮食行业安全生产监管，开展“转圈粮”专项整治行动，守住粮食收购秩序稳定、政策性粮油库存安全、储存和收购环节粮食质量安全、粮食行业安全生产“四条底线”。二是依法行政能力不断增强。召开全市粮食流通监督检查工作会议，做好粮食流通监督检查示范单位的创建和推广工作。组织开展依法行政知识培训，进一步增强依法行政能力。三是依法治粮宣传力度加大。在《粮食流通管理条例》颁布实施11周年、《广东省粮食安全保障条例》颁布实施6周年、“世界粮食日”、“爱粮节粮宣传周”、“粮食科技活动周”期间，全市粮食系统开展系列宣传活动，营造保障粮食安全的良好社会氛围。

【粮食应急调控体系】 做好粮油市场保供稳价工作。强化粮油市场形势监测研判，完成社会粮油供需平衡报表编制、测算和分析工作，为政府调控粮食供需平衡提供决策依据。完善粮食应急保障网络建设，推进粮食产销合作，与江西省樟树、宜春等市达成粮食产销战略合作协议。

【军队粮食供应】 完成军供粮油供应应急预案初稿，不断提高军粮供应服务水平，按时保质保量确保驻梅部队粮食供应。推进军供网点项目和军粮恒温仓库建设，把“粮油科技进军营”活动打造成支持部队建设的优质服务品牌。

（市粮储局）

粮食和经济作物

【概况】 2015年，梅州市各级农业部门以促进农民增收为目标，以推进传统农业转型升级为主线，以改革创新为动力，推进产业组织化、管理信息化、经营品牌化、流通市场化、生产机械化、服务社会化及土地、人才、融资改革，加快农业现代化建设。2015年，全市农业总产值304.95亿元，农业增加值187.44亿元。农村居民人均可支配收入11799.0元。全市水产养殖面积1.44万公顷，总产量10.95万吨。

【农业组织化建设】

农业经营主体组织化建设 推进以产业整顿整合、主体培训、品牌推介、企业编码等为主要内容的农业12家协会建设，通过协会平台对全市4700多种农特产予以统一编码、备案，提升农业协会自我管理、对接市场的能力。新培育发展省市级龙头企业、合作社、家庭农场1006家，其中新增省重点农业龙头企业25家，累计达87家；新增市重点农业龙头企业47家，累计达322家；新增农民专业合作社443家，累计3763家；新注册登记家庭农场491家，累计852家。“农业协会+龙头企业+合作社+家庭农场+种养大户+农户”六位一体的“金字塔”新型经营体系得到夯实。

创建三级科技服务机制 实施“外源专家+内源专家+乡土专家”三级农业人才科技服务机制，以适应农业转型发展对科技人才的新需求。一是扩大“外源专家”平台。建立首个梅台农业合作博士工作站，来海峡两岸及香港地区的57名农业博士加入，为台创园建设及全市特色高效农业发展提供市场营销、精深加工、质量安全等多领域的先进科技服务。二是激活“内源专家”资源。组织一批新型经营主体与嘉应学院、梅州农校开展校企对接，约300名各类农业专家进入该体系。三是加快农科创新中心建设，新建立茶叶、柑橘种质资源圃和柑橘无病毒苗圃，可年产无病优质苗木10万株以上。学习借鉴广西黄龙病防控成功经验，培训、示范、推广以防治柑橘木虱为核心的黄龙病综合防控技术，新建黄龙病综合防控示范点9个，柑橘木虱统防统治面积3216公顷。创建国家级园艺作物标准园6个，建设省级现代农业“五位一体”示范基地4个、共84.6公顷，6个农业科技成果获得广东省农业技术推广奖。

【农业信息化建设】 不断完善网站、微信、飞信等七大农业信息服务平台建设，建立“三农”服务、电子商务、便民服务、青年创业等各类型的“惠农信息社”160家（全省第一），加快信息进村入户，成为全省第一批农业信息化示范市。

【品牌建设】　新增广东省名牌产品11个，累计81个，占全省近1/10。有6个区域公用品牌、58个企业专用品牌入选首个广东省名特优新农产品目录库，入库数居全省第一。在培育发展企业品牌、区域品牌的同时，依托长寿富硒资源，实施“世界客都·长寿硒谷”差异化品牌战略。市政府牵头制定出台《关于推进“世界客都·长寿硒谷”品牌建设工作的实施意见》。加入“中国富硒农业产业技术创新联盟”，畅通富硒产业沟通合作渠道。建设遴选富硒产品基地，首批认定富硒农产品规模基地10个，培育富硒农产品品牌5个。开发“三品”（无公害农产品、绿色食品、有机食品），2015年新获无公害农产品认证企业34家，累计346家；新获绿色食品认证企业3家，累计45家；新获有机食品认证企业4家，累计83家。

【流通平台搭建】　巩固发展大宗供销、超市专柜、社区直供、电子商务4类市场。大宗供销方面，巩固以广州为核心的珠三角市场，与上海农产品中心批发市场合作，开通长三角大宗供销通道，与上海客联青年会、上海奉贤供销社、天津九山伴水、北京余粮宝等单位合作在京津沪地区搭建梅州富硒长寿特产直供中心。社区直供方面，以梅州市乐得鲜公司为依托，启动“一站购”安全餐桌连锁服务平台，首批启动25个服务点；与广州一衣口田有机农业有限公司联手，在广州市海珠区、增城等地社区增设20多个长寿食品直供点。电子商务方面，完善客天下农电商产业园线上、线下平台建设，开通跨境农电商；与工商行合作启动梅州富硒长寿食品礼包“融e购”上海平台；与广州电子商务行业协会、揭阳电子商务协会分别签订“B2B+O2O”农特产营销合作协议。产品推介方面，在珠三角、揭潮汕、厦漳泉、长三角等地举办长寿富硒资源招商和产品推介20多场次。

【基础设施建设】　针对仓储设施用地困难、仓储严重不足影响持续供货等问题，联手国土部门落实政策，改善农业仓储条件，新建农业仓储基地67个、27.5万平方米，其中金柚主产区梅县区以新建大中型柚果仓储基地为切入点，在松口镇成立“梅县区金柚产业园”，建设柚果仓储基地32个、7.3万平方米，把柚果供货时间延长至10个月左右。推进1.12万公顷高标准基本农田建设，开展土壤墒情、耕地质量监测，实施耕地保护与质量提升工程，应用秸秆还田腐熟面积3.35万公顷，综合培肥地力0.22万公顷。推动农村沼气发展，全市新建户用沼气池776个、大中型沼气工程9宗，累计户用沼气池达到100065个、大中型沼气工程101宗。

【产能提升】　以梅县、兴宁、五华等粮食生产大县为重点，开展粮食高产创建活动，采用“强源、活库、优米”技术，成功实施“华南双季超级稻年亩产三千斤技术模式攻关”项目，稳定发展粮食生产。全市创建国家级粮食高产万亩示范片50个。2015年，粮食播种面积21.77万公顷，产量127.38万吨，同比增长3.5%。全市优质稻面积14.6万公顷，占水稻播种面积的81%。发展特色农业，扩大产业规模，优化种养布局，增加产能。新种水果0.3万公顷，总面积8.98万公顷，总产144.67万吨，同比增长11.67万吨。其中新种柚类0.22万公顷，总面积3.86万公顷，总产81.94万吨，同比增长9.03万吨；新种慈橙0.04万公顷，总面积0.40万公顷，总产8.05万吨，同比增长1.15万吨；新种茶叶0.08万公顷，总面积1.29万公顷，总产1.46万吨，同比增长0.08万吨。

【转型升级】　推进一产向二、三产延伸发展，促进农业转型升级。在梅县、大埔新建金柚啤酒、金柚饮料、金柚膳食纤维、金柚果胶等柚类精深加工厂房3个，在平远扩建（新上）橙汁、葛（淀）粉、梅片树深加工生产线各1条，提升农产品精深加工水平。发展休闲观光农业，新建曼佗山庄、四季佳禾、金穗生态园、茶亭岗金柚公园等休闲观光农业基地13个。城北镇、差干镇、大麻镇3个镇及南口侨乡村、蕉岭延源生态园、平远金穗、五华营田公司4个点，获得“省级休闲农业与乡村旅游示范镇(点)”称号，大埔县获“全国休闲农业与乡村旅游示范县”称号。

【土地确权】 以“四至清楚、确权到户”为目标，全面铺开农村土地确权工作，组织113名镇委书记（镇长）参加省培训班，依法依规推进农村土地确权。全市有69个镇、855个行政村、13489个村民小组开展确权工作，完成实测面积1.71万公顷、发证面积7222.6公顷、发证农户数44985户。

【拓展融资渠道】 与邮储银行“创新融资助三农”战略合作，开展“送贷下乡”，推出更多适合经营主体融资的新产品。2015年，邮储银行投放涉农贷款5289笔、15.02亿元，同比增长13%，净增4.14亿元。7月，与中国银行梅州分行签署“客都特产抚育战略合作协议”，推出无抵押贷款（300万元内）等农业融资新产品，仅半年发放农业贷款1.34亿元。开展“众筹”融资，全市有8个农业项目通过“众筹”吸引192名投资人，筹资175万元。

【跨域商贸合作联盟】 邀请揭潮汕、厦漳泉及粤闽赣3个省交会的客属地区10多个地级市农业部门及部分经营主体，商讨筹建“客潮汕闽”农特产商贸联盟，商定构建区域互动、产销互动、产品互补、统一有序的跨域合作平台，并联手以“互联网+”为契机，把“客潮汕闽”农特产整体打包，以“电商+实体”的模式推向珠三角、港澳台等，共同拓展产品市场。

【强化监管】 组织开展农产品质量安全、农业生产安全、转基因生物安全、农资执法监管。一是质量监管方面，进一步完善监管体系，成立监管领导小组，与各县（市、区）签订农产品质量安全责任书，明确属地责任，采取例行监测、专项整治、生产过程监督相结合的办法，提升农产品质量安全保障水平。省、市监测蔬菜、茶叶、稻谷、水果等32次、1008份样品，农药残留平均合格率达到97%以上；省、市监测水产品（含苗种、投入品）样品557份，合格率98.7%；抽取无公害农产品30个样品进行跟踪监测，未发现不合格产品。梅县区被农业部认定为第一批创建国家农产品质量安全县单位。二是生产安全方面，重点抓好农机、渔船等安全生产，开展农机安全检查195次，纠正违章387起，排查整改隐患169个，整改率100%，全市未发生农机安全事故，平远县被农业部、国家安全监管总局确定为2015年全国“平安农机”示范县。全市签订渔业安全生产责任书462份，出动执法人员245人次，发送安全生产预警信息6200多条（次）。三是农资监管方面，检查农药、种子、肥料等经营企业6175家次，查获违法农药、肥料、种子3665公斤，立案查处违法案件24件，有效打击坑农害农行为；开展杂交水稻制种基地、柑橘苗木基地及种子市场专项检查，抽取杂交水稻、玉米及蔬菜种子样品100个，质量检测合格率100%。

【惠农补贴落实】 发放种粮补贴资金2.25亿元，完成农机补贴任务1845万元。实施村级公益事业一事一议项目，落实省级以上财政奖补资金4633万元。开展政策性农业保险，水稻投保面积16.15万公顷、蔬菜投保319.4公顷、水果投保578.55公顷，各级财政补贴保费263.52万公顷。

（市农业局）

在梅州市农业协会成立大会上，梅州市政府副市长李远青（左五）为协会授牌

畜牧业

【概况】 畜牧业是梅州市农业中的第二大产业。2015 年，梅州市生猪饲养量 422.51 万头，其中存栏 158.86 万头，出栏 263.65 万头，牛、羊、禽、兔的出栏量分别是 4.27 万头、7.10 万头、4989.81 万只、83.38 万只，肉类总产 27.98 万吨，禽蛋产量 2.53 万吨，奶类产量 0.15 万吨，畜牧业产值 70.69 亿元。

【绿色现代畜牧业基地建设】 截至 2015 年年底，全市年出栏生猪 500 头以上的规模猪场 522 个，其中万头以上猪场 39 个；年出栏 5 万只以上的肉鸡养殖场 69 个。18 个畜禽养殖场被列为农业部畜禽养殖标准化示范场，25 个猪场被列为全省重点生猪养殖场，19 家养禽场被列为省重点养禽场。广东省“菜篮子”基地 15 个，其中生猪基地 11 个、禽蛋基地 1 个、家禽基地 2 个、牛奶基地 1 个。农业部无公害农产品认证企业 94 家、广东省农业名牌产品认证企业 4 家。全市 90% 以上规模养殖场推行标准化生产和生态健康养殖，提高畜禽生产水平，绿色现代畜牧业基地初具规模。

【生态健康养殖】 全市 90% 以上规模养殖场采用干清粪和“畜—沼—果（林、菜、稻等）”的生态畜牧业模式。全市生猪规模养殖场共建沼气池 55 万立方米，其中 1000 立方米以上的大型沼气池 20 多个，建成堆粪场 67 万立方米，利用粪肥和沼液渣种植果树、花木、粮食 2.07 万公顷，养鱼 483.7 公顷，实现养殖业清洁生产、粪污零排放，解决农作物所需的有机肥、养鱼所需的饵料、生产生活所需的能源，实现资源的良性循环利用。

【动物疫病防控】 2015 年，全市没有发生高致病性禽流感等重大动物疫情。

集中防疫工作　采购禽流感疫苗 3375 万毫升、生猪口蹄疫浓缩疫苗 540.5 万毫升、牛羊口蹄疫浓缩疫苗 51 万毫升、猪蓝耳病疫苗 349.2 万头份、猪瘟细胞苗 542.8 万头份，应急物资一批，分发至各县（市、区）。禽流感、高致病性猪蓝耳病、口蹄疫和猪瘟等 4 种重大动物疫病免疫密度均达到 100%。

动物疫情监测　拟订下发动物疫病监测计划并组织开展监测工作，累计监测样品 20919 份，其中监测禽流感样品 5528 份、猪口蹄疫样品 4150 份，送省禽、猪、牛、羊、犬的血清、拭子、唾液、脑等样品 1860 份。监测结果显示，梅州市重要动物疫情防控情况总体良好，畜禽的群体免疫率较高（如禽流感抗体水平合格率 86.5%）。

动物防疫示范乡镇建设　建立 16 个动物防疫示范镇，28 个动物防疫示范村，发挥示范带动作用。

防疫应急演练　全市加强《梅州市重大动物疫病防治应急预案》的落实，建立应急预备队，开展应急演练，增加应急物资贮备，落实应急值班、节假日值应急机制。蕉岭县于 4 月、8 月、11 月进行 3 次室内或实地防控重大动物疫病专项应急预案演练活动，组织各镇畜牧兽医服务中心、村委、养殖场、屠宰场有关负责人等 216 人次参加。11 月 27 日，梅州市畜牧兽医局与大埔县畜牧兽医局联合举办“2015 年梅州市突发重大动物疫情应急处置桌面演练”。

【畜产品质量安全监管】 全市未发生重大畜产品质量安全事故。

畜牧业投入品生产和流通环节监管 通过加强对兽药、饲料等畜牧业投入品生产经营企业及养殖场的抽样监测和执法检查，对违规企业严肃查处，强化兽药、饲料质量监督管理，促进诚信体系建设，完善流通监管制度和措施，确保全面实施兽药GMP、GSP，保证动物用药安全及畜产品质量安全。2015年，全市出动执法人员6868人次，检查企业3852个次，发放宣传单1.48万份，查处案件5起。

生猪“瘦肉精”违禁品监管 全面排查生猪养殖场（户），现场抽取生猪尿样实行盐酸克伦特罗、莱克多巴胺、沙丁胺醇三种“瘦肉精”检测，市级抽取116个养殖场（户）、337份生猪尿样，均未检出“瘦肉精”。加强养殖和屠宰环节“瘦肉精”监测排查工作，累计开展生猪盐酸克伦特罗抽样检测63631头份、莱克多巴胺63548头份、沙丁胺醇51564头份，均未检出“瘦肉精”。省兽药饲料质量检验所到梅州市开展“瘦肉精”检测，合格率均100%。

检疫监管完善 全市192个动物检疫申报点软硬件配套设施设备，确保动物检疫申报点工作顺利开展，推行产地检疫“现场检疫—报检点出证”模式，抓好屠宰检疫，确保出证肉品合格率100%。实施产地检疫生猪237.1万头，屠宰检疫生猪201.5万头。推进屠宰溯源视频监控系统建设、抓好动物标识和各种检疫票证管理及各类报表填报工作，促进检疫工作规范化、标准化。

严把质量认证关 严把“三品（无公害农产品、绿色食品、有机农产品）一标（地理标志农产品）一名牌（名牌农产品）”认证质量关，提高认证水平。全市94家畜牧企业获得农业部无公害农产品认证。广东富农公司的精制纯鸡油、广东客家黄公司的鲜鸡蛋、广东桂岭蜂业的野桂花蜜、蕉岭县泰农公司的粤东黑猪获评广东省名牌产品。

【畜禽屠宰管理】 一是加强畜禽屠宰监管工作，明确责任，把好检疫检验关，加强执法，打击私屠滥宰。全年出动稽查执法人员1.6万人次，缴获私宰肉1561公斤，销毁病害肉16.5万公斤，检出病害猪3153头。屠宰执法案件150宗（其中梅江区146宗、大埔4宗），处罚金额13.75万元。市本级接受各类投诉咨询17宗，投诉查处回复率100%。二是加强生猪屠宰质量安全专项整治，强化生猪定点屠宰厂病害猪无害化处理管理工作。全年市级抽查屠宰企业22家，占全市屠宰企业26%，对存在问题要求立即整改，对经抽查为记录表填写不规范、无照片等不符合要求的申报材料，均不予以上报补助。三是做好生猪定点屠宰资格审核清理的后续工作，落实拟申报生猪定点屠宰资格的企业信息，报请市政府对符合条件的企业颁发“生猪定点屠宰证”和“生猪定点屠宰厂标志牌”。四是配合做好梅州市推进家禽“集中屠宰、冷链配送、生鲜上市”有关工作，选定广东裕丰食品股份有限公司为梅州城区家禽集中屠宰企业。五是做好新旧系统对接按时完成畜禽屠宰统计监测工作，确保样本企业完成数据在线填报。加强屠宰场肉品品质检验，督促屠宰企业参加肉品品质检验人员培训，全市有81人获得新的“肉品品质检验人员资格证书”。配合市发展和改革局做好屠宰加工服务费的调整工作，2015年7月1日起全市生猪屠宰加工费不超过40元/头。

【发展特色畜牧业】 一是加快草地畜牧业基地建设，争取中央、省草地畜牧业专项资金扶持，建设省级现代草地畜牧业基地。利用山区草山、草坡和优良的生态环境优势，鼓励和引导养殖场（户）因地制宜发展适度规模的牛、羊养殖，加大政策扶持力度，通过龙头企业带动，建设一批牛、羊等标准化养殖示范基地，加快草地畜牧业发展。2015年，平远县凤溪生态养殖有限公司、大埔县昌裕实业有限公司、广东东南万福生物科技有限公司获得中央、省级专项扶持资金共420万元。二是做大做强特色养殖龙头企业。加快培育广东桂岭蜂业、大埔斯红山羊公司等一批关联度大、带动能力强的龙头企业，通过抓龙头带动，建设牛、羊、蜜蜂、肉鸽等标准化养殖示范基地，做大特色养殖规模，如蕉岭县蜜蜂存栏5.78万群，养蜂专业户462户。全市存栏10头以上肉牛养殖场226个，存栏20头以上奶牛养殖场2个，存栏100头以上肉羊养殖场60个，存栏100只以上肉兔养殖场49个，蜜蜂存栏18万群。

广东桂岭蜂业科技股份公司

【畜牧科技】

牛、羊等良种引进和品种改良　在巩固发展生猪品改成果的同时，重点开展牛、羊等良种引进和地方良种的保护工作。加强黄牛改良工作，进一步健全和完善黄牛冷配站建设，引进西门塔尔等优良品种牛冷冻精液1万多头份，发放奶牛冻精1360支，产出荷斯坦奶牛608头，发放西门塔尔肉牛冻精2700支，产出杂交黄牛1230头。同时，加快肉羊、奶山羊等良种繁育基地的建设，加强市畜禽良种场育种中心建设，提高种猪育种质量。全市建成国家级粤东黑猪保种场1个，省级华南中蜂保种场1个，省级原种猪场9个、种猪扩繁场27个，省级原种鸡场1个、父母代种禽场8个。

科技创新　开展畜牧科研与技术推广，梅县区“益生菌代替常规消毒药物和抗生素在肉兔养殖业中的应用研究与推广”、梅江区“放养鸡饲料中添加麦芽和中草药增香剂改善鸡肉品质的研究”等获2015年度梅州市科学技术奖三等奖。

畜牧兽医技术培训　全市举办各类型畜牧兽医技术培训班40多期，培训6000多人次，培训内容涉及畜禽、蜜蜂养殖和疫病防控、养殖污染防治及病死畜禽无害化处理等实用知识和技术，提高广大养殖户科学养殖水平。

（市畜牧兽医局）

林　　业

【概况】　2015年，全市林业面积121.54万公顷；森林覆盖率74.78%，位居广东省第二；林地绿化率97.29%；活立木总蓄积6202万立方米；省级生态公益林面积67.20万公顷；一、二类林率年均增长4%以上。全市森林公园137个，自然保护区51个（其中省级6个）。全市有4382名村级护林员。创建6个“全国绿化模范县”（单位），7个“省林业生态县”（梅江区、梅县区、兴宁、平远、蕉岭、大埔、丰顺）、46个市级生态镇、794个生态村。兴宁市、平远县被国家经济林协会授予“中国油茶之乡”称号。争取林业政策资金618万元。

【林政管理】　通过“一灭三改”、矿山复绿、水土流失区整治等工程，大规模消灭荒山，改造山体生态。启动林业生态红线划定工作，完成领导机构组建、工作方案制定、502万元工作经费落实等。向上级林业主管部门争取林业用地指标，科学分配，重点服务梅州市基础设施建设、城市扩容提质、战略振兴产业、产业转型升级、民生工程建设项目。2015年，审核征占用林地项目58宗，涉及林地面积496.692公顷。

【林业改革】　探索建立山林流转机制。加大林业科技创新，“粤东木荷良种选育技术研究与示范推广”“油茶低改技术研究与示范”分获市科技成果奖二等奖、三等奖；“红豆杉栽培技术推广应用”获省农业推广奖三等奖；中大南药发展有限公司“中大1号红豆杉”获国家林业局植物新品种保护认证。推进国有林场改革，制定市属5个国有林场改革实施方案，国有林场改革工作列入梅州市政协重点提案督办项目，国有林地确权发证有序推进。已确权发证国有林地面积1.36万公顷，占国有林地总面积的92.53%；已确权发证集体林地面积1.15万公顷，占集体林地总面积的56.96%。探索国家公园体制建设，广东平远国家公园获省批准为省国家公园建设试点。梅州市创建国家森林城市获国家林业局批复同意。

【植树造林】 开展“回赠母校一棵树，回报家乡一片林”等活动。2015年，全市参加义务植树283.1万人次，社会造林面积0.87万公顷。完成碳汇造林3.41万公顷，完成中幼林抚育11.88多万公顷，封山育林2.24万公顷。完成高速公路沿线和沿江河范围生态景观林带建设414千米，对已建成的502千米生态景观林带进行提升建设，补植加种苗木50多万株。

【森林资源管护】 一是编制出台《梅州市野外火源管理办法》《梅州市森林防火工作责任追究办法》《关于加强森林消防队伍建设的实施意见》等森林防火工作制度，将森林防火工作正式纳入县镇党政领导的考核内容。二是召开全市森林防火工作暨蕉岭现场会，投入280万元用于县（市、区）森林消防队伍建设及扑火装备完善，抓好县镇村森林防火工作规范化建设，初步完成市林火远程视频监控系统项目试点建设，充实完善《梅州市森林火灾应急预案》。三是2015年，受理各类森林和野生动物案件310宗，打击处理违法人员366人次，收缴林木和木材1072.79立方米，罚款59.45万元，为国家挽回经济损失350多万元。四是加大县城绿化美化，完成乡村绿化美化建设任务288个，其中省、市、县示范点83个。完成规划建设森林公园34个、湿地公园5个。全市建立各种类型、不同级别的自然保护区51个，建立陆生野生动物疫源疫病监测站点3个。林业有害生物成灾率控制在5‰以下，测报准确率90%以上，无公害防治率、种苗产地检疫率95%以上，均达到省定指标。

【林业产业建设】 通过深化林权改革、搭建林权流转平台、培育林业合作社和实施“三个一百”（100个林下经济示范基地、100个森林生态休闲旅游示范基地、100万亩森林碳汇产品）工程，突出抓一批油茶、竹木、用材林、珍贵树种等示范基地建设，扶持发展铁皮石斛、金线莲、南药、红豆杉等林下种植，激活林业资源要素市场，形成独具梅州特色的、生态效益和经济效益互促双赢的林下经济发展模式。2015年，全市林业产权流转服务平台完成林权流转项目35宗，流转面积约0.96万公顷，协助15家企业开展林权抵押贷款，融资8640万元。林业产业总值125亿元。有2家林业企业获授国家级林下经济示范基地称号、4家林业企业获授省级林下经济示范基地称号、10家林业企业获授省级林业龙头企业。

【护林宣传】 传播“像爱护眼睛一样爱护森林、像保护生命一样保护生态”等理念。开展“保护野生动物，共建生态家园”主题宣传。加强古树名木保护，举办林业杯摄影大赛和森林碳汇中小学绘画比赛。成立野生动物保护协会，制作《走进梅州走进生态家园》宣传画册。在报纸、电台、网络、微信等媒体平台持续更新林业动态。

（叶玉霞）

水利水电

【水利建设】 2015年，梅州市开工建设水务工程242宗，完成投资23.36亿元，中央和省级水利投资完成率分别达到100%和92.3%，进度排名全省第一。全面启动总投资40亿元的山区中小河流治理并超额完成2015年建设任务。梅州市列入2015年年度计划的山区中小河流治理工程有25宗41项，治理河道长度511.9千米，规划估算投资10.16亿元，项目全部开工，累计完成投资6.8亿元，完成19宗小流域和中央规划中小河流治理工程。新中国成立以来广东省单项投资最大的水利工程。2015年国务院部署动工建设总投资61.54亿元重大水利工程——高陂水利枢纽工程辅助配套工程于10月13日开工，其主体工程于11月28日开工，标志着高陂水利枢纽工程进入实质性建设阶段。位于梅州市大埔县境内的韩江干流上，距大埔县高陂镇上游约5千米的九龙村，是一宗以防洪、供水为主，兼顾发电和航运等综合利用的大型水库枢纽工程，建成后将大幅提高韩江的下游防洪标准，并有效保障韩江下游及三角洲地区供水安全。该工程也是国家发改委和省政府确定的鼓励和引导社会资本参与重大水利工程建设运营国家层面的PPP试点项目。

韩江高陂水利枢纽工程效果图

【防汛抢险救灾】

雨情　2015年1—11月全市累计降雨量1494.3毫米，比多年同期平均雨量1588毫米少93.7毫米。时空分布极为不均，其中春季降雨偏少，1—3月全市降雨115.4毫米，比多年同期276.6毫米偏少近六成；7—9月全市降雨683.2毫米，比多年同期527.4毫米偏多近三成。至11月底全市水库蓄水总量7.157亿立方，比多年同期多0.602亿立方米。

水情　2015年，江河水势平稳。受10号台风“莲花”外围云系引发的降雨影响，7月9日起琴江、梅江水位明显上涨，尖山水文站10日3时出现洪峰水位14.06米，超警戒水位0.56米。

旱情　全年无旱情。

洪涝灾情　全年梅州市出现7轮较强降雨，造成局部地区严重受灾，梅州市8个县（市、区）、57个镇19.759万人受灾，直接经济损失2.9194亿元，临时转移安置0.26万人，死亡1人，失踪1人。较大严重洪涝灾害3次，即“5·9”“7·22”洪灾和“8·31”内涝，其中梅城“8·31”内涝为2007年“6·9”洪水以来最严重的一次内涝灾情，给城区人民群众生活带来严重影响。

【重点工程前期工作】　梅州市大江大河及独流入河项目可行性研究报告上报省发改委审批。五华岩前水库除险加固项目安全鉴定基本完成。益塘水库引水工程启动项目建议书和可行性研究编制的招标工作。大埔山丰水库获省发改委批准立项。平远凤池水库项目建议书通过珠江水利委员会审核。丰顺龙峡水库初步设计完成现场审查。

【城市水务工程建设】　日供水3万吨的江南水厂复产工程建成投产，改造30个小区的供水管网，增加梅县新城加压泵站，改善城区供水状况。梅州城区中心新城水厂、芹洋半岛跨江输污工程动工建设。列入“市十项民生实事”的17个中心镇污水处理项目有5个完成建设任务。全年梅州市城市生活污水集中处理率87.8%。

【农田水利设施建设】　兴宁、五华、梅县3个省级水利示范县建设项目累计完成投资17.36亿元，占计划的80%。6宗中央或省级小型农田水利重点县和蕉岭县规模化节水灌溉增效综合示范项目完成投资1.65亿元，建设任务基本完成。2015 年，计划投资 465 万元的农田水利设施养护中央补助资金项目，完成年底建设任务，完成率 100%。

【农村饮水工程】 农村饮水安全工程建设提前两年完成，列入国家规划的 130 多万名农村群众饮水安全问题得到全面解决。8 个县（市、区）水质检测中心完成中央投资 576 万元，投资完成率 100%。村村通自来水工程建设有序推进，其中试点县蕉岭县 49 宗项目全面启动，完成投资 4000 万元，其余各县（市、区）均选定 2 个以上的工程项目作为试点推进。

【农村水电建设管理】 全年完成 58 宗农村小水电增效扩容项目，完成蕉岭县电气化县建设项目，加快推进 62 宗中型及重点小型机电排灌工程和 3 宗涝区整治工程建设。

【水库移民后期扶持】 2015 年，中央和省安排水库移民资金 1.96 亿元，大中型水库移民安居工程、文化与信息服务站建设全面完成。梅江区城北干才、西阳以及丰顺埔寨茅园、五华潭下等地移民新村美丽家园建设工作稳步推进。

（市水务局）

2015 年 12 月 7 日，总投资 40 亿元的山区中小河流治理——梅江区白宫河治理全面启动

【梅西水库】 2015 年，梅西水库工程管理处电站发电上网 772 万千瓦时，销售收入 335 万元。程江梯级水电厂累计发电量 2272 千瓦时，上网 2184 万千瓦时，销售收入 942 万元。

水电增效扩容改造 截至 2015 年年底，获得中央补助资金 724 万元、省级补助资金 217 万元。梅西电站改造后装机容量从 3460 千瓦增加至 3800 千瓦，扩容 340 千瓦，综合能效能提高至 82%。三门峡电站装机由原来的 2×250 千瓦改为 2×400 千瓦，扩容 300 千瓦。长滩和黄石仑电站整体效能提高 20%，年平均增加发电量 540 万千瓦时。

库区民生事业 一是落实中央惠农政策。2015 年，为 248 户群众发放补贴 3.91 万元。二是用好“一事一议”和移民后期扶持政策，改善群众生产条件和生活环境。2015 年“一事一议”项目投入财政奖补资金 75 万元。完成移民住房改造 248 户 1186 人，建成水库移民村文化信息站 16 个。发放移民后扶持资金 525.54 万元。

（梅西水库）

气　　象

【气候】 2015 年，梅州市的天气气候特征是：全年降水正常，气温略高，前汛期入汛晚，台风影响偏轻。

气温 2015 年，梅州全市年平均气温 22℃，较常年偏高 0.7℃，较 2014 年升高 0.2℃，为有气象记录以来历史第 4 高。全年除 7 月与 8 月外，每月平均气温均高于常年值，6 月、11 月气温创历年新高。2015 年全市各县的极端最低气温为：0.9℃～4.2℃，均出现在 12 月 18 日，平远 0.9℃为全市最低。2015 年全市各县极端最高气温为：37.4℃～38.1℃，多数出现在 7 月 30 日。梅县，兴宁、蕉岭、大埔测得全市最高温 38.1℃。

雨量 2015 年梅州市各县（市、区）年总雨量在 1456.0～2032.2 毫米之间，全市平均 1705.6 毫米，较常年略偏多 6%。年内各地降水分布不均，降水局地性强。2015 年有较明显灾情记录的三轮较强降雨分别发生在 5 月 9 日、7 月 22 日和 8 月 31 日，强降水引发局地洪涝，前两次暴雨过程，平远受灾较为严重。

日照　2015 年梅州市各县（市、区）年总日照时数在 1478.3～1875.3 小时之间，全市平均 1709.5 小时，比常年平均（1825.9）偏少 6%。

【灾害性天气】　2015 年梅州市天气较为平稳，年内主要气候事件是“5·9”暴雨、“7·22”平远局地特大暴雨、“8·31”梅州城区内涝。

“5·9”暴雨　5 月 8 日 20 时至 5 月 9 日 20 时，梅州市中北部出现大到暴雨，局部大暴雨的降水过程。强降水中心主要在梅州市北部，最大雨量出现在梅县石扇镇 143 毫米，自动站雨量在 100 毫米以上的有 11 个，50～100 毫米的有 19 个。受强降水影响，全市平远、兴宁、梅县 3 个县（市、区）16 个镇有不同程度受灾，受灾人口 4.185 万人，直接经济损失 2953 万元，其中水利设施损失 802 万元。

“7·22”平远局地特大暴雨　受季风云带和西风槽的共同影响，21 日至 22 日，梅州市中、北部普降暴雨局部大暴雨，最强降雨时段是 21 日夜间，强降水区主要在平远县。根据自动气象站网监测，21 日 8 时至 22 日 8 时，平远县平均雨量 108 毫米，全县有 88% 的站点达到暴雨量级以上，2 个站雨量超过 200 毫米，最大的是泗水镇 245 毫米。平远县全县均不同程度受灾，其中泗水镇、上举镇受灾最为严重，无人员伤亡报告，直接经济损失 1.65 亿元。

“8·31”梅州城区内涝　受西南季风和低涡切变影响，8 月 31 日傍晚开始梅州市中部和北部出现局部强降水，8 月 31 日 8 时至 9 月 1 日 8 时各县城测站降水量情况如下：梅县 78 毫米、平远 67 毫米、五华 46 毫米、兴宁 28 毫米、蕉岭 26 毫米、丰顺 18 毫米、大埔 14 毫米。全市自动站录得 50～100 毫米（暴雨）降水的有 33 个站，100 毫米（大暴雨）以上的有 7 个站，最大雨量出现在梅江区市气象局站为 153 毫米。这次强降水导致梅州城区江南片大部、江北部分城区发生严重内涝，部分道路积水严重，行人车辆通行困难，交通中断阻塞，沿街店铺进水，最大水深近 80 厘米，部分地下车库进水受浸，财物受浸受损，严重影响群众生产生活。此次强降水造成 6000 人受灾，转移人口 110 人，直接经济损失达 900 万元。

【防灾减灾】

预警服务工作　2015 年，梅州市（含各县）发布台风预警信号 18 次、暴雨预警信号 144 次、雷雨大风预警信号 240 次、高温预警信号 83 次、寒冷预警信号 81 次、大雾预警信号 23 次、冰雹预警信号 3 次、灰霾预警信号 3 次、森林火险信号 80 次。做好灾害性和关键性天气预报服务工作。受切变线和偏南暖湿气流影响，5 月 8 日 20 时至 5 月 9 日 20 时，梅州市中北部出现大到暴雨，局部大暴雨的降水过程。强降水导致平远、兴宁、梅县 3 个县（市、区）、16 个镇有不同程度受灾。5 月 9 日，梅州市气象台值班预报员密切监测天气变化，预计强降水持续，分别指导平远、梅县、兴宁、蕉岭 4 县（市、区）发布暴雨橙色预警信号。由于强回波移动速度缓慢，雨量较强，平远、梅县、蕉岭分别于 11 时、11 时 5 分、11 时 20 分发布暴雨红色预警信号，并相应启动气象灾害暴雨 3 级应急响应，根据雨情不定时发布天气报告，并编发相关天气短信等。从预警效果看，平远暴雨橙色预警提前 129 分钟，为防御灾害提供充分的反应时间。受西南季风和低涡切变影响，8 月 31 日傍晚开始梅州市中部和北部出现局部强降水，全市自动站录得 50～100 毫米（暴雨）降水的有 33 个站，100 毫米（大暴雨）以上的有 7 个站，最大雨量 153 毫米，出现在梅江区市气象局站。梅州市气象局于 28 日下午发布一期重大天气快报，预计 30 日至 9 月 1 日有强降水。30—31 日强降水期间梅州各县区均有暴雨发生，市气象局发布天气报告 4 期，发布暴雨预警 18 个，其中黄色暴雨预警 7 个、橙色暴雨预警预计 9 个、红色暴雨预警 2 个，分别是梅州城区和梅县区于 31 日傍晚至夜间发布。暴雨预警的平均提前量为28分钟，其中最大提前量为1小时，预警较及时。

气象服务保障工作　圆满完成“第四届世界客商大会”“2015中国·丰顺‘喜德盛杯’国际山地自行车邀请赛”等重大活动的气象保障工作。梅州市气象局针对客商大会制作第一期气象服务专报，统计分析大会期间的历年气候特征，对天气情况进行预测。在大会召开前夕，分别在10月8日、9日、10日发布3期气象服务专报，对大会期间天气预报进行滚动更新。“梅州气象”官方微信每天向公众提供最新的滚动天气预报、气象服务信息以及专题气象短信。

防雷工作　抓好极端天气（防雷）专项排查整治工作，6—8月联合安监、住建等部门开展全市气象灾害防御暨防雷安全设施专项执法检查，市安委办针对检查发现的问题下发《生产执法检查情况的通报》。2015年，全市开展防雷安全执法检查92次，发出整改意见19份。

【气象现代化建设】

11月，完成平远气象综合探测基地观测场地和人影平台的建设。蕉岭和平远预警中心用房抓紧内部装修，预计在2016年上半年全面建成。梅县区预警中心业务用房完成征地、规划、施工图审查、预算审核，抓紧项目立项和招投标。兴宁市局拟在观测场西面保护性征地1公顷，第一批2000平方米征地工作已经完成；大埔县局开始征地，县政府制定观测场周边4000平方米征地补偿方案，预计2016年上半年完成征地工作。2015年现代化总指数自评为84分，比2014年提高5.8分，如期基本实现气象现代化。气象基础条件、气象制度保障、造福社会能力等短板得到较大提升。各县创建现代化新型台站，继梅州市局之后，兴宁、大埔获评第二批新型台站，力争在2016年新型台站建成率达50%以上。

（罗碧瑜　曾惠娟）

供销合作经济

【概况】　梅州市供销合作社是集体所有制性质的合作经济组织，由市社、县（市、区）社、镇级基层社三级供销社组成，至2015年年底，有县（市、区）供销社8个，基层供销合作社65个。全系统有法人单位129个，产业活动单位1765个，从业人员4987人，其中正式职工1812人；离退休人员7094人，市社机关干部职工22人。2015年，全系统经营总额718851万元，同比增长7.5%；商品总销售390593万元，同比增长8.1%；利润增长39.7%。

【综合改革试点】　一是指导被省供销社列为综合改革试点县的丰顺县供销社做好综合改革试点工作，进一步推进组织体系、经营体系、服务体系、管理体系创新，争取综合改革项目资金374万元。丰顺县新供销天润公司综合服务平台升级改造项目投入450万元，完成建筑面积3200平方米的农产品粮油配送中心主体工程建设，进入装修阶段。按照“重组—改造—提升”的路径，推进基层社重组改造，组建基层中心社，代表县联社行使对原基层社的资产所有权。二是按省供销社综合改革试点工作要求，6月，经省政府批复同意，新增蕉岭县供销社为综合改革试点单位，争取综合改革项目资金108万元。

【创建农产品电商平台】　一是推进农产品电子商务实体运营平台建设，实现线上线下同步销售农产品。全年入驻电商平台农业企业和农民专业合作社118家，累计465家；入驻实体运营平台农业企业和农民专业合作社59家，累计89家。注册“梅州供销农产品”微信公众号，并通过账号主体认证，实现网站、手机、微商城三网合一。推进电子商城建设，入驻电子商城农业企业和农民专业合作社18家，网上交易量实现新突破。全年全系统线上线下销售农产品

158582万元，增长4.1%。二是新设供销社百货大商场栏目，向城乡网民提供全方位的居家生活综合服务，全年入驻商家1000家。三是加强电子商务知识培训。举办2期电商知识培训班，对100多名系统干部职工和农民专业合作社社员进行培训。四是大埔县社创建全国供销合作社电子商务示范县成效显著。电子商务运营中心和“客都供销商城”建成投入使用，入驻龙头企业40多家，销售产品1600多种。同时，配套建设电商培训中心、青年创业孵化基地、实体体验展示店。

【发展农民专业合作社】 一是培育和规范发展梅州金柚、平远慈橙和嘉应茗茶等新型农村合作经济组织，全年新组建农民专业合作社55家，其中符合省级示范社以上条件的48家，累计组建594家，实现助农增收2.1亿元。有11家农民专业合作社被评为国家农民专业合作社示范社，14家入选全国供销合作总社“千社千品”富农工程，有10家全国供销合作总社农民专业合作社示范社。新增19家省供销社系统农民专业合作社示范社，累计202家，居全省供销社系统首位。二是首次开展梅州市供销合作社系统农民专业合作社示范社评选工作，评选出梅州市供销合作社系统农民专业合作社示范社231家，在引领农民耕山致富方面起到示范效应。三是首次启动农村综合服务社星级社申报评定工作，累计成立75家农村综合服务社，其中认定“三星级”15家、“四星级”3家，蕉岭县蕉城中心供销社神岗村综合服务社和五华县华阳供销社农村综合服务社被省供销社认定为“五星级”。

【惠农政策扶持】 一是争取扶持9个农业发展、“新网工程”（新农村现代流通服务网络工程）和服务业发展政策性项目，获得或申请项目资金1847万元，位居全省供销系统首位。二是与市邮政储蓄银行城区支行合作开展惠农金融服务，对供销社系统农民专业合作社给予优质的金融服务和优惠的利率政策，扶持市供销社系统农民专业合作社信用贷款额度8000万元。三是组织发动7家农业企业和农民专业合作社加入梅州市中小微企业信贷风险补偿基金重点中小微企业池，其中1家（广东十记果业有限公司）进入首批入池企业名单。四是首开全省地级市社先河，与人保财险梅州市分公司、人保寿险梅州市中心支公司签署战略合作协议，依托市供销社系统经营服务网络，为农业和农民提供综合性的保险业务。

【重点项目建设】 一是已完成的项目有4个：梅州天保公司投入248万元，完成再生资源分拣加工中心1200平方米的钢架结构厂房建设，成为梅州市最大的不锈钢回收分拣基地；梅州市农资公司完成办公设施、人员等恢复农资经营业务准备工作；丰顺县金标商贸公司连锁网络扩建项目完成经营网点扩展及区域物流配送中心改造，建设规范标准的连锁经营网点16个、乡镇加盟店50个；蕉岭县兴邦供销农资有限公司与广东天禾农资股份有限公司进行业务对接，建成农资配送中心1个。二是达成初步意向的项目有2个：梅州农产品物流基地项目招商工作扎实推进，特别邀请省社直属企业广东新供销农产品批发市场投资有限公司到嘉应新区考察农产品物流基地用地，初步达成投资意向；协调梅州（广州）产业转移工业园做好粤闽赣农产品冷链物流加工交易基地项目的用地工作。

【销售梅州“三宝”】 一是到兄弟市叫卖梅州“三宝”（梅州金柚、平远慈橙、嘉应茗茶）。市供销社组织机关干部和市社直属企业梅州裕民农产品有限公司（以下简称裕民公司）的业务人员分成2个工作组，分别到广州、东莞、深圳和潮州、汕头、汕尾、揭阳等地，与所在市供销社和当地农产品市场推介梅州金柚、蜜柚、平远脐橙等主要农产品，裕民公司与相关农产品经营企业和经销商签订14个代销合作意向书，与部分经销商达成初步合作意向。二是依托裕民农产品有限公司拓展农产品销售。裕民农产品有限公司做好与海航乐万家、客家帮等公司的对接，合作销售蜜柚10多万斤。拓展经营业务，合作销售蕉岭县科诚水稻专业合作社优质米、大埔县金拓香妃酒，开拓金柚、慈橙、嘉应茗茶等农特产品市场，实现农民持续增收致富。

（谢益军　李廷颂）

2015年3月5日，市委常委、政法委书记、市政府党组副书记黄伟闻到梅州市供销社调研指导工作。图为黄伟闻（左三）在市供销社领导班子成员的陪同下察看市供销社农产品电商平台建设情况

工业

责任编辑：廖晓鹏

经济和信息化

【概况】 2015年，梅州市完成规模以上工业增加值220.89亿元，同比增长9.0%。规模以上工业完成总产值704.76亿元，同比增长10.3%。规模以上工业企业393家，同比增长24家。全市完成工业投资208.83亿元，同比增长59.8%，增速全省第一，占全市固定资产投资（568.06亿元）36.76%；其中技改投资完成98.77亿元，同比增长90.3%，增速全省第五。

【招商引资】 市经济和信息化局在原局招商小分队的基础上，成立产业招商小分队，重点依托“一区两带”发展平台，推进招商引资工作，促进经济发展转型升级。推进梅州得明企业有限公司总投资3亿元的青年创业园项目。该项目拟建设创业大厦，总建筑面积约20000平方米，项目建成后年产值可达到2亿元，年上缴利税1000万元，将为广大有创业志向的青年提供技术咨询、创业办公、金融服务、信息交流、服务平台、资源共享、休闲娱乐等服务。

【园区建设】 2015年，经省政府同意将梅州市广州番禺（五华）产业转移园、广州海珠（丰顺）产业转移园和蕉华工业园认定为省级产业转移园区，梅县区、蕉岭县和大埔县依托广梅园推动产业集聚发展，实现梅州市全境享受省级产业转移政策。2015年，全市产业园区累计投入基础设施建设资金22.59亿元，重点用于园区水、电、路及污水处理等。全年新签项目90个，投资额383.9亿元。累计入园落地企业596家，其中建成并投产项目483家，新动工项目64家。

【梅兴华丰产业集聚带建设】 9月29日，省政府常务会议审议通过《广东梅兴华丰集聚带总体发展规划（2015—2030年）》，第四届世界客商大会期间，广东梅兴华丰产业集聚带正式挂牌揭幕。11月3日，《广东梅兴华丰集聚带总体发展规划（2015—2030年）》由省发改委正式印发，上升到省级战略发展平台。2015年，产业集聚带5个产业园区（集聚地）累计实现工业总产值316.99亿元，规模以上工业增加值55.27亿元，税收11.62亿元。产业园区（集聚地）累计征地约402公顷，投入基础设施建设资金约12亿元，重点用于园区水、电、路、污水处理和征地拆迁等。全年累计新签项目56个，计划投资额304.6亿元，新增固定资产投资96.74亿元。

2015年10月12日，广东梅兴华丰产业集聚带挂牌，刘志庚（右二）、蔡朝林（右一）和黄强（左二）、谭君铁（左一）为广东梅兴华丰产业集聚带挂牌揭幕

【技改创新】 市经济和信息化局贯彻落实省政府推动新一轮技术改造促进产业转型升级工作部署，围绕加快产业转型升级，转变经济发展方式，抓好市重点工业项目和工业技术改造项目建设，2015年完成工业投资208.84亿元，同比增长59.8%；其中技改投资完成98.77亿元，同比增长90.3%，超额完成省下达的目标任务。一是落实国家和省的扶持政策，争取省级专项扶持资金17630.72万元，加大对企业的扶持力度。二是贯彻落实省促进粤东西北地区和国家原中央苏区两大振兴政策，推动一批重点项目带动产业转型升级。落实名牌带动战略，新认定广东省著名商标6个，广东省名牌产品21个（其中农业类15个、工业类6个）。

【节能降耗】 市经济和信息化局推进全市节能降耗工作，全年单位GDP能耗同比下降5.91%，超额完成市政府提出的年度下降2.35%的目标任务和建设国家节能减排财政政策综合示范城市年度单位GDP能耗下降4.86%的节能创建目标。“十二五”期间单位GDP能耗累计下降21.29%，超额完成省下达梅州市单位GDP能耗下降18%的目标任务。“十二五”期间市规模以上工业增加值能耗累计下降57.02%。加强节能监察和能耗运行监测分析，做好节能目标、措施的指导服务和考核工作。加快淘汰低效电机，实施电机系统节能改造，2015年完成电机能效提升6.95万千瓦时，完成省下达5万千瓦时的年度任务。全市2013—2015年三年累计完成电机能效提升15.17万千瓦，超额完成省下达14万千瓦的电机能效提升任务。建成市级能源管理中心，列入省首批省市企业互联互通的6个示范市之一，并实现省市平台的互联互通。兴宁市第一中学被评为第二批国家公共机构示范单位。

【信息化建设】 贯彻落实《广东省信息基础设施建设三年行动（2015—2017年）》《关于大力发展智能制造推进“两化”深度融合加快产业转型升级专项行动计划（2014—2015年）》等系列政策，截至2015年年底，梅州市光纤覆盖用户能力累计154.34万户，光纤接入用户累计24.45万户，光缆线路长度累计7.0681皮长千米。3G基站累计6368座（采用RRU统计），4G基站累计建10299座（采用RRU统计），WLAN热点1223个，AP数6386个，基站站址3923个。固定电话用户53.98万户，移动电话用户356.69万户，数字电视接入用户60.87万户。梅州市成功获得2015年度“宽带中国”示范城市。全市四级网上办事大厅进驻单位838个，服务事项9531项。

【机电工业】 2015年，梅州市规模以上机电工业企业50家，实现工业总产值78.03亿元，同比增长14.70%，占全市工业总产值的11.11%。其中电气机械和器材制造业实现工业总产值35.24亿元，占机电工业总产值的45.2%；汽车制造业实现工业总产值28.63亿元，占机电工业总产值的36.7%。其中产值超亿元的企业有16家。2015年，广东云山汽车有限公司4个纯电动客车型号通过工业和信息化部车辆生产企业及产品公告，12月28日首批200台纯电动公交车正式下线交付兴宁市使用，标志着云山汽车进入新能源汽车产品大批量整车生产时代，也意味着云山汽车成为粤东唯一一家新能源汽车整车制造企业。

【铜加工业】 2015年，梅州市铜金属含量产量3037吨，累计增长—3.5%；精炼铜（电解铜）产量1067吨，累计增长—26.4%；铜材产量9876.8吨，累计增长83.9%；铜矿采选业及电线、电缆制造业工业总产值6.04亿元，累计增长—16.8%。梅州市金雁实业集团公司是从事有色行业的矿山开采、冶炼和铜材深加工企业，是梅州市政府授权经营的市直国有中型企业。2015年直接下属有金雁铜业公司玉水硫铜矿、兴宁金雁电工有限公司、金达铜材有限公司和公司机修厂4个主要生产经营单位，主产品有标准阴极铜、漆包铜圆绕组线。其中阴极铜和漆包线被评为广东省名牌，“金雁”“金雁图形”两个商标被评为著名商标。公司下属梅州市明珠冶炼有限公司的1.5万吨/年铜冶炼产能生产线属于落后产能已被淘汰拆除。梅州博敏电子有限公司是一家生产高端印制板生产企业，12月9日在上海交易所挂牌上市。

【电子信息工业】 2015年，全市规模以上电子信息制造业实现产值120.4亿元，同比增长12%。其中规模以上企业57家，产值亿元以上的企业21家，产值突破10亿元以上的企业4家（新增梅州国威、培英电声）。全市电路板、电声、通信设备三大产业集聚度有新的提高，产值持续增长，增速明显放缓，但高于全国平均水平。梅州紫晶光电科技有限公司生产蓝光存储光盘阵列机系列设备获第43届日内瓦发明展金奖。广东嘉元科技股份有限公司主导制定的《印制电路用金属箔通用规范》国家标准、参与制定的《锂离子电池用电解铜箔》行业标准，经国家质检总局和工业和信息化部批准发布。博敏电子股份有限公司通过知识产权管理体系国标（GB/T29490—2013）认证，成为梅州市首家获得《企业知识产权管理规范》管理体系认证证书的企业。丰顺县被中国机电产品进出口商会授牌为“中国电声出口共建基地”，被广东省质监局批准筹建广东省质量监督电声产品检验站。在资本融资上新增博敏电子1家企业在上海交易所上市，广东嘉元科技、富源科技2家企业国内“新三版”挂牌。全市软件和信息技术服务业实现营业收入8947.57万元，同比增长76%；软件业务收入4120.79万元，同比增长38%。广东骅锋科技股份有限公司在国内“新三版”挂牌，是梅州市软件和信息技术服务企业的首次突破。

【化工工业】 2015年，梅州市规模以上化学原料和化学制品制造企业8家，实现总产值9.82亿元，同比增长64.6%。其中从事高锰酸钾、高锰酸钠生产和销售的广东航鑫科技股份公司于2015年正式投产，是梅州市化工行业的龙头企业。梅州市化工企业通过市场的开拓，产品产量逐年增加，产品远销美国、加拿大等地及中国台湾、广州、宜兴、贵州和江西等地区。随着梅州市工业的快速发展，特别是电子工业和环保工业的发展，相关化工产品的市场需求量越来越大，原本依靠进口的，现已基本实现本地化。

【包装印刷业】 2015年，梅州市规模以上印刷和记录媒介复制企业3家，实现工业总产值1.74亿元，同比增长-31.9%。

【纺织工业】 2015年，梅州市规模以上纺织企业7家，实现工业总产值3.35亿元，同比增长13.5%。由于国际国内经济增速放缓，对梅州市纺织业发展有一定的影响，4家企业出现工业总产值同比下降10%以上。

【酿酒工业】 2015年，梅州市规模以上酿酒制造企业5家，实现工业总产值4.92亿元，同比增长7.4%，2家企业出现工业总产值下降。

【制衣工业】 2015年，梅州市规模以上纺织服装、服饰企业10家，实现总产值8.26亿元，同比增长15.1%。由于国际国内经济增速放缓，对梅州市制衣工业发展有一定的影响，3家企业工业总产值同比下降10%以上。

【特种行业（民爆）】 梅州市有2个民爆生产企业，分别是广东天诺民爆有限公司兴宁分公司（原七〇五厂）、广东天诺民爆有限公司梅县分公司（原广东省四〇一厂）；有1个民爆销售企业、8个民爆销售网点，即梅州市兆安民爆专卖有限公司，下设7个县级分公司。2015年，工业胶状乳化炸药产量29000吨、产值1.7亿元；销售炸药7000吨、雷管138万发、工业索类火工品84万米，总销售额7229万元。

（市经信局）

【陶瓷工业】 2015年，梅州按照打造百亿元产值陶瓷产业的任务目标要求，全市陶瓷产业保持快速发展。全市陶瓷工业实现产值31.2亿元，销售收入23.5亿元，税收1.35亿元，外贸出口总额2.13亿美元，分别增长20.1%、18.6%、13.7%和5.44%。陶瓷工业经济指标继续位居全市各县区第1位，陶瓷产品出口贸易继续保持位列全省第3位（其中工艺陶瓷出口贸易位列全国第1位）。产值超亿元的企业5家，规模以上企业由原来的31家增加到35家。新增国家级高新技术企业2家、市级工程技术研究开发中心1家，申请专利181件、获得国家授权专利239件，有3项科研成果获得2015年度梅州市科学技术进步奖。

（陈福新）

招商引资与经济合作

【招商引资】 2015年，梅州市引进合同项目258个，计划投资913.84亿元。其中，引进计划投资10亿元以上项目28个、计划投资额452亿元；广东梅兴华丰产业集聚带承接项目167个、计划投资额675.1亿元。市委、市政府多次召开专题会议研究部署招商引资工作，出台实施《梅州市重点招商引资项目联席会议制度》《梅州市招商引资队伍建设制度》等一系列制度文件，组建由市领导挂帅、各级各有关部门主管领衔的22支产业招商队。黄强书记和谭君铁市长经常过问并带队洽谈招商项目。各级各有关部门以省内外近百家产业协会（商会）平台为依托，举办115场专题招商推介活动，组织2350多名企业家开展项目对接，并以第四届世界客商大会为契机，在海外设立14个经贸文化联络处，全市现场签约项目81个、计划投资额362.44亿元，动工建设项目137个、计划投资额862.89亿元，竣工投产项目128个、实际投入资金372.44亿元。

乡贤投资项目招商　全市各级各部门打好“乡情牌”，实施“乡贤回归投资兴业工程”，引进金明湖生态旅游、树果果儿童智力乐园、铭海高精密工具生产、泰润元红豆杉深加工等乡贤投资项目154个、计划投资462.3亿元，分别占总数的59.6%、50.5%。

招商环境建设　全市各级各部门依托“一区两带”发展平台，完善“两网三库”（“梅州招商政务网”“投资梅州信息网”，项目信息库、客商信息库、要素信息库），编印《梅州市招商引资产业目录》《梅州市对外招商项目汇编》，细化107个产业链项目，锁定70个对外招商项目。开展“三证合一”登记制度等商事改革，持续推进“微改革、微创新”、市职能部门挂钩服务企业等活动，落实市领导挂钩服务企业和重点项目制度，出台实施《梅州市招商引资项目“一站式”限时办结服务制度》等文件，推行全程“保姆式”服务，实现审批流程最少、办理时间减半，营造安商、亲商、富商的投资环境和营商环境。

【对口帮扶】 2015年，全市各级各部门坚持以帮扶发展为核心，以推进产业园区扩能增效、中心城区扩容提质、交通基础设施建设、社会民生事业发展、深化改革扩大开放等为工作重点，全面推进对口帮扶各项工作。共同落实无偿帮扶资金2.59亿元，联合争取省补助资金13.1亿元。

投资环境　全市各级各部门加强与广州市协作办等部门的对接协调，先后在广州市举办2015年中国广州国际投资年会的梅州推介会、梅兴华丰产业集聚带新闻发布暨招商推介会等活动，联手推介投资环境和对外招商项目，确定53家重点招商目标企业。同时，联合广州市协作办、商务委、经贸委组织中华国际商贸物流商会、广州企业家投资商会等10多家商会负责人、企业家，于4月28—30日组团到梅州实地考察投资环境，开展招商项目洽谈，达成电子商务、外贸加工、温泉旅游等意向投资项目。

项目协作　全市各级各部门围绕“一个目标、三大抓手、两条底线”的工作要求，依托“一区两带”发展平台，盯紧广州市目标企业，推动出台《广州市鼓励企业到广州（梅州）产业转移工业园投资实施办法》，组织开展定向招商，引进金明湖生态旅游、香雪药业生物医药健康食品产业园、雁洋湖度假村、跃速体育产业园、中达紫杉醇提取加工等优质项目。2015年，全市引进广州市企业投资项目30个、计划投资额206.4亿元。

产业对接　全市各级各部门依托广州市的大型会展平台，组团参加广州迎春花市、2015（广州）国际电子商务博览会、第117届广交会、广州博览会、广州旅游博览会等活动，开展现代农业、电子信息、先进制造业、新医药、文化旅游等产业对接，寻求产业项目合作，引进物流供应链、O2O一体化、物流网技术、支付系统、仓管ERP和智能软件等10项电子商务技术，促进企业间的产业合作。

【区域合作】 2015年，全市各级各部门围绕加快梅州振兴发展的主题，进一步加强与漳州、龙岩、汕尾、揭阳的联系，邀请漳州、龙岩、揭阳、汕头、潮州、赣州等市交流互动，开展产业对接、交通共建、旅游协作、科技合作、文化交流、治安联防等活动，引导区域内企业相互合作。

产业协作　全市各级各有关部门采取走出去、请进来相结合的方式，组团参加第七届海峡论坛、中国国际投资贸易洽谈会等区域性产业对接活动，邀请福建、台湾企业家代表团，汕头市装饰行业协会企业家到梅州策划投资项目，举办广东梅兴华丰原中央苏区绿色发展示范区（汕头）专题招商推介会，主动对接金时裕电子等意向投资企业和闽粤赣13市协作区内的乡贤企业家，引进中梅电商孵化基地、天路新材料高端磁性材料生产、源参泰中药饮片补品生产等12个合同项目、计划投资额40亿元，并与汕头市超市供货商协会、汕头市金平区食品商会、汕头市药业商会、汕头市金平区机电商会签订招商信息交流合作平台共建协议，确定一批重点对接产业项目。

专项合作　全市各级各部门围绕交通共建、科技合作、文化交流、环境共保、治安联防等目标，组织开展“双龙”高铁、大潮高速、兴宁至汕尾高速等交通项目协作，举办粤闽赣边区妇产科学术大会，2015年粤闽梅州、潮州、漳州“平安边界”建设联席会议，闽粤赣龙岩梅州赣州第十次警务协作会议等专项合作活动，签订《闽粤赣十三市区域旅游合作协议书》，全面深化专项合作。

平台建设　全市各级各部门依托世界客商大会平台，协调举办2015年世界客商博览会，广邀闽粤赣13市企业参展参会，打造产业对接平台。2015年世界客商博览会期间，吸引闽粤赣3个省的企业和海外客商290家参展，达成贸易成交意向9.1亿元。

（市招商和经济合作局）

工业园区建设

【蕉华工业园区】 2015年，蕉华工业园区工业总产值、工业增加值、规模以工业增加值、固定资产投资等主要经济指标均有不同程度增长。全面完成上级下达的税收计划，税收收入6727万元，受水泥行业价格下滑影响，总税收比上年减少约500万元，但地税收入有较大增长，从而保证园区税收分成实现较大幅度增长。

招商引资　园区成功申报省产业转移园，享受省产业转移政策并获得5000万元扶持资金。围绕产业园扩能增效，加大“走出去、请进来”力度，增强招商推介针对性，通过领导招商、乡情招商、专业招商、以商引商等多种渠道开展招商推介，前来投资考察洽谈商家商会协会人数和批次大幅增加。全年新签合同项目10个，总投资31.2亿元，完成工业固定资产投资4.18亿元。多晶彩电子、晶科电力、客家磨坊、金线莲种植加工、礤背山泉水项目成功签约，尚阳谷、金顺泰、客家红曲项目建成投产，嘉味鲜、顺安达、好利时增资扩产，裕兴食品启动上市程序并申报规模以上企业。

基础设施建设　基本完成G205蕉华段改造和“三化”提升，园区主干道成为蕉华园区一道亮丽风景。园区污水处理厂完成厂房主体工程，还清多年来园区建设欠账。管道天然气完成供地、立项、设计和招标等前期工作，准备动工建设。完成南部健康食品生产基地和中小学以东已回收土地基础设施配套的设计、立项，园区承载力进一步增强。

土地回收　全年完成3批次、17.42公顷用地报批工作。成立6个征地工作组，投入1000多万元推动61.30公顷土地回收工作，保障晶科电力33.50公顷、污水处理厂2.61公顷、多精彩电子4.09公顷、南部健康食品生产基地10.05公顷等项目用地需求。客家磨坊项目租赁康源太阳能厂房建设豆制品加工项目、5宗历史遗留用地问题取得突破。

园区民生事业　提前完成2015年32户和新增137户危房改造任务，得到省侨办的表扬和奖励。投资近600万元，完成南一侨心居、茶园文体广场、老场新村美丽乡村建设，成为新农村建设亮点。投资近400万元，完成20多公顷农业综合开发项目建设。农村环境综合整治、养老院建设、社区文化体育设施建设得到提升，乡村面貌得到较大改观。

（钟渊元）

【梅州高新区】　2015年，园区实现工业总产值106.6亿元，同比增长12.2%；规模以上企业工业增加值19.01亿元，同比增长6.1%；税收5.97亿元，同比增长31.5%；完成固定资产投资15.62亿元，其中设备投资6.37亿元。

规划引领　协助完成梅兴华丰产业集聚带总体规划编制，将园区规划与之对接融合，使广梅产业园成为产业集聚带核心区的主体，与梅县、兴宁、五华、丰顺四个外围产业组团形成“一核四组团”空间发展格局。对接广州开发区，借鉴先进的办园经验，抓紧开展园区总体规划修编，提升发展档次。

基础设施建设　一是推进总投资约10亿元的基础配套设施项目建设。2015年，投入资金约1.65亿元，完成广汽一路、大埔路、新梅江大桥等7个项目建设；横一路东段、横二路、纵四路等7个项目在建；纵一路、纵二路等20个项目进行方案设计或招投标工作。二是服务梅兴华丰产业集聚带建设，分别划出184.25公顷和91.12公顷土地给梅县区、兴宁市合作共建“园中园”，协调做好重大基础设施的规划衔接、功能定位、产业布局等工作。三是推进安置区建设，红星221单元安置区建成并交付群众使用，兴宁楣杆下安置区基本完工并完成选房回购，梅县公和安置区进场施工并完成二期选址，梅县官铺农民新村完成施工图设计。安置群众564户、2984人。四是推进平台建设，加快国家级经济技术开发区和梅州综合保税区两个“国字号”平台的申报工作。

招商引资　坚持项目牵引，狠抓产业建设，与广州开发区统筹招商机制，推进乡贤回乡投资兴业工程，主要领导亲自带队，点对点登门拜访。2015年，园区新签约项目25个（其中投资1亿元以上项目13个、投资5亿元以上项目

1个），计划投资总额约35亿元，达产后预计每年可为园区增加产值44亿元、税收1.6亿元；新动工项目14个，计划投资总额12.4亿元，预计年产值15.8亿元；新投产项目14个，计划投资总额15.2亿元，预计年产值21.5亿元。

企业服务　一是依托投资促进中心，设立办事大厅，完善企业项目筹建服务工作队，为企业提供全方位服务，让项目在签约后3个月内即可动工建设。二是承接好11个市直职能部门的55项行政管理职权，启用“2号印章”，完善“一章一窗”行政审批机制，实现企业办事不出园区。三是组织企业参加招商推介会、经贸洽谈会、产品展销会、银企洽谈会等，为企业间配套协作牵线搭桥，为企业解决融资问题献计出力。四是建立园区重点项目全程跟踪服务制，将重点项目责任分解落实到园区干部身上，按照“一企一策”的思路为企业提供量身定制服务。

（陈锐锋）

10月12日，客商大会广梅园分会场举行重点项目动工奠基仪式

【梅州嘉应新区】　梅州嘉应新区于2013年11月经广东省人民政府批准设立，西接珠三角，东连海西区，南临潮汕揭，北靠赣南，地处珠三角经济圈、海西经济区、赣闽粤原中央苏区的交汇点和重叠核心地带，规划范围内有5条高速公路、2条国道、2条铁路和梅县机场，是潮汕平原北上开拓腹地的枢纽。规划范围包括梅江区的金山、西阳、三角、长沙，梅县区的程江、南口、扶大、梅南、水车、畲江，兴宁市的水口等11个镇（街）的部分村（居），总面积498平方千米。其中，核心区面积为55平方千米，起步区（江南新城、芹洋半岛、梅县新城）面积17.8平方千米。嘉应新区管理委员会于2014年5月经省编办批准设立，是梅州市政府派出机构，正处级单位，行政编制24人，后勤服务人员4人。根据职责定位，下设办公室、发展部、招商部、建设部、财务部5个副处级内设机构。嘉应新区党工委、管委会组织人员架构于2014年11月正式组建成立。

征拆安置　一是征地拆迁进展顺利。坚持每周与梅江区主要领导召开一次征拆研究工作，主动对接配合梅江区征拆工作队，江南新城征地拆迁工作进展顺利。至2015年12月底，完成征地152.56公顷，签约5246座，剩余未征收房屋76座，收回已供未建国有土地70宗65.26公顷。二是安置房建设全面开工。引进社会资本投资、研究探索建设模式、多方筹措争取资金，先期开工的362套安置房验收交付；吉祥、站前安置区项目正进行基坑工程；坜明、上坪安置区引进中国二十二冶集团公司投资建设，项目建设正加快推进。

公共配套完善　创新运用“PPP＋政府购买服务”模式（含融资、勘察、设计、施工、运营一体化），引进社会资本参与，抓好“三园两馆两场两中心”等公共服务项目建设。剑英大道等主要道路和地下综合管廊正式开工建设；芹洋湿地公园在春节前部分开放；马鞍山公园正进行护坡挡墙建设和边坡绿化；剑英湖公园项目、两馆建设规划优化方案基本完成，正推进改造提升项目的建设。同时，学校、医院等公共服务项目规划建设正有序推进。

产城融合　围绕江南新城的功能定位和空间布局，突出以总部经济、中央商务、公共设施、文化创意等为重点，加大招商引资力度，促成项目落地，为产城联动发展打下重要基础。梅州义乌小商品城、科伦药业总部等项目正式动工；富力地产、五星级酒店、商会大厦、客家文博综合体、时光梅州、林权流转服务中心等项目正洽谈推进。

融资方式创新　在融资政策调整大、抵押物严重不足的情况下，通过创新融资方式，争取政策资金支持，引进社会资本参与，想方设法筹集到位资金 130 多亿元，保障江南新城征拆和项目建设资金需求，并归垫市财政前期投入的 23 亿元。江南新城棚改安置房建设项目成为国务院推行政府购买服务模式后全省首个采用此模式融资建设棚改安置房的项目，并列入国开行系统在广东的两个试点项目之一。江南新城棚改安置房和地下综合管廊项目是全省唯一一个同时获得 3.4 亿元国家“稳增长、促发展”专项基金支持的项目，国开行首批 6 亿元棚改项目贷款资金正式到位。

队伍建设　一是制订出台《嘉应新区管委会机关管理工作规则》，明确各部室工作职责，确保各项工作落到实处。二是抓好廉政建设。与市检察院建立江南新城新政府性投资项目同步预防监督机制，与领导干部职工签订廉洁承诺书，并将江南新城政府性投资项目全权委托市建管中心管理。三是坚持重大事项集体研究。坚持每月召开一次领导班子会议，每月召开一次项目公司专题汇报会议，研究讨论建设重点项目重大事项、大额度资金使用等问题，班子会议和研究重大事项会议均邀请聘请的法律顾问或管委会负责法律工作的干部列席，进一步提高依法决策能力。同时，坚持中心组学习制度，新组建成立机关党支部，每月组织集中学习活动，每月编印 1～2 期学习资料，提升干部职工思想政治素质和业务水平。

（梅州嘉应新区）

民营经济

【概况】　2015 年，全市中小企业发展有如下特点：

增长速度加快　全市累计发展私营企业 1.97 万户、个体工商户 15.49 万户，同比分别增长 23.9%、7.3%；私营企业注册资本 804.3 亿元、个体工商户注册资本 54.8 亿元，同比分别增长 41.7%、26.9%。

贡献份额加大　全市民营经济完成增加值 595.27 亿元，同比增长 7.6%，占全市 GDP 比重的 62.3%；民营企业上缴税金 137.44 亿元，同比增长 16.2%，占全市税收总额的 71.5%；民营企业实现出口总额 14.95 亿美元，同比增长 30.9%，占全市出口总额的 65.8%；民营企业吸纳社会就业人员 114.21 万人，同比增长 11.1%。

发展质量提升　全市民营资本完成固定资产投资 375.24 亿元，增长 33.0%，占全市固定资产投资的 66.1%。全市发展高新技术企业近 60 家，民营科技企业 80 多家。全市注册商标总量突破 8200 家，省级工程技术研发中心 25 家，市级工程技术研发中心 30 家。开发市级以上新产品 198 个，其中 61 个产品被认定为省高新技术产品。累计实施省、市重大科技成果转化项目 50 多项，实现产值 240.5 亿元。

【企业建设】

政策支持　一是制定完善政策。先后制订出台中小微企业信贷风险补偿基金、创业创新投资引导基金、促进创业小额担保贷款基金和大众创业万众创新新兴领域财政专项扶持资金等系列扶持政策措施，市财政首期出资 4000 万元、争取省配套扶持资金 5000 万元设立梅州市中小微企业信贷风险补偿基金，2015 年—2017 年市财政将安排 9000 万元设立“梅州市创业创新投资引导基金”“梅州市促进创业小额担保贷款基金”和“梅州市大众创业万众创新新兴领域财政专项扶持资金”，加大对个体创业者、初创企业和创新型企业的扶持力度，形成一套涵盖大众创业万众创新的全方位、较为完整的全链条扶持中小企业民营经济发展政策体系。二是推动政策落实。对中央和省出台的“关于减免小微企业所得税、免征行政事业性收费”等优惠政策及时落到实处，帮助企业用好、用足、用活政策。至12月底，全市有4122户小微企业享受所得税优惠政策，减免所得税额1300.47万元；为78.5266万户次的小微企业免征增值税14932万元，小微企业所得税优惠政策受惠面达到100%。联合市食品药品监督管理部门做好减免食品药品初创企业有关行政事业性收费等工作。三是加大政策宣传。印制《国家省市扶持大众创业万众创新政策文件汇编》3000多本，收集汇总国家及有关部委文件32份，省政府及部门文件13份，市委市政府及相关部门文件17份，及时派发到基层和广大中小微企业。先后在《南方日报》《21世纪经济报道》大篇幅报道梅州推进大众创业万众创新的先进做法和成功经验，在梅州广播电视台、《梅州日报》、中小企业服务网等媒体开展《助力中小微企业“解围”》《让传统产业搭上电商“快车”》等系列专题报道30多期次。

服务体系建设　一是加强综合服务机构自身建设。组织梅州市、梅江区、梅县区、兴宁市、平远县、五华县6家中小企业服务中心申报“2015年省财政新增扶持中小微企业公共服务平台项目”，共争取省扶持资金达970万元，主要用于加强软硬件建设、提升公共服务功能等。二是组织国家级综合窗口平台项目验收工作。成立项目验收工作组和专家组，先后对全市4个（梅州市中小企业服务中心和兴宁市、五华县、大埔县中小企业服务中心）“1+33国家级综合窗口服务平台项目”进行现场验收，推动项目承担单位开展“政策咨询、人才培训、市场开拓、法律援助”等一体化服务活动。三是建立中小企业微信云平台。组织专门力量，在全省各地级市率先开发建设微信新媒体服务云平台（公众号：梅州市中小企业云服务平台；微信号：mzzxqy），实现“点对点”信息的有效传递。平台开通以来，已吸引2000多家企业关注。四是加强市场开拓服务。组织6家优质中小企业参加第十二届中国国际中小企业博览会首期展览，66家中小企业代表及采购商参加“中国中小企业高峰论坛”“中小企业信息化论坛”和“中小企业管理专题培训”等系列活动。

企业人才培养　一是加快企业高素质人才引进步伐。联合市委组织部、市财政局等部门，印发《梅州市企业引进高素质人才个人生活补贴市级财政补助资金管理办法》《梅州市企业引进高素质人才个人生活补贴和房租补助申报管理办法》《梅州市企业引进高素质人才购房贷款贴息申报管理办法》，从根本上解决小微企业“引不进、养不起、留不住”人才的瓶颈问题。二是加大企业人才培养力度。制订实施《“客商培养计划”2015年度工作方案》，联合市委组织部、省中小企业服务中心、嘉应学院等部门先后举办“2015中国人民大学新常态企业创新发展（梅州）研修班”“香港理工大学骨干民营企业家高级研修班”“西安交通大学装备制造企业发展模式转型与创新研修班”“广东省中小企业公共服务机构能力提升培训班”及“中小微企业电子商务运营实操培训讲座”等20多场，培训人数达2100人次以上。

缓解企业融资困难　一是搭建企业融资增信平台。通过设立中小微企业信贷风险补偿基金、建立重点中小微企业池、与金融机构建立合作关系，进一步完善中小微企业融资增信平台。至12月底，全市有100家企业加入梅州市“重点中小微企业池”，并与广发银行梅州分行、邮政储蓄银行梅州分行、建设银行梅州分行、中国银行梅州分行签订《业务合作协议》。梅州市林海陶瓷有限公司、广东瑞山高新农业生态园股份有限公司等4家企业，共获得银行增信贷款2212万元。同时，推动梅县区、兴宁市、平远县、蕉岭县、大埔县、五华县6个县（市、区）分别拨出专款设立县级中小微企业信贷风险补偿基金，先后为20家企业发放贷款近1亿元。二是壮大政策性担保公司注册资本金。争取省财政新增2015年中小微企业资金（担保股权投资基金）5000万元，对市企信融资担保投资有限公司增资扩股，解决公司碰到的“最大单笔担保额偏小、担保面不广”等问题。同时引入省再担保公司与市企信融资担保投资有限公司战略合作，争取省再担保公司注资壮大注册资本金。三是推动金融机构创新金融服务产品。鼓励市内各大商业银行按照客户与市场条件变化，开展“税宝通”“助保贷”等融资产品的服务创新，经常性举办银企对接活动，提升客户与市场响应力，将信贷资金更多地投向中小微企业。2015 年，全市中小微企业贷款余额 316.84 亿元，同比增长 8.7%，占全部企业贷款余额的 88.59%。四是拓宽企业直接融资渠道。先后推动博敏电子股份有限公司在国内主板市场上市，集一家居在境外香港上市，上市公司总数达到 10 家；固特超声、裕丰食品、嘉元科技、骅锋科技、富源科技等 5 家企业在“新三板”成功挂牌，挂牌企业总数达到 6 家，上市公司和挂牌企业总量位居广东省山区市首位。累计促成 52 家企业分别在广州股权交易中心、深圳前海股权交易中心和上海股权托管交易中心挂牌。上市和挂牌企业通过首发、发行债券、发行票据、增发等形式，共计融资近 120 亿元。

推动产业转型升级　一是助力小微企业快速成长。制订实施《梅州市扶助小微企业专项行动工作计划》，建立联系企业长效工作机制，派发联系卡，开展实地调研走访活动，掌握企业运行情况，协调帮助企业缓解资金、土地、劳动力、原材料等方面的要素制约，助推 30 多家小微企业成功实现上规模目标。二是推进民营企业体制创新。鼓励和引导广东正源华茶生物公司、广东燕岭生命科技公司、兴宁市玉淳现代农业公司等 8 家企业成功实施股份制改造，全市股份制改造企业累计达到 68 家。三是保障企业创新发展用地。联合国土等部门对全市范围内的中小微企业创新发展用地需求进行摸底调查，每年统筹安排 32.5 公顷土地指标，专项用于解决企业创新转型发展中遇到的用地难问题。四是推进企业创新提档升级。抢抓省《关于推动新一轮技术改造促进产业转型升级的意见》和《关于进一步扶持中小微企业发展和民营企业做大做强的意见》的政策机遇，帮助企业争取技改贴息等专项资金近 1000 万元。

【招商引资】 围绕市委、市政府关于招商引资工作的总体部署和要求，抽调精干力量，成立产业招商小分队。创新招商引资方式，2015 年市中小企业局完成 2 个招商引资工业投产项目，项目合计投资 2 亿元，项目达产后可实现产值 1.8 亿元；完成 1 个意向项目，项目总投资 2 亿元，预期可实现产值 6 亿元。

【创业氛围营造】 一是成立梅州市创业协会。制订《梅州市创业协会成立大会工作方案》，发动广大创业者和创业创新中小微企业申请入会，至 2015 年年底，发展企业会员 310 个。二是设立创业创新综合服务窗口。制订《关于设立梅州市创业创新综合服务窗口工作方案》，建立由市相关职能部门负责指导、梅州市创业协会负责窗口日常运行和管理的工作机制，打造创业创新“一站式”绿色服务通道。三是配合开展双创活动周工作。制订《梅州市关于“全国大众创业万众创新活动周”工作方案》，各县（市、区）和市直相关部门结合本地区实际及各自职能，开展优惠政策解读、送政策下企业和创业辅导培训等形式多样的“创业、创新”服务活动 20 多场次。四是树立优秀创业典型。在全市范围内遴选并确定梅州市艺博网络科技有限公司“客家帮网上购物商城”等 10 个项目为梅州市首批优秀创业项目，分别给予 20 万元创业资金扶持。五是组织申报创业创新基地城市示范项目。经项目申报、专家评审和部门评审等程序，兴宁市被确定为“广东省小微企业创业创新基地城市示范”。

（陈福新）

2015年11月3日，梅州市创业协会成立大会在梅城举行，市长谭君铁（左四）出席大会并作讲话

安全生产

【安全生产责任体系】 印发《中共梅州市委办公室梅州市人民政府办公室关于完善安全生产责任体系的通知》，安全生产责任体系进一步落实。坚持各级党政领导落实“一岗双责”应做到“四个一”的基本要求：即各级党政领导全年在安全生产工作方面至少要做到研究部署一次以上安全生产工作、不打招呼检查督查一次以上安全生产工作、亲自带队开展一次以上事故隐患排查、负责挂牌督办一项以上事故隐患整改落实。

【隐患排查制度】 坚持落实市、县两级政府安全生产重点事故隐患“一月一排查、一月一汇报、一月一研究督办”的工作制度。2015年，市安委办在市政府常务会上汇报安全生产及隐患排查治理情况12次，列入市政府挂牌督办重点隐患120项，完成整改119项。全市排查企业1.7万多家（次），发现一般事故隐患2.56万项，整改2.50万项，整改率97.7%，累计投入隐患治理资金902.2万元。

【安全生产督查整治】 建立安全生产综合督查与飞行突查、暗访暗查相结合的安全生产督查检查制度，全年以市安委办名义组织检查单位企业381家，发现各类隐患和问题1035项，全部发出通报并要求限期整改，促进安全生产大检查和“安全生产执法年”工作开展。2015年，全局副处以上干部参加县（市、区）安全生产工作会议21场（次），列席参加县（市、区）政府常务会36场（次），参加县（市、区）安全监管局工作会议32场（次），带队开展“四不两直”（不发通知、不打招呼、不听汇报、不用陪同和接待、直奔基层、直插现场）方式飞行突查7轮，现场督查重点隐患治理情况12轮。2015年，市安全监管局会同市公安局和交通运输局解决梅县机场运油车安全问题，会同市公安消防局和梅州高新区解决东升工业园区企业的重点消防隐患问题，协调梅江区和市交通运输局解决梅大高速圣人山隧道安全问题，协调梅江区、梅县区、蕉岭县和市交通运输局、工商局等部门解决氧气、乙炔违法运输销售问题等。

（市安监局）

电力工业

【梅州供电局】 2015年，梅州用电量77.98亿千瓦时，同比增长28.09%；售电量65.48亿千瓦时，同比增长40.88%。全口径用户年平均停电时间降至4.47小时，较2010年大幅减少24.19小时；全口径农村用户平均停电时间降至5.19小时，较2010年年底大幅减少22.86小时。完成“十二五”和经营范围内“应改未改”农网改造升级工作，解决20.8万户农村地区变压器过载配变和台区低电压的问题。至2015年底，建成35千伏及以上变电站125座，变电总容量993.24万千伏安，输电线路总长度4549.63千米。

电网发展　累计完成固定资产投资10.81亿元，完成率101.06%，其中电网投资9.19亿元，完成率101.67%。合计新增35千伏及以上输电线路103千米、变电容量46万千伏安，建成投产220千伏赞化和110千伏古塘、红光变电站。特别是仅历时11个月建成投产大埔电厂至土岭站、嘉应站线路工程，保证粤电大埔电厂设备调试用电及首台机组电能送出的需求，工程获评省公司“安全、优质、文明”样板工程称号。投入2.74亿元专项资金对过载配变、低电压台区进行改造，完成经营范围内“老旧”电网改造工作。完成“十三五”配电网等5项规划编制工作。

安全工作 圆满完成抗战胜利70周年、第四届世界客商大会等72项保供电任务。全年开展特巡特维2575次，完成2680台设备反措实施，设备主人机制覆盖所有35千伏及以上变电站和线路。化解地区V级及以上风险40项。调控一体化建设稳步推进，地、县两级调度实现对主网设备的集中监视和控制，完成地区应急备调系统建设工作。电力设施保护首次纳入全市护路护线联防专项工作，电力设施发案数与直接经济损失分别同比下降50%和87.77%。应对平远“7·22”洪涝灾害、春节防配变烧毁等工作，保证电网安全和可靠供电。梅州电网安全运行超23周年。

优质服务 刚性执行业扩工程投资界面延伸至客户红线，解决供电服务“最后一公里”的问题，99%的报装客户按新投资界面执行。全年累计为67395户城乡低保户、农村“五保户”减免电量1049万千瓦时、电费629.4万元。围绕“两个千分之三”(国家对电网企业的节能考核指标：每年节约电量指标不低于销售营业区内上年售电量、最大用电负荷的0.3%)的要求抓好节能降损，完成节约电量2614.28万千瓦时。完成3.08亿元小区用户资产接收，惠及3万用户。2015年再获梅州市地方公共服务满意度调查排名第一。

(陈　樱)

【广东粤嘉电力有限公司】

安全生产管理 层层分解落实安全责任，开展“平稳安全一百天，实现新跨越”的安全主题活动，加强常驻承包商安全管理工作，做好安全风险防范和事故预防工作。至12月31日，连续安全生产记录4251天，安全天数连续创新跨越，没有发生人身轻伤及以上人身伤害、B类设备障碍及以上设备事故，没有发生火灾、环境污染事故。

发电工作 发电形势持续低迷，运行部迎难而上，提高发电负荷率，多发有效电。全年累计上网电量12.1961亿千瓦时，位居全省同类常规煤机的电量之首，利用小时数4872小时，高于全省煤机平均值4250小时的14.6%。

设备保障 利用调峰机会进行设备消缺和预防性维护，保证机组安全稳定运行。加强设备巡查管理，将缺陷消除在萌芽状态。利用机组停机检修机会进行技改、科技、特殊修理项目，2015年度技改项目全部完成。

节能环保 围绕安全、低耗、环保和提高机组运行安全经济性，做好节能技术管理工作。解决5号机高加疏水排放不畅的问题，机组给水温度提高2℃~3℃。做好5号、6号炉检修期间对旋风分离器进口烟道及尾部烟道吹灰、冲洗工作。做好污水处理系统和烟气在线监测系统的运行和维护工作，并加强环境监督检查，保证污水处理系统和烟气在线监测系统正常运行，未出现污水和锅炉烟气污染事件。开展能源管理体系建设。做好2015年度碳排放配额缺口竞拍工作。

经营管理 一是以资金管理为核心做好财务工作。加强预算管理和资产管理。发挥财务监督职能，监督检查公司固定资产的日常管理，确保资产的安全。组织申报2015年省级节能降耗专项资金项目，6号锅炉本体节能综合技改项目成功获得2015年节能降耗专项资金100万元。二是顺利通过管理体系换证复评的审核。继续做好创建标准化良好行为企业的推进工作。2015年9月被集团公司评为AA级先进发电企业。三是持续开展好QC质量管理活动，继保班QC小组获得“2015年度广东省南粤之星优秀质量管理小组金奖”、制粉系统一班善战QC小组获得“2015年度广东省优秀质量管理小组”，集控运行甲班获得“2015年广东省优秀质量信得过班组”“2015年全国质量信得过班组”称号，谢传亿副总经理获“2015年度广东省质量管理小组活动优秀推进者”称号。

人才优化配置和培养　以打造标杆电厂培养人才为目标，加强培训教育，提升人员素质。加强持证上岗管理。充分发挥网络教育优势做好教育培训工作，4月完成ELN在线学习系统服务器的部署、联通性测试和课件本地化工作，7月按集团公司要求利用在线学习系统平台实施全员网络培训，至12月底全员培训完成率98.69%。

（徐思燕）

【长潭发电公司】　2015年，公司在确保安全生产的基础上，稳健经营，力谋发展，提升管理，抓党建，促和谐，推动公司各项工作取得新进步。公司获“广东省第十五届体育节活动先进单位”、运行党支部被粤电集团党委授予“先进党支部”、林标伦获得粤电集团公司“先进生产工作者”荣誉称号、公司组队获粤电集团电气一次检修技能大赛水电组团体及个人“三等奖”。

生产指标　水库流域平均降雨量1857.7毫米，同比增加34.5%；水库来水总量17.40亿立方米，同比增加23.2%。完成发电量1.65亿千瓦时，上网电量1.62亿千瓦时，完成集团公司下达的年度上网电量考核目标值（1.46亿千瓦时）的110.96%。全年发电平均水耗10.42立方米/千瓦时，水能利用提高率14.48%。

安全生产　公司一是进行3台机组和2台主变小修、电缆桥架改造、10.5千伏Ⅰ段母线绝缘防护改造、生产实时监测系统（SIS）安装调试、监控系统工程师站升级改造等主要设备设施技术改造项目。通过优化过程及“两票”管理，从工作策划、现场监护、安全监督、文明施工、质量验收等都进行精细化管理，生产各部门加强沟通，技改项目顺利完成。全年发现设备缺陷79项，消缺率为97.5%。二是开展汛前检查，完善防汛物资配置，加强汛期水情、雨情预测预报，优化水库调度，合理控制库水位，确保水库安全度汛。三是完善公司应急处置工作，组织建立应急预案体系，开展应急预案评估备案工作。四是严格外包工程管理，加强现场安全监督力度。交通和安保工作保持平稳，未发生同等以上责任的交通事故和安保事件。至2015年年底，公司安全运行756天，创3个“百日无事故”。

企业管理　开展安全生产标准化达标自评、整改和企业标准化良好行为自查工作，对公司标准化工作情况进行全面、系统的自查和评价，理清业务现状，组织全面修编107个管理标准、94个技术标准、94个岗位工作规范。开展对标管理，突出标杆导向作用，不断提升公司管理绩效和水平。

风电建设　配合开展平远茅坪和梅江区明山嶂两个风电项目的核准文件审批工作，协助做好测风塔的维护和数据采集、征地前期沟通协调工作。两个项目均已通过国家核准，预计2016年年底前正式开工建设。

（黄维江）

【广东粤电青溪发电有限责任公司】

生产指标　2015年年发电量3.79亿千瓦时，上网电量3.71亿千瓦时。年售电收入10734.71万元，同比增加13.09%；年营业总成本7586.95万元，同比增加0.14%；利润总额3144.29万元，同比增加59.10%；净利润2328.80万元，同比增加59%。全年流域平均降雨量1805.3毫米，同比增加32.06%；入库水量77.67亿立方米，同比增加14.81%；发电耗水偏差率3.08%；水能利用提高率6.27%，发电平均耗水率20.40立方米/千瓦时。年水情预测准确率92.5%。

安全生产　安全生产总体平稳，未发生人身、设备、火灾、交通、垮坝、水淹厂房、恶性误操作及网络与信息安全事故和C类以上设备障碍，未发生职业病危害事故和环境污染事故，未发生机组检修后返修事件，未发生泄洪期间机组非计划停运及违反三防工作规定事件。截至 2015 年 12 月 31 日，连续安全运行 6773 天。一是加强新《安全生产法》《电力设备典型消防规程》等法规宣传贯彻。二是健全和完善运行规程、标准两票、现场操作说明书、现场应急处置措施等，全年修编标准工作票 569 张，操作票 315 张；开出工作票 570 张，操作票 548 张，两票合格率 100%；执行调令 1066 条，正确率 100%。三是提升设备维护水平。全年完成技改项目 6 项、特殊修理项目 6 项及科技项目 2 项，包括 1 号主变大修，1 号、2 号、4 号机组 C 级检修等项目。四是完善应急管理体系。编制完成 31 个现场处置方案，选取 11 项演练课题。五是加大隐患排查整治力度。2015 年，公司开展废旧电缆清理工作。全年发现安全问题 71 项，完成整改 68 项，整改率 95.8%；反事故措施计划 23 项，劳动保护措施计划 11 项，完成率 100%。

经营管理　优化水库调度工作，通过科学合理调度洪水、优化开停机方式、分时段控制水位、保持合理高水位运行等措施，提前腾库和拦截洪尾以增加发电量。严格费用预算管理和用款审批，拓宽经营分析的深度和广度，逐月跟踪、分析预算执行情况和涉网考核情况。

企业管理　一是薪酬改革。修订完善公司《薪酬管理标准》和《绩效管理标准》，提升公司薪酬体系的适宜性、有效性。二是管理体系建设。新编（或修订）标准 160 个，完成集团水力发电统一生产管理重要标准修编及培训工作，建立由 52 个指标构成的全面对标指标体系，全部指标达到标杆值。三是教育培训。公司在基础培训项目上，重点突出生产技术的培训，加强对班组长、管理人员的管理能力培训，整体提高其管理水平。2015 年，全员培训率 100%，培训合格率 96.9%；生产人员持证上岗率 96.6%，职工培训鉴定考核检查得分率 93.8%。

（广东粤电青溪发电有限责任公司）

公　路

【交通固定资产投资】 2015 年，市县两级交通运输部门以项目落地建设为工作重心，加快交通基础设施建设。市交通基础设施建设指挥部办公室统筹协调和推进交通重点项目建设，加强组织保障力度，制订各项制度，完善项目推进机制，利用“两大政策”，依托穗梅对口帮扶等重大机遇，争取国家和省专项投资补助，保障重大项目建设进展顺利。全市交通运输部门争取中央、省计划到位资金（不含公路部门资金）5.76 亿元，完成交通固定资产投资 100.1 亿元，超额完成年度计划，同比增长 38.4%，首次突破百亿大关。蕉岭县、丰顺县、兴宁市的交通固定资产投资同比大幅增长。

【高速公路规划建设】 高速公路是建设现代综合交通网络的主骨架，市交通运输局按照“建成一批、开工一批、储备一批”的要求开启高速公路建设的“高速时代”。2015 年，完成高速公路投资 67.9 亿元，占年度计划的 114%，同比增长 22.9%，新建成济广平兴段、汕湛五华段 2 条、138 千米高速公路，打通赣南通往广东的高速公路“断头路”，实现县县通高速目标，加快梅州从“三不靠”的地理位置变为“三省枢纽”的步伐，梅州与珠三角、潮汕平原、海西区经济联系更加紧密。为保障交通项目的顺利推进，市高指办各工作组按时间节点要求，加强督查督办，实行每月检查、巡查和督导，季度通报等制度，狠抓项目关键环节的落实，确保济广、汕湛高速如期建成通车；兴华高速征地拆迁基本完成，实现全线动工建设；梅平高速于 9 月 29 日动工建设；大潮高速（含大漳支线）12 月 28 日获省发改立项核准，29 日先行工程在潮州动工建设；梅州东环高速、大丰华高速丰顺至五华段、兴汕高速五华至陆河段 3 条拟建高速公路前期工作有序推进。

济广高速平兴段跨线桥下部建设

【普通公路路网结构】 市县两级交通运输部门抓住全国第三次普通公路路网调整机遇，按照主骨架明晰、支路发达、干支相连的要求，加快推进省道升国道、县道升省道路网规划建设，构建以国省干线公路网、农村公路网为主的快速道路运输体系，打通“最后一公里”，力促形成四通八达的市域交通网络。

普通公路投资增长 全市普通公路完成投资25.91亿元，同比增长83.3%，占年度计划的109.7%。其中国省道14.86亿元，同比增长125%，占年度计划124.3%；县乡公路、桥梁11.05亿元，同比增长46.7%，基本完成年度目标。

县乡公路路域环境建设 2015年，投入7400万元完成25条、220千米绿色景观道路建设，筹资4000万元建设98条、457千米农村公路安全生命防护工程，提升公路景观效果和行车安全水平。地方公路总站指导梅县区以旅游公路建设为抓手，精心策划，推进农村公路建设，营造畅安舒美的“绿色交通”环境。

梅兴华丰产业集聚带路网建设 抽调基建科人员成立督察组，建立半月一通报制度，严格按照既定建设标准、时间节点等要求，每周到相关县（市、区）项目建设现场开展督查，推进项目建设，确保如期完成任务。梅兴华丰产业集聚带路网6类、21个产业集聚带重点项目全面实施，完工4项、动工4项、加快推进13项，力争3年内基本形成产业集聚带综合路网。国省干线“迎国检”任务如期完成，动工建设畲江至梅城、兴宁、五华3条快速干线。

【交通行业管理】

运输秩序规范 开展运输企业、驾驶员培训企业、二类以上的机动车维修企业质量信誉考核，加强服务质量监管，及时查处违法违规经营行为，逐步建立诚信信息系统。2015年，全社会公路水路客运量2858.5万人、旅客周转量39.52亿人千米；货运量7820万吨、货物周转量177.60亿吨千米，年平均增长速度分别为11.67%和16.4%。公路水路运输保障经济社会的快速发展需要，运输服务实现量质齐升。

基建管理 建立完善的项目管理档案，健全完善质量管理制度，开展质量安全监督及造价管理。全年共审查（批）19个项目施工许可，18个建设工程项目法人；核备34个项目设计、施工及监理等招标文件，全部符合基建管理程序；对22个完工的国道、省道、县道项目进行交工验收检测，验收里程153.867千米，对4个具备竣工验收条件的项目进行竣工检测鉴定，验收里程49.755千米，竣工检测鉴定合格率100%。

综合执法 市县两级综合行政执法机构通过实施“三会两课一操”等制度增强执法能力，采取优化人力配置、强化联动执法等措施提升执法效能，加强道路、水路运输市场监管和路域环境综合治理，重点打击非法营运、超限超载运输等违法违章行为。全年出动交通执法人员54735人次，出动执法车船9770车（船）次，立案3017宗，结案2794宗。在治超方面，蕉岭、丰顺、五华的违法案件查处总量和整治效果比较好，梅县区投入400多万元，先行试点源头科技治超工作。

交通交警联合“治超”

安全生产 加强危险地段改造和危桥改造，抓好道路运输行业、公路养护、在建桥梁、水上运输等领域安全生产保障工作，开展交通运输安全生产集中整治和打非治违专项行动，组织各类应急演练20次、应急培训83次，较好地完成春节、“五一”、国庆等节假日和雨季汛期的安全保障工作，安全生产形势连年稳定。

全市交通运输行业发生道路交通事故3宗、死亡4人，事故宗数、死亡人数同比分别下降75%、73%，水路运输和交通运输工程建设施工领域未发生一般及以上安全生产事故。

【交通惠民工程】 一是市交通运输局成立新农村公路和城区公共交通2个工作组，负责2015年500千米新农村公路硬底化改造、开通梅县区城乡公交、梅州城区新增100辆纯电动公交车及更新150辆清洁能源出租车政府民生实事的具体实施。各县（市、区）交通运输局结合精准扶贫和美丽乡村建设需求，申报新农村公路路面硬底化计划，解决资金缺口问题，全市新农村公路路面硬底化改造任务超额完成，达715千米，乡村公路等级和通行能力得到进一步提升。二是市交通运输局坚持公交优先发展战略，加快推进城乡公交一体化进程，梅州城区新增350辆纯电动公交车、更新270辆油气两用出租车，新能源和清洁能源城市公交车比例居全省第一。梅县区全面开通城乡公交后，梅州城区有49条公交线路、3个公交站场、1座公交车加气站、321个公交站亭（台），运营线路里程增至1500多千米，年客运量增至3500万人次，公交惠民政策受益群体进一步扩大。丰顺县开通公交并出台实施特定群体乘坐公交优惠政策。兴宁市购置纯电动公交车200辆。城区重点项目梅州中心枢纽汽车站全面开工建设。客都大桥完成工程总量的60%，程江大桥前期工作有序推进。

【交通专项规划】 抓住改善交通区位条件、服务产业发展、提高交通集散能力3个关键点，借力穗梅对口帮扶，构建以“两高一场”为主骨架，公路、铁路、航空、水运协调发展的现代综合立体交通网络。机场、公交站场、邮政、专项规划等工程合计完成年度投资计划3.16亿元。综合交通“十三五”规划、中长期规划初稿基本完成，梅州国家公路运输枢纽总体规划待报省审批，梅州港总体规划待省评审。（刘达标）

【公路建设】 2015年，市公路局围绕建设“粤东北交通枢纽城市”和“潮汕平原北上拓展腹地的交通枢纽”的目标，推进以梅兴华丰产业集聚带和“迎国检”为重点的国省道项目建设，实现各项工作的平稳较快推进。

公路项目建设 2015年，全市国道、省道建设累计完成投资11.8亿元，同比增长78.9%，投资额再创新高。特别是梅畲快速干线改线工程如期推进，罗乐大桥新建工程于10月上旬如期动工建设。

国省道“迎国检” 2015年是迎接“十二五”全国干线公路养护管理检查之年。19个总长312.4千米总投资9.42亿元的“迎国检”路面改造项目除国道206线平远八尺至大柘段经省同意推迟施工外，其他已基本完工。10月26—27日，交通运输部检查组对国道、省道105千米受检路段（占全省受检道路总里程997千米的10.5%）和85千米途经路段进行检查后表示满意。

项目资金争取 3月，省将梅州市全境列入“原中央苏区县”，与“少数民族县、省重点扶贫开发县”列为同一类型，享受省最高补助标准，公路项目建设定补金额比原来总体提高约15%。4月，省追加梅州市国道、省道“迎国检”项目缺口资金补助7.6亿元，占全省总追加的70%。梅州市有35个国道、省道项目列入省2014—2017年投资计划，共492千米，总投资62.35亿元。（市公路局）

2015年11月18日，市公路局“三个文明”创建活动现场会

【梅州市粤运汽车运输有限公司】 梅州粤运公司下辖梅州汽车客运有限公司，梅州江南、兴宁、大埔、五华、丰顺、平远、蕉岭汽车运输有限公司，梅州汽车货运有限公司，梅州汽车材料供应有限公司等10个子公司以及梅州市粤运汽车运输有限公司多种经营分公司、梅州市粤运汽车运输有限公司江北、江南、兴宁、大埔、五华、平远、蕉岭等7个分公司。2015年有站场14个，其中一级站场1个、二级站场5个、三级及以下站场8个。在册职工1876人。客运标志牌540块、营运班线282条、建制车辆843台（其中大型客车379台、中型客车219台，的士245台），全年总行驶里程13597.04万千米，运送旅客434.43万人次，同比增加7.96%；旅客周转量13.26亿人千米，同比增长2.75%。客运班线辐射省内及闽、赣、湘、浙、琼、港等6省30多个地区，是梅州市唯一一家“国有道路运输一级企业”。

重大节假日运输 2015年春运期间，公司投入运力822台，发出47108个班次，运送旅客52.61万人次。其他重大节假日和暑运班次、客运量、营收等方面都取得较好成效。

安全生产管理 2015年，公司有驾驶员1700多人，总行驶里程13597.04万千米。按省粤运交通公司下达的年度安全责任四项指标（责任事故率0.0018宗/百万车千米、死亡率0.0037人/百万车千米、受伤率0、经济损失率0.3677元/百万车千米）均未超标。事故宗数下降83%、死亡人数下降66%、受伤人数下降100%、直接经济损失下降42.5%，防范和遏制较大以上安全生产事故的发生。

站场建设 梅州市中心枢纽汽车站完成概念设计方案和项目代理公司招挂网公开招标以及第二期供地各项手续，启动设计招标工作。畲江客货运中心站加快车站配套设施建设，力争早日投入运营。进一步加强战场网络建设，不断增强企业发展后劲。

拓展新业务 坚持重点抓好主业经营的同时，实施主辅业并举策略，利用站场资源、媒体广告资源优势，拓展副业经营，增加企业营业外的收入。同时，进一步加强站场商圈网络建设，推进小件快运和客运站场“乐驿”品牌便利店自营工作。

信息化建设 公司成立信息化工作领导小组，属下各单位相应成立信息化工作机构。开展粤运交通“微信”推广活动，开展微信售票，宣传推介企业，加强与社会特别是广大旅客的沟通联系，提高服务质量。

（市粤运汽车运输有限公司）

铁 路

【概况】 2015年，途经梅州运行的旅客列车共有7对（16趟），其中途经跨省列车3对：分别是厦门至广州东方向的K299/300次、厦门至昆明方向的K231/2次、汕头至武昌方向K799/797次。梅州始发省内旅客列车4对：分别是梅州至汕头方向K9189/9190次、梅州至深圳方向T8368/8370次、梅州至广州东方向T8367/8、T8381/2次。

【客运管理与服务】 2015年，车站平安发送旅客54万人次，到达旅客51万人次。全年货物运输装车6100辆、41万吨，卸车4700辆、28万吨。客运收入3600万元。做好春运、暑运、黄金周等节假日的经营工作。根据旅客需求灵活调整售票窗口开放数量及时间，引导旅客购票，安装2台自动取票机方便旅客使用。宣传推广互联网订票和电话订票业务。在售票厅、候车厅专门设立“客乡情”温馨服务岗，为旅客提供针线盒、列车时刻、接驳公交查询等一系列服务，树立好窗口单位的形象。同时，重点做好旅客候车、进出站、上下车等关键环节服务管理工作，做到组织“老、弱、病、残”重点旅客优先候车及乘降，主动帮助解决困难。2015年，车站上报好人好事53件次。

【军运工作】 重点抓好军品到卸工作，2015年军运卸载任务繁重，作业时站领导现场把关，按作业标准严格盯控，并组织好军事运输质量把关。确保新老兵的运输，加开售票窗口方便新老兵购票，为新老兵划分专门候车区域，组织新老兵进站上车。行包房主动为新老兵办理行包托运业务手续。2015年，接待新老兵1484人。

（梅州火车站）

航　　空

【航空业务】 2015年，新开通雅加达、西安、长沙、北京航线，加密珠海、海口航班，运营航线9条，通航北京、广州、香港、西安、长沙、珠海、台中、海口、上海、天津、郑州、雅加达12个城市，每周46个往返航班。全年完成飞机起降4240架次，完成旅客吞吐量22.71万人次，同比分别增长37%、66%。

【航空服务】 为旅客排忧解难，做好服务保障工作，全年未发生机场责任原因的有效投诉。梅州市政府和省机场集团联手加大相关服务设施设备的投入，国内及国际航站楼的装修升级改造、连接楼的启用，提升梅县机场作为客都的重要城市窗口形象。航显系统、登机口系统、多机场联合运营等正式投入使用，为旅客提供便捷的航班信息服务。

【业务拓展】 抓住国家扶持通航产业发展的机遇，引进龙浩、金泉两家通用航空公司，与翔泰通航签订合作意向书。同时，拓展商务航空，与白云机场翼通商务航空服务有限公司签订合作协议，来往梅县机场的公务机，享受与白云机场同等的服务品质。

【第37个安全年】 2015年，梅县机场公司坚持"安全第一、预防为主、综合治理"的方针，坚持"以人为本，持续安全"的理念，严抓安全生产责任制和规章制度的落实，加强安全生产管理和监督检查，狠抓隐患排查治理工作，加大对安全基础设施和员工素质培训的投入，开展各类安全活动，发挥综合监管作用。全年未发生不安全事件，实现自兴宁场站建站以来的第37个安全年。

【重点项目建设】 配合市委、市政府做好机场迁建前期准备工作。《梅县机场迁建工程项目论证研究报告》及《关于梅县机场迁建工程项目论证研究报告的评审报告》上报至国家发改委。

（田有绥）

梅县机场

水　　运

【航道】 2015年，梅州辖区航道总里程830千米，其中五级航道204千米（梅江：梅江桥至三河坝83千米，汀江：石市至三河坝40千米，韩江：三河坝至蔗溪口81千米），通航300吨级船舶；六级以下航道626千米。航道养护里程485千米，航道设标里程196千米（韩江、梅江设标里程164千米，汀江设标里程32千米）。全年航道疏浚15300立方米，扫床373千米，航道维护水深年保证率达100%。维护航标307座，维护工程量103690座/天，航标维护正常率99.8%，船舶完好率和优秀率均100%。

航道建设　加快韩江三河坝至汕头航道整治工程梅州段配套工程建设。4月14日，潭江航道站房主体工程通过竣工验收。8月13日，TJ3合同段码头及水位站工程通过竣工验收。11

月13日，TJ3合同段航标工程完成竣工预验收，全面完成韩江三河坝至汕头航道整治工程梅州段航标、码头、水位站和潭江站房等配套工程建设任务。争取当地政府的支持，保留梅江、汀江航道整治工程尾工工程梅县航标与测绘所站房建设用地，做好续建前期准备工作。

航道养护　贯彻执行《中华人民共和国航道法》，加强航道日常养护管理，重点做好枯水、洪水和春运期等重点时段梅江旧寨，韩江高陂、桃花、留隍大桥面等重点浅段的养护管理，在春运期向社会公布春运航道航行指引图和航道维护尺度，在枯水期启动《梅州市梯级联调（航运）实施方案》。完善航道站房、仓库、码头基础设施建设和管理，推进养护标准化建设。完成韩江九河口、汀江彭屋尾碍航卵石、高陂大桥面碍航块石清理，三河、大麻码头港池清理，琴江河航道测量，松口船舶修造车间船排设施改造工程等专项工程。全年辖区航道未发生因航道主观原因造成的堵塞船现象。

航标养护和管理　贯彻执行《广东省航标管理办法》，根据航道水位、航槽变化和船舶安全航行要求，及时调整航标配布。根据韩江三河坝至汕头航道整治工程航标交付使用情况，重新编排韩江、梅江岸标编号，及时更新航标登记卡、航标总表、航标配布图等基础档案。落实桥区水上航标养护，加强专设航标服务管理。全年辖区航道没有发生因标志失常造成的海（机）损事故。

船舶养护　严格执行船舶三级保养制度，加强船舶易燃、易爆危险品存放管理，完成粤标701、粤标702、粤标706、粤标巡704船舶修理任务，结合船舶修理更新消防器材，完善制度牌、安全标识等设施，全年船机技术随时处于适航状态，保证航标维护工作的需要。

安全生产　贯彻落实新《安全生产法》，开展以“平安交通，为您服务”为主题的“安全生产月”活动，继续开展辖区主要航道上未设置（包括未落实维护管理责任）桥涵标桥梁专项治理行动，推进班组安全标准化管理。完成松口航道站安全隐患综合治理，松口航道站老码头挡土墙加固，松口航道站变压器和用电线路安全隐患，大麻航道站安全隐患综合治理，丙村、松口、大麻、潭江航道码头安全设施安全标志等13宗安全隐患整改，全年安全生产无事故。

航道审批和执法监管　宣传贯彻落实《中华人民共和国航道法》，按照法律赋予的职责，做好涉航项目通航条件影响评价审核工作。坚持依法行政，对4项航道行政审批职能细分为16个服务事项，提高行政审批服务水平。全年完成各类航道行政审批26宗，没有违章审批和超期限审批行为。落实区域航道局、航标与测绘所、站船三级巡查制度，全年出动巡查237人次，巡查航道8335千米，现场监管项目29宗，辖区航道没有发生因监管不力造成违章建筑或施工的现象。

（梅州航道局）

【海事】

“打非治违”等专项整治行动　联合交通、安监等部门开展水上交通领域非法运输专项整治活动，检查船舶500多艘，发现各类违法船舶87艘次。协助地方政府拆解“三无”（无船名船号、无船舶证书、无船籍港而从事海洋渔业生产活动）船28艘和其他配套抽沙管道设施，遏制违章违法行为。配合整治清理城区餐饮船、住家船工作得到社会、地方政府和广东海事局的肯定。加强对涉水工程、采砂场的现场监管和安全评估论证，维护施工水域通航秩序，促进水上交通安全。

渡口渡船安全管理　以省渡口渡船管理电视电话会议为契机，推动全市专题会议召开并迅速开展检查，列出责任清单，将情况向市政府专题报告，提出意见建议，获得市长批示。明确和落实各级政府及有关部门安全管理主体责任，渡运配套资金、签单发航等安全措施得到落实，保障渡运安全。

水上应急管理体系建设　修建水上搜救分

中心指挥大厅，修改完善多份应急处置预案，向地方政府争取，促使分中心运行经费纳入梅州市年度财政预算。成功处置“粤松口货0142”等多起船舶触损险情，确保人、船、货物安全，避免事故发生。

水电站船闸停航监管　避免滞航事件发生，海事服务质量明显提升。做好韩江东山水利枢纽等多个电站船闸维修的沟通协调工作，确保同一流域封闸维修时间的统一。同时深入宣传，采取各类保障和防范措施，确保定时修闸和按时复航。

课题研究成果转化　在完成《梅州市内河水域通航情况认定研究报告》的基础上，组织编写辖区通航水域、限制性通航水域、封闭水域、非通航水域监管指南，对辖区进行分类监管，落实责任措施，并专报市政府。加强与兄弟局的沟通合作，制定《韩江流域船舶安检参考指南》，推行韩江流域统一的安全检查与缺陷整改标准。

信息化基础建设　推广使用广东智慧海事监管服务平台和统一通信平台。制定推广应用工作方案，做好对平台运行安装、调试、培训和通航要素校正、补录工作，修订内部管理工作流程，确保平台落地生根。推动船舶电子签证的注册、使用工作，主流航段全面实施船舶电子签证。

（梅州海事局）

【概况】 2015年，梅州市邮政普遍服务共有营业局所159处。全市取得快递业务经营许可证的法人企业36家，备案分支机构86家。全市邮政业业务收入5.40亿元，同比增长18.31%；邮政行业业务总量5.60亿元，同比增长28.30%。其中，快递业务收入1.39亿元，同比增长27.71%；快递业务量1178.35万件，同比增长54.19%，增幅大于全国（48%）和广东省（49.4%）。全市快递企业收投3751.29万件。据广东省邮政管理局测算，全国单笔快件平均货值为160元，梅州快递业承载约60亿元货值的物品寄递。

【基础设施建设】

邮政基本公共服务均等化建设　2015年，邮政基本公共服务均等化项目共整治7个邮政营业场所，补建3600个信报箱，再次纳入市政府“交通建设大会战”。

西部和农村地区邮政基础设施建设　2015年，西部和农村地区邮政基础设施建设项目共整修网点11个，改造危旧县局房3个，购置机要车辆1辆，普邮车辆10辆，纳入市政府“交通建设大会战”。

邮政服务渠道　2015年，“三农”服务站127个，便民服务站235个，助农取款点761个，村邮站430个，行政村通邮率100%。

快递基础设施建设　2015年，全市快递行业新增县级以上生产作业场地2.8万平方米，新增车辆50辆，新增12台分拣设备和11个分拨中心。

【快递行业】

快递末端网点设立　2015年，梅州市有25家民营快递企业进驻乡镇，共设置快递末端服务网点258个，是2014年的3倍。

旺季服务保障　“双十一”业务旺季期间，全市邮件、快件处理量达224.02万件，日均处理22.4万件，最高日处理量27.8万件，同比增长39.1%。“双十一”期间，市快递行业运行平稳，实现“全网不瘫痪、重要节点不爆仓，保畅通、保安全、保平稳”目标。

快递行业人才建设　2015年，全市共完成快递业务员职业技能鉴定184人次。快递行业从业人员1200人，其中持证快递业务员500人。

（市邮政管理局）

通　　信

【中国电信梅州分公司】

“智慧城市”建设　一是IDC业务实现规模增收，专网能力大幅提升。2015年IDC专网出口达200G，比2014年翻一番。二是平安项目继续巩固平安建设主导地位。三是聚焦重点行业应用。2015年，网上办事大厅二期基础平台升级项目、网上办事大厅二期软件升级项目、梅州市“12345”政府服务热线项目顺利验收。区域卫生平台推进市（县、区）平台上线工作，成功完成兴宁、蕉岭、平远上线。为梅县、兴宁公安等客户提供天翼对讲业务；为20家政府单位提供移动办公业务；电信的农技宝业务在梅县、平远成功试点，为智慧农业发展做出贡献；通过司法矫正、护林e通、广东教育视频网等，为各行各业发展提供信息应用服务。

网络互联网化　一是推动本地网线维体系建设。成立市、县两级线路维护中心，负责线缆维护、网格经营和装维支撑。线维中心全面参与光网工程建设，承接建前规划、建中把关和建后交维工作。制定“能光不铜”维护细则，促进维护工作铜转光。二是加强光宽装维支撑。多方筹资购置FTTH工具包100套、热熔机164台，满足生产需求。举办光宽装维技能培训9期，培养种子教练4名，198人次参加培训，装维技能达标。开展屏铜促光，共屏蔽48.11万个铜服务地址。推进装维营一体化，社区经理在装维同时开展业务顺销，全年顺销1.53万单，光宽装机日均竣工235单，同比增长179%。

服务质量提升　客户服务关键指标总体完成良好，本地全业务千人抱怨率（1.07‰）排名全省第一；宽带装维满意率（97.6%）同比提升4PP，排名全省第三；中高端客户保有率（91.39%）高于全省平均。一是开展服务文化系列活动。全年共举办3期总经理营业厅接待日、4期服务信息聆听会及9场次政企客户走访活动。二是依托啄木鸟微论坛和OA论坛两大基地，开展全员服务大讨论。三是实施试点4个光小区4S金牌服务，推行24小时装机及20小时修障服务承诺，试点小区光渗透率提升20%。四是以行风纠风为统领，促进重点业务及渠道服务管控能力提升，全年未发生“红线”问题。

（梅州电信公司）

【中国移动通信梅州分公司】

业务发展　2015年，是梅州移动正式开展4G商用的第3年。梅州移动一是继续深化流量价值增长，完善4G套餐及终端产品、营销和服务体系，持续开展4G套餐存赠、合约和终端优惠营销活动，开展4G换卡工作，运营梅州移动微信公众号，丰富现有服务与营销新型渠道，开展流量价值营销，助力4G运营转型，4G客户突破100万，4G客户份额超90%。二是响应总理宽带“提速降费”要求和落实国家宽带中国的战略，低资费低门槛发展家庭宽带客户，建立多样化营销渠道触点，以节日为契机，推广融合业务服务，降费不降质，为客户提供较完整的解决方案，两年内家宽宽带客户份额迅速突破30%。全力推进政务信息化、教育信息化、平安梅州等行业信息化建设，助力梅州各行业绿色发展。

网络建设　一是加大移动互联网基础建设，全年4G站点建设规模比2014年翻一番，初步实现全市城市城区、乡镇镇区的100%连续覆盖，实现全市重点旅游景点、重要主干道路的100%覆盖。二是落实梅州“宽带中国”示范城市建设，落实“光纤入户”政策，高起点高技术采用业界领先的GPON技术开展光纤入户到村建设工作，新增光纤宽带用户覆盖规模超过20万户，累计覆盖客户超70万户家庭，基本实现85%城区、镇区家庭光纤到户，69%行政村光缆到达，为实现全域全光网络打下坚实的基础。三是落实国家“宽带提速”政策，加快“提速提质”网络部署，本地移动互联网出口带宽扩容提升至120G，梅州移动以传送网络承载能力大提升为目标，通过OLT双上联整改、PTN长链成环、城域网扩容优化等三个方面进行专项优化。完成OLT双上联整改工作，完成长链成环和倒换保护，全市PTN成环率保持在90%以上。城域网出口由60G扩容至120G，对利用率超70%的链路进行扩容，降低带宽利用率，保证全网无高负载链路，保障客户感知。

（梅州移动公司）

梅州电视台《民生 820》栏目针对“街头充值”问题采访梅州移动公司

【中国联合网络通信梅州市分公司】 自 2012 年 11 月 25 日广东联通与梅州市政府签订“智慧梅州”战略合作协议以来，梅州联通参与梅州市智慧城市建设，建设完成首个本地云计算平台，承载 80 多家单位的 200 多项应用，承建智慧水利、数字城管、电子教学、电子商务、医疗急救、安防监控等信息化项目，在信息强政、信息惠民、信息兴业三方面全力打造“智慧梅州”。

网络建设　以创建“宽带中国”示范城市为目标，全力提速 4G 建设，以实现城市、农村高速网络覆盖。加快光纤到户建设，打造城乡一体化的高速宽带网络，推动未来全网 IP 化信息发展。2013—2015 年累计投资 3 亿元，截至 2015 年年底，移动通信基站累计达 2575 座，其中 4G 站点 496 个，公共区域 WLAN 热点累计达 159 个，在重点区域建成 150M 精品 4G 网络，可为用户提供手机高速数据业务。移动网承载能力为 60 万户，光缆线路长度达 5975 千米，城域网出口带宽为 60G，宽带承载能力 12 万户。

信息化发展　一是信息强政。构建电子政务发展新格局，为梅州政府机构提供政务信息化应用，覆盖水利、交通、城管、农业等多部门，服务政务人员近万人，其中：与市城市综合管理局合作打造的智慧城管进入试运营阶段；智慧水利监控平台运营，并协助水务部门逐步将各县（市、区）水利部门、重点水利设施纳入平台监控和管理；智慧农业方面，搭建产品溯源平台，并与农业部门合作，将全市农业龙头企业逐步纳入合作平台，方便农业部门对企业进行管理和指导。二是信息惠民。通过整合教育、医疗、交通等服务资源，建设各类信息开放平台，其中：平远“120”急救中心指挥调度系统建成，可快速提供医疗抢救通道；承建嘉应学院一卡通项目、兴宁爱丁堡幼儿园数字校园、平远 7 所中学优质教育资源服务平台、梅县技工学校旅游电子商务实训平台等项目，并为大埔、平远、五华 17 个教学班建设“智慧课堂”；持续做好的士电召平台运营，与交通管理部门、交通运输公司合作，逐步将区县的士统一纳入电召平台管理。三是信息兴业。推广 92 个行业信息化应用，助力 1000 多个企业转型升级，其中：与兴宁毅德物流城等厂园开展信息化合作；发挥联通云平台优势，与梅州一批四星、五星级酒店开展合作，打造独具特色的“酒店云”服务；为包括客都汇、万达广场、奥园、万佳广场等在内的高端商务楼宇、城市综合体提供综合部信息化服务，打造智能建筑。2015 年 12 月 21 日，广东联通与梅州市人民政府在广东联通大厦举行《推进“互联网 +”战略合作框架协议》签署仪式。根据协议，广东联通将与梅州市政府合作建设梅州市智能产品云服务产业基地，推动梅州市传统产业转型升级。同时，政府明确支持“互联网 +”几大产业的行动，包括农业、金融、商贸流通、医疗、旅游、教育、政务服务、执法管理等。

客户服务　为方便老用户轻松使用网速更快、性能更稳定的 4G，向在网用户开放升级 4G，由于联通 4G 使用全球主流制式，用户可使用联通“双 4G 双百兆”的极速 4G，并且不换卡、不换号即可完成办理。对渠道和服务进行全面升级与转型，服务渠道包括网上营业厅、手机营业厅、微信营业厅及方便快捷的迷你营业厅、自助终端等，无缝覆盖到用户能接触到的所有终端，促进服务的深度转型。

（梅州联通公司）

12月23日晚18：00，一场新鲜有趣的亮灯礼——广东联通“沃4G+”超卓网络新年亮灯礼点亮南粤大地。广东省21个地市分公司齐齐点亮“基站树”，为市民献上一份别具特色的新年贺礼。图为梅州联通位于梅江区客都汇的首个双载波聚合4G基站灯光闪烁、熠熠生辉，这座高逾30米的“铁塔巨人”为周边市民提供更畅快的极速网络体验

【中国铁塔股份有限公司梅州市分公司】 2015年是中国铁塔股份有限公司梅州市分公司组建运行探索实践期。一是基站建设需求满足。2015年共收到电信、移动、联通三家通信运营商基站建设需求961个，完成基站建设917个（新建物理站点337个、存量基站共享580个），向通信运营商交付764个，为加快梅州通信基础设施建设提供支撑。2015年，新建站址共享率达55%，减少新建铁塔300多座，累计节约投资3500万元，节约用地近万平方米，在满足客户需求的同时，通过共享为行业和社会带来显著效益。二是资产接收。完成与电信、移动、联通三家通信运营商存量铁塔资产交割工作，共接收物理站点3568个，通信基站物理站点累计达3905个，总资产达6.9亿元。三是维护体系搭建。完成梅州铁塔网络维护体系建设，完善应急预案、组织开展应急演练，制定完善维护流程规范，全面梳理维护物业信息，推进维护工作标准化和规范化开展，为电信、移动、联通三家通信运营商提供优质的网络服务工作。

（中国铁塔股份有限公司梅州市分公司）

外经贸·口岸

责任编辑：廖晓鹏

外经贸

【概况】 2015年，社会消费品零售总额555.5亿元、同比增长11.1%。进出口总值24.54亿美元，同比增长12.5%，增幅居全省第3位。合同外资金额36722万美元，同比下降18.1%，实际使用外资金额7131万美元，同比下降51.5%。全市规模以上外商投资企业工业总产值136.3亿元，同比增长9.7%。全年累计争取各级扶持商务发展资金9418.3万元，比增27.5%。

对外贸易　全市外贸进出口总值24.54亿美元，比增12.5%，增幅居全省第3位。其中出口22.72亿美元，同比增长20.4%。一是从贸易方式看，一般贸易进出口保持增长，成为拉动全市进出口的主要力量。2015年，全市一般贸易进出口19.6亿美元，占全市进出口的80%，同比增长14.7%。加工贸易进出口4.9亿美元，同比增长4.2%。二是从出口商品看，五大主要商品保持两位数增长，但增速有所放缓。机电产品、陶瓷产品、家具、橡胶制品和工艺品等五大主要出口商品累计出口18.1亿美元，占全市出口的79.6%，同比增长16%。其中机电产品、陶瓷产品和家具同比分别增长21.5%、15.6%和13.2%；橡胶制品同比增长5.3%；工艺品同比下降1.4%。三是从市场主体看，新兴市场保持快速增长，东盟成为梅州市第二大贸易伙伴。东盟、印度、非洲、拉美和中国台湾地区等新兴市场保持较快增长，分别增长51.4%、38.6%、28.8%、18.5%和33.2%、。东盟市场进出口46733万美元，成为梅州市仅次于美国的第二大贸易伙伴。传统市场中港澳和欧盟分别增长15.3%和5.6%，美国和日本分别下降7.4%和24.4%。四是从经营主体看，民营企业出口持续稳定增长、比重进一步提升，外贸骨干企业增速下滑。全年民营企业出口11.4亿美元，同比增长30.9%，占全市出口的65.8%；外资企业出口7.2亿美元，同比增长4.6%，占全市出口的31.8%。40家外贸骨干企业实现进出口11.79亿美元，占全市进出口的48.0%，增幅同比下降5.2%。五是从区域结构看，各县（市、区）进出口增幅有升有降，基本超额完成任务。除兴宁市（83.2%）未完成预期目标外，梅江区、梅县区、平远县、蕉岭县、大埔县、丰顺县和五华县均超额完成预期目标任务。增速前3位的县（市）分别为：蕉岭县（36.3%）、平远县（21.7%）、五华县（17.6%）。

利用外资　2015年，全市新批31宗外商直接投资项目，同比下降77.7%；合同外资金额36722万美元，同比下降18.1%；实际使用外资金额7131万美元，同比下降51.5%。全市规模以上外商投资企业工业总产值136.3亿元，同比增长9.7%。一是吸收利用外资降幅较大。新批大项目广东集一建材实现当年报批和增资2762万美元，当年全部出资完毕；粤海水务、熙和集团、卡莱橡胶等一批大项目均实现一次性出资500万美元以上。二是合同外资以第二产业为主，实际使用外资以第三产业为主。第一产业合同外资金额10315万美元，实际使用外资1200万美元，分别占全市总量的28.1%和16.8%；第二产业合同外资金额18840万美元，实际使用外资2195万美元，分别占全市总量的51.3%和30.8%；第三产业合同外资金额7567万美元，实际使用外资金额3736万美元，分别占全市总量的20.6%和52.4%。三是外资来源以香港为主。来自香港的合同外资金额31835万美元，实际使用外资金额6412万美元，分别占全市总量的86.7%和89.9%。四是吸收外资和加工贸易工作目标情况。全市合同外资达到全年工作目标的79.1%，其中梅县、平远、蕉岭、大埔、丰顺、五华等6个县（区）达到工作目标要求。全市实际使用外资完成全年工作目标的46.2%，除梅县区完成工作目标外，其他县（市、区）未达到目标要求。

【商务机构改革】 在原市外经贸局职能的基础上增加商贸流通管理职能，新组建市商务局(含口岸局)，并于4月8日正式挂牌运作。市商务局（含口岸局）设13个科室，机关行政编制47名，正科级领导职数13名，副科级领导职数15名，后勤服务人员数7名。

【市场拓展】 一是全力拓市场抓订单。全年组织发动500多家次企业参加广交会、海博会等20多场国内外知名展会。特别是组织基地企业抱团参展，联合推介“中国青花瓷之乡——梅州大埔”“丰顺电声”两个区域品牌，提高出口基地国际知名度和影响力。组织发动20家陶瓷企业、20个展位赴英国参加“中国品牌商品欧洲展览会”，展位数量占比12.8%，居全省第一。组织10家电声企业、6个展位参加“第十二届海峡两岸电子信息暨自动化设备展”，拓宽参展企业国际销售渠道。二是服务指导企业申报广交会品牌展位。争取商会支持，新增8个品牌展位、总数达58个，广交会品牌展位数量为历年之最。三是壮大外贸经营主体。指导和协调汇威电子、国威电子、贸易流通公司等企业在梅开展自营进出口业务；举办食品农产品出口业务知识政策宣讲培训班，开设政策专栏，支持食品农产品企业开拓国际市场，全年新增15家食品农产品进出口企业。

【招商引资】 成立招商小分队，筛选、整理编印突出主导产业的对外招商引资项目和投资指南，做好招商引资基础工作。用足用好100万元省级招商引资专项资金，建设省市县招商信息共享的梅州投资促进信息平台。优化招商服务，成功引进项目投资总额各1亿元的广东奥凯电子、广东裕盛织造落户东升工业园和梅州高新区，完成市委市政府下达的招商引资任务。引导扶持集一家居、裕丰食品、长荣林业等外资企业股份制改造，争取上市融资，加速增资扩产。

【电子商务】 一是鼓励和帮助客天下、十记果业等本地电商企业加强与阿里巴巴、京东公司等知名电商企业的合作，推进阿里巴巴跨境电商生态链试点、客天下跨境电子商务综合示范园区、京东·广东梅州特色馆建设。2015年，全市电子商务市场交易额122.7亿元、同比增长22.7%。平远县获评商务部和财政部“电子商务进农村综合示范县”，梅县区电子商务产业园等4家电商基地和亿凡网络等7家电商企业分别获评“省级示范基地”“省级示范企业”称号。二是指导和支持联顺昌加快外贸综合服务网络平台建设。为100多家中小企业提供一站式通关、结汇、退税等个性化服务，全年累计出口总额4792万美元，同比增长28.7%。

【服务贸易发展】 引导和帮助工艺陶瓷、文化旅游、中医药等领域服务进出口。富大陶瓷等6家企业获评“2015—2016年国家文化出口重点企业”，占全省的24%。完成服务外包执行额231.6万美元，完成进度115.8%，居粤东西北12个市的第3位。

【宏观指导】 联合市委政研室等相关部门，组织开展重点外经贸企业、外贸稳增长、内贸流通、跨境电子商务等专题调研，并形成调研报告，供市委、市政府决策参考。制订出台一系列政策措施，支持开拓国际市场、电子商务、出口信用保险、服务贸易、贸易融资和海外经贸文化联络处等，市本级扶持资金从500万元增加到1000万元。采取集中宣讲、主动上门、信息网站、QQ群、微信等多种方式，宣传各级各项商务扶持政策措施，提高政策送达率，指导企业用足用好各项扶促资金，全年累计争取各级扶持商务发展资金9418.3万元，同比增长27.5%。

【依法行政】 推进编制权责清单试点工作，梳理行政职权，市商务局123项权责事项经市政府审核通过。按照重大行政决策法定程序，讨论决定世界客商博览会招投标等重大事项。加强行政审批科（窗口）建设和管理，下放权力，减压时限，便民利企。坚持政务公开，自觉接受监督，抓好人大建议、政协提案办理工作，配合做好市人大常委会视察外资企业工作，做好“行风热线”上线工作。加强制度建设和执法队伍建设，做到规范执法。

【组织世界客商博览会】 牵头组织办好世界客商博览会。博览会总面积约1.3万平方米，设客商名优产品展和客家文化创意产品博览交易会两大展区，6个客属地区、14个海外国家（地区）共290家企业参展，首次设立港澳馆、亚非馆、欧美馆等3个海外展馆。实现现场销售5130万元，通过电子商务平台成交4000多万元，达成贸易成交意向9.1亿元，约有13.3万多人次的采购商和各界人士观展。

世界客商博览会现场

【参与“一带一路”建设】 5月，市委书记黄强率队出访东盟三国在雅加达举行首个境外经贸代表处——梅州驻印尼经贸代表处挂牌仪式，推进梅州与东盟的双边投资推介、贸易洽谈、人文交流与合作。开通首条中远程国际航线“梅州—雅加达”航线。在第四届世界客商大会期间举行14个海外经贸文化联络处授牌仪式。

（王映萍）

梅州口岸

【概况】 2015年，梅州市航空口岸出入境飞机485架次，同比增长8.7%；出入境旅客29617人次，同比增长7.6%。经梅州市查验的进出境车辆2574辆次，同比下降6%。进出口货物76684吨，同比增长6.5%。

【口岸发展规划】 制订《梅州市口岸发展规划(2015—2025)》并通过专家组评审。规划明确进一步完善梅州口岸基础设施建设，启动电子商务、便利化金融、保险等内陆口岸改革，发展现代物流，形成陆河空齐全、客货运并举的口岸对外开放体系。编制《梅州机场口岸扩大对外开放的“十三五”规划》，经省政府同意后上报到国家口岸办。此项申报工作一旦获准列入国家“十三五”规划，将破除制约梅州对外航线发展的限制，助力梅州开辟新的东南亚航线、融入“一带一路”建设、提升对外开放水平。

【口岸设施建设】 一是完成梅州机场口岸进出境货栈监管仓建设立项工作。进一步完善梅州机场航空口岸的功能配套，改善投资环境。二是推进梅州市进出境货运车辆检查场“三互”升级改造项目立项批复。三是推动口岸查验配套服务费改革试点方案在梅州市实施，降低外向型企业经营成本，促进企业减负增效。

【口岸协调管理】 做好中国香港、台湾地区及印尼航线临时开放的续期工作。保证中国香港、台湾地区及印尼航班的连续性，方便旅客和投资商的进出，改善梅州投资环境。

【雅加达—梅州国际航线开通】 梅州市口岸局争取国家、省口岸办的支持，与印尼国际日报社沟通协调，开辟“雅加达—梅州”国际航线。4月17日，印度尼西亚雅加达—梅州国际航线在梅县机场举行合作签约仪式。10月10日早上7时25分，经过约5个小时飞行的印尼苏拉维加亚航空公司的一架波音B737—800客机平稳降落在梅县机场，标志着梅州首条中远程国际航线“雅加达—梅州”国际航线正式开通通航。

（宋剑峰）

梅州海关

【概况】 2015年，梅州海关审核进出口报关单10252份，同比增长11.1%，日均28.1份；征收税款1.048亿元，同比减少40.6%；监管进出境车辆2574辆（次），同比减少6%，日均7.1辆，；进出口贸易总值4.83亿美元，同比减少8%；货运量7.67万吨，同比增长6.5%；监管进出境飞机478架次，同比增长7.7%；监管进出境旅客2.55万人次，同比增长3.7%。设立加工贸易手册41份，同比减少44.6%，合同金额2.12亿美元，同比减少21.5%；核销合同67份，同比减少10.7%，合同核销率100%；开具征免税证明6份；引进设备金额44.7万美元。完成稽查作业23家，其中取得成效作业12家，核查作业26家。

【重点关务】 一是科学预测全年税收目标。全年“两税”入库1.048亿元，与年初预测1.03亿元高度吻合。其中内销补税2082.4万元，同比增长13.4%，超额完成总关下达1600万元的任务；稽核查补税359万元，超额完成总关下达350万元的任务。辖区内90%以上纳税企业在梅州海关报关纳税进口。二是通关监管。利用智能卡口系统、监管场所视频监控系统和电子地磅等科技手段，加大对监管场站和运输工具的管控力度。突出监管重点，在低瞒报价格，伪报品名、规格、技术参数等方面加大风险分析力度，将风险分析成果转化到稽查工作中去。加强注册企业信息核实，推进企业信用体系建设，打击和防控虚假贸易，开展关区企业的巡查。2015年巡查企业31家，通关布控问题企业5家。三是打私工作。全年查发案件11宗，超额完成任务，上缴罚没收入25.87万元，完成罚没收入任务的136%。联合缉私分局、市打私办、市食品药品监督管理局等部门完成关区22家冻品储存仓库的清查。加强旅检现场查缉，查获多起旅客违规携带树苗、水果、鱿鱼干等事件。

【通关业务改革】 一是推进通关作业无纸化和推广区域通关一体化改革，实现进出口通关环节无纸化全覆盖。6月，通关无纸化率100%。二是做好机要档案、安全保密、应急处置、技术保障等工作，做好HB2012系统的推广应用。三是后勤保障能力不断增强，严格预算管理，加强项目资金执行管理。

【法治建设】 创新普法宣传教育的形式和载体，

推动与地方部门开展法治共建。在货检场和机场两个现场设置大屏幕宣传屏，印制宣传手册，结合专题法治宣传日开展法制宣传。按照“谁执法、谁普法”的要求落实普法责任制，争创“六五”普法省级先进单位，顺利通过省“六五”普法检查组的审查验收。

（梅州海关）

梅州边检

【基础设施建设】 完成网上办公、视频监控、通信保障、梅沙系统、软件平台、技术装备、人才使用等方面情况的调研，完成机房合并改造和基础信息采集工作。投入数万元采购警务装备，投入数万元完成兵器室建设，投入数万元升级改造执法办案场所。

【执法检查】 派遣3批次60多名警力，做好第四届客商大会3个重要会务、17个安全门、28000多人次的安检工作。创建执法实践基地工作，组建兼职执法办案队伍，成立法律咨询委员会，解决边检执法羁押场所问题，实现执法服务质量满意率100%。

【安全保障】 严密口岸管控，以防范打击新疆籍维吾尔族偷渡人员活动为重点，组建兼职情报调研小组，加大动态信息搜集研判力度，加强与国安、国保和机场公安的协调配合，每月定期开展口岸出入境人员定性和定量分析。先后6次组织口岸现场防冲闯关和梅沙系统故障应急处突演练，邀请警校特战教员进行授课。组建数人应急处突小组携枪进行常态化武装巡逻，提高执勤人员应对各类突发事件的能力。确保春节、“两会”、清明、“五一”、“十一”等敏感时期口岸安全。2015年，梅州边检被梅州市政府授予“爱民固边模范边检站”，并作为梅州续评全国、全省“双拥模范城”招牌，在考评中进行专题汇报。

【队伍建设】 一是警务实战化建设，完善各类处突预案，不定时组织官兵进行处突演练，组织开展实弹射击训练多次，派员参加总队教练员培训，组建特战骨干专项技能比武队。二是队伍正规化建设，通过官兵讲坛、即兴演讲、座谈讨论、参观见学等方式，培养官兵忠诚警魂；把官兵的日常养成、内务卫生、执法执勤、遵章守纪等情况制作督察视频，每周交班会通报讲评，解决日常管理存在的陈规陋习；结合“大培训、大练兵、大比武”活动，按照“日学、周测、月考”的机制全员参与练兵，将练兵成效纳入晋职晋衔和年终考核范畴。三是提升业务素质。从边检队伍建设、教育培训、勤务组织、投诉监督和保障体系建设入手，先后开展岗位基本技能、梅沙系统升级操作应用、人证对照、常用英语等业务实操培训8期，专题研讨查获在控对象及各类业务问题处理流程3次，并对6个岗位、4类常见问题处理进行规范。按照“全员参与、人人达标”的要求，制定下发军事训练计划。开展警务实战技能、基础体能、队列擒敌等科目训练，组织多名“四会”小教员和1个示范班，先后开展多次集中授课、讲解示范和军事会操，并将3000米跑强度增加到5000米。举办军事技能和“铁人三项”比赛，军政主官带头参加体能和实战训练，官兵军事素质整体提升。

（黄波波）

梅州检验检疫

【概况】 2015年，梅州检验检疫局完成出入境货物检验检疫0.8681万批，同比下降6.53%；货值2.4704亿美元，同比下降19.24%。检出出入境不合格货物19批、66.5989万美元，不合格率分别为0.22%、0.27%。检验检疫出入境航班411架次，同比增长12.3%，其中出境206架次，入境205架次；出入境人员25028人次，同比增长12.5%，其中出境人员12617人，入境人员12411人。完成出入境人员传染病监测体检209人，签发健康证书207人份，检出艾滋病和肝炎各1例。截获禁止进境物57批次，同比增长330%。从入境旅客禁止携带物中检出橘小实蝇、瓜实蝇等检疫性有害生物5批，同比增长25%。

【检验监管】　一是加强卫生检疫工作。增强出入境人员传染病监测体检责任意识，将艾滋病病毒感染者、梅毒、肺结核、病毒性肝炎检出列为重点。在出入境人员传染病监测体检209人中发现2人为传染病患者，其中1人为艾滋病病毒感染者，1人为乙型肝炎。针对中东呼吸综合征和埃博拉等病疫情，实行疫情每天零报告制度，加强口岸通道红外线体温监测和医学巡查力度，做好防控措施。二是加强出入境动植物检验检疫。密切关注境内外动植物疫情动向，加大口岸执法监督力度，做好入境旅客携带物的查验工作。三是加强进出口商品检验监管。2015年，检出出入境不合格货物10批，其中进口不合格货物3批，进口不合格检出方面首次实现零的突破。四是加强进出口食品安全监管。开展出口食品分类管理，完善境外通报核查处置机制，加强出口食品电子监管平台建设。推动食品农产品风险监控计划，细化抽采样、送样、检测、结果跟踪分析、信息上报等具体工作，确保残留监控工作的顺利实施。五是落实法制监督工作。开展打击侵犯知识产权和制售假冒伪劣商品专项行动。加强与地方各部门协作，先后开展打击疫区牛肉走私、打击冻品走私、元旦春节打私、打击成品油走私等专项行动。

【业务综合改革】　一是优化完善“智检通”通关模式。在加强集中审单和信用管理的基础上，推进包括“三种检验检疫监管放行模式、两类通关协作机制、一个闸口控制管理”的智检口岸通关模式，形成一套体现差别化管理、可操作性强、适合检务实际的通关管理体系。二是进一步提升贸易便利化。全面落实无纸化报检，不断简化检验检疫手续；加强对代理报检单位管理，提高工作效率。三是继续推进原产地签证业务改革，让企业获得实在优惠，完善企业备案，确保企业及时申报产地证书；落实企业年审制度，简化办证手续，加快通关；加强对企业原产地声明的宣传指导。四是进一步规范进口产品的检验监管，对进口单证进行清理，规范进口商品报检流程，缩短进口单证流转期限，加强对进口商品的检验监管。五是强化进出口食品宏观质量安全管理，落实以风险管理为核心的进口食品监管模式，完善出口食品分类管理模式。

【企业帮扶】

通关通检便利措施　实行“三个一”(一次申报、一次查验、一次放行)通关模式改革，落实减免费用政策和通关便利化措施，推进检验检疫监督管理电子化，加快检验检疫报检无纸化、信息化进程，深化通关单电子联网核查，对符合条件的企业和产品实施进出口货物检验检疫直通放行制度和绿色通道制度。

政策指导　采取“一企一策”政策，对企业实行分类指导、重点帮扶、全程跟进。为进口设备等物资的使用、安装调试和验收提供检验检疫政策咨询、技术指导和服务。帮助企业取得质量许可、登记备案等出口“资质”，指导和帮扶企业尽快获得ISO 9000、HACCP等管理体系认证及绿色、有机和节能等产品认证。2015年，为广东三河坝酒股份有限公司等5家出口企业进行技术帮扶，帮助其改进生产流程、建立食品安全管理体系、获取备案登记，成功打入国际市场。

信息技术指引　针对出口经济下行压力，利用自身信息和技术优势，免费组织开展涉及出口食品、农产品、电声、产地证业务等专项培训班6场，为110多家企业、230多人进行培训，提高出口企业的涉外政策水平和管理水平。

跨境电子商务建设　以优势产业为试点和抓手，会同梅州相关部门开展跨境电子商务建设。发展信息服务业，支持梅州市创建国家电子商务示范城市，支持推进跨境电子商务的发展。帮助海购通和有信达2家跨境电商企业成功落户梅州。

【农产品出口帮扶】 加大对新的出口农产品种植基地的帮扶力度。帮扶供港澳蔬菜种植基地建设，帮助企业建立和完善包括有毒有害物质监控等制度的质量管理体系。推广GAP（良好农业规范）认证，扶持农业龙头企业获得认证，帮助更多食品、农产品生产加工企业获得出口目的国或地区资质，拓展国际市场。2015年，重点帮扶国家农业产业化龙头企业、年出口创汇2亿美元的广东三丰禽业食品有限公司，顺利获得出口食品生产企业备案和清真认证等对外注册认证，帮助企业产品成功走出国门。

【名牌战略实施】 2015年，梅州检验检疫做好质量安全示范区创建工作，重点在丰顺县打造梅州出口电声产品和在大埔县创建出口蜜柚2个质量安全示范区。推动名牌创建工作，指导梅县创建全国客家文化生态旅游知名品牌示范区，做好大埔青花瓷、梅州金柚、平远脐橙等地理标志产品申报和保护工作。

（梅州检验检疫局）

国内贸易

责任编辑：廖晓鹏

商贸流通服务业

【概况】 2015年，全市社会消费品零售总额555.5亿元，同比增长11.1%。其中限额以上社会消费品零售总额128.3亿元，同比增长7.1%。从区域结构看，增速前3名的3个县（区）依次是梅县区（13%）、丰顺县（12.9%）、梅江区（12.8%）。从城乡结构看，城镇市场实现社会消费品零售总额389.1亿元，占全市的70.0%，增长11.2%；乡村市场实现社会消费品零售总额166.4亿元，占全市的29.6%，增长10.9%。从行业结构看，批发与零售业实现社会消费品零售总额514.9亿元，占全市的92.7%，同比增长11.4%。住宿餐饮业实现社会消费品零售总额40.6亿元，占全市的7.3%，同比增长7.9%，其中限额以上住宿餐饮业9.6亿元，同比增长2.3%。

【典当、拍卖及二手车交易市场管理】

业务概况　2015年，梅州市10家典当企业发生典当业务766笔，同比下降18.25%；典当总额7518.96万元，同比增长14.46%；营业收入330.90万元，同比下降9.45%；上缴税金24.11万元，同比增长5.15%；实现税后利润8.81万元，同比下降64.23%。全市7家拍卖行举行拍卖会97场，成交额21434.34万元，拍卖会场次和成交金额分别同比增长51.56%和69.81%。全市交易二手车15428辆、交易金额44009.17万元，同比分别增长12.87%和21.71%。全市2家报废汽车回收拆解企业拆解报废汽车和摩托车908辆，同比下降59.98%；其中汽车841辆，摩托车67辆。

管理工作　市商务局通过对典当、拍卖、报废汽车回收拆解、二手车交易企业经营情况表的分析，掌握各行业经营情况和动态，通过开展调研和专项检查，督促企业及时整改业务存在的问题，防范经营风险。开展典当企业年审工作，对全市参加年审的9家典当企业报来的年审资料进行初审，初审后报省商务厅核查。开展拍卖企业年度检查工作，对全市需参加年度核查的7家拍卖企业报来的审核材料进行初审，初审后报省商务厅年审。

【零售业】 随着大润发、昌大昌、卜蜂莲花超市、欧尚购物中心、美宜佳、乐得鲜连锁店等零售企业的逐步布点和发展壮大，电子商务、网上购物等无店铺销售形式和代理制等现代营销模式的发展，梅州市零售业市场格局发生较大变化，零售业呈现出多样化的发展态势。如客都汇、东汇城、锦发君城、万象江山等城市商业综合体、欧尚购物中心等业态丰富，其经营、管理模式先进，购物环境优越，消费品涵盖面广，集聚人气，对梅州市传统的中小型零售超市形成一定程度的冲击。

【批发业】 梅州海吉星农产品商贸物流园项目是梅州市重点引进的民生工程，总占地面积2.05万平方米，规划建设蔬菜、水果、茶叶、农机机电五金、花卉农资、小商品城、海吉星电商中心等多个贸易区，营销中心于2015年年底开放。广东华泰农兴农产品交易中心项目落户平远县，于11月22日正式挂牌成立，对粤东、闽西地区的商品流通、拓宽梅州市安全优质农产品销售渠道有重要的意义。梅州义乌小商品批发城总建筑面积约13万平方米，主要经营日杂百货、服装鞋包、文体玩具、茶叶茶具等20多个大类、50余万种商品，已开展招商工作。兴宁毅德商贸物流城里占地面积100万平方米的批发市场项目有序建设。

【餐饮服务业】 “第三届全国海峡客家烹饪大赛暨第二届海峡两岸（连城）客家美食小吃节”于10月16—18日在福建省连城县举行，梅州市选派10家餐饮企业18名选手参赛，其中参加单项竞赛9人，梅州市金苑酒家、梅江区承德楼围龙屋星园酒家等餐饮企业组队首次参加团体赛，获奖成绩居各市代表队前茅。围龙屋星园酒家获得团体金奖，个人赛项获得3个特金奖、6个金奖、9个银奖，广东汉剧院食堂廖昌健荣获“客家菜十大烹饪高手”称号。11月，经中国烹饪协会评估批准，梅州市金苑酒家获“中华餐饮名店”称号，是继梅县区雁南飞旅游景区围龙大酒店、雁鸣湖旅游度假村银湖酒家，大埔县金帆大酒店、兴宁市城南大酒店之后梅州市第五家获得此称号的餐饮企业。

（王映萍）

盐业专营

【概况】 2015年，广东省盐业集团梅州有限公司（盐务局）销售食盐19069吨，碘盐出厂合格率100%，上缴税利1207万元，完成上级下达的各项任务指标，被省集团公司授予“碘盐覆盖率达标奖”“党风廉政建设优秀单位”等荣誉称号。

【食盐安全监管】

监管执法 一是加强食盐市场的日常监管，将市场检查常态化，详细了解销售商持证经营及经营品种等情况，防止假冒伪劣盐冲销食盐市场。二是抓好食盐政策宣传工作，发放各种宣传资料36304份，向群众宣传盐业法规和食盐安全知识。三是做好“一证两书”签订，网上办事大厅和“两法衔接”建设工作，实现网上申请办理“食盐零许可证”和案件的网上移送、网上受理、网上交流、网上监督。全年出动盐政执法人员4606人次，检查市场2729个、门店34079间次、食品加工企业1065间，查获违法盐产品3.13吨，立案20宗，保障全市食盐安全。

联合执法 市盐业部门多次牵头联合各职能部门开展食盐集中打假整治行动，对单位集体食堂、学校食堂、酒楼饭店、食品加工用盐企业等用盐情况进行检查，严厉打击制售假冒伪劣食盐的违法行为。与市畜牧局联合加强对饲料添加剂的监管，规范饲料添加剂的使用，从源头上防范和杜绝“三无”盐产品、工业用盐、饲料添加剂流入食盐市场。

【强化专营管理】 一是抓好碘盐质量管理工作，按照ISO质量体系标准和企业内控标准，持续做好碘盐生产质量管理和质量控制，加强原料盐采购、生产、储存和配送全过程的质量检验控制，杜绝不合格碘盐流入市场销售，保证碘盐出厂合格率100%。二是优化食盐产品结构和丰富食盐产品品种，做好自然食用盐新品种上市和澳洲冰晶盐、孕妇和哺乳妇女专用加碘精制盐的上架工作；对多品种盐生产车间进行升级改造，扩大食盐的产能，保证食盐的日常生产和产量。三是加强食盐直达配送工作和食盐直供店建设，提高食盐直接配送率，完成全市200家食盐直供店的挂牌建设。

【“广盐健康大厨房”建设】 公司按照广东盐业开展多元化经营、实施企业转型升级战略部署，依托“广盐健康大厨房”食品安全平台和营销网络，持续推进企业多元化发展。一是相继建成开业蕉岭、丰顺、梅县等三家“广盐健康大厨房”分店，实现广盐连锁“健康大厨房”在全市8个县（市、区）的全覆盖。二是加快企业多元化经营和转型升级步伐，全方位开拓非盐产品营销。公司通过加强非盐产品宣传和服务，开展全员营销、团购营销等措施，把“广盐健康大厨房”优质、健康的有机食品营销至各终端消费者，不断满足广大消费者多层次、高品质需求。

（市盐务局）

石油行业

【确保供应】 梅州石油公司加大对成品油流通渠道、质量、数量、税收和经营安全的监管力度，通过主流媒体连续跟踪报道非法加油车、黑油点泛滥等乱状。全年协助政府部门查获非法柴油339.9吨，净化成品油供应市场。梅州石油公司免费提供加水站47座、便民开水站9座、自助圈存站89座、F形站牌指引站6座、司机休息室8座、代缴罚款站4座等一系列便民措施。

【转型发展】 梅州石油公司引导员工树立互联网思维，探索“互联网+”商业模式，搭建以微信营销、微信支付、网银充值、网上营业厅为代表的新兴商务平台，打造“重点站+重点商品+引爆商品+新业务拓展”和“线上线下融合”多渠道发展的非油新模式，丰富客户消费体验。截至2015年年底，梅州石油订阅号关注粉丝超过2万人，推送订阅号信息228篇，总点击量超过34万，累计开展线上营销活动25次，累计销售额近150万元。全年实现网上充值7103.82万元，同比增长78.26%，其中微信支付、手机等移动手段充值1560.04万元。

【风险防控】 一是开展多层次的“守法合规”主题教育，引导员工树立“守法合规，防控风险，管理服务经营，经营服从管理”的理念，坚守不违规、不违纪的红线意识。二是坚持QHSE月度例会制度，修订相关考核办法，明确检查职责，对问题实行清单销项，即“登记—整改—销项”闭环管理，全年发现整改安全问题1685个，整改率100%。三是突出重点作业环节监管。落实分管领导、安全部负责人现场确认安全措施、签发作业许可证制度，实行安全部人员和站长全过程监护。四是建立承包商定期约谈教育机制，加强承包商安全管理。五是强化应急预案演练，开展竞赛活动，设立月度应急演练日，成功处置9起各类未遂事件。六是强化数质量管理，突出对损耗偏高单位的日常指导和监管，避免3起漏油事故和环保事故。清洗85个油罐，常规抽查105站（次）、223个油样。七是加强资金发票风险控制。推广双指纹密码锁保险柜，加大加油站发票开具、现金投币、POS机刷卡、IC卡付油等现场突击检查力度。先款后货确认开单，防范信用风险，信用客户从11个调整为8个，额度从1055万元调整为855万元。

【企业管理】 梅州石油公司一是重点打造江南、广梅等8座示范点，完善培训中心、机关党群学习室设施，为52座加油站购置价值29.6万元的空调、洗衣机、热水器等，56座加油站开辟小菜园，中村油库开心农场初具规模，产出蔬果水果肉类超过6500公斤，员工吃上放心有机果蔬。二是全年慰问员工404人次，发放慰问金21.7万元，为困难员工筹集爱心款7万多元。“七大”节日落实机关帮扶189人次。开展“夏送清凉、冬送温暖”活动，发放价值76万元物品。组建足球、篮球、乒乓球、羽毛球等文体协会。落实职代会制度，6次职代会通过提案13个。

（钟鹏程 廖志宇）

烟草专卖

【概况】 2015年，梅州市收购烟叶859万公斤，烟叶工商交接等级质量连续第12年获国家局通报表彰。市烟草专卖局（公司）销售收入52.08亿元，同比增长10.41%；实现税利11.93亿元，同比增长27.85%；上缴财政8.53亿元，同比增长49.39%。

【基础建设】 2015年，全市投入补贴资金3584.89万元，建设烟叶生产基础设施建设项目1264宗。推进现代烟草农业建设，巩固蕉岭、大埔基地单元建设水平，开展种植、服务“两个主体”培育，“种植在户、服务在社、机械作业、专业服务”的生产模式初步构建。推进质量管理、精益管理建设，开展质量管理小组活动，精益物流项目荣获“全国质量信得过班组”、烟草行业第二十六届优秀质量管理小组成果发布会三等奖、“南粤之星”金奖。加强规范管理，严格执行中央“八项规定”，抓好物资采购、工程投资及办事公开民主管理，推进法律风险防控，严格规范财经活动。落实安全生产主体责任，抓好职业健康安全管理体系建设。

【营销管理】 2015年，全市销售卷烟16.15万箱，卷烟销售收入46.60亿元。规范卷烟经营行为，提升品牌培育和现代零售终端建设。实施亲情和增值服务工程，推动卷烟营销转型升级。8月，现代物流配送中心建成投产。9月，全省烟草物流现场会在梅州顺利召开。

【市场监管】 坚持“预防为主，打防结合”工作原则，开展卷烟打假打私“百日专项行动”。实践市场分类管理工作法，推进与工商部门的协作机制建设，建立健全非烟集中整治与日常治理相结合机制。2015年，全市破获卷烟制售假国标网络案件5宗、省标网络案件2宗，省督案件1宗，查处各类涉烟案件1552宗，查获各类卷烟2466.09万支，全市卷烟市场净化率始终保持在98%以上。 （市烟草专卖局）

财　　政

【财政收支概况】 2015年，来源于梅州的财政总收入277.44亿元，同比增长18.88%。全市一般公共预算收入103.58亿元，完成年度预算的105.36%，同比增长21.51%，收入增幅在全省排名第2位，在粤东西北12个市中排名首位，收入总量比“十一五”末增加56.69亿元，“十二五”期间实现年均增速21.6%。其中税收收入73.82亿元，同比增长21.47%，占一般公共预算收入的71.27%，在粤东西北12市中财政收入质量最高，是粤东西北地区唯一超过70%的地级市；非税收入29.76亿元，同比增长21.62%，占一般公共预算收入的28.73%。其中市本级一般公共预算收入28.36亿元，同比增长14.36%；县级一般公共预算收入75.23亿元，同比增长24.45%。全市一般公共预算支出377.41亿元，同比增长39.74%，总量在全省排名第8位，增幅在全省排名第11位。其中市本级一般公共预算支出80.98亿元，同比增长64.77%；县级一般公共预算支出296.42亿元，同比增长34.17%。

【政策资金争取】 围绕原中央苏区和粤东西北地区振兴发展的各项财税政策，争取省财政对市激励型财政机制、县级基本财力保障机制、生态保护补偿机制、产业园区基础设施、重点民生项目等方面的政策倾斜和资金支持。全年全市共获得上级各项转移支付补助资金246亿元，其中市本级获得58亿元。主动对接债务置换政策，全年全市共争取置换债券27.3亿元（其中市级12.1亿元），新增政府性债券转贷资金14.7亿元（其中市级11.2亿元）。

【服务“一区两带”建设】 支持梅兴华丰产业集聚带和梅江韩江绿色健康文化旅游产业带建设。2015年，市财政拨付嘉应新区建设资金28.31亿元，全市产业园区共获得省财政园区扶持资金10.8亿元，全市争取省级旅游产业扶持资金1.54亿元，全市财政交通运输支出27.9亿元。

【支持实体经济发展】 市财政统筹安排3亿元作为实体经济振兴发展专项资金，采取财政贴息、补助、奖励等手段，扶持以工业为主体的实体经济发展。落实“大众创业、万众创新”财政扶持政策措施，市财政出资设立创业创新投资引导基金、促进创业小额担保贷款基金和中小微企业信贷风险补偿基金。免征32项中央设立的涉企行政事业性收费中央级收入、7项省设立的涉企行政事业性收费省级收入，减轻企业负担。推进挂点服务企业工作，市直单位共落实企业挂点扶持资金4749万元。推广应用PPP模式，韩江高陂水利枢纽工程等大型优质PPP项目动工建设。加快实施节能减排财政政策综合示范项目，下拨节能减排综合示范奖励资金5.47亿元。

【落实民生保障措施】 将新增财力主要用于社会事业和改善民生，推进基本公共服务均等化，全市民生支出306.17亿元，同比增长48.02%，民生支出占一般公共预算支出的81.13%。加快民生实事项目支出进度，市县两级财政共拨付省十件民生实事配套资金22.86亿元，完成年度预算的153.47%。一是争取1200万元投入茶叶产业带和水果产业带项目建设，推进巨灾保险试点工作，做好种粮补贴资金发放和粮食储备工作，推动实施“五沿”（沿路、沿江、沿水、沿城、沿线）崩岗综合治理、中小河流综合治理、重点生态林业工程、农村“一事一议”和“美丽乡村”项目建设，加大扶贫开发“双到”投入力度，全市财政农林水支出46亿元，同比增长51.28%。二是提高底线民生保障标准和低收入住房困难家庭租赁住房补贴标准，市县两级财政共落实底线民生保障配套资金3.95亿元。三是加大医药卫生体制改革投入，全年市县两级共安排医改配套资金9.93亿元。四是推动文化和教育事业发展，全市财政文化体育与传媒支出5.39亿元、教育支出68.43亿元，同比增长48.3%、25.85%。五是支持“平安梅州”建设，全市财政公共安全支出16.67亿元，同比增长47%。

【财政监督管理】 以实施新《预算法》为突破口，促进各项财政工作走上法制化轨道。制订《梅州市政府性债务管理实施细则》，合理控制债务规模和风险。组织开展“小金库”、“三公”（公务出国经费、公务用车购置及运行费、公务接待费）经费、涉农资金等专项整治和检查行动，着力建立涵盖资金流向和政策实施全过程、全方位的监督检查体系。修订出台《梅州市财政支出绩效评价实施办法》，推进基本公共服务均等化绩效考评，对大额项目资金重点开展绩效评价。加强政府采购监管、公共资源交易平台建设、财政投资评审、会计管理、农村集体“三资”（资金、资产、资源）管理、行政事业单位资产管理、国有企业资产管理、财政票据管理等工作，全面规范财政管理行为。

【财政改革】 推进预算管理制度改革，进一步强化预算编制和部门预算管理，加大预决算信息公开力度，全面公开2015年财政预算、“三公”经费支出总预算、部门预算以及部门“三公经费”预算。推进乡镇国库集中支付制度改革和权责发生制政府综合财务报告试编工作，进一步完善公务卡、预算执行动态监管、财务核算信息集中监管和预算支出联网监督等国库集中支付配套改革工作。配合推进公务用车制度改革，规范县级行政事业单位津贴补贴，完善市级与园区的财政体制，加快基层公共服务综合平台整合。

（市财政局）

税　　务

【梅州国税】

税收概况　全年组织税收收入93.8亿元，同比增长6.07%，收入总量首次突破90亿元。其中计划考核口径税收收入93.09亿元，同比增长7.00%，占省局下达年度计划90.71亿元的102.63%。通过重点税源调查、减免税调查等举措，及早分解落实年度收入任务。在坚持组织收入原则的前提下，充分发挥“征管查”作用，全年共开展纳税评估查补税款4215.33万元，所得税收入9.23亿元，同比增加34.84%；非居民税收收入5465万元，同比增加20%；稽查查补收入1.42亿元，同比增加679万元。全年基本实现均衡平稳增长，避免收入大起大落现象。

税收管理　一是推进“三化”改革。推进

管理规范化，推广落实纳税服务规范2.0版、出口退（免）税管理工作规范1.0版、征管规范1.0版和稽查规范1.0版等各项业务工作规范。推进管理信息化，全面加强信息网络安全，做好10多个信息系统的上线和日常维护工作，“财税库银横向联网系统银行卡扣税直缴国库业务”系统获得省局创新项目奖励。推进管理社会化，依托农信社开展“双委托”工作，探索车购税改革新模式，零散税源社会化管理迈出新步伐。二是推进国地税合作。贯彻总局国地税合作规范1.0版，定期召开联席会议，发布实施国地税合作9个专项合作方案，国地税合作全面深化。三是落实好“营改增”等税制改革政策。3938户试点企业累计入库改征增值税20227万元，98%的试点纳税人享受营改增带来的减税效应。此外，贯彻落实卷烟消费税、电池涂料消费税和成品油消费税等税率调整政策。

征管改革　一是优化纳税服务。开展便民办税春风行动，减并84项资料报表、审批核准事项，增加27个同城通办、网上办税涉税事项。开通手机APP移动办税平台，构筑“窗口办税、网上办税、自助办税、移动办税”四位一体的办税平台。开通“客家税融通”“税易贷”业务，为9户小微企业发放贷款5380万元。严审快退，办理出口退（免）税14.4亿元。落实各项税收优惠政策，共减免税收1.61亿元。在全省纳税满意度第三方调查中，取得第三名的好成绩。二是优化行政运转。加强预算管理，规范政府采购和公务接待，完善资产管理，强化基建管理，科学理财、精细理财的成效得到进一步提升。严格落实中央“八项规定”，实施集约办公，蕉华分局整体搬迁至城区原税校内。进一步规范公文、保密、信访、网站、综治管理。

税务宣传　出版第二本围龙筑梦文化手册《坚行》。成功举办广东国税精神宣讲梅州专场活动。在制度汇编出版的基础上，对现行各项规章制度进行审视和检查，并及时建立、补充、完善制度10多项。将物态文化建设与税收业务等有机结合，让物态文化展厅既成为展示文化建设成果的主展区，同时又成为政务公开、税收宣传的重要阵地。提高梅州国税在《中国税务报》、《南方日报》、《梅州日报》、梅州电视台等主流媒体的正面形象的见报率和上镜率。加大扶贫工作力度，帮助挂钩万子村脱贫致富。组建“学雷锋志愿者服务队”，开展志愿税法宣讲活动，自愿捐助、绿色行动、无偿献血等公益活动十余次，在社会树立国税良好形象。撰写的《税收支持原中央苏区振兴发展比较研究》调研报告，得到省局领导和市委书记黄强肯定和批示，并转发全市学习借鉴。

（梅州国税局）

【梅州地税】

税收概况　全市地税系统组织税费收入142.36亿元，增收22.42亿元，同比增长18.69%。其中，税收收入98.36亿元，增收19.84亿元，同比增长25.27%；教育费附加收入3.01亿元，增收2702万元，同比增长9.85%；社会保险费收入36.55亿元，增收1.95亿元，同比增长5.64%；其他收入4.44亿元，增收3566万元，同比增长8.74%。在全省税收收入考核中，梅州市进度及增幅排名第二。

税收特色　一是全年各个季度税收收入增长均衡，累计增速居全省地税系统第二位。全市地税系统4个季度税收收入分别增长22.8%、17.8%、36.6%和25.6%，实现税收收入均衡入库，全年累计增速25.3%，比全省地税系统快9.65个百分点。二是各级次收入均实现较快增长，市县级收入占比超六成。中央级、市级和市县级收入分别增长25.09%、24.13%和25.75%，均实现较快增长，市县级收入61.23亿元，占全市地税税收收入的比重为62.3%，高于全省市县级收入所占比重2.9个百分点。三是三大主体税种均实现两位数增长，财产行为税增量贡献突出。营业税收入24.30亿元，同比增长25.11%，占总税收增量24.58%。企业所得税收入14.22亿元，同比增长14.27%，占总税收增量8.95%。个人所得税收入8.76亿元，同比增长47.75%，占总税收收入增量14.27%。财产行为税合计收入51.08亿元，同比增长25.44%，占总税收增量52.20%。四是金融、房地产和建筑业税收增量贡献大，先进制造业和现代服务业增速显著。金融、房地产和建筑业税收合计增量占总税收增量比重达36.79%，其中金融业税收6.36亿元，同比增长51.22%，建筑业税收17.20亿元，同比增长52.85%，房地产业税收22.97亿元。通用专用设备、电气机械器材、计算机及电子设备制造业入库税收1.62亿元，同比增长41.29%，现代服务业税收6.58亿元，同比增长124.35%。五是各核算单位税收收入均实现历史性突破。市直（梅江和蕉华）税收收入32.08亿元，首次突破30亿元大关，梅县税收收入21.20亿元，首次突破20亿元大关，兴宁税收收入10.90亿元，首次突破10亿元大关，大埔、丰顺税收收入均首次突破7亿元，五华、平远、蕉岭税收收入则首次突破6亿元。

税收征管　一是规范征管秩序。夯实征管资料档案基础，强化税收风险管理，加强发票管理，完善定额核定，落实新征管规范，进一步优化征管规程。二是加大税务稽查力度。落实征管稽查联动和一案双查机制，开展行业税收专项检查、重点税源企业税收抽查、打击发票违法犯罪活动，全市地税共立案查处企业34户，结案23户（其中往年度案件10户），查补税款、滞纳金、罚款共320.95万元。此外，通过督导重点税源企业自查入库税款、滞纳金3644.57万元。三是发挥评估督查作用。开展房产税、土地使用税、企业所得税和金融行业、建安房地产行业、饮食行业等专项评估，评估督查2162户（次），累计评估收入3.3亿元。四是强化信息数据管税。利用248028条有效信息，增加税收收入38375.35万元。五是推广新版电子办税服务厅，实现电子办税与实体办税服务同质化。

社会保险费征收　组织社会保险费收入36.55亿元，同比增收1.95亿元，同比增长5.64%，社保费综合征缴率99.09%（剔除灵活就业人员数据），其中养老保险费收入24.79亿元，同比增长1.03%；工伤保险费收入5783万元，同比增长9.46%；失业保险费收入12709万元，同比增长35.69%；医疗保险费收入9.46亿元，同比增长13.93%；生育保险费收入4475万元，同比增长53.67%。增长原因有：一是缴费基数下限和缴费工资的提高；二是地税部门联合社保等部门在2014年第四季度深入参保率较低的企业开展社保扩面征缴工作，增加养老保险参保缴费人数；三是失业险的费率由1%提高至2%。

税收优惠政策　打通惠及民生的“最后一公里”，政策实际受惠面均达100%。共有7343户（不含零申报）纳税人享受小微企业营业税优惠政策，免征3514.09万元；833户符合条件的小微企业享受小微所得税优惠政策，减免571.5万元；房产税、城镇土地使用税困难性减免84户973.62万元；981户（次）企业享受2014年度企业所得税优惠，减免税额4913.98万元。

纳税服务　深化“便民办税春风行动”，推行《全国税务机关纳税服务规范》，维护纳税人的合法权益。一是不断强化全员全方位为纳税人服务的意识。二是推行纳税服务规范，通过对照清理、更新表单、印制资料、专项培训、对外告知、配套制度落实，规范服务行为。三是着力深化税收宣传。四是继续优化纳税服务措施。升级36个办税服务厅的综合管理平台硬件和软件。简化审批手续、办税流程、申报资料，提高窗口办税效率。客观公正评价纳税信用等级，推行“客家税融通”和“税易贷”项目，落实涉税中介机构资质备案和监管年检工作。提升“12366”热线运行效能，充实知识库，提高涉税咨询答复水平。发挥地税网站宣传公告作用，创新网上税宣、网上办税、自助办税渠道，打通为纳税人服务的“最后一公里”问题。

（郭程望）

金　融

【概况】　至2015年年末，全市有1家政策性银行、5家国有商业银行、1家股份制商业银行、1家邮政储蓄银行、2家农村商业银行、6家农村信用联社、3家村镇银行、19家小额贷款公司。2015年，平远农信社改制成为农村商业银行；塔牌集团、宝新能源、超华科技等3家上市公司拟定注册资本20亿元，联合设立广东客商银行；新设5家小额贷款有限公司。

银行效益　金融服务实体经济能力增强，主要表现在：一是存贷款增速保持较快增长。至2015年年末，全市本外币各项存款余额1565.2亿元，同比增长10.86%，增速比上年同期回落2.53个百分点，低于全省平均增速1.18个百分点，位居山区五市第二、全省第七。本外币各项贷款余额736.41亿元，同比增长15.88%，增速比上年同期回落0.18个百分点，高于全省平均增速3.6个百分点，位居山区五市第一、全省第二。二是市场利率持续下行。2015年，央行5次降息和5次降准，累计下调贷款基准利率1个百分点，下调存款准备金率2.75个百分点。12月份，商业银行新发放贷款的加权平均利率7.6416%，同比下降0.6615个百分点；个人住房贷款的加权平均利率4.9199%，同比下降1.5133个百分点。三是跨境人民币使用量提高。企业跨境投资审核手续简化，为企业"走出去"提供更大的便利条件。2015年，梅州辖区发生跨境人民币结算总额31.55亿元，同比增长13.33%，占全辖跨境收支的24.14%；全辖跨境人民币结算参与主体累计417个，金额累计112.11亿元。四是经营效益保持良好。至2015年年末，全市银行业总资产2527.86亿元，同比增长0.68%；不良贷款余额15.12亿元，同比下降0.71亿元，不良贷款率2.05%，同比下降0.48个百分点。全年实现利润23.76亿元，同比增长4.91%；所得税3.28亿元，同比增长21.67%。

证券业务　2015年，梅州市共有证券公司营业部10家。受上半年股票市场交易火爆的影响，股票交易额和证券开户数出现井喷。梅州辖区全年股票基金交易额13643.51亿元，同比增长254.85%；资金账户累计新开户数132379户，同比增长500.79%；实现利润4.58亿元，同比增长351.14%。至12月末，股票基金账户余额113.56亿元，同比增长68.54%；股票基金市值424.58亿元，同比增长39%。有7家证券公司营业部开展融资融券业务，融资融券余额24.82亿元，同比增长5.64%。资本市场融资功能进一步发挥，分别有1家企业在A股和香港上市，5家企业在"新三板"挂牌，上市公司全年直接融资10.33亿元。

保险业务　2015年，梅州市有保险公司30家。全年全市实现保险业保费收入42.54亿元，同比增长56.94%。其中，财产保险保费收入12.74亿元，同比增长24.37%；人寿保险保费收入29.8亿元，同比增加76.71%。

（人行梅州支行）

【人行梅州市中心支行】　2015年，人民银行梅州市中心支行一是实施5次降准、5次降息的货币政策，放开存款利率上限，共减轻企业利息负担6.24亿元，惠及2030家企业。2015年，累计发放支农再贷款10.95亿元，是2014年同期的2.28倍。至12月末，支农再贷款余额9.35亿元，是2014年同期的1.94倍，使用额度在全省靠前。二是组织金融机构在全市开展货币信贷政策与融资理财巡回宣讲会7场次，共计1000余名小微企业、新型农业经营主体代表参加，接受现场咨询90余次。三是落实关于金融支持广东稳增长调结构和粤东西北地区振兴发展的指导意见，围绕交通基础设施建设、产业园区扩能增效、中心城区扩容提质"三大抓手"，组织辖区金融机构挖掘信贷需求，加大对重点项目的金融支持。推动市、县两级政府设立各类小微企业信贷风险补偿基金近2亿元，可撬动信贷资金近20亿元。新增1家企业在香港联交所首发上市，新增5家“新三板”挂牌企业，挂牌企业总数在广东省山区市中排名第一。至12月末，全市本外币各项存款余额1565.28亿元，同比增长10.86%；本外币各项贷款余额736.41亿元，同比增长15.89%，比全省平均水平高3.6个百分点。四是创办《梅州金融信息专报》，整合物价、企业景气、银行家问卷、外向型企业汇率承受力、民间融资等制度性调查成果，直接推动设立梅州市中小微企业信贷风险补偿基金。全年上报13期，3期得到梅州市委书记、市长的批示。

农村金融改革　一是创新“互联网+信用三农”惠农模式。联合市农业局、市金融局、梅州日报社签署联合行动计划，支持农企和农户发展，推动农业产业链和自主品牌建设，帮助农户、农企获得众筹资金175万元、通过互联网金融助贷发放支农再贷款50万元，互联网与“三农”对接融合的“梅州模式”获得朱小丹省长、陈云贤副省长等领导的高度评价。二是推动金融服务示范村实现新扩容。将示范村试点由44个扩大至225个，占全市行政村数量的11.03%。蕉岭县、五华县被广东省推荐为全国试点县。对新型农业经营主体试行开展“政银保”合作贷款。至12月末，全市涉农贷款余额363.06亿元，同比增长17.92%。三是推进农村信用体系建设实现新升级。完善农户征信系统功能，建立信息更新和应用督查机制。加快中小微企业信用信息和融资对接平台建设，建立梅州市平台推广应用联席会议制度。建立梅州金融城域网，连通梅州市政务网，实现平台与地方政务信息资源共享平台的对接，实现“系统升级”。制定示范信用农户、村、镇评定暂行办法，开展示范信用农户、村、镇评选，实现征信“内涵升级”。结合“两权”抵押融资试点、“互联网+信用三农”等新型融资模式，推动信用嵌入融资产品，实现“融资升级”。建立35个征信文化宣传教育基地，举办宣传活动近300场，组织举办梅州金融系统征信演讲比赛、广东省东部赛区总决赛。四是探索优化农村支付环境新模式。根据农村对金融服务的实际需求，撤并359个服务点。开展提高助农取款使用效率试点，在金融机构和服务点考核评选中引入竞争退出机制，对交易量低于考核指标、违规开展业务、群众满意度低的服务点予以摘牌。2015年，全市助农取款服务点累计办理取款33.59万笔，金额1.4亿元，查询14.22万笔，同比分别增长36.35%、107.18%和29.75%。

金融管理和服务　一是开展小额贷款公司和融资性担保公司信用评级工作。推广中征应收账款融资服务平台。至12月末，促成融资交易166笔，融资金额49.31亿元人民币，成交金额位居全省第三。二是推动科技和金融结合促进创新创业，加快推动金融IC卡在公交、菜市场、物业门禁等领域的应用。率先建立国债“额度下乡”新机制，将国债“送”到农民手中。率先在全省推进中小金融机构接入TIPS系统工作。率先开展国税POS刷卡扣税直缴国库业务试点，实现税款资金依托TIPS系统实时划缴入库。三是做好发行库管理、发行基金投放回笼、新版人民币发行流通管理和反假货币等各项工作，人民币冠字号码查询在辖区金融机构实现机构、网点全覆盖，小面额现金供应服务不断改善。四是实现“一站式”办理直接投资外汇业务，开通绿色通道。指导企业（个人）进行境外投资，支持鸿源机电、宝丰陶瓷、培英电声等企业“走出去”，为博敏电子IPO、集一家居建材赴香港上市提供“保姆式”外汇服务，促进贸易投融资便利化。通过深入银企开展调研、强化业务责任督导、举办全省首场跨境人民币结算业务政策宣讲会、印制宣传彩页等多种形式，推动人民币跨境使用。至12月末，全辖跨境人民币结算参与主体累计418个，金额累计112.11亿元。五是加强跨境资金监测管理，健全跨境资金双向流动监测预警体系，建立形势监测分析会议制度，提升打击违法犯罪精准度。开展“两加强、两遏制”外汇业务专项检查、金融机构专项检查、“防流出”专项核查等工作，通过现场检查、现场核查、自主分析、交叉分析等多种形式，加大对“出口不收汇”、大额利润汇出等异常和非法外汇交易行为的打击力度。2015年，立案和查处2宗外汇违法行为，涉案金额75.7万美元，处罚金额3万元人民币，结案率和收缴率均为100%。对9家出口不收汇企业、11家服务贸易项下涉外支出主体、4家资本项目项下企业开展现场核查。

金融风险防范　一是推进金融系统综合治理及“平安金融”创建工作。对辖区所有银行业金融机构进行综合评估，有针对性选取银行、证券、保险开展稳健性评估。落实约见高管谈话制度，就金融机构在利率定价、履行反洗钱职责、银行卡发行等方面存在问题提出相关要求。二是做好存款保险制度出台的各项准备及组织实施工作。成立存款保险制度领导小组，加强制度实施前后的风险监测和应对，全面开展投保机构基础信息现场核查。加强对信用信息查询、支付结算、金融机构信息管理、空头支票行政处罚、跨境人民币结算业务、外资银行结售汇专用人民币账户等方面的监督检查。三是树立法治意识，规范行政许可、执法检查、行政处罚程序。依法审查执法检查、行政处罚、对外合同文本、规范性文件起草等工作，防范法律风险。开展打击利用离岸公司和地下钱庄转移赃款专项行动，向公安机关移送3条重大可疑交易线索，其中1条线索被公安机关立案。协助获破P2P平台非法吸收公众存款案、网络赌博案，涉及金额2亿元。开展整治银行卡网上非法买卖专项行动。四是加强金融消费权益保护，妥善处理金融消费者投诉23件、咨询16件，金融纠纷调处工作群众满意度在全市90个上线单位中排名第一。五是继续开展“金融知识进校园”工作，探索金融知识教育普及长效机制。结合人民银行经理国库30年、征信知识普及性宣传教育、2015年“金融知识普及月”等重要工作，与当地电视台广受群众喜爱的客家方言情景剧栏目合作，将金融知识植入情景剧，提升金融知识普及效率。创新开展金融消费权益保护工作技能竞赛、征信演讲比赛、反洗钱小品创作大赛，传播金融基础知识和征信文化核心价值理念，防范非法集资等违法违规金融活动，提升群众防范金融领域风险的意识。

（刁依河）

【中国银行业监督管理委员会梅州监管分局】

“十二五”期间，面对国际国内复杂的经济金融形势，辖内银行业持续保持稳健运行，机构种类日益丰富，发展质量效益稳步提升。截至2015年年末，辖内银行业总资产1625.6亿元，比2010年年末增长83%；各项存款余额1488.1亿元，比2010年年末增长81%；各项贷款余额736.4亿元，比2010年年末增长122%；年度税后利润20.8亿元，为2010年年末的1.06倍。

提升银行业监管水平　一是督导辖内银行业支持重大工程、项目与新兴产业发展，以及农村基础设施建设与城市设施的更新改造。至2015年年末，辖内银行业向梅州“一区两带”建设发放近百亿元。加强普惠金融发展力度，落实对薄弱领域金融服务的配套政策，推进“银税互动”合作机制，督导银行业结合“村村通”“三大工程”等项目提升基础服务覆盖面，辖内抵押业务稳步发展，辖内2040个行政村基础金融服务实现全覆盖，全辖涉农贷款比年初增长25.59%。二是建立银行业服务收费长效监管机制，开展不规范服务收费清理自查自纠工作督导，从2012年至2015年督促取消银行服务收费项目累计百余项。三是加强金融消费者维权法治化工作，处置各类信访事项61件。督促银行开展理财和代销产品销售“双录”工作，通过暗访检查督促各机构对存在问题进行限期整改并通报相关情况。加大违法违规惩处力度，在“两个加强、两个遏制”专项检查中，责令5家被查机构限期落实整改，对其中3家进行行政处罚。四是组织辖区20家机构574个营业网点开展“金融知识进万家”和“送金融知识下乡”宣传活动。把机构日常表现与市场准入、监管评级挂钩，强化过程监管、行为监管。提高监管政策法规在高管任职资格考试中的权重，将对监管政策法规列为任职谈话的必谈内容。

强化风险防控　一是持续化解存量风险，督导做好地方政府存量债务清理甄别工作，明晰债权，防止债务悬空。二是动态监测流动性风险，建立流动性风险监测重点机构名单，督促其制定切实可行的流动性风险防控预案，深化风险管理。三是监测排查隐性风险，督促农村中小金融机构按要求做好隐性不良贷款入账反映和管理，逐步缓释单户超比例和贷款集中度过高的问题。至2015年年末，全辖农合机构超比例贷款6户，比年初减少126户，余额减少22.5亿元。督导辖内房地产贷款占比超标的法人机构制定并严格落实整改达标计划。部署全辖20家机构开展案件风险自查，辖内连续6年实现“零”案发。四是动态管控信息科技风险，督促银行强化系统安全与业务连续性管理，开展信息科技风险专项自查，并配合省局联合检查小组对辖内3家机构进行检查。

深化金融改革　一是加快民营银行筹建进程，配合广东银监局为拟申办民营银行的发起人进行政策宣讲，并对6家申请人股东资格开展预审和尽职调查。二是推进农村金融改革，推动1家农信社改制成农商行，继续做好两家农联社改制前准备工作。完成辖内42家邮储二类支行改革任务。三是落实简政放权，取消部分行政审批项目等准入类事项。四是加快金融产品创新，鼓励和支持有条件的机构在风险可控的前提下创新普惠金融产品，如辖区内开展“政银保”合作农业贷款、妇女小额担保财政贴息贷款等金融产品，至2015年年末分别发放5900万元、2355万元。五是强化资本管理，督促农合机构开展增资扩股工作，2015年批复4家机构的增资扩股方案，丰顺联社完成增资扩股工作，各项监管指标得到改善。

（梅州银监分局）

【中国工商银行股份有限公司梅州分行】

业务概况　至2015年年末，工行梅州分行各项存款余额164.77亿元，比年初增加12.44亿元；各项贷款余额93.40亿元，比年初增加6.16亿元。实现中间业务收入15045万元。至12月末，全行不良贷款余额2297.59万元，不良率0.24%，资产质量保持优良水平。内控案防工作得到不断强化，全年未发生内部案件，实现安全无事故。

提升客户服务质量　一是开展“服务体验建设年”活动，通过出台新的服务质量考核办法、狠抓排队问题专项治理活动以及落实网点服务管理与检查、引入三方监测、开展业务培训、严抓客户投诉处理和标杆网点建设等工作，不断改进客户的服务体验。二是以网点竞争力提升工程为着力点，落实网点运营标准化管理工作。对梅州城区的新中支行、城区支行、华南支行、香港花园支行、五洲城支行等5个试点网点实施扁平化管理改革，并配套实施分行本部组织机构改革。三是推进队伍建设，进一步强化网点竞争力。重点抓好城区16个网点负责人岗位公开举牌竞聘面试工作，择优录用一批网点负责人和客户经理。四是以各类教育培训为抓手，不断提升员工的客服能力。全年累计开展46场共2717人次参与的业务培训。

（刘洪龙）

2015年11月19日，工行广东省分行党委书记、行长施刚（左一）拜访梅州市委书记黄强（右一），共商政银合作

【中国建设银行梅州分行】

业务概况　2015年，建行梅州市分行实现拨备前考核利润4.73亿元，同比增加4527万元。实现税前利润4.39亿元，同比增加1699万元。实现中间业务净收入15613万元，四行占比29.04%，排名第1位，同比新增2581万元。一般性存款余额198.52亿元，比年初新增10.09亿元，新增市场占比28.42%，新增四大行排名第2位。各项贷款余额98.93亿元，四行占比26.34%，排第2位，比年初新增19.67亿元，新增市场占比43.33%，新增四大行排名第1位。

“合规平安年”工作　突出落实党风廉政建设和案件防控主体责任，推进“合规平安年”活动。全年开展各类应急处置预案演练466次，在省公安厅组织的安全评估大检查中以99.7分的成绩位居同业第一名。堵截电信诈骗事件31宗，挽回客户损失60.53万元，识破假冒他人身份证办理开户事件39起，协助公安抓获犯罪嫌疑人2人，向人行报送4份重点可疑交易报告，涉及金额7.7亿元。

业务拓展　一是重点发展综合融资业务，创新发展资产业务。加强学习，将“一行一基金”工作作为重中之重。做好各项资产综融业务产品的破零破冰工作，并提高议价能力和综合服务能力，做好中收储备、提高产品覆盖度。二是推进资产业务下沉工作。赋予10个综合型支行个人与小企业贷款经营权，其他网点赋予信贷营销与推荐职能。并以资产业务下沉为契机，理顺不利于资产业务发展的关系。明确资产业务下沉的权限，简化经营主责任人的设置，取消个人助业与小企业贷前平行作业。通过跨条线培训、跟班学习、上岗资格考试等措施提高信贷客户经理信贷专业知识和技能，为资产业务发展创造有利条件。三是创新资产客户产品覆盖考核。要求新增个人资产客户达到“6+1”，即个人资产客户必须配套7个产品；小企业资产客户必须达到“4+4”，即小企业资产客户必须配套4个个人类产品和4个对公类产品，以体现“公私联动”。在贷款申报时，增加客户产品覆盖情况，达不到要求的不予申报。小企业客户代发率比年初提升7.5个百分点。

重点业务发展　一是抓项目储备，抓产品营销，实现对公中收持续增长。推进项目落地，做好项目储备，以确保对公中收的来源。加强对公重点产品营销工作，通过制定激励约束机制，推动重点对公产品的发展，挖掘重点对公产品的中收创造能力，进一步提高传统产品收入对对公中收的贡献度。二是抓重点、热点、特色产品、重要战略业务。通过理财讲座、成立兴趣小组、送培训到网点、模拟演练、以案说案等多种形式开展业务培训，特别是提高新形势下“两金一险”（黄金、基金、保险）产品营销技能。开展产品营销PK赛、理财专场活动，推动产品常态化营销，提高个人客户产品覆盖度和网点单产。依托柜面常态化、客户维护、户外营销等活动，抓好结算通、其他金融IC卡、理财卡等拳头产品营销。加强“一对一”联系沟通，对落后网点、短板产品进行重点督导。压岁金钞、保险、结算卡等重点产品营销走在全省前列，“两金一险”业务收入提前完成全年任务，同比增幅74%，对个人中收贡献率55%。

网点“三综合”建设　一是综合网点建设。全辖区30个网点均开办对公、对私和个人外汇业务，网点实现对公和对私业务综合化经营比率、经营个人外汇业务比率均达到100%。获省行批复对公外汇经营权的网点7个，占分行经营网点总数的23%，较年初新增6个，完成省行新增计划。同时具备个贷和小企业贷款经营资格的网点达到10个。二是综合柜员建设。全市辖区30个网点均实现综合柜员制，网点综合柜员（含二合一产品销售经理）共221人，占比89.5%，比年初提升9个百分点；“三合一”柜员112人，比年初增加102人，“三合一”柜员占比45.3%，比上半年提升41个百分点。三是综合营销团队建设。共组建营销团队70个，网点实现综合营销团队建设比率100%，网点营销人员达269人，比年初增加32人，营销人员占比为58%，高于省行50%的目标。

（建行梅州分行）

【中国银行梅州分行】

经营概况　一是存款方面，本外币一般性存款（含表内理财）时点余额122.42亿元，较2014年年末增加11.25亿元，增幅10.12%；日均余额120.4亿元，较2014年增长12.7亿元，增幅11.8%。其中人民币储蓄存款（含理财）时点余额86.46亿元，较2014年末增加5.86亿元，余额四行占比19.1%，较年初提升0.6个百分点；日均余额83.46亿元，较2014年增加5亿元，增幅6.39%。人民币企业存款（不含理财）时点余额35.96亿元，较2014年末增加5.38亿元，余额四行占比15.02%，较年初提升1.58个百分点；日均余额36.98亿元，较2014年增加7.69亿元，增幅26.24%。二是贷款方面，人民币各项贷款余额74.26亿元，当年净增9.65亿元。与主要同业比，余额四行占比19.84%，较2014年末提升0.21个百分点。其中人民币企业贷款余额（含贸易融资）39.39亿元，当年净增4亿元，余额四行占比18.62%，较年初提升1.4个百分点；人民币零售贷款余额34.61亿元，当年净增5.57亿元，余额四行占比20.68%，较年初下降1.82个百分点。三是不良资产控制方面，不良资产余额3654万元，低于省行资产质量保卫战控制目标772万元；拨备总额2217万元，低于全年管控目标641万元。累计化解表内不良授信5879万元，完成表内不良化解任务128.2%。四是国际结算、跨境人民币业务方面，全行实现国际贸易结算量9.42亿美元，增幅2.8%，国际贸易结算市场份额54.05%，较2014年年末上升5.11%；实现跨境人民币结算量13.74亿元，增幅17.47%，跨境人民币结算市场份额50.38%；实现国际结算条线非利息收入超千万元。

基础建设　一是渠道效能提升。落实网点智能化改造要求，推动设备投放、产品下沉、人员配置、厅堂服务等工作，智能化网点占比38.46%，智能化网点的营销人员占比45%，达到总行要求；电子渠道迁移率为80.6%，较2014年年末提升5.8%，提升幅度在非重点行排名第三。开展网点综合业绩排序竞赛活动，营造争先进位的“赛马”氛围，至2015年年末，网点综合业绩全国排名较2014年年末提升155名。推进低产低效网点压降工作，制定《梅州分行2015年低产低效网点压降工作方案》，通过加大帮扶、指导和考核力度，100%完成省行低产低效网点压降计划，压降率居非重行第二。全行低产低效网点3家，较2014年年末减少3家。二是网点作战能力增强。加大对城区支行整合优化推进工作，推动人员、资源和业务、产品下沉等基础工作，引导城区网点做大做强。优化网点员工排班模式，制定《中国银行梅州分行网点排班模式优化方案》，实施网点弹性窗口，提升大堂服务能力。打造厅堂服务、加大业务下沉、优化人员配置、强化队伍考核等方面提高网点战斗力。至12月末，全辖营业网点人员占比68.2%，业务一线人员（营销类）占比49.9%，营销服务人员占比51.1%，达到省行要求。三是运营服务主动。强运营内控管理。抓好“运营防案年”专项整治工作、总行“50条措施”落地实施、代客对账和个性化对账专项整治工作。开展假币专项治理。加大假币鉴伪技能培训和考核，加大假币专项整治相关工作。制定完善运营业务连续性应急计划和演练方案，并组织现金库房、现金运送、重空库房等实地演练，提高全辖运营应急水平。加强业务风险管控。加强业务经理队伍管理，提升一线内控角色作用的同时，加大对账务不符、尾箱遗漏等高风险事件监控。四是狠抓内控案防。突出抓好内控案防工作，实现“安全运营，无外部监管罚款，不发生重大法律合规风险事件和内外部案件”总体目标。通过开展“纪律教育学习月”系列警示教育活动、“严自律、强监督、促合规”员工行为管理专题活动、

《基层机构“岗位小标语”手册》的传导工作、基层机构内控风险评价及组织全辖员工观看警示教育视频、行领导下基层开展合规座谈等方式，持续抓好内控案防不放松。抓好合规教育、人员管理、监督检查、机制建设、责任追究等五项内控防案重点工作，落实各项内控考核，加强日常内控管理，强化内控案防基础工作，提升基层机构案防能力，防范案件风险，取得良好成效，全年实现零风险案件目标。

提质扩容　一是开展“粤升计划”“赢在厅堂4.0”等活动，加大客户营销力度。维护好中高端客户，通过“尊享积分兑换”、百万金融资产客户生日关怀等活动，做好中高端客户维护，增强客户黏件。二是加快客户批量拓展，以银校互联、银医互联等项目为切入点，带动客户新增。成功营销嘉应学院、高级中学、市职业学校“校园一卡通”项目及五华县人民医院“银医互联”项目，扩大客户群。对公基本存款账户累计5739户，当年净增375户，完成全年任务125%，完成率居同组第二；对公账户净增440户，完成率居同组第二。个人有效客户55.2万户，新增4.3万户；个人核心中高端客户超1万户，较2014年新增1750户。

（中行梅州分行）

【中国农业银行梅州分行】

存贷业务　至2015年年末，农行梅州分行本外币各项存款余额比年初增加17亿元，存量和增量均居同业首位，各项贷款成为梅州地区首个余额突破百亿的商业银行，位居市场第一。

金融服务　2015年，梅州农行加大对大行业、大客户、大项目实施倾斜，支持一批重点项目，新增重大项目贷款占贷款增量的30%。作为牵头行完成陆丰甲湖湾电厂项目70亿元贷款的审批和组团工作，承贷金额为30亿元，完成向汕湛高速、博大高速、梅河高速、宁华高速等项目贷款投放。梅州农行支持小微企业发展，2015年，县域小微企业贷款比年初增加5亿元。支持新型城镇化、县域民生工程等领域建设，县域城镇化贷款比2015年年初增加12亿元。支持农民进城、农业人口市民化，加大个人住房等民生金融服务，农户购房贷款余额达31亿元，比2015年年初增加11亿元。

普惠金融　至2015年年底，涉农贷款余额55亿元，比年初增加14亿万元。发放全省首笔农村土地经营权抵押贷款，开创全省国有商业银行土地经营权抵押担保的先河，农户贷款较年初增加近亿元。至2015年底，在全市范围内1604个行政村设立“金穗惠农通”服务点，通过在农村杂货商店、诊所、药店等经营场所布放“金穗惠农通”转账电话，服务网络覆盖全市91%以上的行政村，把银行办到农民家门口。加大轻型自助网点建设、推进农村互联网金融建设、改善金融信用环境、普及金融知识等，助力普惠金融发展。

新兴业务体系　2015年，梅州农行加大投融资和交易业务发展力度，做优做强流量经营，应对利率市场化对传统盈利模式的冲击。推进理财业务向净值型转型，个人理财余额稳步提升，收入增长13%。

风险管控　严格落实不良贷款管控责任制，严防不良贷款上升。推进重点风险领域的专项治理，强化名单制管理和行业限额管理，综合运用清收、核销、市场化转让等方式，扩大清收处置成效。通过降旧控新，资产质量保持稳定，风险整体可控。（廖志辉）

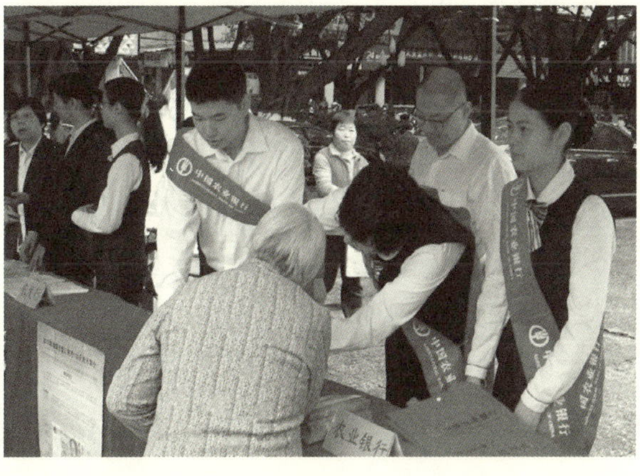

梅州农业银行员工走上大街为群众宣传人民币知识和反假币知识

【广发银行股份有限公司梅州分行】

业绩概况　2015 年，广发银行梅州分行全行资产总额 79.89 亿元，全年实现净利润 10884.68 万元。至 12 月末，分行本外币各项存款余额 76.15 亿元，较年初增长 8.54 亿元，增幅 12.6%。其中人民币个人存款余额 29.38 亿元，较年初增长 4.9 亿元，增幅达 20%。

战略转型　分行“三卡一中心”（信用卡、生意人卡、自信卡，小企业金融中心）核心战略转型推进，助力小微企业及民生金融发展。至 12 月末，“两卡一中心”贷款余额 30.24 亿元，比年初增长 6.45 亿元，增幅达 27.1%；“两卡一中心”贷款规模占分行总贷款规模的 62.6%，较 2014 年提高 11 个百分点。

首批社区支行运营　5 月 21 日，广发银行 5 家社区支行（五华、平远、蕉岭、丰顺、鸿都）正式开业，是梅州市首批获准设立的社区支行。广发银行社区支行分运用现代化智能金融工具，为客户提供 24 小时个性化非现金个人金融服务，服务层次覆盖县域金融、社区金融、普惠金融三大维度，其中，梅州市首批 VTM（远程视讯柜台）在社区支行内投入应用，引领当地同业智能化金融先潮。

品牌建设　一是参与当地政府重点项目建设，在土储、棚改、小微企业政银合作、社保卡等项目方面投入大量资源，支持地方实体经济和民生建设，得到当地政府的重视与肯定。二是分行营业部通过中国银行业文明规范服务“千佳”示范单位复评，保持当地同业唯一“千佳”单位的荣誉称号，在业界树立良好的服务和品牌形象。三是组织 5 家社区支行开业仪式，举办 4 场政银合作推介会、策划“广发银行邀您发现最美梅州”等系列活动，向总行、当地媒体发布报道近 50 篇，将广发银行品牌深层次渗透入终端市场和广大客户中。

（广发银行梅州分行）

【中国农业发展银行梅州分行】　至 2015 年年末，农发行梅州分行存款日均余额 119119 万元，增幅 221.90%；各项贷款余额 32.97 亿元，增幅 79.40%，贷款投放额和余额均达历史峰值。中间业务收入 252.78 万元。不良贷款余额保持为零。实现账面利润 4160 万元，比 2014 年增加 2803 万元，在全省系统经营绩效综合考评中由 2014 年的 17 名跃升到第 6 名，达历史最好水平。累计投放各项贷款 19.51 亿元，其中投向土地整治收储、水利建设、农民安置房建设等中长期项目贷款 16.75 亿元，粮食收储贷款 2.76 亿元，支持收购粮食 74032 吨。

（罗亦宝）

【梅州农合机构】

业务概况　至 2015 年年底，全市农合机构实现经营利润 8.60 亿元，同比增加 0.417 亿元，增幅 5.78%。全市农合机构各项存款余额 372.76 亿元，比年初增加 52.65 亿元，增长 16.45%；各项贷款余额 220.6 亿元，比年初增加 23.34 亿元，增长 11.83%，存、贷比例为 59.18%，存、贷款总量均居全市金融机构第一位。受国家宏观经济持续下行等因素影响，全市农合机构五级分类不良贷款余额 12.44 亿元，比年初增加 7849 万元，增幅 6.74%；不良占比 5.63%，比年初下降 0.27 个百分点。

转型升级　2 月 10 日，平远农商行正式挂牌开业。梅县、兴宁、丰顺联社监管指标均达到 4B 级，其中新会农商行入股丰顺联社的 6700 万股资金全额到位。大埔、兴宁、五华、梅县、蕉岭、丰顺、梅江 7 家机构完成换届改选工作。11 月，全市绩效管理系统建设试点工作，在试点单位五华联社成功上线运行。

“支农助小”工作　全市农合机构坚持服务“三农”（农业、农村、农民）、服务小微企业、服务县域经济的市场定位不动摇，落实从严治贷，加强信贷风险管理，推动信贷业务创新，优化办贷服务流程。大埔农商行推出“教师贷”“医务贷”及“金柚贷”；梅县联社推出“柚农宝”，五华、梅江联社推出“精英贷”；兴宁联社推出“周转通”；平远农商行推出“脐橙贷”、“工商贷”、应收账款质押贷款等信贷产品，满足不同群体的生产、消费需求。蕉岭、五华联社利用农村土地承包经营权、农村住房财产权抵押贷款业务试点县的契机，稳步开展“两权”抵押贷款试点工作。各农合机构参与地方政府组建的青年企业家创业项目对接平台，持续推进红色创业贷款、妇女创业贷款、青年创业贷款，支持实体经济发展。平远农商行、五华联社争取政府出资创立小微企业贷款的风险补偿担保基金；蕉岭联社推出社保基金担保贷款、县级“政银保”贷款、村级担保基金贷款等。至2015年年末，全市小微企业贷款余额95.78亿元，占各项贷款余额的43.41%，比年初增加8.96亿元，增幅10.32%；涉农贷款余额162.05亿元，占各项贷款余额的73.45%，比年初增加21.81亿元，增幅15.55%。全市农合机构累计上缴各类税收2.3亿元。

普惠金融　至2015年年末，全市农合机构参与建设信用村514个，发放金融扶贫贷款8329万元，惠及贫困农户1031户。与987家村级金融服务站建立合作关系，设立助农取款服务点1040个，全年实现助农取款服务业务交易笔数13.5万笔，其中取款笔数13.33万笔，取款金额3649.33万元，转账笔数1600笔，转账金额490.05万元，代缴费832笔，缴费金额49.19万元。梅县联社获得省联社普惠金融奖。

营销服务　全市农合机构通过提升服务质量、强化业务考核、加强“总对总”营销，支持“三农”、县域经济及重点项目等，促使各项业务得到进一步发展。2015年，在继续巩固二代社保卡发卡、住房公积金归集、贷款业务的基础上，成功对接国税“双代”业务、乡镇国库集中支付业务、“三资”平台项目等业务，其中，国税“双代”业务为全省首办，全市8家机构全部成功上线；五华、蕉岭、梅县、大埔、丰顺、平远6家机构签订“三资”平台项目合作协议，梅县、五华2家机构成功上线；大埔、丰顺、五华、兴宁、平远5家机构签订乡镇国库集中支付业务，大埔、兴宁、丰顺、五华4家机构上线。至年末，全市农合机构存量借记卡198万张，开立个人网银8.87万户，企业网银0.35万户，手机银行7.1万户，社保卡82.5万张，布放自助设备445台，拓展POS商户3400多户，POS收单方交易金额19亿元，电子银行替代率达58.64%。

（梅州农合机构）

保　　险

【概况】　梅州地区共有保险公司30家。全年全市实现保险业保费收入42.54亿元，同比增长56.94%。其中，财产保险保费收入12.74亿元，同比增长24.37%；人寿保险保费收入29.8亿元，同比增加76.71%。

【中国人寿保险股份有限公司梅州分公司】2015年，公司落实与市政府签订的战略合作协议，持续做好“学平险”“计生险”的保障服务工作，探索“农村小额保险”“银龄安康老人保险”新险种，推动农村地区保险保障水平的提升，发挥保险的政治“稳定器”、经济“助推器”、社会“和谐器”、幸福“保障器”的作用。2015年，梅州市民政局、老龄办和中国人寿梅州分公司联合开展“银龄安康”行动。全市有19万名老年人投保，占老年人总数的28%。市“银龄安康行动”切实提高老年人抵御风险能力，得到广大老年人的认可，被评为梅州市民生十件实事之一。

（中国人寿保险股份有限公司梅州分公司）

【中国人民财产保险股份有限公司梅州市分公司】　中国人民财产保险股份有限公司梅州市分公司开办的业务有机动车辆险、企业财产险、家庭财产险、货运险、信用险、责任险、意外险、农险等300多个险种。2015年，分公司保费收入5.59亿元，创历史新高，在梅州地区的市场份额为43.9%，居梅州地区各家财产保险公司之首；累计提供各类保险保障6713多亿元，相当于全市生产总值的7倍多；实现报表利润5875万元，创历史新高。

“三农”保险　自2007年以来，市分公司陆续承办政策性农村住房保险、能繁母猪保险、特色农业种植（蔬菜、柚、橙、果）保险、森林保险、水稻保险等，并配合市政府做好农村保险服务网点配套工作，建立全市农村协保员队伍，不断完善“三农”保险服务体系。

大病保险　全市总人口500多万人，其中城乡居民医疗保险参保人数440多万人。通过大病保险的实施，提高医保基金的使用效率，扩大保障功能，参保人医疗费用的总报销比例比原来提高14%以上。

民生保险　一是推广自然灾害公众责任险。市分公司统保梅江区、蕉岭县、丰顺县、梅县4个县（区）的自然灾害公众责任险，覆盖人口132万人，约占全市户籍总人数的1/3，累计提供自然灾害风险保障1328亿元。二是推动医疗责任险。医疗责任险覆盖丰顺、兴宁、蕉岭、大埔4个县，险种影响力不断扩大。三是推动“政银保”业务。市分公司与农信社及政府相关部门联合，推动“政银保”业务，支持现代农业建设项目贷款，放大财政撬动效应，助力解决农业产业发展资金缺乏的问题。

（中国人民财产保险股份有限公司梅州市分公司）

证　券

【广发证券股份有限公司梅州营业部】　2015年，广发证券股份有限公司梅州营业部两市成交量2762.48亿元，利润总额11400.36万元，实现税收3545.95万元。一是加强与上市公司沟通，做好跟踪服务工作。参加梅州市企业上市工作座谈会，协助上市公司股东完成股权质押融资工作，盘活股票资产。二是梅州市新金叶发展公司企业债券成功发行和协助梅州市政府开展债券发行业务培训工作。2015年梅州市新金叶发展公司企业债券成功发行，发行金额10亿元，期限7年，利率6.02%，主体评级AA，债项评级AA。参加梅州市金融局主办债券发行业务培训工作，培训讲师由广发证券债券部员工担任。三是以新三板业务发展为契机，拓展新三板业务。通过举办新三板业务座谈会拓展高净值客户开通新三板，拓展新三板上市潜在企业，到梅县区金融局了解当地企业情况。

客户服务　下发《广发证券经纪业务财富管理客户分层分级分类服务实施细则》《广发证券经纪业务机构业务客户分级分类服务实施细则》《梅州梅江二路营业部新增客户服务标准》及关于要求富裕客户服务全覆盖的通知等。对存量客户，通过电话、短信、微信、上门拜访等联系方式进行全覆盖，根据客户服务适当性要求，把客服工作真正做到实处。利用金管家综合服务系统管理平台，发展投顾业务，提高客户服务工作质量。组织客服团队到各县、乡镇拜访核心客户及进行业务拓展，提升客户服务质量。

营销拓展　联系并调动各合作银行的业务积极性，推广各大银行专版掌上开户APP。推广“易淘金”业务，营业部设立“易淘金”体验专区，由理财顾问引导客户直接在易淘金网页上进行各类产品查询、购买、赎回、撤单，资料更新等，分解柜台工作压力，提高工作效率。

股期权业务培训和期权比赛　组织客户参与上交所组织的ETF期权策略应用大赛，客户在ETF期权策略应用大赛获得二等奖。组织180名客户参加上交所主办“上交所期权总动员梅州分会场”培训和考试活动，客户通过率达99%。

业务宣传　举办广发证券梅州营业部与《梅州日报》战略合作新闻发布会。参加“嘉应之巅、财富天下”股市沙龙中宝马车主答谢酒会，通过双方合作提升广大客户对广发证券金管家品牌的认知度。每周定期与地产开发商嘉应汇、汽车销售商梅州中宝、梅州中行联合举办“嘉应之巅、财富天下”股市沙龙。参加2015梅州品牌汽车大联展暨梅州首届金融产品博览会。加强微信队伍建设，提高营业部微信质量，丰富微信内容，提高可读性，增加客户吸引力。每周四定期举办客户交流座谈会，主要针对目前行情波动振幅大，操作性较低的特点，以行情股票交流以及低风险产品配置为主题。营业部隔周在《梅州日报》“股海淘金”专栏中对每日股市行情进行点评及热点、板块跟踪推荐，市场影响良好，受到投资者的好评。

投资者教育工作和反洗钱宣传　一是举办以“引导理性投资关注价值成长”为主题的“‘3·15’广发证券投资者权益保护活动”，针对市场趋势和风险以及投资者关注的个股期权、融资融券、融易通、创业板、基金投资以及互联网金融等热点问题，开展证券知识答疑。二是开展“5.15”打击和预防经济犯罪宣传日活动，对打击销售欺诈和销售误导的金融犯罪有积极意义。三是开展为期一周的“百姓金融风险教育周”活动。通过张贴“百姓风险防范手册”和派发《百姓风险防范手册》、反洗钱宣传资料，使投资者的风险防范意识进一步得到提升。四是围绕“远离非法证券活动，传递正能量”开展打击非法证券宣传月活动。五是结合营业部工作实际情况，通过LED屏显示等多种形式开展法制宣传活动和平安建设梅州宣传活动。六是金融知识进校园活动，到扶大宪梓中心小学对小学生进行金融知识普及。七是参加人民银行中心支行举办的各种比赛。营业部在2015年梅州市金融消费权益保护工作技能竞赛中荣获优秀组织奖。营销员古桂斌在2015年梅州市征信比赛中获得个人优秀奖。营业部在人民银行举办2015年反洗钱宣传小品相声比赛中获得优秀奖。八是组织参加广发证券反洗钱培训，办好2015年反洗钱主题宣传活动。组织全体员工通过公司LMS学习系统进行反洗钱培训，并参加反洗钱考试。

（李　梅）

【安信证券梅州营业部】　截至2015年年底，安信证券梅州地区中心营业部证券交易额为7214.87亿元，占当地市场份额57.8%，缴纳税收（含限售股减持税收缴纳）13576.15万元。

2015年，安信证券梅州营业部一是年初利用市场行情向好时机和经营环境，利用手机开户等互联网软件，新开资金账户47360个。二是借力农村普惠金融契机，开拓农村市场。与五华农村信用合作社制定联合营销方案，在责任区派驻专业人员定点服务，深入农村各乡镇，与农信社约170个营业点建立合作。三是拓宽企业融资渠道，以“新三板”挂牌为工作重心，业务范围覆盖全国多个省市，企业储备三百多家，在区域股权交易中心及“新三板”挂牌业务的承揽方面，2015年承接23个项目，挂牌企业3家。四是落实人民银行反洗钱工作的相关要求。对大额资金进出严格监管、分析，及时按要求报告人民银行；严格身份证识别管理，对身份证过期的客户先通过短信进行初步通知，然后逐户致电告知并预约客户前来办理，完成683位客户的身份证更新工作。五是加大普法宣传力度，开展“打非进社区”专项活动。在营业部悬挂宣传横幅，在营业厅内的告示栏张贴法制宣传海报，向投资者发放投资者教育手册、证券期货法律法规宣传资料，组织部专业人员接受投资者和群众咨询。制定“3·15”金融消费权益日活动计划，与梅州市公安局经侦科联合开展“打非进社区”活动，走进梅州城区各社区宣传非法证券活动。

（安信证券股份有限公司）

城乡基本建设

责任编辑：陈映萍

【规划编制管理】

规划编制　努力形成一套覆盖市、县、镇村的城乡规划体系。在市本级规划层面，组织中规院完成《梅州市城市总体规划》纲要成果；重点完成《“梅兴华丰”产业集聚带规划》《江南新城控规（优化）》《芹洋半岛控规（调整）》等规划；推进《剑英湖“两馆一场”项目规划》规划；统筹梅县区、梅江区与嘉应新区总体规划有效衔接，加快《中心城区扩容提质建设规划》《嘉应新区及中心城区控规全覆盖》《中心城区市政专项规划》《绿色生态示范城区规划》《历史文化名城保护规划》和《梅州市生态控制线划定》等规划编制工作。在县级规划层面，督导各县（市）在市域城乡总体规划的框架内，突出自身特色，全面完成县城总体规划修编。在镇村规划层面，强化规划督促指导，完成19个中国传统村落测绘和保护规划编制。

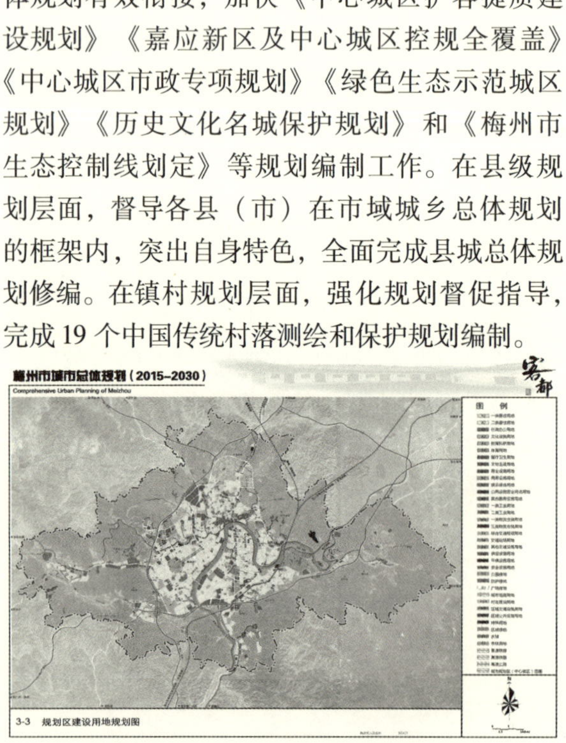

2015—2030年梅州市城市总体规划图

规划研究　立足梅州全境苏区实际，开展《赣闽粤原中央苏区振兴发展规划》《中共广东省委省政府关于进一步促进粤东西北地区振兴发展的决定》两大政策的研究，将政策精神融入在编重点规划中。利用技术优势，参与重大项目的规划研究，主动对接市发改、交通和梅县机场等部门，参与“两高一场”（即高铁站选址、多条高速公路规划、梅县机场迁建选址）等交通基础设施的规划论证。配合嘉应新区管委会做好“两馆一场”（梅州城市馆、市青少年科技馆、下沉主广场、市民广场、入口广场）、马鞍山公园、剑英公园、芹洋湿地公园等的规划论证。向市委、市政府提出梅州2016—2017年重点项目建设计划并获市政府常务会审定。

规划管理　一是加强城市规划管理。学习河源、中山等地先进经验，结合梅州实际，建章立制，出台《梅州市辖区既有住宅加装电梯管理规定》《梅州市保护历史建筑管理的实施意见》等管理制度。考察云浮、厦门两地成功做法，印发实施《梅州市“多规合一”工作方案》，为全市下一步开展“多规合一”工作提供依据。完成中心城区地下管线普查，研究城市地下管廊的规划布点，逐步完善城市“里子”薄弱环节。二是统筹乡村规划管理。开展历史建筑保护专项督察，启动历史建筑普查建档，组织专家组初步认定160处梅州市第一批历史建筑。妥善处理梅州市城建发展总公司历史遗留问题。

规划审批　在审批程序上，实行“一书两证”（选址意见书、建设用地规划许可证、建设工程规划许可证）制度，继续推行“微创新、微改革”措施，实行规划批前公示和市规委会集体审议，对重要地段、重要节点地区、重大项目的规划方案严格审议把关。截至12月，新核发“建设用地规划许可证”37宗，总用地面积约130.21万平方米，审批修建性详细规划71宗，核发建设工程规划许可233宗（含市政项目建设工程规划许可32宗）、建筑面积150万平方米，召开规委会5次、审议议题57个。在审批手段上，打破传统的审批方式，启动“数字规划”信息管理（二期）系统建设和“规划一张图”工作，构建科学高效的新审批模式。

（梅州市城乡规划局）

【宜居城乡建设】　一是组织省新型城镇化“2511”试点申报工作。7月21日，省住房和城乡建设厅组织召开广东省新型城镇化“2511”试点方案评审会，经评审，梅县区雁洋镇被列为省“2511”综合试点镇，客天下旅游产业园被列为省新型城镇化“2511”专项试点中的“美丽小镇”项目。二是开展宜居示范城镇宜居示范村庄申报工作，平远县差干镇、大埔县茶阳镇、丰顺县汤坑镇等3个镇被列入第四批省宜居示范城镇，平远县上举镇畲脑村、中行镇官坑村和丰顺县埔寨镇埔西村等3个村被列入第四批省宜居示范村庄。

【城镇村庄建设】　2015年，梅州市加大城镇村庄建设工作力度。各城镇供水、供气、市政道路、路灯、园林绿化、城市公交等方面的建设水平有较快提高。至2015年底，全市建制镇以上城镇建成区面积达291.94平方千米，与上年相比增加15.92平方千米。

传统村落保护发展　2015年，梅州市组织梅县区松口镇中畲村、平远县泗水镇文贵村等45个村落申报第四批中国传统村落。全市共有梅县区雁洋镇石楼村、大埔县百侯镇侯南村、五华县横陂镇夏阜村等40个“形成较早，拥有较丰富的传统资源，具有一定历史、文化、科学、艺术、社会、经济价值”的村落先后分三批被住房和城乡建设部列入中国传统村落名录，数量居全省之首。有31个村列入第一批广东省传统村落名录（其中有14个村同时又是中国传统村落）。根据《梅州市中国传统村落保护整体实施方案》，继续组织做好传统村落建档和保护发展规划的编制工作，明确保护利用的目标与措施，使40个已被列入中国传统村落名录的村及后续申报列入的传统村落文化遗产得到基本保护。争取中央财政补助资金，在已有11个村编制传统村落保护发展规划的基础上，继续组织27个村编制传统村落保护发展规划，累计争取中央财政专项补助资金6450万元。梅县区雁洋镇石楼村、丰顺县埔寨镇埔北村根据保护发展规划正在组织开展相关保护项目的实施工作。其余各村正有序开展相关工作，多数进入组织招投标等项目实施的前期工作阶段。

农村危房改造工作　结合农村危房改造对象审计、农村危房改造绩效评价等工作，继续开展农村危房情况摸查、数据核实工作。经过县、镇、村相关部门多次调查核实，2015年全市最急需危房改造数量为28140户（含2015年度农村低收入住房困难户住房改造对象14034户，其中，列为国家改造任务数7840户）。在农房改造中，梅州市各级各有关部门引导农户按照“先规划、后建设”的原则，结合当地自然条件和农户家庭经济状况，合理确定建筑面积，依法、依规办理有关手续；对违规违章建房的，取消享受农村低收入住房改造补助资金资格。鼓励有条件的地方把农房改造建设与旧村改造、村庄环境整治、规范农村建房、发展乡村旅游结合起来，引导村民集中连片居住，做好公共服务设施配套，注重突出客家建筑特色和风貌，凸显地方特色。为更好地指导农村建房，传承客家建筑文化，组织编印《梅州客家风格建筑参考图集Ⅰ》并下发到村，并将省住房和城乡建设厅组织编印的《广东省农村住宅设计方案图集》及时下发到镇，免费提供群众建房时选用，使农房改造工作与美丽乡村建设有机结合起来。

【绿道建设】 把加快绿道网建设作为梅州改善人居环境、提升城市品位、统筹城乡发展的重要工作。按照《广东省住房和城乡建设厅关于印发〈广东省绿道网建设2015年工作指导意见〉的函》(以下称“省工作意见”)和《关于广东省绿道网建设总体规划(2011—2015年)的批复》(以下称“省绿道网规划”)的要求，结合《梅州市城市绿道网建设规划(2012—2020年》(以下称“梅州绿道网规划”)，推进绿道网建设，加快绿道基础设施升级，逐步建设完善便捷、惠民的城乡绿道网络体系。“省工作意见”提出，粤东西北地区各地市要稳步推进绿道网规划建设，要求梅州市2015年规划建设的省立绿道总里程为489.1千米。鉴于“省绿道网规划”划定的省立绿道8号、10号线在梅境内里程未具体到梅州市各县(市、区)，而且省立10号线在梅部分大部分为登山探险径，原线路实施难度较大，“梅州绿道网规划”在走向大致不变的前提下，调整部分线路的位置，使绿道能依托附近的公路、河流进行建设，仅在局部地段采用登山探险径的形式建设，提高线路的可行性。“省绿道网规划”10号绿道长度为358千米，“梅州绿道网规划”线位调整后为438千米，其中登山探险路径为75千米。调整后，省立绿道包括8号线、10号线在“梅州绿道网规划”中的总里程数为888.1千米，并分解到各县(市、区)。根据各县(市、区)及市直有关单位提供材料，2015年梅州市建成省立绿道356.419千米，城市绿道177.85千米，完善中小学周边绿道35千米，建设完善绿道配套设施37个，建成社区体育公园24个。

(赖维纲)

建筑业

【概况】 2015年，全市建筑业总产值为241.12亿元，同比增长11.13%；全市建筑业上缴税收17.2亿元，同比增长42.86%；建筑业税收占全市地方税收的17.49%，同比提高2.16个百分点。全年共创市安全生产文明施工示范工地13项，市优良样板工程2项，省安全生产文明施工示范工地6项，省AA级安全文明标准化工地4项，省优质奖1项，省金匠奖1项，省市政优良样板工程1项。

【建筑市场管理】 2015年，全市房屋市政工程招投标项目588项，总投资金额约81.87亿元，其中公开招标305项，邀请招标283项。加快建筑业企业和人员诚信体系建设，加强对建设、勘察、设计、施工、监理等五方主体项目负责人的监督检查，完善基础数据库建设，建立建筑市场和工程质量安全监管一体化平台，完善建筑市场诚信管理平台，加强动态监管，对不良行为予以公示公告，对良好行为进行表彰，动态记录工程项目各方主体和现场行为，实现建筑市场和施工现场联动。

【建设工程质量监督】

从业人员规范管理　开展勘察设计质量检查工作，对违法违规行为进行通报查处。

质监人员管理　加强工程质量监督人员队伍建设，确保工程质量监督工作有效到位。增强工程质量监督人员的质量意识，加强技术业务能力和依法监督、科学监督以及廉洁从业能力。

提升监管质量　从重实体质量监督向质量行为监督和实体质量监督并重转变，由单靠现场观感监督向以靠检测数据监督为主转变来推进监督方式的转变，提高工程监督效能和质量。

专项治理　一是以样板引路为手段，开展“质量月”现场观摩会活动。二是加强检测，严格执行检测规范，保证检测结果的科学性、准确性，加强对关键部位、关键工序的抽查，对发现的质量问题严格按照规范处理。三是开展防水材料、建筑电气和PVC管材等材料的检测。四是开展住宅工程质量常见问题专项治理工作。五是严把工程竣工验收关，严格执行分户验收标准。

【安全文明生产】

安全生产检查　2015年，组织全市范围的建筑施工质量安全生产检查共5次，发出整改通知书438份，发出动态扣分通知书646份，持续加压，保证在建工程的安全生产状况处于良好的态势。

“安全生产月”活动　开展“安全生产月”活动，通过标语、板（墙）报、手机短信等多种形式，宣传建筑施工安全生产法律、法规、标准及必要的安全知识，使安全生产理念深入人心。开展建筑施工平安企业、平安工地创建活动，营造安全、和谐、稳定的企业运营环境，有效防止和减少生产安全事故的发生。

文明施工　创新工地监管手段，对梅州城区房屋市政工程施工现场均安装视频监控系统，实现对施工现场质量、安全、文明施工的实时监控，及时发现和纠正建筑施工违规行为。城区禁止施工现场搅拌砂浆，推广预拌砂浆的应用，减少建筑施工扬尘和噪声污染。全年组织2次禁止现场搅拌砂浆专项检查工作，确保梅州城区禁止施工现场搅拌砂浆工作落到实处。规范管理预拌砂浆生产企业，开展预拌砂浆企业生产设施设备备案工作，全年共有7家预拌砂浆企业完成备案。推行“万达模式”，要求城区所有新开工建筑工地必须参照“万达模式”配置治尘措施，不达标不予开工。推广使用“雾炮”抑尘设备，强制建筑施工现场配备“雾炮”作为安全文明施工的必备设施，加强建筑施工扬尘治理。

【建筑节能】

节能监管　提高建筑节能强制性标准执行率，严格执行建筑节能设计审查备案制度。加强节能工程施工环节的督查检查，要求建设工程质监机构将建筑节能分部工程列入工程质量监督的重点内容之一，并在竣工验收备案环节对工程验收执行建筑节能标准情况作进一步抽查，未按规定执行建筑节能标准的不予备案，全市新建建筑节能强制性标准在设计阶段和施工阶段执行率达100%。全年组织开展全市建筑节能专项检查工作，促进全市各县（市、区）建筑节能工作的提高。

可再生能源建筑应用示范项目建设　以创建国家可再生能源建筑应用示范市（县）为主要抓手，推动可再生能源建筑规模化应用，重点在学校、医院、酒店以及保障房等项目中推广应用太阳能热水、空气能热泵热水等可再生能源建筑技术，全年基本完成可再生能源建筑应用示范市建设。

绿色建筑发展　以大型公共建筑、政府投资公益性建筑、保障性住房以及嘉应新区范围内新建建筑为重点，抓好绿色建筑标准的贯彻执行，促进绿色建筑规模化发展。全市按绿色建筑标准进行设计并通过施工图设计审查的工程项目94个，建筑面积307.8万平方米，其中经省认定的绿色建筑面积104.04万平方米，超额完成省下达绿色建筑工作任务。同时鼓励、引导条件成熟的项目申报绿色建筑评价标识，并发挥标识项目的示范带动作用，总结经验并加以推广。2015年获得绿色建筑设计标识项目2个，建筑面积73万平方米。

公共建筑节能改造　全年完成194栋国家机关办公建筑和大型公共建筑的能耗统计，按要求进行能耗公示，为建筑能耗研究和分析等工作提供参考依据。结合梅州市国家节能减排财政政策综合示范城市创建工作，利用专项资金积极推进公共建筑节能改造，并组织条件成熟的公共建筑节能改造工程项目申报梅州市节能减排综合示范（建筑绿色化）项目。

新型墙体材料应用　按照省厅工作部署，开展2015年“禁实限黏”与推广应用新型墙体材料专项整治行动。梅州城区和各县（市、区）城区禁止使用实心黏土砖工作完成率100%，大埔县完成国家第二批“禁实”县城工作任务。加大力度推进新型墙体材料的发展和应用，2015年全市有新型墙材生产企业20家，年生产规模约11亿块标准砖，其中加气混凝土生产企业7家，年生产规模约7亿块标准砖，加气混凝土砌块成为建筑工程的主要墙体材料，其他新型墙材，包括粉煤灰砖、蒸压灰砂砖、混凝土砖等生产规模约4亿块。

【培训教育】 2015年，市建设职业技能鉴定服务中心共举办46个培训班，培训从业人员8000多人次。通过培训，使从业人员特别是农民工掌握安全生产知识、技能及提高事故预防和应急处理的能力，提高劳动生产率和工程质量，保障安全生产。

【市政府投资建设项目管理】 2015年，实施代建项目55项，总投资约18.26亿元。其中当年新接收代建项目18项，总投资约3.67亿元，主要有原梅县矿务局丙村、石壁塘国有工矿棚户区改造项目；嘉应学院文科实训大楼及配套项目；梅州城区丽都西路与梅江四路交叉口环岛改造工程；梅州城区彬芳大道与丽都中路交叉口环岛改造工程；梅州市监管场所建设项目土石方工程等。当年竣工项目21项，总投资约9.14亿元，包括2014年梅州城区8米以下道路及巷道路灯安装项目、梅州城区广州大桥项目、梅州市公安网络警察支队技术业务用房项目、市奇龙坑生活垃圾填埋场挡坝工程项目、梅州大桥下穿式立交建设项目、二期土地平整项目（第七、八标段）等。

（杨海）

住宅与房地产业

【房地产开发销售概况】 全年全市房地产开发完成投资150.88亿元，同比增长5.76%，其中商品住宅完成投资97.44亿元，同比减少9.99%。商品住宅新开工面积278.76万平方米，同比减少25.68%。商品房销售面积408.49万平方米，同比增长67.24%，其中商品住宅销售面积358.37万平方米，同比增长55.32%，销售套数28633套，同比增长60.81%。商品住宅全年销售均价为4573.6元/平方米，同比下跌4.59%。梅州城区（含梅县区）房地产开发完成投资94.18亿元，同比增长15.25%，其中商品住宅完成投资62亿元，同比增长5.61%。商品住宅新开工面积148.95万平方米，同比减少25.07%。商品房销售面积216万平方米，同比增长70.55%，其中商品住宅销售面积195.74万平方米，同比增长63.14%，销售套数15601套，同比增长63.98%。商品住宅全年销售均价为4995.2元/平方米，同比上涨0.72%。

【房地产管理】 印发《关于进一步规范商品房买卖合同签约行为的通知》，规范全市商品房买卖合同网签行为。实施房地产企业诚信管理，通过诚信评价制度和失信惩戒机制，促使房地产业企业守法经营，营造公平、公正的市场竞争环境。推行启用新版《商品房预售（销售）合同》。建立存量房买卖合同网签制度，规范存量房买卖签约行为，防止出卖人发布虚假房源和“一房多卖”的行为。开展房地产领域不稳定问题专项治理工作，加强和规范房地产领域不稳定问题专项治理的台账管理，对所有在建、在售房地产开发项目和所有物业管理项目进行检查和治理。

【产权产籍管理】 全市完成新建商品房交易登记17504套，同比增长68%，成交面积211.77万平方米，同比增长75%，成交金额73.06亿元，同比增长68%；完成存量房（二手房）交易登记8568套，同比减少1.5%，成交面积91.2万平方米，同比减少5%，成交金额18.31亿元，同比减少1%；完成预购商品房和现房抵押登记35016件，同比增长20%，抵押登记金额204.82亿元，同比增长80%。市直全年完成新建商品房交易登记3189套，同比减少15%，成交面积41.95万平方米，同比减少8.6%，成交金额9.42亿元，同比减少60%；完成存量房（二手房）交易登记1441套，同比减少28.57%，成交面积18.71万平方米，同比减少25.36%，成交金额4.87亿元，同比减少48.19%；完成预购商品房和现房抵押登记7413件，同比增长11.93%，抵押登记金额60.70亿元，同比减少12.4%。

【住房保障】　完善住房保障体系，制订出台《梅州城区新就业无房职工申请住房保障规定（试行）》及《梅州城区公共租赁住房租赁补贴暂行办法》等政策和措施，扩大住房保障覆盖面。制订梅州市2015—2017年棚户区改造计划，将棚改与城市扩容提质、“三旧”改造结合起来，推进棚户区改造。2015年，全市共投入资金26.3683亿元，供应土地27.92万平方米，保障性安居工程新开工13341套（含货币安置4502户），基本建成2942套，超额完成省政府下达梅州市的住房保障工作目标任务。通过实物配租或租赁补贴的方式累计保障中、低收入住房困难家庭、新就业职工和异地务工人员共12198户36594多人。其中，梅州城区投入资金0.5329亿元，供应土地0.53万平方米，新开工公共租赁住房383套，通过实物配租或货币补贴的方式累计保障中、低收入住房困难家庭4286户12858人。市直单位共发放住房货币补贴756.69万元、372人，其中，财政拨款112万元、55人，单位自筹资金644.69万元、317人。

（戴和桃、张雅、刘烨）

梅州城区市政建设与管理

【概况】　全年梅州城区（不含梅县新城）市政道路、园林绿化、城市照明、垃圾处理、天然气等市政设施建设完成总投资约2.83亿元。

【市政基础设施建设】　新建、扩建道路总长3.16千米，面积8.9万平方米。广州大桥竣工通车并获第七届广东省土木工程詹天佑故乡杯。芹洋半岛内环路及18条市政道路建设全面铺开。站前路连接道路、交通圆盘改造、新峰桥及西端道路等10项道路交通工程完成。客都大桥东段连接线等项目加快前期工作。渡江津桥修复工程主桥完工。谋划地下综合管廊建设前期工作。环保能源（生活垃圾焚烧）发电项目于10月进场施工。奇龙坑生活垃圾填埋场新建重力坝及渗滤液在线监控系统投入使用，提升垃圾场填埋库容和环境监测能力。数字化城管系统进入试运行阶段。配合参与三大公园（剑英湖城市休闲旅游综合体、马鞍山公园、芹洋湿地公园）建设。重新启动月影塘公园建设，文化公园社区体育公园、梅江群众文化长廊建设加快实施。

【公用服务保障】　8米以下背街小巷路灯安装工程江南片区基本完成，江北片进场施工。新建改装LED灯2314盏。客都大道、站前东路安装“中国结”特色景观灯饰。完成广州大桥、站前东路等新建道路配套绿化5.9万平方米，改造提升道路绿化、补植绿化苗木2.5万平方米。组织全城路树修剪。支持嘉应桥头公园更新游乐设备，开源节流，提高经营收入。归读公园、院士广场、亲水公园、梅江公园、滨江公园等公园绿地管理加强，秩序良好。完成梅江大道、梅州大道等112条道路路面及人行道修复，面积8万多平方米。18座市政桥梁管理规范安全。敷设天然气管道60千米，安全供气896.02万立方米。蕉华工业新城天然气利用项目动工建设，城西加气站建设、畲江工业园管道天然气项目等按计划推进。瓜园市场、百花洲市场和城北市场完成维修改造，农贸市场安全消杀措施落实，有效防控H7N9禽流感、登革热疫情。

【市政市容管理】　完成国家卫生城市复审任务，

为世界客商大会营造良好市容环境。城市规划建设监察管理不断强化。城监支队对批证后的133户建设工程（总占地面积30万平方米、建筑面积140万平方米）依法进行全程跟踪巡查和监督管理。对违法建设“零容忍”铁腕整治，拆除违法建设750多宗，面积约8万平方米。处理纠正“六乱”（乱贴、乱画、乱牵、乱挂、乱搭、乱建）行为5万多宗，以江南为重点整治，拆除大型广告、灯箱广告、伸缩雨篷等2.5万平方米，依法拆除过期、破旧的果皮箱500多个。创新新疆摊贩乱摆卖管理方式，实现平稳疏导、和谐整治。牵头完成梅江南堤6艘违规停泊经营船只整治。持续高压开展扬尘整治，教育整改施工场地845宗次、违规车辆2000多辆、监督实施清理路面45.69万平方米。

【城市管理改革创新】　引进民间资本参与基础设施和公用事业项目建设，破解资金难题，芹洋片市政路网等大型项目采取PPP模式建设，新制订的16项总投资1.1亿元的2016年城建项目计划拟整体打包采取PPP模式建设。在城区首次推出大型户外广告位公开招标拍卖，实现公共资源有偿使用。启动市容和环境卫生管理立法并组织前期调研。

（黄慰慰）

环境卫生

【概况】　2015年，梅州市环境卫生管理局每天清扫保洁城区主要道路有333万平方米，清运生活垃圾400多吨，上门收运生活垃圾约10万多户。有大小生产作业车辆65辆，管理公厕44座，全部为二类以上，固定中转站27座，果皮箱1700多套。对梅州城区的建筑垃圾运载过程实行管理，全年共对市区各类建筑工程实施规范管理128个，规范排放受纳各类建筑余泥渣土382666立方米，协助发放“城市建筑垃圾处置证”15张，查处扬、撒、漏污染道路行为644宗，查处乱倒乱堆行为1566宗，清理无主建筑垃圾56宗，责令违章者清洗被污染路面105000平方米。市环卫局负责对梅江区7个镇（街）所辖的全部村（居委）的环境卫生进行监督检查考核。

【基础设施建设】　拆除500套破旧果皮箱，投入60多万元重新购置450套双桶果皮箱和775个带盖垃圾桶。投入300多万元购置17辆各类型环卫生产用车，提高机械化垃圾收运率，将带盖垃圾桶投放在易形成垃圾死角的堆点及小区，及时对生活垃圾进行收运，提高工作效率和服务质量，增加密闭化运输效果。投入337万元购置农村环卫专用收运三轮车88辆、分类垃圾桶7183个，新建和改造农村垃圾中转站6座，不断完善垃圾处理设施。

【“巩卫”工作】　一是巡回督查方面，实行网格化管理，从领导班子到一线管理员分片挂钩检查环卫所有生产作业情况，局机关一星期至少对环卫生产作业检查两次，在巩卫明查暗访和客商大会期间，环卫上下全天无休，进行巡回督查。建立环卫局微信群，发现问题第一时间拍照，相关单位立即整改。二是清扫保洁方面，每天增派100多人次加强巡回保洁，全部道路延长保洁时间到晚上10点，客商大会和巩卫迎检期间延长至晚上12点。针对市场周边清扫保洁，每天增加1—2名保洁人员，不断提高市场周边环境卫生质量。三是垃圾清运方面，确保城区垃圾日产日清，垃圾池、桶、大斗（点）和中转站保持干净、整洁，增加人力和延长收运时间。每天增加4辆农用车对沿街大件废弃物进行清运。垃圾密封运载，杜绝扬撒漏现象。

【大气污染防治】　清运中心、车队每天增派洒水车配合扬尘较严重的工地及周边道路进行洒水降尘，每天至少增加10车水用于主要道路降尘。配备风华环保除尘喷雾车，通过特制的高压雾化系统对拆迁工地现场喷水。购置3辆带有除尘系统的清扫车，在清扫路面时采取边洒水边清扫的作业方式，避免灰尘排放造成二次污染。市区余泥渣土管理中心重点针对工地施工单位进行监督、整改，采用错时制，实行重点路段定人、定岗、定责与集中整治相结合的管理方式，实行全天18小时巡查，保证执法力度到位。为配合有关部门的突击任务，余泥中心全体干部职工加班共计600多人次。

【生活垃圾收费改革】 经市政府批准，7月1日起梅州城区实行生活垃圾处理收费改革，将上门收运垃圾服务费和垃圾处理费合并为生活垃圾处理费，交由市自来水公司代收代缴。提高上门收运生活垃圾服务收费率，由原来6万多户增收至10万多户，减少乱扔垃圾包行为，改善城区市容环境卫生面貌。

【城乡环卫一体化】 2015年，梅江区被确认为省农村生活垃圾收运处理达标示范县，环卫局和各镇街以此为契机着力推进城乡环卫一体化进程，加大投入，不断完善垃圾处理设施。农村生活垃圾采取“户分类，村收集，区（镇）清运、市处理”方式进行收运处理，城乡接合部、城中村合理建立转运点，垃圾清运范围已基本覆盖梅江区城乡区域，清运的农村生活垃圾100%运载至市奇龙坑生活垃圾场无害化填埋处置。农村清扫保洁模式采取政府主导，鼓励市场化模式，在全区大部分村庄实施专人保洁，农村环境卫生质量得到很大改善。

【城乡环境建设】 全市各县（市、区）均建成生活垃圾无害化填埋场，114个镇（街）建成生活垃圾转运站，2042个行政村全部配备垃圾收集点，全市城镇生活垃圾无害化处理率99.33%，农村生活垃圾有效处理率75.41%。在2015年农村垃圾收运处理工作第三方评估中得分在全省排名第13位，在粤东西北12市中排名第4位。一是为完成省下达“一县一场”建设任务，市多次组织督查督导，推进各地垃圾处理设施建设。各县生活垃圾无害化填埋场均完成升级改造，准备向省申报验收和评级。同时，为解决梅州城区生活垃圾出路问题，梅州城区奇龙坑生活垃圾无害化填埋场二期工程正按梅州市环保能源（生活垃圾焚烧）发电项目建设的要求推进。二是成功申报梅江区为2015年全省农村生活垃圾处理长效机制专项资金补助农村生活垃圾收运处理达标示范县，兴宁市龙田镇为示范镇，分别获得800万元和200万元的专项资金补助，达标县、镇示范工作正有计划地推进实施。三是配合开展农村生活垃圾收运处理第三方评估工作。按第三方评估机构的要求，组织各县（市、区）和市直各有关单位收集整理汇总报送有关材料，并协调有关县做好现场评估工作。四是结合梅州实际，提出新一轮环保基础设施建设项目，着手开展“清洁家园”专项行动，为提高市城乡生活垃圾处理能力提供有力保障。

（市环卫局、市规划局）

2015年2月4日，梅州电视台《服务900》在市环卫局篮球场举行“一杯热水”爱心行动启动仪式

环境保护

【环境质量状况】 梅州市城区环境空气质量优良率96.1%，饮用水源地水质达标率保持100%，与潮州市交界的韩江赤凤断面水质稳定达到Ⅱ类标准，城区区域噪声符合2类区标准。

【“创模”活动】 市委、市政府召开全市创建国家环境保护模范城市动员大会，实施“优化经济发展工程”“环境质量提升工程”“环境基础设施建设工程”“生态环境安全建设工程”“环境监管能力建设工程”五大工程。创模26个指标中，达标需继续改善的6项，接近达标仍需努力的14项，未达标需重点突破的6项。

【严把环保准入关】 落实省主体功能区配套政策、差别化环保准入政策及国家产业政策，制定实施《梅州市贯彻落实广东省主体功能区规划配套环保政策实施意见》，严把建设项目环评审批关。推进《梅州市“十三五”环境保护规划》等规划编制，加强环保对规划的引导调控作用。全市完成审批建设项目899个（市本级75个），完成竣工环境保护验收项目417个（市本级36个）。

【环保服务优化】 实施重点项目审批“绿色通道”，为落实“两大政策”（粤东西北和原中央苏区两大振兴政策）“三大抓手”（紧紧扭住交通基础设施建设、产业园区扩能增效、中心城区扩容提质三大抓手）项目提供全程优质服务，广东省韩江高陂水利枢纽工程顺利通过环保部审批，梅县隆文铁矿等项目通过环保厅审批，梅州市环保能源发电、梅平高速等一批市重点项目通过审批。共争取环保专项资金10342万元支持全市环境保护和生态建设。

【净污减排】 抓好工程减排、结构减排和监管减排等各项工作，列入省2015年减排计划的11个结构减排项目全部完成，退出立窑水泥行业，完成省下达的污染减排目标任务。17个中心镇污水处理设施全面动工建设，9个建成投入使用。推进广东梅兴华丰产业集聚带环保基础设施规划建设。

【环境执法监管】 贯彻实施新环保法，开展环境保护大检查、环保法治年、环境综合整治及环境安全百日大检查活动，抓好重点区域、重点行业和建设项目“未批先建”“未验先投”及高尔夫球场等专项执法检查。全市共出动执法检查人员12580人次，检查企业4335家次，立案查处环境违法案件76宗，下达责令改正决定书126份，处罚金额109.6万元，查封扣押案件3宗，限产停产案件5宗，移送行政拘留案件3宗，移送涉嫌污染环境犯罪案件4宗。对16家危险废物产生企业进行检查，完成72家危险废物市内转移审批，完成118单危险废物跨市转移征求意见及出具审查，完成63家进口废塑料加工利用企业的监督审理意见。排查出涉及环境问题矛盾纠纷7件，化解销案4宗，全市受理调处环境信访案件2434件，同比下降21.6%。

【重点领域整治】 一是制定实施《梅州市大气污染防治2015年度实施方案》等措施，实施黄标车闯限行区电子执法，加大对黄标车提前淘汰和高污染燃料锅炉改造的财政补贴。加大对城区扬尘、机动车尾气、工业企业废气、餐饮油烟、露天焚烧等综合整治，城区环境质量改善。全市共淘汰黄标车11492辆，完成率129%，其中2005年底前注册营运的黄标车2722辆，完成率109%；完成锅炉淘汰整治124台，发放环保标志120948张。二是制定实施《梅州市南粤水更清行动计划2015年度实施方案》，完成2014年度城市集中式饮用水源地环境状况评估。加强跨县河流水质管理和考核，制订实施《梅州市跨县（市、区）河流交接断面水质监测和达标管理方案》《梅州市主要河流断面水质监测考核办法（试行）》，进一步加强对水环境质量监管。组织开展韩江上游（梅江—汀江）跨界流域环境综合整治工程规划编制。完成35家强制性清洁生产审核验收。三是平远县农村环境连片综合整治示范县建设按要求完成，开展40多个村镇农村连片整治工程，解决部分农村突出环境问题。

【体制创新】 开展环保立法调研，以列入省首批有立法权的设区市为契机，围绕立法需求较强、基础较好的项目开展调研和前期筹备工作。梳理规范权责清单，梳理各类权责事项255项。简政放权，委托梅州高新区管委会审批环保相关事项。出台《梅州市环境保护局审批环境影响评价文件的建设项目名录（2015年本）》，减少环评审批事项，提高审批效率。推进网上审批大厅办事深度建设，网上办事深度全部提高到三级以上，网上业务申请率达到100%。“两法衔接”（环境行政执法与环境刑事司法衔接）工作推进，会同公安、检察、法院等部门建立联动执法机制和案件移送机制，推动行政执法与刑事司法有效衔接。

【重点环境问题挂牌督办制度】 市政府建立重点环境问题挂牌督办制度，对全市十大重点环境问题进行挂牌督办，明确整治工作责任单位、责任人、主要措施，实行综合治理，限期完成。2015年第三、第四季度，全市十大重点环境问题大部分按时间节点要求基本完成。

【环保能力建设】 增加环保专项执法编制10个，市本级环境监察标准化建设通过省环保厅验收。推进梅州市大气污染物来源解析，启动新增市区2个空气自动监测点位优化布设。推进环境综合网系统平台应用，建设完善全市重点监控企业自行监测信息发布平台。开展环境保护宣传教育，引导低碳生活、绿色消费。

（刘　意）

旅 游

责任编辑：吴跃华

【概况】 2015年，梅州市接待旅游总人数3027.48万人次，同比增长20.06%，旅游总收入313.46亿元，同比增长23.22%。截至2015年12月底，梅州市有国家AAAAA级景区1家、AAAA级景区9家、AAA级景区17家。全国休闲农业与乡村旅游示范点1家（梅县区雁南飞茶田景区），全国红色旅游经典景区2家（梅县区叶剑英纪念园、大埔县“八一”起义军三河战役纪念园）；省级温泉旅游示范基地1家（丰顺县邓屋温泉酒店）；省级乡村旅游示范基地1家（大埔县坪山梯田旅游区）；省级科技旅游示范基地1家（大埔县富大陶瓷有限公司）；省级中医药文化养生旅游示范基地2家（梅县区雁鸣湖旅游度假村、平远县广东南台药业有限公司）；省级农业旅游示范基地2家（梅西水库洞天湖生态旅游区、大埔县西岩茶乡度假村）；省级森林生态旅游示范基地3家（蕉岭县长潭生态旅游区、皇佑笔生态旅游区、大埔县丰溪森林生态旅游区）；省级红色旅游示范基地3家（梅县区叶剑英纪念园、大埔县“八一”起义军三河战役纪念园、平远县五指石风景名胜区）；省级地质公园1家；省级风景名胜区2家（梅县区阴那山风景名胜区、平远县五指石风景名胜区）；省级旅游度假区2家（梅县区雁南飞茶田景区、丰顺县千江温泉度假村）；国家森林公园4家；国家水利风景区2家；省级自然保护区6家；省级体育旅游示范基地1家；广东省星级农家乐18家。

2015年梅州市星级景点一览表

表5

级别	景区名称	所属县区
AAAAA	雁南飞茶田景区	梅县区
AAAA	雁鸣湖旅游度假村	梅县区
	叶剑英纪念园	梅县区
	灵光寺旅游区	梅县区
	客天下旅游产业园	梅江区
	长潭旅游区	蕉岭县
	百侯名镇旅游区	大埔县

续表

级别	景区名称	所属县区
AAAA	泰安楼客家文化旅游产业园	大埔县
	神光山旅游区	兴宁市
	五指石风景名胜区	平远县
AAA	汤湖热矿泥山庄	五华县
	益塘水库旅游区	五华县
	西岩茶乡度假村	大埔县
	张弼士故居旅游区	大埔县
	富大陶瓷工业旅游区	大埔县
	坪山梯田旅游区	大埔县
	三河坝战役纪念园	大埔县
	江畔人家休闲度假村	大埔县
	相思谷景区	平远县
	相思河风景区	平远县
	千佛塔宗教文化景区	梅江区
	龙鲸河漂流景区	丰顺县
	樱花谷爱丽丝庄园	梅江区
	南寿峰健康产业园	梅县区
	李光耀祖居旅游区	大埔县
	龙归寨瀑布旅游区	丰顺县
	金穗休闲旅游区	平远县

2015 年梅州市星级饭店一览表

表 6

星级	名称	地址
AAAAA	客天下国际大酒店	梅江区东升村
	金沙湾国际大酒店	梅州市沿江西路
AAAA	千江温泉酒店	丰顺县城金河桥旁
	金雁富源大酒店	梅州市丽都西路
	瑞锦酒店	大埔县内环西路龙山 2 街
	金德宝国际酒店	梅州市广梅中路 107 号
	鸿都酒店	兴宁市宁江路 8 号
AAA	友谊宾馆	梅州市彬芳大道 52 号
	金帆大酒店	大埔县城文明路 138 号
	客都大酒店	梅州市丽都西路

续表

星级	名称	地址
AAA	柏丽酒店	梅县华侨城宪梓大道
	风度温泉大酒店	丰顺县城汤坑镇东山路 1 号
	田园大酒店	梅州市江南路 35 号
	迎宾楼大酒店	五华县城华兴中路 13 号
	兴宁金叶大酒店	兴宁市 205 国道文锋路口
	长潭旅游度假村	蕉岭长潭大道 2—3 号
	逢源温泉酒店	丰顺县城汤坑镇汤坑路 49 号
	平远迎宾馆	平远县羊子甸街 31 号
	交通大酒店	大埔县义招路交通大厦
	天地人宾馆	梅县大新城盘古步行街 1A
	梅花湾酒店	梅州市江南新中东路 6 号
	华侨大酒店	兴宁市兴华路 31 号
	金日温泉度假村	丰顺县丰良镇
	名杨村大酒店	梅县丙村 S223 线中段
	远南大酒店	平远县平城中路 49 号
	天秀酒店	梅县新城天秀新村
	花园大酒店	大埔县高陂镇镇政府对面
	蕉岭县鸿华酒店	蕉岭县桂岭大道中 289 号
	福源酒店	梅县新县城宪梓中路华景美都
	慈恩庐乡村艺术酒店	兴宁市新陂镇上长岭村
	云景大酒店	丰顺县留隍镇
	嘉运宾馆	梅州市嘉应中路（西桥公园侧）
	大埔鸿华大酒店	大埔县新城路 88 号保鸿大厦
	太平洋酒店	梅州市彬芳大道 88 号
	梅县锦发大酒店	梅县丙村镇交通街
AA	港兴宾馆	兴宁市宁江路港兴巷 1 号
	桂岭宾馆	蕉岭县城北街 7 号
	新世纪大酒店	五华县城华侨直街 149 号
	鸿华酒店	梅州市江南嘉应中路 13 号
	龙华宾馆	梅县大新城新地街 19 号
	青云山庄	梅县雁洋镇南福村
	桃源酒店	梅县华侨城宪梓大道（文化城）
	新南大厦	梅州市彬芳大道 41 号
	金良宾馆	梅州市梅州大道 29 号
	金华大酒店	梅州市彬芳大道中

全市有星级饭店39家，其中五星级2家、四星级5家、三星级28家、二星级10家。有旅行社43家，其中出境游组团社3家（梅州市旅游总公司、梅州市中国旅行社、梅县区中国旅行社）；旅游汽车公司4家；大型游船公司1家（梅州客通游船有限公司）；高尔夫球场2家（梅县区雁鸣湖高尔夫球场、麓湖山国际高尔夫球场）。

2015年，梅州市接待国外及港澳台地区旅游者21.3万人次，比2014年增长19.58%，其中外国游客14.19万人次，同比下降7.31%；香港同胞17.31万人次，同比增长27.94%；澳门同胞1.39万人次，同比增长1.8%；台湾同胞1.17万人次，同比下降14.96%。旅游外汇收入10320.64万美元，同比增长87.34%。2015年，市出境游组团社组织到国外或港澳台地区游客2263人次，同比下降5.43%，其中香港游203人次，同比下降53.31%；澳门游238人次，同比下降62.28%；出国游1722人次，同比增长61.24%。

梅州市接待除港澳台以外其他国内游客3027.48万人次，同比增长20.06%，旅游收入313.46亿元，同比增长23.22%。其中接待过夜游客1544.02万人次，同比增长20.06%。2015年春节黄金周，梅州市共接待除港澳台以外其他国内外旅游者340.92万人次，同比增长20.87%；旅游总收入10.64亿元，同比增长29.2%。“十一”黄金周，全市接待游客364.87万人次，同比增长7.75%；旅游总收入11.33亿元，同比增长18.47%。

【旅游规划】 2015年，市旅游局做好市“十三五”旅游发展专项规划编制以及《广东梅江韩江绿色健康文化旅游产业带发展规划（2016—2030)》编制工作。

【景区建设】 2015年，列入年度省市重点休闲旅游建设项目35个，总投资60.8亿元，占全市总投资额的13.53%。重点推进兴宁熙和湾，梅县南寿峰，平远五指石，丰顺韩山、八乡山等项目建设。丰顺八乡山、平远五指石入选国家优选旅游项目。梅县南寿峰、兴宁熙和湾、丰顺八乡山、韩山生态旅游区等一批新兴景区建成开放，平远五指石索道、玻璃栈道旅游项目投入运营。平远县五指石景区和兴宁市神光山国家森林公园成功创建国家AAAA级旅游景区，梅江区爱丽丝庄园（樱花谷）等5家成功创建国家AAA级旅游景区。

【招商引资】 2015年，市旅游局对外投资项目44个。其中，“2015年广东旅博会及21世纪海上丝绸之路国际博览会”签约项目两个（相思小镇、丰溪林场老年森林养生福利院)，签约金额6.58亿元。丰顺县汤南镇新铺村广东御逸温泉度假村项目签约计划总投资4.9亿元，上官塘水库金丰园休闲农庄项目签约计划总投资1.5亿元。完成编印《梅州市旅游投资项目汇编》5000册。

【旅游决策】 2015年，市旅游局围绕“一区两带”工作部署，牵头编制《广东梅江韩江绿色健康文化旅游产业带发展规划（2016—2030)》。推动出台贯彻落实《国务院办公厅关于进一步促进旅游投资和消费的若干意见》的实施意见，每年安排3000万元、5年1.5亿元专项资金撬动旅游产业发展。出台《梅州市鼓励扶持民宿发展的实施意见（试行)》，计划利用三年时间，投入600万元，扶持发展民宿600户。出台《梅州市旅游厕所建设管理三年（2015—2017年）行动计划实施方案》，2015年，市投入资金1280万元，完成建设旅游厕所99座，其中新建58座、改扩建41座。13个市的旅游局负责人在闽粤赣十三市旅游局局长联席会议上签订《闽粤赣十三市区域旅游合作协议书》。梅州市发起成立客家地区旅游联盟，与河源、惠州、韶关、清远、赣州、吉安、龙岩、三明、贺州9市共同成立“1+9”客家旅游联盟，10市旅游部门在客商大会开幕式上签订《客家旅游联盟区域旅游合作协议书》。

【宣传推介】

媒体宣传　2015年，梅州旅游网、梅州旅游微博、微信公众号运营良好，梅州旅游微信公众号参与人数由2014年年底的3000人增至50000多人。一是与旅游同程网合作，开设梅州旅游旗舰馆，加大网络媒体宣传力度。二是协助市政府与途家网签订战略合作协议，并引导旅游企业与途家网开展合作，推动客天下与途家网《客天下途家酒店管理项目》签约。三是先后在马来西亚、印尼和中国澳门、台湾、北京、上海、海口、郑州等地区（城市）设立18个梅州旅游推广中心。四是投入300万元与《中国旅游报》、《深圳特区报》、《汕头日报》、《南方都市报》、《假日自助游》、南方卫视等主流媒体合作宣传梅州旅游，打响“休闲到梅州、享受慢生活”品牌。2015年，梅州旅游宣传广告90多版，拍摄专题节目12期。

推介活动　市旅游局组织各县（市、区）旅游局和雁南飞茶田景区、雁鸣湖旅游度假村、叶剑英纪念园、灵光寺旅游区、客天下旅游产业园、五指石风景名胜区、梅县中旅等主要旅游企业，参加1月2—4日的第49届香港国际工业出品展销会，3月26日的梅州旅游（上海）推介会，3月31日的梅州旅游（海口）推介会，4月17日的梅州旅游（北京）推介会，4月19日的“活力广东·梅州惠州”旅游（河南郑州）推介会，5月7日厦门举行的第11届海峡旅游博览会，5月19日汕头举办的广东省旅游局“文明旅游、健康出行”“中国旅游日”主题活动，5月27—28日的“乐游梅州”广场宣传活动，6月10—14日的第29届香港国际旅游博览会，6月24日的闽粤赣十三市旅游局局长联席会议暨梅州旅游推介会，7月16日的梅州旅游（韶关）推介会，8月1—8日的日本、韩国学习宣传推介会，9月10—13日的2015中国（广东）国际旅游产业博览会，9月23日的澳门嘉应同乡会系列活动及梅州旅游推介会，10月18日开封举办的“一带一路”沿线城市国际旅游分享会暨中国（开封）第三十三届菊花节，10月10—13日的四届客商大会客博会，11月4—10日的第十届海峡两岸台北旅展，11月11日昆明举办的中国特色旅游商品评选活动，11月18日的第3届澳门国际旅游产业博览会，11月25日的全市景区与途家网战略合作座谈会，12月1—3日的惠州东坡文化节，12月19日香港举办的梅州名优产品展梅州旅游展，12月23日的梅州旅游推广中心主任座谈会等。

【节庆活动】　2015年2月8日，“欢欢喜喜过新年”羊年旅游活动月活动在院士广场举行。3月22日，第四届柚花飘香旅游节在雁鸣湖旅游度假村举行。4月18日，灵光寺禅茶节开幕。4月25—27日，自驾车旅游文化节在剑英体育馆举行开幕式。5月1日，广州空港之旅“快旅慢游梅州”航空首团活动在梅县机场举行。5月18日，雁鸣湖杨梅节举行。5月19日，华侨城广场举行中国旅游日暨“诚信服务、文明旅游”万人签名活动。9月10日，“薪火相传·再创辉煌”长征精神红色旅游火炬传递活动在大埔县三河坝战役纪念园举行。

【旅游管理】

旅游执法　2015年，组织旅游市场执法检查和摸排行动400多场次，出动执法人员900多人次，全市旅游市场秩序总体良好。妥善处理旅游投诉12宗，办结率和满意率100%，未接到重大服务质量投诉。协调处理回复梅州民声申诉咨询建议等26宗，及时处理率100%。选聘10名首批全国旅游服务质量社会监督员。开展旅游行业打假、“两建”、质量监管工作并完成考评。

旅游安全管理　2015年，落实《梅州市旅游市场综合监管实施办法》，联合安委会在全市开展春季、夏季安全检查专项行动，并与重大节假日安全检查相结合，对全市A级旅游景区、星级饭店、旅行社、旅游汽车公司、游船公司等旅游企业安全生产情况进行全面检查，对兴宁合水旅游区、神光山旅游区、蕉岭长潭旅游区、平远五指石景区、相思河景区等重点景区进行汛期前防汛备汛工作安全大检查，确保汛期期间不发生安全事故。2015年，出动检查人员150人次，检查旅游企业45家，发现事故隐患和问题132项。

资格认定　2015年，梅州市旅游局审核与报批2家新成立旅行社：梅州市五指石旅游服务有限公司、平远县山水漫画国际旅行社有限公司。完成全市星级饭店评定性复核工作，新评定1家三星级旅游饭店：平远和园商务宾馆。组织2次导游人员岗前培训，培训导游人员173人；组织2015年全国导游人员资格考试梅州考场的考务工作，组织报名363人，考试通过人数82人，通过率38%。

旅游从业人员培训　一是组织全市旅游管理人员赴上海、江苏、浙江等开展实地培训。二是组织全市分管旅游党政领导赴广州外贸大学参加旅游改革与发展研讨班。三是举办全市旅游企业高级管理人员培训班和导游培训班。四是组织6名讲解员参加全国红色旅游讲解员培训。五是组织全市首批30名乡村旅游村干部赴北戴河培训。通过走出去学、请进来教、重大活动练和以赛促学等方式，完善政府、高校、协会、企业协同培养人才机制。

【评比活动】　2015年，开展全市导游员、讲解员职业技能大赛，评选出11名优秀导游员和9名优秀讲解员。另外，梅州市两人分别获评“中国好游客”、“中国好导游”。

【旅游扶持】　市旅游局完成对高端旅游项目资金、3亿元竞争性资金、上举相思谷和侨乡村各400万元旅游扶贫资金的整改检查工作。完成对百侯镇400万元旅游扶贫资金的绩效自查工作。完成对兴宁、平远、蕉岭县旅游局2014年国家旅游基金补助停车场建设项目资金460万元的监督管理工作。完成2015年广东省旅游扶贫专项资金申报工作，全市旅游厕所获得省级扶持资金275万元。落实市级扶持资金960万元，加强与市财政局对接。

【国际航线开通】　4月17日，印度尼西亚雅加达至梅州国际航线合作签约仪式在梅县机场举行。10月10日，梅州首条国际航线梅州至印度尼西亚正式通航。

（黄日瑜）

广东梅州文化旅游特色区

【概况】　2015年，广东梅州文化旅游特色区管委会立足统筹协调文化旅游特色区规划、建设、管理和开发职能，围绕空间布局发展目标，聚焦文化旅游产业发展和项目建设，强化招商引资，取得成效。“国际慢城”雁洋镇在国际慢城联盟总部举办的2015“慢城最佳实践大赛”中，荣获“橙色蜗牛2015”大奖。

【规划编制】　协助推进《梅江韩江文化生态健康旅游特色产业带规划》《梅州“十三五”旅游规划》等专项规划编制，协助出台《梅州市人民政府关于贯彻落实国务院办公厅关于进一步促进旅游投资和消费的若干意见的实施意见》，聘请高水平规划团队编制《梅州市“十三五”文化旅游特色区发展战略和发展思路研究报告》《梅州市绿色养生文化产业课题研究》等研究报告。

【招商引资】　2015年，特色区管委会与中信产业投资基金、中冶集团、光大华陇信托基金、广东国开行、泛华集团、广州星动力投资管理有限公司、广泰源集团、广东省民营企业投资发展促进会考察团、广东盛家明星足球俱乐部、GIT集团等品牌企业及投资机构进行对接，达成投资意向，其中铜鼓峰、五指峰两个开发项目列入中信产业基金计划投资项目库。

【项目建设】 2015年，叶帅故园农民新村安置房工程竣工验收，26个单元完成交付使用。雁洋环境综合整治工程完成投资1000万元。中国收藏文化示范基地正式动工。凤舞梅花艺术主题酒店、松口古镇保护性开发等一批项目稳步推进。

【宣传推广】 特色区管委会一是与客天下旅游产业园联合举办“我请世界游客家”——第二届广东客天下旅游交易洽谈会。二是举办“北京暨东北三省梅州文化养生体验游及产业对接会”，分别在北京市、辽宁省盘锦市、吉林省长春市、吉林市四地巡回举行。三是与市广播电视台联合开展“醉美梅州”随手拍与微电影大赛。四是编辑出版梅州市首本旅游口袋书《慢城梅州》并在全国新华书店发售。五是在《中国旅游报》《羊城晚报》《香港商报》等国内重点报刊及《客家人》《星河影视·慢城》等本土地方刊物上登载100多篇梅州文化旅游专题推介文章。六是推动智慧旅游信息化建设，精心运作“梦里客家”微信、新浪微博、腾讯微信等公众服务平台，“梦里客家”微信公众号稳居梅州政务微信公众平台前列，参与人数3万人。

【合作共建】 与嘉应大学、华南理工大学设计学院等10多所省内高校达成协议共建实习基地。与中山大学国际汉语学院合作开展“中外梅州文化之旅公益行”活动，120多名硕士、本科学生和老师到梅州调研实习，其中包括来自俄罗斯、法国等19个国家的留学生。

【公司运作】 重新组建梅州文化旅游投资开发有限公司董事会和监事会，变更公司法人代表。完善公司管理制度和《章程》，建立起现代企业管理制度。采用承包经营、股权改造、结算清理、解除合作等方式对公司旗下独资、合资、合作的7个子公司进行剥离和调整。

（广东梅州文化旅游特色区管委会）

叶剑英纪念园

【游客接待】 叶剑英纪念园于2015年12月19日顺利通过国家AAAA级旅游景区复核性评定，根据国家AAAA级旅游景区标准，加强对景区建设的完善。2015年，接待游客130多万人次，完成叶选宁将军，全国政协原副主席张怀西，全国人大常委会委员邓昌友，广东省委常委、省纪委书记黄先耀，原中国人民解放军国防大学副政委李殿仁中将等100多批次嘉宾接待工作。纪念馆接待讲解1000多场次。发挥红色旅游经典景区的辐射带动作用，配合旅游部门开展自驾游活动，配合雁洋国际慢城和广东文化旅游特色区建设，促进经济发展。

【爱国主义教育活动】 一是发挥红色旅游经典景区的作用，开展爱国主义教育活动。二是结合党风廉政建设，与市纪委合办《行廉志洁——叶剑英廉洁奉公展》。三是结合抗战胜利七十周年，与广州市叶剑英史料研究室牵头联合编辑出版《叶剑英——把敌人赶出中国去》一书，与梅县区邮政局合办《纪念抗战胜利七十周年红色珍邮展》。四是协助举办“薪火相传·再创辉煌”长征精神红色文化旅游火炬传递活动。五是结合节日和纪念日，举行主题缅怀活动等。六是继续开展叶剑英元帅生平事迹宣讲团活动。11月，宣讲团分别到梅县区旅游局和梅州市武警支队宣讲。

【交流与合作】 一是注重加强与其他博物馆的学习与交流。鼓励和组织员工参加上级部门组织的各项培训和参加其他兄弟馆场组织的学术研讨会。纪念馆派员参加全国长征沿线红色旅游导游员讲解员培训班、第12次元帅馆联谊活动、“纪念中国人民抗日战争胜利70周年”大型文物史料展等。二是选派讲解员参加梅州市2015年导游员、讲解员职业技能大赛，分获讲解员组一、二等奖。

【公益慈善】 广东省雁洋公益基金会一是主导完成梅县区梅南镇九龙村九龙嶂红十军团部旧址修缮系列工程。二是举行2015年度叶剑英基金助学金发放仪式，拨款800多万元资助全市6000多名贫困家庭学子。三是捐赠200万元用于改善梅县区雁洋镇中心小学（叶剑英红军小学）办学条件。四是举行2015年叶剑英基金奖教奖学金颁发大会，为全市中小学35名校长、314名教师、372名学生，嘉应学院6名教师、17名学生发放510.1万元奖教奖学金。五是支持举办赣闽粤原中央苏区“超华杯”足球邀请赛。六是雅居乐（梅州雁洋）公益基金每年为雁洋镇的公益慈善事业拨款200万元，用于扶贫济困，奖教奖学。

（叶剑英纪念园）

教　育

责任编辑：吴跃华

【概况】　2015 年，全市有各级各类学校 1327 所。其中小学 447 所，在校生 312546 人，学龄人口入学率 100%，毛入学率 102.79%，升学率 100%；初级中学 167 所，在校生 139563 人，学龄儿童入学率 100%，毛入学率 103.58%，升学率 100%；普通高中（含完全中学）62 所，在校生 106609 人，升学率 95.27%；中职学校 28 所，在校生 40439 人，高中阶段毛入学率 94.30%；幼儿园 617 所，在园（班）幼儿人数 145804 人；特殊教育学校 6 所，在校生 570 人。全市有国家级示范性普通高中 10 所，国家级重点中职（技工）学校 5 所。全市中小学教职工 57540 人，专任教师 50539 人。2015 年，全市评选表彰“叶剑英基金优秀校长”35 名、“叶剑英基金优秀教师”320 名。

【教育创强争先】　2015 年 1 月，全市 8 个县（市、区）和 112 个镇（街）全部成功创建为教育强县和教育强镇，两项覆盖率 100%。按照省对创强复评的新标准要求，组织好教育强镇的复评工作，梅江区三角镇等 11 个镇（街）如期完成教育强镇复评。9 月 18 日，召开争创“广东省推进教育现代化先进市”工作会议，印发配套的实施方案，正式启动“争先”工作，教育创强争先工作继续保持在粤东西北地区的领先地位。

【教育基础建设】　市各级政府和教育行政部门筹措资金，不断加大教育投入，夯实基础促发展。一是实施《梅州市学前教育五年行动计划》。制定出台《梅州市关于促进普惠性民办幼儿园健康发展的意见（试行）》《梅州市发展学前教育第二期三年行动计划（2014—2016年）》，进一步改善办园条件，规范办园行为。二是推进“全国义务教育发展基本均衡县”创建工作。兴宁市、大埔县等 4 个县（市）11 月初通过国家认定，实现“均衡县”全覆盖。全市义务教育标准化学校（含民办）覆盖率 98.7%。三是推进梅州职业技术学院的筹建工作。完成项目首期用地选址方案、相关征收土地补偿费用估算等前期工作，并在第四届世界客商大会期间作为一项重点项目举行签约仪式。四是推进优质实验中小学（幼儿园）建设工作。至年底，动工 18 所，建成 13 所，共新增优质学位约 24500 个。五是落实《梅州市特殊教育提升计划（2014—2016）》，联合市财政局做好申报特殊教育学校建设维护专项资金补助项目和新建标准化特殊教育学校建设专项资金补助项目的相关工作，2015 年，全市“三残儿童”入学率 95.19%。

【素质教育建设】加强社会主义核心价值体系教育，在广大中小学生中开展中华优秀传统文化、客家传统文化教育。2015年，全市有43名学生获宋庆龄奖学金、372名学生获“叶剑英基金品学兼优奖”。引导各地统筹兼顾、建章立制、全程实施、打通小学到高中的素质教育通道，扎实推进“一校一品”工程，在特色内涵发展方面取得明显成效。东山中学开设汉剧鉴赏课程、图音体特长班，起到先行示范作用。梅江区“素质教育示范区”创建工作扎实推进、初见成效。成功举办梅州市第十一届中小学生文艺会演。组织参加广东省第十四届运动会并获得佳绩，名列粤东西北第三。开展校园足球运动，梅县区高级中学等18所学校被教育部认定为“全国校园足球特色学校”。一批体艺特长生考上中央美术学院等知名高等艺术院校。推进全市中小学校“一校一章程”建设。创建“依法治校示范校”工作成效显著，兴宁市汉芬小学等8所中小学被认定为省“依法治校示范校”。

【招生工作】　实施《进城务工人员随迁子女在梅州市参加中考实施办法》，解决进城务工人员随迁子女接受义务教育后在梅州市参加中考的问题。推进优质普通高中指标到校工作，指标到校的学位比例由30%提高至40%，全市4248名学生受益。2015年，全市高中阶段毛入学率稳定在94%以上。

【教师队伍建设】

提高山区教师待遇　抓好省山区和农村边远地区义务教育学校教师岗位津贴工作落实。完善教师工资福利待遇与公务员同步增长的长效保障机制，落实事业单位工作人员基本工资标准政策及工资统发工作，教师工资福利待遇进一步提高。

加强师资培训　提高教师队伍的业务素养，组织举办教育法律法规政策培训班、中小学英语教师英语语言村培训班等43项各级各类培训，累计培训24615人次，教师队伍的管理水平和业务素养明显提高。

【教学成果】　2015年，市高考再创佳绩，在参考人数大幅减少的情况下各项指标实现稳中有升，全市第一批本科线入围人数2453人，比上年增加240人，增幅10.85%。组织参加2015年各级中等职业学校技能大赛取得优异成绩，获全国一等奖2个、省一等奖9个。

【“平安校园”创建活动】　落实安全工作“一岗双责制”，重点加强上下学交通安全、防灾自救、心理健康、人身安全、夏季游泳等宣传和教育。开展校园“五无”问题排查整改工作，提升人防技防水平，保障校园安全稳定。推进“阳光厨房”建设工作，全市城区有96间学校完成“阳光厨房”建设，学校食堂食品安全管理水平进一步提升。

（李文清）

市农业学校

【概况】　2015年，梅州农业学校有天字岃、尧排、城东3个校区，占地2.23万平方米，校舍建筑面积16.2万平方米，实训设备总值8162万元，图书馆藏书18.6万册，教职工305人，在校生8313人。开设园林技术、畜牧兽医、果蔬花卉生产技术、现代农艺技术、农业机械使用与维护、农村经济综合管理、机电技术应用、汽车运用与维修、数控技术、模具制造技术、计算机应用、计算机平面设计、平面媒体印刷技术、会计、电子商务、文秘、学前教育、旅游服务与管理、中餐烹饪与营养膳食、建筑施工、淡水养殖21个专业。其中园林技术、畜牧兽医、机电技术应用、汽车运用与维修、中餐烹饪与营养膳食为省重点建设专业。

【招生工作】　学校重视招生宣传，2015年招录新生2033人，另外有函授大专在校生1125人，自考大专在校生54人，网络大专在校生98人，合计成人大专在校生1278人。

【硬件建设】 办学条件方面，2号教学楼、8号学生宿舍全面完工并投入使用。实训中心建设方面，园林技术、电子商务专业获得省财政专项资金各225万元支持。自筹经费50万元新建面积400平方米的养殖实训场，提升科学馆原有功能，成为农科专业现代实训中心。尧排校区汇集中餐烹饪与营养膳食、会计、计算机、机加工、机电、汽修等实训中心。学校有1个国家级实训基地项目、11个省级实训中心建设项目，实训设备总值8162万元。软硬件建设再上一个新台阶，为学校发展注入新的动力。

【教学成果】 实施"成人成才成功"三成德育模式、"教学做一体化"教学模式，成效突出。有68名师生参加全省25个项目技能大赛，学生组获得一等奖6个、二等奖5个、三等奖15个；教师组获得一等奖2个、三等奖1个、2名学生参加全国技能大赛，1名教师参加全国大赛获得一等奖。师生获奖总成绩在粤东地区名列前茅。有32人获市级三好学生、优秀学生干部荣誉称号，1人被评为"广东省优秀学生干部"，15名学生分获"梅州市优秀共青团干部"和"梅州市优秀团员"称号。毕业生双证率81%，一次性就业率98%，就业专业对口率85%。

（李学宏　谢裕勤）

市职业技术学校

【概况】 市职业技术学校是直属于市教育局的公办全日制国家重点中等职业技术学校，全国首批国家中等职业教育改革发展示范学校。现有3个校区：校本部（东山教育基地）、江南校区（富奇路）及在建的广州（梅州）产业转移工业园区分校（梅县区畲江镇）。校园占地面积1.15万平方米，建筑面积16.1万平方米，实训设施设备6000台（套），价值7000万元。2015年，市政协港澳委员捐赠港币500万元，启动新实训大楼的建设工作，总投资1200多万元。

【学制与招生规模】 学校面向全社会招生，招生对象为应届及往届的初、高中毕业生以及同等学历人员，学制：初中起点为三年、高中起点为一年。2015年招生专业有：汽车运用与维修、数控技术应用、模具制造技术、电子电器应用与维修、机电技术应用、学前教育、会计电算化、计算机应用、计算机网络技术、计算机动漫与游戏制作、美术设计与制作、旅游服务与管理、高星级饭店运营与管理、商务英语、文秘、市场营销、电子商务、中餐烹饪与营养膳食、服装设计与工艺20个专业。2015年，招收全日制学生人数1911人，当年共有全日制在校生5600多人。

【教师队伍建设】 学校注重师德建设，规范从教行为，以全员培训为重点，提升师资队伍素质和教育科研水平。2015年，教师罗春平被广东省教育厅授予"南粤优秀教师"荣誉称号；徐谊、张立泰获梅州市"叶剑英基金优秀教师奖"荣誉称号；叶小建、林燕华、黄义凤分别被评为梅州市"优秀教育工作者""优秀教师""优秀班主任"；梁霭婷、曾小苑被评为"教学工作先进教师"；黄丹艳被评为"优秀共产党员"；蔡玮玮被授予"广东省优秀共青团干"称号。蔡志辉、梁志娟、申宇忠、卓永强、曾小苑、徐谊、韩淑兰7位教师在教育类刊物上发表9篇论文，其中卓永强撰写的《对发展中职学生主动性的体育教学模式研究》获一等奖、李慕琼撰写的《浅谈中职学校〈机械制图〉的教学》获三等奖。李志辉编写的中职教育《学生礼仪规范实用教程》科研课题获市教育系统第七届教育教学成果奖一等奖。严伟祥的作品《气门组拆装与检修》获市计算机教育软件评审活动中等职业教育组一等奖、广东省计算机教育软件评审活动优秀奖。

【教学成果】 根据国家教育行政部门发布的教学指导性文件，加强常规教学及实践性教学环节的管理。实行学历证书与职业资格证书并举的“双证书”制度，强化职业技能训练，开展技能竞赛活动，组织学生参加职业技能鉴定。2015年，生参加市中等职业学校技能大赛，获一等奖24个、二等奖24个、三等奖22个；参加广东省中等职业学校技能大赛，获一等奖1个、二等奖2个、三等奖11个。

【函授培训业务】 学校培训中心对外扩展业务，2015年度承担30多个单位、80多场次、1.8万人次的培训、考试业务。函授招生逐步扩大规模，函授学生人数达到380人。导服公司除承领全市社会导游的注册、管理、考核业务外，还开拓旅游行业从业人员培训、国家导游员的培训考证业务。

【后勤管理】 2015年3月，学校食堂被省食品药品监督管理局、省教育厅和省人力资源和社会保障厅授予“广东省食品安全示范学校食堂”。8月，学校3个师生食堂经过公开招标，分别由市乐得鲜农业开发有限公司、市昌泰实业有限公司和市华文餐饮服务有限公司进行承包经营。

（市职业技术学校）

嘉应学院

【概况】 2015年，嘉应学院校园占地面积108.5万平方米，校舍建筑面积53.6万平方米。设置数学学院、物理与光信息科技学院、化学与环境学院、文学院、外国语学院、生命科学学院、政法学院、地理科学与旅游学院、经济与管理学院、电子信息工程学院、计算机学院、美术学院、体育学院、音乐学院、教育科学学院、土木工程学院、梅州师范分院、医学院、继续教育学院19个学院。有56个本科专业，学科专业涵盖文学、理学、工学、法学。有普通全日制学生25303人、成人教育学生23421人。教职工1670人，其中专任教师1243人（教授130人、副教授366人，博士130人、硕士682人）。馆藏纸质图书216.85万册，电子图书40多万种，期刊2300多种。定期公开出版《嘉应学院学报》《嘉应教育论坛》《客家研究辑刊》3种专业刊物。

【《嘉应学院章程》修订】 2015年3月启动《嘉应学院章程》修订工作。经学校第三届教职工代表大会第三次会议讨论、校长办公会议审议、党委会审定，省教育厅高校章程核准委员会评议、省教育厅厅长办公会议审议通过，学校章程12月4日正式核准，12月12日向学校及社会公布。

【“创新强校工程”】 2015年，学校对实施“创新强校工程”工作进行全面检查和自评。根据学校发展的实际需要，在原有《嘉应学院“创新强校工程”2014—2016年建设规划》建设项目的基础上，新增一批“创新强校工程”项目56项，经费200多万元。省级协同创新平台“粤台客家文化传承与发展协同创新中心”及“广东客家地区基础教育师资培养培训协同育人中心”建设顺利推进。

【教学评审评估】 2015年，学校组织各教学单位根据本科教学工作审核评估方案，全面开展审核评估整改工作。3—6月，学校组织开展校内审核评估整改专项检查工作，检查各教学单位整改方案落实情况，巩固校内审核评估工作成效。10月中旬，学校召开本科教学工作审核评估整改专项检查现场汇报暨工作总结会议。

【专业建设与人才培养】 2015年，学校新增物联网、社会工作、房地产开发与管理、资产评估、学前教育5个本科专业，应用化学和网络工程被批准为学士学位授权专业。新增《中国近现代史纲要》等6门省级精品开放课程。中国史教学团队等7个教学团队入选省级教学团队建设项目。“卓越人才培养”计划实施顺利，第二届卓越教师培养班60名学员顺利结业。学校与广东省水利电力职业技术学院联合培养2013级“2+2”联合培养基础工程技术班圆满完成学业。2015年，有178人考上研究生。成功召开广东地方高校书记校长联席会议，研讨应用型人才培养的相关问题，并取得积极成果。

【招生与就业工作】 2015年学校本专科招生计划8040人，实际录取8283人。其中本科录取5744人，超出计划164人；专科录取2539人，超出计划79人。运动训练（足球）专业录取56人（含免试1人），其中足球专业19人。2015年，学校招收成教生7633人，录取数超出计划数623人，录取排名位列全省第四名。举办冬季、春季2场大型供需见面会和80多场企业宣讲招聘会，在就业信息网上发布招聘信息400多条，提供岗位数计13000多个。截至9月1日，本专科毕业生的初次就业率91.47%，比2014年高4.4个百分点，就业率连续13年超过85%，比全国高出15%，继续保持较高的就业水平。

【师资队伍建设】 2015年，引进重点人才27人，其中具有高级职称资格5人。有16名教师通过评审获得高级职称，25名教师获得高等学校教师资格证。1人入选广东省优秀青年教师培养计划项目培养对象。举办高校慕课时代教学技术培训班及教学改革与优秀成果培养研修班，进一步提升教师教育教学水平，提高教师科学研究能力。2015年，中国语言文学、化学、生物学、马克思主义理论4个学科获得副教授评审权，学校制定《嘉应学院副教授、副研究员资格条件》及《嘉应学院副教授资格评审工作管理办法》，12月，学校组织开展3个学科副教授首次评审工作。职称评审条件的进一步修订，对教师教学业绩、学术水平、进修访学和实践能力提出新的要求，有利于促进教师的全面发展。

【科研工作】 2015年，学校获国家自然科学基金项目4项，资助65万元；获全国教育科学“十二五”规划课题1项，资助2万元；获教育部人文社科项目4项，资助23万元；获省哲学社科“十二五”规划2015年度学科建项目9项，资助36万；获省科技计划项目6项，资助170万元；获省自然科学基金项目10项，资助100万元；获省哲学社会科学规划项目3项，资助11万元。继续加大产学研合作的力度，与各企事业单位签订横向合作协议40项，总金额363.3万元。加强示范基地建设，5月，客商研究院“梅州市人文社科示范基地”在校挂牌成立。6月，“梅州市地方立法研究基地”在校挂牌成立。

【重点学科建设】 2015年，全面完成第三轮学科建设验收总结工作，对19个二级学院共21个一级学科进行实地验收评估。经严格评审，21个参评学科全部通过验收评估，其中，中国语言文学等4个学科被评为“优秀”，马克思主义理论等10个学科被评为“良好”，计算机科学与技术等7个学科被评为“合格”。学校在完成第三轮校级重点学科验收评估工作的基础上，开展第四轮校级重点学科遴选工作。经过严格评审，评定中国语言文学等6个学科为校级优势重点学科，马克思主义理论等8个学科为校级特色重点学科，计算机科学与技术等8个学科为校级一般扶持学科。

【对外交流与合作】 2015年，学校被广东省高等教育学会、高校外国文教专家工作委员会评为“2014年度高等院校对外交流与合作先进集体”。学校与英国北安普顿大学签署两校合作备忘录，启动两校教师互派、“3+1+1”项目(双学位)、“4+1”项目等合作项目。与新西兰商学院签署校际合作框架协议，启动“2+1+1”大专与“3+1+1”本科升硕交流合作协议。与法属留尼旺省顶磅市签署合作备忘录，就教师互派、学生互派、教练互派、科研项目合作等，达成合作意向。组织20名骨干教师赴德国柏林工业大学培训，学习先进经验。组织客家研究院5名教授，赴马来西亚、印尼调研海外华侨史，进一步提高学术研究水平。派出3名汉语教师赴印尼、格林纳达高校任教，引进外籍教师14名，有9位外国留学生来校学习，有5名学生暑期赴美国参加社会实践活动，有79名学生赴台湾玄奘大学、岭东科技大学、侨光科技大学、大仁科技大学、联合大学研习。成功举办“梅港青年文化交流会之客家文化（方言）”、梅港青年足球友谊赛等系列活动；与台湾联合大学签署交流合作备忘录1份；接收台湾侨光科技大学观光与休闲事业管理系2014级本科学生来校研习一学期。

【教育培训市场挖掘】 挖掘粤东乃至全省的教师培训市场，做大做强中小学教师培训。2015年，学校被评为“广东省中小学教师发展与管理学会”副理事长单位。11月，学校省级中小学教师发展中心顺利完成挂牌工作，并与河源、潮州、汕尾、揭阳市教育局和梅州8个县（市、区）教育局签订合作框架协议，中心相关建设工作正全面有序推进。另外，顺利承担“农村幼儿骨干教师培训”“欠发达地区小学转岗幼儿园教师培训”“省级中小学骨干教师培训”“广东省公办小学校长任职资格培训”“2015年农村教师置换培训”“梅州市基础教育系统‘千百万人才工程’第五期高级研修班培训”“梅州市第九期初中校长提高班培训”“大埔县中小学学科骨干教师”“深圳市盐田区党政信息专题培训”等多个项目。

【校园网建设】 2015年，学校全面完成校园网的万兆升级和无线覆盖的校园网无线延伸。完成数据中心、统一身份认证、门户系统、数字迎新、学生宿管系统、学工系统、人事管理系统等一批新的应用系统的顺利上线运行。完成一卡通系统的平台和各应用系统的建设，实现学生在校的多卡合一。完成校园综合监控的高清平台建设和四、六级考场的标准化建设。完成原有虚拟化数字化校园数据中心升级项目和新的云应用中心的建设。完成数据集成，实现数据共享。完成数字化校园管理人才培养、培训工作及OA系统试运行工作。

【体育运动】 2015年，学校体育代表团在省大运会上取得自升本以来最好成绩，荣获5金、13银、7铜共25枚奖牌、493.5分的好成绩。女足获得广东省第九届大学生运动会女子足球队冠军，甲组和乙组男足获得第四名。11月，学校与国家体育总局体育文化发展中心联合举办“中国足球文化建设高峰论坛暨纪念球王李惠堂110周年诞辰学术研讨会”等一系列足球文化论坛、人才培养研究活动。

（钟益奇）

市广播电视大学

【概况】 2015年，梅州电大系统有在校生8446人，其中专科生6120人、本科学生2326人、研究生152人（其中市电大直属教学部电大系统在校本、专科生1627人，联合办学本、专科学生367人，联合办学研究生152人）。2015年，学校获梅州市第二批“学习型党组织建设示范联系点”“先进基层党组织”“第二届广东开放大学理工类教学大赛三等奖”“广东开放大学教材管理工作一等奖”“哈尔滨工业大学远程教育先进单位”等荣誉称号。此外，在广东开放大学对基层电大绩效考核中，获“优秀”等次。

【合作办学】 2015年，学校与市委组织部联合启动“千名大学生村书记培养计划”，全市招收该类型新生349人，其中市电大梅县党校班招收新生68人。该项目为全市各县（市、区）基层党组织培养新型实用型管理人才做出新的贡献。

【课题研究】 2015年，市电大研究课题主要有：“‘一村一名大学生村干部’培养与提升梅州基层执政能力建设关系研究”“重点功能项目落地建设对嘉应新区早日建成作用研究”“‘广东梅兴华丰产业集聚带’对梅州经济振兴发展战略实施支撑作用研究”“梅州各类人群继续教育需求与电大社区教育平台建设研究”等，形成有参考价值的调研报告。组织参加市委宣传部举办的全市“‘建设富庶美丽和谐幸福梅州’大家谈”论文征集评选活动，李思权老师的论文《梅州振兴发展的挑战与机遇——以丰华兴梅产业集聚带建设为例》获一等奖。

【社区教育】 2015年，学校把社区教育列入工作重点之一，努力搭建全民学习、终身学习的学习平台。学校与江南街道办事处制定社区教育发展方案，整合优秀社区的教育资源，开展社区教育的各项培训活动，满足市民终身学习需求。

（市广播电视大学）

科学技术

责任编辑：吴跃华

综　　述

【科技计划项目】

省级科技计划项目　2015 年，市科技部门受理申报项目 67 项；市结转下达的省科技计划项目 33 项，立项经费 2740 万元，其中：产学研结合项目 14 项，经费 1250 万元；应用型科技研发专项资金项目 3 项，经费 1100 万元；扬帆计划项目 2 项，经费 600 万元。2015 年，市承担 2007—2010 年度省级科技计划项目验收结题 360 项，完成验收数 307 项，全省排名第三；项目结题率 85. 30%，全省排名第四。

市级科技计划项目（医研、科教类）　市科技部门针对全市医研、科教类自然科学等特定领域的科研工作，受理 158 项 2015 年度市级科技计划项目（医研类 152 项、科教类 6 项），经分类后组织专家进行评审，根据评审结果，分两批次下达 158 项。受理 54 项“2014 年度梅州市产业研究与开发资金项目”，联合市财政完成下达 2014 年度梅州市科技计划项目 34 项，项目经费 250 万元。

【科技成果】

2015 年，市科技局组织评审梅州市科学技术奖项目 44 项，其中一等奖 4 项、二等奖 9 项、三等奖 30 项、缓评 1 项。按行业分：农业类 18 项，医药卫生类 13 项，工业类 13 项。同时推荐广东正源华茶生物股份有限公司完成的“天然植物有效成分高效分离纯化集成系统及应用”和广东华威化工集团有限公司完成的“乳化炸药生产新工艺”2 个项目参加省级科学技术奖的评选。

【产学研合作】

企业、高校、科研机构对接联合　截至 2015 年年底，全市 187 家企业与高校建立产学研合作关系，科技特派员工作站 9 个，256 名科技特派员与市企业签订合作协议，推动市自主创新的发展。深化与中山大学的“市校”合作机制。加快红豆杉种植与产业化开发项目的合作，该项目围绕多项关键技术领域在未来 5 年内展开系列联合攻关，将完整实现生物医药在梅州的产业化发展。全面引进中山大学对大埔陶瓷产业转型升级工作，与中山大学建立长效的培训合作机制，借助中山大学的人才、技术等优势，解决大埔区位优势较差，人才匮乏，新技术获取较困难和陶瓷产业关键技术问题，培育高新技术产业、改造提升传统陶瓷产业，引领和带动陶瓷产业发展。

创新团队项目管理　对 2013 年立项的“高品质日用陶瓷技术创新团队”“天然右旋龙脑创新开发团队”“山地果园机械研发创新团队”3

个团队项目以及2014年立项“红豆杉新品种关键技术研发及产业化团队”和“基于优质青蒿综合利用的南药开发团队”的2个创新团队项目，采取市、县科技主管部门联动的方式，督促企业重点做好项目的实施工作，辅导企业及时签订合同书，并适时组织专家进行检查，确保项目按照工作进度实施好。

“扬帆计划”申报　按省科技厅2015“扬帆计划”申报工作安排，完成推荐6家创新团队申报2015年扬帆计划项目，其中2项通过答辩进入项目考察阶段。

重大项目管理　市科技工作部门跟踪粤东西北地区振兴发展重大科技专项——《梅州金柚产业提升科技平台建设》的后续进展，督促《微特电机定子生产线智能机器人及产业化》(500万元)、《良种青蒿GAP示范基地建设及青蒿立体套种三香的可持续利用研究》（300万元）和《通信用高频高密度任意层互连印制电路关键技术及产业化》三大应用型研发专项的相关承担企业重点做好项目立项后的各类工作，确保重大项目按照合同进度实施。

【高新技术企业发展】　2015年，市科技局组织40家企业申报高新技术企业，其中受理申报书35家，入库企业29家；组织4家企业重新认定，通过3家；组织8家高新技术企业参加复审，通过7家。截至2015年年底，全市有高新技术企业56家，其中新认定企业13家。市高新技术企业分布的地域相对分散，各县（市、区）均有认定，其中又以省级高新区、梅县区和兴宁市占的比例相对较大。领域涵盖国家重点支持的除航空航天技术外的7大领域，其中电子信息、生物与新医药、新材料及高新技术改造传统产业占的比重较大。落实各项扶持政策，对市2014年度首次认定为高新技术企业的5家企业各给予20万元的奖励。市科技部门组织高新技术产品认定申报，全市组织申报高新技术产品认定53个。“十二五”期间，市科技部门推进工业企业进行自愿性清洁生产认证，促进各县（市、区）、广州（梅州）产业转移园、蕉华工业园和重点耗能企业的清洁生产上新台阶。2015年，申报认定自愿性清洁生产企业4家，圆满完成各县年度节能目标责任现场评价考核工作。

【专业镇特色产业】　2015年，推荐兴宁市罗浮镇、大埔县光德镇、平远县中行镇3家市级专业镇申报省级专业镇并获得省厅认定，评审认定大埔县百侯镇（旅游业）为市级专业镇。至2015年年底，有省级专业镇41家（含2015年新增3家），其中工业类18家、农业类19家、第三产业类（旅游）4家；市级专业镇22家。2015年，全市省级专业镇特色产业产值244亿元，占GDP比重超过29%。

【科技创新平台建设】　市扶持企业组建市级工程技术研究中心，鼓励市级工程中心申报省级工程中心，至2015年年底，全市省级工程中心35家，市级工程中心37家。梅州市现有的35家省级工程中心70个项目的统计数据显示，2015年35家工程中心的依托单位，在专利授权数、新产品销售收入、新产品产值、税后利润这四个重要指标增长分别为32.08%、82.51%、33.88%和22.85%。

【科普宣传】　一是不断完善科普设施建设。市建成场馆类科普场地2个，科普画廊152个，农村科普活动场地819个。二是不断壮大发展科普队伍。全市有科普专职人员600人，比2014年增加120人，重视青少年和社区科普活动，开展科技宣传进学校、进乡镇、进医院、进社区活动。三是科普宣传手段进一步丰富。除传统的宣传手册、宣传海报外，全年电视台、电台播出科普节目4510小时，开展科普活动107次，参与人数近47万人，举办各类实用技术培训517次。组织市直相关单位在梅江区西阳镇开展以“创新创业，科技惠民”为主题的科技下乡大型集市活动。16个单位、40名专家和科技人员到现场宣传科技创新，免费发放资料（各类先进适用农技书籍、防灾减灾书籍和良种果树等资料）并接受群众咨询，邀请市人民医院专家为到场群众义诊和赠送药品，吸引600名群众参与。

【知识产权】

专利申请　2015年，全市专利申请量3133件（其中发明163件、实用新型2244件、外观设计726件），同比增长37.96%；专利授权量2985件（其中发明授权量46件、实用新型2204件、外观设计735件），同比增长85.52%。2015年，博敏电子股份有限公司获得知识产权管理体系国标认证证书，成为粤东地区首家通过“企业知识产权管理规范”的认证企业。广东科伦药业有限公司被认定为2015年广东省知识产权示范企业。广东嘉元科技股份有限公司的“电解铜箔生产废水处理工艺”、广东华威化工集团有限公司的“一种高威力乳化炸药及其制备方法”2个项目获得2016年广东专利优秀奖。至2015年年底，全市有广东省知识产权优势企业12家，广东省知识产权示范企业2家，获得广东专利优秀奖8个。

专利检查　2015年，全市范围内未出现集中性、区域性制售假冒专利商品的行为事件。开展第三批21家企业和商家参与的“正版正货”承诺活动，有46家企业和商家获得“正版正货”称号。同时，在第15个世界“知识产权日”期间，组织开展“知识产权宣传周”系列活动，举办知识产权专题培训3场次，280多位企业代表参加培训；播放（刊登）相关宣传信息50余次，持续一周播放“正版正货”公益广告片，在城区主要街道张贴宣传标语20多条。

质押融资工作　选取“国家知识产权强县工程试点区”梅县区作为推进知识产权质押融资工作试点区，破解中小企业发展瓶颈，贯彻落实国家和省知识产权有关政策，严格执行《梅州市专利资助管理办法》，落实对专利权人的资助，鼓励和倡导企业应用专利技术，提高产品科技含量。全市办理2014年授权的专利资助792件，资助金额76.05万元。

【防震减灾】　加强地震监测预报工作体系建设，全市现有2个测震台、1个强震台、12个预警台、32个流动重力点和6个地震前兆观测站，为全市进行地震预报提供第一手可靠的观测数据。2015年，投入30多万元建设市地震应急指挥中心，并对梅县区梅西镇柱坑（粤1井）、龙虎（粤2井）2口国家级、省级地震地下水观测井进行改造，实现和省地震局视频互联互通、台站运行情况实时监视、地震灾害快速评估等，进一步提升地震应急救援的指挥能力。根据省要求，市推进地震安全示范社区创建工作，建立3个省级示范社区，分别是：大埔县湖寮镇城北社区居委会、梅县区锭子桥社区、蕉岭县城西社区。配合电视、报刊、电台等主流媒体，开展防震减灾专栏、专题节目。8月，市地震局联合市科技局举行科技系统地震应急演练活动，市科技部门全体职工参与地震应急指挥系统演练培训，对震情处理、预案启动、应急指挥、协调联动等进行全面演练。

（市科技局）

重大科技成果选介

【天然植物有效成分高效分离纯化集成系统及应用】　该项目为华茶生物自主研发的具有完全自主知识产权的新型天然植物精深加工技术；项目由20多项专利组成并已成功应用于天然植物中有效成分的提取纯化，尤其实现分子即溶茶等产品产业化，技术处于国内领先地位。

主要完成单位：

广东省正源茶生物股份有限公司

【乳化炸药生产新工艺】　项目应用自主研发的5项专利技术，通过信息化手段集控国内外先进乳化炸药生产设备，提高生产线的自动化智能化程度，提升生产安全监管信息化水平。项目生产线被列为工信部试验示范线，并已取得良好的经济和社会效益。

主要完成单位：

广东华威化工集团有限公司

【大鲵制种与健康养殖关键技术开发研究与示范应用】 本成果设计的大鲵拉卵、乳化等装置结合配套技术。可应用于大鲵人工繁殖和养殖。具有保护亲本、卵和幼体，提高繁殖率、养成率和土地利用率的显著效果。适于丘陵山区开展大鲵养殖。技术水平部分达到国内领先，整体国内先进。

主要完成单位：

梅县海霞水产品有限公司

【白色念珠菌天冬氨酸蛋白酶 2 的原核表达及免疫保护研究及应用】 原核表达的白色念珠菌天冬氨酸蛋白酶 2 与树突状细胞联合免疫小鼠，同时激活体液免疫与细胞免疫两大系统对抗系统性白色念珠菌感染，免疫保护效果更佳，为研发联合疫苗奠定基础，为临床真菌治疗提供新思路。成果国内领先。

主要完成单位：

嘉应学院医学院附属医院

【公交车及载重车用低粉尘、耐磨、耐高温型陶瓷刹车片研发及产业化】 通过对陶瓷纤维、矿物纤维和填充料间的配比以及填充料颗粒级配和掺量设计，使产品得到良好的摩擦磨损性能、较好的韧性、良好的分散性及与树脂的黏附能力，生产适用于公交车及载重车用低粉尘、耐磨、耐高温型陶瓷刹车片。使陶瓷刹车片首次应用到大型车上，填补国内空白。

主要完成单位：

广东金森林实业有限公司

【胆管支架在肝外胆管梗阻治疗中的应用】 肝外胆管梗阻手术风险较大时，经内镜胆管支架引流，对维持胆道通畅，防治胆道感染成为治疗的关键，能明显延长患者寿命和提高生活质量，而前安全有效，有较大应用前景，达到省内先进水平，填补梅州市空白。

主要完成单位：

梅州市人民医院

2015 年梅州市科学技术奖获奖项目一览表

表 7

序号	项目名称	项目完成单位	奖励等级
1	天然植物有效成分高效分离纯化集成系统及应用	广东正源华茶生物股份有限公司	一等奖
2	大鲵制种与健康养殖关键技术开发研究与示范应用	梅县海霞水产品有限公司中山大学	一等奖
3	乳化炸药生产新工艺	广东华威化工集团有限公司	一等奖
4	新型车轴产业化技术	BPW（梅州）车轴有限公司	一等奖
5	红斑晶花艺术釉的研究与应用	广东省大埔陶瓷工业研究所	二等奖
6	新型青花釉里红瓷器的研制及产业化	广东昌隆陶瓷股份有限公司 华南理工大学	二等奖
7	白色念珠菌天冬氨酸蛋白酶 2 的原核表达及免疫保护研究及应用	嘉应学院医学院附属医院	二等奖

续表

序号	项目名称	项目完成单位	奖励等级
8	中小型感应电炉尾气中 SO_2 的去除技术及应用	梅州环保设备有限公司	二等奖
9	公交车及载重车用低粉尘、耐磨、耐高温型陶瓷刹车片研发及产业化	广东金森林实业有限公司	二等奖
10	胆管支架在肝外胆管梗阻治疗中的应用	梅州市人民医院	二等奖
11	多媒体同轴扬声器音箱的技术研究与产业化	旺兴达（丰顺）电子有限公司	二等奖
12	客家绿茶传承与创新的研究应用	广东龙岗马山茶业股份有限公司 广东省农业科学院饮用植物研究所 梅州市农业科学研究所	二等奖
13	粤东木荷良种选育技术研究与示范推广	梅州市林业科学研究所	二等奖
14	醒脑静联合脑蛋白水解物治疗急性脑梗死临床观察	梅州市中医院	三等奖
15	全盆底重建术治疗女性盆腔器官脱垂	梅州市人民医院	三等奖
16	鼻腔结构性头痛的解剖特征与个性化手术的相关性研究	梅州市人民医院	三等奖
17	胸腔镜手术与开胸手术治疗 NSCLC 对 VEGF 及炎症介质影响的对比研究	梅州市人民医院	三等奖
18	羟考酮缓释片联合吗啡片方案在中重度癌痛剂量滴定中的应用	梅州市人民医院	三等奖
19	锁定加压钢板微创固定技术	梅州市人民医院	三等奖
20	晚期早产儿和足月新生儿呼吸窘迫综合征的临床研究	梅州市人民医院	三等奖
21	血清酶、血糖变化与急性有机磷农药中毒严重程度的相关性研究	梅州市人民医院	三等奖
22	多囊卵巢综合征患者人工授精前预处理对妊娠结局的影响研究	梅州市人民医院	三等奖
23	宫、腹腔镜联合导丝介入治疗输卵管阻塞性不孕应用	中山大学附属第三医院粤东医院	三等奖
24	放养鸡饲料中添加麦芽和中草药增香剂改善鸡肉品质的研究	梅州市多又好科技有限公司 梅州市农业科学研究所	三等奖
25	釉下彩色裂纹釉的研究与产业化	广东吉玉陶瓷股份有限公司 广东省梅州市质量监督检测所	三等奖
26	一种五氧化二锑干粉的制备方法	广东宇星阻燃新材有限公司	三等奖

续表

序号	项目名称	项目完成单位	奖励等级
27	循环流化床锅炉炉内防磨防腐蚀新技术研究与应用	广东粤嘉电力有限公司 上海万都电力工程有限公司	三等奖
28	大中型电动机运行中超温易损综合治理	广东粤嘉电力公司	三等奖
29	一种采取不同电流参数组合的电镀填盲孔方法	博敏电子股份有限公司	三等奖
30	全自动真空冷冻干燥机	广东永利机械设备有限公司	三等奖
31	油茶低改技术研究与示范	广东省梅州市林业科学研究所	三等奖
32	一种桑叶茶及其制备方法	兴宁市国锋桑蚕专业合作社	三等奖
33	银叶金合欢引种、栽培技术研究与示范推广	广东宝兴农牧科技有限公司 仲恺农业工程学院	三等奖
34	梅州市地方历史名茶资源的收集保存与开发利用	梅州市农业科学研究所 广东省农业科学院饮用植物研究所	三等奖
35	金萱茶品种绿、乌、红兼制技术研究与推广应用	梅州市梅县区农业科学研究所 梅县华银茶叶有限公司	三等奖
36	益生菌代替常规消毒药物和抗生素在肉兔养殖业中的应用研究与推广	梅州市梅县区畜牧兽医水产技术推广站 梅县旺农饲养专业合作社	三等奖
37	秀珍菇反季节栽培技术研究与推广应用	平远县大柘镇农业服务中心 梅州市家利农业开发有限公司	三等奖
38	地方稻种“禾子谷”保护、改良、利用的技术研究与应用	梅州市金穗种业有限公司	三等奖
39	台湾泥鳅繁育与示范推广	五华县水产技术推广站 五华县鱼苗场	三等奖
40	白叶单丛红茶工艺集成创新及产品研发	梅州市松岗嶂绿色生态茶园有限公司 广东省农业科学院饮用植物研究所	三等奖
41	沉香引种及栽培技术的研究与示范推广	五华县林业科学研究所 五华县林业局	三等奖
42	贡菊栽培与微波真空干燥处理技术的研究应用	广东本草源科技有限公司 大埔县农村能源办公室	三等奖
43	仙人草工厂化快速育苗新技术的研究与推广	大埔绿仙农林发展有限公司 大埔县农业技术推广中心	三等奖

科学技术协会

【科普工作】

科学知识宣传　市科协推进全民科学素质行动计划纲要工作落实。2015年，与市教育局、市直关工委、广东科学馆、市科技馆等单位在梅雁东山学校，梅县新城中学，五华县实验小学、第二小学，丰顺县汤西中心小学联合举办梅州市2015年“关爱青少年 共筑中国梦”提升青少年科学素质科普行动进校园活动，有2万多名师生参加活动。师生分别聆听由全国政协委员、中国科技馆原馆长王渝生教授所作的科普讲座，了解科学文明发展史以及科技对社会的推动作用。广东科学馆科普大篷车向同学们表演智能机器人的“星球大战”。雏鹰翱翔科技模型表演队完成倒飞、盘旋、翻滚等精彩动作、介绍飞机动力来源等知识。梅江区公安消防大队进行消防灭火演练，消防战士手把手指导同学使用灭火器材。市科协在校园展出《梅州籍院士风采》《青少年期的主要心理问题及调治》《侵害防范应急自救》等科普挂图。

“全国防灾减灾日”活动　在2015年全国第七个防灾减灾日，市科学技术协会、市科学技术馆联合梅江区江南街道办事处、梅江区红光居委、大园居委和梅雁东山学校等单位开展“防灾减灾日”科普宣传活动。市科协邀请市营养师协会会长、国家高级公共营养师、“自然营养健康网”创始人赵继辉老师为红光社区内群众举办“安全健康饮食”的专题科普讲座。在大园居委，展出《公共安全与应急防范》《抗震救灾应急知识》等科普展板；结合市雨季洪涝灾害易发的实际，向社区群众发送《南方洪涝灾害》《公共安全与应急防范手册》等科普图书、手册。在梅雁东山学校，展出《自然灾害防灾自救》《如何防震》《侵害防范应急自救》《青少年期的主要心理问题及调治》等科普挂图。防灾减灾日宣传期间，市科协还发动各县（区）科协，联合有关学校、社区等开展科普讲座、应急演练，安全防范和救护观摩等一系列防灾减灾活动。平远县科学技术协会紧紧围绕“科学减灾，依法应对”这一主题，在官田广场、县第一小学、田家炳中学通过摆放展板、悬挂横幅、发放资料、解答咨询等形式，普及灾害自救互救知识和防范技能。蕉岭县科协联合科工商务管理局、应急办、教育局等有关单位在县友邦小学开展参观防震减灾科普知识图展，举办防震减灾知识竞赛抢答，防震应急演练活动。

农村党员现代远程教育课件节目选制　农村党员干部现代远程教育选制《解密防辐射服》《电梯危机》《抗肺癌的药膳》《奇特的芽苗菜》《吃梨止咳不简单》《远离手足口病》《草药茶的秘密》《血压的测量误区》《血糖的测量误区》《冷水泡茶的讲究》《如何不掉牙》《身体“保鲜”》《给蔬菜考试》《南瓜也能甜如蜜》《有机农场看新鲜》《有鹅自天府来》《产奶高手——崂山奶山羊》《胆小的鸭子》《鹅吃草讲究多》《这种鲶鱼真好养》《科学种植绿色蔬菜》《瓶栽量产金针菇》《解析尿毒症》《科学吃梨和枣》《餐桌“黑珍珠”——木耳》《网上养肉鸡》《工厂化饲养银龙鱼》《蟹池里套养青虾》28套农村实用课件节目，推动农村党员现代远程教育网建设。

“基层科普行动计划”评选　把纳入《科普惠农项目储备库》的一批优秀单位和个人进行培养，辅导各县（市、区）科协及农技协的相关人员开展申报工作，对各县科协、财政局推荐申报2015年全国“基层科普行动计划”单位和个人进行实地考察和材料审核，经市科协和市财政局核准，推荐2个农技协、2个科普基地、2个科普带头人和1个科普示范社区上报省科协和省财政厅再择优上报中国科协和财政部参评。其中梅县区松口沙田柚协会被中国科协和财政部评为“2015年全国科普惠农兴村计划先进农技协”，获20万元奖励；蕉岭县蕉城镇乡陂角村赖秋萍被评为“2015全国农村科普带头人”，获5万元奖励；梅江区江南街道办事处红光社区居民委员会被评为“2015年全国科普示范社区”，获20万元奖励。在全省评选中，梅江区水产协会被评为“广东省科普惠农兴村计划先进农技协”，获得15万元奖励。“基层科普行动计划”再创佳绩，为市加快振兴发展和提高农民科学素质发挥积极作用。

科普阵地建设　2015年，梅江区大园居委和客都社区新建3个科普长廊，以图文并茂的形式展示与居民生活紧紧相关的科普知识，为提高市民的科学文化素质起到推动作用。与梅州日报社专属网站梅州网合作共建“科普梅州”专栏，刊载科技前沿最新动态、科学解释日常现象以及梅州科协日常工作动态等，运用信息网络加强科普阵地建设。

科普服务开展　与平远县科协联合邀请省昆虫研究所蜜蜂研究中心主任、省养蜂学会理事长罗岳雄到平远县河头镇为蜂农讲授养蜂技术。该镇50多户蜂农参加培训。培训让蜂农学到养蜂新技术，转变养蜂理念，提高对蜂产品质量安全的认识，对该县养蜂业发展走规模化、产业化路子指明方向。市科协邀请省职业技术教育社和省蓝莓首席专家高丽霞研究员到丰顺县潘田镇粤东蓝莓基地进行专门技术培训指导，争取3年内建成33.4公顷亩蓝莓基地，提供蓝莓种苗100万株，采用新技术进行“北果南种”，为梅州发展高端水果先行先试，成为新亮点。

青少年科学教育特色学校创建活动　市科协会同有关部门开展青少年科学教育特色学校创建活动。同时，探索和建立“政府支持，部门推进，学校主抓，社会参与”的青少年科技创新活动长效机制。组织市50多位优秀骨干科技辅导员参加省级科技教育培训，选派先进学校参加省级特色学校学习考察。创建活动中，兴宁市龙田中学成为第四批被省授予的青少年科技教育特色学校。

【青少年科技竞赛】　市科协会同市教育局、科技局举办以“创新·体验·快乐·成长”为主题的第30届梅州市青少年科技创新大赛。收到科技成果论文和作品64份，实践活动项目5份、科幻绘画280份、科技辅导员项目5份、优秀科技教师和优秀组织单位各2份、优秀组织工作者2份。科技成果项目与上届相比，数量大幅增加。评出科技成果项目一等奖5名、二等奖10名、三等奖20名；实践活动项目一等奖1名、二等奖1名、三等奖3名；科幻绘画一等奖4名、二等奖8名、三等奖23名。选出优秀作品参加第30届广东省青少年科技创新大赛，市代表队获得一等奖1个、二等奖1个、三等奖7个、大赛专项奖5个。其中，梅县区新城中学的创新项目“安培力教学探究仪”获得一等奖、广东工业大学校长创新奖及河源中学校长创新奖；兴宁市龙田中学的创新项目“安全、可靠、便携的人体感知电的试验器”获得二等奖、广东工业大学校长创新奖及广东坚基集团奖；梅县区新城中学创新项目“手压发电取火器”获得三等奖及聚德科技创新奖。市科协与市教育局联合开展“梅州市首届中小学创客创作大赛”，得到全市中小学生的响应和参与。

第30届梅州市青少年科技创新大赛评审活动评委会议

【科技交流】　一是市科协联合市农科所、梅县区科技局、梅县区科协、科学馆、梅县区农业局植保站等单位邀请梅州市离退休（老）科技工作者协会王其光副研究员在嘉应学院公颜实训大楼B203教室作题为“根治黄龙病，应完善管、防、控、抗、治相结合的技术路线——繁育柑橘抗黄龙病种苗新技术探讨”的学术报告。介绍国家知识产权局授权的“一种柑橘柚类用化学诱变繁育抗黄龙病种苗的方法”的发明专利。二是中国科协副主席、书记处书记陈章良和中国科协科普部副部长刘亚东等专家到梅县区松口镇沙田柚协会山口小金抗黄龙病试验园召开座谈会，探讨如何充分发挥农技协会的作用，推广先进的农业技术，帮助解决农民生产经营，运用电商平台销售农产品等问题。三是接待惠州市科协及其部分县区科协主席和科普示范基地、社区代表，一起交流科普示范基地、科普示范社区建设的经验，提高管理能力和水平。四是9月，与嘉应学院等单位联合开展学术活动周活动，围绕梅州本土园林绿化美化树种的移植和病虫害防治展开学术交流。

【科技服务】 一是发挥科协组织的科学技术优势、人力资源优势和组织网络优势，利用第十七届中国科协年会在广东省召开的机会，组织各县（市、区）科协为本地单位企业的37个项目和人才的需求搭桥牵线，提供服务，为当地经济发展注入新的活力。二是开展各种形式的科技人才服务工作，创建广东宝丰陶瓷科技发展股份有限公司院士专家企业工作站并获省授牌，加强专家、企业之间技术信息交流服务，提高企业产品的科技含量。

（曹学军）

文化·传媒

责任编辑：吴跃华

综　　述

【基础文化建设】　市文化部门在全市范围内规划建设60个“三多三促”（多形态文化，多功能利用，多元化投资；促古民居保护，促文化旅游，促社会和谐）模式的农村文化俱乐部，项目获“国家公共文化服务体系项目”创建资格。在全市范围内建设1个博物馆、3个镇（街道）文化站公共电子阅览室、956个村文化室电子阅览室设备。开展农村电影公益放映工作，全年全市放映24558场公益电影，超额完成任务。同时，做好农家书屋提升工程，加大补充更新配套出版物力度。

【文化遗产保护】　组织开展“非遗大观年”活动和2015年全国文化遗产日活动，不断扩大非遗文化的影响力。做好文物保护单位、非物质文化遗产项目和非物质文化遗产项目代表性传承人的申报工作，新增19处省级文物保护单位、30处市级文物保护单位、3项省级非遗项目和24位市级“非遗”项目传承人。做好可移动文物普查工作，集中力量做好普查数据的登记、审核和上报工作。编辑出版《客家山歌系列丛书》，编印集客家谚语、童谣、歇后语、家训于一身的《客家文丛》。

【文艺活动】　参演“中俄青年友好交流年”闭幕式暨“中俄媒体交流年”开幕式，在北京人民大会堂舞台展现市文艺院团的综合能力。继续打造“客都艺韵”之“周六有歌”剧场，组织优秀山歌剧目的常规演出和市场化运营，培育演艺市场。打造排演大型客家歌诗剧《梦幻客都》，广获好评。开展“客家山歌进校园”活动，传承保护和发展客家山歌。举办“珠江情·梅州韵”广州、梅州两地群众文化交流演出。组团赴南非、毛里求斯、新加坡等地进行文化交流，为海外华人带去精彩的文艺表演。市客家山歌传承保护中心被省艺研所选定为“广东省艺术研究所梅州创作基地”。

【文化产业发展】　组团参加第十一届中国（深圳）国际文化产业博览交易会，以其独特的客家文化元素亮相，获得创意铜奖及优秀展示奖。成功举办第三届梅州市客家文化创意产品博览会，来自台湾以及7个省、22个市的134家展商参展，实际成交额2900万元，展示梅州经济社会及文化创意产业发展的最新成果。

【市场管理】　加大对城乡网吧、娱乐、演出等文化场所的监管力度，开展“净网”“清源”“秋风”等“扫黄打非”专项行动，依法查处违法经营活动。全市组织开展交叉检查1次，组织暗访90人次，案件督查10宗，开展业务培训工作2批次。全市执法人员全年共出动检查45806人次，检查经营单位11390家次，受理举报电话25个，责令整改违规场所31宗，责令停业整顿违规场所1家，警告68家次，罚款75家，立案调查81宗，办结案件96宗，收缴违规图书8000多册，报纸248张，音像制品312张，取缔“黑电台”2座。

（韩德辉）

广东汉剧传承研究院

【文艺演出】《诗娘》参加广东省精品巡演。参与“梦幻客都”“客家春晚”“戏曲春晚”“中国文联春晚”“吉林春晚”“第四届世界客商大会”“香港梅州社团成立大会”“欢乐梅州行”“文博会”“粤戏越精彩”“禁毒专题教育”“非遗展示”等演出工作。继续开展广东汉剧“周五有戏”“周六艺苑”演出。结合市举行的“客家文化进校园”系列活动，采取课堂讲述和现场表演相结合的形式，组织开展广东汉剧走进东山中学、嘉应大学等“广东汉剧进校园”演出。送戏到五华转水，丰顺建桥，梅县畲江、雁洋、松口，大埔高陂等地演出，全年送戏107场，观众10多万人次。

【文艺创作】创排大型广东汉剧《梦@时代》《曹操与献帝》，其中《梦@时代》获得国家艺术基金和广东省精品专项扶持资金项目资助。编排汉剧小戏《新柜中缘》《三戏周瑜》《十八大精神来引航》等大批剧（节）目。复排《十五贯》《徐九经升官记》等多台大型传统剧目。

【人才培养】组建“广东汉剧传承研究院艺术指导委员会”，对日常艺术生产进行业务辅导和审核把关。选送1名专业人员到中国戏曲学院进修培训。联合市艺术学校举办为期5年的第三届汉剧幼苗班，招收30名学员。开展“南国牡丹大讲堂”广东汉剧“每月一课”活动，聘请国内外知名艺术理论专家、学者为演职人员讲授文艺创作、艺术表演、民间艺术、市场策划等综合课程。在广东省第八届戏剧演艺大赛中获得“优秀组织奖”“10金、16银、8铜”及“2名人气奖”的好成绩；第二届“汉剧幼苗班”4名学生参加广东省第四届“少儿戏曲小梅花”荟萃大赛，其中1名获十佳金花奖，并入选第十九届“中国少儿戏曲小梅花荟萃”大赛获金花奖。

【宣传推介】完成《广东汉剧志》编审工作。启动“广东汉剧进课堂”乡土教材（小学、初中两册）编辑工作。正式建立广东省数字非遗项目广东汉剧试点工作站，进入广东汉剧数字化管理工作。6月，成立“广东汉剧民族乐团”，在亮胜客家艺术中心举办民族风·客家情音乐会。与广东省文联合作拍摄戏曲数字电影《白门柳》，多角度立体展现广东汉剧艺术的独特魅力，探求戏曲影视艺术的更多创新。配合梅州电视台“客家大戏院”栏目合作录播多台广东汉剧传承剧目。与嘉应大学音乐学院合作建立“广东汉剧院艺术实践教学基地”。在市青少年活动中心和大地幼儿园等地设立“汉剧从小唱”兴趣班。在梅江区、梅县等城区多个社区开展“结对子”文艺互动活动。与市摄影家协会联合组织“广东汉剧·南国牡丹”专题摄影比赛。

（丘海虹）

市客家山歌传承保护中心

【文艺创作和演出】

文艺演出　2015年，参加“中国文联春晚”、“梦幻客都”、“再从春天出发”专题晚会、“第三届文博会开幕式”演出。12月，周雪等部分年轻演员在北京人民大会堂参加“中俄青年友好交流年闭幕式暨中俄媒体交流年开幕式”演出，中国国家总理李克强、俄罗斯总理梅德韦杰夫等两国政要观看演出，演出展示剧团演员的艺术水平和团在院团改革后取得的丰硕成绩。继续开展“客都艺韵——我唱山歌等你来”演出活动，即以“山歌剧场”为演出平台，逢周六晚8点在山歌剧场向市民和游客展演历年来优秀舞台艺术精品剧目和客家综合文艺节目。通过固定时间、固定地点的常态化演出，把“客都艺韵剧场——我唱山歌等你来”打造成客家文化品牌。活动演出上座率90%以上，得到广大观众的欢迎和肯定。

对外文化交流展演 2015年，传承中心以“粤港澳文化交流示范点”为平台，按照“艺术产品走出去”的战略思路，开展对外文化交流工作，让优秀客家文化艺术走出国门、走向世界；并以山歌为桥梁，以乡音联乡情、联乡谊。3月，应南非客家联谊总会的邀请，赴南非参加文化交流演出。5月，应中国驻毛里求斯大使馆邀请，赴毛里求斯进行文化交流演出。8月，应新加坡茶阳（大埔）会馆邀请，赴新加坡参加庆祝新加坡建国50周年——SG50、会馆成立157周年、茶阳基金会成立20周年三大庆典演出活动。10月，按照省文化厅的工作部署，传承中心国家一级演员杨苑玲赴意大利参加世博会演出。12月，应邀参加香港梅州商会成立庆典演出等。

演艺大赛 2015年，传承中心9人报名参加省戏剧演艺大赛进入复赛，获得4金、2银、3铜的好成绩。

送戏下乡 2015年，传承中心新创作排练“红色记忆——中央苏区行巡演专题节目”、歌舞《红旗颂》、舞蹈《天足》、小品《孝心》等20多个小品、小戏、歌舞等群众喜闻乐见的节目。复排经典山歌剧《彩虹》，经典山歌小戏《二梅看郎》《刘三妹》等。开展文化惠民演出，送戏到革命老区、边远农村等进行慰问演出，丰富基层群众的文化生活。据统计，传承中心完成送戏下乡及国内外各类型演出120多场，观众10万多人次，取得良好的社会效益。

“客家山歌进校园”活动 2015年，传承中心联合市教育局等单位，联合开展“客家山歌进校园”活动。活动采取集中培训与分散培训相结合的形式，对参加单位、城区中小学音乐教师进行山歌培训，向城区中小学生进行山歌传授，培养、挖掘青少年山歌人才，活跃校园文化生活。选取学艺中学、黄遵宪纪念中学、华侨中学、江南小学、梅县新城中心小学5所试点学校，对学校的音乐教师进行培训，选派业务骨干到学校进行挂靠辅导。

【体制改革】 根据市文化体制改革工作的要求部署，2015年，传承中心下属的梅州市山歌剧团有限公司和市电视台、梅州日报社、广东汉剧院等4家单位联合注资成立广东客都文化发展有限公司。其中，梅州市山歌剧团有限公司占5%的股份。

【人才培养】 2015年，传承中心一是继续面向社会公开择优招聘一批年轻演员，设立传承部，通过选派业务骨干以老带新和外请专业老师对其进行专业培训，提高其综合素质；二是重点培养原有年轻演员，通过复排大戏压担子、挑大梁的办法，促进专业水平的提高；三是每季度一次在全体演职员中定期开展业务考核，实行能者上、庸者下的淘汰机制，调动演职员的积极性；四是与梅州市艺术学校联合举办“山歌班”，定向招收培养一批山歌专业学生；五是参加省文化厅统一部署的“百家千场讲座活动”，邀请省歌舞剧院副院长黄倩老师等前来授课；六是组织学习观摩其他院团演出的精品剧目。

【省艺术研究所（梅州地区）创作基地建立】 2015年12月，省艺术研究所与传承中心举行创作基地的签约暨揭幕挂牌仪式，省艺术研究所梅州创作基地正式落户传承中心。创作基地的建立为繁荣梅州文艺、加强梅州编导队伍的建设起到积极的推动作用。同月，由省文化厅主办，省艺术研究所承办的第三届广东省高级戏剧编导研修班暨首届梅州戏剧编导培训班在传承中心举行，邀请国内知名的活跃在戏剧创作一线的剧作家、导演、戏剧评论家为学员授课。这是省高级戏剧编导研修班首次在非珠三角地区举办，来自全省各地级市的60余名编导参加培训。

（市客家山歌传承保护中心）

梅州日报社

【宣传报道】　一是围绕中心加强策划工作。围绕落实“两大政策”、推动“三大抓手”、“一区两带”建设等中心工作，以及胡春华书记到梅州调研、市委全会、党代会、市人大政协“两会”、第四届世界客商大会、纪念抗战胜利70周年、“三严三实”等重要活动，展开专题策划。二是引进和运用新媒体、新技能，围绕服务中心开展全媒体走基层采访报道，组织“寻访梅州籍大学校长”“一区两带全媒体基层行”等系列专题，在报纸、微信微博、网络视频等各平台联动推出相关报道。三是与印尼最大的华文报纸《国际日报》达成战略合作共识，双方围绕传播客家文化、宣传客都梅州展开系列合作。其中，每月在《洛杉矶时报》推出一期英文版《魅力梅州》宣传梅州，11月底，第一期《魅力梅州》在《洛杉矶时报》主报刊发。

【栏目建设】　一是4月起，“民生”栏目更名为“民生一线”，更加突出新闻的服务性。2015年，通过“民生一线”栏目报道，为困难群体筹集捐助300多万元。二是搭建爱心公益平台，先后组织“温暖回家路·爱心伴您行”赠票、返乡大学生春节应急献血、“家庭过期药”免费回收、“中秋情·爱心行”等公益活动，启动“梅州首届十大公益人物”评选，彰显党报的社会责任感和公信力。三是立足梅州，深挖本地新闻，增强报纸的贴近性。评论版针对本地新闻展开评论；财经版开设“创业生力军”专栏；美食、收藏版推介本地美食、藏品、藏家；梅花、客家等版面注重培养本地作家；体育版关注“足球振兴发展”；充实周刊内容，推出“家居生活周刊”，扩充“教育周刊”“旅游周刊”版面，为读者提供服务和资讯。同时，结合梅州崇文重教的实际，创办《学生报》，成立小记者团，为中小学生成长搭建平台。

【多媒体融合】　不断拓展新媒体平台，优化梅州网，稳定梅州日报微博，拓展微信矩阵，推出网络视频项目，发展户外媒体。本报“两报两刊”（《梅州日报》《围龙灯塔》《客家人》《客商》）、“一网”（梅州网）、“两微”（新浪微博@梅州日报，8个微信号矩阵）覆盖人群100多万。梅州日报启动电子阅报栏建设项目，在梅州城区建成近百个户外电子阅报栏。梅州日报社全媒体传播力、品牌影响力在广东地市报中排在前列，获“金长城传媒奖·2015十大创新力地市党报”“2015全国报纸移动传播百强”等称号。

【创新经营】　梅州日报团队本着“延伸版面，扩展影响”的思路，强调“互联网+”创新发展思维，线上线下、版内版外拓展运营，报社经营业绩逆势发展，连续四年保持两位数的增长。2015年，组织小记者夏冬令营、家居装饰博览会、看房团、汽车巡展、医博会、财富论坛、广场舞“舞林大会”、亲子游、鉴宝活动、自行车骑行、萌宝大赛等活动，实现版面与活动互动互促。其中，创办组织梅州首届网络春晚，历时半年在各县（市、区）进行遴选，吸引300多个节目2300多人报名，颁奖晚会通过梅州网网络视频直播，当晚3万多人在线观看。

（梅州日报社）

新华书店

【概况】　2015年，市新华书店实现销售收入3947万元。其中大中专教材和中小学课本销售收入1403万元，一般图书销售收入1358万元，文化用品销售收入1160万元，销售音像制品26万元；全年实现利润241万元。圆满完成全市中小学的全日制教材发行和中小学教材的印制代发任务，保证“课前到书，人手一册”。2015年，荣获由广东新华发行集团股份有限公司颁发的“文明单位”荣誉称号。

【江南购书中心改造升级】 2015年，江南购书中心由广东新华发行集团股份有限公司投入700多万元资金，更换各楼层的冷暖式风管机和书、货架、配置货梯和观光电梯，耗时2个多月，完成一至四楼的升级改造。改造后的购书中心，营业空间扩大到四楼，面积3000多平方米；经营模式摒弃传统的做法，创新“自营、联营和专区经营”三种方式齐头并进。

【公共社会服务项目落实】 梅州新华书店到梅江区、梅县区农家书屋和文化消费补贴等社会公共服务项目抓业务拓展，通过加强与政府主管部门之间的沟通和联系，完成梅县区、梅江区农家书屋配送工程，落实梅江区文化消费补贴项目。

（梅州新华书店）

市剑英图书馆

【概况】 至2015年年底，市剑英图书馆藏书88.5万册，同比增长5.9%。其中纸质图书总量485464册（含古籍藏书40863册），电子图书总量为40万册，同比增长14.3%。2015年，新增图书5568种、15200册，新增过期报刊装订1683册，新增电子图书5万册。

【读者接待】 市剑英图书馆2015年接待来馆读者约455500人次，其中外借部接待来馆读者168000人次、少儿部87000人次、阅览室97000人次、电子阅览室25000人次、典藏部7900人次，公共自习室70600人次；图书流通46274人次，145369册次。

【读者活动】 市剑英图书馆2015年开展各类活动84次，读者参与活动人次约10340人次。其中开展“生态梅州——树木栽植养护”、“家有儿孙”家庭教育讲座、“让微信营销如虎添翼”、“空中文化大讲堂”等讲座20次，举办纪念抗战胜利70周年文史展、“我与中华古籍”摄影作品巡展等书画摄影陶瓷展览12次，举办梅州市加快公共文化服务体系建设等培训班10次，开展绘本故事分享会22次，“走进国学，重温经典”公益阅读活动约20次。

【古籍修复与地方文献数字化】 2015年，市剑英图书馆启动古籍修复室建设项目，完成修复室装修设计，部分修复设备已到位，4月，派遣单位职工进行为期一个多月的古籍修复培训。地方文献索引资料整理审校完毕，交付出版社印刷。古籍数字化工作稳步推进中。

【数字图书馆建设】 2015年，市剑英图书馆对图书馆管理系统进行更新换代，新的系统增加微信推送、短信催还等功能，更好地实现读者管理的信息化。对电子阅览室96台计算机进行系统软件的升级，读者上网更加快捷。在硬件设施方面，新购置2台少儿电子触摸屏及5万册电子图书，增加数字资源的多样性。在信息资源建设方面，开展数字资源联合政府公开信息项目建设，建成数据17000条并通过国家图书馆审核。

【文化志愿服务】 2015年4月，市剑英图书馆与南方公益阅读基金会合作，志愿者们在图书馆三楼开展绘本阅读推广活动2～3场，活动以绘本故事分享为主，结合手工、音乐、情景模拟等形式，旨在引导更多家庭重视儿童阅读，活动开展20多场，700个亲子家庭参与。世界读书日期间组织文化志愿服务下基层活动。基层图书馆阅读推广案例在省公共图书馆业务培训班（粤东地区）进行案例展示和经验介绍。8月，组织图书馆书虫文化志愿者开展“走进国学，重温经典”公益阅读活动，活动于每周六上午举行，以诵读国学经典为主，结合听讲座、现场讲解以及猜谜语、互动游戏等方式，获得家长们的一致认可。

【交流合作】　市剑英图书馆发挥市公共图书馆的龙头作用，加强与省图书馆、兄弟市图书馆以及梅州各县公共图书馆的业务交流与合作。7月，与广东省图书馆学会合作，成功举办广东省公共图书馆业务培训班（粤东地区）；10月，与内蒙古呼伦贝尔市图书馆联合开展“美丽的呼伦贝尔”网上摄影展并在歌德电子阅读机上同步展览；12月，潮汕地区图书馆到馆参加图书馆管理系统培训等。

【新视觉标识系统】　2015年，市剑英图书馆制作图书馆宣传视频、设计新馆徽以及志愿者服，逐步完善图书馆的视觉标识系统，树立图书馆服务新形象。

（梅州市剑英图书馆）

市广播电视台

【宣传报道】　一是围绕市委、市政府中心工作推出主题策划。推出“一区两带”“三大抓手”“启航·丰华兴梅”“突围·大交通”“客商大会”“两会直播间”等重大主题报道。电视新闻中心推出大型系列报道“振兴发展看梅州”，走进丰顺、蕉岭、兴宁3个县市区，献礼抗战胜利70周年；电视专题中心《客家纪录片工作室》远赴上海、南京、江西等地采访，赶制8集专题片《梅州抗日名将》；广播采编中心策划20篇“抗战英雄故事”系列报道；《这里是梅州》是2015年创新开发的公益宣传形式。二是围绕热点民生和百姓生活推出系列报道。《民生820》创新服务模式，成立媒体首个志愿者服务队——《民生820》志愿者服务队，获“广东省学雷锋活动示范点”称号。《服务900》围绕民生热点每周策划1个主题，先后播出《消费者维权》《春耕春种》《名师指点高考》等贴地气的主题系列节目。《行风热线》主动对接服务，高考、中考第一时间发布录取分数线。2015年，市广播电视台开展200场创意户外活动。三是围绕“世界客都”进行对外宣传。2015年，市广播电视台电视上送中央、省台的新闻数量增长20%，保持在全省前五名；广播上送广东电台、中央人民广播电台、国际台的新闻数量连续6年排名全省前三。与毛里求斯国家电视台、印尼国际卫视台签订节目战略合作协议；启动大型纪录片《丝路南洋》的摄制工作，成为国家广电总局“走出去”的重要工程，获得省政府20万元专项扶持资金。另外，配合央视策划团队拍摄制作梅州形象宣传片《世界客都·中国梅州》，网络点击率1400多万。协助组织拍摄《传家宝》《梦圆2049》《从春天出发》等MV宣传梅州。

【改版创新】　一是梅州一套首次探索多部门、多栏目联合采制长1个小时的“两会直播间”节目。二是梅州二套《服务900》周末版进行全新改版，开设《周末大求证》和《鲜味食唔停》2档新节目。三是广播交通台实现全天候24小时播出。四是创办《欢乐梅州行》，填补台常态化自办大型综艺节目的空白。与《欢乐梅州行》同步开展的“惠民快乐购”为台探索一条开拓经济创收的新路。五是专题中心挂牌成立“客家纪录片工作室”，深挖和做活“客”字文章。六是《无线梅州》发挥新媒体特色，不断探索网站、手机端直播工作，提出“新闻首发制”，强化梅州台对社会热点的关注和对突发事件的快速反应。七是4月起开设“梅江直播”专栏，全方面介绍梅江区发展成果。

【产业经营】　2015年，市广播电视台广告收入6906万元，比2014年增加329万元，在全行业大幅萎缩的情况下增长5%，成为全省仅有2个实现增长的市级台之一，总收入列全省第八位。

【融合交流】 一是重点建设梅州广电媒体智能综合服务平台“无线梅州”APP。2015年，“无线梅州”手机客户端列入《广东省推进文化创意和设计服务与相关产业融合发展行动计划(2015—2020年)》（全市仅有5个项目列入该计划），获得2014年度广东省文化产业发展专项资金补助480万元。“无线梅州”手机客户端发展用户逾7万户。二是以《民生820》《服务900》为龙头的梅州广电各栏目微信微博总用户量超30万。三是推动《星河影视·慢城》编辑出版，让《星河影视》刊号重获新生。四是重组客都文化公司、分立客都传媒公司、增资市广告公司、新设梅视新媒体公司，全年整合资源打出“组合拳”，先后推出大型歌诗剧《梦幻客都》、承办第三届文博会、开设艺考培训和钱邮交易等，成功试水市场。

（市广播电视台）

中国客家博物馆

【概况】 2015年，入馆参观人数约80万人，是客家人寻根问祖和文化交流的重要平台。客家博物馆设有固定陈列《客家人》主题展览，以“客从何来”“客家风情”“地标围屋”“人文秀区”、“客家腾飞”5个部分展陈客家渊源、客家风俗、客家民居、客家文化、客家精神等内容。黄遵宪纪念馆由国家重点文物保护单位人境庐、荣禄第和省级文物保护单位民居恩元第组成，是收藏、陈列、研究近代中国著名爱国诗人、杰出外交家、思想家和政治家黄遵宪的主题馆。大学校长馆主要介绍和展示晚清以来249位梅州籍海内外校长、书记的生平事迹、学术成就及主要贡献。将军馆主要介绍和展示从辛亥革命以来的梅州籍将军在中国军事史上的风貌和历史功绩，展陈482位将军，其中上将10人、中将99人、少将373人。中国客家博物馆是梅州市爱国主义教育基地、广东统一战线基地。

【馆藏文物与藏品管理】 中国客家博物馆征集文物213件（套），其中客家出土古陶瓷89件（套），纸质契约藏品124件；接受捐赠侨批共计6803件（套）。在文物管理方面，做好契约类纸质文物的清理、消毒、杀虫及入库工作，修复陶瓷类藏品7件（套）。馆有藏品18232件，其中二级文物1件、三级文物59件，实际数量为225件。2015年文物管理的主要任务是完成第一次全国可移动文物普查入库工作，馆根据省普查办提出的普查进度和目标要求，认真做好藏品登录工作。至2015年9月30日，完成申报藏品数量7521件（套），实际数量18232件；其中珍贵文物60件（套），实际数量225件，完成率100%，馆普查工作被省评为优秀等级。

【宣传接待】 中国客家博物馆实行无节假日固定时间讲解。2015年参观人数82万人，未成年人参观人数20万人次，讲解接待300多场、1万多人次。重要的接待有：原国务委员戴秉国一行，全国政协委员、中央马克思主义理论研究和建设工程咨询委员会委员、中央党史研究室原副主任、中共党史学会常务副会长李忠杰一行，国务院侨务办公室副主任谭天星一行，人力资源和社会保障部党组副书记、副部长杨志明一行，外交部驻悉尼总领事大使李新华一行等。

【学术研究】 中国客家博物馆自开馆以来，出版《涯客家》《客家文博》《国家历史文化名城——世界客都辞典》等书籍和刊物。其中《客家文博》拥有国内统一连续出版刊号（CN44—（Q）1131），成为全国博物馆系统首家有正式刊号的馆刊，并获得国内邮发代号，为“中国学术期刊网”和“中国知网”的收录期刊。2015年，编辑出版馆刊《客家文博》（第十一、十二期）。

【展览活动】 2015年，中国客家博物馆举办

《“客家圣地·美丽家乡”闽粤赣三地摄影作品联展》《梅州河源书法联展》等13场临时展览，其中引进澳大利亚客籍画家小叶个展《归航——海外客家画家小叶画展》、中国华侨历史博物馆《世界反法西斯战争中的华侨华人——纪念世界反法西斯战争胜利70周年图片展》等4场临时展览。

【国际博物馆日文化宣传活动】 2015年5月18日国际博物馆日，馆派员到惠州参加由省博物馆主办的活动。举办首届“小小讲解员”夏令营活动。举办梅州市文博系统业务培训班，总计完成42课时的继续教育专业课。

（中国客家博物馆）

卫 生

责任编辑：吴跃华

【概况】 2015年，梅州市有卫生机构3357个，其中医院、卫生院155个，村卫生室2434个；床位15547张；卫生人员27322人，其中卫生技术人员21446人，含执业（助理）医师21446人、注册护士7276人。2015年，计生户籍人口报表566.34万人，其中流出110.18万人，全市户籍人口已婚育龄妇女110.35万人，其中流出31.3万人。

【医药卫生体制改革】 2015年，全市投入医改资金271063万元，同比增长35.34%，其中市级投入资金25709万元，同比增长11.13%。2015年，成立梅州市县级公立医院综合改革领导小组，出台《2015年度梅州市深化医药卫生体制改革工作任务落实情况检查评估方案》《梅州市县级公立医院综合改革试点实施方案》等，全市7个县（市、区）17家县级公立医院列入改革范围，覆盖面100%。17家公立医院改革试点医院破除以药补医，取消药品加成，实行零差率销售。4月，平远县和蕉岭县相继出台医联体试点实施方案，分别由县人民医院和县中医院与镇卫生院建立医联体，并挂牌实施；9月，兴宁市水口镇卫生院挂牌成为兴宁市人民医院分院，启动紧密型医联体的试点工作。

【卫生项目建设】 2015年，市争取中央投资项目9个，总投资2073.6万元。其中中央投资641万元，地方配套1432.6万元。落实"五个一"〔救护车（含车载，全自动生化仪、心电图仪、500毫安X光射线机、B超仪（中心卫生院彩色B超、中心卫生院DR）〕设备配置项目，109个乡镇卫生院配置379台设备，总投资5307.5万元，其中省级财政下达补助经费3184.5万元，地方配套2123万元。市基本公共卫生服务经费人均补助标准提高到40元。全市建立城乡居民电子健康档案326万份，建档率75.6%；稳步实施免疫规划，一类疫苗接种率达96%以上。出台《梅州市医疗卫生重点项目规划建设方案》，启动梅州市中医医院建设项目，将田家炳医院从市人民医院分离出来，设置床位1000张，重新组建梅州市中医医院（田家炳医院），12月5日，市中医医院正式挂牌运营，填补没有市级中医医院的空白。梅州市采取社会资本与政府合作的模式引进北京国丰源有限公司和广东新南方集团，计划投资34亿元，分别在梅州城区芹洋片、江南片选址新建东山医院（嘉应学院医学院附属医院）、广州中医药大学紫合梅州医院。梅州市第三人民医院整体迁建项目完成规划、设计等项目前期工作。

2015年12月30日，梅州市中医医院（田家炳医院）挂牌成立，填补梅州市市一级没有中医医院的空白

【疾病预防控制】

传染病防控　2015年，梅州市未有甲类传染病病例报告，报告乙、丙类传染病33301例，总发病率754.16/10万，同比下降1.97%。其中：报告乙类传染病16种14017例，发病率321.65/10万，同比上升1.60%，死亡17例；报告丙类传染病8种19284例，发病率442.51/10万，同比下降4.41%，无死亡病例；全年未发生重大传染病暴发疫情。2015年，梅州市报告发生H7N9流感病例8例，其中死亡1例、治愈7例。完成4名非洲埃博拉出血热疫情国家回乡人员的追踪和健康监护，均未发现异常情况。未发生登革热输入性和本地病例。2015年，全市各地出动消杀队员11991人次，清理蚊幼虫滋生地18502处，清除卫生死角3212处，环境整治面积约200万平方米，使用消杀、灭蚊药物约14.96吨。全市共举办17期专业人员技术培训班，培训6791人次，进行广播电视宣传报道25次，印制发放宣传折页约15万份，张贴宣传海报约1950份，悬挂横幅234条，制作宣传栏218期，发送微信、微博约2000条，发放通知单约2000份。

慢性病防治　2015年，全市发现活动性肺结核病人2996例，其中初治涂阳1000例。建立健全患者追踪、转诊和网络核查制度，非结核防治机构报告肺结核或疑似肺结核患者5196例，转诊率78%，综合到位率88%。至2015年年底，全市高血压患者数约427514例，管理人数249130例，管理率58.27%，其中规范管理人数241774例，规范管理率97.05%；糖尿病患者85123例，管理人数59651例，管理率70.01%，其中规范管理人数58135例，规范管理97.46%。推进精神疾病医院—社区一体化管理模式，开展严重精神障碍患者排查、登记、治疗、建档和录入工作，全年检出患者23361例，检出率5.4‰，年管理率94.61%。

【公共卫生监测】　2015年，全市8个县（市、区）分别设立食品安全风险监测点和食源性疾病监测哨点医院，实现所有县（市、区）监测工作的全覆盖。共完成575份省委托化学污染物及有害因素监测样品采样、105份微生物及其致病因子的采样与检测和555份省监测样品检测任务。

【卫生监督】　2015年，全市有各类公共场所3638家，其中持有卫生许可证的3572家、占98.2%；检查公共场所经营单位8063家次，监督覆盖率100%。全年检查生活饮用水经营单位378家次，监督覆盖率100%。全市放射诊疗机构监督覆盖率100%。对123所学校的教学环境卫生、306所学校的传染病与常见病防控措施、287所学校的饮用水卫生进行监督检查。对全市31所普通中小学校进行综合评价，评出B级（合格）学校25所、C级（不合格）学校6所。对3276所医疗卫生机构、880所有关门店进行监督检查，查处无证行医237宗、医疗卫生机构聘用非卫生技术人员5宗，收缴非法医疗广告牌282块。全市检查医疗卫生、计生技术服务机构833家，查处录入孕情消失案1宗、胎儿性别非法鉴定3宗。全年受理卫生违法案件264宗，立案处罚221宗，取缔209宗，结案188宗，缴交罚款38.89万元。全年受理各类卫生许可申请8063份、核发各类卫生许可8012份

【卫生应急】 2015年，有效处置传染病突发公共卫生事件11起。其中H7N9禽流感7起、水痘疫情2起、腮腺炎1起和聚集性诺如病毒感染1起，累计报告病例90例，死亡1例。2015年，完成省级突发公共卫生应急队伍组建工作；组织开展防控H7N9禽流感疫情专题演练，组织全市卫生计生系统相关专业技术人员开展人感染H7N9禽流感、中东呼吸综合征疫情应急防控知识培训。

【卫生信息化】 截至2015年年底，全市有154个基层医疗卫生机构完成光纤专网接入工作，实现通过VPN专网接入区域卫生信息平台，全市儿童预防接种信息上传完成率97.69%。兴宁市率先构建涵盖所有基层医疗卫生机构（包括卫生站），集基本医疗服务、基本公共卫生服务、绩效考核等功能为一体的卫生信息化管理系统。全市完成各定点医疗机构与社保信息系统实时联网结算工作。

【医政管理和药物政策】

医政管理　2015年，批准设置新医疗机构17家，新执业登记医疗机构13家，完成市直医疗机构校验132家；全年完成医师执业注册、变更注册1616名，注销58名；完成乡村医师执业注册、变更注册1607名，注销264名。每千人口床位数、执业（助理）医师数、注册护士数分别达到3.6张、2.13人、1.68人；全市医疗卫生机构总诊疗2032万人次、出院5.09万人次，人民群众基本医疗服务需求得到基本满足。5月，市政府审议通过《梅州市人民政府办公室关于印发梅州市疾病应急救助制度实施方案（试行）的通知》，在全省率先建立市、县两级疾病应急救助制度。2015年，全市疾病应急救助3298人，申请应急救助资金1755.82万元。全市有1198名考生参加医师资格实践技能考试，883名考生参加理论笔试。全年受理病残儿申请资料94份，对全市86名病残儿进行鉴定，并出具病残儿鉴定结论。全市发生医疗纠纷59起，比2014年（122起）下降63%。

药物政策　2015年，全市公办基层医疗机构全面实施基本药物制度，全市二级以上公立医院完成省政府、省卫计委对基本药物配备和金额使用要求，全市17家公立医院改革试点单位、214家村卫生站实行零差价销售基本药物制度。落实阳光用药制度建设工作，组织药事管理专家开展阳光用药制度建设及合理用药督导检查，规范药学服务和医务人员合理用药行为，改善医师不合理处方行为。继续开展抗菌药物临床应用专项整治活动，建立和完善抗菌药物临床应用的管理机制，落实抗菌药物临床应用分级管理制度，规范抗菌药物的合理应用。加强对麻醉药品和精神药品的管理工作，对全市医疗机构的业务人员进行麻醉药品和精神药品合理使用专项培训，25家医疗机构进行“麻醉药品、第一类精神药品购用印鉴卡”换卡或变更项目工作。

【妇幼保健】 2015年，全市完成孕前优生健康检查43415人，目标人群覆盖率108.72%，信息系统建档率达到100%，检出具有风险因素的夫妻9412人，均由服务站优生咨询医师进行优生咨询指导，完成早孕随访28790人次，妊娠结局随访7504人。实施免费孕前优生健康检查项目，优化服务流程，加强实验室质量管理，8个县（市、区）计划生育服务站参加省卫计委组织的实验室质控，成绩均为优秀。全市孕产妇地贫筛查61082人，筛查率94.18%，地贫基因检测6364人，产前诊断248人，发现重度地贫16例，人工终止妊娠16例。

【基层卫生建设】 安排市、县级医院医生下乡挂职帮扶，提高中心卫生院的综合服务能力，建成分级诊疗、双向转诊的新机制，协调医保行政管理部门制订医保报销约束制度和医保报销目录与基本药物目录衔接。开展家庭医生式签约服务，蕉华社区以该区莲塘办事处为签约试点，签约1001户家庭、4052人，除外出务工人员外，签约率接近100%；平远县石正镇卫生院签约6个村、967人；江南社区卫生服务中心签约1121户，共3654位居民。各签约单位对高血压、糖尿病、精神病患者等重点管理人群实行分类管理。2015年，梅江区江南社区顺利通过“国家级示范社区卫生服务中心”复审，成为全市第一批“国家级示范社区卫生服务中心”；平远县八尺镇中心卫生院、丰顺县埔寨镇卫生院创建“群众满意乡镇卫生院”顺利通过国家级考核验收。2015年，市卫生和计划生育局和全市卫生院（社区服务中心）参与广东家庭医生宣传活动，获得23个奖项。

【科研教育】 2015年，受理医药卫生科研课题申请116份，通过立项课题87项。1月，住院医师规范化培训基地技能培训中心挂牌启用，当年招收规范化培训学员42名，其中博士学历2人、硕士学历15人、本科学历25人，339人参加广东省住院医师规范化培训公共课统一考试，发放合格证书146份。全市加大订单定向免费培养农村卫生人才宣传力度，录取订单定向考生27名。

【爱国卫生与健康教育】

爱国卫生　2015年，梅州市巩固国家卫生城市工作迎来首次复审，五华县、丰顺县被省爱国卫生委员会授予“广东省卫生县城”称号。全市130个村被广东省爱国卫生委员会授予“广东省卫生村”称号，215个村被梅州市爱国卫生委员会授予“梅州市卫生村”称号。截至2015年年底，市农村改水受益人口3962955人，自来水普及率99.57%，生活饮用水水质合格率63.85%。8个县（市、区）水质检测中心建设完成设备采购、安装、调试工作，完成中央投资576万元，完成中央投资率100%。村村通自来水工程建设规划修编基本完成，规划总投资约36.99亿元。新增无害化卫生厕所33366户，农村卫生厕所普及率97.17%，其中无害化卫生普及率81.93%，比去年分别提高1.26%和3.29%。

健康教育　3月，制定《2015年梅州市居民健康素养调查方案》。5月，完成居民健康素养调查工作，居民健康素养水平为13.56%，达到《国家基本公共服务体系建设“十二五”规划》和《卫生事业发展“十二五”规划》要求。2015年，市委、市政府下发《关于进一步做好公共场所禁烟工作的通知》和《关于开展公共场所和工作场所禁烟工作暗访检查的通知》，302个单位被省卫生计生委批准为“广东省无烟单位”。

【中医药工作】 2015年，梅州市每万名常住人口拥有中医执业（助理）医师3.7人，居全省第4位；中医类医疗机构门诊量占全市总量的42.4%，居全省第2位；93%的基层医疗机构能够提供中医药服务；中医医院病床使用率90.1%；中医医院人均住院费用分别低于省、市平均水平的33%和28%。8家县（市、区）级中医医院全年门诊人次99.78万人次，同比增长2%；住院人数5.08万人，同比增长12%；业务收入5.01亿元，同比增长16%；平均每门诊人次费用180元，同比增长7%；每一出院者平均费用6330元，同比增长5%。5月，新增大埔县、丰顺县、五华县、蕉岭县、兴宁市5家中医医院开展综合改革试点工作，正式取消药品加成，调整医疗服务价格。截至2015年年底，市、县两级均建立中医医院，全市7家中医医院全部通过二级甲等评审，全市72%的乡镇卫生院中医科、中药房完成规范化建设改造任务。梅州市“创建国家基层中医药工作先进单位”项目县（区）覆盖率50%；中医药综合服务区落实建设项目86个、建设资金860万元，全市遴选出14个先进示范建设单位；全市设立中医“治未病”科室的中医医院8个，占总数的89%；设立中医“治未病”服务点的社区卫生服务中心、乡镇卫生院75个，占基层医疗卫生机构总数的56%。2015年，梅州市获得省中医药科研项目3个，中医药科研获得市科学技术三等奖项目1个；获得市医药卫生科研课题7项；确定省名中医师承培养对象4名，国家中医药传承工作室项目1个。

【援建工作】 2015年，完成省第28批援赤道几内亚医疗队组建工作，医疗队预备队员于11月23日在广州市进行为期6个月的出国前综合培训。第28批援赤道几内亚医疗队由27人组成，其中专职队长1人、医务人员21人、厨师2人、3名翻译；男性队员20人、女性队员4人；具有副高职称10人、具有中级职称队员6人。医疗队专职队长由市卫生和计划生育局党组成员、副调研员蔡演歆担任。

（吴正旭）

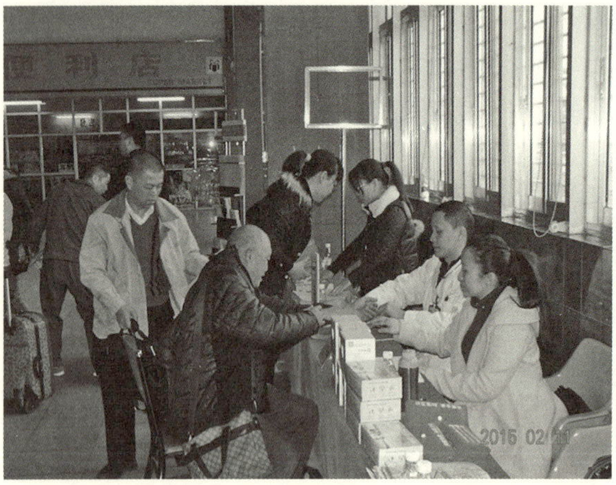

2015年2月12日，梅州市卫计局市、区、镇三级联动，为返乡流动人口提供政策法规咨询、免费体检、送证上门、优生优育和传染病预防宣传等贴心服务上

市红十字会

【概况】 2015年，梅州市红十字会接收广东省红十字会和社会各界捐赠款物99.12万元，发放救灾救助款物99.34万元。开展卫生救护培训2100人次（其中卫生救护培训取证书553人），采集造血干细胞100份，实现遗体捐献器官15例。协助省红十字会援建红十字博爱卫生站项目2个、老人活动中心项目1个。

【救灾工作】 一是救灾复产。7月，受台风“莲花”及季风低槽影响，多县遭受暴雨袭击，其中丰顺县八乡山镇、平远县泗水、上举两镇灾情严重。市红十字会组织开展抗洪救灾和复产工作，迅速调拨一批价值分别为3万余元、6万余元的救灾物资送往丰顺灾区和平远灾区。二是参与抗震救灾，组织募捐。4月25日，尼泊尔发生8.1级地震，波及西藏自治区日喀则等地区，造成人员和财产的巨大损失。市红十字会启动应急机制，联系有关新闻单位，向社会发出募捐呼吁，收到捐款0.43万元；同时，市红十字会拨出0.5万元支援西藏红十字会开展救灾工作。

【救助活动】

送温暖活动 投入救助款3万元，采购花生油等救助慰问物资一批。筹集24.6万元（其中自筹7.8万元、省红会下拨16.8万元的慰问物资），开展“博爱送温暖”系列活动。

特殊群体救助 2015年，救助上门求助困难群众20人次，发放救助款1.71万元、向省红十字会申请救助困难群众34人次，发放省红十字救助金13.4万元。4月，协助省红十字会份，在五华县、兴宁市、梅县区开展贫困先心病患儿筛查义诊活动，39名先心病儿童符合手术条件并分批安排到定点医院施行手术。向省红十字会申请，6位白血病患者各获得中国红十字会小天使基金会3万元救助。向总会事业发展中心申报失能老人养老服务项目，梅州慈爱颐养院获得“中央专项彩票公益金支持失能老人养老服务项目”价值20万元的养老设备和物资援助。同时，做好省红十字会“生命远航——关爱重型地贫患儿”救助项目，协助市妇幼保健院救助市贫困家庭18周岁以下患重症地贫的儿童19例，每例补助1万元。

【医疗救护培训】 2015年，组织师资在梅州供电系统、教育系统、外资企业等开展卫生救护培训15期，系统传授心肺复苏，止血、固定、包扎、搬运四大技术以及家庭急症等内容，培训人数2300人，其中553人获得卫生救护培训合格证书，提高群众防灾减灾和自救互救能力。

【项目援建】 2015年，省红十字会下拨70万元，分别援建大埔县百侯镇曹鲇村红十字博爱卫生站（20万元）、丰顺县留隍镇大坪村博爱卫生站（20万元）和丰顺县留隍镇大坪村老人活动中心（30万元）。市红十字会一方面加强资金的管理，按签订的《项目协议书》下拨款项，确保资金按合同分步到位；另一方面做好援建工程的施工监督，确保援建工程按时按质完成。全部工程竣工并通过验收。

【器官捐献与献血工作】

造血干细胞捐献　完成造血干细胞捐献工作任务100例。3月，温斌雄志愿者成功捐献造血干细胞挽救一位白血病小女孩，是市首例捐献者（建站以来）。7月，颜军志愿者捐献造血干细胞，救助上海1位14岁少年。11月，47岁的罗学君志愿者捐献造血干细胞，救助北京的1位男孩。至2015年，有800多名志愿者提取血样进入中华骨髓库，随时为适型的患者捐献骨髓。

遗体器官组织捐献　市红十字会在省红十字会的指导和深圳红十字会的支持下，加大遗体器官捐献宣传力度。2月，市红十字会联合市卫计局举办人体捐献器官获取与分配管理工作培训班，150人参加培训，提高市民对遗体器官捐献认识。全年有15例捐献遗体器官，其中多器官组织捐献9例。

献血工作　市红十字会加强与市献血办、中心血站沟通合作，依法参与推动无偿献血工作。2015年，全市25270人次参加无偿献血，献血量694万毫升。

【红十字宣传】 市红十字会利用“5·8”世界红十字日、“6·14”世界献血者日”等纪念日宣传相关活动。一是与献血办联合印发无偿献血与卫生救护宣传资料3万份，下发到各县（市、区）中小学生中，加强青少年对无偿献血的认识。二是联合市妇儿工委、市卫计局等单位在江南百花洲举办地贫可防可控大型义诊宣传活动。三是在剑英体育馆广场举办《行风热线面对面 服务百姓健康行》大型户外直播活动，在现场举办专家健康义诊、应急救护知识现场演示互动、无偿献血等宣传活动。同时，市红十字会利用信息网络平台，报道全市红十字会信息，进一步扩大红十字会的社会知晓率和影响力。

（罗俊霞）

市人民医院

【概况】 市人民医院由黄塘院总部、泰康院区、扶大院区、广梅院区四个院区组成，占地面积21.8万平方米，建筑面积16.4万平方米，固定资产约11亿元。编制床位数为3500张，设临床医技科室101个。在职职工3119人，其中正高级技术职称52人、副高级技术职称206人、中级技术职称491人，博士研究生11人，博士后3人，硕士研究生161人。

【医疗业务】 2015年，市人民医院总收入20.9亿元，其中医疗业务收入20.4亿元，同比增加3.12亿元，增长18.05%。全年完成总诊疗量123.8万人次，同比增加24.4万人次，增长24.6%，日均诊疗量为3392人次。专家门诊诊疗量52万人次，占总诊疗量的42%，同比增加17.2万人次，增幅达49.5%。出院病人10.14万人，同比增加9367人，增长10.2%，外省、市病人所占比例9.1%。收治危急重病人20439人，占总出院病人的20.2%。住院手术3.18万例，增加2499例，同比增加8.5%，其中腔镜手术15657人次，占手术总量的49.2%。

【基础设施建设】 在没有新建业务用房的基础上，市人民医院通过优化整合，增设整形外科、甲状腺外科、呼吸内镜中心、妇二科二区等病区。调整内分泌内科、心血管内三科、神经内一科、妇一科、肛肠科的医疗平面，利于学科病区管理，方便病人就医。完成新停车场建设，增加300多个停车位，重新规划、完善院内交通线路，引进智能停车管理系统。加强院内绿化管理，提高院内环境整洁舒适度，初具现代园林式医院雏形。

【医疗设备】 2015年，医院采购1台PET/CT（型号为西门子 Biograph mCT. s20，购置金额为1275.1232万元）、1台SPECT/CT（型号为GE Discovery NM/CT 670，购置金额为1297万元）、2台DSA（1台型号为西门子 Artis zee III floor，购置金额为945万元；1台型号为GE Innova IGS 530，购置金额为1147万元）、2台磁共振（1台型号为西门子 MAGNETOM Prisma，购置金额为3491万元；1台型号为GE Optima MR360，购置金额为1496万元）、1台数字胃肠X光机（型号为GE Precision THUNIS—800+，购置金额为178.8万元），提升设备水平。

【专业建设】

增设、调整、整合部分科室　4月23日，增设病案科。6月23日，增设甲状腺外科、口腔种植科。7月2日，增设收费科。10月16日，增设整形外科。12月26日，增设妇二科二区，妇二科由一区和二区组成，创伤骨外一科调整为创伤骨外科。

心血管疾病防治中心建设　心房纤颤射频消融治疗、主动脉瘤“烟囱”技术治疗、先天性心脏病镶嵌治疗、药物球囊治疗支架内再狭窄和小血管病变等一批技术达到省内先进水平，冠脉慢性闭塞开通成功率80%。

消化内科建设　开展内镜黏膜下剥离术、内镜黏膜下肿物挖除术、内镜下消化道全层切开缝合术、消化道狭窄切开术、毕Ⅱ式胃大切术后ERCP、胆管支架植入术等先进技术。

泌尿外科建设　开展本专业所有四级内镜手术。开展大通道完全无管化经皮肾取石术、腹腔镜下全膀胱切除术+回肠导管术、腹腔镜下肾盂癌根治术、危重患者局麻下盲穿半坐位经皮肾碎石取石术等高难度手术。

妇产科建设　妇科开展四级妇科肿瘤腔镜手术，腹腔镜下早期卵巢肿瘤全面分期手术、腹腔镜下腹股沟淋巴结清扫术、腹腔镜下骶骨固定术、深部子宫内膜异位手术等进入省内先进行列。产科率先在梅州地区开展孕前腹腔镜宫颈环扎术。产前诊断中心开展全系列产前诊断工作。实验室开展早、中孕期唐氏筛查，无创基因、耳聋基因、地贫基因检测和外周血、绒毛、羊水、脐血染色体核型分析等技术和服务项目。生殖医学科在开展夫精人工授精技术基础上，于9月18日通过国家卫计委的现场评审，获得开展“体外受精—胚胎移植及卵胞浆内单精子显微注射技术（IVF—ET/ICSI）”资格，成为粤东北地区首家通过该项技术国家级评审的医疗单位，正式开展试管婴儿业务。

肿瘤防治中心建设　推广多学科会诊（MDT）模式，提高肿瘤精准诊疗与综合治疗水平。放疗科开展三维适形放疗、调强适形放疗、图像引导放疗（IGRT）、容积旋转调强放疗（VMAT）等新技术。化疗科开展分子诊断技术指导恶性肿瘤个体化治疗、区域循环热灌注治疗恶性肿瘤。

【信息化建设】 市人民医院初步完成院总部的全院级PACS系统上线工作。建成梅州市人民医院微信公众号平台。初步建成临床数据中心，实现目前业务系统的数据整合及展现。完成门诊系统与医保系统的对接，实现门诊医保联网实时登记和结算。完成广东省内异地医保的对接，增加汕尾及河源异地医保联网实时登记和结算。梅州市首家智能药房于11月30日在医院院本部1号楼1层正式运行，实现快速、准确的药事服务。

【教学科研】

教学　承担中山医学院、广东医学院、汕大医学院、赣南医学院、嘉应学院医学院等院校的实习带教任务，作为中山大学附属梅州医院，教学工作逐渐做到与中山大学同质化。规范实施住院医师培训工作，成为中山大学附属第三医院培训基地的协同医院，成功申报19个专业基地。临床技能培训中心投入使用，具备高仿真模拟人教学功能，开展各种技能仿真训练。

科研　全年科研立项课题79项，科研结题122项，获市科技成果9项，发表论文219篇，其中SCI论文4篇，核心期刊论文98篇。举办大型学术会议64场，其中国家级继教项目2项、省级继教项目12项，粤闽赣边区大型学术会议12场，培训学员1万多人次。12月4日，国家自然科学基金委员会批准院注册为国家自然科学基金依托单位，可独立申请国家自然科学基金项目。

【中医医院组建工作】　全力配合市中医医院组建工作，保证组建期间黄塘医院总部及田家炳院区各项工作有序运行。10月13日，根据市编委《关于调整市人民医院人员编制的通知》精神，市人民医院原田家炳院区在编人员123人连人带编划入市中医医院。调整后，市中医医院有事业编制944名，其中：财政核补769名，经费自理175名。

【人才队伍建设】　调整充实一批中层干部。出台《梅州市人民医院名誉主任和客座教授管理办法》，聘任首位核医学科名誉主任和客座教授，借助“外脑”高超的技术和学术能力，提升相应学科的技术学术水平。制订学科主任、区长岗位竞选聘任制，护士长、护理学科带头人选拔和聘任管理方案，建立优胜劣汰的竞争机制，保持医院人才队伍的活力。制订《梅州市人民医院博士后科研工作站管理实施方案》，为博士后工作站研究人员不断取得创新成果提供制度保障。2015年，新招聘人员134人，其中博士生4人、硕士研究生21人、本科生64人、大专生45人。

【组建援赤道几内亚医疗队】　严格选拔12名优秀的年轻医疗技术骨干参加广东省第28批援赤道几内亚医疗队，得到广东省卫计委的高度评价和充分肯定。

（市人民医院）

体育

责任编辑：吴跃华

【概况】 2015年，梅州市举办体育活动8000多场次。组织举办"全民健身·幸福我健身""万村居篮球赛""丰顺磨房200公里骑行"及国际自行车邀请赛等活动，"一县一品"群体活动精彩纷呈，草根足球活动遍布城乡，全民健身形式多样。2015年，梅州市体育活动获得5个冠军，分别是：梅州五华队获得2015年中国足球协会乙级联赛冠军、五华U12少年足球队夺得2015年中国青少年足球邀请赛全国冠军并代表中国出征瑞典"小世界杯"、嘉应学院女足夺得2015年广东省大学生运动会冠军、梅州代表队获得2015广东省"省长杯"青少年足球联赛男子乙组冠军、梅州代表队获得2015年广东省足球协会女子足球联赛冠军。

【场地建设】 完成9个乡镇农民健身工程建设，实现全市104个乡镇农民健身工程全覆盖。完成10个社区体育公园建设。启动东较场体育设施升级改造工程。全民健身小广场竣工并投入使用，改变以前脏乱状况，恢复并增加体育功能，受到群众好评。蕉岭、大埔、五华投资升级改造体育场，五华规划建设足球产业园。60%的县完成四大件建设任务，符合开放条件的106个场馆免费或低收费向公众开放。2015年，全市新建或升级改造完工的足球场地93块。引进社会资金进行自建或升级改造足球场地，富力切尔西足球学校自建13块足球场地，广州爱奇体育实业有限公司投资升级改造市级8块足球场地。

【足球运动】

足球组织体系 市、县（市、区）体育局对足球社会组织从资金、场地、技术、培训等方面给予支持。兴宁纵横融通足球俱乐部、梅县松口镇元魁塔足球协会等村镇社会组织纷纷成立，初步形成市、县、镇三级足球社会组织体系。

足球场地建设 梅州市结合山区实际，充分利用山边、路边、水边建设足球场，推动球场进乡镇、社区、景区。2015年，出台奖励措施，鼓励多方出资建设足球场地，凡是建成标准五人制、七人制、十一人制足球场分别奖励10万元、30万元、50万元。

足球赛事 梅州市形成"贺岁杯""青年杯""足协杯""球王杯"四大品牌赛事及校园足球四级联赛、全市机关企事业职工联赛、镇村足球联赛、社会草根足球联赛的赛事体系。2015年，参加省级赛事200多场次，举办足球赛事活动3000多场次。

足球队建设 职业队伍方面，梅州五华及梅县客家两支中乙足球俱乐部足球队完成中国足协2015年度赛事。市拥有由2家职业足球俱乐部，14家草根业余足球俱乐部，市、县（市、区）体校，富力足球学校，嘉应学院组成的足球梯队，还有100多家足球定点学校、新增24家足球传统学校，200多支校园足球队。全市在国家注册的足球运动员达600多人。

足球产业建设　出台《梅州市关于加快发展体育产业促进体育消费的实施意见》，邀请专家完成《梅州足球文化产业发展策划方案》和《梅州市体育产业布局策划方案》，明确加快发展以足球制造业、服务业为重点的足球产业，促进体育、文化、旅游等产业融合发展。一是争取政府财政资金支持，2015年市级增加足球专项资金1000万元、体育产业引导资金1000万元，成立足球发展基金会。4个足球重点县（市、区）每年投入足球专项资金500万元，非重点县投入300万元。二是“一县一品”的足球产业逐步形成，梅江区主要发展足球培训、服务业等；梅县区主要发展富力学校、铁汉生态中乙足球俱乐部以及丙村足球制造业等；兴宁市以红旗、跃速企业为支撑，重点发展足球服装、器材等；五华县重点抓好李惠堂足球文化产业园、梅州中甲职业足球总部经济等。同时，市政府启动地校合作项目，与广州体育学院签订发展休闲体育产业合作协议等开发足球特色文化产业。

【参加第十四届省运会】　在组织完成第七届市运会基础上，完成参加第十四届省运会工作，代表团总分排名全省第14位，名列山区市前列。田径、乒乓球、男足乙组，高尔夫球项目不断进步，田径运动员黄佳佳获2枚金牌，获得国家一级运动员称号，为梅州夺得荣誉。

【体育产业】

体育彩票　全市通过增机布点，实施管理、分配改革，加大体彩市场营销力度。2015年，市体彩销售额2.96亿元，同比增加2.63%，提前超额完成省下达的2.8亿元任务。

体育产业构建　“一县一品”体育产业基本构建，梅江区的足球培训、服务业，梅县区的足球制造业、高尔夫运动，兴宁市的红旗器材厂及跃速体育用品，平远县的徒步运动，丰顺县的自行车骑行运动，五华县的职业足球及足球产业园都初具规模。兴宁红旗器材厂被评为梅州十大创新企业。

（周丽婷）

社会生活

责任编辑：吴跃华

人事劳动

【人事工作】

人才管理　落实人才工作机制改革的要求，新增专业技术人才5346人、高技能人才1972人。全市专业技术人才总量11.95万人，具有副高级职称的高层次人才总量1.12万人，占专业技术人才总量的10.77%。

公务员、事业单位工作人员招聘　2015年，计划招录公务员727人，报考人数9094人，正式录用697人。面向全国公开招聘乡镇事业单位工作人员924人，报考人数7359人，正式聘用655人。

人才引进　修改完善《梅州市引进高素质人才千人计划实施办法》，机关事业单位不再通过“千人计划”渠道引进人才，鼓励规模以上非公有制企业及符合市产业发展政策、具有良好成长性的中小微企业引进高新技术产业、主导产业、新兴产业、重点工程等领域急需的专业技术人才、高技能人才、创新创业人才和创新科研团队。

收入分配调整　市直和各县（市、区）津贴补贴实现规范发放，县以下机关职务与职级并行制度全面入轨，建立乡镇工作补贴制度。事业单位全面实施绩效工资制度。

【就业工作】　举办“春暖梅州”等各类型就业服务专场招聘会426场，组织进场企业6344家次，提供就业岗位214154个，成功实现就业51497人。全市城镇新增就业31052人，新安置城镇失业人员就业25472人。城镇登记失业率2.45%，低于全省平均水平。加大技能晋升培训力度，全年培训2.82万人次。制定出台《梅州市关于进一步促进创业带动就业工作的实施意见》，全市发放小额担保贷款725笔、5881万元，扶持725人。使用就业专项资金6451.71万元，促进创业2556人，带动就业18977人次。

【劳动仲裁】　制定实施《梅州市建筑领域工人工资支付分账管理实施细则》和《梅州市建筑业参加工伤保险实施方案》。全市各级劳动监察机构检查用人单位3215家（次），涉及职工11.57万人，为4935名劳动者追回被拖欠克扣工资5964.83万元，遏制劳资纠纷高发多发态势。法定审限内仲裁结案率100%，累计结案率97%，仲裁调解结案率81%。市人社局受理群众信访2369批3955人次（其中来信216件、466人次、来访501批1817人次、来电148批165人次、网上民声1504批1507人）。

（卢伟周）

社会保险基金管理

【概况】 2015年，全市社会保险累计参保833.16万人次。其中，城镇职工基本养老保险（含离退休）98.1万人，职工医疗保险43.1万人，失业保险25.61万人，工伤保险28.75万人，生育保险28.57万人，城乡居民基本养老保险167.12万人，城乡居民医疗保险441.91万人。全市社保基金总收入78.25亿元，其中职工“五大险种”（养老、生育、失业、医疗、工伤）征缴收入34.80亿元，同比增长20%。提升社保便民水平，完成人社系统核心三版二期改造工作。全市医疗保险实现市内即时联网结算，成为全省首批正式上线省异地就医结算平台的地市之一，异地联网即时结算定点医疗机构从6家增加至20家（含市内2家）。社会保障卡户籍持卡人数495万人，持卡率95.5%。

【社保基金支出调整】 一是城乡居民养老保险基础养老金提高至100元，人均养老金水平126.55元。二是企业职工养老保险人均增加175.46元，达1424.52元/月。三是职工医保参保人年最高支付限额（含补充医保）提高至35万元。四是城乡居民医保年最高支付限额（含大病保险）提高至32万元和34万元，一级定点医疗机构住院支付比从80%提高到90%，住院起付金从300元降低至200元，普通门诊统筹日限额从20元提高到30元，年度限额从100元提高到150元。居民医保财政补助标准提高至380元。五是失业保险待遇提高到968元/月。六是工伤保险伤残津贴人均增加296.06元/月，达2105.2元/月。同时，失业、工伤、生育保险按相关规定提高待遇水平。2015年，梅州市社保基金支出81.5亿元，同比增长18%。

【保险制度改革】 一是稳妥推进机关事业单位养老保险制度改革，抓好参保信息登记培训和指导，完成数据采集和上传省系统工作，并做好测算、基金支出户开设、机构人员申请等工作。二是贯彻广东省生育保险条例，细化生育保险缴费基数和费率、生育医疗费用支付范围和生育津贴计发办法。三是制订实施《梅州市建筑业参加工伤保险实施方案》，广大建筑业职工纳入工伤保险范围。四是配套出台实施《梅州市关于失业保险支持企业稳定岗位的实施办法》，对采取有效措施不裁员、少裁员，稳定就业岗位的企业，由失业保险基金给予稳定岗位补贴。五是推进被征地农民养老保障预存资金分配工作，完成2015年的阶段任务，保障被征地农民的社保权益。

（市人力资源和社会保障局、市社会保险基金管理局）

社会事务

【低保救助】 市民政部门完成低保提标工作和实施医疗救助“一站式”即时结算服务。梅州市低保对象8.1万户、19.4万人，全市人均城乡低保月标准分别为449元、288元，全市城乡低保补差月人均分别为378元、175元，全市低保金支出4.53亿元。全市医疗救助支出9109.03万元，救助254504人次，人均医疗救助水平2828元。全市110个镇（街道）全部建立“一门受理、协同办理”的社会救助服务窗口。全年新增低保户7002户、15340人，清退低保户9222户、26600人，切实做到应保尽保、应退尽退。

【“五保”供养】 各县（市、区）农村“五保”人员年供养标准全部达到当地上年度农村居民人均可支配收入的60%。全市“五保”对象15221人，全市集中供养年均标准7409元、分散供养年均标准7079元，“五保”供养支出1.03亿元。

【养老服务体系建设】 全市有养老机构164家，养老护理人员556人，养老床位19035张，比

“十一五”末期（1644 张）增加 17391 张（增长率 1058%），每千名老人拥有养老床位 26.8 张。为 80 岁以上老人、60 周岁以上困难群体购买老年意外伤害保险，全市 20 万名老年人受惠。

【惠民政策】 出台《梅州市临时救助实施细则》《关于加快社会养老服务事业发展的实施意见》《梅州市 80 周岁以上高龄老人及 60 周岁以上困难群体投保老年人意外伤害综合保险方案》《梅州市免除户籍人口殡葬基本服务费用实施方案》等系列惠民政策。

【防灾减灾】 全年市级下拨 1096 万元用于新生灾害和冬春生活救助。开展全市 614 户因灾倒损房居民的灾后恢复重建，全市 74 户因灾全倒户完成重建工作。争取省级福利彩票公益金 630 万元，资助市 21 个避护场所建设。“全国综合减灾示范社区”增加到 25 个。

【福利救助】 组织发动“广东扶贫济困日”活动，全市接收扶贫济困到账捐款 2108.37 万元。提高孤儿基本生活保障标准，2015 年，孤儿全市最低养育标准集中、分散供养分别为 1240 元/月、分散供养 760 元/月。开展救助管理工作主题宣传月活动。2015 年全市流浪乞讨人员获得救助总数 2069 人次。

【福利彩票发行】 2015 年全市福彩销售首次突破 3 亿元。梅州市民政局获“组织领导奖”二等奖，市福利彩票发行中心获“综合奖”二等奖、“销售进步奖”二等奖。

【双拥优抚】 一是创建全国、全省双拥模范城工作顺利通过省检查组的考核验收。二是提高重点优抚对象定期抚恤金和生活补助标准，通过社会化发放及时足额到位。三是开展重大节日慰问纪念活动和“关爱功臣，送医送药”活动，为 356 名抗战老兵发放一次性生活补助金 5000 元/人。四是做好 2015 年冬季退役士兵的接收安置和职业技能培训工作。不断完善复退军人服务管理机构建设，做好复退军人稳定工作。

【殡改工作】 一是全市 8 个县（市、区）全面实施城乡居民殡葬基本服务由政府免费提供政策，免除殡葬基本服务 14798 宗，总金额 1807.31 万元。二是全市殡仪馆统一举办殡仪馆“公众开放日”活动，扎实开展殡葬服务管理“三规范一推行”专项整治工作，对部分手续不齐全的公益性公墓（骨灰楼）进行整改。三是进一步加大等级殡仪馆创建工作力度。平远县殡仪馆被评为“广东省二级殡仪馆”。

【基层政权和社区建设】 推动开展村（居）民自治改革创新工程试点工作，稳步推进“五民主五公开工作法”“乡镇和职能部门与村（居）委会双向考核制度”等基层治理改革创新。加大推进城乡社区公共服务平台建设。全市建有城乡社区公共服务站 598 个，家庭服务中心 9 个，镇（街）政务服务中心 83 个。联合监察、财政部门制订印发《梅州市关于贯彻落实〈广东省村务监督委员会工作规则〉的实施意见》，进一步保障基层群众参与公共事务民主管理的权利。不断深化村务公开民主管理工作。

【社会组织建设】 完成社会组织公共服务信息平台建设工作，制定第二批承接政府职能和购买服务社会组织资质目录，全市 56 家行业协会商会全部实现与行政机关脱钩。

【社工工作】 市儿童福利院和梅江区江南街道分别设立社工站。梅州首次设立全国社会工作职业水平考试考场，全市有 66 人考取证书。

【区划地名】 完成梅州汕尾行政区域界线第三轮联检工作，编印最新版《梅州市行政区划图》。全年审批梅州城区建筑物、住宅区命名项目 4 个。稳步推进市第二次全国地名普查工作，各县（市、区）落实“二普”专项资金 2143.8

万元，工作采取购买服务的形式自主进行招标，全市8个县（市、区）均完成招标工作。

（杨伟星）

计划生育

【概况】 2014年10月至2015年9月，全市出生70149人，其中一孩39244人，二孩29307人，多孩（含政策内）1598人，出生率12.45‰，同比下降0.83个千分点，自然增长率6.8‰，同比下降0.64个千分点，符合政策生育率92.57%，同比提高0.78个百分点，政策外多孩率0.85%，同比下降0.24个百分点。全员人口信息系统人口出生男、女性别比105.81：100。2015年，全市已婚育龄妇女约110.35万人，其中已婚未育53821对，占4.88%；一孩夫妇330606对，占29.96%；二孩夫妇449177对，占40.71%；多孩夫妇213679对，占20.27%。

【计生管理】 2015年，全市落实“四术”（上环术、取环术、人流术和引产手术）52649例，其中：落实定点结扎22213例，落实放环27812例，落实补救措施2624例；当年长效措施落实率77.92%，长效措施及时率57.85%。全市征收社会抚养费3.22亿元，比上年减少0.47亿元。市级30个挂钩帮扶单位，派出1000多人次到镇、村开展计划生育帮扶工作，投入帮扶资金400多万元。全市城镇独生子女父母奖励对象11774人，发放资金1106.56万元，资金发放率100%。全市累计创建计划生育基层群众自治国家级示范点32个、省级示范点126个。梅州市、梅江区、平远县2015年度人口与计划生育目标管理责任制考核被省委、省政府授予“广东省人口与计划生育先进单位”称号，是获评“先进单位”的7个地级市之一；梅县区、大埔县、丰顺县、五华县考核成绩较好，被给予通报表扬。

【计生奖励与扶助】 2015年，独生子女伤残家庭父母扶助标准由原来的每人每月120元提高至500元，独生子女死亡家庭父母扶助标准由原来的每人每月150元提高至1000元。开展“生育关怀”行动和帮扶救助计生困难家庭公益活动，筹得34.15万元善款用于帮扶计划生育困难家庭。市、县两级财政投入260多万元，为农村独生子女家庭、农村纯二女户和城镇独生子女困难家庭购买意外伤害保险。争取到省级计划生育“三结合”（与发展农村经济、与帮助农民勤劳致富奔小康、与建设文明幸福家庭相结合）项目13个。（吴正旭）

民族工作

【概况】 梅州市有畲族、壮族、瑶族、满族等20多个少数民族，少数民族人口4536人，户籍人口3909人，流动人口627人，丰顺县潭江镇凤坪畲族村是唯一少数民族聚居村，全村144户、810多人，其中畲族95户、530多人。

【宣传创建活动】 通过报纸、广播电视、网络媒体等向广大干部群众和宗教界人士宣传党的民族政策、法律法规和民族知识，夯实各族人民大团结的思想基础。金山街道小溪唇社区民族工作基础扎实、成效显著，受到省民族宗教委表彰，被评为“第二批全省民族团结进步模范社区”。

【少数民族扶持工作】 完善民族聚居村基础设施，做强特色产业，推进少数民族特色村寨建设。争取省、市水务部门的大力支持，将畲村小溪列入中小河流域治理项目，新修、加固堤防和护岸2.8千米。帮助筹资50多万元对2.1千米茶园道路进行拓宽改造，方便村民车辆往来通行。改建装修文化展览室和棋牌室各1间，展示民族传统文化和引导群众开展健康休闲活动。发展茶叶特色产业，全村种茶400多公顷，茶叶产值约2000多万元。申报项目发展资金，为畲村争取中央少数民族发展资金20万元。做好少数民族聚居区考生资格审核和资助少数民族大学生上大学工作，为6名少数民族大学生发放资助专项资金各1万元。

【城市民族管理工作】 深入调查摸底，掌握城市少数民族基本情况，加强服务管理。在市国家卫生城市复审期间，邀请省新疆籍人员服务管理工作队前来做新疆籍商贩的思想工作，要求商贩服从城管人员管理，不随便占道摆摊、乱搭建帐蓬，配合政府做好创建国家卫生城市工作，治理乱摆乱卖取得明显效果。2015年，市外来少数民族人员与汉族群众相处融洽，没有发生影响民族团结、社会稳定的事件。

宗 教 工 作

【概况】 梅州市有佛教、道教、天主教、基督教，批准登记的宗教活动场所有488处（其中佛教315处、道教22处、天主教35处、基督教116处），占全省的1/6，数量居全省第一；教职人员1066人，占全省的七分之一，数量居全省第二；市、县宗教团体37个，占全省1/6，数量居全省第二；教徒人数约30万人。

【宗教场所建设】 推进千佛塔寺扩建规划用地的解决和基督教东门礼拜堂新堂的建设，完成千佛塔宗教文化景区总体规划编制工作，划出建设用地红线图。协调有关部门对天主教梅州教区新主教府培训中心使用功能进行调整，增加商务功能。梅江区把阳东岩寺建设纳入芹洋半岛品牌战略发展规划；梅县区协助佛光寺成功举办登记开放20周年庆典系列活动；兴宁市推进神光山佛教文化园建设；平远县帮助宗教场所解决用电收费问题；大埔县帮助落实三河镇天主教堂、高陂基督教老教堂产权归属遗留问题。

【宗教政策法规宣传】 组织宗教干部和宗教界人士参与“尊法学法守法用法”主题征集展播和法律知识竞赛活动。开展以“国法与教规的关系”为主题的宗教政策法规学习月活动。发动宗教界人士参加宗教政策法规知识网络竞赛活动，全市300多名宗教界人士参与。在《梅州日报》开设宗教政策法规宣传专栏，连续刊登6期，深受读者好评。

【宗教管理】

宗教场所管理 开展平安宗教场所创建工作，完善场所内部管理制度，提高宗教界约束、管理、规范的能力。持续以“教风”为主题开展和谐寺观教堂创建活动，巩固和扩大佛道教乱象整治成果。梅江区对泮坑旅游度假村内的公王庙管理现状进行专项整治，妥善解决公王庙长期错位管理问题。梅县区多部门联合行动，依法对程江镇横岗村1处非法兴建的宗教活动场所进行强制拆除。指导宗教活动场所办理组织机构代码和开办单位银行结算账户，促进宗教活动场所完善财务、会计管理制度，强化财务监督管理。开展宗教活动场所主要教职任职备案工作，按照属地管理、谁登记谁备案的原则，指导各地对每个场所进行主要教职任职备案，全市486处场所中，条件成熟完成主要教任职备案的场所129个，不完全符合条件需暂缓备案的场所185个，不具备备案条件暂不考虑备案的场所172个。

反渗透整治专项行动 根据省、市统一部署，从4月起集中开展境外宗教渗透专项整治行动。整治期间全市开展排查摸底整治活动200次，查处非法宗教活动2起，查缴境内外散发性宗教类宣传品9006件，训诫境内宗教活动骨干3人，专项整治工作取得阶段性成果。

【宗教文化弘扬】 一是举办国内首次以佛教香花文化为专题的研讨会，30多位国内专家、学者及100多名佛教香花教职人员围绕佛教香花文化内涵、历史和现状、与海上丝绸之路关系等进行深入的探讨，收集论文20多篇，推动佛教香花文化传承和发展，规范佛教香花寺庵管理和教职人员行为。二是深入民族聚居村、外来少数民族流动人口较多的社区和基层宗教活动场所进行专题调研，《梅州市民间信仰现状与思考》被省民族宗教委评为优秀调研报告。市民族宗教局连续四年被省民族宗教委评为信息工作先进单位。

【公益慈善】 引导宗教界参与灾害救助、捐资助学、扶贫帮困等公益慈善活动，在“广东扶贫济困日”和“宗教慈善周”活动期间，全市宗教界共募集捐款120多万元，用于支持各类公益慈善事业。鼓励和规范千佛塔慈济会、佛光寺慈善中医诊所开展慈善活动。推动兴宁佛教念佛堂慈光安养院、基督教长者之家办好慈善实体，打造和提升宗教公益慈善品牌。2015年，全市宗教界捐助社会公益资金467万元。

【依法行政】 2015年，对行政职权进行全面梳理，确定行政职权37项，其中行政许可7项、行政处罚7项、行政检查2项、行政确认1项、其他类事项20项。增加副局长职数1名、增设1个内设科室、增加行政执法专项编制2名，夯实部门执法工作力量。针对民族宗教工作中依法行政工作管理资源匮乏、管理手段不足的弊端，抓住加强和创新社会管理的契机，紧盯民族宗教事务中少数民族流动人口、场所安全、教职人员管理等重点难点问题，探索推行行政约谈工作模式。全年约谈民族宗教界人士20余次、250多人，协调解决涉民族宗教因素矛盾纠纷8宗。

（市民族宗教事务局）

县区概况

责任编辑：邓柳茹

梅江区

【概况】 梅江区位于广东省东北部，梅江河中游，梅州市中部，东临梅县区雁洋镇和大埔县银江镇，南与梅县区梅南镇交界，西连梅县区程江镇、扶大镇和大坪镇，北接梅县区石扇镇。全区土地面积570.61平方千米，耕地面积3757.87公顷。2015年，梅江区辖长沙、三角、城北、西阳4个镇和西郊、金山、江南3个街道办事处，下辖81个村民委员会和45个社区居民委员会；全区常住人口41.96万人，年末，全区户籍人口35.75万人，其中，男性18.20万人、女性17.55万人。祖籍梅江区的海外华人、华侨和港澳台同胞约20万人。区境内矿产资源主要有煤、石灰石、花岗岩、稀土、粘土、矿泉水等。土特产有金柚、客家盐焗鸡、客家娘酒等。

梅江区主要古迹和文化遗产有黄遵宪故居人境庐、千佛塔、东山书院、梅江桥、梅州学宫、八角亭等各级文物保护单位14处和泮坑公王、义孚堂等众多未定级文物，中山路、凌风路、仲元路等名街，席狮舞、五句板、梅城山歌、舞龙、金狮、闹八音、拜“孔圣人”等33项区级非物质文化遗产保护项目。

梅江区是原中央苏区县、全国民政工作先进区、全国义务教育发展基本均衡区。2015年，梅江区获评全国计划生育优质服务先进县（区）。

【国民经济】 2015年，梅江区实现生产总值60.71亿元，同比增长8.5%。其中第一产业增加值9.11亿元，同比增长6%；第二产业增加值20.48亿元，同比增长2.4%；第三产业增加值31.11亿元，同比增长13.7%。规模以上工业总产值44.26亿元，同比增长5.7%。农业总产值15.42亿元，同比增长5.9%。固定资产投资68.85亿元，同比增长51.6%。社会消费品零售总额92.88亿元，同比增长12.8%。外贸出口额3.20万美元，同比增长8.2%；实际利用外资113万美元。地方财政一般预算收入9亿元，同比增长23.3%。城乡居民人均可支配收入26799.9元，同比增长9.4%。其中城镇居民人均可支配收入28051.3元，同比增长9.4%；农民人均可支配收入15865.8元，同比增长9%。

【农业】 2015年，梅江区农业总产值15.42亿元，同比增长6%，其中种植业产值8.91亿元、林业产值3194万元、牧业产值5.25亿元、渔业产值7014万元、农林牧渔服务业2360万元。全区农村经济总收入58.78亿元，同比增长6.1%。

种植业　全区农作物总播种面积10793.93公顷，同比增加304.8公顷。粮食作物播种面积4321.67公顷，总产量2.46万吨，其中水稻播种面积3226.73公顷、总产量1.98万吨，薯类面积301.67公顷、总产量1.06万吨，大豆面积234.13公顷、总产量791吨；经济作物播种面积695.53公顷，其中花生播种面积391.87公顷、总产量1011吨，玉米收获面积510.73公顷、总产量1748吨。蔬菜（含菜用瓜）播种面积5276.73公顷、总产量12.23万吨；水果种植面积2360.2公顷、总产量3.95万吨，其中金柚种植面积1205.53公顷、总产量2.25万吨；茶叶种植面积8000亩、总产量550吨。

林业　开展“绿满梅江”大行动，强化森林资源培育、保护和发展，做强做优涉林实体经济，深化林业改革。2015年，涉林经济总产值4.54亿元，其中第一产业9620万元（包括林木培育和种植2884万元，经济林产品6736万元）、第二产业147万元（主要是锯材、木片加工和人造板制造）、第三产业35630万元（涉林产业）。全区森林蓄积量282万立方米，森林覆盖率73.19%。

畜牧业　2015年，全区生猪饲养量25.21万头，年末存栏量6.37万头，其中，能繁母猪头7345万头、出栏肥猪18.84万头；家禽全年饲养量348.8万只；肉类总产量2.14万吨。2015年，梅江区无重大动物疫情发生，无畜产品质量安全事故。

水产业　全区水产养殖面积1.16万亩，同比减少193亩；水产品总产量7447吨，同比增长8%；总产值7014万元，同比增长4.6%。从事渔业生产2265户，渔业人口10118人，从业人员2678人，农（渔）民渔业人口年均纯收入8561元。2015年，梅江区水产局《吊网捕鱼新技术的推广与应用》项目获得广东省农技推广三等奖，梅江区水产协会获得广东省“科普惠农兴村计划”奖补单位。

【工业】　2015年，梅江区完成工业总产值58.62亿元，同比增长5.5%；工业增加值16.16亿元，同比增长2.9%；其中规模以上企业32家，实现工业总产值44.26亿元，同比增长5.7%；完成规模以上工业增加值10.55亿元，同比增长1.5%；规模以上轻工业实现工业总产值4.52亿元，同比增长21.8%；规模以上重工业实现工业总产值39.74亿元，同比增长4.1%。大型企业2家，分别是西阳镇梅县线艺通信元件有限公司和三角镇梅州志浩电子科技有限公司，2家大型企业完成工业总产值19.69亿元，占规模以上工业总产值的45.5%，占全区工业总产值的34.2%。“新三板”挂牌上市企业2家，分别是广东风华环保设备股份有限公司和广东裕丰食品股份有限公司，2家上市企业完成工业总产值1.61亿元，同比增长22%。全区30家规模以上工业企业，其中电子信息类企业16家，占规模以上工业企业数量的53.3%；规模以上电子信息类工业企业产值33.57亿元，占工业总产值的77.6%。

【旅游业】　一是以创建“广东梅州文化旅游特色区”为载体，持续抓好项目建设、政策对接、宣传推介、安全及行业管理等工作。2015年，全区有国家A级景区3家、旅游星级饭店8家、旅行社19家、旅游汽车公司2家、游船公司1家，形成涵盖“吃、住、行、游、购、娱”六要素的旅游产业体系。强力推进旅游重点项目建设，在建省级重点旅游项目1个、市级重点旅游项目2个，完成投资96亿元。二是开展评优创先活动，西阳镇阿鲤廊景区被国家旅游局授予“中国乡村旅游模范户”称号，伟群农庄、常绿农庄饭店、喜莹农家乐、绿园农家乐、人和渔村5家农家乐被评为“中国乡村旅游金牌农家乐”，2人被评为“中国乡村旅游致富带头人”；城北镇获评“全省休闲农业与乡村旅游示范镇”，扎上村获评“梅州市旅游特色村”，爱丽丝庄园（樱花谷）被评为“台湾农民创业园示范点”“梅台两岸交流基地”，客天下景区获评“梅州市十佳旅游景区”，樱花谷获评“梅州市十佳赏花景区”；3 家酒店获评“梅州市十佳旅游饭店”；6 家旅行社获评梅州市旅游“十佳旅行社”。全年接待游客 995.2 万人次，旅游总收入 118.5 亿元，同比增长 25%。

【基础建设】

交通运输建设　梅江区加快构建内外畅通的交通体系，推进交通基础设施建设。全年全区完成交通基础设施建设投资 10.5 亿元，实施建设和改造项目 39 个；完成县乡公路建设及农村公路硬底化改造任务；查处各类违法案件 223 宗，罚款 31.8 万元；拥有运输营运车辆 3916 辆，其中载客汽车 237 辆、载货汽车 3679 辆；完成客运量 266 万人，货运量 2380 万吨；旅客周转量 65131 万人千米，货物周转量 429491 万吨千米，同比分别增长 9.2%、8.5%。

水利建设　全年投入水利基础建设资金 6200 多万元，完成小型农田水利重点县项目，主要包括长沙镇 6 个行政村和西郊街道办 3 个行政村，改造渠道长 31.57 千米，加固山塘 13 座、陂头 15 座，改造小泵站 2 座。长沙镇小密水库、城北镇引扬和银营灌区改造工程全面完成，改造渠道长 10.66 千米，批荡渠道 2.87 千米，清淤疏通渠道 7.343 千米。完成白宫水、大密水、小密水等中小河流治理任务，率先在全市实施“河长制”。完成水库除险加固工程，投资 524 万元。

【环境保护】　2015 年，梅江区城区环境空气质量优良率 96.1%，全区饮用水源水质和主要河段水质达标率 100%，区域噪声、道路交通噪声保持稳定，声环境质量较好，环境质量总体保持稳定。一是严格执行环保法律法规，做好环评审批。全年审批项目 141 个，建设项目环保竣工验收项目 54 个，否决项目 7 个。二是加强水污染、大气污染专项整治，做好农村环境综合整治，加强进口废物、危险废物、严控废物的监管工作，严格执行危险废物转移审批制度，严格按章发放排污许可证，全年发放排污许可证 14 份，建筑施工噪声排放许可证 19 份。三是依法加大对环境监管力度，开展“未批先建、未验先投”专项整治，督促 30 家企业完善环评审批手续，18 家企业完善项目验收手续，加强建筑施工单位的环境监管，全年共出动执法人员 3473 人次，检查企业 1160 家（次），发出责令改正违法行为决定书 19 份，对 8 宗环境违法行为实施行政处罚。四是建立健全环境监测体系，开展城区大气环境质量、市域地表水环境质量、城区区域环境噪声和农村环境质量现状监测，做好重金属污染企业、典型乡镇饮用水源水质监测工作，全年完成建设项目“环评”基础监测 53 家，建设项目环保设施竣工验收监测 22 家，污染源总量监测任务 328 家（次），取得有效数据超过 2200 个。

【教育】　2015 年，梅江区有完全中学 4 所、九年一贯制学校 2 所（其中民办 1 所）、初级中学 6 所、教师进修学校 1 所、中职学校 3 所（其中民办 2 所）、完全小学 28 所、教学点 4 个、幼儿园 63 所（其中公办 1 所），教职工 4600 多人（其中公办 3306 人），在校学生 61000 多人（其中幼儿园 12168 人、义务教育阶段 36640 人）。全区适龄幼儿入园率 100%，义务教育阶段适龄儿童入学率 100%，小学毛入学率 114.42%，初中毛入学率 125.07%，高中阶段毛入学率 100.88%。2015 年高考成绩全市排名第三，本科上线 1563 人，本科入围率 45.94%，同比增长 4%；中考 700 分以上 482 人，占全市的 33.47%，重点入围率 43.63%，同比增长 6.3%。落实市委、市政府关于“争创广东省推进教育现代化先进区”和创建“全市素质教育示范区”部署和要求，一是加大资金投入，完善办学条件，深化教育改革，在全市率先完成“省教育强镇”复评全覆盖任务。二是推进教育均衡协调发展，加强薄弱学校改造力度和扩大城区校园面积，按标准充实设施和教仪设备，全年投入 2450 万元，购置多媒体教学平台 103 套、电脑 1428 台、安全监控设备 12 套、图书

4.2万册、学生课桌6849套。三是合理配置师资，稳步推进校长轮岗和教师交流制度，对16名正副校长进行轮岗，安排初中教师支教交流，进一步缩小校际间的师资差距，推进教育均衡发展。争取和鼓励民间资金开办教育机构，推动教育协调发展，新开办6所民办幼儿园，成功引进北大新世纪实验学校、华师华业幼儿园等高端民办学校。加强师德教育和业务培训，全年组织8202人次参加公需科目、省市级骨干教师、新课程新教法等培训活动，有21人获“市优秀德育工作者”“优秀班主任”“优秀教师”“教学工作先进教师”等荣誉称号，4人获“叶剑英基金优秀校长奖”，25人获“叶剑英基金优秀教师奖”；立省级课题7项、市级课题51项，85篇教育教学论文在市级以上刊物发表。四是特色办学取得显著成效，2015年，城北镇中心小学、人民小学被教育部评为“全国青少年校园足球特色学校”，学生参加各级文艺比赛取得突出成绩，共获省、市冠亚军38项。五是推进教育现代化，9月25日，梅江区在全市率先启动争创“广东省推进教育现代化先进区”工作，投入推动争创资金2421万元。

【科学技术】 2015年，区科技部门组织申报省、市级科技计划项目19项，2项被省科技部门立项，7项被市科技部门立项；专利申请量324件，同比增长40.87%；授权量202件，同比增长4.12%。受理建设工程抗震设防要求及地震安全性评价审批4项。梅州市多又好科技有限公司《放养鸡添加麦芽和中草药增香剂改善鸡肉品质的研究》项目通过市级科技成果鉴定，梅州市第二中医医院《醒脑静联合脑蛋白水解物治疗急性脑梗死临床观察》项目通过市级函审鉴定，均获得梅州市科技进步三等奖。广东风华环保设备有限公司被重新认定为国家高新技术企业，梅州联进化工有限公司、梅州华禹污水处理有限公司、梅州市城市规划设计院等3个企业申报省高新技术培育入库企业获得认定，梅州康立高科技有限公司的电解质分析仪获得高新技术新产品认定。

【文化事业】 一是报送群众文艺作品中有10多项获得省、市奖项，在全市群众文艺创作评比中排名第二。二是组队参加广东省客家山歌大赛表演赛获银奖，创作的山歌小戏《情满三月天》参加省第八届群众戏剧曲艺花会获铜奖。三是完善公共文化设施，投入100万元完善文化馆音乐室、舞蹈排练室和非物质文化遗产展厅10个场室。全区7个文化站，2个达到特级站标准，2个达到一级站标准。全年完成基层综合性文化服务中心试点建设8个，标准化文化室建设27个，实施“农家书屋”提升工程，为36家“农家书屋”配书3000多册。四是不断丰富群众精神文化生活，开展“梅江欢歌”水上舞台、“非遗大观年”、文化“三下乡”（送戏、送书、送电影下乡）、“4·23”世界读书日等各类文化活动1000多场次。免费开放公共文化空间场地设施100多处（个），免费文化服务内容20多项（个），服务群众20多万人次。文化消费补贴专项资金185万元，购买文化用品配送全区低保户等困难群体和发放收看有线电视补贴低保户、“五保户”等困难群体，惠及家庭4000多户，受益8000多人。五是保护利用客家文化遗产，成功申报第三批梅州市文物保护单位4个。争取省级重点文物保护修缮资金250万元，对福禄岃民居群核心建筑“镇东楼”进行修缮。完成2个省级“非遗”项目和4个市级“非遗”传承人申报工作，梅江区物质文化遗产展厅进行“非遗”宣传展示；完成嘉应新区及梅州中心城区客家传统春节习俗、客家传统婚嫁习俗、新屋进火习俗、迎新娘、上灯等10多项客家传统民俗活动的保护利用情况调查，并建立档案及数据库。联合梅州市电视台制作“梅江区客家非遗”专题栏目，9—11月在梅州二套《围龙故事》中连续播放。11月，《南方日报》对梅江区非文化遗产项目“席狮舞”“铙钹花”的传承与发展进行采访报道。六是强化市场监管，全年开展各类专项检查和消防安全检查15次，日常巡查100多次，共出动600多人次，检查经营单位1000多家次，作出警告和责令整改决定55宗，对11个违规单位作出行政处罚。七是着力发展文化产业，全年有3家影院票房收入超2000万元，新增1家经营面积4000平方米的梅州市汇丰年办公用品有限公司，梅州三省堂文化实业有限公司、梅州市谷雨文化传媒有限公司等获政府扶持中小微文化企业发展专项资金共20万元，引进投资额3亿多元的梅州金泉通用航空文化旅游发展有限公司。

【体育】 2015年，梅江区体育部门加快转变体育发展方式，突出“体育为民、健身惠民”的理念，全面推动各项体育工作。一是开展形式多样、群众喜闻乐见、便于参加的健身活动。先后举办梅江区机关镇（街道）干部职工羽毛球比赛，与区教育局、梅州日报社时事体育部联合举办“帅乡泉杯”少儿围棋比赛，联合梅州日报社主办梅州市首届超级减肥王健身健美赛等多项全民健身活动。全区各镇（街道）、各系统工委会和企业进行篮球、羽毛球、乒乓球比赛，举行太极拳、老年人运动会等系列活动，参与活动人数约1万多人次。二是夯实竞技体育基础，设立男子足球训练学校8所、女子训练学校2所，将足球传统项目学校和校园足球业务管理直接纳入区体校的目标管理，形成以区业余体校为龙头，各训练网点配合的足球训练网络。三是坚持“体教结合”，优势互补，以赛促练，梅州市03—04年龄段女子组足球选拔赛中，梅江区以全胜战绩夺得冠军，并选拔10名运动员输送市女足集训队；2015梅州市足球选拔赛04—05年龄段男子组比赛，梅江区获得第三名；广东省第十四届运动会，梅江区籍田径运动员黄佳佳为梅州代表团夺得2枚金牌，梅江区梅师附小羽毛球训练基地，获得团体总分39分，乒乓球（学校体育组）比赛获得二等奖。四是振兴足球之乡，开展足球“四进”（进校园、进机关、进镇村、进社区）活动，全年举办各类足球比赛1000多场次。梅江区足球队参加梅州市“赛翡蓝宝石球王杯”足球赛夺得冠军，并代表梅州市参加2015—2016年广东省足球联赛；参加2015年“U互动”广东省五人足球争霸赛惠州大区赛少儿组决赛，梅江区人民小学队夺得冠军。五是加强场所设施建设，新建3个社区体育场所和10个村级体育小广场，并对原区国民体质监测站进行升级改造。

【卫生和计划生育】

卫生　2015年，梅江区有卫计机构21个，其中区级医院1家、卫生院（含社区卫生服务中心）10所、专科防治所站1所、妇幼保健所站1所、计划生育服务站8所；病床位856张，卫计工作人员1580人，其中执业医师和执业助理医师408人、注册护士387人；公开招聘医疗人员189人。2015年，江南社区卫生服务中心获" 全国示范社区卫生服务中心"，成为粤东地区唯一获此殊荣的县（区）；江南社区卫生服务中心、西郊社区卫生服务中心计划免疫门诊升为" 五星级"。手足口病、流感、流脑等重大传染病防控有力，全年无突发公共卫生事件和重大传染疫情发生。

计划生育　2015年，全区户籍人口出生3633人，出生率9.97‰，出生婴儿性别比为105.6，政策生育率91.73%，比上年提高0.98个百分点；自然增长率4.02‰。

【港澳台及华侨事务】 2015年，梅江区全年接待海外华侨和港澳台同胞3623人次，回乡寻根问祖10批次，接受海外捐资公益事业600万元，办理因公出国护照、赴港澳通行证28人次。重视侨界民生，依法维护侨胞合法权益，妥善处理侨务信访案件。全年侨胞来信来访7宗、50多人次，100%处理妥善。规范困难归侨专项补助资金发放，严格审核申请人提交的有关证明材料，补助金额直接打入受益对象个人账户，全年发放困难归侨救济金29.57万元。慰问困难归侨侨眷879人次，送上慰问金和慰问品价值60万元，帮助4名困难归侨侨眷学子解决上学难问题，发放助学金1.4万元。

【社会生活】

社会救助　2015年，全区城乡低保对象3607户7335人，农村“五保”对象459人，全年发放低保金2177.4万元，“五保”金451.48万元。发放医疗救助金125.43万元，投入32.2万元为38813户农户每户每年购买8.3元的农村房屋保险，政府出资27.5万元为全区11万多名农业人口统一购买自然灾害公众责任保险。投入25.2万元为全区60周岁以上低保、“五保”、优抚对象及80周岁以上12604位老人购买“老年人意外伤害综合保险”，投入139.5万元为80周岁以上高龄老人10722人发放（津）补贴。

社会保障　2015年，全区参加城镇职工基本养老保险5.71万人，覆盖率99%；参加城镇职工基本医疗保险3.63万人，覆盖率99%；参加城乡居民基本医疗保险21.46万人，覆盖率100%；参加城乡居民基本养老保险5.94万人，覆盖率99.8%。基金征缴收入2.84亿元。

【法治建设】　2015年，受理群众来信来访1290件次，同比下降20.3%；全年区、镇（街道）两级领导干部参与接访969人次，接待来访群众519批、1045人次；化解国家、省、市交办案件53宗，办结率100%；网上信访受理网民来信1035件次，按时回复率98.5%。

梅江区公安机关以“客都民意警务”战略为引领，坚持“源头治理，上游管控，打防并举，组合出拳”的工作思路，强力推进“3+2”专项打击整治行动，严厉打击严重暴力犯罪、涉黄涉赌等违法犯罪。全年立刑事案件2128宗，同比下降11%，其中抢劫、抢夺、盗窃同比分别下降64.3%、27.5%、8.7%；侦破杀人、抢劫等暴力犯罪案件75宗，其中命案3宗全破；查处破获涉黄案件84宗，抓获违法犯罪嫌疑人195人，提请逮捕27人；破获涉赌案件116宗，提请逮捕78人，同比上升169%。

梅江区检察机关受理移送审查批捕案件239件、484人，同比增长17.48%，经审查批准逮捕201件、401人，同比增长16.57%，不批捕33件、78人，决定逮捕2件、2人，准予撤回1件、1人。受理审查起诉案件396件、658人，同比增长23.91%。经审查，决定起诉366件、613人，同比增长36.83%。立案侦查贪污贿赂案件4件、8人，立案侦查渎职案件3件、3人。

梅江区人民法院全年受理刑事、民事、行政和执行等案件2946件，结案2777件，结案率94.26%，解决争讼标的7.49亿多元。其中，刑事和民事案件收案2057件，结案1898件。

梅江区司法机关调解民事纠纷1890宗，调解率100%，调处成功1871宗，调解成功率98.9%。办理法援案件120宗，其中刑事案件28宗、民事诉讼案件75宗、非诉讼案件16宗、行政案件1宗；接待来访来电群众近1300人次；接收社区矫正对象206人；接收刑释人员113人，解除矫正人员136人，安置就业243人，安置率96.5%；落实帮教252人，帮教率100%；办理各类公证562件；全面铺开一村（社区）一法律顾问，村（居）法律顾问覆盖率100%。

【党建工作】　2015年，梅江区有中共基层党（工）委21个（其中镇党委4个、街道党工委3个、机关党工委1个、系统党委10个、单位党委1个、社区党委2个），党总支17个，党支部390个。中共党员14814人，其中正式党员14666人、预备党员148人；男党员8877人、女党员5937人；汉族党员14804人；文化程度大专以上6351人，初中以下3350人。全年办理党员组织关系转入776人，转出656人。

“三严三实”专题教育活动　梅江区把“三严三实”专题教育作为全年党建工作的“头号工程”，区四套班子及处级领导干部带头讲党课，开展严以修身、严以律己、严以用权3个专题研讨。各级各单位以整风精神开展批评和自我批评，深入查摆“不严不实”问题，以严和实的标准保证民主生活会、组织生活会的质量和效果。坚持边学边查边改，推行问题清单、责任清单、办结清单“三张清单”工作法，抓好突出问题整改，着力解决不作为、乱作为、损害群众利益等问题。全区各级党组织开展“讲担当、比奉献”主题活动，400多个党（总）支部召开主题组织生活会。

基层组织建设　一是加强村（社区）党组织书记管理。建立支部书记后备干部队伍，对全区村（社区）书记、主任进行集中培训，动员村（社区）“两委”干部报读大专班，选配区直单位优秀党员干部到软弱涣散村（社区）担任党支部第一书记。二是全区126个村（社区）全面铺开“两个联席会议制度”。三是全面推进驻点联系工作。组建驻点团队126支，走（接）访群众80737户，收集群众反映问题8089件，解决7745件，区级信访部门受理群众来信来访件（次）数同比下降22%。四是整顿软弱涣散基层党组织。坚持问题导向、分类施策，通过抓班子、抓制度、抓经济、抓民生，切实提高班子战斗力、提高民主管理水平、提高集体经济效益、提高群众幸福指数，全区13个软弱涣散村（社区）全部整改完毕。五是加强基层基础保障。设立区基层治理指导中心，区、镇（街道）两级成立基层治理领导小组，全年投入资金4738万元用于农村基层组织经费保障。六是创新党建工作载体。建立40个区级“书记项目”和“支部示范项目”项目库，其中列入市级“书记项目”4个，《南方日报》《广东党建》等主流媒体对区委书记“五联共建”书记项目作宣传报道；创新实施“红色社工、党建同行”社区党建项目，推行“社区党组织+网格党组织+外出党组织”新型基层党组织设置模式。

【各镇、街道概况】

长沙镇　长沙镇地处梅江区南部，东邻梅江区西阳镇，南连梅县区梅南镇，西接梅县区程江镇，北与梅江区三角镇交界，东南与丰顺县龙岗镇接壤。总面积94.76平方千米，辖6个村民委员会、1个社区居民委员会。2015年年末，全镇有3787户12739人，其中农业人口11664人、非农业人口1075人；有耕地面积71.27公顷，农村经济总收入2.67亿元，同比增长6%；村集体经济生产性纯收入70.26万元，同比减少12.1%；农民人均纯收入8575元，同比增加493元，同比增长6.1%。

三角镇　三角镇地处梅城南郊，东倚黄沙嶂高观音与西阳镇交界，南与长沙镇接壤，西临梅江与梅县区程江镇隔江相望，北与江南办事处毗邻。总面积38.01平方千米，辖13个村民委员会、4个社区居民委员会。2015年年末，全镇有11613户38589人，其中农业人口23570人、非农业人口15019人；有耕地面积290.13公顷，其中水（旱）田202公顷。规模以上工业总产值14.55亿元，同比减少3.35%；农村经济总收入14.1亿元，同比增长6%；村集体经济总收入1837万元，生产性纯收入723万元；农民人均纯收入10304元，同比增长6%。

城北镇　城北镇地处梅州城区北面，东临金山街道、梅县区城东镇，南连梅州城区，西与西郊街道办、梅县区程江镇，北接梅县区大坪镇、石扇镇。总面积117.78平方千米，其中城区面积5平方千米，辖20个村民委员会、278个村民小组、5个社区居委会。2015年年末，全镇有16888户56284人，其中农业人口30398人、非农业人口25886人；有耕地面积1633.73公顷，其中水（旱）田1047.06公顷。镇级财政收入1690万元，无预算外收入。全年农村经济总收入6.74亿元，同比增长6.6%；村委集体经济总收入637.33万元，同比增长27.75%；村组集体经济纯收入239.62万元，增加27.95万元，同比增长13.2%；农民人均纯收入8554元，增加522元，同比增长6.5%。

西阳镇　西阳镇地处梅江区东南部，东与梅县区雁洋镇及大埔县毗邻，西连梅州市东升工业园区，东北部与梅县区丙村镇接壤，东南部与丰顺县交界。总面积272.64平方千米，辖27个行政村、3个居民委员会。2015年年末，全镇有10363户35528人，其中农业人口30785人，非农业人口4743人；有耕地面积1121.06公顷，其中水（旱）田973.73公顷、旱地147.33公顷。全年实现工业总产值16亿元，同比增长6.14%；农村经济总收入22.34亿元，同比增长6.1%；农民人均纯收入8483元，同比增长6.1%。

江南街道办事处　江南街道办事处地处梅州市区南部，东临梅江河畔与金山街道办事处相望，南与三角镇相连，西临梅江河畔与西郊街道办事处相望，北临梅江河畔与金山街道办事处相望。总面积5.68平方千米，辖14个社区居民委员会，2015年年末，街道有39598户104800人。全年规模以上工业产值0.69亿元，同比增长14.55%；固定资产投资18.3亿元，同比增长38.53%；规模以上批发和零售贸易22.4亿元，同比增长11.48%；规模以上住餐业1.6亿元，同比减少1%。

西郊街道办事处　西郊街道办事处地处梅江区西部，总面积6.53平方千米，辖5个村民委员会、7个社区居民委员会。2015年年末，街道有11632户36433人，其中非农人口29008人，农业人口7425人；有耕地面积105.33公顷。农村经济总收入5.51亿元，同比增长6%，农民人均纯收入9542元，增加539元，同比增长6%。

金山街道办事处　金山街道办事处地处东郊盘龙桥侧，总面积35.21平方公里，辖10个村民委员会、11个社区居民委员会。2015年末，街道有18474户68431人，其中农业人口8575人，非农业人口59856人；有耕地面积226.4公顷，其中水田156.66公顷、旱地35.16公顷。农村经济总收入7.41亿元，同比增长6.2%；农民人均纯收入9229元，增加531元，同比增长6.1%。

（邹红香）

2015梅江区领导班子成员名录

区委书记： 潘小韬
副书记： 肖卫华（女）张茂先
区委常委： 张灼明　罗海涛（正县级）
钟小清　巫繁星　李思平
钟　明　罗红葆（女）　张周勇
陈真权（挂职）
李志春（挂职，6月任）
区人大常委会主任： 潘小韬
副主任： 黄国平（正县级）
朱梅昌（任至2月）
王怀金（任至2月）
程成芳　王　锦　罗尚君
朱国涛(2月任)　管文杰(2月任)
区长： 肖卫华（女）
副区长： 罗海涛（正县级）　杜延生
赖伟强（任至6月）
谢益民　罗涤权　陈真权（挂职）
姚文东（2月任）
李明华（7月任）
区政协主席： 郭勇谋
副主席： 赖经烈　梁　青　田聪谋
刘伟球　丘元强　葛雅玲（女）
区纪委书记： 张灼明
副书记： 张海辉　叶怀忠

梅县区

【概况】　梅县区位于梅州市中部。2015年，梅县区设新城办事处、扶大高新区管理委员会2个镇级建制单位和17个镇、355个村委会、33个居委会。土地面积2482.86平方千米。年末，全区户籍人口610169人。人口自然增长率5.7‰。2015年，全区耕地面积2.13万公顷，粮食播种面积3.19万公顷，粮食产量17.66万吨。重要矿产资源有大理石、煤、铁、锰、钨、锌、铜、石灰石等。旅游资源主要有国家AAAAA级旅游景区雁南飞度假村，国家AAAA

级旅游景区叶剑英纪念园、雁鸣湖度假村、千年古刹灵光寺，国家AAA旅游景区南寿峰健康产业园，省文物保护单位元魁塔，客家民居围龙屋南华又庐、丙村温公祠，国家级文化产业园南口麓湖山庄，国家级古村落水车茶山村、南口侨乡村，广东省十大最美古村落雁洋桥溪村，国家历史文化名镇和历史文化名街松口，世界最大圆形建筑——梅县文体中心，名胜阴那山、王寿山、九龙嶂等。

梅县区文化底蕴深厚，有不少杰出人物。著名人物有清代著名诗人宋湘、黄遵宪，辛亥革命烈士陆军上将邓仲元，中华人民共和国元帅、全国人大常委会委员长叶剑英，现代著名画家林风眠，全国政协副主席叶选平，全国人大常委、香港金利来集团有限公司董事局主席曾宪梓等，有古德生、张楚汉等14位两院院士。2015年，梅县区分获“中国民间文化艺术之乡”“中华诗词之乡”称号。

【经济概况】 2015年，梅县区生产总值（GDP）169.65亿元，同比增长7.8%。其中第一产业增加值41.11亿元，同比增长4.2%，拉动GDP增长0.8个百分点；第二产业增加值61.94亿元，同比增长5.8%，拉动GDP增长2.9个百分点，第二产业中的工业增加值53.14亿元，同比增长5.6%，拉动GDP增长2.4个百分点；第三产业增加值66.6亿元，同比增长13%，拉动GDP增长4.1个百分点。三次产业结构比例为24.2∶36.5∶39.3。公共财政预算收入21.5亿元，同比增长19.4%。全区税收总收入31.48亿元，同比增长15.1%。其中国税税收10.28亿元，同比增长14.5%；地税税收21.2亿元，同比增长15.5%。公共财政预算收入和本级税收总量均在粤东西北12个市、74个县（区）中排名第二位。居民人均可支配收入20168元，同比增长10.9%；其中城镇居民人均可支配收入25650元，同比增长11.1%；农民人均可支配收入14627元，同比增长10.5%。2015年，全区完成固定资产投资总额138.39亿元，同比增长30.2%。按产业分，第一产业投资4.77亿元，同比增长154.3%；第二产业投资35.92亿元，同比增长24.6%；其中工业投资35.92亿元，同比增长24.6%；第三产业投资97.7亿元，同比增长29.3%。完成房地产开发投资总额48.48亿元，同比增长11%。

【工业】 2015年，全区完成规模以上工业总产值164.94亿元，同比增长5.8%；实现规模以上工业增加值46.75亿元，同比增长5.1%；规模以上工业企业实现利税总额27.22亿元，同比增长19.4%。规模以上工业总产值按经济类型分：国有企业产值10384万元，同比下降47.6%；集体企业产值4455万元，同比下降24.8%；股份合作企业产值13380万元，同比增长1.9%；股份制企业产值1306334万元，同比增长6.2%；外商及港澳台投资企业产值287194万元，同比增长5.6%；其他经济类型企业产值27678万元，同比下降48.5%。截至2015年年底，全区有工业企业557家。其中，规模以上企业91家，规模以下企业466家。新增规模以上工业企业8家，新增10亿元产值企业1家、亿元以上产值企业5家。集一家居成为梅州第一家在香港联交所上市的企业，嘉元科技和骅锋科技2家企业在“新三板”上市。工业产品主要有发电、电子元件、水泥、车轴、橡胶轮胎、编织工艺品、电解铜箔、服装、覆铜板、精炼铜10类。

工业园区建设 主动将梅县集聚区纳入丰华兴梅产业集聚带的总体规划，突出“三园合一”（畲江产业园中园、水车产业园、城东白渡产业园）的产业集聚区规划思路。与广州（梅州）产业转移工业园精准对接、产业配套，错位发展、融合发展，重点发展装备制造和商贸物流、休闲健康医疗、新型电子和新材料主导产业，争取享受省级产业转移园政策优惠。梅兴华丰产业集聚带梅县集聚区获省批准，纳入园区统计考核，享受省产业转移政策，获得5000万元扶持资金。加快城东白渡产业园博森光能、梅盛伟业旋窑水泥、佳锐力等一批在建项目建设进度。2015年年末，畲江工业园区有规模企业26家，完成规模以上工业总产值30.25亿元，同比增长8.7%；城东白渡产业园落户企业34家，其中建成投产企业25家；与增城合作共建的产业园，已入园、在建、落实的招商引资项目10个。

重点项目建设　截至2015年年底，博森光电年产500兆瓦太阳能多晶硅片制造、BPW（梅州）车轴扩产和车轴配件出口基地建设、鸿荣重工工程机械配件生产技术革新以及增加生产线、嘉好废旧汽车拆解、和安沥青混凝土、重源有机肥、技腾电声、亮如昼电子、星泰环保等项目大部分竣工投产。梅盛伟业旋窑水泥、聚金建材、富柚生物等新建和卡莱（梅州）、超华科技、嘉元科技、宝丽华电力、航鑫科技、庆达实业、泰山建材等公司的技改等项目正在建设，工业投资和技改投资呈现出良好的发展势头。全年完成工业投资35.92亿元，同比增长24.6%，其中投入工业技改资金8.28亿元，同比增长78.9%。

亿元以上企业发展概况　围绕在三五年内打造装备制造、电子信息、新能源、商贸物流4个产值超百亿元产业和宝丽华集团主营业务收入超百亿元企业的目标，全力支持宝丽华、梅雁、华银、超华、BPW（梅州）车轴、卡莱（梅州）橡胶、振声科技等骨干企业增资扩产、挖潜增效、做大做强。截至2015年年底，全区装备制造企业105家，实现产值约45亿元，其中亿元产值以上的有BPW（梅州）车轴有限公司、卡莱（梅州）橡胶制品有限公司、华南三一工程机械有限公司、梅州国基精密制品有限公司4家企业。电子信息产业企业85家，实现产值30.7亿元，其中亿元产值以上的有广东超华科技股份有限公司、广东嘉元科技股份有限公司、梅州紫晶光电科技有限公司3家企业。新能源产业企业规模以上4家，其中亿元产值以上的有广东宝丽华新能源股份有限公司、梅雁吉祥水电股份有限公司2家企业。新能源产业实现产值51.8亿元。

【农业、林业】　2015年，梅县区以“国家现代农业示范区建设”“创建国家农产品质量安全县”为抓手，发展特色农业，促进农业农村经济保持持续健康发展。全年全区实现农业总产值65.74亿元，同比增长4.2%。其中种植业产值51.37亿元，同比增长4.2%；林业产值0.78亿元，同比增长15.2%；牧业产值9.87亿元，同比增长2.3%；渔业产值2.7亿元，同比增长5.7%；农林牧渔服务业产值1.01亿元，同比增长11.8%。县级以上农业龙头企业123家，其中省级17家、市级43家；农民专业合作社842家；家庭农场525家。“三品”认证企业105家，其中无公害42家、绿色食品21家，有机食品42家；农产品电商63家。新增12个省级名牌产品。2015年梅县区被认定为“国家现代农业示范区”，被列为创建“国家农产品质量安全县”。

种植业　全年粮食播种面积3.19万公顷，其中水稻种植面积2.36万公顷。谷物产量17.66万吨，同比增长3.0%，其中水稻产量16.87万吨，同比增长3.0%。经济作物产量中，花生增长3.6%，烤烟增长2.8%，蔬菜增长2.8%，甘蔗增长8.3%。全年水果总产量73.9万吨，同比增长5.5%，其中柚子产量51.1万吨，同比增长6.4%，总产值约25亿元，人均金柚收入约5000元。

畜牧渔业　全年生猪饲养量62.2万头，同比增长1.0%；猪肉产量3万吨，同比增长1.7%。水产品产量2.91万吨，同比增长5.4%。“三鸟”饲养量894.3万只，同比增长0.6%。

林业生态建设　完成造林面积0.56万公顷，建成生态景观林带50千米，完成森林抚育1.77万公顷，扩大生态公益林0.42万公顷，年末森林覆盖率达74.62%。

【招商引资】　一是围绕打造装备制造、电子信息、新能源、商贸物流4个超百亿元产业目标开展招商。依托产业集聚地、电子商务产业园、梅州综合保税区和新城扩容提质，加大招商引资力度，与中新集团、棕榈园林股份有限公司、远信集团、橙天地娱乐有限公司、广州企业家投资商会等对接，重点引进装备制造、新能源、新材料、保健养生等项目。争取本区重点外资企业BPW车轴、卡莱轮胎公司的产业配套发展项目落户。二是利用第四届世界客商大会的契机，促成深圳有信达海购通跨境电子商务产业园项目落户畲江产业园、金利到梅州地区经济总部项目在客商大会期间动工、广州富力集团与深圳海王集团投资20亿元的水车富力生物谷项目在客商大会签约。首期分别引进中新集团对畲江产业园首期25.46公顷土地进行开发，并负责汽车及相关产业的招商；引进广州富力集团在水车产业园内建设生物谷，围绕生物医药健康主导产业共同招商。三是出台《企业融资（助保贷）扶持实施办法》《丰华兴梅产业集聚带梅县集聚区招商优惠办法》《梅县区企业上市（新三板）扶持实施办法》《梅县区企业贷款贴息扶持实施办法》等实施办法，在土地、财政扶持、税收、费用减免、投资者子女就读、管理与监督等费用方面给以优惠和扶持，促进招商引资。2015年，全区计划投资5000万元以上的落地项目44个，计划总投资177.73亿元，已投入43.91亿元。

【商贸流通与外经贸】

商贸流通　2015年，全区实现社会消费品零售总额122.93亿元，同比增长13%。其中城镇零售总额86.87亿元，同比增长13.9%；农村零售总额36.06亿元，同比增长10.9%。分行业零售总额中，批发和零售业零售总额106.61亿元，同比增长14.2%；住宿和餐饮业零售总额16.32亿元，同比增长5.6%。

外贸发展　全年完成外贸进出口总额5.32亿美元，同比增长11.8%。其中出口总额4.78亿美元，同比增长17.52%；进口总额5421万美元，同比下降21.75%。其中卡莱（梅州）橡胶制品有限公司出口1.3亿美元，BPW（梅州）车轴有限公司出口达3000多万美元。全年新签外商投资项目（已批准）3个，合同利用外资金额5430万美元，同比增长2.76%。实际利用外资1900万美元，同比增长0.8%。

电子商务　梅县区在新城行政区域建立起梅县区电子商务产业园后，引进云电商基金建设云电商生态城，形成以云电商生态城、电商创业大厦、淘宝创业园、萨维尔电子商务公司为主体的电子商务发展平台。截至2015年年底，产业集聚区引进电商企业58家，全区有电商企业80家。引进广东工业设计城有限公司进驻梅县区，建立广东工业设计粤东基地，实现网店运营、设计、客服、营销、仓储、物流、售后等服务一体化，打造工业创业平台。

【旅游业】

2015年，梅县区再次荣获广东省县（市）域旅游综合竞争力“十强”。全年共投入各级财政资金436万元扶持旅游企业的发展。全年接待游客1454.78万人次，同比增长20%，其中过夜游客1091万人次，同比增长20%。旅游总收入122.11亿元，同比增长21%。一是重点抓好“创意南口·客归侨乡·麓湖山庄”、恒溪生态园建设项目、南寿峰健康文化产业园建设项目、三乡养生度假村建设项目、中国收藏文化示范基地项目、新南湾水岸游乐休闲中心综合开发项目建设。二是加强对麓湖山文化产业园、南寿峰健康文化产业园和洞天湖旅游区创建A级景区的指导，协助景区做好各项申报工作。协助雁南飞、雁鸣湖和灵光寺3家A级景区开展评定性复核工作。新开业莱雅木屋温泉度假村、四季佳禾农业园、维也纳国际酒店、梅花山酒店、尚客优酒店、吉盛酒店等一批旅游企业。

【基础设施建设】

交通基础设施建设　围绕“一区两带”发展战略，构建“对外快速连通、对内全面畅通”

的综合交通网络。全年规划实施交通项目34个，完成投资9.4亿元，同比增长22%。

2015年，济广高速公路梅县段建成通车，梅平高速公路完成施工图设计。长深高速增设葵岗立交互通直接联通高铁梅州西站项目，完成工程可行性研究报告编制。配合做好梅汕高速铁路梅县段建设前期工作、梅县新机场预选址工作及梅畲快速干线新建项目的前期工作。投入5000万元完成城东白渡工业园的205国道至白渡梅州坑工业园道路（含瓜洲大桥）项目。继续抓好剑英大道延长线和客都大桥连接线工程建设，配合市交通公路部门做好城区客都大桥、新程江大桥建设，2.5千米的葵岗高速出口至新城区的进城大道进入施工。

全年投入6500万元，完成76千米农村公路硬底化建设。完成项目有松口镇永月至洋坑村大金旅游公路、大坪上和马缺头至下嶂旅游公路、县道020线大坪圩镇路面大修工程、县道026线南口至石坑段公路路面改造工程、九龙公路和新农村公路硬底化建设等。正在实施项目有丙村大桥建设工程、县道010线石坑至梅西段公路路面工程和县道968线畲江段路面改造工程。

截至2015年年底，区域内通车总里程2546.8千米。有3家出租公司，2家客运企业，55家货运企业。全年旅客运输量472万人，旅客周转量61359万人千米，同比增长12%；货物运输量2156万吨，货物周转量38.82亿吨千米，同比增长13.8%。

水利电力建设　2015年，全区投资3.89亿元实施55宗水利工程项目建设，其中27宗中小型灌区续建与节水改造工程，2宗机电排灌改造工程和农村水电增效扩容工程，12条中小河流治理工程（其中7宗山区中小河流治理工程），6宗新出险病险水库除险加固工程、程江涝区治理工程、新城水质净化厂配套集污管网项目首期工程等水利工程。截至2015年年底，全区完成工程建设资金2.92亿元，开工建设项目53宗，完成工程建设任务75%。

邮电通信建设　完成邮电业务总量9.20亿元，同比增长23.8%。其中邮政业务总量5972万元，同比增长10.8%；通信业务总量8.6亿元，同比增长24.8%。年末，全区固定电话用户6.55万户，移动电话用户47.38万户，互联网用户29.7万户。

【城乡建设】

新县城建设　全年梅县区新县城投入建设资金12.55亿元，建设项目37项，建筑面积87.88万平方米。其中市政基础设施建设投入1.99亿元。年底，新县城累计投入资金218.78亿元，建设项目4549项，建筑面积1381.88万平方米，建成区面积20平方千米，建成区绿化覆盖率38.69%，绿地率35.35%，人均公共绿地面积18.06平方米。

建设规划　城市规划区面积从25平方千米扩展至40平方千米，控制区范围从40平方千米扩展至70平方千米；西片区划定8平方千米作为嘉应新区的起步区。围绕汕梅高铁梅州西站建设，在城市规划控制区面积内规划16平方千米高铁新城。围绕2015年新建进城大道、喜之郎侧、金利来侧等10条扩容提质市政道路进行规划建设，做好天然气在3条市政道路长2.5千米的管线规划建设、205国道铁炉桥段800米的雨水（污水）管道规划建设、9条市政道路15.6千米的电力管线规划建设。

城市基础配套设施建设　一是投资10.5亿元建设梅县外国语学校，2015年9月建成开学，招生规模5000人。二是投资13.5亿元建设三级甲等标准综合医院——中山大学粤东医院。三是剑英大道延长线市政道路工程项目，总投资约2.16亿元，完成总工程量的90%；客都大桥连接线市政道路工程项目，总投资4321.49万元，8月开工建设，完成总工程量的50%。四是水利工程4宗，总投资约4.92亿元。其中亲水公园二期工程计划投资2.49亿、程江河堤提升改造工程计划投资1.8亿元、程江涝区治理工程4326万元、梅县新城水质净化厂配套集污管网项目首期工程2000万元。

乡村建设　一是做好农村生活垃圾无害化处理工作。完成编制全区城乡生活垃圾收运处理专项规划，有13个镇（高管会、办事处）的生活垃圾运送到奇龙坑实施无害化处理，下发《关于切实抓好“一镇一站、一村一点”生活垃圾设施建设工作的通知》，要求各镇严格按技术规范要求，高标准、高质量建设生活垃圾处理设施。年底，完成全区19个镇（高管会、办事处）垃圾处理的相关设施建设。二是推进行政示范村建设，2015年，全区打造名镇1个（雁洋镇）、名村39个、示范村116个。30%的行政村完成示范村建设，10%的镇和行政村完成名镇名村建设。三是推进幸福村居示范片建设。开展“中央苏区县创建幸福村居示范片”工作。示范片以南口镇葵黄、益昌2个行政村和丙村镇群丰、大雅2个行政村为核心村。项目总投资1150.42万元，其中省级专项补助资金1000万元、自筹资金150.42万元。

【社会救助与社会保障】　一是新一轮扶贫开发“双到”工作。33个重点帮扶村分别由广州市、梅州市、梅县区直单位对口帮扶。2015年，投入帮扶资金1.69亿元，实施帮扶项目1174个。二是农村供水设施和村道硬底化建设。解决农村13.8万人的安全饮水问题，基本实现村村（行政村）通自来水，实现村村通公路和村道水泥硬底化。三是保障性安居工程建设。全年完成市政府下达给梅县区新增公共租赁住房20套、城市棚户区改造770户和基本建成保障性住房121套的任务。四是就业和劳务输出。2015年城镇新增就业人员4292人，帮助失业人员实现再就业4102人，帮助就业困难人员实现就业394人。全年劳务输出15.05万人，其中城镇3.84万人，农村11.21万人。五是落实城乡低保、“五保”供养、孤儿供养标准政策。全区有城乡低保对象8438户、19725人，城镇低保标准450元/人·月、农村低保标准350元/人·月，城乡低保对象月人均补差分别为城镇380元、农村180元，全年发放低保金4522.7万元。有农村“五保”供养2167人，供养标准每人每月662元，全年发放“五保”金1724.9万元。有孤儿73名，孤儿补贴标准为社会散居孤儿每人每月760元，福利机构集中供养孤儿每人每月1240元。六是农村困难家庭学生生活补助。全年农村困难家庭义务教育阶段得到学生生活费补助860人，合计金额11.8万元。七是社会养老保险等各类保险。2015年全区有7.43万人参加社会养老保险，3.23万人参加失业保险，5.57万人参加职工医疗保险，3.82万人参加工伤保险，3.84万人参加生育保险，50.46万人参加城乡居民医疗保险，22.64万人参加城乡居民养老保险。全年社保费征收3.8亿元，超额完成全年任务3.4亿元的11.8%。

【环境保护】　全区环境空气质量保持稳定，优于国家二级标准，局部环境空气质量持续向好；地表水水质基本达到划定功能区标准，饮用和备用水源水质达标率100%；城区环境噪声基本符合城市噪声质量标准。环保投资3.02亿元，同比增长117.27%。全年受理群众投诉419宗，其中反映水污染33宗，大气污染268宗，噪声污染132宗，其他污染7宗，处理率100%。一是全年削减COD排放量198.11吨、削减氨氮排放量149.4吨、削减二氧化硫排放量4949.23吨、削减氮氧化物排放量1174.18吨。二是全年环保审批建设项目159宗，否决26宗选址不当的申报项目。加强对国控企业的环保设施、在线监测系统正常运行的日常监督。三是投资1071万元的雁洋、畲江和松源3个中心镇污水处理厂建设投入试运行。按照《广东省排污许可证实施细则》要求，办理排污许可证60家。会同相关部门联合开展环保大检查，开展重点行业挥发性有机物、产生含破坏臭氧层物质企业及重点行业烟粉尘排放源企业的综合整治行动。坚持以征促治的原则，全年排污费入库总额787.26万元，入库单位155家。四是加强大气污染防控，发放机动车环保标志9476个。开展创建国家环境保护模范城市活动。制定《梅州市梅县区创建国家环境保护模范城市总体工作方案》和《梅州市梅县区创建国家环境保护模范城市2015年和2016年实施方案》。五是加强畜禽养殖污染防治，加大对规模化畜禽养殖排放物综合利用和无害化处理设施运转情况监督检查。六是加大对全区15个乡镇集中式饮用水源保护区的监督管理和监测力度，及时清除各种威胁饮用水源安全的隐患。

【科技】　一是组织申报2015年省级科技计划项目13项，获准立项8项，获得财政资金支持近600万元。组织6家企业申请省级企业研究开发补助资金。其中广东超华科技股价有限公司和广东嘉元科技股价有限公司2家企业分别获补助金额88万元和85万元。梅州市中大南药发展有限公司的《红豆杉新品种关键技术研发及产业化创新团队》通过省专家组认定，核准为2014年省扬帆计划引进创新创业团队项目，获资助经费300万元。二是组织BPW（梅州）车轴有限公司申报2016年广东省（高性能车轴及车轴关联部件）工程技术研究中心建设项目，申请经费100万元。三是组织广东泰鸿科技有限公司、广东十记果业有限公司、梅州市盛世通生物有限公司、梅州正方网络有限公司、梅州富家酒实业有限公司和梅县雄辉实业有限公司6家企业与4所高等院校及科研院所建立起产学研合作关系，聘请11名科技特派员。广东金森林实业有限公司和广东十记果业有限公司经省科技厅批准组建省部产学研科技特派员工作站。四是广东金森林实业有限公司、广东振声科技股份有限公司、梅州鸿荣重工有限公司3家企业通过高新技术企业认定。广东泰鸿科技有限公司、广东骅锋科技有限责任公司、梅州正方网络有限公司3家企业通过高新技术企业复审。广东金森林实业有限公司、广东绿园环保科技有限公司、梅州鸿荣重工有限公司、梅州鸿荣机械有限公司、广东航鑫科技股份有限公司5家企业获准高新技术培育企业入库。五是组织广东嘉元科技股份有限公司等企业的《新型高抗拉强度电解铜箔》等3种新产品申报省高新技术产品并通过认定。

全年专利申请量1554件，其中发明专利47件，实用新型专利1417件，外观设计专利90件，同比增长49.42%。专利授权量1736件，其中发明专利14件，实用新型专利1645件，外观设计专利77件，同比增长118.64%。连续两年实现专利申请量和授权量爆发式增长。2015年，全区有1项科技成果通过省科技成果鉴定，7项科技成果获2015年市科学技术奖。全区有国家高新技术企业12家，广东省创新型企业2家、创新型试点企业1家；省级工程技术研究开发中心6家、市级5家；广东省省部产学研示范基地3家、科技特派员工作站5个；省部产学研合作重点实验室培育单位1家；省级技术创新专业镇6家、市级3家；全国企事业知识产权试点单位1家、省知识产权优势企业5家、省知识产权教育试点学校2所。

【教育】　2015年，全区有各类学校60所，其中完全中学8所、初级中学17所、中心小学和直属小学26所、中等职业学校4所、其他各类学校5所；幼儿园105所，其中区直属幼儿园1所、镇中心幼儿园19所、学校附设幼儿园19所、民办幼儿园66所。全区中小学有教职工5253人，专任教师5009人，中小学生62220人，其中普通高中10511人、中等职业学校4104人、初级中学12096人、小学35509人。小学入学率、初中入学率均100%，高中毛入学率96.05%。在园幼儿19448人，学前三年毛入园率98.3%。

【文化】　一是2015年梅县区文化部门投入资金333万元，在区博物馆建成《客都明珠——梅县区历史文化专题陈列》布展室，结束梅县区博物馆无专题陈列展览室的历史。二是继续实施图书馆、文化馆、博物馆、乡镇综合文化站（室）免费开放，省拨222万元充实镇文化站和村文化室设备设施。全区新增藏书 22255 册，新购电子阅读机两台。投入资金约 572 万元，完成雁洋、石坑、松口（2 个）、城东、桃尧、梅南、松源、梅西、畲江、白渡等 11 个农村文化俱乐部建设任务。三是 2015 年完成农村电影放映 4260 场，广场电影 371 场，科技电影进步月活动 355 场，扶贫济困敬老院活动 160 场，农村文化俱乐部活动 38 场，广东工会情系职工活动 6 场，“构建和睦家园，反对家庭暴力”“关注留守儿童”主题电影公益活动 18 场，观众达 40 多万人次。全年客家山歌传承保护中心、木偶传习所分别送戏下乡演出 80 多场。四是做好省级文物保护单位——群丰大夫第的维修工作，同时做好宋湘故居、李金发故居的维修勘察设计方案。五是全年申报并公布“非遗”项目及项目代表性传承人共 40 项，其中省级“非遗”项目 4 项、市级“非遗”项目 6 项、县（区）级“非遗”项目 30 项；各级“非遗”项目代表性传承人 40 名。

【医疗卫生】 2015 年，全区人口出生率 11.37‰，自然增长率 5.7‰。全区有医疗卫生计生单位 26 个，其中直属单位有 8 个、镇级卫生院 18 个，共有职工 1569 人，卫生专业技术人员 1381 人。全年公立医疗机构门、急诊总人数 97.55 万人次，比上年增加 5.18 万人次；出院总人数 3.88 万人次，比上年增加 5208 人次。2015 年，在畲江镇新大桥侧规划新建梅州畲江医院，推进区中医医院改扩建工程实施。抓好乡镇卫生院“五个一”（一辆救护车，一台全自动生化仪、心电图仪、500 毫安 X 光射线机和 B 超仪）装备配套，共筹集配套采购资金 930 万元。全年投入计生经费 2836.93 万元，征收社会抚养费 2757.6 万元。

【体育】 获“跃速杯”梅州市“五四杯”青年足球比赛冠军，2015 年广东足协七人制足球联赛（粤东大赛区）冠军，梅县铁汉生态足球队在中乙足球联赛南区比赛中获第三名，广东联盟杯七人足球赛梅县庆达足球队获第三名，中国青基会希望学校足球赛梅县丙村镇小获冠军，广东省少年足球联赛梅县富力切尔西足球学校获冠军，梅州市足球选拔赛（2001—2002 年龄段）男子足球冠军，梅州市足球比赛（2014—2015 年龄段男子组）冠军，梅州市足球选拔赛（2001—2002 年龄段）女足冠军。

【党的建设】

基层党组织建设 梅县区确定雁洋、城东 2 个镇为开展创新完善农村基层党组织设置试点镇。全区排查出 39 个软弱涣散村级党组织，通过“一村一策”，并以“三个一”（1 名区领导、1 个区直单位、1 名优秀年轻干部挂任“第一书记”）配强整顿工作组，给予每村 1 万元专项经费。2015 年，全区有党员 34259 人，其中农民党员 20233 人，党政机关党员 3722 人，公有经济单位职工党员 7912 人，非公有制企业党员 1167 人，女性党员 9954 人。

干部管理监督 落实党要管党、从严治党的要求，坚持培养、选拔、管理并重，培养造就一支信念坚定、为民服务、勤政务实、敢于担当、清正廉洁，能够担当起全区振兴发展重任的干部队伍。2015 年，平级交流调整 358 人次，提任 100 人（领导职务 81 人、非领导职务 19 人），在提拔干部中，35 岁以下年轻干部 16 人，女干部 14 人，党外干部 2 人；建立由 189 名优秀年轻干部组成的后备干部队伍。实施“百人计划”引才，截至 2015 年年底，梅县区引进 4 批次共 27 名高素质人才。

党风廉政建设 开展以“守纪律、讲规矩、作表率”为主题的纪教月活动。利用“掌上梅县”手机客户端，开设“每日 e 廉”栏目，传递廉洁正能量。重视开展警示教育，组织全区副县级以上干部到广东省梅州监狱开展“严于律己”专题警示教育活动。举办“孝廉文化”楹联征集和“孝廉文化教育进课堂”系列活动。举办“举报贪腐 共创廉洁”主题活动。制定并落实《2015 年区直单位党风廉政建设和反腐败工作责任分工》，在全区营造守纪律、讲规矩的氛围。加强对科级党政“一把手”的监督，抽取10位科级党政“一把手”在纪委全会进行述责述德述廉。加强对领导干部“八小时以外”的监督管理。全年开展明察暗访82次，制作专题暗访片6个，约谈2位窗口工作人员，通报批评15人。全年区纪委、监察局受理群众信访举报244件（次），信访办结率100%，查处农村党员案件51宗，查处违纪违法党员、国家机关工作人员案件80宗80人，其中查处科级干部11宗11人。全年乡镇纪委立案50宗，乡镇纪委办案率连续9年达100%。

【乡镇、办事处、高管会概况】

新城办事处　地处梅县区城区，总面积3.88平方千米，辖程江、富贵、华侨城、西桥和锭子桥5个居委会。2015年年底，辖区常住人口9万多人，户籍总人口2.3万多人。实现工商税收9758万元，居委集体经济纯收入280万元，固定资产投资5.72万元，农民人均纯收入2.35万元，同比增长8%。

扶大高新区管理委员会　地处梅县区城区规划范围内，辖4个行政村和1个居委会。总面积18.8平方千米，其中耕地面积28.14公顷、园地面积3.35公顷、林地面积0.07万公顷、养殖面积28.4公顷。2015年年底，总户数3811户，户籍人口11249人。社会工业总产值6.97亿元，同比增长10%。其中规模以上工业总产值3.6亿元，同比增长50%。固定资产投资45.2亿元，同比增长41.79%。工商财政税收1.39亿元，同比增长23.72%。镇级地方财政税收1.07亿元，同比增长48%。农民人均纯收入17550元。

程江镇　地处梅县区城区，总面积54平方千米，其中耕地面积504.98公顷，山地有林面积0.3万公顷。辖14个行政村和1个居委会。2015年年底，总户数1.9万户，人口4.3万人，常住人口9.2万人。全镇实现农村社会总产值10.25亿元，村集体经济总收入503万元，农民人均纯收入15529元，全年完成工商税收3.64亿元。

南口镇　地处梅县区西南部，距梅城14千米，总面积262.5平方千米，其中山林面积1.86万公顷、耕地面积0.24万公顷、圩镇面积2.5平方千米。辖46个行政村和3个居委会。2015年年底，总户数16235户，户籍人口70913万人。全镇社会生产总值27.84亿元，同比增长9.5%；镇级财政收入3488万元，同比增长14.8%；税收1.26亿元，同比增长69.3%；工业生产总值13.41亿元，同比增长15.2%；农业生产总值9.8亿元，同比增长12.8%；固定资产投入8.5亿元，同比增长187.3%。农民人均纯收入10197元。

畲江镇　地处梅县区西南部，距梅城43千米，总面积175平方千米，其中耕地面积0.16万公顷，山地面积1.3公顷。辖23个行政村和2个居委会。2015年，全镇总户数10846户，总人口48879人。工农业总产值37.8亿元，同比增长13.8%；固定资产投入19.89亿元；税收3095万元，可支配财力1022万元。村集体经济总收入201.22万元；农民人均纯收入15397.8元，同比增长10%。

水车镇　位于梅县区南部，距梅城30千米。辖18个行政村和1个居委会。总面积123平方千米，其中山地0.94万公顷，耕地0.09万公顷，水产养殖约301.5公顷。2015年年底，总户数5180户，总人口2.2万人。实现社会生产总值5.69亿元，同比增长10.54%；工农业总产值4.69亿元，同比增长11.93%；镇级税收421万元，同比增长16.45%；固定资产投资3711万元，同比增长136.7%；农民人均纯收入15000元。

梅南镇　位于梅县区南部，距梅城16千米。总面积146.9平方千米。辖16个行政村和1个居委会。2015年年底，总户数4405户，总人口15850人。实现税收2651万元；固定资产投资1.69亿元，同比增长143.2.%；规模以上工业总产值3.46亿元；城镇居民可支配收入

25650元，同比增长11.1%；农民人均纯收入9043元，同比增长13.6%。

梅西镇 位于梅县区西北部，距梅城46千米。辖17个行政村和2个居委会。总面积92.7平方千米，其中耕地面积0.13万公顷、山林地面积0.59万公顷。2015年年底，总户数8627户，人口30147人。农业生产总值3.64亿元；规模以上工业产值1.9亿元，同比增长8.79%；镇本级财税收入761万元，同比增长13%；农民人均纯收入13529.3元。

石坑镇 位于梅县区西北部，距梅城42千米。辖17个行政村和1个居委会。总面积约87.2平方千米。2015年，总户数6116户，人口2.6万人，常住人口约1.4万人。规模以上工业总产值3588万元；镇级财税收入166万元，同比增长16%；固定资产投资1010万元，同比增长100%。农民人均纯收入比上年有所增长。

大坪镇 地处梅县区西北部，距梅城27千米，总面积76.7平方千米，耕地面积0.07万公顷。辖12个行政村和1个居委会。2015年，总户数3050户，人口约2万人。农业总产值2.6亿元；固定资产投资完成7550万元，同比增长160.3%；税收总收入131.6万元，乡镇机动财力54.3万元。农民人均纯收入比上年有所增长。

城东镇 地处梅州市城郊，梅县区东北部，距梅城约13千米，总面积79.3平方千米，其中耕地面积0.08万公顷、园地面积0.07万公顷、林地面积0.56万公顷、养殖面积174.2万公顷。辖12个行政村和1个居委会。2015年年底，总户数5585户，人口2.1万人。农村社会总产值21.43亿元，同比增长13.63%；工农业总产值19.14亿元，同比增长14.68%；规模以上工业总产值16.14亿元，同比增长4.7%；固定资产投资1.68亿元，同比增长60.7%；工商财税1.19亿元，同比增长14.42%；镇级财政收入3776万元，同比增长21%；农民人均纯收入比上年有所增长。

石扇镇 位于梅县区北部，距梅城18千米，总面积91.4平方千米，辖12个行政村和1个居委会。2015年年底，总户数5760户，人口21412人。实现农村经济总收入9.01亿元，同比增长9.8%，其中工业总产值3.8亿元，同比增长15%；农业总产值4.1亿元，同比增长10%。固定资产投资3944万元，同比下降54%。完成税收792万元，同比增长2%。

丙村镇 位于梅县区东北部，距梅城20千米，总面积170.7平方千米，其中耕地面积0.13万公顷、林地面积1.29万公顷、养殖面积209.24公顷。辖21个行政村和1个居委会。2015年年底，总户数11086户，户籍人口46509人。经济总收入19.95亿元，同比增长11%，其中农业总收入5.1亿元，同比增长10%。镇级税收入库1.12亿元，同比增长16%。农民人均纯收入15836元，同比增长15%。

雁洋镇 地处梅县区东北部，距梅城33千米。总面积188平方千米，其中耕地面积0.13万公顷、林地面积1.53万公顷。辖27个行政村和2个居委会。2015年年底，总户数8267户，人口3.36万人。农村经济总收入93.14亿元，其中乡镇企业总收入90.12亿元，农业总收入3.02亿元。上缴国家税收9.64亿元。固定资产投资5.24亿元，同比增长30.3%。镇级财政总收入3202万元。农民人均年纯收入21380元，同比增长7.98%。

白渡镇 位于梅县区东北部，距梅城24千米。总面积187.6平方千米，其中山地面积1.47万公顷，耕地面积0.13万公顷，圩镇面积0.43平方千米。辖24个行政村和1个居委会。2015年年底，总户数7561户，人口约2.78万人。工农业总产值10.35亿元，同比增长11%，其中规模以上工业总产值1.44亿元，同比增长97.7%。完成税收2637万元。镇级财政收入713万元。固定资产投资13.8亿元，同比增长363.1%。农民人均纯收入16265元，同比增长12%。

松口镇 位于梅县区东北部，距梅县区城区54千米，总面积328.6平方千米，其中耕地面积0.23万公顷，林地面积2.61万公顷，养殖面积268多公顷。辖42个行政村和5个居委会。

2015年年底，总户数14617户，人口约7.3人。农村经济总收入26.64亿元，同比增长20.5%；其中规模以上工业总产值5.93亿元，同比增长195%。固定资产投入16.17亿元，同比增长405.37%。完成税收1351.6万元。实现财政总收入3429万元。农民人均纯收入15000元。

隆文镇　地处梅县区东北部，距梅城约65千米，总面积114.3平方千米，其中耕地面积0.13万公顷，农田保护面积0.09万公顷，山林面积0.92万公顷。辖14个行政村和1个居委会。2015年年底，总户数6127户，人口2.5万人。生产总值5.05亿元，同比增长8.5%；固定资产投资685万元；实现税收614万元；镇级财政收入206万元，同比增长20%；农民人均纯收入15604元，同比增长10.2%。

桃尧镇　位于梅县区东北部，距梅城70千米，总面积118平方千米，圩镇面积1.5平方千米。辖15个行政村和1个居委会。2015年年底，总户数5184户，人口17544人。农村经济总收入3.3亿元，同比增长6.5%。工商各税收入56.8万元。固定资产投资692万元。农民人均纯收入15231元，同比增长8%。

松源镇　位于梅县区东北部，距梅城93千米，总面积149.5平方千米，圩镇面积3.5平方千米。辖22个行政村和1个居委会。2015年年底，总户数11015户，户籍人口40836人。社会总产值6.83亿元，同比增长7%。固定资产投资1891万元。工商税收538万元，同比增长3%。镇级财政收入1694.8万元，同比增长2%。农民人均纯收入10169元，同比增长8%。

附：2015年年底梅县区领导班子名单

中共梅县区区委

书　　记：张文广

副 书 记：钟光灵　钟秀堂

常　　委：罗时亮　曾繁伟　涂戈峰　林　砝　张志锋　张小兰　曾志佐(挂职)　曾庆辉　王杞杨

梅县区人大常委会

主　　任：张文广

常务副主任、党组书记：李义明

副 主 任：谢　芳　刘　敏　张剑城　王英豪　刘煌粦

梅县区人民政府

区　　长：钟光灵

常务副区长：曾志佐（挂职）

副 区 长：李丹玲　黄黎明　黄增国　赖启忠　管纪城

政协梅县区委员会

主　　席：曾京铭

副 主 席：余洪昌　梁俊丰　钟梅福　曾祥伟　赖良钊

中共梅县区纪律检查委员会

书　　记：罗时亮

副 书 记：邓忠麟　彭俊华

蕉岭县

【概况】　蕉岭县位于广东省东北部，辖蕉城、新铺、三圳、文福、广福、长潭、蓝坊、南礤8个镇。全县有97个村，10个居民委员会，1366个村民小组。县境内有市属蕉华管理区。总面积960平方千米。2015年年末，全县常住人口20.99万人，全县人口出生率15.42‰，死亡率5.72‰，人口自然增长率9.69‰。年末户籍人口23.62万人，增加1535人，同比增长0.65%。

2015年，蕉岭县耕地面积0.9729万公顷，粮食播种面积2.13万公顷，粮食产量6.45万吨。林地面积7.68万公顷，森林覆盖率达79.4%，活立木总蓄积702.18万立方米。重要矿产资源有铷、锰、铁、铝、钨、铜、铅、锌、锡、石灰石、大理石、花岗岩、石英砂、稀土等，铷储量约 160 万吨，锰储量约 240 万吨，花岗岩储量约 2700 万吨，石灰石资源储量约 23.5 亿吨，水泥年生产能力 405 万吨，水泥粉磨 340 万吨。水力资源 10 万千瓦以上。药用植物有 288 个品种，分隶 95 个科。主要旅游景点有国家 AAAA 级旅游景区长潭旅游风景区、全国重点文物保护单位丘逢甲故居和谢晋元故居、镇山国家森林公园、省重点文物保护单位罗福星故居和石寨土楼等。是世界长寿之乡。

【发展概况】 2015 年，蕉岭县按照梅州市委、市政府提出蕉岭要建设梅州绿色发展先行地的要求，突出做强百亿元新型建材和百亿元长寿"两大产业"，扭住交通基础设施建设、产业集聚地扩能增效、中心城区扩容提质"三大抓手"，抓招商、上项目、强产业、促赶超，经济社会发展保持良好势头。

全县实现生产总值 66.84 亿元，同比增长 10.1%，其中第一产业增加值 10.97 亿元，同比增长 4.3%；第二产业增加值 21.4 亿元，同比增长 12.6%；第三产业增加值 34.47 亿元，同比增长 9.1%。2015 年生产总值中三次产业构成为 16.4∶32∶51.6。全县实现国税、地税税收入 93452.7 万元，同比增长 16.9%；公共财政预算收入 70600 万元，同比增长 21.1%。全年居民消费价格总指数为 101.6%（上年为 100%），上升 1.6 个百分点。

2015 年年末，全县从业人员 114682 人，同比增长 2.45%。全年新增就业岗位 1879 个，下岗失业人员实现再就业 1969 人。年末城镇人口登记失业人员 1342 人，登记失业率 2.45%，同比上升 0.01 个百分点。

【农业】 全县实现农业总产值 182780 万元，同比增长 4.1%。其中种植业产值 93176 万元，同比增长 3.6%；林业产值 30405 万元，同比增长 8.1%；牧业产值 49767 万元，同比增长 2.1%；渔业产值 5454 万元，同比增长 7.6%；农林牧渔服务业产值 3978 万元，同比增长 7.7%。

农作物播种面积 21.27 千公顷，其中：粮食播种面积 11.68 千公顷，同比增长 0.6%；经济作物种植面积 2.69 千公顷，同比下降 6.6%；其他作物种植面积 6.9 千公顷，同比增长 6.48%。粮食总产量 64496 吨，同比增长 0.78%，其中稻谷 61021 吨，同比增长 4.02%；烤烟总产量 1544 吨，同比增长 11.08%；茶叶总产量 1972 吨，同比增长 1.28%；花生总产量 3149 吨，同比下降 20.82%；水果总产量 42498 吨，同比增长 8.39%；蔬菜总产量 108896 吨，同比增长 6.67%；果用瓜总产量 3200 吨，同比增长 48.77%。

肉类总产量 22494 吨，同比下降 1.4%，其中：猪肉产量为 18580 吨，同比下降 1.21%；当年猪出栏 242446 头，同比下降 1.74%；牛出栏 5661 头，同比下降 0.26%；羊出栏 13898 只，同比增长 035%。年末生猪存栏 109739 头，同比增长 2.13%；牛存栏 8415 头，同比增长 0.24%；羊存栏 6510 只，同比增长 4.48%。

全年渔业水产品产量 6055 吨，同比下降 1.5%。

【工业和建筑业】 工业完成增加值 191615 万元，同比增长 11.6%。在工业增加值中，规模以上工业完成增加值 111410 万元，同比增长 17.1%。规模以上工业实现营业收入 408327 万元，同比下降 1.9%；实现利税总额 40718.3 万元，同比下降 10.4%，其中税金总额 20622.4 万元，同比增长 11.2%；实现利润总额 20095.9 万元，同比下降 25.2%。

全社会完成建筑业增加值 24498 万元，同比增长 19.8%。全县资质以上建筑企业 8 个，实现总产值 87934 万元，同比增长 28.56%；实现利润 184.7 万元，实现税金 2397.1 万元。建筑企业房屋建筑施工面积 66.22 万平方米；房屋竣工面积 33.19 万平方米。

【固定资产投资】 完成固定资产投资（投资额 500 万元及以上）283892 万元，同比增长

51.8%。在城镇投资中，国有企业投资38814万元，同比下降28.8%。按产业分：第二产业投资157597万元，同比增长96.3%；第三产业投资126295万元，同比增长19.4%。

【交通和通信】

交通　全年交通运输、仓储和邮政业完成增加值24489万元，同比增长5.8%。2015年年末，公路通车里程1341.6千米，其中高速公路通车里程40.46千米，每百平方公里公路密度139.8千米。全年各种运输方式完成货物周转量97081万吨千米，同比增长8.9%；旅客周转量35171.5万人千米，同比增长10%。年末全县汽车拥有量9909辆，同比增长5.6%，其中载客汽车6582辆，同比增长3.9%；普通载货汽车3304辆，同比增长9%。

通信业　年末智能网接入电话总容量85500门。固定电话用户33681户，同比下降5.2%。移动电话用户163199户，同比下降1.5%。每百户拥有固定电话45.4部，移动电话219.8部。电脑网络发展较快，年末互联网用户31215户，同比增长5.2%；每百户拥有互联网42.1条。

【商贸流通】　全年社会消费品零售总额334649.4万元，同比增长12.6%。从分行业看，批发零售贸易业消费品零售额312341.1万元，同比增长12.6%；住宿和餐饮业消费品零售额22308.3万元，同比增长12.4%。按城乡分，城镇消费品零售额238496.2万元，同比增长13.6%；乡村消费品零售额96153.2万元，同比增长10.1%。

【外贸和旅游业】　全年外贸出口总额4450万美元，同比增长36.1%，其中贸易出口总额4434万美元，同比增长36.3%。全年实际利用外资916万美元，同比下降20.4%。至2015年年底，全县“三资”企业实现主营业务收入24191万元，实现营业税金及附加1151.7万元，利润总额3366.8万元。

全县接待国内外游客32.87万人次，同比增长40.2%，其中接待国内游客32.34万人次，同比增长40.7%。全年旅游总收入254851.75万元，同比增长43.2%。

【金融保险】　全县金融业增加值31017万元，同比增长14%。2015年年末，全县金融机构本外币存款余额768937万元，同比增长8.4%，其中城乡居民储蓄存款余额536079万元，同比增长6.6%。金融机构本外币贷款余额310307万元，同比增长23.5%。全年财产、人寿保险费收入10737万元，同比增长5%。支付险赔金额5277万元，同比增长22.5%

【科技、教育、文化、卫生和体育】　全县事业单位有专业技术人员3453人，其中具有中级以上职称2226人。

2015年，全县有普通中学15所，在校学生8981人，同比减少1355人，下降13.1%；职业中学1所，在校学生1071人；小学12所，在校学生人数11906人，同比增长12.3%。适龄儿童入学率100%，小学生升学率100%，初中学生升学率100%，高中学生升学率86%。被大专以上院校录取1420人，同比增加24人，其中本科655人，同比减少61人。

2015年年末，黄桂清图书馆有藏书16.8万册，法刚博物馆馆藏物品8559件。组织文化“三下乡”活动，2015年，组织送戏下乡18场，送电影下乡1246场，送书下乡11500册，受教育人数达80万人次。广播电视业不断发展。全县有300瓦立体声调频广播电台1座，有线电视用户3.41万户，城乡入户率95%，电视覆盖率98.3%。

2015年年末，全县有各种卫生机构84个，床位553张，平均每万人拥有病床23.41张。卫生专业技术人员有1006人，其中执业医师314人、助理执业医师97人、注册护士338人、其他257人。平均每万人拥有卫生技术人员42.59人。

全县有各类体育场、馆535个，其中标准

运动场3个，小运动场22个，各类球场、馆510个。召开各大中型运动会25场，参加人数2.5万人。向市输送10名优秀运动员。全县体育健儿在省、市运动会中获得11块奖牌，其中金牌5块、银牌6块。

【环境保护】 全县有环境监测站1个，设立县级以上自然保护区3个，面积11252公顷，投入环境污染治理资金6400万元。碳汇林改造面积620公顷，年末建成生态公益林3.67万公顷。年末森林蓄积量702.18万立方米，森林覆盖率79.35%。

【社会生活】 全年城镇居民人均可支配收入20227.5元，同比增长9.2%，剔除价格上涨因素，实际增长7.5%；农民人均可支配收入12870元，同比增长8.4%，剔除价格上涨因素，实际增长6.7%。

全县参加基本养老保险的职工人数36858人，同比增长13.4%；参加基本医疗保险职工人数26706人，同比增长5.1%；参加失业保险职工人数12366人，同比增长6.1%；参加农村养老保险71039人，同比下降3.3%；参加城乡居民基本医疗保险207889人，同比下降2.2%。全县各乡镇均建立农村社会保障网络。

全县有各类型社会福利院11所，床位627张，收养人数186人。全县得到各级政府救济11505人/次，全年发放救济金额3231.5万元。享受低保救济的困难群众7423人，发放金额1760.37万元，其中城镇737人、农村6686人。投资1790.9万元进行城镇保障性住房和棚户区改造建设，投资1541.16万元进行农村贫困户危房改造。

【乡镇概况】

蕉城镇 位于蕉岭县境中部，是县城所在地、省定中心镇，是全县经济、文化、信息、交通中心。总面积57.68平方千米，其中城区面积20平方千米，耕地面积618.08公顷，山林面积3184.14公顷，辖4个社区居委会和11个村委会，181个村民小组，户籍总人口7.52人。工农业生产总值9.77亿元，同比增长9.4%。其中工业总产值7.02亿元，同比增长9.7%；农业总产值2.75亿元，同比增长8.9%。农民人均纯收入14325元，同比增长6.2%。2015年，蕉城镇教育事业迈上新台阶，成为梅州首个教育强镇，顺利通过广东省教育强镇复评验收。

长潭镇 位于蕉岭县城西郊，东与蕉城镇隔河相望，西与平远县接壤，南与三圳镇相邻，北与广福镇相邻。总面积91.59平方千米，其中耕地面积0.1万公顷，山林面积0.69万公顷。辖11个村委会和1个居委会，167个村民小组。总户数5080户，总人口19063人。

长潭镇是广东省乡村旅游特色镇。境内生态旅游资源丰富，拥有国家AAAA级旅游区、一线天、百竹园、名木古树园、珍稀园、千亩枫叶园、高台庵、澳洲山庄、闽粤赣释迦文化中心等多个自然人文景点。辖区内有广东长潭粤电站和省级自然保护区。文化底蕴深厚，有抗清志士林丹九、赖其肖，画家林乃干、联合国高级专员钟嘉谋等名人。生产总值41978万元，同比增长10%。农民人均纯收入11956元，同比增长8%。

三圳镇 地处蕉岭县中南部，东接205国道和蕉华管理区，西与平远县交界，南与新铺镇接壤，北与蕉城镇相邻，距蕉城10千米，石窟河贯穿而过。面积96平方千米，耕地0.1万公顷，山林0.51万公顷，森林覆盖率69.9%，辖9个村和1个社区居委会，144个村民小组，总人口16927人。三圳镇先后被评为首批广东省宜居示范城镇、广东省教育强镇、广东省技术创新专业镇（蔬菜）、梅州市尊师重教“先进单位”、梅州市人口与计划生育综合改革示范创建先进单位、梅州市计划生育先进单位、蕉岭县长寿镇和信用镇，创建中国“美丽乡村”试点镇等。2015年年初，九岭、芳心、招福、福北4个村被列入“客韵寿乡”省级新农村示范片建设主体村；芳心村被评为全国文明村。

2015年，全镇农村社会总产值2.049亿元，同比增长1.6%；农民人均纯收入11675.8元，同比增长1.3%。

新铺镇　位于蕉岭县最南端，石窟河沿岸，毗邻梅县、平远县。总面积184.9平方千米，其中林业用地1.43万公顷，森林覆盖率78%。辖21个村委会及1个社区居委会，户籍总人口约4.3万人。新铺有着优越的交通条件，天汕高速公路、205国道横贯全镇。自然资源和物产丰富，是著名的水泥之乡、茶果之乡、华侨之乡、文化之乡，是省级中心小城镇建设示范点、省级建材专业镇。2015年，全镇工农业总产值18.93亿元，同比增长10%，其中工业总产值14.79亿元、农业总产值4.14亿元。农民人均纯收入1.27万元，同比增长8.3%。2015年，被评为金融生态环境建设"信用镇"，社会治安综合治理、征兵、殡葬管理等工作被县评为优秀。

广福镇　位于蕉岭县北部，地处闽粤两省交界，距县城24千米，205国道和长深高速公路穿镇而过，是广东省首批中心镇之一。总面积107.3平方千米，其中耕地面积675.23公顷、山林面积9715.54公顷，森林覆盖率78%。辖10个村委会（124个村民小组）和1个社区居委会。总人口15015人。境内有较丰富的大理石、锰、铁、钙、钾等矿产资源和水力资源。历史文化古迹有广福寺遗址、石峰村粟坝罗氏大围屋、乐干村九栋民居等，传统民间艺术有船灯舞等。近年来先后获得"广东省宜居城镇""广东省教育强镇""梅州市文化先进镇""梅州市文明镇""梅州市平安镇"等荣誉称号。2015年，全镇实现生产总值4.08亿元，同比增长6.3%。其中农业生产总值1.62亿元，同比增长2%；工业总产值1.89亿元，同比增长8%；第三产业总产值5720万元，同比增长5%。农民人均纯收入8473元，同比增长7%。

文福镇　位于蕉岭县城以北12千米，是近代抗日志士，爱国诗人、教育家——丘逢甲故乡。天汕高速公路、205国道贯穿全镇，自然资源丰富（有石灰石、锰、铅、锌、铁、稀土等丰富的矿产资源）。辖8个村委会（142个村民小组）和1个居委会。总人口19823人，总面积122平方千米。耕地面积0.07万公顷，森林总面积0.90万公顷，其中生态公益林面积0.55万公顷，森林覆盖率达78.6%。2015年，工农业总产值13.55亿元，同比增长11%。其中农业产值1.98亿元，同比增长13.1%；第三产业总产值1.87亿元，同比增长25.3%。

蓝坊镇　位于蕉岭县东部，距县城6千米，总面积134.6平方千米，其中耕地面积776公顷，山地面积10319公顷；辖11个村委会和1个居委，总人口约1.8万人。境内矿产资源丰富，有煤、钨、稀土、铁、铅、锌、花岗岩、耐火石等。生态优美、人文荟萃，有效保护和开发龙潭飞瀑、文峰插汉、会仙洞、梯田、罗福星故居、克修公祠、水口塔、贞节牌坊等旅游资源。2015年，全镇生产总值16908万元，同比增长5.4%。其中农业产值16321万元，同比增长2.4%，工业产值520万元，同比增长10%。农民人均纯收入11213元，同比增长6%。

南磜镇　位于蕉岭县东北部，北部与福建省的武平、上杭两县毗邻，东面与梅县的松源、隆文两镇相连。总面积173.9平方千米，其中耕地面积599.4公顷，山林面积9523.8公顷。辖16个村民委员会，全镇总人口21555人，其中农业人口17826人，总户数5409户。境内山清水秀，森林和水力资源丰富，是蕉岭县木材和毛竹的主要产区之一，森林覆盖率85%。工农业生产总值2.25亿元，同比增长4.12%，其中农业生产总值1.39亿元，同比增长4.2%。农民人均纯收入8460元，同比增长5.3%。

附：2015年蕉岭县五套班子成员名单

县委书记：温向芳
副 书 记：陈伟明　张利民
常　　委：温向芳　陈伟明　张利民
卢尧生（6月离任）　盘连欣
杨斌宗（6月任职）

卓利清（6月离任）
刘四海　徐　甦
李瑞金（6月任职）
刘仁忠　罗桂芳（女）
古熠南　岳　华
曹伟华（6月任职）

县人大常委会主任： 温向芳
副　主　任： 戴军生（常务）　陈森权
罗兴梅　刘昌永　温裕良
钟豪才
县　　长： 陈伟明
副　县　长： 盘连欣　南岳华　钟梅芬（女）
温健忠　饶森健　江运洪
丘德俊　廖如（女，3月任职）
县政协主席： 张新忠
副　主　席： 廖　平　吴　忠　彭　刚
黄伟宁　赖静兰（女）
古芹花（女）
县纪委书记： 卢尧生（6月离任）
杨斌宗（6月任职）
副　书　记： 江　斌　谢广宁

（江萍英）

大埔县

【概况】 大埔县位于广东省东北部、韩江中上游，东北紧靠福建省平和县、永定县，东南连接潮州市饶平县，西依梅县区、梅江区，南邻丰顺县和潮州市潮安区。全县行政区域面积2462.02平方千米。辖14个镇和1个丰溪林场，镇、场下设256个村委会（居委会）。2015年年末，全县总人口57.19万人，常住人口38.18万人，主要为汉族。祖籍大埔的华侨、华人和港澳台同胞50多万人，是广东著名侨乡。

大埔物产丰饶，山地丘陵众多，2015年森林覆盖率79.86%。境内溪河特多，水力资源丰富，理论蕴藏量70万千瓦，可开发量53.1万千瓦，已开发39.95万千瓦，是全国水电农村电气化县。瓷土储量4.2亿吨，紫砂陶土储量超1亿吨，有800多年制作陶瓷的历史，大埔青花瓷、高陂陶瓷产品运销欧美、中东及东南亚等110个国家和地区，是“陶瓷之乡”。特产主要有天然矿泉水、瓷器、蜜柚、茶叶、烟叶、金针菜等，还有各式各样的风味小吃，有“中国青花瓷之乡”“中国蜜柚之乡”“中国名茶之乡”“中国长寿之乡”“中国小吃名县”的称誉。主要旅游景点有全国重点文物保护单位“父子进士”牌坊、2个国家AAAA级旅游景区（泰安楼客家文化旅游产业园、百侯名镇旅游区）、7个国家AAA级旅游景区（西岩茶乡度假村、大东坪山梯田旅游区、张弼士故居旅游区、富大陶瓷工业旅游区、三河坝战役纪念园、青溪江畔人家休闲度假区、李光耀祖居旅游区）、全国最早建成的三河中山纪念堂、明朝兵部尚书翁万达墓、客家民居大东花萼楼、茶阳古镇、广东省丰溪自然保护区、粤东名胜万福寺、双髻山省级森林公园、五虎山省级森林公园、田家炳祖居拱辰楼等，是“中国十大文化休闲基地”“中国特色旅游休闲度假胜地”“全国休闲农业与乡村旅游示范县”“十佳中国最美的小城”“中国深呼吸小城100佳”“中国最美丽县”。西岩乌龙茶、大埔蜜柚、大埔青花瓷列入国家地理标志保护产品。

大埔民间艺术丰富，是“中国民间艺术之乡——花环龙之乡”“中国民间文化艺术之乡——广东汉乐之乡”。大埔是革命老区，是广东省首个中央苏区县。大埔县是“全国文明县城”“全国文化先进县”，百侯镇、茶阳镇、三河镇是“中国历史文化名镇”，百侯镇侯北村是“全国文明村”。

大埔名人有“父子进士”（饶相、饶与龄）、“一腹三翰林”（杨缵绪、杨黼时、杨演时）、“兄弟三将军”（范汉杰、范剑江、范作人）、一县同期“四位省主席”（罗卓英、吴奇伟、范汉杰、赵公武）、“父子两总理”（李光耀、李显龙），还有中国民族工业之父张弼士、中国首任驻日公使何如璋、中国共产党早期革命活动家罗明、中山大学首任校长邹鲁、首届感动香港十大人物田家炳及现代著名作家杜埃、碧野以及两院院士郑度、饶芳权、杨文采、邱冠周、蒲慕明等杰出人物，素有“文化之乡”美称。

2015 年，大埔县获得的全国性荣誉称号有：“全国供销电子商务示范县”“全国休闲农业与乡村旅游示范县”“2015 中国最美丽县”。百侯镇侯北村是“全国文明村”。

2015 年，全县地区生产总值 71.80 亿元，同比增长 9.7%，增幅排在全市第四。固定资产投资 69 亿元，全社会消费品零售总额 44.37 亿元，外贸出口总额 2.53 亿美元，同比分别增长 38.6%、12.6% 和 16.66%。地方公共财政预算收入 8.19 亿元，支出 34.15 亿元，同比分别增长 26.7% 和 33%。

【基础设施建设】 2015 年，大埔县推进 54 项总投资 322.44 亿元、年底投资计划 61.75 亿元的重点项目建设，全年投资 58.98 亿元，占年度投资计划的 95.5%。其中大埔电厂投资 25.3 亿元，首期 1 号机组于 12 月 26 日正式投入运行，2 号机组已具备试运行条件。推进广东省高陂水利枢纽工程征地拆迁和移民安置工作，工程于 10 月 13 日正式开工建设，完成辅助配套项目先行用地的征收，高陂寨等移民安置点建设。完成省道 222 线高陂至桃源段公路改建工程，动工建设大（埔）潮（州）高速（含大（埔）漳（州）支线）、县城过境公路，大（埔）丰（顺）（五）华高速前期工作扎实推进。

【工业经济】 一是实施水火风光核“五电”并举战略，以大埔电厂为重点的三河电力能源工业园区建设顺利推进，广东省高陂水利枢纽工程电站、桃源风电场的规划建设加快推进，跟进光伏发电和韩江内河核电项目，完成曲滩电站等 4 个国有水电站扩容改造，大埔电厂至土岭、嘉应送出线路正式投入使用。二是推进产业园区扩能增效，广州海珠（大埔）产业转移园区成功享受省级产业转移园政策，“一纵两横”路网、道路排水、供电线路迁改工程建设扎实推进，申报入园投资建设的陶瓷企业 23 家，其中 5 家企业已入园。三是推进陶瓷企业上市工作，吉玉陶瓷与东莞证券签订上新三板辅导协议。鼓励和引导企业引进新技术，推动陶瓷产业转型升级、做优做精，年产值超亿元企业 5 家。建成陶艺文化创意产业园、陶瓷博物馆及陶瓷特产一条街，怡丰园等 3 家企业入选国家文化出口重点企业。全县陶瓷销售收入 23.5 亿元、税收 1.35 亿元，同比分别增长 18.6% 和 13.7%。四是推进招商引资工作，实施“乡贤回乡投资兴业工程”，突出“四大产业”抓招商、以商引商。完善招商引资激励机制，制定领导挂钩招商和联席会议制度。成功举办第八届世界大埔同乡联谊会及广州、深圳等招商推介会。全年引进项目 51 个，计划投资总额 83.42 亿元，全面完成市下达任务，其中在建项目 40 个、建成投产项目 2 个、合同项目 9 个，投入资金 11.19 亿元。

【农业建设】 全县新种蜜柚面积 1153 公顷、茶叶 413 公顷、南药 486.6 公顷。一是做活生态健康产业，投入 5000 万元建成大埔小吃文化城和客家文化风情休闲街，加快推进西岩山万亩茶文化旅游产业园建设。二是培育壮大新型农业经营主体，新增省、市、县级农业（扶贫）龙头企业 42 家、农民专业合作社 34 家、家庭农场 17 家。成功创建全国绿色食品原料（大埔蜜柚）标准化生产基地、广东省出口蜜柚质量安全示范区。成功申报“全国供销电子商务示范县”，“客都供销商城”正式上线运行。

【文化旅游建设】 一是韩江（大埔）客家文化旅游特色带完成规划设计并通过评审。二是全县 AAA 以上旅游景区配套设施进一步完善，万福寺宗教文化旅游区、西河北塘乡村旅游区等景区建设加快推进，李光耀祖居旅游景区成功申报评定为国家 AAA 级旅游景区，百侯镇入选全国特色旅游名乡名镇，新创建6家星级农家乐。三是成功举办全国“薪火相传·再创辉煌”长征精神红色旅游火炬传递（大埔站）活动。

【人居环境建设】 一是加快新型城镇化步伐，《大埔县城总体规划》第二次修编通过审批，历史文化名镇名村保护性规划工作扎实推进，完成具有县城功能的高陂、大麻、茶阳3个中心镇和三河次中心城市控制性规划，以及全县46条行政村村庄规划。二是注重产城融合发展，万川翰林二期等单体投资亿元以上的10多个项目建设加快推进。投入1680多万元，完成古城一街、侨中路、东堤南路、桐星巷等路面改造工程，以及西湖公园西门和邓颂鑫大桥至格兰云天游步道工程建设。三是抓好全县20个农村生活垃圾收集处理试点村建设，推进农村生活垃圾处理。抓好3个县级示范点和每个镇（场）2个以上美丽乡村示范点建设，推进西河镇省级新农村建设示范片建设。四是开展绿满梅州大行动，完成造林5320公顷，建成43千米生态景观林带，新增县镇级森林公园4个。

【社会事务建设】 一是开展扶贫开发“双到”工作，筹集资金6.26亿元，实施到村扶贫项目2199个、到户扶持项目5.98万个。完成农村低收入住房困难户住房改造4971户，搬迁“两不具备”（不具备生产、生活条件的）村庄2319户。贫困村集体经济收入平均10.2万元，贫困户人均纯收入8736元。二是完成十件民生实事目标任务：投入6000万元，推进县人民医院改扩建工程；投入980万元，完成县城生活垃圾填埋场配套设施建设；完成大型建筑弃土场首期300万立方米容量工程；大埔县肉类联合加工厂迁建工程完成投资4930万元，主体工程至年底动工建设；投入3000万元，基本完成桃源、大东、大麻、银江、洲瑞等镇共1667公顷农田基础设施建设；完成1821户农村低收入家庭住房改造建设任务，解决180户城镇中低收入家庭、新就业无房职工、外来务工人员住房困难问题；山丰水库获省发改委立项；实验小学运动场投入使用；县城黎家坪片区市政工程配套设施建设完成；完成高陂、茶阳中心镇污水处理厂年度目标任务。

【镇场简况】

湖寮镇 总面积201.46平方千米；2015年年末，全镇总人口9.6万人。全年农村经济总收入7.8亿元，同比增长9.8%；农民人均纯收入1.12万元，同比增长9.9%；完成国税收入2936万元、地税收入5481万元，同比分别增长20.1%和20.7%。粮食作物播种面积1297.13公顷，总产量6754吨。新种植蜜柚140公顷、茶叶3.6公顷、南药40公顷，新增省级农业龙头企业1家、市级5家、县级4家，新发展农民专业合作社5家。投入373万元，改造农村公路3.8千米，完成20.6千米村道绿化改造提升工程，新建三面光水圳3千米、增设钢护栏4100米。

百侯镇 总面积112.27平方千米，2015年年末，全镇总人口3.07万人。全年农村经济总收入6.17亿元，同比增长13.2%；农民人均纯收入1.09万元，同比增长12.3%；完成国税收入235.9万元、地税收入320.6万元。粮食作物播种面积1638.7公顷，总产量1.07万吨。新增省级农业龙头企业1家、市级2家。筹资700万元，用于6条村道共7千米硬底化铺筑工程，镇区耀凤大道沥青铺筑，东山、曲滩等村饮水工程建设，敬老院修缮等。

枫朗镇 总面积167.83平方千米，2015年年末，全镇总人口5.14万人。全年农村经济总收入9.02亿元，农民人均纯收入1.05万元，完成国税收入447万元、地税收入663万元。粮食作物播种面积1968.8公顷，总产量1.28万吨。新种植茶叶153公顷、蜜柚140公顷，全镇茶叶种植总面积2866.7公顷、蜜柚种植总面积1200公顷。投入200万元将原双溪镇政府改造为全市一流的镇级老年公寓，安装路灯4000盏，投入80万元清理河道21.5千米。

大东镇　总面积98.27平方千米，2015年年末，全镇总人口2.05万人。全年农村经济总收入4.45亿元，同比增长11.6%；农民人均纯收入1.04万元，同比增长11.5%；完成国税收入159万元、地税收入272万元。粮食作物播种面积1063公顷，总产量6533吨。争取资金960万元，加强农村公路的养护和安全防护设施建设，完成16条村级公路硬底化建设，拓宽泮溪至东光的联络公路。投入760万元，实施6个村高标准农田建设及农业综合开发；联丰村湖坑、石良坪投入26万元的安全饮水工程正式交付使用，群众生产生活用水得到保障；完善富溪、三坤等村的文化体育设施。

高陂镇　总面积308.95平方千米，2015年年末，总人口8.73万人。全年农村经济总收入14.7亿元，同比增长12.2%；农民人均纯收入1.08万元，同比增长11.9%；完成国地两税收入5313万元，同比增长21.3%。全年陶瓷产值11.2亿元、税收4893万元，同比分别增长22.1%和19.6%。粮食作物播种面积2882.67公顷，总产量1.57万吨；新种植茶叶、蜜柚、火龙果等经济作物200公顷。筹资750万元用于14千米村级公路硬底化建设和12千米村道升级改造；投入265万元完善饮水工程6处，解决1.2万人安全饮水问题。推进李光耀祖居景区建设，年底通过国家AAA级旅游景区评估验收。

光德镇　总面积125.96平方千米，2015年年末，总人口3.5万人。全年农村经济总收入11.8亿元，同比增长12.1%；农民人均纯收入1.07万元，同比增长12%；完成国税收入4476.6万元、地税收入672.3万元，同比分别增长20.1%。工农业总产值11亿元，同比增长12.5%。新增规模以上企业2家。全年实现陶瓷产值10.5亿元，同比增长22.1%。粮食作物播种面积938.2公顷，总产量5128吨。投入资金300万元，完成全镇8条村道共10多千米硬底化工程；对雷峰至下漳瓷区道路5千米路段进行维修；新开机耕道2千米；完成雷峰村水电站升级改造；建设陂头4座、水圳3千米。投入30万元，完成上坪村村级组织办公活动场所建设，雷峰村便民服务中心建设。投入资金280万元，完成上漳村石楼村道硬底化和溪道砌石坎加固、清理工程；富岭村环境卫生综合整治，对主村3千米溪道进行清淤、拓宽整治，购置拖拉机5辆、垃圾桶50个、清运设备一批。

桃源镇　总面积76.76平方千米，2015年年末，总人口1.78万人。全年农村经济总收入7.68亿元，同比增长16.1%；农民人均纯收入1.11万元，同比增长16%；完成国税收入2456万元、地税收入468万元，同比分别增长25.1%和持平。新增1家规模以上陶瓷企业，共实现陶瓷产值7.84亿元，同比增长20%。粮食作物播种面积491.07公顷，总产量2196吨。新种植蜜柚12公顷、茶叶5.3公顷。新增县级农业龙头企业1家，新注册农民专业合作社3家。开展“四村联动”美丽乡村建设，投入80万元新建2个小公园；全镇6个村基本实现乡村道路硬底化；配合省道222线改造工程的实施；投资400万元组织实施新东水库除险加固和小流域水治理项目建设。

大麻镇　总面积229.83平方千米，2015年年末，总人口4.07万人。全年农村经济总收入6.23亿元，同比增长12%；农民人均纯收入1.05万元，同比增长12%；完成国税收入225.6万元、地税收入505.4万元，同比分别增长20%和20%。粮食作物播种面积1466.67公顷，总产量8800吨。投入92万元进行中村自来水改造，惠及703户4000人；筹资653万元铺筑中村等村道硬底化工程13.6千米。

三河镇　总面积152.25平方千米，2015年年末，总人口2.17万人。全年农村经济总收入3.49亿元，农民人均纯收入8901元；镇级财政收入163万元。粮食作物播种面积905.87公顷，总产量4663吨。筹资800万元改扩建镇自来水厂，筹资1100万元整治梓里村大型山体滑坡，投入300万元整治三江六岸主城区卫生环境，投入200万元做好汇城新农村建设。

银江镇　面积208.2平方千米，2015年年末，总人口 2.7 万人。全年农村经济总收入 3.25 亿元，同比增长 14%；农民人均纯收入 1 万元，同比增长 12.6%；完成国税收入 321.2 万元、地税收入 328.5 万元。粮食作物播种面积 978 公顷，总产量 4654 吨。筹资 600 万元铺筑村道 7 条共 17 千米，修复水毁陂头、水圳。

洲瑞镇　总面积 83.25 平方千米，2015 年年末，总人口 1.83 万人。全年农村经济总收入 3.83 亿元，农民人均纯收入 1.02 万元，完成国税收入 956.11 万元、地税收入 479 万元。粮食作物播种面积 932.53 公顷，总产量 4674 吨；陶瓷产值 5000 万元，税收 400 万元。筹资 128 万元铺筑村道硬底化；投入 150 万元进行环境整治，并建成镇级文化广场 1 个；筹资 65 万元对敬老院和镇机关干部瓦房宿舍楼进行修缮；筹资 140 万元改善校容校貌，购置教学设备。

茶阳镇　总面积 294.3 平方千米，2015 年年末，总人口 5.8 万人。全年农村经济总收入 10.2 亿元，同比增长 11.05%；农民人均纯收入 1.01 万元，同比增长 11.05%；完成国税收入 1370 万元、地税收入 2374.12 万元，同比分别增长 20.11% 和 22.69%。全年粮食作物播种面积 1800 公顷，总产量 1.1 万吨。筹资 475 万元实施乡道 123 线狮子口大桥至沿坑段公路改造工程，改善西湖、迪麻、广陵、沿坑等村村民的出行环境；筹资 244 万元在开发区动工建设福阳桥，改善新老城区居民交通往来条件和生产生活环境；筹资 44 万元用于西门河堤绿道、人行道填土工程和排污工程；筹资 803 万元推进大埔中学综合楼、运动场建设和中心小学新建教学楼等项目。

西河镇　总面积 208.73 平方千米，2015 年年末，总人口 3.6 万人。全年农村经济收入 7.08 亿元，同比增长 12.7%；农民人均纯收入 1.07 万元，同比增长 11.6%；完成财税收入 771.9 万元，同比增长 21.2%。粮食作物播种面积 1513 公顷，总产量 7736 吨。西河镇是大埔县传统农业镇，素有“大埔粮仓”美誉。农业主导产业有西瓜、烤烟、甜玉米、茶叶、蜜柚、优质香稻等品种。筹资 1800 万元用于基础设施项目建设，推进西河大桥建设，改造县道 946 线到上黄砂赤蕨寺全长 3 千米的道路以及塔下桥加宽改造工程，实施和平等村村道硬底化、横溪至水祝连接道路改造、乌石坪至百侯联络线公路改造等工程，完成下黄砂、北塘、溪上等村的自来水工程，完成农综项目、山水田林路整治、漳溪河除险加固等工程。

青溪镇　总面积 164.05 平方千米，2015 年年末，总人口 2.15 万人。全年农村经济总收入 4.07 亿元，农民人均纯收入 9702 元；完成国税收入 90.17 万元、地税收入 323.05 万元。打响“斯红羊肉、青溪飞鸡、青溪蜜柚、虎市蜂蜜、青溪家米、优质烤烟”六大精细高效农业品牌。粮食作物播种面积 900 公顷，总产量 5750 吨。投入 530 万元，新建坪沙大桥、铺筑下坪沙 2 千米堤路硬底化、安装 3 千米路灯工程建设；投入 300 万元，铺筑长丰至虎市最后 2 千米公路；投入 100 万元，开展青电库区水浮莲治理工作；投入 48 万元，改善溪口村 800 名群众的饮水安全工作。

丰溪林场　总面积 29.91 平方千米，2015 年年末，总人口 1800 人。全年农村经济总收入 2150 万元，农民人均纯收入 8453 元。全场粮食作物播种面积 110 公顷，总产量 453.7 吨。有林地 2832.6 公顷，其中国有林地 428 公顷、村集体林业用地 2354.2 公顷，毛竹林 1000 公顷。活立木蓄积量 15 万立方米，森林覆盖率 98%，实现连续 58 年无山火。投入 365 万元建设和完善干部职工的食堂、办公楼的环境卫生等工程建设，投入 10 万元改善饮水安全工作。

（黄万海）

附：2015 年大埔县五套班子名单：

县委书记： 林健雄
副 书 记： 朱汉东　黄建庭
常　　委： 林健雄　朱汉东　黄建庭
熊　华　李礼醒（任至 2 月）

李瑞金（任至6月）
刘坤明（任至2月）
李　宏　罗伟纯
张红梅（女）　黄剑锋
廖金鑫（2月任职）
郑尚森（2月任职）
陈军营（6月任职）
张志平（挂职）
罗盛芬（女，2月挂职）

县人大常委会主任：林健雄
副　主　任：邓加光（任至2月）
郭敏（任至2月）
李礼醒（2月任职）
刘坤明（2月任职）
黄荣昌　谢以美　张昭锋
饶凌云（女）

县政府县长：朱汉东
副　县　长：李　宏　张志平（挂职）
廖金鑫（任至2月）
邓立新（女）
郑尚森（任至2月）
张　颖　王忠泽
郭展凌（2月任职）
刘采峰（2月任职）
罗盛芬（女，3月挂职）

县政协主席：曾昭明
副　主　席：郑天生（任至10月）
张友群（女）　刘小平
黄从发（任至2月）
杨竹玲（女）　黄启蒙
吴振石（2月任职）

县纪委书记：熊　华
副　书　记：张长先　邝金禄

丰顺县

【概况】丰顺县位于广东省东部，梅州市南端，属南亚热带季风气候区，辖16个镇、1个国有农场，行政区域面积2710.22平方千米。2015年年末，全县户籍人口716454人，常住人口489881人。人口自然增长率7.43‰。旅外华侨华人和港澳台同胞40多万人。梅汕高速公路穿境而过，并在县城设立2个出入口，广梅汕铁路横贯县内中部，县通镇公路全部实现水泥硬底化，国道206线及省道228、224、334线贯穿而过。

丰顺是全国地热资源丰富的县份，素有“九汤十八礤”之称，是著名的温泉之城，地热活动区遍布8个镇、24处，日动储量2.2万立方米，最高水温92℃，硅、氟、氡等元素含量符合医疗用热矿水标准，具有分布广、储量大、水温高、水质好、高端开发价值高等特点，主要用于发电、旅游服务业、养殖业、公共汤湖洗浴、家庭洗浴等方面。新中国成立后第一座地热发电站——邓屋地热电站就建在丰顺汤坑。重要矿产资源有铁、钨、铅、锌、钼、锡、铜、金和稀土等金属矿，花岗岩、高岭土、钾长石、叶蜡石、水晶、石墨、云母等非金属矿。铁矿储量在2000万吨以上，属中型矿。

丰顺旅游资源丰富，有众多的温泉、瀑布、奇峰异石、文物古迹，主要旅游景点有千江温泉度假区、龙鲸河漂流、龙归飞瀑、揭岭飞泉、铜鼓峰高山旅游区、黄花村乡村游、八乡山大峡谷、韩山生态旅游区及太平寺、济公殿、西岩寺、丰顺公园、坚真公园，有省内独特的畲族风情及埔寨“烧火龙”。保留着水乳交融的潮客文化、历史悠久的宗教文化和红色激扬的老区文化。

丰顺著名人物有晚清洋务运动领袖丁日昌，民族英雄徐名鸿，华夏女杰李坚真，数学大师李国平，旅台书法家陈其铨，客家学专家冯秀珍，作曲家巫天特，国民革命军吴逸志中将、陈勉吾少将等，中国人民解放军将军胡军、黄锦容、林才文，爱国侨领丁家骏、何侨生、郑明如、陈修试、罗锦碟、徐廷侨等，国内实业家有地产大王朱拉伊、朱孟依、朱庆伊兄弟，中南五省糖王冯小华、李国辉，自行车大王谭伟龙等。

【发展概况】 2015年，全县推进“一区一带”（丰顺新区和梅江韩江绿色健康文化旅游产业带）规划建设，经济社会保持良好发展态势。2015年，全县生产总值实现943512万元，同比增长10.5%。其中第一产业增加值207254万元，同比增长4.1%，对GDP增长的贡献率7.0%，拉动GDP增长0.7个百分点；第二产业增加值424894万元，同比增长15.1%，对GDP增长的贡献率78.2%，拉动GDP增长8.2个百分点；第三产业增加值311364万元，同比增长5.6%，对GDP增长的贡献率14.8%，拉动GDP增长1.6个百分点。三次产业构成为22.0∶45.0∶33.0。人均生产总值19308元，同比增长10.0%。全年城镇新增就业3718人，就业困难人员实现再就业354人。年末城镇实有登记失业人员2701人，城镇登记失业率为2.44%，同比基本持平。全年地方公共财政预算收入73637万元，同比增长28.1%，其中税收收入51812万元，同比增长28.1%。

【农业】 全年实现农业总产值351273万元，同比增长4.0%。

种植业　粮食作物种植面积2.4万公顷，同比增长0.1%。粮食总产量123688吨，同比增长0.6%。主要经济作物产量中：花生总产量6060吨，同比增长2.3%；蔬菜总产量2343635吨，同比增长3.3%；水果总产量73331吨，同比增长0.02%；茶叶总产量2339吨，同比增长1.2%。

林业　造林面积3533.3公顷，四旁（零星）植树21万株。

畜牧业、渔业　肉类总产量43065吨，同比增长0.3%，其中猪肉产量19165吨，同比增长1.8%；禽肉产量22369吨，同比增长0.9%。水产品总产量16000吨，同比增长6.0%。

农业机械化　农业机械化程度提高，用电量增加。全年农村用电量15723万千瓦时，同比增长6.5%。全年农用化肥施用量（折纯）22179吨，同比减少1.0%。

【交通水利建设】 完成山区中小河流治理工程年度建设任务，动工建设3宗中央规划中小河流治理、小型病险水库除险加固工程。留隍、潭江、丰良3个中心镇污水处理厂建设、村村通自来水、水土保持工程等稳步推进，做好丰顺新区饮水工程规划。110千伏南湖站建设进度加快。总投资4000多万元的韩江坚真大桥建成通车，留隍绕城公路、留隍大桥抢险维修加固、黄金大桥等路桥工程全面完成，新留隍大桥前期工作有序推进。

【工业·建筑业】 全年完成工业增加值326428万元（工业口径），同比增长16.9%，其中规模以上工业完成240928万元，同比增长18.9%。全年实现工业总产值1268663万元，同比增长13.3%，其中规模以上工业完成957763万元，同比增长15.1%。全年规模以上工业企业实现主营业务收入873671万元，同比增长6.2%；实现利税63156万元，同比增长44.6%；实现利润总额34992万元，同比增长107.7%。全年规模以上工业企业完成出口交货值118261万元，同比减少30.9%。全年完成建筑业增加值171677万元，同比增长16.0%。建筑业总产值1000354万元，同比增长15.1%。

【招商引资与产业园区建设】 2015年，丰顺成为广东梅兴华丰产业集聚带的“四大组团”之一，广州海珠（丰顺）产业转移工业园上升为省级产业转移工业园，赢得省级层面对原中央苏区振兴发展的政策支持。规划范围覆盖北部山区10个镇的梅江韩江（丰顺）绿色健康文化旅游产业带上升为市“一区两带”重大战略之一。谋划实施58个重点项目，其中48个正式项目计划总投资185.9亿元，年度投资59.5亿元，完成投资71.1亿元，占年度投资计划的119.5%；4个省重点项目完成投资8.4亿元、占年度投资计划的165.5%；25个市重点项目完成投资55亿元、占年度投资计划的145.9%。一批基础设施、园区、城建、实体经济、重点民生工程建成投产。推进生态工业区、温泉宜居城、生态旅游区“一城两区”各5平方千米的起步区开发建设；开发区扩区已申报省政府审批。优化提升电声基地、中小微电声企业创业园、生活配套设施规划设计，并启动申报“国家新型工业化产业示范基地”。丰顺碧桂园至园区供水管道新建工程全面完工。110千伏埔寨变电站扩建主变容量工程列入电网改造规划。占地5333平方米、日处理能力6万吨的污水处理厂项目全面启动。全年新增征地70.2公顷，完成产业园首期33.3公顷和绿色饲料基地33.3公顷土地平整。深入实施“乡贤回乡投资兴业”工程，园区共引进招商项目10个，计划总投资33.2亿元，其中列入省重点建设项目2个、市重点建设项目5个。推动计划投资10.5亿元的汇威科技、鼎新材料等6个项目加快建设，汇威科技、瑞丰粮油建成试产。截至2015年年底，入园企业累计109家，投产企业96家，在建企业13家。园区完成省定固定资产投资8亿元任务，规模以上工业增加值、税收增长均超过30%。

【固定资产投资】 全年完成固定资产投资总额569599万元，同比增长46.2%，其中房地产投资133062万元，同比增长31.2%。固定资产投资总额中，第一产业投资为零；第二产业投资284730万元，同比增长48.5%，其中工业投资284730万元，同比增长48.5%，工业投资中技改投资135924万元，同比增长100.8%；第三产业投资284869万元，同比增长49.5%。商品房施工面积138.5万平方米，同比增长20.1%。

【金融·保险】 全县各项贷款余额600190万元，比年初增长4.2%；各项存款余额1380716万元，比年初增长15.4%。其中住户存款余额1049432万元，比年初增长9.9%。全年保费收入10909万元，同比增长1.9%。其中人寿险保费收入7100万元，同比减少2.7%；财产险保费收入3810万元，同比增长12.0%。全年保险赔款支出1993万元，同比增长23.6%。其中人寿险赔款支出460万元，同比增长17.9%，财产险赔款支出1533万元，同比增长25.0%。

【商贸】 全年实现批发和零售贸易业增加值58450万元，同比增长9.1%。住宿和餐饮业增加值14806万元，同比增长4.2%。全年社会消费品零售总额451458万元，同比增长12.9%。其中批发零售贸易业实现421932万元，住宿餐饮业实现29526万元，同比分别增长13.3%和7.0%。全年外贸进出口总额33890万美元，同比增长16.4%。其中出口33573万美元，同比增长17.7%；进口325万美元，同比减少46.4%。“三资”企业总产值187544万元，同比增长15.6%。全年实际利用外资887万美元，同比减少32.8%。

【旅游业】 生态文化旅游产业快速发展，八乡山、韩山生态旅游区试业，龙归寨瀑布旅游区晋升国家AAA级旅游景区，九龙嶂、铜鼓峰等景区加快建设。全年接待游客430.9万人次，同比增长26%。全年旅游营业收入40亿元，同比增长30%。

【交通·邮电】 全年旅客周转量40595万人千米，同比增长6.4%；货物周转量110233万吨千米，同比增长142%。全年完成邮电通信业务总量23328万元，其中邮政3287万元，同比增长12.8%；电信20041万元，同比增长92.4%。全县移动电话用户年末35.8万户，固定电话用户12.7万户，其中农村7.6万户。城乡电话普及率（按常住人口计算）99部/百人。

【科技·教育】 企业和事业单位各类专业技术人员7173人，同比增长0.2%。其中高级专业技术人员910人，中级专业技术人员3857人，初级专业技术人员2406人。全县有幼儿园70所，其中民办53所，在园幼儿17618人；小学74所，小学教学点106个，招生7591人，在校学生39644人，毕业生5707人；初中学校23所，招生5647人，在校学生18052人，毕业生7632人；高中学校9所，招生3496人，在校学生10644人，毕业生4049人；职业中学1所，招生710人，在校学生2209人，毕业生702人；特殊教育学校1所，招生5人，在校学生34人。

【文化·卫生·体育】 有文体服务中心16个，博物馆、图书馆、纪念馆、体育公园各1个；有广播电视台1座。全年发行各类报纸225万份，同比增长2.7%，各类杂志13万份，同比减少18.8%。有卫生机构431个，实有床位1472张，在职人员2342人，卫生技术人员1774人。其中医院5所，实有床位895张，卫生技术人员905人；镇级卫生院16所，实有床位485张，卫生技术人员536人；村卫生站354个，卫生技术人员54人；其他卫生机构56个，床位92张，卫生技术人员333人。卫生技术人员中有执业医师和执业助理医师768人，注册护士566人。有面积大小不等的体育活动场所1676个，比上年末增加34个。县运动员在参加市级以上竞技比赛中，有3项获得第一名，有5项获得第二名，有8项获得第三名。全年组织镇以上体育活动竞赛76次。全民体育健身活动广泛开展。

【人口·社会生活】 2015年年末，全县户籍人口716454人，同比增长6.7‰；年末常住人口489881人，同比增长5.0‰。全县人口出生率12.87‰，死亡率5.44‰，自然增长率7.43‰。据住户抽样调查结果，居民人均可支配收入14311元，同比增长9.7%，扣除价格因素，实际增长8.0%。农民人均可支配收入10371元，同比增长8.2%，扣除价格因素，实际增长6.5%。城镇居民人均可支配收入19232元，同比增长10.7%，扣除价格因素，实际增长9.0%。参加城乡居民基本医疗保险619170人，参加城镇职工基本医疗保险33304人。

【“中国电声出口共建基地”挂牌】 2015年4月16日，丰顺县“中国电声出口共建基地”授牌仪式在丰顺电声大厦举行。是丰顺县为促进电声出口转型升级，培育经济增长新动力，在电声产业发展中取得的成果。

【梅汕高铁丰顺先行段顺利动工】 2015年4月27日，梅汕高铁丰顺先行段顺利动工，省委书记胡春华、省长朱小丹到丰顺县汤坑镇湖下村梅汕高铁秀水隧道出口施工现场，实地考察铁路线路设置、项目运行、施工建设、安全保障等情况，看望慰问项目参建代表和一线建设工人，听取关于全省铁路建设主要项目和梅汕高铁规划建设情况汇报。梅汕高铁全长约122千米，其中在梅州境内的总长72.1千米，北起梅州西站，途经揭阳市，向南与厦深高铁相接后，将通往整个沿海快速铁路通道。其中在梅州境内将设立梅州西站、畲江北站、建桥站和丰顺东站四个站场。另外还有揭阳北、揭阳潮汕机场和潮汕站，潮汕站为接轨站。梅汕高铁对于改善梅州交通条件、把梅州建设成为潮汕平原北上开拓腹地的枢纽、促进省际交流合作具有重要的战略意义。

【成功创建“广东省卫生县城”】 依托得天独厚的温泉资源，推动一批投资亿元以上的重点城建项目建设，丰顺碧桂园、锦江美景城、欧洲风情街、滨江湾、金溪源等完成主体工程，千江广场建成开业。整治“六乱”行为，购买保洁服务，完成五斗种生活垃圾无害化卫生填埋场升级改造和一批市政设施建设，污水处理厂二期集污干管和一期升级改造工程如期完成，县城沿江东路、丰达路改造工程基本完成，榕江北河、汶水河“两河四桥”景观亮化得到提升，治理占道经营，规范车辆停放，落实门前“三包”。2015年12月8—9日，广东省爱卫会考核鉴定组对丰顺县创建省级卫生县城工作进行全面考核验收，丰顺县成功创建“广东省卫生县城”。

【获评“广东省林业生态县”荣誉称号】 加强大气污染防治，城区环境空气质量保持优良，水环境质量达标率保持100%。坚持多种树、种好树、严管护，完成森林碳汇工程建设3.29万公顷，森林覆盖率77.4%，比“十一五”期末提高10.64个百分点。八乡山、留隍等特色镇建设扎实推进，建成梅溪、石桥、拾荷等美丽乡村示范点。2015年，丰顺县获评“广东省林业生态县”荣誉称号。

【2015年“喜德盛杯”山地自行车国际邀请赛在丰顺举行】 2015年11月15日，由中国自行车运动协会、广东省自行车运动协会、广东省自行车电动车行业协会主办，丰顺县人民政府、梅州市体育局承办，深圳市喜德盛自行车有限公司冠名的2015年中国·丰顺“喜德盛杯”山地自行车国际邀请赛在丰顺县隆重举行。此次活动主题为“激情丰顺赛、骑乐温泉城”，活动内容包括国际山地自行车竞赛、极限自行车十强争霸赛、自行车企业产品展等。比赛项目包括：男子山地国际公开组、粤东市民男子体验组、男子山地普通A组、男子山地普通B组、女子山地公开组、极限自行车十强争霸赛。赛事奖励总奖金高达25万元。来自俄罗斯、美国、英国、法国等13个国家以及全国业余自行车俱乐部的选手、极限自行车爱好者共1000多名选手参赛。

【镇场概况】

汤坑镇　汤坑镇位于县城东南部，是丰顺县的政治、经济、文化中心，素有“历史重镇”“温泉之乡”“电声之乡”“华侨之乡”的称誉。全镇总面积233.23平方千米，辖10个居委会、32个村委会。2015年，总人口为142951人，其中农业人口88309人，非农业人口54642人。民营企业总收入86.2亿元，同比略有增长。工业总产值78.2亿元，同比增长10.3%，其中电声产值49.2亿元，同比增长11.9%。实现税收2.28亿元，同比增长31.8%。新增规模以上工业企业7家。10个省级卫生村和20个市级卫生村申报工作顺利完成并通过省、市验收，32个村均被评为“卫生村”，成功创建省级卫生县城。

北斗镇　地处榕江北河上游，位于县境中西部。面积91.8平方千米，其中山地9000公顷、耕地366.2公顷。辖8个村委会。2015年，生产总值17083.52万元，同比增长7.3%；工业总产值2314.85万元，同比增长10.4%；农业总产值12830.05万元，同比增长5.3%。地方财政预算收入659.62万元，同比增长6.8%。农民人均纯收入7360.61元，同比增长5.4%。全镇温氏养鸡专业户94户，年上市活禽245万只，存栏63万只，产值6431万元，毛利润735万元，同比增长22.1%。才口、桐新、拾荷等村依托高山优势，新增种植绿茶17.2公顷。茜坑、才口、桐新等村发展壮大养蜂产业，成立五合养蜂专业合作社，农民创收近100万元。拾荷村着力盘活山地资源优势，成功引进并打造洋石养羊百亩示范基地和黄栀子种植示范基地。乡村旅游持续升温，2015年到访游客5.1万人次，同比增长13.3%。

汤西镇　位于县境西南部。域内地热资源丰富，风景秀美，人文朴实，有粤东第一高瀑——揭岭飞泉和建于清乾隆年间的西岩寺。总面积196.29平方千米，辖12个村民委员会和1个社区居民委员会，有104个村民小组。2015年，全镇人口13759户、57550人，其中：农业人口11029户、53922人；非农业人口2730户、3628人。2015年，规模以上工业企业产值7.67亿元，同比减少16.63%；农业总产值3.01亿元，同比增长3.4%。农民人均纯收入9228元，同比增长10.7%；镇财政总收入5700.97万元，同比减少6.6%，国地两税收入1023万元，同比减少22.1%。

汤南镇　位于县镜汤坑镇南部，距县城5

千米。总面积46平方千米。耕地总面积800公顷，其中水田520公顷、旱地273.3公顷，人均耕地面积240平方米。辖8个村委会、1个居委会，总人口52173人，语言为潮汕话，是著名的侨乡和革命老区。2015年，全镇实现社会生产总值17.02亿元，同比增长1.1%，其中农业总产值2.81亿元，同比增长3.3%；工业总产值14.21亿元，同比增长5%；第三产业收入1.93亿元，同比增长0.52%。镇级财政收入1152万元，同比增长4.8%。农民人均纯收入6978元，同比增长5.9%。2015年，全镇种植粮食2666.67公顷，与上年持平；荔枝投产100公顷，总产量551吨，年产值130万元；龙眼投产133.3公顷，总产量2000吨，年产值286万元；甜玉米176.3公顷，年产值420万元；蔬菜861.85公顷，总产量26418吨，年产值8163万元；种植青蒿14.1公顷，总产值32万元。发展温氏养鸡专业户30多家，出栏肉鸡80多万只；养猪专业户20多户，出栏1.7万多头，同比增长10%；扶持隆烟村月兔养殖，全年共出栏6000多只。

埔寨镇　位于县境最南端。埔寨镇历史悠久、文化底蕴深厚，是华侨之乡、文化艺术之乡和革命老区，有国家非物质文化遗产——“埔寨火龙”和省级非物质文化遗产——“埔寨纸花”。总面积97.7平方千米，耕地面积1444.33公顷，其中水田913公顷，旱地472公顷，人均耕地约333.3平方米，山地面积4941公顷，人均山地约1200平方米。埔寨镇内溪流纵横交错，四周群山环抱，属亚热带季风气候，全年气候暖和，日照充足。温泉和矿产资源丰富，铜矿、铁矿、锡矿、稀土矿、高岭土、花岗石、石墨具有较高的开采价值。辖9个村委会、1个居委会、46个村民小组。2015年年底全镇共有46428人。2015年生产总值61118万元（其中工农业生产总值49337万元），乡镇企业总产值38887万元；财政一般预算收入1238.3万元，人均收入8818元。埔寨镇获得文化部命名的2014—2016年度“中国民间文化艺术之乡”称号；获全国“2014—2015年度群众满意的乡镇卫生院”称号，是梅州市2个入选乡镇卫生院之一。

八乡山镇　位于县境西南部，总面积193.62平方千米，其中山地面积18000公顷。镇政府设在贵人村坳下岗。2015年，被住建部和国家旅游局评为第三批“全国特色景观旅游名镇”称号。山峦重叠，群山环抱，最高的山峰鸿图嶂海拔1277.4米，平均海拔600多米，属亚热带季风气候。植被丰富，物种繁多，拥有号称植物“活化石”的国家二级保护植物竹柏和其他珍稀动植物，森林、水利、矿产（铁矿石、有色金属）等资源丰富。有林面积17687公顷，森林覆盖率90.6%，生态公益林16720公顷。2015年，完成533公顷碳汇林建设工程和2133公顷生态公益林建设，完成人工造林2000公顷，种植景观林木5000株。拥有丰富的生态资源、人文资源和红色资源，山水风光秀美，有粤东大峡谷云卷峡、粤东第二高峰鸿图嶂、粤东电视高频转播台、千亩水库、万亩茶园、誉为“中国富士山”的尖山、天堂庵、广善寺、文昌祠等。八乡山是红色革命的摇篮，是土地革命战争和解放战争时期的重要根据地，东江特委、东江苏维埃政府、红十一军等党、政、军领导机关都曾设在八乡山境内，古大存等老一辈无产阶级革命家曾在这里留下战斗足迹，红十一军纪念馆、东江苏维埃政府遗址等保存完好，是全省著名的革命老区。辖15个行政村及1个居民小组。2015年，总人口2.08万人。社会生产总值1.7亿元，同比增长12.3%，其中工业总产值实现1642.6元，同比增长11.8%，农业总产值实现9645万元，同比增长14%，其他产业总产值实现5933.6万元，同比增长10.5%。农民人均纯收入7388.13元，同比增长13%。绿茶种植面积1000公顷，年产成品茶叶100多万公斤，八乡山的茶山和鸿图绿茶被评为“梅州十大茶山”和“梅州十大名茶”。首期计划投资3.5亿元的八乡山大峡谷风景区完成投资近2亿元，打造四季花海、漂流、婚纱摄影地、山地摩托体验等众多游玩景点。2015年，吸引5万多人次到八乡山镇参观考察和休闲游玩。

丰良镇　地处县境北部山区，原为丰顺县老县城，是全国重点镇、广东省中心镇，距县城31千米。总面积249.61平方千米，山地面积2.13万公顷，耕地面积1799.8公顷（其中水田1533.18公顷）。镇政府设在大坝开发区。辖22个村民委员会和1个社区居民委员会。2015年年底，总户数13696户，总人口64932人，其中农业人口10737户、56493人，非农业人口2959户、8439人。镇内有稀土矿、高岭土、钾长石。生产总值4.8亿元，同比增长5.8%；农业生产总值3亿元，同比增长5.9%；农民人均纯收入8900元，同比增长15%。超额完成国地两税征收任务。引进总投资15亿元的甲溪山水生态旅游区规划建设，着力打造集漂流、丛林冒险、养生、文化体验等旅游综合体，总体规划已通过专家评审，进入立项报批程序。

建桥镇　位于县境西北部，总面积94.1平方千米，山地面积8364.7公顷，耕地面积825公顷（其中水田732.1公顷）。镇政府设在建桥村下坝。周围群山环抱，全镇地处南北两山高耸，一水直流地势。南部有海拔897米的鸡公髻崇，东部有韩山高巅，海拔1047米；发源于兴宁市境内的建桥溪，由西向东横境内平川，在丰良莘陂与大椹溪汇合流入丰良河。属南亚热带季风气候，一年常绿，四季分明，气候温和，雨量充沛、阳光充足，无霜期长。镇内森林、水力、矿产（优质石板、钾长石、河沙为主）资源丰富。辖10个行政村。有5558户、31225人，其中农业人口5130户、29442人，非农业人口428户、1783人。2015年，完成社会生产总值、农业生产总值、工业生产总值分别为13937.28万元、4320.8万元、1503.36万元，同比分别增长12%、10%和8%。投资3359万元的重点项目山区中小河流综合治理工程顺利动工，项目含主河流1条，支流5条，总长18千米，完成护岸12千米，河道疏浚14千米，占工程量的85%。投资280万元建设覆盖6个村的洋坑水圳灌区项目，完成92%。全面完成总投资316多万元的农田水利重点县项目。继续推进农村安全饮水工程，惠及全镇9个行政村的饮水工程已全线贯通并投入使用，边远村三和村通过自筹等方式也已完成安全饮水工程建设，农村安全饮水网实现10个行政村全覆盖。全年完成交通道路建设投资150多万元，升级改造环西、环中、郑屋等行政村4.5千米长的村道。做好岗围村申报第四批中国传统村落申报工作。环中槐阴庐、郑屋老新屋获得梅州市第一批历史建筑称号。

龙岗镇　位于县境北部山区。总面积111.88平方千米，耕地面积859.3公顷（其中水田750公顷、旱地109.4公顷），人均耕地420平方米。山地面积9万公顷。辖11个行政村、56个自然村，全镇有3758户，总人口20350人，其中农业人口18695人、非农业人口1655人。2015年，社会总产值15100万元。其中农业总产值8059万元，工业总产值4820万元，其他产值2221万元。农民人均纯收入6756元。全镇绿茶种植面积800公顷，百年以上传统小叶茶186.7公顷，产值2500多万元，茶农户均增收4000多元。其中马山茶业开发茶园面积266.7公顷，年产值约1200多万元。有龙丰和华承2家油茶公司，种植面积533.3公顷，完善基地配套设施，远期规划种植3333.3公顷。

潘田镇　位于县境中部，平均海拔426米。全镇总面积146.04平方千米，有耕地974.9公顷（其中水田653.5公顷、旱地94.4公顷）。镇政府设在潘新社区居民委员会。主要资源有森林、水力、矿产（以瓷土、高岭土、铅锌矿、铜矿、锡矿为主，矿源分布广、品位高，有较好的开发前景）。辖13个村民委员会和潘新社区居民委员会，100个村民小组。全镇7835户，41519人，其中农业人口7481户、39144人；非农业人口354户、2375人。2015年，农村社会总产值达13634万元，同比增长7.1%。工农业总产值20676万元，其中工业总产值8122万元，同比增长7.8%；农业总产值12554万元，同比增长11.7%。第三产业增加值398万元，同比增长52%。种植烤烟面积约79.3公顷，种植番薯约156.7公顷。全镇完成炭汇林造林5960公顷。

大龙华镇　地处粤东第一高峰铜鼓嶂下，位于县境东北部。总面积250平方千米，林地面积2.07万公顷，耕地面积627.4公顷（其中水田513.3公顷）。镇政府设在田东村。自然条件优越，资源丰富，主要有森林、水电、矿产等。有2条属韩江二级支流的主溪水，即白溪和龙溪。龙溪水主河道天然落差近千米，长40千米。全镇山区水系密布、水力资源理论蕴藏量19825千瓦。矿藏有铅锌矿、锡矿、钨矿、金矿、瓷土、稀土、云母、水晶等，有开发前景。境内莲花山脉主峰——铜鼓嶂，海拔1559.5米，属粤东第一高峰，自然生态环境优异，野生动植物种类繁多，为发展山区经济提供宝贵条件。辖16个村委会。户籍人口21611人，其中农业户3788户、20365人，非农业户518户、1246人。2015年，全镇实现社会生产总产值1.95亿元，同比增长14.7%；财政收入（含上级预算内拨款）1537.09万元，同比增长7.9%；全镇16个行政村集体经济收入均有不同程度的增长。有企业35家，从业人员300多人。工业企业28家，产值达2500多万元，其中超百万产值工业企业5家。以民营企业为主体的工业产业形成电力、铅锌矿、电子配件组装和农副产品加工等几个支柱行业。成功引进丰顺学冠嶂生态农林发展有限公司到长埂学冠嶂开发农业项目。

黄金镇　位于县境东北部，总面积155.89平方千米，山地面积1.39万公顷，耕地面积1266.7公顷。镇政府设在黄金圩镇。辖24个村委会，1个黄金中心社区居委会。2015年有8070户、40042人，其中农业户7083户、35441人。镇财政收入1361.97万元，以上级拨款为主。农村社会总产值2.89亿元，同比增长5.9%。农业总产值9564.1万元，同比增长4.3%。粮食总产量13348吨。工业总产值完成10963万元，同比增长6.2%。第三产业增加值8344.4万元，同比增长8.6%。固定资产投资总额完成2000万元。主种水稻，经济作物有南姜、甜玉米、鱼藤、甜竹笋等。粮食种植面积1396.5公顷，总产13348吨。有镇、村、联产及个体企业410家，从业人员1446人，工业企业门类有水电、建筑、采石、竹制工艺品、食品等行业。私营企业8家，从业人数211人，资产总额2507万元。2015年乡镇企业总收入1.97亿元，同比增长11.5%。

留隍镇　位于县境东北部，属革命老区，是梅州、潮州、揭阳三市交界处且是潮客文化交融的地区。2002年留隍被省政府定为中心镇。2004年10月原东留、茶背镇并入留隍镇。合并镇后全镇总面积428.23平方千米，总人口10.5万人，辖36个行政村和1个社区居委会。2006年9月，被省定为“青榄专业镇技术创新试点单位”。2008年被评为“省级生态示范镇”，2009年被评为“梅州市生态镇”。2015年社会生产总值10.86亿元，农业总产值3.27亿元，工业总产值7亿元，4家规模以上工业企业总产值6.61亿元，同比分别增长17.6%、3.1%、35%和11.3%。社会固定资产投资累计1亿元，完成国税收入350万元、地税收入1028万元。抓好规划建设面积5平方千米的鹿湖温泉度假村重点项目建设的推进协调工作和征地拆迁工作。重点打造留隍鹿湖温泉度假村、韩江葛布水利枢纽、广东元生源生态科技旅游项目以及健康养生产业和文化教育基地等，推动地方特色生态文化经济发展。推进建设面积25.9公顷的东洋美丽新村建设等项目，重点落实土地总体规划利用调整协调工作，解决项目建设用地指标问题。推进由丰顺华厦韩江水利电力发展公司投资约15亿元、设计发电容量42兆瓦的韩江葛布水利枢纽工程规划建设，做好项目前期测设等工作。推进镇西区输净水与配水管网自来水改造、中心镇污水处理厂等一批水利工程建设项目，两个项目完成规划设计、立项审批和征地拆迁等工作。

潭江镇　地处县境东北部。镇域面积为218平方千米，其中有山地1.91万公顷、水田536.7公顷。辖1个社区居委和18个村委，233个村民小组，总人口3万多人，其中凤坪村850多人（畲族520多人），是梅州市唯一的少数民族（畲族）聚居地，也是著名的革命老区。2015年，社会生产总值4.58亿元，同比增长9%，其中农业产值2.13亿元，工业产值1.85亿元，同比分别增长5.9%和32.14%。农民人均纯收入8396.3元，同比增长10%。完成国地税收入748万元。除传统农业外，茶叶是镇农业特色产业，镇茶叶种植主要分布在较高寒的凤坪、银溪、箭竹、官上、官溪、官下、社輋、然新8个村，以凤坪和银溪两地茶叶较为出名，素有“高山云雾出名茶”之称。全镇茶园总面积953.3公顷，春茶产量40万公斤，同比增长8.3%，春茶产值6000多万元，与上年持平，茶叶已成为镇农民经济收入的主要来源之一。陶瓷产业完成产值1.3亿元，同比增长18.2%，其中规模以上企业泰丰陶瓷公司和顺兴陶瓷公司分别完成产值9100多万元和2300多万元，陶瓷产业的发展为镇经济发展提供强有力的支撑。

砂田镇　地处县境东北部，面积146.5平方千米，其中山地面积1.2万公顷、耕地面积470公顷，四面群山怀抱，西北面莲花山脉主峰——铜鼓峰，为粤东最高峰；中间盆地，金沙河自北部向南流经砂田圩镇。辖16个村民委员会和1个居民委员会。2015年，全镇有4324户，总人口19325人。森林、水力、高岭土、矿产（稀土、花岗岩为主）资源丰富，大部分尚未开发利用。自然生态环境优异，野生物、动植物种类繁多，为发展山区经济提供宝贵条件。黄花村2008年被评为“广东省特色旅游村”，2010年被评为“全国生态文化村”，2014年被评为“广东名村”，2015年被评为“广东省精神文明建设先进单位”。2015年，全镇社会生产总值1.59亿元，同比增长14%。其中工业总产值4509万元，同比增长44%。农民人均纯收入8467元，同比增长12%。财政总收入3089万元，同比增长53.01%。全社会固定资产投资完成1.3亿元，同比增长18%。

小胜镇　位于县境东北部。总人口1.6万人，总户数3007户。辖11个行政村，155个自然村。总面积76平方千米，山地面积6600公顷，耕地面积366公顷。2015年，农村经济总收入9142万元，同比增长10.8%；农业收入1438万元，同比增长15%；工业收入2335万元，同比增长17%；农民人均纯收入7935元，同比增长16%。

埔寨农场　位于县境最南端，原是梅州地区唯一能种植橡胶生产的省属国有农场。总面积6.8平方千米，有山地面积418公顷，耕地104.5公顷（其中水田82.9公顷、旱地21.6公顷）。有半岭管理区、大塘管理区及1个场企业，总户数585户，总人口2498人，其中农业人口2039人、非农业人口459人。农村耕地面积104.5公顷。场企业由于橡胶老化，企业经济不景气，于2009年11月转租给广东新南方科技药业有限公司。2015年，农村社会总户值2724万元，农民人均纯收入8627元。粮食种植面积121.3公顷，总产563吨，鱼塘26公顷，专业养鱼户产值10万元以上有18户。主要经济作物有柑橙、火龙果、龙眼、青榄、荔枝等。全场每年出栏“三鸟”32.64万只，共有5户养鸡专业大户，4户养猪专业大户，全场每年出栏生猪5180头。场企业主要是种植青蒿药材生产，2015年收青蒿干叶42吨。2015年，埔寨农场绿色饲料生产基地建设内容包括高档猪教槽料、兽药、微生态制剂产品生产基地等，被省政府列为2015年省重点项目。

（曾杏美）

附：2015年丰顺县领导班子成员名单

县委书记：陈志宁
副 书 记：曾永祥
　　　　　郑奕雄（任至2015.07）
　　　　　廖茂忠（2015.07起任）

常　　委：陈志宁　曾永祥
郑奕雄（任至2015.07）
廖茂忠（2015.07起任）
唐秀娟（女）　凌　浚　丘　炀
陈辉祥　邱翠茂（女）　郑春鹏
谢爱民　黄建斐(2015.07起任)
周滨（挂职）　黄智勇
黄守新（2015.02起任、挂职）
县人大常委会主任：陈志宁
常务副主任：朱云辉
副 主 任：陈美琼（女）　徐建辉
何火营　罗喜周　陈诺文
县人大常委会：吴瑞文
（原正县级干部、保留正处级）
廖日来(原副县级干部、保留副处级)
县　　长：曾永祥
常务副县长：廖茂忠（任至2015.07）
郑春鹏（2015.07起任）
副 县 长：黄智勇
黄守新（2015.03起任）
刘超平　黄纯忠　罗卫标
傅伟芳（女）　房春鸣
县 政 府：李华耀（正县级干部，任至2015.10）
罗真对（副处级干部、党组成员，任至2015.02）
王锦辉（原副县级干部、保留副处级）
朱报正（原副县级干部、保留副处级）
县政协主席：徐庆青
副 主 席：林桂庵　谢仁泉　蔡运林
蔡伟娟(女、任至2015.05)
曾庆珠　徐旭亮
罗真对(2015.02起任)
县纪委书记：唐秀娟（女）
副 书 记：廖若旦　王　琳

五 华 县

【概况】 五华县位于广东省东部，辖16个镇、412个行政村和34个社区居委会。土地面积3237.8平方千米，年末户籍人口1463929人，常住人口1080842人，人口自然增长率7.76‰。耕地面积4.16万公顷，粮食播种面积5.49万公顷，粮食产量32.36万吨。林地面积23.75万公顷，森林覆盖面率70.15%，活立木蓄积量783万立方米。自然资源丰富，有金属矿物34种、非金属矿物19种，矿点97处，其中钨、钼矿达国家标准一级一类、萤石矿属世界一级品、钾长石储量和质量均居全省首位。全县山地占49.1%，丘陵占41.3%，河谷冲积平原占5.4%，盆地占4.2%。水力资源丰富，理论蕴藏量6.8万千瓦，可开发量4.79万千瓦。动物、植物种类繁多，其中兽类20多种、禽类100多种、两栖爬行类50多种；植物1500多种。五华交通便利，205国道、广梅汕铁路穿梭而过，建成的高速公路有梅河高速、汕湛高速五华段，在建的有兴华高速和畲华支线，规划建设的有大丰华高速以及兴汕高速五华段。

五华地灵人杰，英才辈出，是原中央苏区县。武状元李威光、球王李惠堂、革命家古大存、院士钟世镇等是其中杰出代表。素有“工匠之乡”美誉，尤以石雕技艺精巧称著。土特产繁多，国优名酒长乐烧、贡品大田柿花历为名品，远近闻名。境内文物古迹众多，有广东省八大大遗址之一的狮雄山秦汉遗址和长乐学宫、狮雄山塔、李威光故居、双华英烈庙、横陂李惠堂故居、转水荣槐楼等省级重点文物保护单位7处，县级重点文物保护单位63处。有中国传统村落岐岭镇凤凰村、横陂镇夏阜村；广东省古村落河东镇寨顶巷、横陂镇夏阜村西门寨、双华镇虎石村下门寨。民间传统艺术丰富多彩，其中五华提线木偶被评为全国优秀非物质文化遗产，竹马舞、石雕、采茶戏、长乐烧制酒工艺被列为省级非物质文化遗产保护项目。主要旅游景点有省级自然保护区七目嶂和国家AAA级旅游景区益塘水库旅游区、汤湖热矿泥山庄等。

【经济发展概况】 2015年，全县实现生产总值126.43亿元，同比增长9.7%，其中第一产业增加值27.66亿元、第二产业增加值36.78亿元、第三产业增加值61.99亿元，同比分别增长4.0%、11.5%、11.1%。地方财政一般预算收入5.55亿元、全县一般公共预算总收入62.22亿元、全县一般公共预算支出57.07亿元，同比分别增长28.8%、29.58%、40.3%。

【农业】 2015年，全县农业产业结构调整稳步推进，促进农业产业化和现代化，使传统农业逐步向精致高效现代农业转变。全县农业总产值50.57亿元，同比增长2.8%，农业增加值29.2亿元，同比增长4.3%。创建华城、横陂、河东、安流万亩国家级粮食高产示范片。完成2533.33公顷高标准基本农田建设任务。强兴七目嶂、登云嶂云雾茶等4家企业被评为省级农业龙头企业。新增农民专业合作社87家。松岗嶂绿色生态茶园入选全省唯一的“中国30座最美茶园”。大田柿花被评为省“名优特新”农产品，“登云金雀”绿茶、“彩云”百香果、“凤达园”赤灵芝孢子粉3个产品被评为省名牌产品。农村土地承包经营权确权登记颁证工作全面铺开。

种植业　粮食总产量32.36万吨，同比增长12.9%。其中稻谷28.06万吨，同比增长0.2%；甘蔗7311吨，同比增长4.6%；烤烟2414吨，同比下降6.5%；花生7582吨，同比增长10.1%；大豆3792吨，同比增长1.3%。

林业　全年林业完成人工造林1.09万公顷，年末森林覆盖率70.15%，同比提高0.62个百分点；林木蓄积量累计783万立方米，同比增长4.7%。全县有自然保护区12个，省级森林公园1个，县级森林公园2个。

畜牧业　全年肉类总产量5.75万吨，同比增长0.09%，其中猪肉产量4.30万吨，同比下降1.2%。生猪年末存栏4480万头，同比下降1.1%。耕牛年末存栏2.81万头，同比下降5.8%。

水产业　全年淡水产品产量1.8万吨，同比下降3.0%。

【工业】 2015年，全县工业总产值91.3亿元，同比增长12.4%。完成工业增加值22.1亿元，同比增长10.5%。其中规模以上工业企业（新口径）26家，实现总产值59亿元，同比增长17.4%，实现增加值13.2亿元，同比增长15.2%。开展“暖企”行动，落实县领导挂钩联系企业制度，扶持富胜实业、井得电机等企业加快上市步伐。搭建“助保贷”平台，为中小微企业放贷5002万元。眉山水泥厂年产100万吨水泥粉磨站技改项目顺利投产。辉胜达电器、万山科技获国家高新企业认定。投资120亿元的五华抽水蓄能电站动工建设，“三洞两路”（通风洞、交通洞、自流排水洞以及上下库连接公路、下库右岸公路）进场施工，推进移民安置区建设。新增6家规模以上工业企业。全县工业总产值5亿元以上企业4家，其中辉胜达电器工业产值超10亿元。全年主要工业产品产量：发电量1.62亿千瓦时，同比下降28.3%；涤纶纤维65393吨，同比增长6.2%；饮料、酒3945吨，同比下降34.9%；中成药5080吨，同比增长47.4%；家用电热器具404.2万台，同比增长41.0%。

【园区建设及招商引资】 2015年，园区扩能增效步伐加快。一是成功竞得1.7亿元产业园区扩能增效扶持资金。投入3.7亿元，完成广州番禺（五华）产业转移工业园征地86.67公顷、平整76.67公顷，加快推进农科所板块路网、罗湖板块路网建设，基本形成“七纵五横”的路网。园区实现产值53.2亿元、工业增加值11.9亿元、税收1.7亿元，同比分别增长

18.5%、20.2%、33.6%。投入1亿多元，启动河东工业区建设，完成征地200公顷、平整40公顷，进园企业7家，长乐大道、110千伏变电站和园区主供水管网建设加快推进。二是成功举办第四届世界客商大会五华县系列活动，加快推进“三个一批”（竣工一批、动工一批、签约一批）项目，润华肠衣、九鼎包装等12个项目签约落户，香雪制药、红木家具等17个项目动工建设，立信织造、明珠星钟表等14个项目竣工投产。实施“乡贤回乡投资兴业”工程，精心挑选符合产业布局的项目，落实“一对一”招商引资责任，对接联系六批次86个项目。全年引进工业项目15个，计划总投资76亿元，固定资产投资59.9亿元。

【固定资产投资】 2015年，全县固定资产投资大幅增长。完成固定资产投资69.94亿元（新口径），同比增长60%。其中交通投资24.46亿元，同比增长3.4倍；工业投资34.22亿元，同比增长56.6%，其中技改投资13.94亿元，同比增长13.8%；房地产投资9.45亿元，同比增长49.9%；其他投资1.81亿元，同比增长21.4%。

【基础设施建设】

交通建设　一是汕湛、平兴高速五华段建成通车，兴华高速（含畲华支线）五华段实现无障碍施工，大丰华高速五华至丰顺段、兴汕高速五华至陆河段建设前期工作有序推进。二是省道228线华城高速出口至河东段升级改造为一级公路，省道120线东山至洋桃段和省道238线周江至安流段升级改造全面完成，琴江公路水寨至锡坑段、省道120线华阳至安流段、华城观源至狮雄山旅游公路、兴华高速五华互通至县城连接线、汕湛高速华阳互通至龙村连接线、县道003线金坑至龙村段建设加快推进。三是全县各种交通运输方式完成货物周转量15.36亿吨千米，同比增长12.4%，完成旅客周转量4.85亿人千米，同比增长11.4%。年末，全县公路通车里程3246千米，同比增加124千米，增长4.0%。公路密度每百平方千米，同比增加3.57千米，增长3.7%。

水利电网建设　完成省级水利示范县剩余项目13宗。基本完成年度山区中小河流治理工程和双华河、蕉州河治理工程。完成益塘水库农业水价综合改革示范项目，益塘水库引水工程建设前期工作稳步推进。投入8400万元，建成基建配网工程176个。110千伏周江狮潭输变电工程动工建设，转水枫林输变电工程前期工作有序推进。五华抽水蓄能电站全面动工建设，龙狮殿风电场项目获省核准。

城乡建设　完成县城中心区控制性详细规划编制。全年收储土地55宗、85.3公顷，保障重点项目建设用地需求。投入6.3亿元，建成人民公园一期、琴江广场一期、街心公园、华园市场、上新市场、长乐农贸市场、城区天然气场站，完成罗湖堤、莲洞堤、水潭东路车站段、华兴北路、河东大道、水寨大道“严管示范路”等市政项目建设改造，加快碧桂园二期、奥园城市综合体、环城大道东延线、长乐大桥建设。成功创建“广东省卫生县城”，启动“国家卫生县城”和“广东省文明县城”创建工作。镇村建设步伐加快，完成安流、华城2个中心镇总体规划修编。抓好华城镇幸福村居示范片建设，完成省道239线华城圩镇段等一批圩镇道路改造提升工程。推进岐岭、横陂等镇农民体育健身工程建设。抓好镇村生活垃圾专项整治，周江、双华等镇生活垃圾无害化处理场加快建设。

邮电通信建设　城乡固定电话用户80276户，同比增长5.1%。通信网络快速发展，全县计算机互联网用户43374户，同比增长4.3%。

【旅游业】 2015年，全县抓住城市化进程和深梅旅游路线扩展契机，推出以“山、水、泥”为特色的旅游项目，扩展以热矿泥温泉山庄和益塘水库、七目嶂等为生态旅游景点的线路，打造以“长乐古城、生态五华、养生胜地、田园山水、乡野休闲”为主题的旅游品牌。全面开展狮雄山秦汉遗址、球王李惠堂旧居和寨顶巷古村落的保护开发工作。推进双龙山、新丰寨生态旅游项目建设和热矿泥山庄升级改造。营田、湖田、龙狮殿农家乐饭店被评为“全国乡村旅游金牌农家乐”。全年接待游客460万人次，同比增长24.1%；旅游业总收入32亿元，同比增长26.2%。

【商贸·财税】 2015年，国内消费品市场稳定发展，全县实现社会消费品零售总额81亿元，同比增长10.5%。对外经济工作成绩显著，外贸进出口总额增长较快。外贸进出口总额19251万美元，同比增长15.9%，外贸出口总额1.83亿美元，同比增长41.9%。其中“三资”企业出口额1584.76万美元，同比减少42.46%；一般贸易出口1.67亿美元，同比增长64.86%。实际利用外资实现533万美元，同比下降57.36%。

全县财政收入增长较快，地方一般公共预算收入实现5.55亿元，同比增长28.8%；地方一般公共预算支出57.07亿元，同比增长40.3%。通过“PPP”模式融资11.6亿元，保障重点项目建设资金需求。预算管理体制改革深入推进，农村“三资”监管平台建成使用，财政资金项目申报得到规范。强化对重点工程、房地产行业、外出经营企业等重点税源监管。国税收入3.3亿元、地税收入6.7亿元，同比分别增长13.2%、35.4%。省农村普惠金融试点县工作全面完成。全县金融机构存款余额221.3亿元、贷款余额70.2亿元，分别比年初增长17.3%、20.7%。

【金融·保险】 2015年年末，金融业快速发展，存贷款余额实现同步较快增长。全县国家银行各项本外币存款余额221.25亿元，同比增长17.2%。城乡居民储蓄存款余额158.89亿元，同比增长17.2%。各项本外币贷款余额70.19亿元，同比增长20.7%。人保、人寿保险费收入1.42亿元，同比下降22%。其中人民保险保费收入4200万元，同比增长48.5%；人寿保险费收入1.0亿元，同比减少34.6%。

【教育·科技】 2015年，五华成功创建“省教育强县”，通过“全国义务教育发展基本均衡县”验收。一是实验幼儿园和实验小学建成使用，高级中学、第六小学和特殊教育学校建设步伐加快。二是教育基础设施不断完善，教育投资进一步加大。全年教育财政拨款13.87亿元，同比增长8.7%。全县有各类中等专业学校2所，在校学生1100人；普通中学55所，在校学生77123人，其中高中学生31744人；职业中学3所，在校学生4784人。有小学160所，在校学生92483人，增加745人，同比增长0.81%。适龄儿童入学率、小学毕业生升学率、初中毕业生升学率均100%，实现与上年持平；高中毕业升学率92.8%，同比提高3.1%。在本年高考中，全县入省大专A线以上人数4589人，入围率43.4%，入本科线以上人数2096人，入围率19.8%。全县有各类专业技术人员15916人。全年申报国家专利222例，授权151例，其中发明专利申报6例、授权3例。

【文化·广电】 2015年，开展送戏下乡等文化活动，全年2个专业剧团和县文化馆一条龙业余剧团送戏下乡演出168场，县城文化广场业余演出26场次。成功申报一批省级非物质文化遗产保护项目和文物保护单位。全年放映电影7648多场。图书馆藏书13.2万册，进馆读者11万人次，图书流通量9万册次。有调频广播电台1座，有线电视台1个，有线电视站16个，卫星电视地面接收站6个，有线电视用户6.85万户，广播、电视人口覆盖率98.8%。

【卫计·体育】 2015年，全县卫生计生工作稳步推进，加快县级公立医院综合改革，抓好医疗卫生基础设施建设，县中医院外科综合楼、县妇幼保健院住院大楼建设顺利推进，完成新桥、双头等5所卫生院业务用房升级改造，民营三甲医院、康泰精神病院、华南医院建设前期工作有序推进。全县拥有卫生机构42个，床位2565张。各类卫生技术人员2950人，其中执业医师1009人，同比增长6.7%；执业助理医师1054人，同比增长7.3%。无偿献血267万毫升。开展人口计生服务“村村行”活动，实行每月人口计生工作动态考核，年度目标任务全面完成。年末全县总人口1463929人，同比增加100807人，增长7.4%。其中常住人口1080842人，同比增长0.4%。在总人口中，城镇人口175804人，占总人口的12%；乡村人口1288125人，占总人口的88%。男性人口762338人，女性701591人，性别比108.7%。出生率13.42‰，同比下降1.12个千分点；死亡率5.65‰，同比提高0.3‰；自然增长率7.76‰，同比下降1.16‰。

2015年，体育事业成效显著，全面开展足球“三进”（进政企、进乡村、进学校）活动，成立县青少年足球发展基金，推动青少年足球事业发展。梅州五华足球队成功冲甲，五华成为全国唯一拥有中甲球队的县。五华U12足球队获全国冠军并代表国家赴瑞典参加国际青少年足球赛。承办球王李惠堂110周年诞辰学术研讨会暨主题学术沙龙。长布元坑中国内地现代足球发源地得到有效保护。群众体育蓬勃开展，全民健身步步深入。全县开展群众性体育竞赛活动，举办足球、篮球、乒乓球、棋类、健身竞走等大型群众活动28场次，推动全民健身运动发展。

【生态环境建设】　一是完成森林碳汇重点生态工程1.09万公顷建设任务和“四江”（韩江、北江、东江、西江）流域水源涵养林2200公顷种植任务。完成森林抚育2.11万公顷。改造提升31.8千米生态景观林带。二是启动水寨星湖岭、河东天云岭县级森林公园，潭下宝山嶂县级自然保护区和双华高山寨、横陂贵人嶂、梅林松桂园等7个镇级森林公园建设。三是完成54个乡村绿化美化工程，打造省级示范村5个、市级示范村3个。四是加大对破坏森林资源行为打击力度，立案查处142宗、151人。成功创建“省林业生态县”。建立重点环境问题挂牌督办制度，完成重点环境问题整治18宗。五是落实耕地保护责任，拆除违法占用耕地建房106宗、1.84公顷，立案查处非法买卖土地案件3宗。六是加大环境保护工作力度，改善城市环境质量。有环境监测站1个，环境监测人员17人。加强对11个自然保护区、2个县级森林公园、1个省级森林公园和5个一级饮用水源保护区的管理，固体废物综合利用率100%。

【社会生活与保障】

人民生活　城乡居民收入进一步增加，生活水平稳步提高。居民人均可支配收入12383元，同比增长8.1%。其中城镇居民年人均可支配收入17537元，同比增长8.3%。农民年人均可支配收入10138元，同比增长8%。

扶贫工作　推进103个重点帮扶村扶贫开发“双到”工作，各级帮扶单位累计投入6.8亿元，落实村集体项目2497个，发展户生产项目33948个。重点帮扶村集体经济收入均达5万元以上，贫困村农民人均纯收入8843元，有劳动能力贫困户12736户、62288人全部实现稳定脱贫。启动新时期精准扶贫前期工作。

社会保障　一是县人力资源市场、救灾物资储备仓库建成使用，县残疾人康复中心、革命烈士陵园、公益性生态公墓加快建设。完成潭下、周江、双华、龙村、郭田敬老院改造。二是加大社保扩面征缴力度，全县“五险”（养老保险、医疗保险、失业保险、工伤保险和生育保险）收入3.5亿元，参加城乡居民医疗保险的人数121.6万人，同比增长0.6%。参加农村养老保险的人数40.7万人，同比增长1.8%。年末，全县参加失业保险28578人，同比增长7.1%；参加基本养老保险的职工人数52717人，同比增长3.1%；参加工伤保险人数32359人，同比增长4.2%；28113名离退休人员享受社会养老保险，同比增长5.8%。三是全县享受最低生活保障的困难群众61672人，其中城镇485人、农村61187人。全年发放医疗救助2744.85万元，救助81073人次。全县各乡镇建立农村社会保障网络。

公共安全保障　一是针对重点行业、重点领域和关键环节中矛盾突出、群众反映强烈的问题，集中开展整治“黑恶势力”、非法堆放经营河砂、违法占用耕地建房和非法买卖（转让）土地、镇村生活垃圾处理等“十大专项整治”行动。二是推进“平安细胞”工程，加强社会治安综合治理和信访维稳工作，群众信访量大幅下降。全年受理群众来信来访875件次，同比下降27%，到市上访69批、335人次，同比分别下降36.1%和51.5%，到省上访52批141人次，同比分别下降1.9%和42.4%。三是开展“一村（居）一法律顾问”工作，引导群众学法、守法、用法。创新农村社会管理，培育发展村民理事会。四是落实安全生产“党政同责、一岗双责”制，加强重点领域和行业的安全监管。承接落实各项改革举措，增强发展活力，优化发展环境。

（江连辉）

【乡镇概况】

水寨镇　地处县城，总面积99平方千米。辖23个村委会、450个村民小组和4个居委会。2015年，有51647户、167482人，其中农业人口76081人、非农业人口91401人。有耕地面积1431.2公顷，其中水田1038.73公顷、旱地392.47公顷。农村经济总收入18.1亿元，同比增长10%；镇级财政收入550万元，同比增长2.7%；国地两税收入1.8亿元，同比增长47.5%；农民人均纯收入9686元，同比增长9%。

河东镇　位于五华县中部，地处县城，总面积236平方千米。辖43个行政村和3个居委会。2015年年末，耕地总面积4496.4公顷，其中水（旱）田3390公顷、旱地1106.4公顷。全镇有26576户、134103人，其中农业人口121181人、非农业人口12922人。全镇农村经济总收入12.45亿元，镇级财政收入1550万元，农民人均纯收入8665元，同比分别增长5.5%、35.25%和5%。

转水镇　位于五华县北部，离县城13千米，辖区面积158.5平方千米。辖21个村委会和1个居委会。2015年年末，全镇有14709户、71214人，其中农业人口67178人，非农业人口4036人。耕地面积2557.33公顷，其中，水（旱）田1985.27公顷、旱地572.07公顷。全镇农村经济总产值7.99亿元，同比增长8%；镇级财政一般预算收入3035万元，同比增长8.5%；国税收入129万元，地税收入实现1222万元；农民人均纯收入7998元，同比增长8.25%。

华城镇　地处五华县北部，是老县城，全国重点镇之一，距县城水寨27千米。辖34个村和3个居委会，总面积247.5平方千米，耕地面积2866.67公顷，山地1.60万公顷。有人口130000人（其中农业人口110550人、非农业人口19450人）。实现农村经济总产值13.34亿元，同比增长8.9%；镇级财政收入1138万元，同比增长10%；农民人均纯收入8325元，同比增长5.5%。

岐岭镇　地处五华县西北部，距县城49千米，总面积154.5平方千米，辖25个村民委员会和2个社区居委会。2015年年末，有18509户76127人，其中非农业户口7535人、农业户口68592人。山地面积1.10万公顷；耕地面积1794.73公顷，其中水田1525.87公顷、旱地268.87公顷。全镇实现工农业生产总值7.76亿元，同比增长4.5%；镇级财政收入5336.9万元，同比增长16.9%；国、地两税收入2257万元；农民人均纯收入8187元，同比增长9%。

潭下镇　地处五华县西北部，距县城35千米，总面积260.8平方千米。辖20个村委会、1个居委会。2015年年末，总人口62351人。有耕地面积1496.60公顷，其中水田1367.33公顷，年总产17500吨以上，素有“五华粮仓”之美誉；山地面积2.07万公顷，占全县山地面积的1/10，森林资源丰富，森林覆盖率75%。农村经济总收入7.22亿元，同比增长10%；镇级财政预算收入1332万元，其中国、地两税收入226万元，同比增长5%，全面完成税收任务；农民人均纯收入8319元，同比增长9%。

长布镇　地处五华县西北部，距离县城65千米，总面积284.1平方千米，辖25个村委会、276个村民小组和2个居委会。有耕地面积1738.20公顷，其中水（旱）田1577.53公顷、旱地160.67公顷。有12510户、73521人，其中农业人口69569人、非农人口3952人。全镇农村经济总收入3.97亿元，同比增长4.2%；镇级财政收入2080万元，同比减少3.37%；农民人均纯收入6359元，同比增长3.6%。

周江镇　位于五华县西南部，距离县城38千米，总面积199.4平方千米，其中山地面积1.62万公顷、耕地面积2031公顷。辖22个村委会和2个居委会。2015年年末，有10159户、53848人，其中农业人口51020人、非农业人口2828人。全镇农村经济总收入3.93亿元，同比减少11.2%；镇级财政收入1920万元，同比增加7.4%；农民人均纯收入7691元，同比增长9.7%。

横陂镇　位于五华县城西南8千米，总面积236平方千米，辖35个村委会、3个居委会、569个村民小组。2015年年末，有总人口25303户、112990人，其中农业人口105000人、非农业人口7990人。有耕地面积3306.73公顷，其中水田2324.13公顷、旱地951.80公顷、水浇地31.07公顷。全镇农村经济总收入9.13亿元，同比增长10%；镇级财政收入591万元，同比减少21.83%；实现国税收入440万元、地方税收入601万元；农民人均纯收入8398元，同比增长9%。

郭田镇　位于五华县东南部，距离县城2千米，是县三个革命老区镇之一，也是古大存入党介绍人、五华第一个共产党员黄国梁的故乡。总面积142平方千米，辖12个村委会、1个居委会、250个村民小组。耕地面积1177.07公顷，其中水田887公顷、旱地290.07公顷，山地面积1.09万公顷。有6817户、37799人，其中农业人口36387人、非农人口1412人。全镇农村经济总收入2.46亿元，同比增长7%；全镇固定收入60万元；农民人均纯收入7200元，同比增长7.2%。

双华镇　地处五华县东南部，离县城28千米，辖16个行政村和1个居委会。辖区面积141平方千米。林地面积1.25万公顷，耕地面积1363.54公顷，其中水田面积1042.87公顷、旱地面积320.67公顷。全镇农村经济总产值3.2亿元，镇级财政一般预算收入1569.36万元，农民人均纯收入7550元，同比分别增长9.7%、4.9%和9.91%。

安流镇　地处五华县南部，距县城33千米，总面积238平方千米。辖42个村民委员会、735个村民小组和4个居委会。有31188户、140264人，其中农业人口127589人、非农业人口12675人。有耕地面积4353.13公顷，其中水（旱）田3381.6公顷、旱地912.40公顷。农村经济总收入实现10亿元，同比增长12.3%，镇级财政收入500万元，同比增长25%；国税收入1400万元，地税收入1480万元，同比分别增收400万元、385万元；农民人均纯收入8000元，同比增长11.1%。

棉洋镇　位于县城南部45千米，总面积254平方千米。辖26个村委会685个村民小组和2个居委会。2015年年末，耕地面积2103.93公顷，其中水（旱）田1726.60公顷、旱地377.33公顷。有19687户、100929人，其中农业人口96167人、非农人口4759人。全镇农村经济总产值实现8.02亿元，同比增长7.1%，其中工业总产值实现7200万元，同比增长6.6%，农业总产值实现6.1亿元，同比增长7.6%；镇级财政一般预算收入510万元，同比增长6.2%；农民人均纯收入7428元，同比增长6.9%。

梅林镇　位于五华县城西南部51千米，总面积128.4平方千米。辖18个村委会和1个居委会。2015年年末，耕地总面积2329.6公顷，其中水（旱）田2161.4公顷、旱地168.2公顷。有9658户、51663人，其中农业人口48646人、非农业人口3017人。全镇农村经济总收入3.45亿元，同比增长10.3%；镇级财政收入247万元，同比增长10.7%；农民人均纯收入7366元，同比增长13.4%。

华阳镇　位于县城西南部，距离县城62千米，东邻梅林镇、南邻龙村镇、北连周江镇、长布镇，西与河源市紫金县接壤。辖13个村民委员会、1个居委会、166个村民小组。总面积153.5平方千米，其中山地面积1.2万公顷，耕地面积1466.67公顷，境内主要有花岗石、大理石、稀土矿和水晶石等矿产资源。工农业总产值5.6亿元，同比增长4.1%。其中工业总产值2.18亿元，同比增长4.4%；农业总产值3.35亿元，同比增长4.4%。镇级财政收入519万元，同比增长8%。农民人均纯收入7194.4元，同比增长5.4%。

龙村镇　地处五华县最南端，距离县城65千米，总面积349.1平方千米，是广东省第二大乡镇，辖37个村委会、3个居委会、709个村民小组。梅州市“一号工程”——梅州（五华）抽水蓄能电站项目落户该镇黄狮村。2015年年末，有山地面积2.8万公顷，耕地面积2672公顷，其中水（旱）田2192公顷、旱地480公顷。有21543户、115848人，其中非农业人口5138人、农业人口110710人。工农业总产值6.03亿元，同比增长7.6%。镇级财政总收入5177.67万元，同比增长14.96%。农民人均纯收入6583元，同比增长7.3%。

附：2015年度五华县五套班子成员名录

县委书记： 张映平（任至8月）
范宜军（8月任）

县委副书记： 范宜军（任至8月）
吴晖（9月任）
邓伯锦（任至11月）
傅国强（11月任）

县委常委： 张映平（任至8月）
范宜军
邓伯锦（任至11月）
杨斌宗（任至6月）
李伟华（任至11月）
赖志侃（任至6月）
叶天泉　温浩泉（任至11月）
梁英浩（6月任）
钟光振（6月任）
曾成奕　张爱芳
徐保宁（4月任）
宋学希（11月任）
曾光华（11月任）
吴庆松　吴泽桐（2月挂任）

县人大常委会主任： 张映平（任至9月）
幸小明（9月代主任）

常务副主任： 幸小明

副主任： 徐建雄
李启洪（任至10月）
曾冬云　李永浩　张群典

县长： 范宜军（任至9月）
吴晖（9月代县长）

副县长： 吴晖（9月任）
温浩泉（任至11月）
曾光华　吴庆松
吴泽桐（2月挂任）
邓秋香
宋学希（任至11月）
傅国强（任至11月）
詹庆东
刘敬东（12月任）
赖勤（12月任）

县政协主席： 张建华(8月退休，主持工作至11月)
邓伯锦(11月任县政协党组书记、主席候选人)

副主席： 李胜文　胡高云　周国富
甘飞鸿　李清昌　胡荣华

县纪委书记： 杨斌宗（任至6月）
梁英浩（6月任）

副书记： 陈奋娣　钟湘衡

兴宁市

【概况】 位于广东省东北部，东江、韩江上游，东连梅县区，南邻丰顺县，西接五华县、龙川县，北界平远县、江西寻乌县，总面积2104.85平方千米。辖17个镇、3个街道办事处、455个村和36个社区居委会。年末户籍人口118.38万人，常住人口98.55万人。人口自然增长率6.73‰。矿藏资源丰富，有煤、磁铁矿、石膏矿、钒钛磁铁矿、硫铁矿、萤矿、石灰石矿、稀土等矿藏资源39种，矿点230多处，总储量约9亿吨，是广东省重点矿藏大县之一。耕地面积3.24万公顷，粮食种植面积5.21万公顷，粮食总产量34.16万吨。茶园面积2007公顷，出产干茶2350吨。林地面积12.68万公顷，森林覆盖率67.62%，活立木蓄积量724.08万立方米。土特产主要有茶叶、高山茶油、沙田柚、珍珠红酒，风味小食有砸粽、鸡颈粄、萝卜粄、黄粄、艾圆等。

是全国粮食生产先进县、全国重点产茶县、全国东南沿海出口蔬菜重点区域基地县。是著名的文化之乡、华侨之乡、足球之乡、商贸之乡、中国围龙屋之乡、中国花灯之乡、中华诗词之乡。有兴宁学宫、两海会馆、古城墙等省级文物保护单位9处，杯花舞、《罗家通书》推算法、版画、赏灯等省、市级非物质文化遗产保护项目14项，罗岗镇柿子坪村、石马镇刁田村、叶塘镇河西村等中国传统古村落8个。客家围龙屋是中国五大特色民居之一，至年底兴宁有保存较好的围龙屋2800多座，占梅州市总量的60%以上，其中100多座被评为特色古民居，磐安围、善述围、棣华围、玉成围、李和美屋被列为省级文物保护单位。

【经济发展概况】 2015年生产总值152.76亿元，同比增长8.7%。其中第一产业增加值41.05亿元，同比增长4.3%；第二产业增加值38.62亿元，同比增长7.6%；第三产业增加值73.09亿元，同比增长11.8%。三次产业结构比重为26.9∶25.3∶47.8。人均生产总值1.56万元，同比增长4.7%。规模以上工业总产值59.53亿元，同比增长14.1%。农林牧渔业总产值65.41亿元，同比增长4.3%。固定资产投资85.11亿元，同比增长38.4%。社会消费品零售总额85.1亿元，同比增长12.7%。外贸出口额10373万美元，同比下降7%；实际利用外资841万美元，同比下降33.8%。公共财政预算收入10.01亿元，同比增长33.7%。城镇常住居民人均可支配收入2.07万元，同比增长11.3%；农村常住居民人均可支配收入1.35万元，同比增长9.8%。

【农业】 2015年，全市实现农业总产值65.41亿元，同比增长4.3%。省高标准基本农田建设实施。结合兴宁市优质稻、蔬菜、水果、油茶、养殖、茶叶等六大产业，突出抓好万亩优质稻示范基地、广东兴宁柚果种植研究基地、龙田精致高效农业（火龙果、韭菜花）示范基地、广东明珠养生山城茶文化建设项目等重点基地建设。抓好无公害农产品、绿色食品、有机食品生产基地的建设及培育。全市累计获“三品”认证企业21家，其中无公害农产品认证14家、绿色食品认证4家、有机食品认证3家。新申报省级重点农业龙头企业5家，梅州市级农业龙头企业9家，兴宁市级农业龙头企业10家。全市共有各级农业龙头企业82家，其中省级10家、梅州市级46家（含省级）、兴宁市级36家。龙头企业覆盖优质稻、高山茶油、有机蔬菜、优质单枞茶、龙眼、沙田柚、蚕桑，畜牧业、水产养殖等产业。

种植业　全年粮食种植面积5.3万公顷，全年粮食总产量35.4万吨，其中稻谷29.96万吨、玉米6.9万吨、蔬菜72.72万吨、干茶2350吨。水果总产量16.69万吨，其中沙田柚总产4.64万吨、龙眼0.87万吨、李果1.94万吨。建设20个万亩区、32个百亩核心方粮食增产模式攻关项目，实测实割早稻平均亩产687.3公斤，晚稻平均亩产691.61公斤，分别比目标产量增加19.17公斤和23.31公斤。无公害水稻生产面积137.48公顷，产量940吨；有机水稻生产面积37.52公顷，产量150吨。全年推广优质稻面积3.58万公顷，推广杂交稻面积4.16万公顷，分别占水稻面积的81.69%和95.01%。

林业　全年完成森林碳汇工程建设任务1.35万公顷，其中新造林0.81万公顷、封山育林0.54万公顷。完成济广高速（兴宁段）生态景观林带建设里程47千米，建设面积110.35公顷。新建成龙田县级，罗浮镇铜鼓寨、大坪镇药王山、叶塘镇汤湖、合水镇矮寨岗镇级5个森林公园，新建成福兴梅子湿地公园。建成名峰、鸿利丰等千亩以上油茶基地25个（其中万亩油茶基地5个），油茶种植总面积17.09万公顷。建成大型苗圃基地5家，年均供应优良苗木1900多万株。全市林业用地面积13.74万公顷，其中林地面积12.75万公顷，森林覆盖率67.62%，同比增加0.29个百分点；林地绿化率98.78%，同比增加0.44个百分点；活立木蓄积量724.08万立方米，同比增加46.96万立方米。

畜牧业　全年全市生猪饲养量93.3万头，出栏59.54万头，家禽饲养1612.2万只，牛存栏0.7万头，羊存栏0.8万头。全年肉类总产5.92万吨，同比增长2.9%。

水产业　全市水产养殖面积0.28万公顷，水产品总产量1.77万吨。50多个企业或捕鱼经营户开展渔业产业化经营，经营水面0.12万公顷。推广各类优质鱼养殖750万尾，放养面积0.24万公顷。

【工业和园区建设】 2015年，新增规模以上企业9家，规模以上企业总数50家。规模以上企业总产值59.53亿元，同比增长14.1%；工业增加值15亿元，同比增长8.7%；工业投资31.25亿元，同比增长30.9%，其中技术改造投资5.72亿元。机电制造、食品加工、电力、纺织服装、工艺、建材六大支柱产业工业总产值48.4亿元，同比增长5.2%。

2015年，东莞石碣（兴宁）产业转移工业园和水口工业园正式进园落户企业共70家，计划总投资额160亿元，其中投资亿元以上项目29家，规模以上企业22家。投入1.5亿元建设供水专管、污水处理厂、220千伏变电站、安置区等基础设施。投入2.7亿元，新征土地171.72公顷。全年引进项目9个，总投资额63.9亿元。其中，落户东莞石碣（兴宁）产业转移工业园项目7个，计划投资总额24.3亿元；华润电力二期、中牧冷链储藏2个项目落户水口工业园广梅园兴宁共建区，计划投资31.6亿元。广东三丰禽业等6家企业建成投产，累计建成投（试）产企业51家，在建续建项目有凯闻食品等12家，筹建项目有蓝韵医疗、凯特电子等7家。园区实现工业总产值37.2亿元、税收1.1亿元、规模以上企业增加值7.3亿元，同比分别增长37.2%、46%、37%。

规划建设“梅兴华丰产业集聚带（兴宁区域）”。对接梅州市建设广东梅兴华丰产业集聚带战略部署，完成广东梅兴华丰产业集聚带水口工业园总体规划编制。完成水口工业园征地拆迁91.32公顷。完成省道120五华至水口段、县道023扶水线兴宁段、县道012水布线兴宁段等公路的改造。实施按一级公路标准、双向四车道升级改造的省道225线兴宁火车站至水口段工程，总投资5.5亿多元。升级改造水口中学，整合水口中心小学和幼儿园，新建水口幼儿园。制订广东梅兴华丰产业集聚带医疗卫生服务体系建设10年规划，投入1100多万元按二乙标准对水口镇卫生院进行升级改造，建设医联体兴宁市人民医院水口分院。

【招商引资】 2015年，兴宁市成立3支产业招商队，分赴珠三角地区驻外招商，市委、市政府主要领导亲自带队外出招商考察、推介、洽谈。实行“一对一”挂钩联系招商项目制度，全程跟踪代办或协助办理工商登记、税务登记、立项、环评、规划报建等各项手续。重点围绕兴宁优势的机械装备制造、食品医药等产业，注重引进项目、产品的互相配套，瞄准能完善和延长上述产业链的企业和项目，进行重点攻关。

2015年，兴宁市新引进华润热电联产、中牧冷链储藏、深圳立讯精密等39个项目，计划投资总额175.46亿元，预计年产值149.21亿元、年税收9.27亿元。其中亿元以上项目34个，计划投资总额171.9亿元，预计年产值142.91亿元、年税收8.92亿元；10亿元以上项目有华润热电联产、中牧冷链储藏等4个；工业项目17个，计划投资总额69.58亿元，其中入园项目9个，计划投资总额54.7亿元。

【基础设施建设】

公路交通建设 全年投入19.71亿元，新建、改造三级以上等级公路36千米，新建四级公路65.09千米。兴华高速进入全线施工阶段，完成年度投资约1.61亿元。9月，全长4.245千米，总投资3亿多元的福兴大道竣工通车。兴宁大道年投入资金9000多万元，完成全线路基工程的85%，该路全长4.059千米，概算投资3.5亿元，是双向8~10车道的城市主干道。东环大道、兴南大道沥青铺筑工程、省道225线至济广高速叶塘互通口公路，以及一批重点县乡公路升级改造工程开工建设。在《兴宁市交通网络2013—2030年规划》基础上，进一步完善“一纵三横”高速公路主骨架网、“五纵七横八大道”干线公路网以及铁路干线的规划设计，开展“十三五”交通发展规划的调研编制。谋划一批带动产业园区扩能增效、城区扩容提质的交通重点项目，争取列入国家和省项目库、苏区项目库，包括44个项目，其中高速公路2条、城市主干道4条、桥梁2座、客货运站场4个、县乡道新建改造项目32个。

水利工程建设 完成投资1.13亿元、总长57.2千米的广东山区五市中小河流治理工程兴宁石马河、黄陂河、宁江河（罗陂、新北围、蓝布段）治理项目，进入工程验收阶段。投资7.46亿元的省级水利示范县项目完工验收结算。投资4236万元的三金拦河闸拆除重建工程，完成总工程量的93%。实施福岭水库、棚板桥水库、梧地径水库、三变水库病险小型水库除险加固工程，投资约3000万元。推进7宗中小河流治理重点县综合整治及水系连通试点工程，其中投资4020万元的大坪、黄陂项目区进入开工建设阶段。投资2369.7万元的9宗农村小水电站增效扩容工程开工建设。

供电建设 全年电网建设投资1.6亿元，新建及改造10千伏及以上线路（含电缆）91.9千米，变电容量4万千伏安，低压线路1650千米，配变容量43220千伏安。完成“十三五”配电网规划编制，将“十三五”需要用地的项目纳入政府土地预控范围。完成兴宁市南部新城电力专项规划工作并纳入市政规划。完成110千伏宁新站、35千伏大坪站、35千伏石马站2#主变扩建的可行性研究，完成2015年、2016年新建配网工程可行性研究、施工图预算编制和审查等工作。全市拥有220千伏变电站1座、110千伏变电站8座、35千伏变电站9座，供电客户约37万户。全年购电量9.12亿千瓦时，增长3.24%；售电量8.48亿千瓦时，增长3.8%。

供水建设 抓好重点项目建设和南部新城建设项目的配套供水管网规划与建设监管工作，做好对应的供水管网布局与规划设计工作，保障城市建设的供水需求。配合神光山、毅德物流城等重点项目的进度，完成碧桂园二期、毅德物流城、锦秀新城、文峰新城、熙和湾、永和安置区供水工程，叶塘龙塘村农网改造工程，富和移民新村供水工程，工业园220千伏变电站给水工程，全年铺设各种口径管道36.12千米。

【城乡建设】

建设规划 组织修编《兴宁市城市总体规划（2010—2020）》《兴宁市南部新城控制性详细规划及城市设计》《兴宁市老城控制性规划图

则》。全年审批发出各类修建性详细规划方案12份、“建设工程用地规划许可证”21份、“建设工程规划许可证”143份、“临时建设工程规划许可证”4份、“建设工程规划核实凭证”54份。完成48个村庄整治规划方案、459个行政村的村庄整治规划，出具乡镇建设用地规划条件意见书6份，核发村镇规划许可证6份、规划核实凭证4份，建筑面积24.7533万平方米，总投资1.64万元。

建筑业与房地产业　全年建设工程招投标140项，其中房屋建筑工程招标77项，总建筑面积99.827万平方米，工程造价23.9亿元。有建筑施工企业25家，办理建筑施工许可证77份，建筑面积128万平方米，其中房屋建筑工程建筑面积124万平方米，建筑业总产值约10亿元。全年计划新开工房地产项目13个，计划投资30.1亿元，计划开工面积126万平方米，同比分别增长1.5%和7.9%。全市房地产开发投资18.25亿元，同比增长0.8%；商品房销售面积50.18万平方米，销售金额21.23亿元，同比分别增长166.6%和175.3%，销售住宅3961套，42.97万平方米，同比增长137.3%。全年商品房销售入库税额2.7亿元。受理房产交易3880宗，预告登记5300宗，商品房交易面积49万平方米。

南部新城建设　推进南部新城棚户区改造项目，争取到国开行9亿元、农发行3亿元棚户区改造专项贷款，文峰新城、锦绣新城首期3126套安置房全部建成交付使用。毅德商贸物流城一期项目基本建成，市民广场、民营三甲医院实施土地平整工程，新城3所学校建设加快，华润燃气项目稳步推进。福兴大道建成通车，兴宁大道完成路基工程的85%，兴旺大桥建设进展顺利。投入0.2亿元，完成新兴大道、环城南路改造等27宗市政工程。神光山国家森林公园项目有序推进，神光山郊野公园建成投入使用，山顶广场项目和神光湖湿地公园项目进展顺利。刁坊变电站迁建项目进行基础施工。“四馆一场”（图书档案馆、文化艺术馆、演艺馆、青少年文体活动馆和市民广场）项目开始房屋征收工作，完成可研报告和基础以上的施工图纸设计。规划建设三鸟市场，投入509万元完成三鸟市场道路工程。37号和42号区置换地、宁新安置区周边道路工程以及寨子明珠加油站项目等工程项目进展顺利。

村镇建设　一是开展以农村生活垃圾收集清运为重点的镇村环境整治活动，制定《兴宁市农村生活垃圾收运处理工作方案》，成立检查考核小组对全市农村生活垃圾收运处理工作进行检查考核，每季度考核通报，对排名前10名的镇（街道）按《兴宁市农村生活垃圾收运处理工作方案》下拨补助资金和奖励资金。二是推进农村集中建房点的规划建设，完善美丽镇、美丽乡村规划编制，在全市各镇（街道）开展农村规范建房宣传，发放《兴宁农村住宅建筑设计图集》1万多份，鼓励和指导农村村民有序规范建房、集中连片建设。三是加强对兴宁市历史建筑保护和传统优秀建筑文化弘扬，建设有历史记忆、文化脉络、地域特色的美丽城镇，合理保护和开发古民居、古村落，申报“历史建筑”31处。四是开展申报“全国传统村落”工作，全市有8个行政村被列入“中国传统村落”，其中叶塘镇河西村、新陂镇上长岭村制订传统村落保护实施方案，成功获得国家补助资金。五是推进农村危房改造工作，全年改造危房1945户。

【旅游业】　一是神光山景区建设。投入5亿多元对神光山景区进行升级改造。高标准建设连接景区的主要道路福兴大道，对景点周边道路进行硬底化改造，对石古大王、望兴亭、慈母亭等重要文物遗迹进行修缮。新建占地500平方米的游客服务中心，建成生态环保水冲型厕所8座，新建地下停车场1万多平方米、露天大型绿色停车场2万多平方米。组建神光山国家森林公园管理中心，设立神光山派出所。在景区安装189个监控系统和180多个紧急呼叫系统。12月，神光山国家森林公园被评定为国家

AAAA级旅游景区。二是打造兴宁“神山秀水情、潇洒兴宁行”休闲旅游品牌，举办兴宁赏灯节，径南星耀火把节、李花节、李果节，龙田龙眼节等节庆活动。三是与中国旅游卫视《文明中华行》栏目组合作，录制《魅力兴宁》《美在兴宁》等兴宁旅游宣传片。四是抓好永和、龙田两个美丽镇，石马、径南两个生态特色镇及新陂上长岭村、石马新群村、坭陂柑子村和合湖村等美丽乡村建设，推出途经永和、径南、石马、龙田、新陂、坭陂等镇的自驾车乡村旅游线路，对径南至石马至龙田道路两边进行美化绿化，设置景点指示牌。在兴宁十大古民居磐安围、棣华围设置停车场和公厕，完善沿线标识标牌设置。慈恩庐乡村艺术酒店被国家旅游局授予“中国乡村旅游金牌农家乐”称号，鸿都酒店被评为优秀星级酒店。全年接待游客261.72万人次，同比增长41%；旅游总收入20.17亿元，同比增长43.8%。

【环保工作】 一是完成碳汇造林0.81万公顷、封山育林0.54万公顷、抚育中幼林2.32万公顷、新增生态公益林0.36万公顷，完成省下达的“一消灭三改造”任务。二是建成47千米济广高速兴宁段生态景观林带、86项乡村绿化美化工程。实施梅河高速兴宁西出口路段、东风路、兴南大道等主干道及重要节点的绿化工程。三是推行森林防火责任网格化管理，建成6个森林公园。四是实施南粤水更清行动，加强水质保护。投入0.5亿元，开展合水水库上游环境综合整治，清理生猪养殖场152家，清理水库及上游河流垃圾和8万多立方米的库尾淤积。五是建成16个镇级集中式饮用水源地。水口、坭陂、罗浮3个中心镇污水处理厂完成主体工程建设。开展城乡环境综合治理，城镇生活垃圾无害化处理率100%。兴宁市被省农业厅确定为第一批农业面源污染治理示范县。

【民生实事】 2015年，兴宁市民生领域支出占公共财政预算支出的74.4%，同比增长3.2%。一是提高城乡免费义务教育生公用经费、普通高中和中等职业学校国家助学金、老人高龄津补贴、基本公共卫生服务项目经费、城乡居民基本医疗保险补助等标准，落实山区偏远乡镇卫生院在编人员岗位津补贴。基本医疗异地结算医院从6家增至18家，减免7项殡葬基本服务收费。二是新建10个农村文化俱乐部和4个镇级、150个村级公共电子阅览室。完成“送影下乡”6538场次、“送戏下乡”140场次。三是动工建设40套公共租赁房，实施货币补偿安置930户。完成1945户危旧房改造，对“两不具备”（不具备生产、生活条件的）老区村庄481户进行搬迁。四是建成硬底化村道65千米。治理坭陂、刁坊、永和镇原稀土矿区。五是实施农网改造，15个镇（街道）、5.8万人用电质量得到明显改善。

【科教文体】

科技 完成工业技改投资5.7亿元，实施技改项目7个、省级科技项目9个。专利申请量367件、授权量236件，同比分别增长82.6%、57.3%。江河电器被认定为国家高新技术企业，金诺通讯等5家企业入选省高新技术企业培育库，鸿源机电的无刷励磁发电机等5个产品被评为省高新技术产品。南丰电气、联康药业获准组建省级工程研发中心，鸿源机电、精维进电子获准组建梅州市级工程研发中心。华威化工“乳化炸药生产新工艺”项目获省科学技术三等奖。云山汽车4款新能源电动车获准生产。兴宁市获批准创建“粤东西北地区创新驱动发展（兴宁）试验点”，被认定为首批省级小微企业创业创新基地城市示范。

教育 兴宁市有各级各类学校328所及1个校外教育基地少年宫。其中有电大1所、进修学校1所、高完中11所、中职2所、初中24所、九年一贯制学校4所、城区直属小学5所、中心小学29所、直属幼儿园2所、特殊教育学校1所、少年宫1所等法人单位81个，面上完全小学32所，教学点134个，带公办性质的面上幼儿园51所，民办幼儿园31所。有全日制学生133232人，其中普通高中学生19015人、中职学生3481人、初中学生25277人、小学生61697人、特殊教育学校学生105人、在园幼儿23657人。有教职工10460人，其中专任教师10085人。市第一幼儿园、汉芬小学幼儿园和进修附小幼儿园基本完成改扩建，增加1000多个学位。全年取缔无证幼儿园69所。促进32所薄弱学校改善办学条件创建义务教育标准化学校。成功创建“全国义务教育发展基本均衡县”。推进全市所有11所高（完）中提升普通高中办学水平，投入661.4万元完善黄陂中学、坭陂中学硬件设施建设，创建为“梅州市一级学校”。全市高考考生8021人，重本率7.49%，同比增长1.58个百分点，2人考取北京大学。

文化　一是推进文化信息资源共享工程建设，建成4个镇级公共电子阅览室、150个村级公共电子阅览室。二是实施农村文化俱乐部试点建设，选取水口镇东升村忠睦第、新圩镇船添村天子印等12座古民居，建成12个“三多三促”（三多即多形态文化、多功能利用、多元化投资；三促即促古民居保护、促文化旅游、促社会和谐）模式农村文化俱乐部。推进“一村一文化活动中心”创建省级示范项目，完成人民公园升级改造工程。三是组织作者下农村基层采风、召开作品研讨会、选送作品到省市参评参展、奖励获奖作品作者。有11件戏剧、音乐等作品获梅州市级奖，其中小品《咨询》获梅州市群文创作一等奖。四是开展文化惠民流动服务，全年开展送影下乡5460场、送戏下乡140场、送书到社区到军营20多场次。在市行政服务中心办证大厅设置流动图书柜，配置价值近10万元的图书报刊，方便办证群众无偿阅读。五是注重客家优秀文化的传承和弘扬，全年举办杯花舞、客家山歌等培训18期，组织版画创作培训12场、创作采风23次、美术作品展6场。六是注重文化遗产挖掘与保护，新增省级文物保护单位2处、梅州市级文物保护单位5处、兴宁市（县级）文物保护单位6处，全市文保单位总数47处。注重围龙屋、古民居的保护与活化，开展第三批特色古民居调查评选活动，公布第三批兴宁市特色古民居23座。开展可移动文物普查，完成1.4万件可移动文物的数据采集录入。启动省级文保单位文峰塔修缮工程。七是加强非物质文化遗产的挖掘保护，新增兴宁市（县级）非物质文化遗产保护项目2项、梅州市级非物质文化遗产保护项目传承人4人，全市非遗项目总数33项、传承人13人。

体育　实施《梅州市振兴足球十年规划》，普及足球运动、发展校园足球。8月，邀请广州体院足球教授4人到兴宁指导培训足球教练。获得香港马会捐资300万元，规划将明珠体育公园足球场改建成11人制标准球场。组织举办2015年“市长杯”大型足球比赛，20个乡镇和九大系统组队参加。兴宁蹦床队代表梅州市参加广东省第十四届运动会蹦床比赛获得男子乙组团体第二名、女子乙组团体第六名。11月，举办兴宁市第二十九届“南丰杯”小学生足球赛。2015年，兴宁市上送省足球队少年队1人、梅州体校18人。

【政务建设】2015年，兴宁市全面推行政府工作部门权责清单制度，清理各部门权责事项6703项，公布市政府工作部门第一批权责清单。推进行政审批制度改革，修改、补充91项，清理非行政审批事项135项。完成政府职能转变和机构改革工作，对298个事业单位进行分类改革。规范全市机关事业单位津补贴，干部职工工资福利人均增长75.3%。开展政府公务用车改革。78个“微改革、微创新”项目顺利实施。成立兴宁市不动产登记局和不动产登记中心。深化商事制度改革，新登记市场主体4667户，注册资本188.5亿元。

坚持依法行政，办理人大议案、建议35件，政协提案166件，办复率100%。加强政务公开，受理政府信息公开申请77宗。完成第一次全国政府网站普查工作。开展6次市政府学法活动，成立市政府法律顾问室，实行市政府常年聘任法律顾问制度。市行政服务中心、网上办事大厅、“12345”政府服务热线、镇村社会治理综合服务中心（站）、惠民信息平台服务不断优化，开通服务重点项目、规模以上企业“绿色通道”。强化行政监察和效能建设，查处41名失职渎职、不作为、乱作为的干部。

【镇街概况】

兴田街道　位于市境西南300多平方千米的宁江盆地中部，是兴宁的政治、经济、文化中心。东连宁新街道，南接福兴街道，西连新陂镇，北临宁中镇，面积13.2平方千米，辖12个社区居委会和6个村委会。2015年，总人口168971人。农民人均纯收入8136元，同比增长14.8%。全年粮食播种面积673.73公顷，粮食总产量4281吨。

宁新街道　位于兴城东南，东连永和、坭陂，南靠刁坊，西邻福兴，北毗宁中、新陂，总面积29平方千米，辖12个村和5个居委会。2015年，总户数15996户，总人口50939人。2015年度公共财政预算收入1653.86万元，农民人均纯收入7869元，同比增长10.4%。

福兴街道　位于宁江河西岸，东连宁新、兴田，西邻五华转水，南毗刁坊，北靠新陂，广梅汕铁路、梅河高速、平兴高速、205国道、兴福路、225省道纵横贯穿福兴，有国家AAAA级旅游景区——神光山国家森林公园，是兴宁南部新城建设的主战场。总面积34.94平方千米，辖10个村、1个居委会。2015年，总户数10636户，总人口34795人。农作物播种面积1509.2公顷，其中水稻面积1354.6公顷，总产量7491吨；水果种植面积69.01公顷，总产量1198吨；茶叶面积8.04公顷，总产量18吨。

宁中镇　位于兴宁市城区东北面，东与永和，南与宁新，西与兴田、新陂、叶塘，北与龙田、石马相邻。总面积42.25平方千米。辖23个行政村和1个居民委员会。耕地0.13万公顷。2015年，总户数11395户，总人口35973人，其中农业人口35172人。工商各项税收完成镇级收入248.54万元，占预算数的97.87%，镇级税收同比减少72.51万元，减幅22.61%。农民人均纯收入8461元，同比增长12%。

刁坊镇　位于兴宁市东南部，东临坭陂镇，南连五华县水寨、转水两镇，西接福兴街道办事处，北依宁新街道办事处。辖22个村和1个居委会，总面积58.01平方千米。2015年，总户数12481户，总人口41133人，其中农业人口39530人。农村经济收入4.83亿元，工农业产值4.08亿元，其中工业产值1.41亿元、农业产值2.67亿元。农民人均纯收入7178元。

坭陂镇　位于兴宁市中南部，东连新圩，西接刁坊、宁新，南邻五华县，北接永和。辖31个村和1个社区居委会，总面积99.51平方千米，其中耕地面积2745.73公顷、山地面积4004.87公顷。2015年，总人口83218人，其中农业人口77930人。经济总收入11.92亿元，上缴税金1140万元，镇级财政一般预算收入400.3万元，农民人均纯收入6685元，同比增长10.2%。

龙田镇　位于兴宁市中部，东与石马相连，南与宁中接壤，西与叶塘为邻，北连合水。辖16个村委会和1个居委会，总面积44.4平方千米，山地988公顷，耕地1466.5公顷，其中水田1030.7公顷。2015年，总人口44283人。农村经济收入5.78亿元，同比增长11.2%；农民人均纯收入8024元，同比增长16%；财政收入2695.6万元，其中镇级财政收入2369.2万元、上级补助收入326.4万元，完成财政税收818.2万元，同比增长9.7%。

合水镇　位于兴宁市中北部，距市区15千米，东连石马，西接叶塘，南与龙田相邻，北靠黄陂、大坪，东北与梅县西部交界；因“粤东明珠”合水水库坐落境内而得名合水。辖18个村、2个社区和1个合水国有农场、4个农场管理区，总面积101.98平方千米。2015年，总户数10239户，总人口38074人。工农业总收入5.38亿元，农民人均纯收入8055元。是广东省

“教育强镇”“兴宁市龙眼基地镇”和“兴宁市茶叶基地镇”。

叶塘镇　位于兴宁市西北部，东邻龙田，南接新陂镇、五华县，西靠龙川县，北接大坪，东北部毗邻合水。总面积166.81平方千米，辖41个村委会和1个社区居委会。2015年，总人口83692人，生产总值5.94亿元（其中农业生产总值3.2亿元、工业生产总值2.54亿元），公共财政预算收入2588.99万元，农民人均纯收入6760元。是兴宁市重点发展镇之一。

新陂镇　位于兴城西郊，东连兴田、宁中，北靠叶塘，南邻福兴，西与五华县华城镇接壤。面积43.51平方千米，其中耕地1148.4公顷、山地2278公顷。辖13个村委会和1个居委会。2015年，总人口39983人。全镇农村经济总收入4.69亿元，同比增长6.8%；农民人均纯收入7281元，同比增长7%；完成工商税收入258.7万元，占年计划的225%；公共财政预算总收入1636.38万元，同比增长32%。

永和镇　位于兴宁市东部，东邻径南，西连宁新、宁中，南靠坭陂、新圩，北接石马。距市区约10千米，205国道、梅河高速、兴畲高速贯穿其中，交通便利，地理位置优越。面积109.63平方千米，辖24个行政村和1个居委会。2015年，总户数11124户，总人口46040人。工农业生产总值4.93亿元，同比增长9.1%，其中工业总产值3.12亿元，同比增长9.5%，农业总产值1.81亿元，同比增长8.3%；镇级公共财政收入443万元；农民人均纯收入6976元，同比增长9%。

径南镇　位于兴宁市东部山区，东邻梅县南口，南接新圩，北靠石马，西连永和。总面积140.49平方千米，其中有山林面积10431.13公顷，耕地面积1303公顷。辖24个村委会和1个居委会。2015年，总户数9930户，总人口34998人，工农业总产值4.1亿元，财政一般预算收入103.8万元。

新圩镇　位于兴宁市南部宁江下游，东邻梅县区畲坑，北连永和、径南，西靠坭陂，南接水口。总面积117.79平方千米，耕地1747.7公顷，其中水田1480公顷、旱畲地266.4公顷。辖19个行政村和1个社区居委会。2015年，总人口44585人，其中农业人口42360人。工农业生产总值5.32亿元，同比增长1.52%；农民人均纯收入7539元，同比增长12.47%；财政总收入1389.36万元，其中镇级财政收入482.28万元，上级补助收入907.08万元，完成财政税收253.68万元，同比减少18.02%。

水口镇　位于兴宁市最南端，是兴宁的南大门，东邻梅县畲江镇，西连五华县河东镇、水寨镇，南靠丰顺县，北接新圩镇，是省首批规划的中心镇之一。总面积228.85平方千米。辖38个村和1个居委会。2015年，总人口83595人，其中农业人口79413人。生产总值5.61亿元，同比增长10.0%；财政一般预算收入619.16万元，同比增长7.4%；农民人均纯收入6862元，同比增长10.0%。

罗浮镇　位于兴宁市最北部，距兴宁市区57千米，是东江河的上游和源头之一，兴宁的北大门。东部与罗岗、黄槐镇相连，西与龙川县交界，南与罗岗镇、龙川县新田镇接壤，北邻江西省寻乌县。辖区总面积273.4平方千米，属山地丘陵地形，森林覆盖率85%。境内有渡田河省级自然保护区和黄毛嶂市级自然保护区，是国家小城镇经济综合开发示范镇、全国重点镇、广东省中心镇、广东省卫生先进镇、广东省油茶技术创新专业镇。辖25个村和1个社区居委会。2015年，总户数11062户、总人口55152人，其中农业人口52524人。农村经济总收入3.98亿元，公共财政收入244万元，农民人均纯收入7174元，同比增长10.9%。

罗岗镇　位于兴宁市北部，东临黄陂、黄槐，西连龙川县，南接大坪，北靠罗浮。总面积148.52平方千米，山地12763.73公顷，耕地2021.3公顷（其中水田1850.3公顷）。辖30个村委会和1个社区居委会。2015年，总人口74037人，其中农业人口69193人、非农人口4844人。农村经济总收入56593万元，财政预算内收入1048.6万元，农民人均纯收入7759元。

黄槐镇　地处兴宁北部，与梅县梅西、平远石正、江西寻乌交界，距兴城44千米，省道225线穿镇而过。山地面积7333多公顷，耕地660多公顷，是山多田少的典型山区镇。辖12个行政村和1个居民委员会。2015年，户数8910户，总人口35693人，其中农业人口30352人、非农业人口5341人。总面积96平方千米，至年底圩镇建成面积1.1平方千米。

黄陂镇　位于兴宁市东北部，东邻梅县石坑镇，西连罗岗及大坪镇，南邻合水镇，北接黄槐镇，总面积127.52平方千米。辖28个行政村和1个圩镇社区。2015年，户籍总人口73437人。生产总值10.5亿元，农民人均纯收入7500元。

大坪镇　地处兴宁市西北部，东邻黄陂镇、南连叶塘镇、西接龙川县、北靠罗岗镇。距兴宁市城区29千米，境内交通便利，省道226线和甘赤线贯穿全镇。总面积187.09平方千米，辖38个村（居）委会。2015年，总户数19805户、总人口76059人，其中农业人口71738人、非农业人口4321人。工农业总产值5.72亿元，镇级财政一般预算内收入70.08万元，农民人均纯收入7103元，同比增长15.5%。

石马镇　位于兴宁市东北部，东邻径南及梅县南口，西连龙田、合水，南毗永和、宁中，北接梅县石坑。辖26个村和1个居委会，2015年，总户数9179户，总人口38958人。总面积107.78平方千米，耕地1344.6公顷，其中水旱田1146.9公顷、旱畲地197.7公顷，山地9000公顷。农业总产值3.25亿元。财政总收入1571.69万元，其中预算内收入1299.35万元、预算外收入272.34万元。农民人均纯收入7440元。粮食种植面积2069.3公顷，总产量13028吨。水果种植面积589.3公顷，总产量27918吨。茶叶面积12.4公顷，总产量62吨。油茶面积1.68万亩，产量40多万公斤，产值300多万元。

（郑桂元、曾永宏）

附：2015年兴宁市领导班子名单

市委书记：陈略宇

市委副书记：谢胜扬　张小奎

市委常委：陈略宇　谢胜扬　张小奎
刘锐清　何志平
夏思光（任至2月）
钟光振（任至6月）
赖伟强（6月任）
罗苑铭　何小娟
陈　亮（任至6月）
黄　胜　邓　强（2月任）
赖远斌　郑海涛（2月任）

市人大常委会主任：陈略宇

常务副主任：何建元

副主任：夏思光（3月任）
李福泉　何新春
罗干忠（任至2月）
何伟忠　廖红彬（3月任）

市长：谢胜扬

常务副市长：何志平

副市长：赖远斌　郑海涛　何剑清
罗宇芳　温启龙　彭志洪
陈日新

政协主席：罗利娜

副主席：刘卫星　谢文航　郑　华
罗健辉　何全君　曾庆雄

纪委书记：刘锐清

副书记：蓝新环　袁勇华

平远县

【概况】　位于广东省东北部，全县总面积1381平方千米，辖区12个镇、136个村委会、7个居委会。2015年年末，全县户籍人口264256人，常住人口233866人。县城设在大柘镇。

林业用地面积108846.3公顷，森林面积107924.3公顷，森林蓄积785万立方米，森林覆盖率78.25%，是全国造林绿化先进县、中国绿色名县、省林业生态县、全国首批100个电气化县之一。拥有龙文——黄田省级自然保护区、省级风景名胜区五指石、广东南台山国家森林公园和号称“世界第一天然大佛”的南台山，是中国最佳文化休闲旅游县。县境有丰富的金属和非金属矿藏。铁矿蕴藏量7800余万吨，稀土8万吨，石灰石藏量2亿吨以上，花岗岩100万立方米。经国家地质部门勘查，境内稀土矿属品位较高、开采条件较好的中型矿藏。济广高速平远——兴宁段建成通车，国道206线横跨境内八尺、中行、大柘、长田4个镇并横穿县城，国道358线连接八尺、仁居和差干3个镇；县至镇、至行政村公路全面实现水泥硬底化。是全国绿色食品原材料标准化生产基地，慈橙、油茶、南药、优质稻、茶叶等农业主导产业发达，是全国粮食生产先进县、中国油茶之乡、中国仙草之乡、广东橙乡。平远国家公园是全省首批唯一国家公园试点建设单位。土特产有平远脐（慈）橙、金柚、八乡情系列酒、黄粄、平远梅菜、锅古茶、石正云雾茶、南台茶、香菇、木耳、水柿、蒜头、浸姜、蜂蜜、牛肉干、高山茶油等。

人文资源厚重，客家文化特点鲜明，是粤东客家先民的始兴地，客家先贤程旼的故乡，享有“世界客都文化始祖地”“世界客都第一村”美誉。境内有保存完好的客家围龙建筑，有客家传统民间艺术船灯舞、落地金钱等，是中国民间文化艺术之乡（船灯舞）。历史上太平军4次进入平远，红四军3次到过平远，抗日战争后期省政府曾播迁到平远办公，是原中央苏区县。历史上有世界客属名贤首贤程旼，明监察御史韩元勋，辛亥革命时期广东北伐军总司令姚雨平，爱国侨领姚德胜，抗日英烈黄梅兴、姚子青、姚中英等著名人物。

【经济发展概况】 2015年，围绕振兴发展目标和“一城两区”（精致休闲山水城镇、生态工业园区、生态休闲文化旅游区）战略部署，扎实推进经济社会各项工作，实现“十二五”的圆满收官。全县实现生产总值68.6亿元，同比增长10.2%，增速居全市第二。县级一般公共预算收入6.56亿元，同比增长22.3%。固定资产投资40亿元，同比增长46.1%，投资总额和增长幅度均创历史新高。社会消费品零售额22.5亿元，同比增长12.6%；贸易出口总额2.14亿美元，同比增长21.7%。

【农业发展】 2015年，平远县创新发展特色农业，带动农民增收致富。华泰农兴农产品交易中心上线交易。20万吨鲜榨慈橙生产线、年产5万吨优质稻米生产加工基地、年产250吨冰片精加工生产线项目进展顺利。新增7个13.3公顷以上的耕山致富示范点、2家省级农业龙头企业、3家市级农业龙头企业、26家农民专业合作社和12家家庭农场，新认定6个无公害农产品。石正金红红茶、辰曲黑香米被确定为省级名牌产品。平远慈橙被人民网评为“最受网民喜爱奖”，成为广东省唯一入选该奖项的品牌。粮食生产保持安全稳定。全年实现农业总产值18亿元，同比增长4.4%。农民人均可支配收入12629元，同比增长9.5%。

【工业园区建设】 2015年，平远县把广州南沙（平远）产业转移工业园区作为推动平远加快振兴发展的强力引擎，加强领导、加大投入、加快建设，园区各类项目高效快速推进。新征土地15公顷、平整土地15公顷，建成区扩展至400公顷；东西、南北走向的两条主要干道基本建成；电力设施更加完善；污水处理厂通水运行，生活用水供水工程全面完成，并成功纳入省级循环化改造试点园区。同时，制定出台股权投资管理办法，设立工业企业专项扶持资金和中小微企业信贷风险补偿基金，促进园区的企业落户、建设投产和增资扩产。全年有恒迪、昱淦、富莱利、宇时代等19个企业落户园区，计划总投资44.6亿元；有源盛、北斗、恒盛宇、鑫荣达等8家企业建成投产，完成固定资产投资19.7亿元，同比增长104.1%，园区投产企业 37 家，税收 1.14 亿元，同比增长 28.1%；新进园、新投产企业数量和投资规模均创历史新高。特别是新增培育方鼎、雅玛西、海通静电等 12 家规模以上工业企业，填补稀土行业产值下降造成的“窟窿”，保障全县规模以上工业增加值实现增长 11.8% 的目标。园区连续两年被省评为优秀，累计获得 2 亿多元省扶持资金和 66.6 公顷奖励用地指标。

【水利建设】 2015 年，平远县争取中央和省资金 2.35 亿元，推动一批水利重点工程建设。黄田河、石正河、柚树河双溪段和坝头段等山区五市中小河流治理工程进展顺利，东石河、差干河治理工程提前完成；县城污水处理厂二期工程，仁居、石正水质净化厂如期建成；2015 年度高标准基本农田建设项目全面完工。凤池水库建设项目列入中央扶持项目。平远县被水利部确定为农业水价综合改革示范县。

【交通建设】 2015 年是平远交通建设具有里程碑意义的一年。平兴高速公路如期建成通车；梅平高速公路全面动工建设，改写平远没有高速公路的历史；一批群众高度关注的国省道改造建设工程得到实施，国道 206 线超南至长庆段、省道 225 线大柘至石正段、省道 332 线茅坪至太阳段建设全面完成；平城花园至大佛寺、普滩至湍溪、热柘热水至石扇嘉庄公路和普滩大桥建设基本完成；省道 331 线升格为国道 358 线，并启动八尺到差干段的改造工程；中行环镇路、仁居北环路、东石工人镇道路等一批县乡道路建设有序推进。新建和改造农村公路 40.89 千米。

【生态旅游】 2015 年，平远县撬动社会资金近 30 亿元，投资开发长布半岛、相思河、客家相思谷、南台卧佛山、热柘温泉等 10 多个休闲旅游项目。五指石景区成功升格为国家 AAAA 级景区，金穗休闲度假区、相思河景区、相思谷景区先后被评为国家 AAA 级旅游景区。“曼佗山庄四季花海”项目建成开园。全年举办 20 场旅游推介活动，“平远旅游”微信平台全年点击量 160 多万人次。平远县获评“2015 百佳深呼吸小城”“中国最美生态休闲旅游名县”。接待游客人次、旅游总收入同比分别增长 35% 和 30%。

【县城扩容提质】 2015 年盘活存量用地 153.3 公顷，新增建设用地 73.3 公顷。城北、城南、城西、城东、老城“五个组团”16 个城建项目，完成年度总投资 15.9 亿元。县博物馆、圩岗街保障房等民生项目建成使用。平城花园、优山美地、翠拥华庭等宜居社区项目有序推进。城南商业城、凯旋商业中心、百川商业中心等城市综合体项目主体工程完成。城区天然气、市场改造、旅游公厕等一批市政项目加紧推进。

【城乡环境建设】 一是完成城市总体规(2012—2020 年)、生态控制线划定、北部四镇新型城镇化示范区规划编制，启动城北片区控制性详细规划编制和县城地下综合管线普查。二是完成八尺—上举幸福村居示范片项目。热柘、泗水、长田圩镇扩容提质工程顺利推进。在八尺、河头实施的全省农村环境连片整治示范县试点项目通过市级验收。三是加大城乡环境整治力度，制作 12 期专题片，加大城乡环境暗访力度。四是严格执行农村生活垃圾收运处理制度，实现镇级垃圾分类回收站、村级环卫队伍全覆盖，垃圾分类率 30%，生活垃圾无害化处理率 100%，农村垃圾处理费收取率 90%。五是推进南粤水更清行动，推进镇村饮用水源保护区划定工作，开展跨境河流水源水质保护和大气污染防治工作，确保饮用水源地水质达标率保持在 100%，全年环境空气质量保持优良。

【民生社会事业】 2015 年财政用于民生支出 16.5 亿元，占县级一般公共预算支出的 72.4%，完成年度“十件民生实事”：一是实验小学如期开学，特殊教育学校动工建设，在全市率先通过“全国义务教育发展基本均衡县”

评审。二是推动“大众创业、万众创新”，鼓励发明创造，全年共获专利授权68项，同比增长143%，省级科技创新专业镇数量和占比均列全市第一。三是完善创业扶持政策，以创业带动就业，年度发放小额担保贷款953万元，贴息110多万元，带动1351人实现就业。四是全面完成第二轮扶贫开发“双到”任务，1298户贫困户全部实现稳定脱贫，贫困村集体经济平均收入12.6万元，贫困户人均纯收入8600元，分别比帮扶前增长13.4倍和3.4倍，被省评为优秀等次。五是县镇医疗卫生一体化改革试点扎实推进，八尺卫生院被国家卫计委评为“群众满意的乡镇卫生院”。六是完成174套（户）保障房建设和425户低收入住房困难户危房改造。七是开展全民国防教育，组建民兵应急分队，县人武部获评“广东省军区先进人武部”。八是大佛寺获批国家级海峡两岸交流基地示范点。九是成功举办首届平远县足球联赛，新建2个、升级改造2个足球场。十是计划生育工作和社会其他各项工作取得新成绩。

【安全保障工作】 2015年，平远县政法工作群众满意度和公众安全感位居省市前列。创新基层社会治理，完成27个村民理事会试点建设工作。143个村（社区）实现法律顾问全覆盖，群众来信来访数量同比下降30.4%，越级上访总量在省市排位靠后。平远县被评为“全国法治县创建活动先进单位”。安全生产和食品药品安全监管力度加大，社会保持和谐稳定。

【平兴高速公路建成通车】 2015年12月31日，平兴高速公路建成通车，结束平远没有高速公路的历史。平兴高速公路于2012年12月28日动工建设，起于平远县的赣粤省界，与济广高速公路江西瑞金至寻乌段顺接，途经梅县、兴宁，终于五华县境内已建成的梅河高速青西大桥，通过设置枢纽互通与梅河高速相接。全长98.544千米，设八尺、五指石、河头、平远（大柘）、石正、梅西、黄陂、大坪、教礼、叶塘、新陂共11处出入口，平远、叶塘2个服务区，八尺、黄陂2个停车区。全线采用双向四车道高速公路标准建设，设计时速100千米。通车后，平远到兴宁、广州地区的车程将缩短45分钟，约4个小时即可到达广州，平远到江西的车程也将缩短30分钟。

【平远国家公园试点建设单位被省确定】 2015年，平远县争取省立国家公园体制试点建设，经过省国家公园体制改革调研和试点建设单位论证，确定平远国家公园为全省首批唯一国家公园试点建设单位。年底，广东平远国家公园试点方案通过省专家组评审。

【全国绿化模范县创建工作】 2015年，平远县创建全国绿化模范县，开展绿满平远大行动，完成造林2333.3公顷，建成20千米生态景观林带，新建4个县级森林公园和5个镇级森林公园。建成八尺镇笙竹村、河头镇田心村、上举镇畲脑村3个市级乡村绿化美化示范点和差干镇差干村等13个县级乡村绿化美化示范点。此外，实施韩江流域水源涵养林建设246.6公顷、龙脑樟良种与高效栽培技术示范林33.3公顷、火烧迹地复绿面积33.3公顷，全民义务植树70多万株，生态公益林中幼龄林抚育8666.6公顷。全县森林覆盖率78.25%。广东平远龙文——黄田省级自然保护区获评“广东十大最美森林”；国家重点生态县通过考核；全国绿化模范县通过省验收。

【五指石景区升格为国家AAAA级旅游景区】 2015年12月24日，五指石景区成功升格为国家AAAA级旅游景区。五指石位于平远县差干镇境内。五指石是武夷山余脉，主要由形似五指的宝鼎石（拇指）、罗汉石（食指）、天竺石（中指）、降龙石（无名指）和宝盖石（末指）组成。五指石属典型的丹霞地貌景观。五指石景区原为国家AAA级旅游景区。2012年以来，平远县引进江西三清山国际旅行社投资1.2亿多元，在五指石景区内合作建成第一期长3.1千米的“天道”，引发全县旅游的持续兴旺。在抓好新景点开发建设的同时，2015年，平远县又与广东山水漫画公司合作，投入7000多万元，“量体裁衣”对核心景区进行升级改造，以及新建游客服务中心、地质博物馆、生态停车场、集散广场、购物街和增加缆车、玻璃栈道、核心景区U步道等旅游景点项目。

【“7·22”洪涝灾害】 2015年7月21日20时至22日8时，平远县全境普降暴雨到特大暴雨，尤其北部乡镇雨量大、历时短。降雨达到100毫米以上的镇区有7个。其中，泗水245毫米、上举224毫米、东石174毫米、县城120毫米、石正109毫米、热柘102毫米、仁居102毫米。全县12个镇中有9个镇、89个村不同程度受灾，受灾人口1.92万人。山洪灾害造成直接经济损失1.65亿元，其中水利设施损失7561万元。灾情发生后，市、县各级领导及时到受灾点察看灾情并指导救灾复产工作。县水务局与三防部门根据水情灾情，及时启动应急响应。各级地方政府迅速派出救援队伍全力以赴抗洪救灾，及时转移受灾群众，做好安稳工作，最大限度减少灾害损失，保障人民群众的生命财产安全。

【广东省平远商会成立大会暨平远招商推介会】 2015年8月22日，广东省平远商会成立大会暨平远招商推介会在广州香格里拉酒店举行。广东省平远商会荣誉会长、欧派家居集团股份有限公司董事长姚良松，广东省平远商会会长、广州天诚伟业通信科技有限公司董事长刘忠平，广东省平远商会会员，各界商业精英人士，文化教育界友人和其他友好社会组织机构人员参加大会。省人大常委会原副主任、广东中华民族文化促进会执行主席游宁丰，广州空军原副司令员张书田，以及关心平远建设的众多嘉宾出席会议。

【乡镇概况】

差干镇　位于县境北部，距县城54千米，东邻福建省武平县下坝乡，西接江西省寻乌县项山乡，南与该县仁居、上举接壤，北靠福建省武平县民主乡。总面积93平方千米，辖7个村民委员会、42个村民小组。旅游资源丰富，有五指石、相思河等知名景区。2015年年末，有2246户、8391人，其中农业人口2075户、7098人，非农人口171户、1293人。2015年生产总值14924万元，同比增长9.8%。农业总产值6668万元，同比增长6.4%。工业总产值17028万元，同比增长5.7%。镇级财政收入240万元，全面完成各项税收任务。农民人均纯收入12784元，同比增长10.7%。各项经济指标持续稳步增长。

仁居镇　位于县境西北部，东邻差干、上举两镇，西接八尺镇，南连东石、河头两镇，北毗江西省吉潭镇项山乡，距县城36千米。总面积191平方千米，辖15个村民委员会、1个社区居民委员会、192个村民小组。2015年年末，户籍总人口7042户、23746人，其中农业人口19826人、非农人口3920人。2015年地区生产总值3.19亿元，同比增长8.7%。农业总产值1.94亿元，同比增长4.7%。工业总产值3.19亿元，同比增长6.4%。固定资产投资5562万元，同比增长10%。镇级税收收入超额完成县下达的包干任务。农民人均纯收入11199元，同比增长6.5%。

八尺镇　地处县境西北部，东邻仁居、河头镇，南连中行镇，西北分别与江西省寻乌县留车镇、南桥镇接壤，国道206线、358线及济广高速公路贯穿其间，是平远县的北大门。界域面积108平方千米，辖11个村民委员会、1个社区居民委员会、118个村民小组。2015年年末，有4550户、15290人，其中农业人口11873人、非农人口3417人。2015年，国内生产总值25681万元，同比增长9.8%。农业总产值16126万元，同比增长4.2%。工业总产值20015万元，同比增长11.2%。农民人均纯收入10750元，同比增长10.9%。全年财税包干总数158.07万元。

河头镇　位于县境中部，东邻东石镇，西接八尺镇、中行镇，北靠仁居镇，南连大柘镇。地形呈长形块状，界域面积82.42平方千米，辖9个村民委员会、80个村民小组。2015年年末，有2761户、11092人，其中农业人口9519人、非农人口1573人。2015年，生产总值1.61亿元，同比增长9.5%。农业总产值9974万元，同比增长5.3%。工业总产值6931万元，同比增长10.8%。镇级财政收入178万元，同比增长8%。农民人均纯收入11828元，同比增长12.2%。

中行镇　位于县境西部，距县城14千米，206国道贯穿其间。东邻河头镇，西接江西省寻乌县丹溪乡，北靠八尺镇，南连大柘镇，界域面积74平方千米，辖6个村民委员会、51个村民小组。2015年年末，总户数2660户、9009人，其中农业人口6568人、非农人口2441人。2015年，生产总值15192万元，同比增长8.9%。农业总产值7434万元，同比增长4.9%。工业总产值14904万元，同比增长8.8%。镇级自筹财政收入98万元，同比增长2%。农民人均纯收入14757元，同比增长10.2%。

上举镇　位于县境东北部闽粤交界处，东邻泗水镇，南接东石镇，西与仁居镇、差干镇相连，北与差干镇、福建省武平县下坝乡交界。距县城33千米，界域面积98.6平方千米，辖6个村民委员会、53个村民小组。2015年年末，全镇总户数1914户、人口7481人，其中农业人口6007人、非农人口1474人。有耕地面积345.18公顷。有山林面积0.87公顷，其中龙文省级自然保护区1400多公顷，是省级“龙文——黄田”自然保护区核心区域。2015年，国内生产总值1.55亿元，同比增长8%。农业总产值7865万元，同比增长6%。工业总产值8721万元，同比增长8.4%。全年农民人均纯收入15264元，同比增长6.3%。

泗水镇　位于县境东北部山区，东邻蕉岭县，西接上举镇，南连东石镇，北毗福建省武平县。界域面积133.8平方千米，辖8个村民委员会、140个村民小组，耕地面积610.10公顷、山林面积760公顷，是平远县的重要林区。2015年年末，全镇总户数2873户，10579人，其中农业人口8374人、非农人口2205人。2015年，国内生产总值1.84亿元，同比增长8.7%。农业总产值1.02亿元，同比增长6.1%。工业总产值1.45亿元，同比增长9.7%。镇级一般预算收入70.8万元，占全年县下达任务数的180%。农民人均纯收入14498元，同比增长3.5%。

东石镇　位于县境中部，东邻蕉岭县，西接河头镇，南与大柘镇、热柘镇接壤，北靠仁居、上举、泗水镇。界域面积163.1平方千米，耕地面积0.1万公顷，森林覆盖率75.12%。辖17个村民委员会、1个社区居民委员会、23个村民小组。其中灵水、白岭、太阳村是革命老区。2015年年末，全镇总户数8445户，总人口33920人，其中农业人口28813人、非农人口5107人。2015年，实现生产总值6.03亿元，同比增长8%。农业总产值2.75亿元，同比增长3.8%。工业总产值6.65亿元，同比增长9%。农民人均纯收入14764元，同比增长10.1%。

大柘镇　地处县城，属城关镇，东邻东石镇和热柘镇，西接江西省寻乌县，南连石正镇和长田镇，北毗中行镇、河头镇。界域面积154.51平方千米，耕地面积1212.23公顷，山地面积718公顷。辖25个村民委员会、3个社区居民委员会、266个村民小组。2015年年末，有33592户、87824人。其中农业人口37713人、非农人口50111人。2015年，生产总值11.87亿元，同比增长8.3%。农业总产值3.66亿元，同比增长2.8%。工业总产值11.94亿元，同比增长8.8%。固定资产投资7800万元，同比增长10.5%。农民人均纯收入12523元，同比增长10.2%。

石正镇　位于县境西南部，地处粤赣两省四县交界，与梅县区梅西镇、兴宁市黄槐镇、寻乌县丹溪乡接壤，济广高速公路、省道225线横贯其中，距平远县城12千米。界域面积98

平方千米，辖1个社区居委会、17个村民委员会、173个村民小组。2015年年末，有9766户、33771人。其中农业人口28606人、非农人口5165人。是广东省首批重点发展的中心镇之一，广州（南沙）省级产业转移园坐落在该镇。2015年，国内生产总值5.15亿元，同比增长9.7%。农业总产值1.78亿元，同比增长3.6%。工业总产值2.98亿元，同比增长10.5%。固定资产投资5900万元，同比增长12%。农民人均纯收入13132元，同比增长10.6%。上缴各项税收251万元，超额完成县级任务。

长田镇　是平远县南大门，东、西、南与梅县的石扇、梅西及大坪镇相接壤，北与本县热柘镇、大柘镇相连。206国道南北贯穿全镇，距梅州市区30千米，离平远县城14千米。界域面积69平方千米，辖7个村民委员会、59个村民小组。2015年年末，有2903户、9546人，其中农业人口6402人、非农人口3144人。2015年，生产总值15418万元，同比增长8.5%。农业总产值8262万元，工业总产值20124万元，同比分别增长4.6%和7.2%。社会固定资产投资2980万元，同比增长10.66%。农民人均纯收入9515元，同比增长14.5%。

热柘镇　位于县境东南部，东与蕉岭县新铺镇、梅县石扇镇接壤，西与大柘镇为邻，南连长田镇，北接东石镇。镇政府所在地距县城13.9千米。面积108平方千米，山林面积0.89万公顷，森林覆盖率83%。耕地面积0.07万公顷，占全镇总面积的6.2%。辖8个村委会、74个村民小组。2015年年末，有3509户、13607人，其中农业人口10016人、非农人口3654人。热柘镇是革命老区，也是“华侨之乡”，2015年有海外侨胞7000多人。热柘镇水系发达，水力发电蕴藏量大，有水力发电站11座，年发电量占全县小水电的33.68%。柚树河小胆滩海拔89米，是全县最低点。热柘镇矿产资源主要有丰富的耐火石和温泉。热柘豆干是全县最出名的土特产。2015年，国内生产总值14333万元，同比增长10.8%。农业总产值8680万元，同比增长6.3%。工业总产值6595万元，同比增长12.2%。固定资产投资950万元，同比增长11.7%。农民人均纯收入9353元，同比增长10.3%。

（林绪远）

附：2015年度平远县领导班子成员名单

县委书记： 曾尚忠
副书记： 刘许川　凌声宏
常委： 曾尚忠　刘许川　凌声宏
陈德志　凌志达（任至1月）
陈颖明　胡新文　姚永波
肖桂华（女）
李洪涛（任至4月）
陈友权（任至4月）
温助民（常务，1月起任）
周玉奎（4月起任）
陈琼宏（6月起任）
贺建平（挂职）
县人大常委会主任： 曾尚忠
副主任： 谢仁烈（常务，任至2月）
凌志达（常务，3月起任）
张荣忠（常务）
刘金宏（兼）　赖家琳
马文生　朱天英
县长： 刘许川
副县长： 姚永波（常务，任至2月）
温助民（常务）
贺建平（挂职）　姚小玲（女）
黄钧震　陈远航　林忠云
李远林（2月起任）
马劲轲（2月起挂任）
县政协主席： 陈征宏（任至6月）
副主席： 丘建平（常务，任至1月）
凌小宏（1月起任常务，7月起负责全面工作）
廖文香　韩垂辉（兼）
凌健（兼）　刘志刚
涂其标（1月起任）
县纪委书记： 陈德志
副书记： 陈永和　梁裕彝
副县级干部： 谢　平（任至9月）

社会经济统计资料

责任编辑：陈映萍

梅州市国民经济和社会发展主要指标一览表

表 8

指　　标	单位	2000 年	2005 年	2010 年	2011 年	2012 年	2013 年	2014 年	2015 年
一、人口与就业									
年末总人口	万人	485.15	498.92	514.75	517.60	521.35	524.96	528.64	543.79
农业人口	万人	385.04	376.34	388.52	391.27	394.74	398.53	402.23	—
非农业人口	万人	100.11	122.58	126.23	126.33	126.61	126.43	126.41	—
男性人口	万人	250.07	256.55	263.64	264.79	266.58	268.71	270.38	279.83
女性人口	万人	235.08	242.37	251.11	252.81	254.78	256.24	258.26	263.96
年末从业人员数	万人	207.23	212.00	209.80	209.50	211.00	211.90	213.01	213.5
#职工人数	万人	28.68	24.80	23.50	23.70	24.00	29.50	29.40	28.2
二、国民经济核算									
生产总值（当年价）	亿元	180.50	314.61	608.36	695.75	750.72	806.02	885.84	959.78
第一产业	亿元	56.02	72.73	124.24	143.99	157.17	165.45	174.73	188.49
第二产业	亿元	63.18	129.32	249.66	274.42	278.42	297.16	330.47	351.83
第三产业	亿元	61.30	112.56	234.47	277.34	315.12	343.41	380.64	419.46
三、固定资产投资									
全社会固定资产投资	亿元	48.49	120.47	195.52	198.57	230.14	280.50	407.51	568.06
#国有单位	亿元	19.87	50.13	88.00	76.38	91.43	82.81	113.34	113.23
集体单位	亿元	13.94	18.29	6.88	4.79	6.15	6.74	4.66	4.56
个体经济	亿元	7.35	20.15	41.30	41.64	49.29	95.75	147.39	86.79
四、财政									
财政收入	亿元	7.18	15.18	38.95	46.89	56.27	69.37	85.28	103.59
财政支出	亿元	23.04	46.25	117.69	148.21	175.46	206.30	270.02	376.37
五、物价总指数(上年=100)									
居民消费价格总指数	%	100.5	102.2	102.8	104.8	102.2	101.8	102.4	101.6
六、企业景气指数	%	—	125.90	129.40	130.32	—	—	—	—
#工业企业景气指数	%	—	116.96	117.39	115.56	—	—	—	—
全社会用电量	亿千瓦时	—	41.01	60.98	66.15	66.67	69.78	76.51	77.98
#工业用电量	亿千瓦	—	29.31	40.99	42.74	39.09	41.53	44.07	44.52

说明：1. 耕地面积从 2008 年起采用国土部门的统计口径及数据。

2. 本表 2007－2010 年从业人员数据根据第六次全国人口普查数据平滑调整。2011 年起全社会固定资产投资数据的统计口径为 500 万元以上的投资项目统计数据，与以前统计口径不同，数据不能直接对比。

续表

指　　标	单位	2000年	2005年	2010年	2011年	2012年	2013年	2014年	2015年
七、农业									
耕地面积	万公顷	13.44	12.19	16.31	16.31	16.42	16.43	16.43	16.40
农业总产值（当年价）	亿元	86.33	112.87	201.85	234.76	253.79	269.52	283.26	304.95
主要农产品产量									
粮　食	万吨	156.95	133.22	119.86	123.28	125.91	119.93	123.10	123.84
玉　米	万吨	7.02	6.92	3.69	3.61	3.81	4.07	3.81	3.84
水　果	万吨	59.74	81.04	100.62	108.28	116.83	127.11	133.00	141.86
茶　叶	吨	7953	9804	11313	12198	12740	13115	13754	14183
猪　肉	万吨	16.23	16.69	18.73	18.44	18.81	19.10	19.99	19.76
水产品	万吨	7.04	8.18	9.03	9.57	9.95	10.30	10.63	11.11
造林面积	万公顷	0.43	1.78	0.39	1.52	3.30	2.09	3.14	2.53
八、工业									
全部工业总产值(当年价)	亿元	167.09	314.66	620.11	757.99	743.65	820.29	923.54	990.21
#规模以上工业总产值	亿元	81.81	207.10	455.97	546.78	502.91	567.99	651.03	704.76
#轻工业产值	亿元	64.98	108.06	203.40	248.62	236.74	269.05	316.76	355.49
重工业产值	亿元	102.11	206.60	416.71	509.37	506.91	551.24	606.78	634.72
主要工业产品产量									
原煤	万吨	93.80	177.44	—	—	—	—	—	—
发电量	亿千瓦时	35.85	70.58	125.44	127.76	117.05	138.76	125.79	121.87
中成药	吨	1240	2104.13	4197	3909	3043	3667	5981	6172
布	万米	350.61	472.00	142.4	—	—	—	—	—
卷烟	万箱	20.00	25.06	32.78	34.21	36.28	37.55	38.33	38.3
水泥	万吨	806.36	1124.96	1336.78	1348.26	1130.18	1179.68	1386.24	1533.68
日用陶瓷	万件	6469	19331	7010.00	—	—	—	—	—
服装	万件	175.65	289.57	349.85	439.8	222.8	405.3	365.9	429.1
独立核算工业企业财务指标									
固定资产原价	亿元	112.24	194.51	318.21	357.07	391.58	370.36	413.13	430.19
固定资产净值	亿元	80.97	142.65	205.16	208.86	243.91	222.31	235.15	239.88
利润和税收总额	亿元	12.69	47.75	100.36	90.69	91.38	102.11	109.84	118.15

说明：1. 主要工业产品产量为限额以上工业。

2. 独立核算工业企业财务指标为限额以上工业数值。

3. 2000年邮电业务总量按1990年不变价格计算，2011起年按2010年不变价格计算，2005—2010年按2000年不变价格计算。

4. 2005年后交通运输指标按省调整后的反馈数；2014年起货运量、客运量均未含航空运输。

续表

指　标	单位	2000年	2005年	2010年	2011年	2012年	2013年	2014年	2015年
九、建筑业									
直接从事生产经营活动年均人数	万人	3.42	6.94	8.87	8.17	6.14	7.13	7.07	7.36
建筑企业总产值(当年价)	亿元	16.92	54.80	125.91	158.24	169.59	185.37	216.42	241.12
施工房屋面积	万平方米	274.00	776.23	1315.80	1270.19	1299.41	1340.76	1423.56	1632.23
竣工房屋面积	万平方米	142.00	265.07	494.34	530.76	555.10	546.01	537.01	673.25
十、交通运输邮电									
货运量	万吨	3905	4137	4504	5164	5996	6739	7303	7226
公路	万吨	3534	3649	4029	4674	5539	6260	7102	7177
水运	万吨	107	102	63	71	69	65	57	49
客运量	万人	4089	3650	4538	5206	5952	2580	2852	2557
公路	万人	3946	3523	4377	5033	5788	2408	2615	2545
水运	万人	22	27	22	22	15	12	12	12
邮电业务总量	亿元	12.87	23.24	52.48	35.69	43.17	46.72	54.58	68.43
十一、商业									
社会消费品零售总额	亿元	67.28	131.85	315.10	372.79	403.50	450.18	499.97	555.50
#批发零售贸易业	亿元	49.01	117.00	291.18	344.34	372.36	417.27	462.03	514.94
住宿和餐饮业	亿元	6.09	13.58	23.92	28.45	31.14	32.91	37.94	40.56
十二、对外经济贸易和旅游									
外贸出口总额	万美元	29714	31031	95100	109448	126968	154412	188730	227167
#一般贸易出口	万美元	21623	28440	69397	78727	96055	120347	153541	188805
“三资企业”出口	万美元	7785	7171	51328	55803	62813	66307	69180	72334
海关进口总额(梅州海关)	万美元	5199	5168	22240	27035	23339	21864	29467	18223
实际利用外资	万美元	9663	11142	8959	10193	11878	13309	14711	7131
接待旅游者人数	万人	72.57	300.3	747.20	1132.62	1457.98	2036.33	2521.7	3027.48
#国际旅游者	万人	6.13	7.17	8.71	10.52	12.77	13.45	17.81	21.30

续表

指　　标	单 位	2000 年	2005 年	2010 年	2011 年	2012 年	2013 年	2014 年	2015 年
十三、金融保险									
金融机构存款余额(人民币)	亿元	141.52	429.78	835.07	941.74	1059.31	1240.59	1406.83	1558.70
金融机构贷款余额(人民币)	亿元	93.36	206.37	330.25	387.57	452.17	545.51	634.02	734.86
保险费收入	万元	37235	68701	170873	191210	206765	243878	271102	425458
十四、人民生活									
全部职工工资总额	亿元	20.99	32.52	61.10	74.32	84.94	111.26	125.65	152.00
全部职工年平均工资	元	7223	12909	26672	31471	37129	39882	44857	54018
城镇居民人均可支配收入	元	7137	8695	14728	16761	18699	18107	19846	21810
农村居民人均可支配收入	元	3539	4181	6367	7825	9036	9665	10786	11799
十五、教育、文化、卫生									
在校学生数									
普通高等学校	人	7550	14617	20673	21791	22104	22185	23549	25303
普通中学	万人	31.97	38.06	37.46	35.82	32.71	28.97	26.39	24.62
小　　学	万人	57.16	51.37	31.33	29.65	29.12	28.99	29.90	31.25
卫生机构数	个	460	1467	1178	1202	1203	3628	3423	3357
卫生机构病床数	张	7257	8324	10702	11633	12660	14079	14550	15547
卫生技术人员	人	14228	14402	16879	17689	17401	19965	20763	21446
#执业（助理）医师	人	—	5879	—	—	—	—	—	—

说明：金融机构贷款中，2000 年后数据不含资产剥离数，2004 年前金融机构存、贷款数据为国家银行数据。外贸出口总额 2001 年后为海关数。2002 年后卫生技术人员数为新统计口径。市区城镇居民人均可支配收入 2002 年实行新统计口径。2005 年后实际利用外资为外商直接投资数。本表 2011 年起职工工资总额及职工平均工资为在岗职工数据。2013 年起卫生机构数包括村级卫生机构数。从 2013 年起市区城镇居民人均可支配收入、农民人均纯收入口径分别调整城镇和农村居民人均可支配收入，数据按新口径计算。

梅州市生产总值一览表

表9　　（当年价）　　单位：万元

年份	生产总值	第一产业	第二产业	工业	建筑业	第三产业
1979	86996	40960	25657	23347	2310	20379
1980	98462	46801	27837	23661	4176	23824
1981	106833	54380	26616	22091	4525	25837
1982	128042	60969	34413	26498	7915	32660
1983	129133	60293	34193	23593	10600	34647
1984	145426	68615	39226	28242	10984	37585
1985	189700	91741	49400	34086	15314	48559
1986	205044	91391	61641	51023	10618	52012
1987	240204	109014	72861	61696	11165	58329
1988	341670	141256	113445	96626	16819	86969
1989	377659	148896	130983	112033	18950	97780
1990	421652	173937	143854	123139	20715	103861
1991	478817	180882	172552	150306	22246	125383
1992	615923	206466	244324	200597	43727	165133
1993	803603	233747	349981	294500	55481	219875
1994	1105882	388522	409525	328218	81307	307835
1995	1278694	430142	488277	398139	90138	360275
1996	1393667	480990	501256	403723	97533	411421
1997	1459944	509272	505221	411223	93998	445451
1998	1546649	529042	543082	427004	116078	474525
1999	1647443	547872	575588	455003	120585	523983
2000	1805048	560210	631790	494411	137379	613048
2001	1957524	572961	683367	535750	147617	701196
2002	2122138	588514	750139	585771	164368	783485
2003	2383818	605130	909775	686358	223417	868913
2004	2855812	677280	1180576	923923	256653	997956
2005	3146107	727293	1293196	1039898	253298	1125618
2006	3495765	776502	1505640	1223146	282493	1213623
2007	4116169	877582	1734087	1437745	296342	1504500
2008	4796120	1039079	1958688	1630615	328073	1798353
2009	5185483	1091242	2065178	1708563	356615	2029063
2010	6083640	1242410	2496570	2097161	399409	2344660
2011	6957524	1439893	2744231	2284910	459321	2773400
2012	7507170	1571702	2784244	2304782	479462	3151224
2013	8060217	1654465	2971649	2453692	527065	3434103
2014	8858389	1747297	3304667	2701187	613507	3806425
2015	9597781	1884887	3518344	2879902	650021	4194550

说明：2004 年生产总值按经济普查资料计算；1993 年至 2003 年生产总值根据经济普查资料对数据进行修正，2008 年第二次经济普查后对 2005 年至 2008 年生产总值数据进行修正。2013 年第三次经济普查后对 2009 年至 2013 年生产总值数据进行修正；2013 年起按新三次产业划分规定公布三次产业增加值。

梅州市生产总值指数一览表（一）

表 10 上年 = 100

年份	生产总值	第一产业	第二产业	工业	建筑业	第三产业
1978	114.5	113.0	118.5	114.6	152.9	115.0
1979	102.8	100.8	107.1	106.5	111.6	104.2
1980	108.1	106.9	106.8	102.0	136.8	113.4
1981	104.7	106.3	99.7	99.6	100.4	105.5
1982	111.6	107.1	116.6	109.2	150.7	119.0
1983	101.5	101.6	100.5	90.1	135.5	102.4
1984	104.3	104.1	108.6	113.3	98.1	100.5
1985	120.8	114.9	127.3	122.0	140.9	129.1
1986	103.3	99.1	112.1	134.5	62.3	104.2
1987	111.9	114.0	111.6	114.2	99.3	107.5
1988	115.4	99.8	137.9	138.7	133.4	125.2
1989	107.7	106.1	110.5	111.5	104.6	107.0
1990	108.5	107.8	110.6	110.2	113.4	106.8
1991	111.8	104.3	117.0	121.9	87.7	118.5
1992	119.8	111.5	132.1	123.6	202.4	116.2
1993	113.7	105.5	117.8	121.2	100.5	120.0
1994	115.4	108.6	118.2	115.7	133.9	120.1
1995	110.4	108.6	110.9	110.9	110.5	112.0
1996	109.0	110.7	107.0	106.7	108.5	109.8
1997	105.2	106.0	102.9	103.8	98.2	107.7
1998	108.5	107.1	111.2	108.4	126.5	106.5
1999	108.1	106.9	106.9	107.7	102.9	111.3
2000	108.2	102.8	109.4	108.6	113.1	112.6
2001	108.6	103.8	108.7	109.4	106.4	112.7
2002	108.7	102.8	110.2	110.3	109.8	112.2
2003	111.5	101.5	119.6	115.7	134.0	111.3
2004	112.0	102.4	119.6	124.3	104.5	110.7
2005	107.8	103.0	108.0	110.5	98.2	110.9
2006	109.8	104.1	113.9	114.3	112.5	108.6
2007	112.5	101.8	111.6	114.2	100.5	120.2
2008	110.2	105.0	107.4	108.8	100.5	116.1
2009	109.8	106.7	110.1	109.0	116.0	111.0
2010	114.1	106.6	118.2	118.4	117.3	113.2
2011	113.6	104.1	117.1	115.8	123.7	114.8
2012	110.1	105.0	112.7	113.6	108.1	109.7
2013	111.1	103.3	115.8	116.3	113.1	109.3
2014	108.5	102.9	110.8	110.2	114.0	108.2
2015	108.6	103.5	108.7	108.9	107.6	110.6

梅州市生产总值指数一览表（二）

表 11　　1978 年＝100

年份	生产总值	第一产业	第二产业	工业	建筑业	第三产业
1978	100.0	100.0	100.0	100.0	100.0	100.0
1979	102.8	100.8	107.2	106.5	109.4	104.1
1980	111.2	107.7	114.5	108.6	136.8	118.0
1981	116.4	114.5	114.1	108.2	150.3	124.6
1982	129.9	122.6	133.1	118.1	226.5	148.3
1983	131.9	124.6	133.8	106.4	306.9	151.8
1984	137.6	129.7	145.3	120.6	301.1	152.6
1985	166.2	149.0	185.0	147.1	424.3	197.1
1986	171.9	147.7	207.4	197.9	264.3	205.3
1987	192.3	169.4	231.5	226.0	262.5	220.8
1988	222.1	168.0	319.2	313.4	350.1	276.3
1989	239.1	178.2	352.6	347.7	377.5	295.7
1990	259.4	192.2	390.0	384.8	415.6	315.7
1991	290.0	200.3	456.3	469.1	364.6	374.1
1992	347.4	223.4	602.8	579.9	737.9	434.6
1993	394.9	235.7	709.9	702.8	741.6	521.7
1994	455.6	256.1	839.4	813.0	992.9	626.7
1995	503.1	278.2	930.6	901.9	1097.1	701.5
1996	548.2	308.0	995.8	962.5	1190.2	770.4
1997	576.8	326.6	1024.2	998.6	1168.8	829.7
1998	625.8	349.8	1138.5	1082.2	1478.3	883.3
1999	676.5	373.9	1216.7	1165.9	1520.4	983.4
2000	731.8	384.5	1330.9	1266.5	1719.7	1107.8
2001	794.4	399.3	1447.1	1385.3	1830.1	1248.4
2002	863.7	410.6	1595.2	1528.5	2009.7	1400.6
2003	963.0	416.7	1907.7	1768.5	2693.6	1559.5
2004	1078.5	426.7	2281.6	2198.0	2815.6	1726.9
2005	1162.6	439.5	2464.1	2428.8	2764.9	1915.1
2006	1276.6	457.5	2806.6	2776.1	3110.5	2079.8
2007	1436.1	465.8	3132.2	3170.3	3126.1	2500.0
2008	1582.6	489.0	3364.0	3449.3	3141.7	2902.5
2009	1737.7	521.8	3703.8	3759.7	3644.4	3221.8
2010	1982.7	556.2	4377.8	4451.5	4274.8	3647.0
2011	2252.4	579.0	5126.5	5154.9	5288.0	4186.8
2012	2479.8	608.0	5777.5	5855.9	5716.3	4592.9
2013	2755.1	628.0	6690.4	6810.4	6465.2	5020.1
2014	2989.3	646.2	7412.9	7505.1	7370.3	5431.7
2015	3247.2	669.1	8059.1	8175.7	7929.7	6005.4

梅州市各县（市、区）生产总值一览表

表 12　　（当年价）　　单位：万元

县（市、区）	生产总值	第一产业	第二产业	工业	建筑业	第三产业
2015 年						
梅江区（含市直）	2066596	91123	1060061	903799	156802	915412
#梅江区	607060	91123	204806	164238	41108	311131
梅县区	1703287	430144	636148	548099	89962	636995
兴宁市	1533660	414624	386273	320543	68067	732763
平远县	685676	114207	259619	239203	21365	311850
蕉岭县	671065	113933	202459	180226	24498	354673
大埔县	720922	189334	210887	170623	40264	320701
丰顺县	947271	219606	414829	243421	171677	312836
五华县	1269305	291642	348064	273988	77384	629599
2014 年						
梅江区（含市直）	1930075	85995	1044687	876340	168870	799393
#梅江区	559546	85995	199998	162209	38312	273553
梅县区	1582038	395111	602904	519948	84870	584023
兴宁市	1402568	385423	369901	308622	63551	647244
平远县	622752	106332	256062	238283	18635	260358
蕉岭县	614160	106148	196004	177263	20761	312008
大埔县	662811	174458	197671	158312	39359	290682
丰顺县	877468	207757	378711	230949	147998	291000
五华县	1166516	272275	339872	273466	69464	554369
2013 年						
梅江区（含市直）	1773813	83611	964953	813129	152306	725249
#梅江区	525604	83611	181827	149423	32886	260166
梅县区	1440120	371296	557853	489641	70015	510971
兴宁市	1264143	356724	336034	284638	53492	571385
平远县	570685	101220	239231	222344	17686	230234
蕉岭县	558861	103379	181478	165757	17610	274004
大埔县	603324	162713	179694	146475	33219	260917
丰顺县	790807	200011	333694	210471	123438	257102
五华县	1058509	263280	295380	238752	59298	499849

说明：2011 年起规模以上工业企业的规模标准、统计口径作了调整，2011 年起规模以上工业增加值根据企业联网直报年报数按收入法计算，其增长速度按可比口径对比计算；2010 年以前年份的工业增加值暂未作调整；2013 年开展第三次全国经济普查，各县（市、区）生产总值（2013—2009 年）按经济普查结果进行调整修正。

梅州市各县（市、区）生产总值发展速度一览表

表 13　　（按可比价计算）　　单位:%

县（市、区）	生产总值	第一产业	第二产业	工业	建筑业	第三产业
2015 年						
梅江区（含市直）	108.7	102.5	106.8	107.3	100.8	112.0
#梅江区	108.0	102.5	104.6	103.5	109.0	112.5
梅县区	107.8	104.1	107.6	107.5	107.6	110.4
兴宁市	108.7	104.2	108.3	108.2	108.8	111.3
平远县	110.2	104.3	111.4	111.0	116.4	111.2
蕉岭县	110.1	102.8	113.0	112.2	119.8	109.1
大埔县	109.7	104.4	112.2	113.5	103.9	109.6
丰顺县	110.5	103.4	114.2	111.8	117.8	107.9
五华县	109.7	103.0	112.1	111.8	113.1	111.0
2014 年						
梅江区（含市直）	105.2	101.3	105.2	104.8	111.0	105.5
#梅江区	107.6	101.3	112.6	112.2	114.1	105.4
梅县区	110.1	103.7	111.7	110.7	118.7	111.5
兴宁市	111.5	106.0	115.9	115.8	116.4	110.7
平远县	108.0	103.7	108.1	108.5	103.2	109.8
蕉岭县	111.3	101.9	114.3	114.1	115.5	111.3
大埔县	111.3	105.1	116.8	117.0	116.1	108.5
丰顺县	112.0	102.4	116.8	116.4	117.5	109.7
五华县	109.8	102.2	118.2	119.4	114.8	108.1
2013 年						
梅江区（含市直）	108.5	103.1	108.6	109.1	102.6	109.0
#梅江区	111.0	103.1	111.6	111.7	111.2	113.0
梅县区	112.8	103.4	117.1	117.4	115.6	112.7
兴宁市	111.0	104.4	112.1	113.0	109.2	113.7
平远县	113.4	103.1	117.1	117.3	113.7	114.1
蕉岭县	112.8	103.4	115.2	115.8	110.5	114.0
大埔县	112.8	103.5	117.6	118.8	110.6	113.4
丰顺县	113.8	103.2	118.8	120.1	116.8	113.1
五华县	111.2	102.8	121.4	125.9	110.0	109.8

梅州市各县（市、区）人均主要经济指标

表 14 单位：元/人

县（市、区）	人均生产总值（当年价）	人均工农业总产值（当年价）	其中：人均工业总产值	人均地方财政收入	在岗职工年人均工资	农民人均纯收入
2015 年						
梅州市	22155	29897	22858	2391	54018	11799
梅江区	49346	53212	49531	8922	69331	15866
梅县区	31633	49909	37127	3993	60004	14627
兴宁市	15591	21389	14611	1017	38574	13488
平远县	29365	40958	32811	2809	49788	12629
蕉岭县	32032	45041	35943	3370	54918	12870
大埔县	18927	25702	17744	2149	54575	10432
丰顺县	19385	33739	26106	1507	55661	10371
五华县	11769	13233	8537	515	43044	10138
2014 年						
梅州市	20529	27967	21402	1976	44857	10786
梅江区	46251	49818	46330	7686	59608	14556
梅县区	29488	48473	36680	3356	54589	13237
兴宁市	14308	19902	13577	763	34329	12284
平远县	26756	38288	30688	2305	38536	11533
蕉岭县	29421	42794	34286	2793	41319	11873
大埔县	17470	23022	15666	1702	39457	9484
丰顺县	18042	31004	23740	1182	41667	9585
五华县	10863	12083	7677	402	32937	9387
2013 年						
梅州市	18742	25341	19074	1613	39882	10148
梅江区	42629	49457	46051	6650	53226	13170
梅县区	26941	43973	32828	2689	47352	12719
兴宁市	12939	17639	11734	585	29840	11153
平远县	24588	34226	26907	1802	35695	10412
蕉岭县	26836	39208	30888	2175	35276	11327
大埔县	15940	20176	13299	1355	34564	9248
丰顺县	16317	26781	19727	908	39211	9268
五华县	9897	10422	6159	315	29164	9009

说明：1. 梅江区人均数含市直，人均生产总值、人均工农业总产值、人均地方财政收入按常住人口计算。

2. 从 2014 年起农民人均纯收入数据改变为农村居民人均可支配收入，2013 年前数据为农民人均纯收入数据。

主要统计指标解释

发展速度　用以反映社会经济发展程度的相对指标，根据两个不同时期发展水平的对比而得。由于比较的标准时期不同，发展速度可分为定基发展速度和环比发展速度两种。

增长速度　发展速度减1（或100%）就是增长速度。即增长速度=发展速度-1（或100%）。

平均每年增长速度　我国计算平均增长速度有两种方法，一种是习惯上经常使用的“水平法”，又称几何平均法，是以间隔最后一年的水平同基期水平对比来计算平均每年增长（或下降）的速度；一种是“累计法”又称代数平均法或方程法，是以间隔年内各年水平的总和同基期水平对比来计算平均每年增长（或下降）的速度，具体计算方法，可参照中国财经出版社出版的《平均增长速度查对表》。

在一般正常情况下，两种方法计算的平均每年增长速度比较接近，但在经济发展不平衡出现大起大落时，两种方法计算的结果差别较大。

本《年鉴》内所列的平均每年增长速度都是用水平法计算的。从某年到某年平均增长速度的年份，均不包基期年在内，如1981—2002年平均每年增长速度是以1980年为基期，2002年为报告期，年份从1981年算起，共22年。

当年价格　是报告期的实际价格，如工厂的出厂价格，农产品的收入购价格，商品的零售价格等。按当年价格计算，是指一些以货币表现的物量指标，如工业总产值、国内生产总值等，按照当年的实际价格来计算总量。按当年价格计算的价值指标，在不同年份之间进行对比时，因为包含有各年间价格变动的因素，不能确切地反映实物量的增减变动。因此，在计算增长速度时都使用按可比价格计算的数字。

可比价格　指在不同时期的价值指标对比时，扣除了价格变动因素，而确切表示物量的变化。按可比价格计算有两种方法：一种是直接用产品产量乘其不变价格；一种是指数法换算。

不变价格　用某一时期的同类产品的平均价格作为固定价格，来计算各个时期的产品价值。目的是为了消除各个时期价格变动的影响，保证各时期间、地区间的可比性。新中国成立后，国家统计局先后5次制订全国统一的工业产品和农业产品的不变价格，即从1949年至1957年使用1952年工（农）业产品不变价格，从1957年至1971年使用1957年不变价格，从1971年至1980年使用1970年不变价格，从1981年至1990年使用1980年不变价格，从1990年开始使用1990年不变价格。

地区生产总值　指按国土原则计算的一个地区物质生产部门和非物质生产部门在一定时期内所生产和提供最终使用的产品和劳务的货币表现。它不包括中间消耗的产品和劳务的价值。这些最终产品和劳务，不论是本地居民投资、本地居民生产的，还是外地居民投资、外地居民生产的，只要是在这个地区的辖区范围之内，就全部计入这个地区的生产总值。

地区生产总值从生产角度来说，是国民经济各部门的增加值之和；从分配角度来说，是这些部门劳动者收入、税金、利润、固定资产折旧等项目之和；从使用角度来说，是最终使用于消费、投资以及净出口的产品和劳务的价值总和。所以地区生产总值有三种计算方法，即生产法、分配法和使用法。区外净要素收入与地区生产总值之和，即为地区国民生产总值。

固定资产折旧　指一定时间内为弥补固定资产损耗而应提取的补偿价值，它反映全部固定资产在本期生产中的资产转移价值。各类企业的固定资产折旧是指从成本费用中提取的折旧费。对不计提折旧的单位，如政府机关、事业单位、学校医院、部队和居民住房则应进行虚拟折旧。

劳动者报酬　指劳动者为常住单位提供劳务而获得的各种报酬，它反映劳动者参与增加值创造而获得的原始收入。具体包括从各种来源开支的货币工资和实物工资，即单位以工资、福利、社会保险等形式从成本费用利润中为劳动者支付的各种开支，以及个体和其他劳动者通过参加社会生产活动所获得的各种劳动报酬。

生产税净额 指生产税与补贴之差，它反映政府从本期创造的增加值中所得到的原始收入份额。生产税是指政府对生产单位的生产经营活动所征收的各种税，附加和规费。具体包括销售（营业）税金及附加，增值税、管理费开支的税、应交纳的养路费、排污费和水电附加费等，以及烟酒专卖上缴政府的专项收入。补贴与生产税相反，是政府对生产单位的单方面收入转移，因此视为负税处理，包括政策亏损补贴、粮食系统价格补贴、外贸企业出口退税收入等。

营业盈余 营业盈余指常住单位创造的增加值扣除固定资产折旧价值、支付劳动者报酬和上缴政府生产税净额后的余额，它反映企业参与增加值创造而应得到的原始收入份额。该指标相当于企业的营业利润，但要扣除税后项目中支付的工资、福利及公益金等。

三次产业 根据社会生产活动历史发展的顺序对产业结构的划分，产品直接取自自然界的部门称为第一产业，初级产品进行再加工的部门称为第二产业，为生产和消费提供各种服务的部门称为第三产业。它是世界上通用的产业结构分类，但各国的划分不尽一致。我国的三次产业划分是：

第一产业：农业（包括种植业、林业、牧业、渔业和农林牧渔业服务业）。

第二产业：工业（包括采掘工业、制造业、自来水、电力、蒸气、热水气、煤气）和建筑业。

第三产业：除第一、第二产业以外的其他各业。由于第三产业包括的行业多、范围广，根据我国的实际情况，第三产业可分为两部分：一是流通部门，二是服务部门。具体又可分为四个层次：第一层次：流通部门，包括交通运输业、邮电通信业、商业、饮食业、物资供销和仓储业。

第二层次：为生产和生活服务的部门，包括金融、保险业，地质普查业，房地产、公用事业，居民服务业，咨询服务业和综合技术服务业，农、林、牧、渔、水利服务业和水利业，公路、内河（湖）航道养护业等。

第三层次：为提高科学文化水平和居民素质服务的部门，包括教育、文化、广播电视、科学研究、卫生、体育和社会福利事业等。

第四层次 为社会公共需要服务的部门，包括国家机关、政党机关、社会团体以及军队和警察。

在市委六届五次全会第一次全体会议上的报告

（2015年1月22日）　梅州市委书记　黄强

现在，我代表市委常委会向全会作工作报告。

2014年，是梅州振兴发展抓谋划打基础的一年，是全面深化改革起步开局的一年，是党员干部队伍转作风强素质的一年。这一年，我们深入学习贯彻习近平总书记系列重要讲话精神，团结带领全市人民，围绕振兴发展目标，推进“三大抓手”，坚守“两条底线”，全面深化改革，深入开展党的群众路线教育实践活动，坚决反对腐败、切实转变作风，推动全市经济社会平稳较快发展。

一是经济稳步发展。积极应对国内经济下行压力，千方百计加大投资，坚定不移壮大实体经济，全市经济保持了良好发展势头。初步核算，实现生产总值885.83亿元、增长8.5%，地方公共财政预算收入85.24亿元、增长22.9%，增幅居全省第三，实现税收166.95亿元、增长16.2%；固定资产投资407.51亿元、增长39.6%，增幅居全省第一，是近年投资规模最大的一年；社会消费品零售总额499.97亿元、增长11.1%；外贸进出口总额21.8亿美元、增长23.8%，增幅居全省第一；纯增规模以上企业31家，规模以上工业增加值206.93亿元、增长10.7%；全体居民人均可支配收入14893.8元、增长11%。

二是“三大抓手”扎实推进。交通建设大会战深入推进，全市高速公路新开通1条、在建3条，通车总里程增至344公里，在粤东西北地区中排名第二；梅汕高铁前期工作就绪，即将动工；梅县机场新增航线4条，迁建选址初步确定，综合交通网络进一步完善。工业园区初步实现扩能增效，以广州（梅州）产业转移工业园为中心，规划建设“丰华兴梅产业集聚带”，拓展产业发展空间，产业承载力不断增强。务实推进嘉应新区建设，起步区江南新城、芹洋半岛、梅县新城征地拆迁基本完成，客都汇综合体建成运营，中山大学粤东医院投入使用，城市综合服务功能有效提升。

三是全面深化改革开局良好。认真落实中央和省委部署的改革任务，结合实际制定实施意见。着力推进政府职能转变，市级行政审批事项压减六成。铺开商事登记制度改革，全市各类市场主体新增2.7万户。深化投融资体制改革，引进民间资本160多亿元，投资31个重大项目。推进文化体制改革，基本完成梅州日报社、广播电视台宣传与经营两分开改革。蕉岭农村综合改革入选全国创新典型，成为全省首个完成农村土地承包经营权确权登记颁证的县，镇级“一办一中心”改革成为全省社会治理创新优秀项目。农村土地确权改革、农村金融改革、集体林地股权改革等试点工作扎实推进。

四是社会事业和谐发展。巩固提升教育创强成果，全市教育强县、教育强镇实现全覆盖。国家级客家文化生态保护区规划通过文化部评审。成功举办第二届客家文化创意产品博览会。我市山歌剧、汉剧参加省十二届艺术节获得殊荣。就业质量明显提升，劳动关系和谐稳定。落实城乡低保、“五保”供养、孤儿供养政策，城乡救助和社会保障水平不断提升。市、县急救指挥中心全面建成，市第三人民医院迁建工作顺利推进。新一轮对口帮扶工作成效明显，依托广州帮扶，动工建设产业项目79个，财政帮扶资金9.53亿元，贫困村、贫困户九成以上实现脱贫。平安建设领先全省，连续7年获评“全省综治工作优秀市”。“一消灭三改造”有效推进，成功列入国家生态文明先行示范区首批试点，入选国家节能减排财政政策综合示范城市。特色农业效益进一步提高，新增金柚、慈橙、茶叶等产业基地4.5万亩和省级品牌农产品14个。文化旅游业蓬勃发展，全市接待旅游总人数、旅游总收入继续保持快速增长。

五是党的建设进一步加强。坚持把管党治党作为市委的主体责任，全面加强党的政治、思想、组织、作风、反腐倡廉和制度建设。扎实开展党的群众路线教育实践活动，深入组织学习习近平总书记系列重要讲话精神，加强思想理论武装，严格落实中央“八项规定”精神，突出整治“四风”问题。完善落实选拔使用干部机制，开展超职数配备干部、破格提拔干部、干部档案清理、干部交流专项整治。继续推进“引进高素质人才工程”，新引进70多名硕士、博士研究生，人才队伍结构更加优化。更加重视加强基层组织建设，顺利完成村、社区“两委”换届选举工作，全面推行镇街领导干部驻点普遍直接联系群众制度，认真抓好软弱涣散基层党组织整顿，扎实开展“五强书记建设”工程。继续保持惩治腐败高压态势，治理收受“红包”礼金、公款吃喝、违规使用公车、办公用房超标等行为，严肃查处一批违纪违法的党员干部，营造了新常态下反腐倡廉的良好氛围。

与此同时，大力支持市人大、市政协依法履职，坚持重大决策、重点工作、重点项目听取人大、政协的意见建议。推进法治政府建设，支持司法机关公正司法。重视党管武装工作，做好“双拥”工作。加强党对统战工作的领导，支持工会、共青团、妇联、民族、宗教、工商联等群团和社会组织工作，各项事业协调发展。

成绩来之不易，经验弥足珍贵。我们之所以能取得这样的成绩，主要是有省委、省政府的正确领导，有全市各级党组织和广大党员干部群众的团结奋斗，有广大乡贤和社会各界人士的真诚帮助和大力支持。在此，我谨代表市委常委会，向全市党员干部群众、在外乡贤、社会各界人士和港澳台同胞、海外侨胞表示衷心的感谢和崇高的敬意！

2015年是推进全面深化改革的关键之年，是全面依法治市的开局之年，是完成“十二五”规划的收官之年，是加快振兴发展的攻坚之年。巩固既有发展态势，科学认识当前形势，准确判断未来走势，是做好今后工作的基本前提。

一、正确认识形势与任务，立足新常态谋划推动加快发展

中央经济工作会议强调，做好今年工作要坚持稳中求进的总基调。习近平总书记指出，经济增长目标是国家期望的发展目标，在有质量、有效益的前提下，有条件的地方发展得快一些也是要鼓励的。李克强总理要求，时刻牢记党的基本路线要管一百年，坚持发展这个硬道理，抓好发展这个第一要务。在梅州振兴发展的关键时刻，我们要切实把握好经济发展新常态的客观规律，处理好“稳”与“进”的辩证关系，只要是有质量有效益的增长，发展能有多快就多快。

第一，机遇重大，时不我待。当前，不论是中央的宏观政策，还是全省实施的区域协调发展战略，都十分有利于欠发达地区加快发展。

从全球来看，由经济全球化、社会信息化带动的一轮增长周期已进入尾声，新一轮科技革命尚在孕育突破之中，可持续的新增长动力即将发生变化，世界经济增速将会略有回升。美国经济复苏渐趋稳固，领先于其他发达经济体，但欧洲经济仍可能长期低迷，日本经济复苏艰难，新兴经济体增速放缓。外部经济环境“难”和“险”增多，但“时”和“势”总体有利于我们。

从全国来看，国内经济发展正处在增长速度换挡期、结构调整阵痛期、前期刺激政策消化期“三期叠加”阶段，经济发展呈现速度变化、结构优化、动力转换为特点的新常态，经济增长从高速增长转为中高速增长，经济发展从要素驱动、投资驱动转向创新驱动，更加注重城乡基础设施建设和新技术、新产品、新业态、新商业模式的投资，新的增长点将会大量涌现。这不仅为我们探索多元动力增长、经济转型升级赢得时间，而且为我们加快振兴发展、赶上全国平均水平带来新机遇。

从全省来看，珠三角优化发展，经济结构呈现积极变化、质量效益不断提升，粤东西北振兴发展，“三大抓手”持续发力、经济全面提速，全省“双轮”驱动战略动力越来越强劲。特别是省委十一届四次全会，更加重视结构调整，大力发展现代服务业和先进制造业，持之以恒推进区域协调发展，这为我们承接产业转移、建设“丰华兴梅产业集聚带”创造了空间和条件，有利于我们聚焦产业和项目建设。

从全市来看，既有省促进粤东西北地区振兴发展政策支持，又有国家原中央苏区振兴发展政策扶持，还有广州全面对口帮扶，政策效应叠加；构建对外快速交通、打造“丰华兴梅产业集聚带”、建设嘉应新区起步区已形成广泛共识，得到了省委省政府的高度重视和省直部门的大力支持。全市干部群众的内生动力充分激发，在外乡贤、港澳台同胞和海外侨胞支持家乡发展的愿望更加强烈，全社会的向心力和凝聚力不断提高，正可谓天时地利人和。

第二，挑战巨大，任重道远。我们要清醒地认识到，梅州经济欠发达的现状仍然没有根本改变，还面临不少严峻挑战。

一是加快发展的挑战。全市经济总量小，特别是人均生产总值更低，长期处于全省末位状态。以 2013 年的经济总量为基期计算，到 2020 年人均生产总值要达到全国平均水平年均需增长 19.9%，而 2013 年实际增长 11.1%、2014 年增长 8.5%，远远没有达到预期，实现振兴发展目标压力巨大。

二是保护生态的挑战。按照主体功能区规划，梅州是岭南重要生态屏障，除梅江区、梅县区属于省级重点开发区外，其他各县（市）均为省级重点生态发展区，不仅担负着潮汕平原 1500 多万人饮用水安全重任，而且要完成逐年趋紧的节能减排任务，资源环境约束越来越大。

三是区域竞争的挑战。近年来，我们与周边同类地区相比，差距进一步拉大。以 2014 年为例，全市生产总值 885.83 亿元，分别是揭阳、龙岩、赣州的一半左右；人均生产总值 2.05 万元，略高于赣州，是揭阳的七成、龙岩的三成；固定资产投资 407.51 亿元，分别是揭阳、河源、龙岩、赣州的 37%、89%、23%、24%。

四是经济内生动力不足的挑战。从投资、消费、出口来看，我市拉动增长的动力主要来自投资，但是投资总额长期偏小，而且工业投资严重不足。“十二五”前四年投资总额 1115.8 亿元，投资率也仅为 35.6%，比其他四个山区市平均投资率 57.9% 低 22.3 个百分点；2014 年，投资规模有所扩大，增长 39.6%，但投资结构不尽合理，二产投资仅占投资的 32.1%，三产占比达 66.4%，且主要集中在交通、水利和房地产，工业投资刚近百亿元。由此可见，投资关键作用发挥不充分，未来几年我们经济发展的后劲仍然不足。

五是思想观念落后的挑战。由于受区位封闭的局限，广大党员干部群众的思想观念尚未能完全适应新常态的要求，对改革发展存有“等靠要”的现象，甚至还存在“懒政怠政”的现象，崇商重企氛围不够浓厚，一些部门对企业诉求推诿扯皮不作为，仍需进一步解放思想、扩大开放。

第三，咬定目标，奋力追赶。变机遇为现实，化挑战为动力，唯有加快发展。发展是第一要务，是解决一切问题的根本出路。我们要克服小富即安、小进则满的思想，承认落后而不甘落后，面对困难不怕困难，认识新常态、适应新常态，咬定振兴发展的目标，奋力推动经济崛起，实现美丽与发展共赢。

做好今年工作，要全面贯彻党的十八大和十八届三中、四中全会及中央经济工作会议精神，以邓小平理论、“三个代表”重要思想、科学发展观为指导，深入学习贯彻习近平总书记系列重要讲话精神，按照省委十一届四次全会部署和胡春华书记到梅州调研讲话要求，坚持稳中求进总基调，主动适应新常态，围绕振兴发展主线，落实粤东西北和原中央苏区两大振兴政策，扭紧“三大抓手”，建设粤东北交通枢纽城市，打造“丰华兴梅产业集聚带”，推进中心城区扩容提质，深化改革创新，推进依法治市，持续改善民生，全面从严治党，努力建设富庶美丽和谐幸福梅州。

通过努力，全年实现国内生产总值增长10%左右，公共财政预算收入增长15%以上，固定资产投资增长30%以上，全体居民人均可支配收入与经济增长基本同步。

经济总量增长的预期目标，高于全省目标2.5个百分点，符合中高速合理区间，符合省委的要求，符合梅州实际，更主要的是这个预期速度，是梅州加快振兴发展的形势需要。确定这样的目标，也能给群众和市场一个发展预期，有利于增强振兴发展的信心，有利于调动各方面的积极性。随着“两大政策”的实施和系列项目的落地，这个目标经过努力是有可能实现的，但压力和挑战也很大。经济越下行，越要积极进取、挖掘潜力。希望大家加把劲、跳一跳，把应对困难的工作做充分，努力实现这一目标。

二、坚持创新驱动，积极推动经济转型升级

稳增长、调结构，是今年经济工作的重要任务。我们要充分发挥“两大政策”的叠加效应，争取国家和省更多投资和项目落户梅州，坚守环保和维稳“两条底线”，积极创新发展方式，真正做到量增质更优。

第一，创新基础设施建设投融资渠道。我市人均公共设施存量，远低于珠三角发达地区，城乡基础设施十分薄弱，制约着梅州科学发展、长远发展。要切实把加强重大基础设施建设作为稳增长的重要工作来抓。一是把握投资取向。中央为顺利完成“十二五”规划，将增加预算内投资规模，集中投向区域交通设施、重大水利工程、城市地下网管、保障性安居工程、节能环保生态建设等基础性、公益性领域，仅高铁项目就动工建设60个。我们要围绕这些重点领域，谋划策划项目，抓好前期研究论证，做好配套资金筹措、征地拆迁等准备工作，积极创造条件，让更多的投资落户到梅州。二是突出项目重点。“三大抓手”是基础设施项目最密集的领域，潜在大量的经济增长点。今年要在做好在建高速公路和动工建设梅汕高铁的基础上，加快推进已谋划高速公路和铁路的前期工作，今明两年能开工的都要提前开工。要继续推进投资97.8亿元的五华抽水蓄能电站、投资61.3亿元的高陂水利枢纽工程建设，全面启动2000公里投资40亿元的中小河流治理工程。要谋划梅州城区地下网管工程，上半年完成规划，争取国家投资推动建设。要加快电网建设，推进农网改造。要推进跨省小流域污染治理、碳汇林等生态建设项目，实施空气水质净化工程，扩展基础设施建设空间。三是完善多元投入机制。今年，我市仅交通基础设施建设就需投入85.2亿元，未来两年江南新城建设也要投入200多亿元，规划建设的“丰华兴梅产业集聚带”需要的投资规模更大，单靠政府投资难以为继。要通过省级政府发债、用好政策性开发性金融工具、规范透明可持续的城投机制，探索推行政府和社会资本合作（PPP）等多种投融资模式，鼓励社会资本参与城市和园区重大交通项目、供水供气、公共交通、污水垃圾处理等设施建设和经营，实现多元投资拉动增长。

第二，创新产业发展模式。经过多年的发展，梅州已经有一定的产业基础，但主导产业不突出、支柱产业未形成。要依托资源禀赋和现有基础，围绕建设“百亿元企业、产业、园区”目标，创新产业发展模式，注重科技创新，推进产业规模化、集约化发展。一是推动工业集聚发展。要坚持点上高效开发、面上整体保护，建设产业集聚带，走有规模、有质量、有效益的新型工业化道路。依托广州的帮扶作用，做好现有9个工业园区的建设，特别是要以广州（梅州）产业转移工业园为中心，联动丰顺、五华、兴宁、梅县工业园区，规划建设“丰华兴梅产业集聚带”，力争上升为省级战略。当前要重点完善规划，抓好土地调规，启动征地拆迁工作，努力建设成为国家级苏区经济振兴试验区，新型工业化、新型城镇化的示范区。二是推动企业集群发展。培育主导产业核心是要形成企业集群，做到大型企业顶天立地、中小企业铺天盖地。要围绕打造主营业务收入上百亿元企业、工业产值上百亿元产业、工业增加值上百亿元园区，鼓励现有重点企业增资扩产、技术改造、上市融资，促进各类企业健康发展。今明两年，每位市委常委、副市长要联系若干龙头企业，抓项目建设，抓技术创新，力促扩能增效，率先把电力、烟草、建材、电子等产业建成百亿元产业。同时，要建立招商引资联席会议制度，共享广州招商引资平台，瞄准行业领军企业，加大招商引资力度，着力引进一批产业链条长、技术竞争力强的重大项目，带动上下游企业集群发展。三是推动产业特色发展。各县（市、区）要依托产业园区（集聚地），培育发展1至2个特色主导产业。梅江区要发挥电子企业集群优势，加大技术创新、转型升级力度，着力打造新型电子信息产业。梅县区要依托宝新能源、红星美凯龙等骨干企业，发展新能源产业、商贸物流产业。兴宁要以明珠球阀、鸿源机电、云山汽车为重点，大力发展先进制造业。平远要以稀土深加工为主导，着重引进中下游加工企业，发展稀土材料产业。蕉岭要以塔牌集团、油坑集团为龙头，加速推进新型建材基地建设，擦亮世界长寿之乡品牌，发展健康养生产业。大埔要加快电厂建设，确保年底投产，同时积极申报二期，并着力推进陶瓷产业改造升级。丰顺要发挥“电声之都”的优势，做大电声产业，充分利用温泉资源，发展休闲度假产业。五华要做大做强机电、医药制造产业，建设广东省米香型白酒生产基地。要扶持壮大一批外贸龙头企业，拓展出口市场，促进外贸稳定增长。

第三，创新新型城镇化路径。梅州是人口大市、山区大市。城镇化既是发展的短板，也是发展的潜力。要依托现有山水脉络，让城市融入大自然，让农村融入现代元素，致力推进以人为核心的新型城镇化。一是坚持“多规合一”。要用打造城镇群大平台的视野，认真做好市域总体规划、城市总体规划修编工作，做到经济和社会发展总体规划、城乡总体规划、土地利用总体规划、生态环境规划、城市低碳发展规划、客家文化生态保护区建设规划等“多规合一”，实现中心城区、县城、中心镇、乡村经济发展、基础设施、公共服务有序过渡、有机对接，逐步解决“小马拉大车”的突出问题。当前，要按照“开发建设江南新城区、完善优化江南建成区、改造提升江北老城区”的思路，统筹江南新城、芹洋半岛、梅县新城规划，确保梅州中心城区“一张图”规划、“一盘棋”建设。二是坚持产城联动。要注重城市产业布局，在新区重点布局生产性服务业和现代服务业等产业项目，已开工的项目要加快进度，带动更多的社会资金和项目进入新区。要注重与工业园区相对接，系统考虑学校、医院等公共服务设施建设，建设一批研发平台、检测平台，为园区生产生活提供配套服务，努力实现以产兴城、以城促产。三是坚持城乡一体化发展。城镇的价值在于承载、在于辐射。要以县城建设带动中心镇建设，多村联动建设美丽乡村，把城镇基础设施延伸到农村、公共服务设施覆盖到农村、城市文明传播到农村。总结推广梅县区“十村联动”和蕉岭省级新农村示范片建设的经验做法，加强客家古民居的保护利用，进一步规范农村建房，推进城乡环境综合整治，集中处理农村生活垃圾，实现“物的新农村”和“人的新农村”建设齐头并进。

第四，创新县域经济发展方式。县域强则市域强。要发挥比较优势和竞争优势，以市场为导向，做大县域经济总量，优化县域产业布局，统筹县域协调发展，努力建设一批经济强县。一是壮大县域经济总量。一手抓招商引资，一手抓增资扩产。要以举办第四届世界客商大会为契机，深入实施“乡贤回归投资兴业工程”，推动形成新一轮乡贤回乡创业热潮，着力引进世界500强、中国500强和大型骨干企业，提升招商实效。要认真实施《发展实体经济的意见》，以现有企业为中心，构建公共服务平台、政务服务和融资服务体系，扶持本地民营经济和中小微企业转型升级、做大做强。二是优化县域产业结构。各县（市、区）既要抓工业，还要抓特色高效农业、文化旅游产业。要积极转变农业发展方式，培育新型经营主体，推进金柚、慈橙、油茶、茶叶、优质稻等大宗农产品的产业化经营、规模化发展，发展精深加工，促进农业增效、农民增收。我市各县（市、区）尤其是梅县、平远、蕉岭、大埔、丰顺，旅游资源丰富，红色文化厚重，要以文化旅游产业为主导，建设特色核心景区，完善旅游配套设施，打响“国际慢城”“世界长寿乡”“中国温泉之城”品牌，发展休闲度假、健康养生、客家文化创意等产业。三是推进县域协调发展。各县（市、区）要按照全市的产业空间布局，选择性发展产业，既注重形成县域整体规模优势，又注重县域之间的优势互补，打造具有鲜明地方特色的产业，避免县与县之间经济结构同质化、企业竞争恶性化。同时，在县域内要结合主体功能区划，妥善处理好重点发展区与生态保护区的关系，明确城市发展边界，在保护中开发、在开发中保护，增强县域可持续发展能力。

第五，发挥企业的创新主体作用。要培育一批新型的科技企业，完善企业技术创新体系，营造新型科技企业成长环境，提高企业自主创新能力。大力推进新一轮技术改造，特别是加大对传统产业按照低碳、循环、节能环保的要求进行技术改造，推动企业转型升级，努力打造成为国家级高新技术企业、自主创新示范企业。鼓励企业与高等院校、科研院所加强合作，发展新型研发机构，提升产学研水平。重点培育研发设计、质检、技术信息等服务平台，支持企业引进创新型人才，推动创新成果和创新型企业不断涌现。

三、统筹推进改革与法治，着力激活振兴发展新动力

加快振兴发展，最大动力在改革，最大保障在法治。要按照党的十八届三中、四中全会的决策部署，一手抓改革，一手抓法治，营造振兴发展新环境，激发振兴发展新动力。

第一，营造依法行政的政务环境。按照“法定职责必须为、法无授权不可为”的要求，进一步转变政府职能、深化机构改革、优化机构设置、清理行政职权，加快建立负面清单、准许清单、监管清单和行政职权清单。取消无法律法规依据的行政权力，严管有法律法规依据但与改革方向不符合的权力，下放依法可以委托授权基层行使的权力，积极推进政府向社会转移职能工作，做到放得开、管得好、能约束，有破有立、有序有效。健全完善政务服务体系，办好各级实体办事大厅，完善拓展网上办事大厅，推动政务服务体系全覆盖。

第二，营造开放有序的市场环境。借势“一带一路”战略实施，发挥侨乡优势，全方位推进对外开放，形成有利于公平竞争的法治化市场环境。要平等保护各类经济主体合法利益，规范公共资源交易市场，剪除行政垄断、暗箱操作，既保证程序公平、又维护实体公正。组织开展治理损害企业合法权益行为专项行动，发动群众监督举报，盯紧重点岗位、重点人员和反映强烈的问题，严肃整治不作为、吃拿卡要等损害营商环境的违法违规行为。

第三，营造平安和谐的社会环境。坚持法治与德治相结合，注重用法治思维和法治方式推进平安创建。大力推广蕉岭县镇级“一办一中心”建设经验，推进“平安细胞”创建工程，推行“客都民意警务”模式，探索完善“人民调解、一村一律师、群防群治”三位一体的村级联动机制，推动农村基层社会治理由“政府包揽“向”多元参与”转变。积极探索梅江区以专业社会工作机构承接社区服务的做法，加大政府购买服务力度，加强专业社工、志愿者队伍建设，大力培育发展枢纽型社会组织。加强社会主义核心价值观教育，积极倡导社会公德、职业道德、家庭美德和个人品德。严格落实安全生产责任，严防重特大安全事故发生。积极预防化解劳资纠纷，维护劳动者合法权益。推进质量强市建设，开展食品药品安全专项治理整顿，确保食品药品和农产品质量安全。完善互联网管理体制和工作机制，加强网络引导，强化网络监管，坚决打击网络谣言，保障网络安全。

第四，抓好一批重点改革项目。要以经济建设为中心，发挥经济体制改革的牵引作用，以重点领域改革突破带动全面深化改革的整体推进。继续推进商事登记制度改革，深化财政体制改革，加快户籍制度、养老制度、工资制度改革，积极稳妥推进土地制度改革，深化价格改革，进一步激发企业、劳动、资本、土地等要素活力，提升市场配置资源能力。深化行政审批制度改革，优化投资项目并联审批运行机制，理顺和完善后续监管。认真总结蕉岭农村综合改革经验，全面铺开农村土地承包经营权确权登记颁证工作。建立农村产权流转、农村集体资产管理、林业产权交易平台、社会综合服务网络和农村保险服务平台，年底前要全面建成县镇村农村“三资”管理服务平台。完善文艺院团、梅州日报社、市广播电视台改革后续工作，提升文化实体竞争力。深化县级公立医院改革试点工作，完善推广梅县人民医院托管机制。推进城乡社会保障体系统筹并轨，健全低保标准动态调整机制和失地农民社会保障制度。扎实推进并在年底前完成公务用车制度改革。

四、坚守“两条底线”，促进社会事业健康发展

生态优先、民生为重，是坚守“两条底线”、实现稳中求进的重要体现。一方面，要以生态文明建设增强梅州可持续发展能力；另一方面，要深化以民生为重点的社会建设，切实保持社会和谐稳定。

第一，推进生态文明建设。制定出台《梅州市域生态控制线规划工作方案》《梅州市生态控制规划》，编制全市生态文明建设规划纲要，全面指导全市生态环境保护管理体制、生态红线保护制度和市场化节能减排机制建设。以创建国家生态文明先行示范区为契机，以创建国家环保模范城市为抓手，守住生态底线，全面完成碳汇林、生态景观林带建设、森林进城围城、乡村绿化美化工程，规划建设一批森林公园和湿地公园。加强与周边市沟通协调，共同推动跨界流域水污染防治工作。

第二，完成扶贫开发任务。今年是全面完成三年帮扶任务的验收之年。要以增强贫困村、贫困户经济发展能力为核心，借力广州全面对口帮扶，突出“造血型”源头治贫，创新体制机制，强化资源整合，深入实施产业扶贫和助学、社保、低保、住房改造、基础设施等帮扶项目，过好扶贫开发验收关，确保386个贫困村集体收入达到5万元以上，3.7万户贫困户如期脱贫。

第三，推进文化惠民工程。推进教育综合改革，巩固提升教育“创强”成果，实现义务教育均衡县全覆盖，办人民满意的教育。进一步发展职业教育，筹建高等职业技术学院，加快推进嘉应学院东校区建设。探索农村文化俱乐部等公共文化建设，推进围龙屋申报世界文化遗产工作，实施振兴“足球之乡”十年规划，促进基本公共文化服务标准化、均等化。办好客家文博会，打造客属地区文创产品展示交易平台。积极开展群众性文化活动，传承创新客家山歌、广东汉剧，让先进文化鼓舞人、熏陶人、教育人。

第四，保障提升基本民生。加大力度鼓励就业创业，加强技能培训，确保全年培训农村劳动力10万人。统筹城乡社会保险发展，依法推进社会保险扩面征缴，稳步提高社会保险待遇水平。进一步提高低保补贴和五保供养标准。巩固国家卫生城市创建成果，鼓励各县（市、区）创建卫生县城。规划新建江南片区三甲医院，着力提升市和各县（市、区）人民医院、中医院、妇幼保健院医疗服务水平。重视发展养老事业，积极应对人口老龄化。坚持计划生育基本国策，实施好“单独两孩”生育政策。加大保障性住房建设力度，进一步解决城镇中低收入家庭住房困难。

五、全面从严治党，增强振兴发展的组织保障

加快梅州振兴发展，关键在党，关键在班子。要从适应新常态入手，深化党的建设制度改革，抓好政治生态建设，营造风清气正、干事创业的环境。

第一，强化党委主体责任。进一步强化各级党委（党组）书记抓党建的主业意识，树立抓党建是最大政绩的理念，自觉把党建工作与振兴发展大局一同谋划、一同推进、一同考核。各级党委（党组）书记是党建第一责任人，负总责、亲自抓。建立市、县、镇、村四级党组织书记双向“联述联评联考”制度，在抓好各县（市、区）党委书记述廉的基础上，实施述职评议考核。落实党委（党组）书记联系镇、村的挂钩制度，定期研究指导基层党建工作，切实把每条战线、每个领域、每个环节的基层党建工作抓具体、抓深入。要高度重视思想建党和制度建党，把党章学习教育与制度执行结合起来，加强党性修养，坚定理想信念。要注重做好思想舆论工作，提高舆论引导的权威性、有效性，牢牢掌握意识形态工作的领导权、主导权。

第二，持续改进工作作风。“反弹”是作风建设的最大敌人，“坚持”是“四风”问题的最大克星。各级各部门要巩固深化党的群众路线教育实践活动成果，认真落实整改任务，从常、从细、从长抓作风建设。建立健全领导干部定期驻点联系群众制度，整合党群便民服务中心（站、所），实行村干部“坐班制”和镇、村、组、党员四级“代办制”，解决服务群众“最后一公里”问题。要坚持暗访、曝光、查处、追责“四管齐下”，改进思想作风、工作作风、领导作风、生活作风和学风文风会风，使党员干部不敢沾染也不能、不想沾染歪风邪气。

第三，加强班子和干部队伍建设。要按照胡春华书记到梅州调研提出建设“团结和谐、勤奋敬业、清正廉洁”领导班子的要求，以落实民主集中制、批评与自我批评等制度为重点，以严守政治纪律、政治规矩为基本要求，突出抓好班子正职的培养选拔，优化各级领导班子的结构，全面提高领导班子的整体战斗力。要继续实施固本强基工程，严格党员领导干部组织生活，自觉接受党员评议和组织监督；以弘扬苏区干部好作风为主线，重点推进镇街领导干部驻点普遍联系群众工作，重点整治软弱涣散基层党组织。扎实推进基层服务型党组织建设，重点培养高素质的基层党组织带头人队伍，加强基层党员干部的培训，解决村干部的社保缴费问题，适当提高离任村干部的福利待遇。

按照“信念坚定、为民服务、勤政务实、敢于担当、清正廉洁”的标准，选好用好干部，坚决杜绝搞亲亲疏疏、小团体、小圈子等用人上的不正之风。深化“一线”用人机制，安排优秀年轻干部到重点项目、重要岗位、基层一线去培养锻炼。实施高素质人才引进计划，引进重点领域、重点产业发展急需的优秀人才。

第四，深入推进反腐倡廉。要适应反腐败工作的新常态，严明政治纪律和政治规矩，决不允许搞团团伙伙、结党营私、拉帮结派。围绕不敢腐、不能腐、不想腐，抓好教育、制度、监督、惩处等工作，深入推进惩治和预防腐败体系建设。要强化党委反腐倡廉的主体责任，纪委的监管责任，继续保持反腐败斗争的高压态势，坚决查处重点领域易发多发的腐败行为，坚决清除一意孤行、不收敛不收手甚至变本加厉的腐败分子。要集中整治“懒政怠政”行为，对一些地方和部门“只要不出事宁愿不做事、不求过得硬只求过得去”的现象，甚至吃拿卡要的人和事，出现一起查处一起，让不作为者下岗、乱作为者丢“官”，解决“为官不为”的问题。

与此同时，要切实加强党对人大、政协工作的领导，支持人大、政协依法履行职能。加强同各民主党派、工商联、无党派人士合作共事。发挥工会、共青团、妇联等人民团体联系群众的桥梁纽带作用。加强党管武装工作，巩固“全国双拥模范城”创建成果。做好民族、宗教、外事、侨务、港澳台等工作，形成合力，共推发展。

同志们，梅州加快振兴发展正处在关键时期，让我们更加紧密团结在以习近平同志为总书记的党中央周围，在省委的坚强领导下，坚定信心，破难攻坚，包容开放，改革创新，努力实现梅州振兴发展新突破！

政府工作报告

——2015年2月4日在梅州市第六届人民代表大会第六次会议上

梅州市市长 谭君铁

各位代表:

我代表梅州市人民政府向大会作报告，请予审议。请政协委员参议，请其他列席人员提出意见。

2014年工作回顾

2014年是梅州夯实发展基础、改善发展条件、积蓄发展后劲的重要一年。一年来，市政府在省委、省政府和市委的正确领导下，在市人大和市政协的监督支持下，围绕振兴发展主线，落实粤东西北和原中央苏区两大振兴政策，扭紧“三大抓手”，聚焦产业和项目建设，全市经济社会发展取得新的成绩。全市生产总值、地方公共财政预算收入、固定资产投资和外贸进出口总额分别达到885.83亿元、85.24亿元、407.51亿元和21.82亿美元，分别增长8.5%、22.9%、39.6%和23.8%，增速均超过全省平均水平。

一、交通等重要基础设施不断改善

全年完成交通基础设施建设投资72.32亿元，增长18.2%。梅大高速大麻至三河段及东延线建成通车，兴华高速公路建设顺利推进，济广高速平兴段、汕湛高速五华段实现无障碍施工，大潮（含大漳支线）、大丰华等4条拟建高速公路前期工作扎实推进。梅汕高铁前期工作基本完成，鹰梅、浦梅铁路和梅州至河源（龙川）、龙岩客专前期工作有序推进。升级改造国道、省道130.96公里和县乡公路378.6公里。完成梅县机场候机楼改造，新增4个通航点、3条航线，客流量增长62.4%。初步确定新机场场址。278宗重点水利项目建设进展顺利，启动2000公里山区中小河流综合治理工程。梅州粤海水务公司正式运营。粤电大埔电厂动工建设，韩江（高陂）水利枢纽工程、梅州（五华）抽水蓄能电站项目取得实质性进展。全面完成年度投资10.28亿元的电网项目建设。

二、产业园区进一步扩容增效

理顺广梅产业园管理体制机制，优化园区发展规划，拓展园区空间布局，启动丰华兴梅产业集聚带规划建设，促进市县联动发展。成立广梅投资有限公司，推动园区实体化运营。广梅产业园开发面积扩展到12.89平方公里，园区14个基础设施项目加快推进，新落户工业项目17个、计划总投资31.5亿元。推进各县（市）工业园或产业集聚地的规划建设。全市工业园区实现产值324.69亿元、增加值71.99亿元，分别增长32.1%和34.1%；省级园区规模以上工业增加值26.81亿元，增长22%。深入实施乡贤回乡投资兴业工程，促进产业集聚发展。全市引进项目247个，其中落地项目201个，实际投入资金153.19亿元。

三、实体经济发展有新成效

工业对经济的拉动作用增强。制定扶持实体经济、县域经济发展的政策，深入实施产业振兴三年行动计划，大力开展引智强企活动，传统优势产业转型升级的步伐加快。全市规模以上工业总产值646.22亿元、规模以上工业增加值206.93亿元，分别增长14.5%和10.7%。烟草、电力、建材、电子信息、机电制造、矿冶加工等六大产业工业增加值174.04亿元，增长10.5%；完成工业技改投资51.91亿元，增长58.7%；新增规模以上工业企业31家、年外贸进出口总额超千万美元企业19家。加强产学研合作，推动企业自主创新，新增4个省级工程技术研发中心，建立梅州工业设计中心。博敏获中国驰名商标。全市专利授权量1609件，梅县区被确定为国家知识产权强县工程试点区。

现代服务业发展步伐加快。消费新业态保持良好发展势头，全市社会消费品零售总额499.97亿元，增长11.1%。建成4家电子商务产业园，入园企业160多家，电子商务交易额达115.4亿元，增长55.8%；积极参与“广货网上行”，支持中小企业“上网触电”，500多家中小微企业加入了“百度翔计划”。综合信息基础网络不断完善。休闲旅游、养生保健、文化创意等产业融合发展，新增泰安楼客家文化旅游产业园和百侯名镇旅游区2个国家AAAA级旅游景区，全市接待旅游总人数2521.7万人次、旅游总收入254.39亿元，分别增长23.8%、26.9%。梅州获“中国最美生态休闲旅游城市”，梅县雁洋成为全国第二个“国际慢城”，丰顺获“中国温泉之城”称号，蕉岭获评“世界长寿乡”，梅县、丰顺获评“中国长寿之乡”。金融对地方经济扶持力度加大，全市各项贷款余额635.46亿元，比年初增长16.1%；存贷比达45.02%，比上年提高0.32个百分点；中小微企业贷款余额增长11%。新增2家村镇银行。风华环保在“新三板”挂牌，9家企业在广州股权交易中心挂牌。

农业效益有新提高。完成高标准基本农田建设23.31万亩。粮食生产保持稳定。农业总产值285.87亿元、农业增加值179.47亿元，分别增长4%和4.3%。新一轮扶贫开发“双到”工作成效显著，贫困村村均集体经济收入达5.4万元、贫困户人均纯收入6623元。推动农业产业化发展，重视特色产业基地建设，新增金柚、慈橙、茶叶4.5万亩，新增2家国家级林业龙头企业、34家省级农业（林业）龙头企业和749家农民专业合作社，新登记注册家庭农场236家。农业组织化、信息化、市场化水平不断提高，组建了12个覆盖全市的农业行业协会；完善了农业综合信息服务平台，惠及63.7万用户；动工建设海吉星农产品物流园，搭建客天下农电商产业园，拓宽农副产品销售流通渠道。特色农产品品牌进一步打响，丰顺马图绿茶获评国家地理标志保护产品，开发富硒茶等长寿食品70多种，新增14个省名牌农产品，4个农产品被评为广东“名米、名茶、名果”。

四、中心城区扩容提质步伐加快

设立嘉应新区管委会，集中力量推动江南新城开发建设。优化江南新城规划。剑英湖扩建工程基本完成，市政路网和安置区加快建设。客都汇商业文化广场建成开业，万达广场、富港东汇城、奥园等一批城市综合体建设进展顺利。芹洋半岛和梅县新城、兴宁新城、丰顺新区等建设扎实推进。做好土地征收储备工作，积极引导金融资本、社会资本参与城镇化建设，成功争取粤东西北振兴发展股权基金和国家开发银行、国家农业发展银行政策性中长期贷款。统筹推进美丽乡村建设，镇村规划编制基本实现全覆盖，完成了“四镇六村”历史文化名镇名村保护规划，打造了一批新农村建设示范片区，建成国家级美丽乡村示范点4个，13个村被评为中国传统村落，数量居全省首位。

五、生态保护和社会建设力度加大

绿色生态巩固提升。全面推进国家生态文明先行示范区建设。绿化宜林荒山，加强森林资源管护，森林覆盖率达73.55%。成立省首个林业产权流转服务平台，8000亩碳汇造林项目（CCER）获国家核准备案。大力推进大气污染防治，城区环境空气质量保持优良。完成各项节能减排年度计划任务，预计单位生产总值能耗下降3.66%。扎实推进南粤水更清行动，水环境质量达标率保持100%。深入实施城乡环境综合整治工程，全市城镇生活垃圾无害化处理率达85%，创建127个省卫生村，城乡环境得到进一步改善，我市成为全省唯一未报告登革热病例的地级市。国家卫生城市、国家园林城市复审和国家环保模范城市创建工作扎实推进。

社会治理成效显著。深入创建平安梅州。社会治安防控体系建设不断加强，“客都民意警务”扎实推进，“六大打击”行动成效突出，刑事、治安案件发案数明显下降。我市群众安全感和政法工作满意度居全省第一，连续7年获评“全省社会管理综合治理优秀市”。社会工作示范镇、示范村、示范社区创建活动和省级社会创新实验基地建设扎实推进，蕉岭县镇级“一办一中心”改革被评为“全省基层社会治理创新优秀项目”。加强社会组织自律自治，新增社会组织321家，注册志愿者增至15.3万人。拓宽与群众沟通的平台，55位市、县（市、区）政府领导和部门负责人上线参加“梅州发布”微访谈、“行风热线”活动，访问量达2540多万人次，“12345”政府服务热线办结率100%，推动解决了一批群众关注的热点难点问题。“梅州发布”获评人民网2014年度“十大办实事政务微博”和广东十大区域特色微信。完善网上信访大厅建设，实现网上信访事项办理可查询、跟踪、监督和评价，开通免费信访绿色邮政，方便群众反映诉求。加强应急演练培训，编制和修订各类应急预案156个。强化安全生产红线意识，完善事故隐患排查治理机制，较大事故起数同比下降25%。

其他各项事业协调发展。依托广州帮扶，新一轮对口帮扶工作成效明显，动工建设产业项目79个，财政帮扶资金9.53亿元。坚持教育优先发展，教育强县、强镇实现全覆盖，梅江区、梅县区、平远县和蕉岭县获认定“全国义务教育发展基本均衡县”。国家级示范性高中带动作用增强，薄弱高中改造提升工作稳步推进。积极创建国家级客家文化（梅州）生态保护区，新增省级“非遗”项目传承人12名。开辟了群众喜闻乐见的汉剧、山歌演艺平台。山歌剧《客魂·家风》、汉剧《诗娘》分别获省艺术节优秀剧目一等奖、特别奖。第二届客家文化创意产品博览会成功举办，影响力进一步扩大。完成振兴足球之乡十年规划第一阶段任务。强化责任考核，稳定适度低生育水平。国防教育、兵役动员、“双拥”等工作扎实推进，外事侨务、港澳和对台工作有新进步，民族宗教、人事编制、妇女儿童和监察、审计、统计、物价、法制、供销、气象、残联、打私、人防、档案、方志等工作均取得新成绩。

办成了一批民生实事。坚持民生为重，财政支出向民生倾斜，民生领域支出占公共财政预算支出的73.3%，增长33.2%。全力办好十件44项民生实事：提高了底线民生保障项目标准和职工养老保险的企业退休养老金、城乡居民医保年补助、城镇职工医疗保险年最高支付限额、城乡居民医疗保险住院报销比例等社会保障项目标准，职工医疗保险、城乡居民医疗保险与广州6家医院实现联网即时结算，对民办养老机构（含公办民营）给予运营补贴。义务教育标准化学校覆盖率99.1%，动工建设了8所学校或幼儿园，城乡免费义务教育生均公用经费补助标准提高。各县（市）120公共卫生应急指挥中心建设全面完成，为每个乡镇卫生院配置“五个一”医疗设备；提高了人均基本公共卫生服务经费标准，实施偏远乡镇卫生院在编人员岗位津贴补贴政策；地中海贫血筛查率得到提高，重型地中海贫血发生数下降51.7%。完成了各县（市、区）污水处理厂二期工程、梅州城区8米以下道路（巷道）路灯照明（一期工程）以及市级能源管理中心、重过载配电变压器和低电压台区的改造建设；城市建成区数字化城市管理稳步推进。13227户农村低收入住房困难户住房改造任务全面完成，9068套（户）保障性住房、棚户区改造住房开工建设。为66902户城乡低保户和农村五保户提供每月每户15度免费用电，为3000名视力、听力和肢体残疾人免费提供了康复服务，为视障人员免费配发读屏软件。完成了市第三人民医院规划，启动了资产置换和建设工作；为10507名重性精神疾病患者免费发放药物，免费收治了528名贫困重症精神疾病患者。客都大桥动工建设，完成新农村公路路面硬底化改造工程508公里；205国道城区段改造全面完成，渡江津桥修复工程顺利推进，完成了一批交通环岛改造和城区市政道路建设，城北区域的交通拥堵状况得到一定的改善。梅州城区增加72

辆新能源公交车，梅县区新增100辆出租车，公共交通的覆盖面进一步扩大。梅江群众文化长廊和一批公园绿地歌舞台建设有序推进，建成30个农村文化俱乐部试点，县级多厅数字影院实现全覆盖，完成12个乡镇（街道）公共电子阅览室、349个行政村（社区）文化室设备和10个社区体育小公园、16个乡镇农民健身工程建设，基本完成12个标准足球场和其他体育设施建设。完成50.85万亩森林碳汇重点生态工程、213公里生态景观林带和24个“乡村绿化美化工程”市级示范点建设，完成21个城区周边森林公园、湿地公园的规划工作。

六、政务环境优化提升

作风建设得到加强。深入开展党的群众路线教育实践活动，严格执行中央“八项规定”。全市性会议减少36.7%，政府文件减少29.7%；各类领导小组和议事协调机构进一步压缩。狠刹公款送礼、公款吃喝、奢侈浪费，全市“三公”经费支出同比降低28.4%。节庆、庆典、论坛、展会等活动大幅度减少，大力整治超标配备公车、多占办公用房、新建滥建楼堂馆所等问题，严肃查处了54名违反“八项规定”和存在“四风”突出问题的干部，对失职渎职、工作落实不力的66名责任人和36个责任单位进行了责任追究。进一步完善市、县、镇、村四级政务服务体系，建立健全村级便民服务站1707个，方便了群众办事。

依法行政工作有新进步。重视法治政府建设，健全重大决策社会稳定风险评估机制，完善重大行政决策程序规定和重大事项集体决策、专家咨询、听证、公示、新闻发布等制度。积极开展依法行政考评工作，“六五”普法工作扎实推进。自觉接受市人大常委会和市政协的监督，2件省人大代表建议、2件省政协委员提案和64件市人大代表建议、243件市政协委员提案全部办复。认真听取各民主党派、工商联、无党派人士及工青妇等人民团体意见。全市114个镇（街）、1443个村（居）委设立了村级法律援助工作站。

社会和市场活力增强。积极稳妥推进改革，加大简政放权力度，清理压减行政审批事项53项，向社会转移职能事项40项。市政府部门积极落实155项“微改革、微创新”项目，行政效率明显提高。商事制度改革全面铺开，企业登记注册整体时限提速75%；新登记各类市场主体2.7万户，其中注册资本千万元以上企业414户，分别增长31.2%和156%。鼓励和引导民间投资健康发展，民间投资招标重大项目有新突破。改进预算管理制度，增加预算编报范围。制定政府投资管理办法，完善项目管理。成立市公共资源交易中心，强化政府采购、工程建设、产权交易和土地出让等重点领域监管。深化农村金融改革创新，完成农村土地确权登记颁证蕉岭县试点工作，成立全省首家县级农村产权交易中心。公立医院综合改革试点实现县（市）全覆盖，中山大学粤东医院正式运营。

各位代表！过去一年的成绩，凝聚着全市人民的智慧和汗水，饱含着省委、省政府的关怀，离不开市委的正确领导和市人大、市政协的监督支持，也得益于广州市的鼎力帮扶。在此，我谨代表市政府，向全市人民、中央和省属驻梅单位、驻梅部队，向所有关心支持梅州发展的海外侨胞、港澳台同胞和社会各界朋友，表示衷心的感谢并致以崇高的敬意！

回顾过去一年的工作，我们也清醒地认识到，我市经济社会发展离广大人民群众期盼还有不小的差距。尤其是经济增长速度未能实现预期目标，客观上是受经济大环境的影响，二、三产业增速减缓，特别是工业增长未达预期，拉低了经济增长速度，其中烟草、水泥等骨干传统企业受产业政策的限制，对经济增长的贡献有所减弱；主观原因是市政府对新常态下经济发展的新特点、新变化和新趋势认识不足，对经济发展面临的困难和问题估计不足，各级政府克服困难解决问题的决心不足、办法不多。加上全市工业技改投资长期处于低位，企业推动技术改造和转型升级的积极性、主动性不强，导致企业的经济效益和抗风险能力较差，经济持续增长缺乏有力支撑。制约我们全市经济社会发展的突出问题还有，出省出海的快速通道尚未全面打通，与周边地区的经济互补性和产业关联度低；全市城镇化水平明显低于全省平均水平，城区和各县城产业和人口的承载能力弱，聚积经济发展要素的能力差；县域经济整体上比较落后；一些政府工作人员担当精神、责任意识和服务水平有所欠缺，极少数公职人员不作为或乱作为，等等。我们将正视这些困难和问题，切实采取有力措施加以解决。

2015 年工作安排

各位代表！2015 年，是全面深化改革、加快梅州振兴发展的关键之年，也是推动依法治市的开局之年、“十二五”的收官之年。当前，我市既面临着加快振兴发展、改善民生的重任，又肩负着守护好绿水青山的使命。我们既要看到宏观经济形势仍有许多不稳定、不确定的因素，保持经济持续较快发展的难度加大，但也应充分认识到，稳中求进仍然是我国经济发展的总基调，宏观政策的连续性和稳定性继续保持，经济发展长期向好的基本面没有改变。对梅州而言，发展面临着诸多有利条件，《赣闽粤原中央苏区振兴发展规划》和省委、省政府促进粤东西北振兴发展的一系列扶持政策，将进一步实施到位；广州对口帮扶力度加大，更多的成长性项目逐步落地，经济增长动力增强。只要我们乘势而上、顺势而为，抓住关键、夯实基础，就一定能够在新常态下实现新作为，推动梅州加快振兴发展。

今年政府工作的总体要求：深入贯彻落实党的十八届三中、四中全会、中央经济工作会议、习近平总书记系列重要讲话和省委、市委全会精神，以胡春华书记、朱小丹省长到梅州调研讲话精神为指导，顺应经济发展新常态，围绕振兴发展主线，落实粤东西北和原中央苏区两大振兴政策，紧紧扭住“三大抓手”，以提升经济质量和效益为中心，突出发展实体经济，促进产业集聚，推动民生改善，守住绿水青山，实现绿色发展和惠民发展，努力建设富庶美丽和谐幸福梅州。

今年全市经济社会发展的主要预期目标是：生产总值增长 10% 左右；公共财政预算收入增长 15% 以上；固定资产投资增长 30% 以上；单位生产总值能耗下降 2.35%；人口自然增长率控制在 7.5‰以内；居民收入增长与经济增长基本同步。

实现今年的目标任务，重点是抓好六方面工作：

一、致力发展壮大实体经济

要把振兴实体经济、吸引产业集聚，作为发展梅州经济的首要任务抓紧抓好。

推进丰华兴梅产业集聚带建设。充分用好扶持苏区发展政策，推动产业集聚带建设上升为省级战略。高起点编制规划，统筹推进多规合一。突出基础先行，动工建设梅城至畲江快速干线，加快推进产业带路网建设，促进产业带园区之间互联互通。发挥广梅产业园的核心带动作用，积极支持配合广州市工作团队，加快推进保税、仓储、物流园区和中心商务区建设，完善园区及周边城镇基础设施和公共服务配套建设，提升园区承载力和产业集聚能力。力争全市产业园区规模以上工业总产值、工业增加值，均增长 30% 以上。

培育发展主导产业。发挥电力、建材、烟草和电子信息等产业基础优势，做大做强骨干企业，打造支柱产业，促进产业集聚发展。着力抓好粤电大埔电厂和梅州（五华）抽水蓄能电站等一批电力项目，加快培育百亿电力产业。围绕建成千万吨水泥生产基地，推进龙头企业技改项目建设，打造百亿建材产业集群。扎实推进梅州卷烟厂技改项目，推动烟草产业由规模效益向结构效益转型发展。围绕打造中国电声之都，大力推进电声创业园、省质量监督电声产品检验站等项目建设，推动电声产业集群、集约发展。以本地骨干企业为依托，吸引上下游配套企业聚集，打造电子信息和装备制造业集群。

推动现代服务业提档升级。坚持扩内需稳外需，加快推进现代服务业升级发展、集聚发展。发挥文化和生态等特色优势，推进客家文化旅游特色区建设，提升文化旅游产业的质量和效益。加快雁洋生态旅游园等重点生态景区开发建设，力争建成一批具有特色的生态型度假区；完善旅游配套设施，延长旅游产业链条，增强旅游业综合效益。致力推动文化创意和设计服务与产业融合发展，提升文化软实力和产业竞争力。大力发展电子商务，重点推进农产品电子商务产业园、电商示范基地等平台建设，培育引进一批引领带动能力强的电商企业。推动电子商务和快递业联动发展，鼓励本地企业创建第三方电子商务平台，开展跨境电子商务，开拓国内外市场。深入实施万村千乡市场工程，加快推进物流园区、物流通道建设，打造一批区域性物流中心和商品交易中心。大力推动云计算 IDC 建设，着力打造“数字梅州”，建设“智慧城市”。鼓励电声、陶瓷、家具、工艺、汽车配件等外向型企业抱团发展，开拓国外新兴市场，提高市场份额。

搭建服务企业要素平台。完成国家水泥及制品监督检验检测中心、省质量监督稀土产品检验站建设。积极构建电声、电子信息、五金制品等特色产业综合公共服务平台。加强政银企合作，落实小微企业税收等优惠政策，设立中小微企业信贷风险补偿基金，建立全市统一的企业信用体系，破解中小微企业融资难问题。强化金融服务和创新，鼓励证券机构参与企业股改，支持企业上市和在“新三板”或区域股权交易中心挂牌。落实保险“新国十条”，提高企业防范和化解风险能力。深入开展质量强市工作，鼓励企业创建商标品牌，提高产品附加值。继续实施民营企业家素质提升工程。

突出抓好招商引资。以举办第四届世界客商大会为契机，深入实施乡贤回乡投资兴业工程，聚焦行业领军企业，综合实施领导招商、乡情招商、以商引商、产业链招商和委托专业招商等措施，着力引进一批带动能力强、发展前景好的大项目，实现“招一个、引一串、带一片”。坚持对外招商和促进现有企业增资扩产并重，加强对现有企业的跟踪服务；支持企业用好省扶持企业技术改造政策，实施技改强企工程，支持百家工业企业技术改造。

推动区域经济合作。依托梅州独特的区位优势，加强与珠三角、汕潮揭、厦漳泉和其他周边城市的沟通对接，建立健全人才、市场、资源等要素双向聚合的长效联动机制，推动交通、产业、文化旅游、生态建设等方面的合作。借助深圳、广州和汕头深水港口，依托广梅产业园规划建设的物流园和保税服务区，探索合作共建“无水港”，打通铁海联运通道，努力降低园区物流成本。扎实推进丰顺韩江生态文化经济带规划建设。积极抢抓国家实施“一带一路”发展战略的机遇，发挥我市重点侨乡优势，加强与海外华人华侨的联系，充分利用在外侨胞的资源，拓宽与海外地区的合作空间。

二、加快推进以交通为重点的基础设施建设

以构建潮汕平原北上拓展腹地的交通枢纽为目标，继续打好交通基础设施建设大会战。

全力推进高速公路建设。加快推进济广高速平兴段、汕湛高速五华段建设，确保年底前建成，实现县县通高速目标。全面完成兴华高速公路征地拆迁工作，实现全线动工建设。着力推进梅平、东环、大潮（含大漳支线）、大丰华丰顺至五华段等 4 条高速公路前期工作，力争年内动工建设。

加强铁路、机场的规划建设。大力推进梅汕高铁动工的前期准备工作。推进鹰梅铁路立项，争取纳入中铁总公司今年开工项目。推动梅河高铁规划建设，力争与赣深客专同步立项建设。开展梅州至龙岩高铁前期工作。完成梅县新机场选址，力争早日动工。加强梅县机场口岸建设，创造条件开辟新航线，发挥航空港的综合效应，推动对内对外更宽领域开放。

完善市域交通网络。推进 4 条省道升国道、6 条县道升省道的规划建设，提升干线公路等级。力争完成5条县乡公路改造。完成25个国省道“迎国检”项目建设任务。加快畲江客运中心站、兴宁综合物流园建设，确保年内建成运营。抓好韩江三河坝至汕头航道整治，提高航道等级和改善通航条件。

谋划推进一批基础设施重大项目。发挥投资拉动作用，谋划储备一批重大产业和基础设施项目，争取列入国家和省的“十三五”规划。推进水利、电力等重大基础设施建设，年内完成510公里中小河流综合治理。动工建设韩江（高陂）水利枢纽工程，规划建设韩江（葛布）水利枢纽工程。粤电大埔电厂首期两台机组年底建成投产。争取梅州（五华）抽水蓄能电站上半年获省核准开工建设。继续抓好农村电网改造。

三、务实推进新型城镇化

新型城镇化是以城乡统筹、城乡一体、产城互动、节约集约、生态宜居、和谐发展为基本特征的城镇化。它既是经济增长的重要动力，也是改善群众生产生活条件的重要途径。

推进中心城区建设。坚持规划引领，重视城市规划的相互衔接，统筹江南新城、芹洋半岛、梅县新城规划，推进“三规合一”。2月底前完成江南新城规划优化工作，年底前完成嘉应新区和中心城区控制性规划，确保“一张图”规划、“一盘棋”建设。全力推进江南新城起步区建设，基本完成6.66平方公里征地拆迁工作，抓好新区路网建设；加快推进安置区建设，年底前实现首批拆迁户回迁；突出产城联动，推动相关产业园区与江南新城互补互动发展，促进人口和产业集聚；根据市场需求，规划建设总部经济聚集区，吸引总部经济相关机构进驻。推进芹洋半岛、梅县新城征地拆迁、安置区和一批基础项目建设。有计划、有步骤改造提升江北老城区，完善优化江南建成区，开展地下管廊改造试点工作，改造东教场体育场和游泳池，不断完善城市公共服务配套功能。充分利用棚户区改造等政策性金融信贷和PPP等融资模式，引导更多民间资金和社会资本投入新型城镇化建设。遵循城市开发建设和经营的规律，控制好新城开发和旧城改造的成本，推动城市建设和经营转入良性轨道。

提升县城和中心镇集聚能力。开展县域全域规划编制试点工作，加强对产业和公共服务资源布局的引导，拓展县城发展空间。加快推进兴宁新城和各县县城开发建设，努力提升县城的综合服务能力。支持各县（市、区）推进中心镇的规划建设，加大镇区市政道路、供水供电、污水及垃圾处理等基础设施的投入，增强教育、医疗、文化和社区服务等公共服务的供给，促进县城和中心镇合理分工、功能互补、协同发展。因地制宜发展特色产业，建立完善专业镇服务中小微企业的平台，培育一批特色工业强镇、商业物流镇和文化旅游特色镇。积极推行户籍制度改革，引导农业人口就近城镇化。

改善城乡环境。加强新时期爱国卫生工作，巩固国家卫生城市创建成果，综合整治城市“六乱”等环境卫生问题，确保成功通过全国卫生城市复审。实施环境基础设施建设工程，扎实创建国家环保模范城市。综合治理大气污染，深入开展汽车尾气、酒店油烟和建筑工地扬尘等专项整治，完成黄标车、老旧车和高污染燃料锅炉年度淘汰任务，力保市区全年空气质量优良率达91%以上。用好国家节能减排财政政策综合示范城市专项资金，推动工业、建筑和交通运输节能，全面完成节能减排目标任务。加强城区活禽市场管理整治，开展病死畜禽无害化处理工作，争取城镇生活垃圾无害化处理率达90%以上。扎实推进美丽乡村建设，进一步提高村庄规划编制质量，规范农村建房，引导农村住宅建设向中心镇村集聚。完成传统古村落保护规划编制，争取申报一批中国传统村落。大力推进卫生镇村和幸福村居创建活动，农村生活垃圾无害化处理率达到60%；继续实施农村人居环境改善工程，抓好农村环境连片综合整治试点工作，美化净化乡村。

四、推动县域经济加快发展

县域经济是以县级行政区域为地理空间，

以县级行政权为调控主体，以市场为导向，优化资源配置，具有地域特色和功能完备的区域经济。在幅员较大的梅州，县域经济发展的程度，直接影响全市经济的规模与质量。

进一步简政放权。落实县域经济扶持办法，编制完成市县（市、区）政府部门第一批权责清单目录。积极向上争取完善县级基本财力保障机制，促进县级财力与事权基本相匹配。扩大县（市、区）经济管理权限，尽可能下放投资项目审批、存量建设用地预审、行政执法检查等权限，最大限度释放县（市、区）抓发展的能量和活力。

培育县域特色工业产业。支持各县（市、区）建设1个工业园区或产业集聚地，争取享受省级产业转移园政策优惠。支持各县（市、区）因地制宜培育发展1—2个特色主导产业，引导生产要素向优势产业和龙头企业集聚，重点打造电子信息、机械装备、新型建材、五金机电、食品药品、稀土深加工、特色陶瓷和家具制造等一批县域特色品牌。支持民间资本、社会资本更多地参与县域经济建设，争取设立1家民营银行和新增1家村镇银行，推动2家以上农信社改制为农商行，依法设立一批助力县域经济发展的小额贷款公司。

发展精细高效农业。坚持精耕细作，提高土地产出效益。重视粮食生产，不断提高粮食安全保障水平。围绕“一县多品、一镇一品”，大力发展金柚、慈橙、茶叶、高山油茶、优质稻米等绿色产品。因地制宜发展林下经济，规划建设一批林下珍贵药材示范基地和集中连片示范点。打响长寿品牌，做精做优区域特色板块。加快台湾农民创业园、海吉星农产品物流园和现代农业示范区建设。抓好大宗农副产品的深加工，培育和引进一批有品牌、有实力的龙头企业。完善农产品直供直销等平台，健全线上、线下农产品流通网络。鼓励发展家庭农场、专业庄园等新型农业经营主体，新组建一批农民专业合作社。完善疫情预警预报机制，强化农产品质量和食品安全监管。

推动农村综合改革。推广蕉岭“三位一体”农村综合改革经验，全面铺开农村土地承包经营权确权登记颁证工作，健全土地经营权流转市场，探索建立“土地银行”、农业产业投资基金，盘活农村土地资源、金融要素，全面建成县镇村农村“三资”管理服务平台。发挥农业协会作用，提高农业社会化服务水平。重视农村基础设施建设，认真实施好“一事一议”项目，积极推进村村通自来水工程建设，加强水库、山塘、农村饮水安全等运行管理，改善农民生产生活条件。深入推进农村精神文明建设，倡导移风易俗，培养良好道德风尚，提高农民综合素质。

五、发展社会事业和全力保障民生

实现发展惠民，推进社会保障和教育卫生等社会事业均衡发展，是各级政府的重要职责。

提升生态环境。坚持绿色发展，加快推进生态文明先行示范区建设。深入开展新一轮“绿满梅州”大行动，加快森林资源培育，优化林分结构，加强生态修复，完成50.85万亩碳汇林建设，确保完成“一消灭三改造”任务。启动林业生态红线划定工作，建立林业生态红线地理空间数据库。依托林业产权流转服务平台，积极推进森林碳汇开发，建立碳汇交易机制，探索排污权、碳排放权有偿使用制度。落实森林防火责任制，加强森林消防专业队伍建设。深入开展南粤水更清行动，推动实施韩江上游跨省界流域污染治理等重大环保工程，确保饮用水源安全，城市污水处理率提高到85%。实行最严格的保护生态环境执法监督制度，提高全社会环境保护和造林绿化美化的责任意识、参与意识和法律意识。

推进社会治理创新。深化社会体制改革，扎实推进全市基层社会治理服务平台建设。推进基层自治，发挥村民理事会作用，促进农村稳定和谐。深入宣传和引导公民践行社会主义核心价值观。培育发展一批骨干型社会组织，提高专业社工、志愿者队伍服务水平，推动社会协同共治。巩固提升“平安梅州”成果，深入开展“客都民意警务”，扎实推进群防群治服务队建设，构建立体式的社会治安防控体系。加大力度整治城区交通秩序。推进食品安全示范学校食堂建设，加强对全市供餐人数百人以上学校食堂的动态监管。巩固打假治劣成果。拓宽网上信访平台，积极推进行政复议工作，进一步畅通群众表达诉求的渠道。依法加强安全监管。整合各类应急资源，完善应急处置机制，全面提升综合应急能力。

努力提高社会保障水平。积极落实促进就业创业政策，突出抓好大学生等重点群体的就业创业服务，实现新增城镇就业3万人、创业带动就业1万人，组织开展劳动力技能晋升培训3万人次，把城镇登记失业率控制在3.5%以内。进一步抓好社会保险扩面征缴工作，年内职工社保“五大险种”综合参保（含企业离退休）人数达222万人次。推进城乡社会保障体系统筹并轨，健全低保标准动态调整机制和失地农民社会保障制度。积极构建和谐劳动关系，及时、有效预防和化解劳动人事争议。推广居家养老模式，鼓励社会资本参与发展养老事业。

促进各项事业协调发展。推动城区优质教育资源向农村学校辐射，实行优质学校与薄弱学校结对帮扶，进一步优化城乡教育资源配置，实现“全国义务教育发展基本均衡县”全覆盖。推进标准化特殊教育学校创建工作。支持嘉应学院加强国际交流与合作，争取办出特色、扩大影响。促进全民健身运动的深入开展，因地制宜建设一批社区体育设施。依托梅州的资源禀赋，促进体育产业发展，举全市之力支持足球事业发展，擦亮足球之乡品牌。深入推进客家文化（梅州）生态保护区建设，办好客家文博会，打造客属地区文创产品展示交易平台。规划新建江南片区三甲医院。动工建设市人民医院负压病房，提升突发传染病应急救治能力。推进县级公立医院改革，在蕉岭、平远开展县域医疗联合体试点工作，努力找到提升县镇医疗卫生公共服务水平的有效路径。加强计划生育工作，确保完成全年人口控制目标任务。重视做好老龄和残疾人事业。完成妇女、儿童发展规划中期阶段任务。加强梅港青少年交流。推动国防动员、国家安全、人防、双拥、对台、气象、防灾减灾、民族宗教和人事编制，以及统计、打私、方志、档案等各项工作取得新成效。

完成扶贫开发“双到”任务。借力广州对口帮扶，突出抓好产业扶贫、学技扶贫等造血式扶贫，注重创新体制机制，整合各方资源，增强贫困村、贫困户自身发展能力。年内培训贫困户劳动力4.7万人次以上，确保完成386个重点帮扶村、3.7万贫困户14.6万贫困人口稳定脱贫任务。

六、努力建设守法诚信、高效廉洁政府

以法治思维规范政府行为，以改革创新促进政府职能转变，是新形势下加强政府自身建设的内在要求。各级政府要在党委的领导下，在法治轨道上开展工作，加快建设职能科学、权责法定、执法严明、公开公正、廉洁高效、守法诚信的法治政府。

深入推进依法行政。贯彻落实《中共中央关于全面推进依法治国若干重大问题的决定》，按照“法定职责必须为、法无授权不可为”的要求，推进政府机构、职能、权限、责任法定化，切实转变政府职能和管理方式。强化政府的程序规则，加强政府绩效管理，落实公众参与、专家论证、风险评估、合法性审查、集体讨论决定等重大行政决策法定程序。健全行政执法责任制、评议考核制和责任追究制，坚决惩处行政执法中不作为、乱作为和失职渎职行为。依法公开政务信息，推进行政决策公开、执行公开、管理公开、服务公开和结果公开。深入推进“六五”普法，抓好法治广东建设五年规划的落实。积极开展承接地方立法权相关准备工作。严格执行市人大及其常委会的决议和决定，加强与政协协商，自觉接受民主监督。

深化改革创新。坚持问题导向，深化行政审批制度改革，强化目录动态管理。推进行政执法体制改革，加强重点领域综合执法，减少市县政府执法队伍种类，着力解决权责交叉、多头执法问题。深化商事制度改革，推进“三证合一”，加快建设商事主体综合信息管理平台，强化后续监管。完善公共资源交易平台，加强重点领域监管。积极引进战略投资者参与国企改革。稳妥推进市、县、镇三级公务用车改革。加快机关事业单位养老保险制度和工资制度改革。推进梅州日报社、市广播电视台的集团化改革，争取年内完成经营服务类、公益三类事业单位分类改革任务。推进政府向社会组织购买公共服务。继续在政府工作部门开展“微改革、微创新”，建立健全市政府部门公开承诺制，提高执行力和办事效率。完善实体办事大厅、网上办事大厅和“12345”政府服务热线三大平台建设，继续开展“梅州发布”微访谈，拓宽政府和社会的沟通渠道。

坚持廉洁从政。严守政治纪律和政治规矩，严格落实中央“八项规定”和党风廉政建设责任制。深入开展“廉洁城乡”创建活动，推动全市廉洁文化建设。严格执行《预算法》，建立健全全面规范、公开透明的预算制度，继续压减“三公”经费。深化领导干部经济责任审计，加强对重点项目、重要资金和重大工程的行政监察和审计监督，坚决纠正各种不正之风。强化对重点工作和民生实事的督查督办，组织开展政风行风评议活动，坚决整治懒政、怠政行为。加强公务员教育培训和管理，建设一支勇担当、善作为、干净干事的公务员队伍，树立为民务实清廉的政府形象。

各位代表！今年，我们将继续推进十项惠民工程，让全市群众得到更多的实惠。一是提高底线民生保障水平。城乡居民基本养老保险基础养老金标准从每人每月80元提高到100元；城镇和农村低保补助人均月补差水平从334元、148元分别提高到375元和173元；五保对象供养标准提高到所在县（市、区）上年度农村居民人均纯收入的60%以上；孤儿集中供养水平从每月1150元提高到1240元，分散供养水平从每月700元提高到760元；残疾人生活津贴从每年600元提高到1200元，重残护理补贴从每年1200元提高到1800元。二是推进教育公平均衡发展。城乡免费义务教育生均公用经费补助标准，小学从950元提高到1150元，初中从1550元提高到1950元。中等职业学校和普通高中国家助学金标准，从每生每年1500元提高到2000元；市属民办、县属中等职业学校免学费补助标准，从每生每年2500元提高到3000元；市属公办中等职业学校免学费补助标准，从每生每年3000元提高到3500元。实施高中阶段残疾学生免学杂费、课本费政策。三是提高医疗卫生保障水平。基本公共卫生服务项目补助标准从每人每年35元提高到40元。城乡居民基本医疗保险补助标准从年人均320元提高到380元。基本医疗保险异地就医即时结算联网医院从6家增加到12家。建立市、县级疾病应急救助制度。四是提升养老服务水平。为80周岁以上老人、60周岁以上困难群体（低保、五保、优抚对象及“三无”人员）购买意外伤害保险。动工建设梅州市老年公寓（市养老示范中心）。实施城乡居民殡葬基本服务由政府免费提供政策，减免7项基本服务收费。五是优化生态环境。扩大省级生态公益林面积143万亩；规划建设18个森林公园、4个湿地公园；建设提升百岁山公园、马鞍山公园、泮坑公园和梅花山公园。六是加大保障性住房建设力度。新开工建设12364套（户）城市棚户区改造安置房（含货币安置补偿）和1523套（户）公共租赁住房（含租赁补贴），完成2570套（户）城市棚户区改造安置房建设。完成14034户农村危房和32户华侨农场危旧房改造。七是改善城乡居民生产生活条件。加大中心城区供水基础设施建设，动工建设城北自来水厂和梅城新水厂（首期10万吨）。开展巨灾保险改革试点工作。完成500公里新农村公路硬底化改造。建设17个中心镇污水处理厂。八是完善公共文化体育服务。建成60个农村文化俱乐部。实施公共体育场馆免费或低收费开放。九是提高城区交通便民水平。开通梅县区城市公交。城区新增100辆纯电动公交车，更新150辆清洁能源出租车。规划建设1—2个公共停车场。改造提升一批市政道路。开展交通秩序综合治理。十是加强公共法律服务。全面开展“一村（社区）一法律顾问”工作，对全市2242个村（社区）按每个不低于1万元的标准予以补助，以政府购买服务方式对村（社区）法律顾问公益性服务进行补贴。

各位代表！梅州已经踏上全面加快振兴发展的新征程，实现美好的愿景，需要我们勇于担当、真抓实干。让我们在省委、省政府和市委的坚强领导下，团结带领全市人民，调动一切积极因素，凝心聚力，务实苦干，确保全面完成全年各项目标任务！

产业集聚推动梅州振兴发展

——《广东梅兴华丰产业集聚带发展总体规划（2015—2030)》主要内容摘录

规划范围

包括广州（梅州）产业转移工业园及周边的梅县区畲江镇和水车镇、兴宁市水口镇、五华县河东镇的带状区域，以及梅县、兴宁、五华和丰顺现有的产业发展组团，总面积226平方公里。其中，核心区面积为143平方公里（规划建设用地65平方公里，生态用地78平方公里）；起步区面积共计29平方公里。

主要内容

《总体规划》具有“突出集群发展、突出生态发展、突出合作发展、突出协调发展”四方面的明显特点。主要内容如下：

指导思想　以山区振兴发展为主线，以生态环境保护为前提，以基础设施、园区建设和产业发展为主要抓手，突出机制体制创新，高标准、高起点建设梅兴华丰产业集聚带。

发展定位　原中央苏区振兴发展示范区、珠三角与原中央苏区经济合作新平台、广东山区绿色产业发展基地、梅州生态宜业宜居新城。

空间布局　提出统筹集约高效开发和生态保护的关系，着力构建以广州（梅州）产业转移工业园为核心，核心区扩容集聚、外围区提质增效的“一核四组团”空间格局。

产业发展　突出集群发展，提出探索走绿色经济发展道路，提升发展传统资源型产业，强化发展先进制造业，积极培育战略性新兴产业，大力发展现代服务业，重点打造电子信息、机械装备制造、健康医药、农副产品加工等特色产业集群。

基础设施　提出按照“统筹规划、合理布局、适度超前”的原则，科学谋划一批重大基础设施建设项目，打造支撑产业带长远发展的基础设施体系。

生态保护　突出生态发展理念，提出统筹生态环境保护与产业发展的关系，严格落实主体功能区规划，构建“区域生态绿核—生态廊道—特色生态公园”三级生态保护体系。

合作机制　突出合作发展，提出以对口帮扶为基础建立战略伙伴式的区域合作机制，实现由传统产业转移、对口帮扶到经济全面合作转变，构建立足本地区、面向珠三角、联通粤东北、对接赣闽粤原中央苏区的合作新格局。

协调发展　提出建立产业带内部多方协调机制，加强产业带与市区、县镇的产业互补、融合发展，增强县城综合服务功能，提升镇村配套服务功能，加强城乡公共服务设施共建共享，促进产城融合、城乡统筹发展。

改革创新　提出了深化行政审批制度改革、企业投资管理体制改革、探索土地综合开发模式、推进投融资体制创新、复制推广自贸区经验，以及创新生态建设机制等若干体制机制创新，保障产业带的各项建设顺利推进。

近期重点　明确了起步区建设重点工作，拟定近期重点建设项目名单，强调产业发展和园区服务建设并重，争取早见成效。

发展目标

以起步区建设为先导，有序推进梅兴华丰产业集聚带的开发建设，力争实现“三年打基础、五年大突破、十五年大见效”，助力梅州实现全面建成小康社会目标。

三年打基础。至2018年，梅兴华丰产业集聚带起步区开发基本完成，“一核四组团”的空间格局初步形成。地区生产总值达到300亿元，常住人口规模达到25万人，集聚效应初步体现。区域战略性交通设施启动建设，重点项目有序推进，主导产业和龙头企业效益初显，重点产业集群初见雏形，培育形成百亿级产业集群1个、50亿~100亿级产业集群2个。

五年大突破。至2020年，梅兴华丰产业集聚带建设取得明显突破，成为原中央苏区振兴发展新亮点。地区生产总值达到400亿元，常住人口规模达到28万人。主导产业和龙头企业初具规模，核心产业链条初步形成，培育形成百亿级产业集群2个、50亿~100亿级产业集群2~3个。

十五年大见效。至2030年，梅兴华丰产业带规划目标全面实现，整体竞争力显著提升。地区生产总值达到1300亿元，常住人口规模达到40万人，形成2~3个500亿级产业集群、5个百亿级产业集群。

空间布局

坚持生态优先、集约高效的发展原则，采取核心区扩容集聚、外围区提质增效、组团型布局的发展模式，形成"一核四组团"的空间发展格局。

一核。着力发展电子信息、机械装备、新材料、新能源、节能环保等先进制造业，巩固发展健康医药、食品饮料、健康医疗等产业，构建健康产业集群，打造汇集生态保护、绿色制造、生产服务、宜居生活于一体的综合新城，成为梅州振兴发展的核心引擎和产业示范发展的重要平台。

四组团。着力建设梅县、兴宁、五华、丰顺四个外围产业组团，积极提升四个组团的发展质量，加强外围产业组团与核心区产业协作，实现"一核四组团"联动发展。

——梅县组团。重点发展新型电子、机械装备等主导产业，适当发展新材料、新能源等战略性新兴产业，形成先进制造业集聚发展基地。

——兴宁组团。重点发展机电制造（水电装备）、汽车零部件等设备制造业。积极培育现代农业产业集群，推动建设商贸物流、农副产品电子商务等产业平台，形成对接赣闽的区域商贸物流中心。

——五华组团。重点发展电子电器、五金机电、医药制造、食品饮料、家具制造、建材等产业，形成梅兴华丰产业集聚带承接珠三角产业转移的桥头堡，打造"工业新城、长乐之乡"。

——丰顺组团。重点发展电声电子、机电制造、饲料加工等产业，注重科技创新，壮大提升电声产业集群，打造全国电声产业基地，积极发展温泉旅游业、特色农业，推动产业协调联动，打造梅兴华丰产业带通向汕潮揭的门户。

（曹优生）

梅州市人民政府关于公布梅州市第一批历史建筑名录的通知

各县（市、区）人民政府，市府直属和中央、省属驻梅各单位：

为推进梅州市历史文化名城保护工作，进一步加强对具有一定历史、科学、艺术等价值历史建筑的保护与管理，根据省、市政府有关加强历史建筑保护的文件精神，经研究，确定梅江区城北镇扎上村白城公祠等160处建筑为梅州市第一批历史建筑（详见附件），现予以公布。

各级各有关单位要坚持“依法保护、传承利用、严格管理”的基本原则，加强对我市历史建筑的保护、管理和宣传，积极研究历史建筑的保护利用措施，共同做好我市历史文化名城保护有关工作。

梅州市第一批历史建筑名录一览表

表15

编号	建筑名称	建筑地点	所属县(市、区)
MZ－01－001	白城公祠	城北镇扎上村	梅江区
MZ－01－002	万松居	城北镇扎上村	梅江区
MZ－01－003	李氏公祠	城北镇扎上村	梅江区
MZ－01－004	创裕学校	城北镇扎上村	梅江区
MZ－01　005	光华楼	城北镇扎上村启愚十组	梅江区
MZ－01－006	日翠公祠	城北镇扎上村	梅江区
MZ－01－007	文庐	城北镇黄留村	梅江区
MZ－01－008	中将第	金山办事处东郊村四冶队	梅江区
MZ－01－009	四冶第	金山办事处东郊村四冶队	梅江区
MZ－01－010	老黄屋	金山办事处小溪唇	梅江区
MZ－01－011	孝友堂李屋	金山办事处龙丰村盘龙桥侧	梅江区
MZ－01－012	舫莲楼李屋	金山办事处龙丰村盘龙桥侧	梅江区
MZ－01－013	德成荘	隆文镇李氏·横庄村官村	梅县区
MZ－01－014	明裕堂	隆文镇肖氏·村东村下肖	梅县区
MZ－01－015	都阃第	南口镇董田村	梅县区
MZ－01－016	梅荫庐	南口镇南虎村	梅县区
MZ－01－017	式好庐	梅西镇丰田村	梅县区

续表

编号	建筑名称	建筑地点	所属县(市、区)
MZ－01－018	春晖楼	城东镇竹洋村中心段曾屋	梅县区
MZ－01－019	八角楼	大坪镇大坪村	梅县区
MZ－01－020	杉里杨氏宗祠	畲江镇杉里村	梅县区
MZ－01－021	柏龄楼	畲江镇杉里村	梅县区
MZ－01－022	云集楼	畲江镇虎坑	梅县区
MZ－01－023	岳英楼	水车镇灯塔村	梅县区
MZ－01－024	景福楼	梅南镇莲塘村	梅县区
MZ－01－025	务滋堂	梅南镇蓝田村	梅县区
MZ－01－026	源清庐	梅南镇罗田上村	梅县区
MZ－01－027	双凤第	梅南镇罗田上村	梅县区
MZ－01－028	同裕荘	雁洋镇南福村	梅县区
MZ－01－029	松口图书馆	松口圩镇	梅县区
MZ－01－030	老社下	黄陂学士村老社下	兴宁市
MZ－01－031	连兴围	黄陂镇陶塘村联兴围	兴宁市
MZ－01－032	老屋下	黄陂镇桥尾村老屋下	兴宁市
MZ－01－033	大宾公祠	黄陂镇龙溪村丘屋	兴宁市
MZ－01－034	绪繁第	黄陂镇龙溪村村屋田上	兴宁市
MZ－01－035	金昌围	黄陂镇龙溪村金昌围	兴宁市
MZ－01－036	锦香第	合水镇白泡村锦香第	兴宁市
MZ－01－037	完里屋	大坪镇朱坑村完里	兴宁市
MZ－01－038	石结屋	大坪镇朱坑村石结屋	兴宁市
MZ－01－039	元卿公祠	大坪镇上大塘村围路下	兴宁市
MZ－01－040	荣怀第	黄槐镇槐西村咀头	兴宁市
MZ－01－041	雝喈围	黄槐镇槐西村咀头	兴宁市
MZ－01－042	天光云影屋	黄槐镇西一村	兴宁市
MZ－01－043	万安世基屋	龙田镇鸳塘村老屋	兴宁市
MZ－01－044	齐安围	龙田镇鸳塘村寨里	兴宁市
MZ－01－045	齐先围	龙田镇鸳塘村栗子茔	兴宁市
MZ－01－046	崇安围	龙田镇鸳塘村下厂	兴宁市
MZ－01－047	大夫第	龙田镇鸡公桥村	兴宁市

续表

编号	建筑名称	建筑地点	所属县(市、区)
MZ－01－048	龙兴围	龙田镇鸡公桥村	兴宁市
MZ－01－049	馀庆第	径南镇官亭村	兴宁市
MZ－01－050	戬谷屋	径南镇官亭村	兴宁市
MZ－01－051	习公祠	径南镇官亭村	兴宁市
MZ－01－052	念祖存仁屋	径南镇圩下村	兴宁市
MZ－01－053	敀中第	径南镇东升村黄竹凹	兴宁市
MZ－01－054	慎德堂	蓝坊镇高思村	蕉岭县
MZ－01－055	笃敬楼	蓝坊镇高思村	蕉岭县
MZ－01－056	高思古街骑楼	蓝坊镇高思村	蕉岭县
MZ－01－057	迪光楼	蓝坊镇高思村	蕉岭县
MZ－01－058	伟藩楼	蓝坊镇高思村	蕉岭县
MZ－01－059	联新居	蓝坊镇高思村	蕉岭县
MZ－01－060	义简祠	蓝坊镇高思村	蕉岭县
MZ－01－061	仰虞公祠	蓝坊镇高思村	蕉岭县
MZ－01－062	高思桥	蓝坊镇高思村	蕉岭县
MZ－01－063	添英楼	蓝坊镇高思村	蕉岭县
MZ－01－064	敦本堂	大柘镇东兴村	平远县
MZ－01－065	星端堂	大柘镇东兴村	平远县
MZ－01－066	继述堂	大柘镇东兴村	平远县
MZ－01－067	琼芳围	石正镇南台村	平远县
MZ－01－068	承庆第	石正镇南台村	平远县
MZ－01－069	太原堂	石正镇南台村	平远县
MZ－01－070	宝树第	石正镇南台村	平远县
MZ－01－071	济南堂	东石镇凉庭村	平远县
MZ－01－072	厚德楼	东石镇凉庭村	平远县
MZ－01－073	下新屋	东石镇凉庭村	平远县
MZ－01－074	陇西堂	仁居镇仁居村	平远县
MZ－01－075	下四家李屋	仁居镇仁居村	平远县
MZ－01－076	谢家祠	差干镇差干村	平远县
MZ－01－077	大夫第（新围）	差干镇差干村	平远县

续表

编号	建筑名称	建筑地点	所属县(市、区)
MZ－01－078	大夫第（老围）	差干镇差干村	平远县
MZ－01－079	瀛洲世美	百侯镇侯南村	大埔县
MZ－01－080	永庆堂	百侯镇侯南村	大埔县
MZ－01－081	渊雅公祠	百侯镇侯南村	大埔县
MZ－01－082	鞏和楼	百侯镇侯南村	大埔县
MZ－01－083	尚德公祠	百侯镇侯南村	大埔县
MZ－01－084	鳣雀呈祥	百侯镇侯南村	大埔县
MZ－01－085	华萼双辉（可旋堂）	百侯镇侯南村	大埔县
MZ－01－086	大夫第（明德堂）	百侯镇侯南村	大埔县
MZ－01－087	杨氏家庙（延庆堂）	百侯镇侯南村	大埔县
MZ－01－088	文德流芳（谷诒堂）	百侯镇侯南村	大埔县
MZ－01－089	八角门（延祜堂）	百侯镇侯南村	大埔县
MZ－01－090	州司马第（德厚堂）	百侯镇侯南村	大埔县
MZ－01－091	鳣瑞流徽（德星堂）	百侯镇侯南村	大埔县
MZ－01－092	清白世守（绳德堂）	百侯镇侯南村	大埔县
MZ－01－093	三乐堂	百侯镇侯南村	大埔县
MZ－01－094	外史第（延禧堂）	百侯镇侯南村	大埔县
MZ－01－095	荣封第（墩四堂）	百侯镇侯南村	大埔县
MZ－01－096	德庆楼	百侯镇侯南村	大埔县
MZ－01－097	邱氏宗祠（一原堂）	百侯镇侯南村	大埔县
MZ－01－098	留福井（秩秸堂）	百侯镇侯南村	大埔县
MZ－01－099	外史第（保环堂）	百侯镇侯南村	大埔县
MZ－01－100	清白流徽（敦德堂）	百侯镇侯南村	大埔县
MZ－01－101	文明毓秀（昭许堂）	百侯镇侯南村	大埔县
MZ－01－102	太史第（紫来堂）	百侯镇侯南村	大埔县
MZ－01－103	三祝流徽（依仁堂）	百侯镇侯南村	大埔县
MZ－01－104	州司马第（垂绪堂）	百侯镇侯南村	大埔县
MZ－01－105	忠实流芳（德新堂）	百侯镇侯南村	大埔县
MZ－01－106	榕荫书屋	百侯镇侯南村	大埔县
MZ－01－107	渔村别墅	百侯镇侯南村	大埔县

续表

编号	建筑名称	建筑地点	所属县(市、区)
MZ－01－108	源远流长（川至堂）	百侯镇侯南村	大埔县
MZ－01－109	光裕第（存厚堂）	西河镇东塘村	大埔县
MZ－01－110	司马第	西河镇东塘村	大埔县
MZ－01－111	鳣环世美（谦受堂）	西河镇北塘村	大埔县
MZ－01－112	明经第	西河镇车龙村	大埔县
MZ－01－113	大夫第	西河镇车龙村	大埔县
MZ－01－114	德新楼	西河镇车龙村	大埔县
MZ－01－115	奉政第	西河镇车龙村	大埔县
MZ－01－116	学龄筱筑	西河镇车龙村	大埔县
MZ－01－117	寿南公祠	西河镇车龙村	大埔县
MZ－01－118	绍杰山房	大麻镇小留村	大埔县
MZ－01－119	亲仁庄	大麻镇小留村	大埔县
MZ－01－120	中翰第	大麻镇小留村	大埔县
MZ－01－121	绍衣堂	埔寨镇埔南村柑园	丰顺县
MZ－01－122	位臣公祠	埔寨镇埔南村河子	丰顺县
MZ－01－123	南洋公祠	汤南镇阳光村	丰顺县
MZ－01－124	易朴公祠	汤南镇隆烟棚子村	丰顺县
MZ－01－125	恢泽公祠	汤南镇隆烟棚了村	丰顺县
MZ－01－126	绍南里	汤西镇大罗村	丰顺县
MZ－01－127	龙蟠围	丰良镇丰溪村吴氏老祠堂	丰顺县
MZ－01－128	研经堂	留隍镇新埔村	丰顺县
MZ－01－129	寄吾庐	大龙华镇大田村上田	丰顺县
MZ－01－130	启睿公祠	大龙华镇大田村下角	丰顺县
MZ－01－131	田东儒林第	大龙华镇田东村龙上队	丰顺县
MZ－01－132	沙岗朱氏宗祠	大龙华镇田东村沙一沙二队	丰顺县
MZ－01－133	致中楼	汤坑镇东里村下新屋	丰顺县
MZ－01－134	福兴围	汤坑镇黎峰村上下江	丰顺县
MZ－01－135	大旺公祠	汤坑镇青黎围	丰顺县
MZ－01－136	克纯堂	小胜镇田背村	丰顺县
MZ－01－137	槐阴庐	建桥镇环中村瑞林坝	丰顺县

续表

编号	建筑名称	建筑地点	所属县(市、区)
MZ-01-138	老新屋	建桥镇郑屋村潭唇	丰顺县
MZ-01-139	邓氏围龙屋	潭江镇大胜村大坪	丰顺县
MZ-01-140	罗氏围龙屋	潭江镇大胜村溪背	丰顺县
MZ-01-141	丁氏宗祠	河东镇林石村	五华县
MZ-01-142	德星楼	河东镇三田村	五华县
MZ-01-143	长发楼	河东镇澄塘村	五华县
MZ-01-144	务本楼	河东镇浮湖村	五华县
MZ-01-145	紫气家声楼	河东镇下一村	五华县
MZ-01-146	尚誉公祠	安流镇福龙村胜利小组	五华县
MZ-01-147	上升公祠	安流镇福龙村大和片	五华县
MZ-01-148	光辉楼	安流镇大同村光辉队	五华县
MZ-01-149	大朝善堂	安流镇楼光村	五华县
MZ-01-150	光德楼	郭田镇硿南村光德楼	五华县
MZ-01-151	资泮楼	华城镇黄埔村	五华县
MZ-01-152	钟氏宗祠	华城镇城镇村	五华县
MZ-01-153	月形楼	华阳镇华新村	五华县
MZ-01-154	仁寿楼	华阳镇高塘村	五华县
MZ-01-155	应公祠	华阳镇莲高村	五华县
MZ-01-156	会公祠	华阳镇华阳村	五华县
MZ-01-157	五云楼	华阳镇小拔村	五华县
MZ-01-158	修公祠	梅林镇招田村	五华县
MZ-01-159	祥隆屋	岐岭镇凤凰村	五华县
MZ-01-160	伟英庐	岐岭镇凤凰村	五华县

梅州市人民政府

2015年12月10日

梅州市人民政府关于公布第三批梅州市文物保护单位的通知

各县（市、区）人民政府，市府直属和中央、省属驻梅各单位：

根据《中华人民共和国文物保护法》有关规定和第三批梅州市文物保护单位领导小组办公室专家组的评估意见，市人民政府同意市文化广电新闻出版局提出的第三批梅州市文物保护单位（共30处），现予公布。

各地各有关单位要认真贯彻“保护为主、抢救第一、合理利用、加强管理”的方针，切实做好文物的保护、利用和管理工作。

梅州市人民政府

2015年2月5日

第三批梅州市文物保护单位名单一览表（共30处）

表16

名称	时代	类别	详细地址	公布单位	公布时间	管理单位	备注
新南斐厦堂	明清	古建筑	梅县区松源镇	梅县区人民政府	2010.11	梅县区松源镇	保存较好
闽粤梁氏宗祠	明清	古建筑	梅县区松源镇			梅县区松源镇	保存较好
塄明乔琳公祠	清	古建筑	梅江区三角镇塄明村花门路			梅江区三角镇	保存完好
围坪朱屋	清	古建筑	梅江区城北镇干光村西门桥围坪	梅江区人民政府	2011.12	梅江区城北镇	保存完好
坪宫崇德围	清	古建筑	兴宁市径南镇坪宫村	兴宁市人民政府	2014.08	兴宁市径南镇	保存较好
永生文蔚第	清	古建筑	兴宁市永和镇永生村	兴宁市人民政府	2014.08	兴宁市永和镇	保存较好
凉庭丰泰堂	清	古建筑	平远县东石镇凉庭村	平远县人民政府	2011.06	平远县东石镇	保存较好
南台大夫第	清	古建筑	平远县石正镇南台村	平远县人民政府	2011.06	平远县石正镇	保存较好
龙岗中宪第	明	古建筑	大埔县湖寮镇龙岗村	大埔县人民政府	1999.09	大埔县湖寮镇	保存较好
侯南中议大夫第	清	古建筑	大埔县百侯镇侯南村	大埔县人民政府	2014.05	大埔县百侯镇	保存较好
小留宽裕居	清	古建筑	大埔县大麻镇小留村	大埔县人民政府	2014.05	大埔县大麻镇	保存较好
清溪绍阳书室	明	古建筑	丰顺县黄金镇	丰顺县人民政府	2013.10	丰顺县黄金镇	保存较好

续表

名称	时代	类别	详细地址	公布单位	公布时间	管理单位	备注
丰良斜塔	清	古建筑	丰顺县丰良镇	丰顺县人民政府	1992.10	丰顺县丰良镇	保存较好
皇恩宠锡(陈家祠)	明	古建筑	五华县棉洋镇联西村	五华县人民政府	2010.12	五华县棉洋镇	保存完好
华城东征军政治部旧址(宗圣祠)	清	古建筑	五华县华城镇城镇村	五华县人民政府	1994.09	五华县华城镇	保存完好
茶山资政第	民国	近现代重要史迹及代表性建筑	梅县区水车镇茶山村	梅县区人民政府	2010.11	梅县区水车镇	保存完好
侨乡德馨堂	民国	近现代重要史迹及代表性建筑	梅县区南口镇侨乡村	梅县区人民政府	2010.11	梅县区南口镇	保存完好
悦来凹下山新居	民国	近现代重要史迹及代表性建筑	梅县区白渡镇悦来村			梅县区白渡镇	保存较好
肖向荣故居	清	近现代重要史迹及代表性建筑	梅县区石扇镇新东村	梅县区人民政府	2010.11	梅县区石扇镇	保存较好
张民达故居	民国	近现代重要史迹及代表性建筑	梅县区桃尧镇	梅县区人民政府	1978.11	梅县区桃尧镇	保存较好
郁卿黄公祠	民国	近现代重要史迹及代表性建筑	梅江区西阳镇甫田村黄屋阁13号			梅江区西阳镇	保存较好
碧芬精庐(卢耕父故居)	民国	近现代重要史迹及代表性建筑	梅江区西阳镇太平村澄岗岭			梅江区西阳镇	保存较好
星耀光绍庐	民国	近现代重要史迹及代表性建筑	兴宁市径南镇星耀村	兴宁市人民政府	2014.08	兴宁市径南镇	保存较好
胪声耀堃第	民国	近现代重要史迹及代表性建筑	兴宁市径南镇胪声村	兴宁市人民政府	2014.08	兴宁市径南镇	保存较好
星耀恒云楼	民国	近现代重要史迹及代表性建筑	兴宁市径南镇星耀村	兴宁市人民政府	2014.08	兴宁市径南镇	保存较好

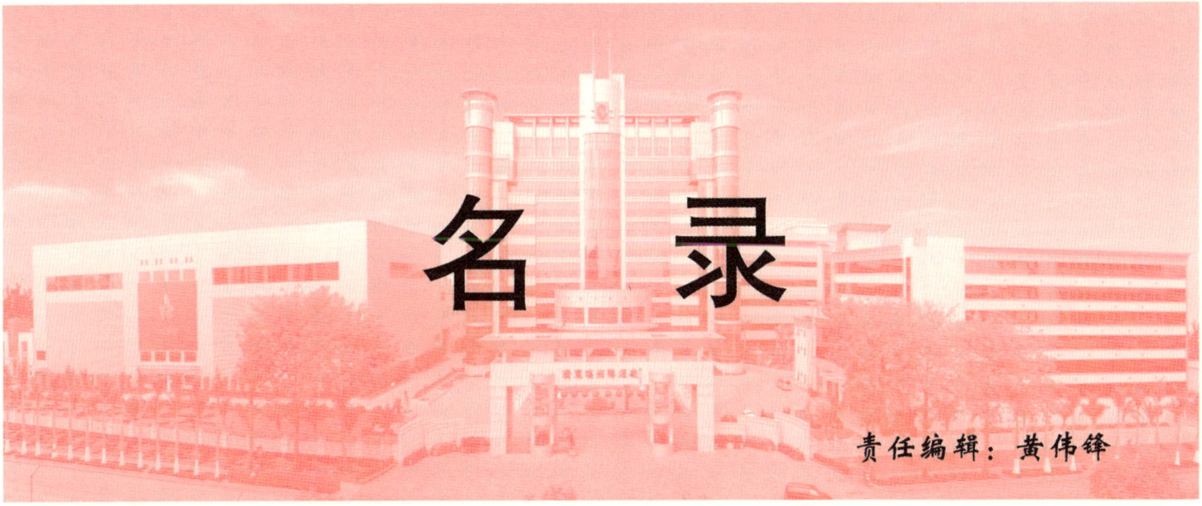

名　录

责任编辑：黄伟锋

梅州市领导班子成员名单

中共梅州市委

黄　强　书记
谭君铁　副书记
叶胜坤　副书记
胡　钛　常委
黄伟闻　常委
丁　文　常委
彭耀新　常委
管林海　常委
周章新　常委
张丽霞　常委
曾祥华　常委（任至6月）
晏拥军　常委（挂至6月）
谈志向　常委（6月挂职）
杜敏琪　常委（9月任职）

梅州市人大常委会

黄　强　主任（2月任职）
林碧红　常务副主任（代理主任至2月）
邓建华　副主任（任至2月）
胡国和　副主任（任至2月）
黎健平　副主任
钟勇生　副主任
韩小林　副主任
曾小华　副主任（2月任职）
张映平　副主任（2月任职）

梅州市人民政府

谭君铁　市　长
丁　文　常务副市长
晏拥军　副市长（挂至7月）
谈志向　副市长
陈建青　副市长（7月挂职）
陈丽霞　副市长
李远青　副市长
史明锋　副市长
杜敏琪　副市长（任至11月）

政协梅州市委员会

李金元　主　席
张光明　副主席
邹浩元　副主席
雷近芳　副主席
温纯青　副主席
何梅林　副主席（任至2月）
叶解春　副主席

李忠良　副主席
彭广福　副主席
肖　平　副主席（2 月任职）

中共梅州市纪律检查委员会

胡　钛　书　记
曾小华　副书记（任至 3 月）
周秋明　副书记
谢志云　副书记
张　硕　副书记（6 月任职）

梅州市领导机关正、副秘书长名单

中共梅州市委

彭耀新　秘书长
钟礼文　副秘书长
罗伟章　副秘书长
沈　涛　副秘书长
王　健　副秘书长（任至 9 月）
王伟明　副秘书长
张达宏　副秘书长（9 月任职）

梅州市人大常委会

蓝伟东　秘书长
郭文烈　副秘书长
何海燕　副秘书长
朱南昌　副秘书长（任至 7 月）
陈志文　副秘书长

梅州市人民政府

朱国城　秘书长
蓝汕兴　副秘书长
张映辉　副秘书长
陈震云　副秘书长
姚铠滔　副秘书长
张　硕　副秘书长（任至 7 月）
张文涛　副秘书长
曾海新　副秘书长
曾碧玉　副秘书长（12 月任职）

政协梅州市委员会

肖　平　秘书长（任至 2 月）
曾祥海　秘书长（2 月任职）
孙秋珍　副秘书长
杨祥宇　副秘书长（任至 12 月）
陈元星　副秘书长
胡万强　副秘书长

梅州市市直单位处级领导干部名单

中共梅州市委办公室

王　健　主任（任至 9 月）
熊锋松　主任（9 月任职）
王昌岳　副主任
邓威雄　副主任

梅州市人大常委会办公室

郭文烈　主任
吴育新　副主任
胡玉全　副主任（任至 12 月）

梅州市人大常委会研究室

陈志文　主任
曾志军　副主任
钟雄浩　副主任（6 月任职）

梅州市人大常委会法律工作委员会

郑理良　主任（任至 6 月）
戴国锋　副主任（任至 6 月）

梅州市人大常委会内务司法工作委员会

郑理良　主任（6 月任职）
戴国锋　副主任（6 月任职）

梅州市人大常委会财政经济工作委员会

张梓明　主任
罗健威　副主任（任至 5 月）

梅州市人大常委会农村农业工作委员会

钟广能　主任
胡玉全　副主任（12 月任职）

梅州市人大常委会教育科学文化卫生工作委员会

曾大群　主任

曾如松　副主任

梅州市人大常委会华侨民族宗教外事工作委员会

陈良胜　主任

刘冬竹　副主任

梅州市人大常委会选举人事任免工作委员会

郑玉华　主任

陈　丽　副主任（7月任职）

梅州市人大常委会城乡建设环境与资源保护工作委员会

郭明哲　主任

钟宇鸣　副主任

梅州市人大常委会代表联络工作委员会

叶传秀　主任（任至3月）

朱南昌　主任（7月任职）

王秋兰　副主任

梅州市人大常委会法制工作委员会

钟夏彬　主任（7月任职）

梅州市依法治市办公室

钟勇生　主任

李建辉　副主任（任至11月）

廖海文　专职副主任

梅州市人民政府办公室

朱国城　主任

黎清华　副主任（12月任职）

彭耿明　副主任

孔国泉　副主任（任至12月）

政协梅州市委员会办公室

孙秋珍　主任

赖永生　副主任

蔡晓红　副主任

政协梅州市委员会提案委员会

肖伟良　主任

李宙光　副主任

政协梅州市委员会经济委员会

曾德庆　主任（2月任职）

温志良　副主任

政协梅州市委员会文化和文史资料委员会

曾德庆　主任（任至2月）

古清华　主任（2月任职）

古清华　副主任（任至2月）

曾佛应　副主任（2月任职）

政协梅州市委员会科教卫体委员会

陈国清　主任

李雪奇　副主任

政协梅州市委员会社会法制和人口资源环境委员会

王宁芳　主任

卢华亮　副主任（7月任职）

政协梅州市委员会港澳台侨外事委员会

黄功銮　主任

陈浪滔　副主任

梅州市监察局

曾小华　局长（任至7月）

周秋明　局长（7月任职）

温镇粦　副局长（任至1月）

古　裕　副局长

曹志辉　副局长（5月任职）

梅州市预防腐败局

曾小华　局长（任至6月）

周秋明　局长（6月任职）

廖广斌　专职副局长（任至12月）

梅州市社会工作委员会

叶胜坤　主任

丘创彬　专职副主任（主持日常工作）

温伟东　专职副主任

温伟平　专职副主任

中共梅州市委组织部

曾祥华　部长（任至10月）

杜敏琪　部长（10月任职）

廖接良　副部长

宋才华　副部长

黄立强　副部长

张海涛　副部长
钟利文　副部长

梅州市机构编制委员会办公室

朱　立　主任
杨思维　副主任
叶桂杰　副主任

中共梅州市直属机关工作委员会

梁　维　书记
黎剑青　副书记
陈辉林　副书记
刘志彪　副书记（11 月任职）

梅州市党群系统直属机关党委

刘　军　副书记（任至 12 月）

梅州市统战系统直属机关党委

张丽霞　书记（任至 12 月）
黄国乔　副书记（任至 12 月）

梅州市宣传系统直属机关党委

周章新　书记（任至 12 月）
卢大奇　副书记（任至 12 月）

梅州市政法系统直属机关党委

吴百鸣　副书记（任至 12 月）

梅州市政府系统直属机关党委

黎清华　书记（任至 12 月）
江元泉　副书记（任至 12 月）

梅州市农业系统直属机关党委

曾佛应　书记（任至 1 月）
谢伟堂　副书记（任至 12 月）

梅州市经贸系统直属机关党委

刘作昆　书记（任至 1 月）
张映虹　副书记（任至 1 月）

梅州市交通系统直属机关党委

吴志洲　书记（任至 12 月）
曾伟平　副书记（任至 12 月）

梅州市科教系统直属机关党委

罗嘉文　书记（任至 1 月）
陈运坤　副书记（任至 12 月）

梅州市发改系统直属机关党委

沈小君　书记（任至 12 月）
刘宇新　副书记（任至 1 月）

梅州市建设系统直属机关党委

李信贤　书记（任至 12 月）
曾庆熹　副书记（任至 12 月）

梅州市外经贸系统直属机关党委

曾祥海　书记（任至 1 月）
刘　杰　副主任（任至 1 月）

中共梅州市委政策研究室

张达宏　主任
余红辉　副主任
杨　春　副主任（1 月任职）

中共梅州市委党史研究室

邓文庆　主任
陈连豪　副主任
范美林　副主任（任至 12 月）
姚意军　副主任

中共梅州市委老干部局

廖接良　局长
吴文龙　副局长
曾繁理　副局长

梅州市委市政府接待处

熊锋松　处长
林丽雅　副处长
廖琼慧　副处长
潘　雄　副处长（1 月任职）

梅州市信访局

曾碧玉　局长
梁亮新　副局长
曾艳娇　副局长
卢国基　副局长
张思兰　副局长

梅州市委保密委员会办公室（市国家保密局）

陈益明　主任（局长）

中共梅州市委办公室机要局

陈响明　局长

中共梅市委办公室机关事务管理处

范雄丁　主任

中共梅州市委党校（梅州市社会主义学院）

曾祥华　校长（任至10月）
杜敏琪　校长（10月任职）
张运泉　常务副校长
古国清　副校长
廖远忠　副校长
李爱平　副校长
李志春　教育长

梅州市总工会

钟勇生　主席（党组书记任至9月）
李　钢　党组书记（9月任职）
邓敏和　常务副主席
钟立强　副主席（至任12月）
侯炜勤　副主席
刘胜东　副主席
曾燕萍　副主席

共青团梅州市委员会

陈远洋　书记
李　敏　副书记
赵　旭　副书记

梅州市妇女联合会

伍卫华　主席
刘红茹　副主席
温燕玲　副主席（1月任职）

叶剑英纪念园管理局

李理和　局长
张炳荣　副局长
黄永保　副局长
李晓锐　副局长
廖文玉　副局长

中共梅州市委统战部

张丽霞　部长
管　雅　副部长
侯银生　副部长
刘作昆　副部长（1月任职）
丘晓红　副部长
吴怀浪　副部长（任至1月）

梅州市工商业联合会

侯银生　党组书记、专职副主席（任至1月）
刘作昆　党组书记、专职副主席（1月任职）
杨祥锐　副主席
管　婷　副主席（12月任职）

梅州客商大会秘书长

李杰才　主任

中共梅州市委台湾工作办公室

梅州市人民政府台湾事务局

吴寿康　主任（局长）
梁苑玲　副主任（副局长）
孔国泉　副主任（副局长）（12月任职）

梅州市民族宗教事务局

管　雅　局长
温燕玲　副局长（任至1月）
朱春粦　副局长（1月任职）

梅州市外事侨务局（梅州市港澳事务局）

杨　栋　局长
王忠豪　副局长
吴玉萍　副局长
邓　锐　副局长
黄佐君　副局长（1月任职）

梅州市归国华侨联合会

蔡雪嫦　主席
汤志平　副主席
张映虹　副主席（12月任职）

中共梅州市委宣传部

周章新　部长
李伟金　常务副部长
黄海浪　副部长（任至8月）
杨剑忠　副部长
梁　放　副部长
汤铭琛　副部长

梅州市精神文明建设委员会办公室

刘建丰　主任

中共梅州市委讲师团

张广珍　团长

梅州市文化广电新闻出版局

陈锐锋　局长

杨秀薇　副局长（至任12月）

丘胜发　副局长

林干良　副局长

马苑华　副局长

梅州市广播电视台

袁远山　台长（任至1月）

黄海浪　台长（4月任职，任至8月）

杨延庆　总编辑

黄海浪　总经理（任至4月）

赖志侃　总经理（6月任职）

叶　斌　副台长、纪委书记

汤清松　副总编辑

刘文昌　副总编辑

王育平　副总经理

张达权　副总经理（1月任职）

汤裕康　总工程师

梅州日报社

张德祥　社长

王赢杰　总编辑

罗金良　总经理

黄山松　副总编辑

张柏明　副总编辑

梁　康　副总经理

周　辉　副总经理（聘任）

杨瑞春　纪委书记

梅州市文学艺术界联合会

肖伟承　主席

郭碧玲　副主席（12月任职）

陈桂昌　副主席

广东汉剧传承研究院

黄海浪　院长（任至8月）

刘依君　党委书记（8月任职）

张广武　院长（9月任职）

徐　青　副院长

张广武　副院长（任至9月）

魏瑞新　副院长

梅州市社会科学界联合会

杨剑忠　主席

丘　灵　副主席

中共梅州市委政法委员会

黄伟闻　书记

史明锋　副书记

刘思彬　副书记

许伟谋　副书记

胡文悦　副书记（任至12月）

陈万年　副书记

邓冠明　副书记

梅州市社会治安综合治理委员会办公室

胡文悦　主任

陈　维　副主任

张茂欣　副主任

中共梅州市委610办公室

邓冠明　主任

刘远辉　副主任

中共梅州市委维护稳定工作领导小组办公室

何科东　副主任（任至1月）

邓海恩　副主任（1月任职）

梅州市禁毒委员会办公室

张小凡　副主任

侯　维　副主任

梅州市公安局

史明锋　局长

林伟青　副局长

李昌龙　副局长

张小帆　副局长

李元祥　副局长

侯美昌　副局长

古高松　副局长

巫振新　纪委书记

林卫东　政治处主任

梅州市公安局指挥中心

曾昭勇　指挥长
钟小春　政委

梅州市公安局交通警察支队

张庆贤　支队长
刘剑锋　政委（任至6月）
黄伟军　政委（6月任职）

梅州市公安局巡逻警察支队

顾粤海　支队长
刘剑锋　政委（6月任职）

梅州市公安局刑事警察支队

林锐华　支队长
李建明　政委

梅州市人民检察院

许伟谋　检察长
张润芳　副检察长
李永平　副检察长
刘彩波　副检察长
宋秦川　副检察长
饶德威　纪检组长
李雪瑛　政治处主任

梅州市人民检察院反贪污贿赂局

刘彩波　局长

梅州市中级人民法院

刘思彬　院长
李建辉　副院长（任至11月）
朱杭基　副院长
李常青　副院长
王利珍　副院长
魏伟辉　纪检组长
徐　慧　政治处主任

梅州市中级人民法院执行局

杨苑岳　局长

梅州市司法局

温勇登　局长
钟夏彬　副局长（任至7月）
余立章　副局长
洪庆松　副局长
王　辉　副局长
罗永科　副局长
钟　勋　副局长
邱小军　政治处主任

梅州市强制隔离戒毒所

温勇登　第一政委
廖增发　所长
何科东　政委（1月任职）

梅州市招商和经济合作局

黄伟华　局长
李　训　副局长
余毅宗　副局长
刘旭初　副局长

梅州市人民防空办公室

谢又新　主任
刘理明　副主任
李伯乐　副主任

梅州市政府金融工作局

温兆君　局长
丘海明　副局长（任至11月）
张　军　副局长

梅州市人民政府打击走私综合治理办公室

钟　优　主任

梅州市行政服务中心管理办公室

何育苗　主任
何联杰　副主任
曾建宇　副主任（任至1月）
廖松辉　副主任

梅州市人民政府研究室

刘裕君　主任

梅州市应急管理办公室

罗映宏　主任

梅州市住房公积金管理中心

段　成　主任

梅州市人民政府地方志办公室

张小冰　主任
叶小华　副主任

黎俊红　副主任（12 月任职）

梅州市法制局

胡振兰　局长（任至 7 月）
叶仁基　局长（11 月任职）
谭建明　副局长
杨远东　副局长

梅州市财政局

丘孝东　局长
丘燕玲　副局长
邓国良　副局长
范利民　副局长
吴家云　副局长
凌挥明　总会计师

梅州市国有资产管理办公室

丘孝东　主任
邹国辉　专职副主任

梅州市世界银行贷款业务办公室

魏仲权　主任

梅州市拍卖行

温毅泉　总经理

梅州市公共资源交易中心主任

姚福平　主任（7 月任职）

梅州市审计局

刘耿灵　局长
刘鸿涛　副局长
丘加悦　副局长
杨伟南　副局长
温爱生　副局长
练清万　总审计师

梅州市民政局

何小卫　局长
马志元　副局长
张　征　副局长
陈卫东　副局长
陈汉杰　副局长
管　婷　副局长（任至 12 月）

梅州市残疾人联合会

何　忠　理事长（任至 9 月）
卢振中　党组书记（12 月任职）
王智敏　副理事长
曾宪鑫　副理事长

梅州市档案局（馆）

钟伟基　局（馆）长
范美林　副局（馆）长（12 月任职）
凌秀凤　副局（馆）长

梅州市旅游局

朱　瑛　局长
郭碧玲　副局长（任至 12 月）
张卫东　副局长
李　智　副局长

梅州市旅游总公司

杨贵宏　总经理（任至 1 月）
房　岿　总经理（1 月任职）

梅州市蕉华管理区

广东省蕉岭华侨农场

梅州蕉华工业园区管委会

刘洪洲　主任（场长）
徐　文　副主任
赖志坚　副主任
曾建宇　副主任（1 月任职）

梅州文化旅游特色区管委会

张文涛　党组书记（任至 6 月）
朱　瑛　党组书记（6 月任职）
李信贤　主任（12 月任职）
谢小康　副主任
陈小华　副主任

梅州高新技术产业园区管理委员会

广州（梅州）产业转移工业园管理委员会

广东梅州经济开发区管理委员会

晏拥军　书记（任至 7 月）
谈志向　书记（7 月任职）
吴尚伟　副书记、主任
陈海燕　副书记、副主任
黄卫军　委员、副主任

张伟杰　委员、副主任
梁志坚　委员、副主任
吴文宇　委员、副主任
郭龙元　委员、副主任

梅州嘉应新区党工委（梅州嘉应新区管委会）

李远青　书记
洪国华　副书记、主任
叶永辉　副书记、常务副主任
温镇彝　委员、副主任（1月任职）
郑春缀　委员、副主任
叶绿娜　委员、副主任
谢崇杰　委员

丰顺新区管会委

曾永祥　主任（任至6月）
郑奕雄　主任(6月任职,副主任任至6月)
冯明赞　副主任
陈定迎　副主任
罗振康　副主任（6月任职）
马扬闲　副主任（7月任职）

梅州市人民政府驻北京联络处

邓国功　主任
丘金标　副主任
吴秉标　副主任

梅州市人民政府驻广州办事处

陈维安　党组书记（任至6月）
李南征　主任（任至6月）
陈　亮　主任（6月任职）
房　岗　副主任（任至1月）
邓志兴　副主任
张云常　副主任
曹银宝　副主任（任至1月）

梅州市人民政府驻深圳办事处

吴怀浪　主任（1月任职）
古苑辉　副主任
邹　玲　副主任
冯玉涛　副主任

梅州市农业局

刘玉涛　局长
李志新　副局长
孙中兴　副局长
黄　帆　副局长
刘晨雁　副局长（任至1月）
陈建勤　副局长
古广文　总农艺师（12月任职，副局长任至12月）

广东省渔政总队梅州支队

陈爱东　支队长
张　鸿　政委

梅州市畜牧兽医局

魏祥灵　局长

梅州市农业科学研究所

谢岳昌　所长

梅州市扶贫开发局

温文青　局长
周锡成　副局长
利宝然　副局长
黄光华　副局长

梅州市委农村工作办公室

刘玉涛　主任（任至1月）
刘晨雁　副主任

梅州市委农村工作办公室（梅州市扶贫开发局）

温文青　主任（局长）（1月任职）
刘晨雁　副主任（副局长）（1月任职）
黄光华　副主任（副局长）（1月任职）
利宝然　副主任（副局长）（1月任职）
周锡成　副主任（副局长）（1月任职）

梅州市林业局

朱少辉　局长
温浩泉　副局长（11月任职）
陈益民　副局长
张世俭　副局长（任至11月）
谢新和　副局长
范宜上　总工程师

梅州市水务局

陈伟建　局长
邓其昌　副局长
黄庆福　副局长
刘震涛　副局长
刘敬东　副局长（任至11月）
张世剑　副局长（11月任职）
王　駸　副局长
曹闻一　总工程师

梅州大堤管理处

马百灵　主任

梅州市梅西水库管理局（区）

曾荣祥　局长（主任）（任至7月）
陆大为　局长（主任）（7月任职）

梅州市供排水管理处

黄永丰　主任（任至7月）
罗文斌　主任（7月任职）

梅州市供销合作社

杨文宗　主任
陈伟平　副主任
张协斌　副主任

梅州市经济和信息化局

吴　晖　局长（任至9月）
王　健　局长（11月任职）
江剑欧　副局长（任至12月）
李关良　副局长
凌春荣　副局长
谢　涛　副局长
陈梅生　副局长
卓国宁　副局长
曾光辉　副局长
张映虹　副局长（1月任职，任至12月）
曾志坚　总经济师

梅州市安全生产监督管理局

罗颖安　局长
古惠龙　副局长
熊志仁　副局长
邱国强　副局长
郑国辉　副局长
罗远怀　副局长
曾子威　副局长

梅州市工商行政管理局（归地方管理12月重新任职）

李　君　局长
王育先　副局长
王正昌　副局长
廖广斌　副局长
周志彬　副局长
张耀明　副局长（任至12月）
罗惠娟　纪检组长（任至12月）

梅州市乡镇企业管理局（梅州市中小企业局）

涂礼俊　局长（任至4月）
叶超良　副局长（任至4月）
邓海恩　副局长（任至1月）
饶新芳　副局长（任至4月）

梅州市中小企业局（梅州市民营经济发展局）

涂礼俊　局长（4月任职）
叶超良　副局长（4月任职）
饶新芳　副局长（4月任职）

梅州市质量技术监督局（归地方管理12月重新任职）

房科辉　局长
张创超　副局长
谢　强　副局长
刘仕贤　副局长
张启祥　副局长
陈文波　纪检组（任至12月）

梅州市食品药品监督管理局

黄国良　局长
刁　翀　副局长
张秀英　副局长
澎润根　副局长
刘　钧　副局长
陈潮宁　副局长（兼任职）

梅州市金雁实业集团公司

林振东　党委书记、常务副总经理

梅州市交通运输局

余其豹　局长
谢文威　副局长
廖迪环　副局长
刘振贵　副局长
林建华　副局长
熊强华　副局长（1月任职）
邬亦斌　副局长（兼任职）
张汉清　总工程师

梅州市交通运输局综合行政执法局

何春华　局长

梅州市公路局

谢钦文　局长
张绍英　副局长
刘伟红　副局长（任至10月）
罗健威　副局长（任至10月）
戴运贤　副局长（任至1月）
张　颖　副局长（12月任职）
黄龙光　副局长
张新宏　总工程师

梅州市教育局

罗嘉文　局长（党组书记任至1月，局长任至3月）
袁远山　局长（党组书记1月任职，局长3月任职）
梁财生　副局长
李足新　副局长
钟　文　副局长
朱志强　副局长

梅州市科学技术局（梅州市知识产权局）

廖　峭　局长
阙炳亮　副局长
伍德凤　副局长
李昌栋　副局长

梅州市卫生和计划生育局

卢振中　党组书记（任至12月）
林雨兰　局长
罗焕航　副局长
刘　水　副局长
周秋明　副局长
洪　霞　副局长
陈潮宁　副局长
罗清华　副局长
李利平　副局长
丘锦乾　副局长
张秀英　副局长（兼任职）

梅州市红十字会

陈丽霞　会长
刘依君　常务副会长（任至9月）
江剑欧　常务副会长（12月任职）

梅州市体育局

陈建新　局长
叶左权　副局长
黎俊红　副局长（任至12月）
朱春彝　副局长（任至1月）
王成首　副局长

梅州市人民医院

钟志雄　院长
彭广福　副院长（任至12月）
叶　敏　副院长
吴祖光　副院长
李　平　副院长
徐招柱　副院长
张功联　党委副书记（任至12月）
曹向忠　纪委书记

梅州市中医医院（梅州市田家炳医院）

彭广福　院长（12月任职）

梅州市广播电视大学

李志钧　校长（任至12月）
王　修　副校长
陈元双　副校长

梅州市科学技术协会

林华玲　主席

钟立强　副主席（12月任职）
刘海祥　副主席

嘉应学院医学院

邹浩元　院长
钟念军　党委书记
杨宇辉　副院长
谢有能　副院长

嘉应学院梅州师范分院

余胜光　院长（任至9月）
李伟杰　副院长
卓烘成　副院长
邝永辉　副院长

广东梅县东山中学

安国强　校长
李宇光　副校长
郭思健　副校长
林铭绪　副校长
张开贤　副校长
王永新　副校长

梅州市曾宪梓中学

李广平　校长（任至9月）
李炜豪　校长（9月任职）

梅州农业学校（梅州市理工学校）

赵仁发　校长

梅州市职业技术学校
（梅州市旅游职业技术学校、
梅州市财贸学校、梅州市商业学校）

江立志　校长

梅州市发展和改革局

张运全　局长
卜勇祥　副局长（1月任职）
王　忠　副局长
张德中　副局长（1月任职）
张小猛　副局长
曾伟光　副局长（1月任职）
梁　琳　副局长
罗继平　副局长（1月任职）
张劲龙　副局长（1月任职，总经济师任至1月）
刘宇新　副局长（1月任职）
吴特宏　总经济师（6月任职）

梅州市物价局

卜勇祥　局长（任至1月）
张德中　副局长（任至1月）
罗继平　副局长（任至1月）
曾伟光　副局长（任至1月）

梅州市粮食局

王　忠　局长
李俊卿　副局长（任至12月）
连申威　副局长
陈问香　副局长
胡胜荣　副局长（11月任职）

梅州市铁路建设办公室

沈小君　主任（任至12月）
吴志洲　主任（12月任职）

梅州市人力资源和社会保障局

宋才华　局长
李彩洋　副局长（任至12月）
黎红英　副局长
廖聚如　副局长
黄锦亮　副局长
胡丽玲　副局长
彭思学　副局长（1月任职）

梅州市社会保险基金管理局

黎红英　局长

梅州市高级技工学校

黄柳梅　校长

梅州市统计局

凌松宏　局长
张元韬　副局长（任至1月）
何益华　副局长（任至12月）
刘大河　副局长
姚志华　副局长

梅州市住房和城乡建设局

谢　航　局长
罗海金　副局长
杨柏康　副局长
黄集贤　副局长
周耀坤　副局长
赖寿华　副局长
曾国柱　总工程师

梅州市城乡规划局

史斌斌　局长
黎敏文　副局长
薛兴冰　副局长
杜振球　副局长
黄星辉　总规划师（1 月任职）

梅州市城市综合管理局

李庆明　局长
罗运泉　副局长
侯东新　副局长（任至 1 月）
罗德彦　副局长
朱焕明　副局长
张盛辉　副局长（12 月任职，副书记任至 12 月）
李　信　总工程师

梅州市国土资源局

张　阳　局长
吕悦初　副局长
张奕祥　副局长
郭琪营　副局长
丁仁心　副局长
谢东安　总规划师

梅州市征地和土地储备中心

谢东安　主任

梅州市环境保护局

袁小平　党组书记（任至 12 月）
曾　光　局长
罗颂伟　副局长
张文画　副局长
吴启鸿　副局长
林　剑　副局长
李云清　总工程师（12 月任职，副局长任至 12 月）

梅州市对外贸易经济合作局

曾祥海　党组书记（任至 1 月）
刘　冲　局长（任至 1 月）
曾远煌　副局长（任至 1 月）
凌　峰　副局长（任至 1 月）
曾祥寿　副局长（任至 1 月）
张小兵　副局长（任至 1 月）

梅州市商务局

曾祥海　党组书记（1 月任职，任至 1 月）
刘　冲　局长(3 月任职,1 月任党组书记)
吴献华　副局长（1 月任职）
曾远煌　副局长（1 月任职）
刘　杰　副局长（1 月任职）
凌　峰　副局长（1 月任职）
曾祥寿　副局长（1 月任职）
张小兵　副局长（1 月任职）

梅州市口岸局

吴献华　局长
李健康　副局长

说明：1. 梅州市领导班子成员、领导机关秘书长、副秘书长、市直单位领导干部（副处单位正职）名单由市委组织部提供；2. 统计时间为 2015 年 1 月 1 日至 2015 年 12 月 31 日。

国家级先进单位与先进个人

梅州市国家级先进单位一览表

表 17

单　　位	授予单位	荣誉称号
中国移动通信集团广东有限公司梅州分公司	全国总工会	全国“安康杯”竞赛优胜单位
中国移动通信集团广东有限公司梅州大埔分公司环二路营业厅	全国妇女联合会	2014 年度全国巾帼文明
中国电信股份有限公司梅州分公司	中国质量协会、全国用户委员会	全国用户满意企业
中国联通梅州市分公司客户服务部	全国总工会	全国五一巾帼标兵岗
梅州市人民医院新生儿科	中华全国妇女联合会	全国巾帼文明 岗
中国人民银行蕉岭县支行	中国人民银行办公厅	中国人民银行公德奖
中国人民银行梅州市中心支行办公室	共青团中央	全国级青年文明号
梅州市妇女联合会	全国妇女联合会宣传部、中国妇女报刊	2015 年度全国妇联宣传舆论阵地建设先进单位
梅州市梅县区财政局	人社部、财政部	2015 年度全国财政系统先进集体
兴宁市地方税务局城区税务分局办税服务厅	全国妇女联合会	全国巾帼文明岗
平远县地方税务局城区税务分局办税服务厅	全国妇女联合会	全国巾帼文明岗
大埔县人民检察院	中央精神文明建设指导委员会	全国文明单位
梅州市人民检察院	最高人民检察院	全国检察机关检务保障工作先进集体
梅州市水务局	中华人民共和国水利部	全国水利文明单位

梅州市国家级先进个人一览表

表 18

姓　名	单位及职务	授予单位	荣誉称号
赖应安	梅州蕉华工业园区管委会	全国总工会	全国优秀工会工作者

丰顺 狠抓“三大抓手”

2015年4月16日，中国机电产品进出口商会和丰顺县人民政府举行中国电声出口共建基地授牌仪式。丰顺县委书记曾永祥（右）接过授牌。（卢胜文 胡金辉 摄）

海珠（丰顺）产业转移园小微电声企业创业创新基地一角（卢胜文 摄）

2015年，丰顺县积极融入梅兴华丰产业集聚带，抢抓粤东西北和原中央苏区振兴发展两大政策机遇，围绕推动丰顺新区和梅江韩江（丰顺）绿色健康文化旅游产业带“一区一带”规划建设，着力优化投资环境，大力推进项目建设。

2015年，实现生产总值94.35亿元，增长10.5%，增速连续三年居梅州第一，年均增长12.1%；工业总量跃居梅州市第二，连续三年获得梅州市县域工业经济发展考核第一名。规模以上工业总产值比2012年增长92%，规上工业增加值24.1亿元，增长18.9%，增速居梅州第二；旅游人数和收入分别比2012年增长4.7倍和11倍。一般公共预算收入7.4亿元，增长28.1%，增速连续三年位居全市前列，总量比2012年的3.5亿元翻了一番；社会消费品零售45.1亿元，增长12.9%，增速居全市第二。丰顺县获振兴发展评估考核全市第二。

加快县城扩容提质，力推温泉宜居城建设

丰顺毗邻机场与港口，高速高铁穿境而过，拥有得天独厚的温泉资源与良好的生态环境，是中外闻名的“中国温泉之乡”与“中国长寿之乡”。近年来，丰顺充分利用交通区位优势和丰富的温泉、生态资源优势，按照建设25平方公里、25万人口的梅州城市副中心和宜居宜业“温泉城”的目标，全力推进建设总投资60多亿元的丰顺碧桂园、锦江美景城、千江苑、千江广场、客潮风情商业街、罗浮温泉综合体等一批重点项目，加快县城扩容提质，并通过道路改造、亮化美化，令城区面貌焕然一新，去年荣获“广东省卫生县城”称号。目前，常住人口城镇化率提高到48%。

全力实施“一区一带”发展战略，促进城乡、园区、产业同步发展。筹资10亿元，全面启动实施国家卫生县城、省文明县城、省教育现代化先进县、省卫生强县、省食品安全示范县和智慧县城“六城同创”工作；筹资5亿元实施图书馆、文化馆、博物馆、体育馆、档案馆和城市规划展览馆、客潮文化艺术中心等“六馆一中心”同建，力争2017年成功创建国家卫生县城，

丰顺县培英电声有限公司生产车间（卢胜文 摄）

丰顺韩山生态旅游度假区（卢胜文 摄）